교원임용 교육학 논술 대비

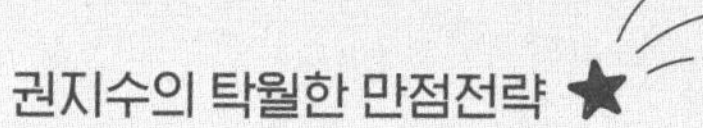

권지수의 탁월한 만점전략

합격지수 100 권지수 교육학 ㉻

박문각 임용

동영상강의 www.pmg.co.kr

머리말

본 서적은 교육학에 대한 이해(理解)와 정리(整理)를 지향한다. '이해'란 글을 다스려 풀어 헤친다는 의미이고, '정리'는 흐트러진 것을 가지런히 바로 잡는다는 뜻이다. 무릇 공부는 이해에서 출발하여 정리에서 종결된다. 정리되지 않은 이해는 교육학 논술에서 무기력하며, 이해되지 않은 정리는 교육학 논술에서 맹목적이다. 따라서 교육학 논술에서 고득점을 받기 위해서는 이해와 정리가 필수적으로 요구된다. 본 서적은 이 두 마리의 토끼를 모두 잡기 위해 탄생하였다.

필자는 교육학의 이론적 깊이와 논리적 구조를 유지하면서 다음과 같은 점에 특히 유의하여 본 서적을 집필하였다.

첫째, 교육학의 구조를 이해하고, 내용별 중요도를 파악할 수 있도록 하였다. 각 분과 학문 영역별로 Thinking Map을 만들어 교육학의 구조를 한눈에 파악할 수 있도록 하였으며, 각 쟁점별 기출사항을 표시하여 출제 비중을 살필 수 있도록 하였다. 수험생은 교육학의 구조를 한 번에 전부 파악함과 동시에 출제 비중을 고려하여 학습의 강약을 조절할 수 있을 것이다.

둘째, 교육학에 대한 충분한 이해를 지향하도록 하였다. 깊이 있는 이해를 요하는 내용은 좀 더 깊게 다루고, 간략한 이해만 요구되는 내용은 간단하게 처리하였다. 공부는 시간 대비 효율성을 추구해야 합리적이므로 수험생은 본 서적을 통해 보다 합리적이며 효율적으로 학습할 수 있을 것이다.

셋째, 본문은 핵심 내용을 중심으로 간결하게 요약 및 정리하였다. 이것저것 짜깁기된 장황한 줄글의 책들은 정작 핵심 내용을 파악하기 어렵게 하여, 결국 남는 것은 공허한 허상뿐이다. 본 서적은 방만한 내용의 단순 나열을 과감히 탈피하여 핵심을 철저하게 요약하고 정리하였다. 수험생은 교육학의 내용을 보다 쉽게 정리하며 암기해 나갈 수 있을 것이다. 바로 이 점에서 본 서적은 탁월한 만점 교육학을 추구한다. 수험생은 핵심 내용을 정확히 파지할 수 있어 교육학의 만점을 꿈꿀 수 있을 것이다.

본 서적은 철저히 시험에서 승리하기 위해 태어났다. 그 시험이 임용시험이든 행정고시 또는 교육전문직 시험이든 대학원이나 대학의 학과시험이든 불문한다. 본 서적을 통해 시간과 노력의 비용을 절감하면서 최대의 효과를 거둘 수 있을 것이라 확신한다. 필자는 본 서적을 집필하는 데 많은 시간과 노력을 투자하였지만 아직 부족한 점도 일부 엿보인다. 이는 향후 개정판을 통해 보완할 것을 약속드리며, 모쪼록 본 서적이 교육에 헌신하고자 하는 동도제현께 탁월한 선택이 되었으면 하는 바람이다.

경재 권지수

출제 경향 분석

❶ 교육학 논술 출제 경향 분석

▶ 교육학 논술(20점) = 내용 영역(15점), 체계 영역(5점)

연도	전체 주제	출제 논점(소주제)	출제 영역	논술 유형
2013학년도 (중등 특수) [2013. 5. 25.]	IQ의 해석 ↓ 학습동기	IQ의 해석 [3점]	교육심리학	[대화문] • 설명형 • 관점 제시형 • 실질적 제시문
		기대×가치이론(학습동기 상실 원인/해결방안) [6점]	교육심리학	
		욕구위계이론(학습동기 상실 원인/해결방안) [6점]	교육심리학	
2014학년도 [2013. 12. 7.]	학습동기 유발 ↓ (수업 참여 촉진)	잠재적 교육과정(진단: 수업 소극적 참여) [3점]	교육과정	[대화문] • 설명형 • 관점 제시형 • 실질적 제시문 • 형식적 제시문
		문화실조(진단: 수업 소극적 참여) [3점]	교육사회학	
		협동학습 실행(학습동기 유발방안) [3점]	교육방법론	
		형성평가 활용(학습동기 유발방안) [3점]	교육평가	
		교사지도성 행동(학습동기 유발방안) [3점]	교육행정학	
2014학년도 (상반기 추시) [2014. 6. 28.]	학생의 학교생활 적응 향상 및 교사의 수업 효과성 증진 ↓ (학교생활 적응)	차별접촉이론/낙인이론(원인: 학교 부적응) [3점]	교육사회학	[성찰 일지] • 설명형 • 관점 제시형 • 관점 추론형 • 실질적 제시문 • 형식적 제시문
		행동주의 상담기법(학교생활 적응 향상) [3점]	생활지도와 상담	
		인간중심 상담기법(학교생활 적응 향상) [3점]	생활지도와 상담	
		발견학습(학문중심 교육과정에 근거한 전략) [3점]	교육방법론	
		장학 활동(교사 전문성 개발) [3점]	교육행정학	
2015학년도 [2014. 12. 6.]	교육개념에 충실한 자유교육의 이상 실현	자유교육 관점에서 교육 목적(내재적 목적) [4점]	교육철학	[워크숍] • 논증형/설명형 • 관점 제시형 • 관점 추론형 • 실질적 제시문 • 형식적 제시문
		백워드 교육과정 설계(특징) [4점]	교육과정	
		Keller의 ARCS(학습동기 향상 – 과제 제시 방안) [4점]	교육방법론	
		Senge의 학습조직(학습조직 구축 원리) [4점]	교육행정학	
2015학년도 (상반기 추시) [2015. 6. 27.]	교사의 과제 (학교 및 수업에 대한 이해)	학교교육의 선발·배치 기능/한계(기능론 관점) [4점]	교육사회학	[학교장 특강] • 설명형 • 관점 제시형 • 관점 추론형 • 형식적 제시문
		관료제 및 이완결합체제(특징) [4점]	교육행정학	
		ADDIE 모형(분석 및 설계의 주요 활동) [4점]	교육방법론	
		준거지향평가(개념 및 장점) [3점]	교육평가	
2016학년도 [2015. 12. 5.]	교사의 역량 (교과·생활지도·조직활동)	경험중심 교육과정(장점 및 문제점) [4점]	교육과정	[자기계발계획서] • 설명형 • 관점 추론형 • 형식적 제시문
		형성평가(기능 및 시행 전략) [4점]	교육평가	
		에릭슨(심리적 유예기)/반두라(관찰학습) (개념) [3점]	교육심리학	
		비공식 조직(순기능 및 역기능) [4점]	교육행정학	
2017학년도 [2016. 12. 3.]	2015 개정 교육과정의 실질적 구현	교육기획(개념과 효용성) [4점]	교육행정학	[신문 기사] • 논증형/설명형 • 관점 추론형 • 실질적 제시문 • 형식적 제시문
		내용조직의 원리(통합성+2가지) [4점]	교육과정	
		조나센의 구성주의 학습환경 설계(학습지원 도구·자원과 교수활동) [4점]	교육방법론	
		타당도의 유형과 개념(내용타당도) [3점]	교육평가	
2018학년도 [2017. 11. 25.]	학생의 다양한 특성을 고려한 교육	워커 모형(명칭과 교육과정 개발에 적용 이유) [4점]	교육과정	[대화문] • 설명형 • 관점 추론형 • 실질적 제시문 • 형식적 제시문
		문제중심학습(학습자 역할, 문제 특성과 학습효과) [4점]	교육방법론	
		평가유형(준거지향·개인차 해석, 능력지향·성장지향) [4점]	교육평가	
		동료장학(명칭과 개념, 활성화 방안) [3점]	교육행정	

연도	주제	내용	영역	형식
2019학년도 [2018. 11. 24.]	수업 개선을 위한 교사의 반성적 실천	다중지능이론(명칭과 개념, 개발과제와 그 이유) [4점]	교육심리학	[성찰 일지] • 설명형 • 관점 추론형 • 실질적 제시문 • 형식적 제시문
		경험선정의 원리(기회·만족 원리) / 잠재적 교육과정(개념, 결과 예시) [4점]	교육과정	
		척도법(리커트 척도) / 문항내적 합치도(신뢰도 추정방법의 명칭과 개념) [4점]	교육평가	
		변혁적 지도성(명칭, 신장방안) [3점]	교육행정	
2020학년도 [2019. 11. 23.]	토의식 수업 활성화 방안	비고츠키 이론(지식론 명칭과 지식의 성격, 교사와 학생의 역할) [4점]	교육심리학	[교사협의회] • 설명형 • 관점 추론형 • 관점 제시형 • 실질적 제시문 • 형식적 제시문
		영 교육과정(영 교육과정 시사점) / 중핵 교육과정(교육내용 조직방식의 명칭, 이 방식이 토의식 수업에서 가지는 장점과 단점) [4점]	교육과정	
		정착수업(정착수업의 원리) / 위키 활용 시 문제점 [4점]	교육방법	
		스타인호프와 오웬스의 학교문화 유형(명칭, 개선방안) [3점]	교육행정	
2021학년도 [2020. 11. 21.]	학생의 선택과 결정의 기회를 확대하는 교육	교육과정 운영 관점(충실도 관점의 장단점, 생성 관점의 운영방안) [4점]	교육과정	[이메일] • 설명형 • 관점 추론형 • 관점 제시형 • 실질적 제시문 • 형식적 제시문
		자기평가(교육적 효과, 실행 방안) [4점]	교육평가	
		온라인 수업(학생 특성과 학습 환경의 예, 토론게시판을 활용한 학생 지원 방안) [4점]	교육방법	
		의사결정 모형(명칭, 개선방안) [3점]	교육행정	
2022학년도 [2021. 11. 27.]	학교 내 교사 간 활발한 정보 공유를 통한 교육의 내실화	교육과정(수직적 연계성, 교과 내 교육과정 재구성) [4점]	교육과정	[학교 자체 특강] • 설명형 • 관점 추론형 • 관점 제시형 • 실질적 제시문 • 형식적 제시문
		교육평가(총평관에서 진단검사, 평가결과 해석기준) [4점]	교육평가	
		교수전략(딕과 캐리 모형의 교수전략, 온라인 수업에서 고립감 해소를 위한 교수·학습활동 및 테크놀로지) [4점]	교육방법	
		교원연수(학교중심연수 종류, 활성화 지원방안) [3점]	교육행정	
2023학년도 [2022. 11. 26.]	학생, 학부모, 교사의 의견을 반영한 학교 교육 개선	교육심리(자기효능감, 자기조절학습) [4점]	교육심리	[학교 운영 자체 평가 보고서] • 설명형 • 관점 추론형 • 관점 제시형 • 실질적 제시문 • 형식적 제시문
		교육평가(형성평가 활용방안, 내용타당도) [4점]	교육평가	
		교육과정(경험중심 교육과정, 학문중심 교육과정) [4점]	교육과정	
		관료제(순기능, 역기능) [3점]	교육행정	
2024학년도 [2023. 11. 25.]	학습자 맞춤형 교육 지원을 위한 교사의 역량	교육과정(잠재적 교육과정) [3점]	교육과정	[신임교사와 교육전문가 대담] • 설명형 • 관점 추론형 • 관점 제시형 • 실질적 제시문 • 형식적 제시문
		교육방법(온라인 수업 상호작용) [4점]	교육방법	
		교육평가(능력참조평가, CAT 검사) [4점]	교육평가	
		학교운영위원회(구성위원 3주체, 그 구성의 의의, 위원으로 학생 참여의 순기능과 역기능) [4점]	교육행정	
2025학년도 [2024. 11. 23.]	변화하는 환경에서 교육의 기본에 충실한 교사	교육과정(타일러 목표중심모형) [4점]	교육과정	[경력교사와 신임교사의 대화] • 설명형 • 관점 제시형 • 실질적 제시문 • 형식적 제시문
		교육방법(조나센 구성주의 학습환경) [4점]	교육방법	
		교육평가(준거참조평가, 교육평가 기본 가정) [4점]	교육평가	
		교육행정(카츠 리더십 이론) [3점]	교육행정	

출제 경향 분석

❷ 교육학 내용 영역별 출제 경향 분석

연도 \ 영역	교육과정	교육심리	교육방법	교육평가	생활지도	교육행정	교육사회	교육사 철학
2013학년도 (중등 특수)		IQ해석, 기대가치이론, 욕구위계이론						
2014학년도	잠재적 cur.		협동학습	형성평가		상황적 지도성	문화실조	
2014학년도 (상반기)			발견학습		상담기법 (행동주의, 인간중심)	장학활동	차별접촉이론, 낙인이론	
2015학년도	백워드설계		ARCS			학습조직		교육목적 (자유교육)
2015학년도 (상반기)			ADDIE	준거참조평가		관료제, 이완결합체제	기능론 (선발·배치 기능 / 한계)	
2016학년도	경험중심 cur.	에릭슨, 반두라		형성평가		비공식조직		
2017학년도	내용조직원리		조나센	내용타당도		교육기획		
2018학년도	워커 모형		PBL	준거참조평가, 자기참조평가		동료장학		
2019학년도	경험선정원리, 잠재적 cur.	다중지능이론		리커트 척도, 신뢰도 추정방법		변혁적 지도성		
2020학년도	영 교육과정, 중핵교육과정	비고츠키이론	정착수업, 위키활용			스타인호프와 오웬스의 학교문화유형		
2021학년도	교육과정 운영 관점		온라인 수업	자기평가		의사결정 모형		
2022학년도	수직적 연계성, 교육과정 재구성		딕과 캐리 모형, 온라인 수업	총평관에서 진단검사, 평가결과 해석기준		학교중심연수		
2023학년도	경험중심 cur. 학문중심 cur.	자기효능감, 자기조절학습		형성평가, 내용타당도		관료제		
2024학년도	잠재적 cur.		온라인 수업 상호작용	능력참조평가, CAT 검사		학교운영위원회		
2025학년도	타일러 모형		조나센	준거참조평가, 평가 기본 가정		카츠 리더십		

교사 10계명

1. 하루에 몇 번이든 학생들과 인사하라. 한 마디 인사가 스승과 제자 사이를 탁 트이게 만든다.
2. 학생들에게 미소를 지으라. 밝고 다정한 스승으로 호감을 줄 것이다.
3. 학생들의 이름을 부르라. 이름을 부르는 소리는 누구에게나 감미로운 음악이다.
4. 친절하고 돕는 교사가 되어라. 학생들과 우호적인 관계를 원한다면 무엇보다도 친절하라.
5. 학생들을 성의껏 대하라. 내가 하는 모든 일을 즐거이 말하고 행동하되, 다만 신중할 것을 잊지 말라.
6. 학생들에게 진심으로 관심을 가지라. 내가 노력한다면 거의 누구든지 좋아할 수 있다.
7. 칭찬을 아끼지 말라. 그리고 가능한 한 비판을 삼가라.
8. 항상 학생의 입장을 이해하라. 서로 입장이 다를 경우에는 일반적으로 세 편이 있음을 기억하라. 그것은 '나의 입장', '학생의 입장', 그리고 '올바른 입장'이다.
9. 봉사를 머뭇거리지 말라. 교사의 삶에 있어서 가장 가치로운 것은 학생을 위하여 사는 것이다.
10. 이상의 것에 깊고 넓은 실력과 멋있는 유머와 인내, 약간의 겸손을 더하라. 그러면 교사가 하루를 후회하는 경우는 별로 없을 것이다.

교사의 기도

주여, 저로 하여금 교사의 길을 가게 하여 주심을 감사하옵니다. 저에게 이 세상의 하고 많은 일 가운데서, 교사의 임무를 택하는 지혜를 주심에 대하여 감사하옵니다. 언제나, 햇빛 없는 그늘에서 묵묵히 어린이의 존귀한 영을 기르는 역사에 참여할 수 있는 기회를 주신데 대하여 감사하옵니다.

주여, 저는 이 일이 저에게 찬란한 영예나 높은 권좌나 뭇 사람의 찬사나 물질적 풍요를 가져오지 않을 것을 잘 알고 있사옵니다. 이 길이 극히도 험난하고 지루하게도 단조로우며 뼈에 사무치게도 외로운 것임을 잘 알고 있사옵니다. 제가 차지하는 사회적 지위를 천시하면서도 제가 완전하기를 기대하는 지난(至難)한 것임도 잘 알고 있사옵니다. 때로는 찢어지게 가난한 낙도에서, 때로는 다 찌그러진 몇 개의 단칸 초가밖에 없는 산촌에서 무지와 싸워야 하는 노역임도 잘 알고 있사옵니다.

그럼에도 불구하고 이 길을 선택한 의지와 용기를 저에게 베풀어 주신 주의 은총을 감사하옵니다. 이 길만이 사람의 올바른 마음을 키우고 우리 사회와 나라를 번영으로 이끌며 인류를 구원할 수 있는 것임을 깨닫게 한 주의 천혜(天惠)를 감사하옵니다.

주여, 그러나 저는 저에게 맡겨진 이 거룩하고도 어려운 과업을 수행하기에는 너무도 무력하고 부족하며 어리석습니다. 갈 길을 찾지 못하여 어둠 속에서 방황할 때, 저에게 광명을 주시어 바른 행로를 보게 하여 주시고, 폭풍우 속에서 저의 신념이 흔들릴 때, 저에게 저의 사명에 대한 굳은 믿음을 주시어 좌절됨이 없게 하여 주시옵소서.

힘에 지쳐 넘어질 때, 저를 붙들어 일으켜 주시고, 스며드는 외로움에 몸부림칠 때 저의 따뜻한 벗이 되어 주시며, 휘몰아치는 슬픔에 흐느낄 때, 눈물을 씻어 주시옵소서. 세속의 영화와 물질의 매력이 저를 유혹할 때, 저에게 이를 능히 물리칠 수 있는 용기를 주시고, 제가 하고 있는 일에 의혹을 느낄 때 이를 극복할 수 있는 총명과 예지를 주시옵소서.

주여, 저로 하여금 어린이에게 군림하는 폭군이 되지 않게 하시고, 자라나는 생명을 돌보아 주는 어진 원정이 되게 인도하여 주옵소서. 제가 맡고 있는 교실이 사랑과 이해의 향기로 가득 차게 하여 주시고, 이로부터 채찍과 꾸짖음의 공포를 영원히 추방하여 주옵소서. 모른다고 꾸짖는 대신에 동정으로써 일깨워 주고, 뒤떨어진다고 억지로 잡아끄는 대신에 따뜻한 손으로 제 걸음을 걷게 하여 주옵소서. 길을 잘못 간다고 체벌을 주기에 앞서 관용으로써 바른 길을 가르쳐 주고, 저항한다고 응징하기 앞서 애정으로써 뉘우칠 기회를 주도록 도와주시옵소서.

주여, 저로 하여금 혹사자가 되지 않게 하여 주시고, 언제나 봉사자가 되게 하여 주시옵소서. 저로 하여금 어린이의 천부적 가능성을 십분 발휘할 수 있는 기회와 풍토를 마련해 주는 협조자가 되게 하여 주시고, 억압이나 위협으로 자라 오르려는 새싹을 짓밟는 포학자가 되지 않게 하여 주시옵소서.

저로 하여금 모든 어린이를 언제나 신성한 인격으로 대하게 하여 주시고, 그들에게도 그들이 살 권리를 가지고 있는 생활과 세계가 있음을 잊지 않게 하여 주시옵소서. 그들은 성인의 축소판도 아니며, 그의 완성물도 아니고 저의 명령에 맹종하여야 하는 꼭두각시도 아님을 항상 기억하고 있게 하여 주옵소서.

주여, 저로 하여금 교사라 하여 어린이의 인격과 자유와 권리를 유린할 수 있는 특권이 있는 것으로 착각하지 않게 하여 주시고 교사의 자리를 이용하여 어린이를 저의 목적을 달성하기 위한 수단으로 쓰지 않게 하여 주시며, 저의 의견을 무리하게 부과하는 대상물로 삼지 않게 하여 주시옵소서. 교사의 임무는 어디까지나 어린이의 올바른 성장을 돕는 협력자요, 동반자임을 잊지 않게 하여 주시고, 그의 올바른 성장이 곧 저의 영광임을 기억하게 하여 주시옵소서.

주여, 저로 하여금 현재 제가 지키고 있는 어린이들이야말로 장차 하느님의 귀한 일꾼이요, 우리나라의 기둥이요, 우리 민족의 계승자임을 거듭 깨닫게 하여 주시고, 그럼으로써 저는 그들을 아끼고, 소중히 하며, 그들을 도와 올바르게 키워야 할 막중한 책무가 저에게 있음을 의식하게 하여 주시옵소서. 저로 하여금 오늘 제가 하고 있는 일이 장차 어린이들의 신앙과 생활과 행복을 좌우하고, 하느님의 일과 교회의 장래, 또한 우리나라와 겨레의 운명을 결정하는 중대한 요인이 될 것임을 마음속에 깊이깊이 간직하게 하여 주시옵소서.

주여, 저에게 힘과 용기를 주시어 이 십자가를 능히 질 수 있게 하여 주시고, 저를 도우시고 긍지를 느낄 수 있는 스승이 되게 하여 주시옵소서.

– 오천석 박사의 "교사의 기도" 중에서

차례

Part 05
교육행정학

Part 06
생활지도와 상담

Part 07
교육사회학

권지수의 탁월한 만점전략

합격지수 100
권지수 교육학

교육행정학

Chapter 01 교육행정의 이론

Chapter 02 교육행정의 실제

Thinking Map

1 교육행정의 이론

- 교육행정 이해
  - 교육행정의 개념
    - 개념 02 초등, 04 초등, 07 중등, 12 중등, 성격 99 초등추시, 02 초등, 07 중등, 원리 99 초등추시, 04 중등
  - 교육행정학의 발달과정
    - 고전이론
      - 과학적 관리론 03 중등, 06 중등, 09 초등
      - 행정관리론 04 초등
      - 관료제론 98 중등, 99 초등보수, 03 초등, 04 중등
    - 인간관계론 99 중등추시, 00~01 중등, 07 중등, 10 중등
    - 행동과학론
    - 체제이론 96 중등, 97 초등, 99 초등추시, 02 중등, 04 중등, 09 중등
    - 대안적 관점 03 초등
- 조직론
  - 조직이해
    - 조직의 구조
      - 공식조직과 비공식조직 99 초등추시, 16 중등論
      - 계선조직과 참모조직
    - 조직의 유형(Parsons 10 중등, Katz & Kahn, Blau & Scott, Carlson 03 중등, 05 초등, 11 중등, Etzioni 10 중등, Hall 08 초등, Minzberg 02 중등, 07 초등, 10 중등)
    - 학교조직의 특성 04 초등
      - 전문적 관료제 96 초등, 99 초등보수, 01 초등, 02~04 중등, 07 초등, 15 중등추시論, 23 중등論
      - 이완결합체제 99 중등추시, 00 중등, 04 초등, 07 중등, 10 중등, 15 중등추시論
      - 이중조직
      - 조직화된 무질서 03 중등, 04 초등, 06 초등, 10 중등
      - 학습조직 09 초등, 15 중등論
      - 전문적 학습공동체 22 중등論
  - 조직문화
    - 조직문화의 수준
    - McGregor의 X-Y이론 95 중등, 98 중등, 06 초등
    - Ouchi의 Z이론
    - Argyris의 미성숙-성숙이론 95 중등
    - Steinhoff & Owens의 학교문화 유형론 07 전문상담, 20 중등論
    - Sethia와 Glinow의 문화유형론
  - 조직풍토
    - Likert의 관리체제 91 중등, 07 초등
    - Halpin & Croft의 학교조직 풍토론 02 초등, 07 중등
    - Hoy & Miskel의 학교조직 풍토론 11 초등
  - 조직갈등
    - 갈등의 순기능과 역기능
    - Thomas의 갈등관리전략 99 중등추시, 00 초등, 02~03 초등, 06 초등

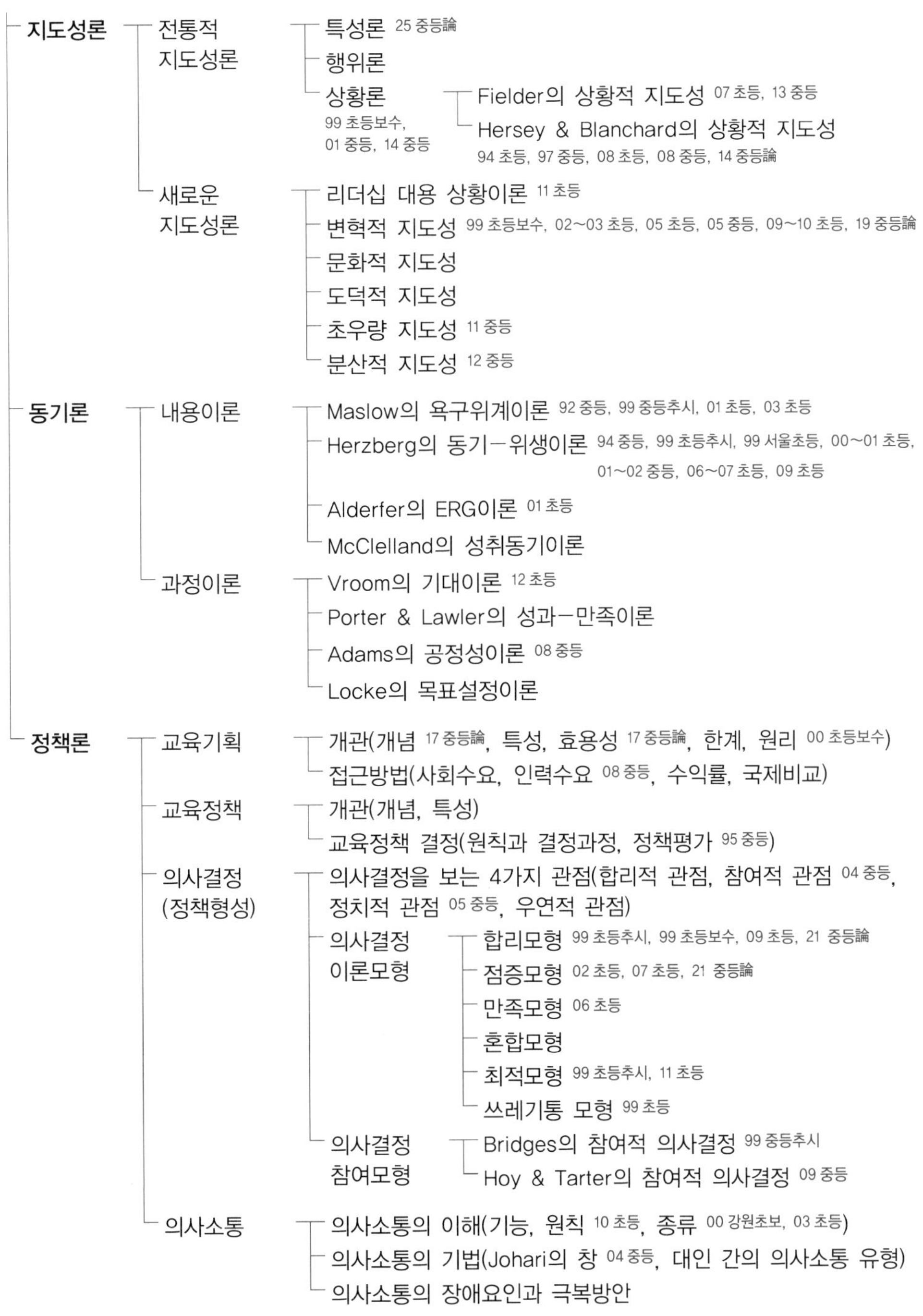
지도성론
전통적 지도성론
특성론 25 중등論
행위론
상황론 99 초등보수, 01 중등, 14 중등
Fielder의 상황적 지도성 07 초등, 13 중등
Hersey & Blanchard의 상황적 지도성 94 초등, 97 중등, 08 초등, 08 중등, 14 중등論
새로운 지도성론
리더십 대용 상황이론 11 초등
변혁적 지도성 99 초등보수, 02~03 초등, 05 초등, 05 중등, 09~10 초등, 19 중등論
문화적 지도성
도덕적 지도성
초우량 지도성 11 중등
분산적 지도성 12 중등
동기론
내용이론
Maslow의 욕구위계이론 92 중등, 99 중등추시, 01 초등, 03 초등
Herzberg의 동기-위생이론 94 중등, 99 초등추시, 99 서울초등, 00~01 초등, 01~02 중등, 06~07 초등, 09 초등
Alderfer의 ERG이론 01 초등
McClelland의 성취동기이론
과정이론
Vroom의 기대이론 12 초등
Porter & Lawler의 성과-만족이론
Adams의 공정성이론 08 중등
Locke의 목표설정이론
정책론
교육기획
개관(개념 17 중등論, 특성, 효용성 17 중등論, 한계, 원리 00 초등보수)
접근방법(사회수요, 인력수요 08 중등, 수익률, 국제비교)
교육정책
개관(개념, 특성)
교육정책 결정(원칙과 결정과정, 정책평가 95 중등)
의사결정 (정책형성)
의사결정을 보는 4가지 관점(합리적 관점, 참여적 관점 04 중등, 정치적 관점 05 중등, 우연적 관점)
의사결정 이론모형
합리모형 99 초등추시, 99 초등보수, 09 초등, 21 중등論
점증모형 02 초등, 07 초등, 21 중등論
만족모형 06 초등
혼합모형
최적모형 99 초등추시, 11 초등
쓰레기통 모형 99 초등
의사결정 참여모형
Bridges의 참여적 의사결정 99 중등추시
Hoy & Tarter의 참여적 의사결정 09 중등
의사소통
의사소통의 이해(기능, 원칙 10 초등, 종류 00 강원초보, 03 초등)
의사소통의 기법(Johari의 창 04 중등, 대인 간의 의사소통 유형)
의사소통의 장애요인과 극복방안

Thinking Map

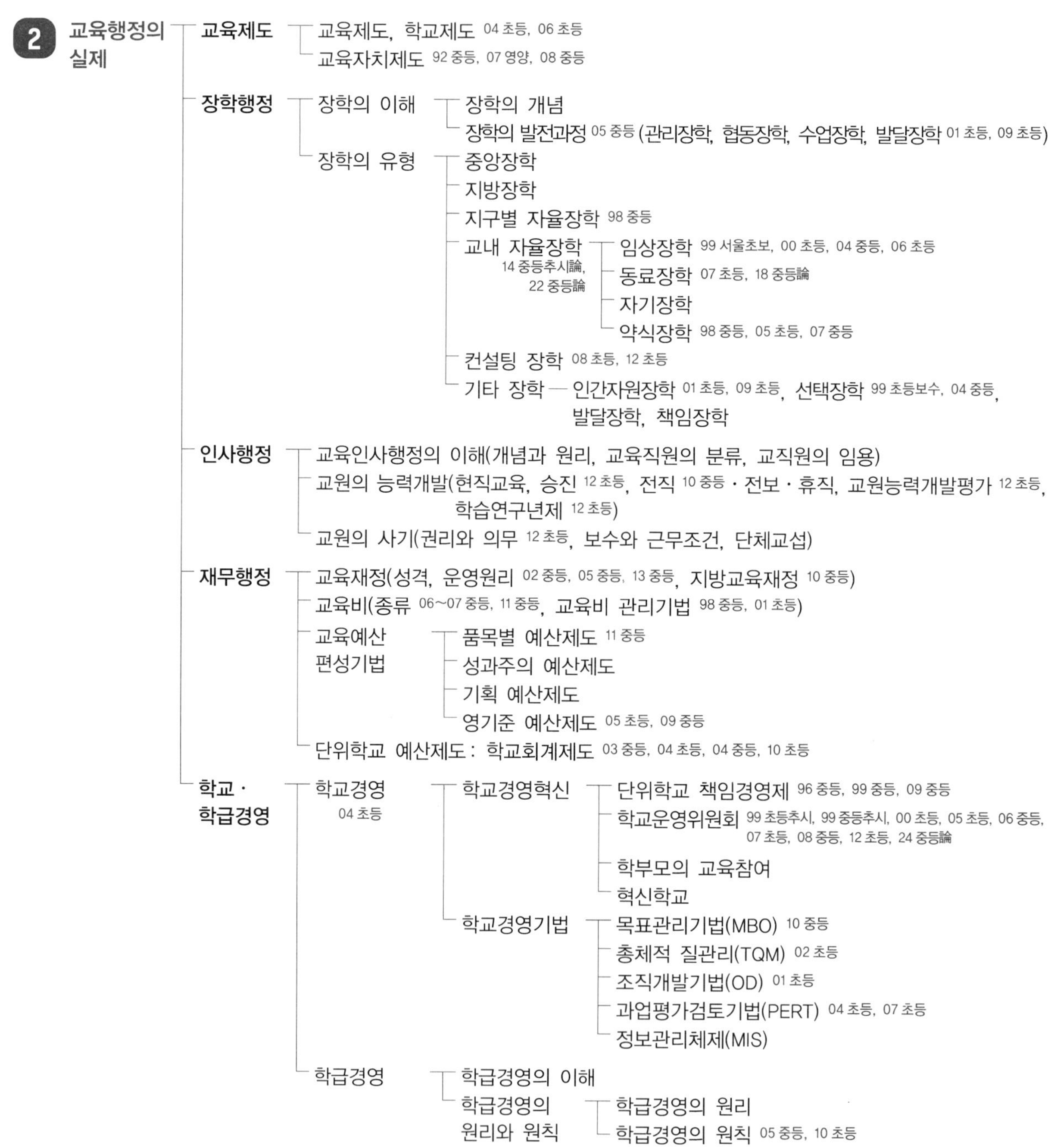

Chapter

01

교육행정의 이론

Section
01 교육행정의 이해

MEMO

01 교육행정의 개념

개념 다지기

교육행정(educational administration)

1. **어원**: 행정을 의미하는 영어 'administration'라는 말은 ad(to) + minister(serve)에서 유래한 것이다. minister는 명사로는 '장관', '성직자'를 의미하고, 동사로는 '봉사하다', '다스리다'를 의미한다. 즉, 행정은 신앙의 리더인 성직자가 공동체에 봉사한다는 데에서 유래하였으며, 이런 점에서 '행정의 본질은 봉사'라고 볼 수 있다.
2. **개념**: 교육행정은 궁극적으로 교육목적을 효율적이고 효과적으로 달성하도록 지원하고 봉사하는 수단적 활동이다. 즉, 교육행정은 교육활동이 잘되도록 관리·조성·지도함으로써 교수-학습의 효율화에 기여하는 수단적 활동이라 하겠다. 그러나 교육행정의 개념에 대한 정의는 어떤 관점을 견지하고 어디에 초점을 두느냐에 따라 서로 다르다. 교육행정을 정의하는 여러 가지 관점을 살펴보자.

1 교육행정의 개념 02 초등, 04 초등, 07 중등, 12 중등

(1) 국가통치권설(국가공권설, 행정영역구분설, 법규행정설)

① **교육에 관한 행정**: 교육행정을 행정의 일부로서 '교육에 관한 행정'으로 정의한다(행정 우위).

② **중앙집권적·권위주의적 행정 중시**: '위에서 아래로(from the top down)'의 중앙집권적·관료통제적 성격이 강하며, 법규에 따라 교육활동을 감독하고 통제한다.

③ **문제점**: 교육행정의 특수성과 전문성을 무시하고, 행정의 관료성과 획일성을 강조하며, 교육의 정치적 중립성과 자주성을 간과하고 있다.

(2) 조건정비설(기능주의설)

① **교육을 위한 행정**: 교육행정을 '교육을 위한 행정'으로 보는 입장이다. 즉, 교육행정은 교육목적을 효율적으로 달성하기 위해 필요한 인적·물적·재정적 제반 조건을 정비하는 수단적·봉사적 활동이라고 본다(교육 우위).

MEMO

05

② 민주적 교육행정 중시: '아래에서 위로(from the bottom up)'의 민주적 발상에서 교육행정에 접근하는 입장이다.

(3) 행정과정설

① 행정과정이나 단계: 교육행정을 행정이 이루어지는 과정이나 단계로 보는 입장이다.

② 행정과정의 요소

㉠ 패욜(Fayol, POCCoCon; 1916): 기획(Planning) – 조직(Organizing) – 명령(Commanding) – 조정(Coordinating) – 통제(Controlling)

㉡ 굴릭과 어윅(Gulick & Urwick, POSDCoRB; 1937): 기획(Planning) – 조직(Organizing) – 인사(Staffing) – 지시(지휘, Directing) – 조정(Coordinating) – 보고(Reporting) – 예산(Budgeting)

㉢ 시어즈(Sears, PODCoCon; 1950): 기획(Planning) – 조직(Organizing) – 지시(Directing) – 조정(Coordinating) – 통제(Controlling)

㉣ 그레그(Gregg, 1957): 의사결정(Decision making) – 기획(Planning) – 조직(Organizing) – 의사소통(Communicating) – 영향(Influencing) – 조정(Coordinating) – 평가(Evaluating)

㉤ 캠벨(Campbell): 의사결정 – 프로그램 작성 – 자극 – 조정 – 평가

(4) 협동행위설(행정행위설, 경영설)

① 협동행위: 교육행정을 교육목적을 최대한 효과적으로 달성하기 위해 제반 조직과 조건을 합리적으로 조정하는 협동적 행위이다(예 어떠한 인간을 기를 것인가에 목표를 두고 교육목표, 교육조건, 교육활동 등을 적절히 조정함). 교육행정을 교육의 목적을 효과적·효율적으로 달성하기 위한 여러 사람의 협동행위로 보는 견해이다.

② 대표적 학자: 왈도(Waldo, 1959)는 행정을 고도의 합리성을 토대로 한 집단적 행동행위로 정의하였다.

(5) 교육지도성설(교육리더십설)

① 교육지도성 발휘: 교육행정을 교육의 목적을 효과적으로 달성하기 위해 교육지도성을 발휘하는 것으로 정의한다. 즉, 행정의 핵심요소인 3M, 즉 인간(Man), 물자(Materials), 재정(Money) 등을 효과적으로 확보·배분·활용하는 일이다. 조건정비설을 보다 확대·발전시킨 것으로 최근에 강조되는 입장이다.

② 교육경영론의 관점: 주어진 목표를 달성하는 데 필요한 조건만 정비하는 데에 머무르지 않고, 적극적으로 교육의 방향이나 목표를 수립하고, 이를 달성하는 데 필요한 자원이나 방법을 모색하며, 결과에 대해 스스로 모니터링하고 평가하는 능동적인 리더십을 발휘하는 것이 교육행정이라고 본다.

MEMO

2 교육행정의 성격 99 초등추시, 02 초등, 07 중등

(1) 일반적 성격

① **봉사적 성격**: 교육행정은 목적달성을 위한 하나의 수단으로서 조장적 · 봉사적 성격을 지닌다(조장적 성격, 수단적 성격).

② **정치적 성격**: 교육행정은 교육문제를 예견하고 이에 대한 대책을 강구하며, 교육발전을 위해 장 · 단기 계획을 수립 · 실천하기 위하여 탁월한 행정적 수완과 예민한 정치적 예견과 지성을 필요로 한다. 이것은 교육이 정치에서 분리 · 독립되어야 한다는 교육의 정치적 중립성과는 다른 개념이다.

③ **민주적 성격**: 교육행정은 교육 본래의 목적에 기초하여 운영 · 실시되어야 하며, 조직 · 인사 · 내용 · 운영 면에서 민주화 · 자율화가 요구된다. 예 검 · 인정 도서, 단위학교 책임경영제

(2) 독자적 성격(특수적 성격)

① **목적의 장기성과 비긴급성**: 교육은 미래지향적 · 장기적인 활동이며, 국가에 당장 영향을 미치는 긴급한 것도 아니다. 그렇지만 교육은 지속적인 투자와 계속적인 관심이 요구된다.

② **고도의 협력성**: 교육의 목적을 달성하기 위해서는 학부모, 지역사회, 다른 기관과의 상호협력이 필요하다.

③ **교사의 전문성**: 학교조직은 교사라는 전문가 집단으로 구성되어 있고, 교수와 학습에 관해 학부모나 행정가보다 더 전문가이다.

④ **평가의 곤란성**: 학생의 지식 · 기능 · 태도 등 행동의 변화는 명확하게 측정하기 곤란하고, 일정한 기간이 지나 여러 가지 누적된 증거자료를 통해서 파악될 수 있다.

⑤ **고도의 공개성과 여론의 민감성**: 교육은 학부모나 일반 사회인들에게 공개되어 있으며 국민의 여론에 민감하게 반응한다.

3 교육행정의 원리 99 초등추시, 04 중등

(1) 민주성의 원리

① 국민의 의사를 행정에 반영하고 국민을 위한 행정을 해야 한다.
예 각종 위원회, 심의회제도, 교직원회 · 협의회 · 연구회

② 일방적인 명령이나 지시보다는 협조와 이해를 토대로 사무를 집행해 나가야 한다.

MEMO

05

(2) 효율성의 원리

① 효율성이란 효과성(effectiveness)과 능률성(efficiency)을 동시에 추구하는 원리이다. 효과성은 투입과 산출의 비율을 따지지 않고 목표 달성의 정도를 따지는 질적 개념이고, 능률성은 최소한 자원과 시간을 들여 최대의 성과를 거두는 양적 개념이다.

② 효율성의 원리는 가장 능률적인 방법으로 최대의 목표를 달성하는 원리이며, 최소의 노력과 경비로 최대의 효과를 내도록 하는 경제성의 원리이다.

(3) 합법성의 원리(법치행정의 원리)

① 모든 교육행정은 법률에 근거해서 법이 정하는 범위 내에서 이루어져야 한다.

② 교육행정은 「헌법」 제31조의 규정, 「교육기본법」, 「초·중등교육법」, 「고등교육법」, 「지방교육자치에 관한 법률」, 「교육공무원법」, 「사립학교법」, 각 조 대통령령·교육부령 및 교육자치법규 등에 의해 집행되어야 한다.

(4) 기회균등의 원리

① 모든 국민은 능력에 따라 균등하게 교육받을 권리를 가진다는 것이다. 따라서 성별·종교·신념·신분·경제적 지위나 신체적 조건 등을 이유로 차별받지 않아야 한다.

예 의무교육 실시, 장학금제도, 특수교육 확대, 방송통신교육 확대, 야간제·계절제·시간제, 남녀공학 실시

② 「헌법」 제31조 제1항('모든 국민은 능력에 따라 균등하게 교육받을 권리를 가진다.'), 「교육기본법」 제4조('모든 국민은 성별, 종교, 신념, 인종, 사회적 신분, 경제적 지위 또는 신체적 조건 등을 이유로 교육에서 차별을 받지 아니한다.')

(5) 지방분권의 원리

① 교육은 지역주민의 적극적인 참여와 공정한 통제에 의해 실시되어야 한다. 예 교육자치제

② **적도집권(適度集權)의 원리** : 행정의 능률성을 강조하는 중앙집권주의와 행정의 민주성을 강조하는 지방분권주의가 적절한 균형을 유지해야 한다.

(6) 자주성의 원리

① 교육이 그 본질을 추구하기 위하여 일반행정에서 분리·독립되고 정치와 종교로부터 중립성을 유지해야 한다. 예 교육자치제, 국·공립학교에서 특정 종교교육의 금지

② 「교육기본법」의 내용

㉠ **제5조** : ⓘ 국가와 지방자치단체는 교육의 자주성과 전문성을 보장하여야 하며, 지역 실정에 맞는 교육을 실시하기 위한 시책을 수립·실시하여야 한다. ⓘⓘ 학교운영의 자율성은 존중되며, 교직원·학생·학부모 및 지역주민 등은 법령이 정하는 바에 따라 학교운영에 참여할 수 있다.

MEMO

㉡ 제6조 : ⓘ 교육은 교육 본래의 목적에 따라 그 기능을 다하도록 운영되어야 하며, 정치적·파당적 또는 개인적 편견을 전파하기 위한 방편으로 이용되어서는 아니 된다. ⓘⓘ 국가와 지방자치단체가 설립한 학교에서는 특정한 종교를 위한 종교교육을 하여서는 아니 된다.

(7) 안정성의 원리

① 교육정책이나 프로그램은 장기적인 안목에서 계속성과 일관성을 유지해야 한다.

② 교육은 본질적으로 장기적인 성격을 띠고 있으므로 빈번한 개혁이나 개편은 행정의 낭비를 초래하고 효율성을 저하시키는 요인이 된다.

(8) 전문성 보장의 원리

① 교육활동은 전문적 활동이므로 전문적 지식과 기술을 습득한 전문가가 담당해야 한다.

예 교육감을 일정한 교육경력 혹은 교육행정경력을 가진 사람만이 될 수 있도록 한 것, 교장·교감 등 학교행정가를 교장·교감 자격증을 가진 사람만이 될 수 있도록 한 것

② 전문성은 업무의 독자성 내지 특수성, 지적·기술적 수월성을 의미한다.

02 교육행정학의 발달과정

● 교육행정이론의 전개과정

이론 범주		세부 이론	주도 시기	교육행정 실제 / 패러다임
교육행정 실무시대	고전이론 (고전적 관리론)	• 과학적 관리론 • 행정관리론 • 관료제론	1900~1930년대 (과학적 관리론)	학교조사를 통한 실제 개선 ⇨ 교육행정의 효율화(능률화)
	인간관계론	인간관계론	1930~1950년대	민주적 행정원리 도입 ⇨ 교육행정의 민주화, 민주적 행정처방
교육행정학 이론시대	행동과학론	• 조직행동론 • 상황적합론	1950년대~현재	구조기능적 패러다임 ⇨ 교육행정의 이론화(실증주의적 관점)
	체제이론	체제이론	1960년대~현재	학교조직의 이해 ⇨ 계량적·분석적 도구와 기법의 활용
	대안적 관점	• 해석론 • 비판이론 • 신마르크스주의 • 포스트모더니즘 • 페미니즘	1970년대~현재	해석적·비판적 패러다임

MEMO

05

1 고전이론(고전적 관리론)

개념 다지기

고전이론의 등장

18세기부터 시작된 산업혁명은 인류에게 엄청난 에너지와 가능성을 주었으나, 19세기 말과 20세기 초에 제국주의 전쟁과 미국의 경제공황, 노동자들의 파업으로 심각한 위기상황에 빠졌다. 이런 시대적 상황에서 일반 행정이나 기업경영의 주된 관심은 합리적인 관리기술과 효율적인 조직체계의 개발에 집중되어 있었다. 19세기 후반부터 1930년대까지 발달한 고전이론(고전적 관리론)은 이러한 시대적 여망에 부응하여 등장한 것이다. 이 이론은 성악설적 인간관리 철학에 기초하여 조직 및 인간관리의 과학화 · 합리화 · 능률화를 추구하였는데, 그 대표적 이론이 과학적 관리론, 행정관리론, 관료제론이다. 과학적 관리론이 작업과 노동자의 관리(노동자의 직무)에 초점을 둔 것이라면, 행정관리론은 전체 조직의 구성과 관리방법에 대한 최고경영자에 관심을 둔 것이다.

(1) 과학적 관리론㉮ 03 중등, 06 중등, 09 초등

키워드
과학적 관리
• 표준화 ↔ 획일화
• 분업 · 전문화 ↔ 상하위계, 관료제
• 경제적 보상 ↔ 사회 · 심리적 욕구

① 개념

㉠ 인간의 작업과정을 표준화하여 과학적으로 관리하면 조직의 능률과 생산성을 극대화할 수 있다는 이론이다(⇨ 미국의 경제공황을 극복하기 위한 경영합리화 운동의 일환으로 테일러(Taylor)에 의해 체계화된 이론).

㉡ 시간연구(time study)와 동작연구(motion study)를 통해 생산과정을 표준화하고 과학적으로 관리하면 능률과 생산성을 극대화할 수 있다. ⇨ 생산과정의 표준화(시간연구와 동작연구) → 1일의 공정한 표준작업량 설정 → 작업관리의 과학화 → 생산성 향상 도모

㉢ 최소의 노동과 비용으로 최대의 효과를 올려 노동자와 자본가의 공동번영을 도모하려는 것에 목적을 둔다.

② 기본 가정

㉠ 인간은 경제적 동물이라는 X이론에 기초한다(경제적 인간관).

㉡ 작업에서 노동자의 경제적 동기를 중시하고, 인간을 효율적인 기계와 같이 프로그램화하면 낭비와 비능률을 제거하고 최고의 생산성을 올릴 수 있다.

③ 주요 원리(내용)

㉠ 1일 최대 작업량

㉡ 표준화된 조건

㉢ 성과급의 원리

㉣ 실패에 대한 책임

㉤ 과업의 전문화

㉥ 계획(경영자)과 작업수행(노동자)의 분리

MEMO

④ 공헌과 비판

공헌	• **과학화와 능률화에 기여** : 주먹구구식으로 관리되던 조직과 생산과정에 대해 과학적으로 연구하는 출발점이 되었으며, 생산현장의 과학화와 능률화에 크게 기여하였다. • **분업화와 전문화에 기여** : 분업과 전문화를 적용하여 대량생산을 가능하게 하였고 소비시장을 만족시키는 재화를 생산하였다. ⇨ 분업화와 전문화는 현대화된 조직의 핵심원리로 발전 • **성과급 제도의 기원** : 표준작업량을 기초로 임금을 차별화하는 제도를 제시하여 실적주의 보상제도(성과급 제도)의 기원이 되었다.
비판	• **인간의 사회·심리적 측면 무시** : 노동자를 '돈'에 의해 동기 부여되는 경제적 인간관의 관점에서 접근하였다. 그 결과 인간의 사회적·심리적 요인을 무시하였다. • **인간을 기계적·도구적 존재로 취급** : 분업화와 기계적 접근을 강조하여 인간을 기계처럼 움직이는 기계적·도구적·수동적 존재로 취급하였다. 그 결과 인간의 개성과 잠재력을 무시하게 되고 비인간화, 인간소외를 초래하였다. • **노동자의 착취 이론** : 노동자의 관리와 통제에 초점을 두어 '노동자의 착취 이론'이라는 비판에 직면하였다.

⑤ 교육행정에의 적용

㉠ 보비트(Bobbitt) : 「교육에서의 낭비 제거」(1912) 논문 발표, 『The Curriculum』 ⇨ 과학적 관리론을 학교관리 및 장학행정 등 교육행정에 최초로 도입 ⇨ 학교를 '공장'에 비유하여 학생은 가공되어야 할 '원료'이고 교사는 '노동자'이며, 학교행정가는 그 활동을 감독하는 '관리자'로서 역할을 수행해야 한다고 주장하였다.

• 가능한 모든 시간에 학교시설을 최대로 활용한다.
• 교직원의 작업능률을 최대한 유지하고, 교직원 수를 최소로 감축한다.
• 교육활동 중의 낭비를 최대한 제거한다.
• 교원은 학생을 가르치는 일에만 전념하고, 행정은 별도의 행정가가 책임을 진다.

㉡ 스폴딩(Spaulding) : 「과학적 관리를 통한 학교체제의 개선」(1913) ⇨ 교육의 가장 큰 취약점은 교육행정의 비능률성이라고 비판하면서 교육행정에도 기업경영의 원리를 적용해야 한다고 주장하였다. 그 핵심원리로 학교행정에 대한 주민통제의 원리와 능률의 원리를 제시하였는데, 특히 수업경비야말로 교육의 효율성을 추구하는 데 통제되어야 할 중요한 요인임을 강조하였다(⇨ 수업경비를 절감하기 위해서는 교사 1인당 학급 수와 학생 수를 늘려서 교사의 직무부담을 증대시켜야 한다고 주장).

MEMO

05

ⓒ 과학적 관리가 교육에 적용된 예

- 표준화된 교육과정의 개발과 운영
- 수업목표의 명세적 설정
- 학급편성과 시험제도의 도입
- 교원의 자격 명시, 과학적 선발과 체계적인 훈련
- 교과, 업무 조직의 분화와 분담
- 학교회계의 발전을 통한 낭비의 제거
- 관리직과 교수직의 분화

⑥ 과학적 관리론의 교육적 적용상 문제점 ⇨ '공장제 모델'의 적용

가능성	• 학교조직과 학교업무가 과학화·표준화되고 교육활동에서의 낭비가 최대한 제거되기 때문에 교육의 능률성을 높일 수 있다. • 학교업무가 보다 분업화·전문화됨으로써 교사의 숙련된 기술과 전문성을 향상시킬 수 있다. • 과업수행의 정도에 따라 성과급이 부여됨으로써 구성원의 동기를 유발할 수 있다.
문제점	• 교육목표와 교육내용, 교육방법 등이 규격화·획일화됨으로써 학생의 개성과 다양성이 상실될 수 있다. • 학교교육에 공장제 모델이 적용되므로 전인형성을 목적으로 하는 교육의 특성이 무시되고 장기적으로는 교육의 발전을 저해할 수 있다. • 교장, 교사, 학생 간의 상하 위계관계가 강조됨으로써(교육행정가는 관리자로, 교사와 학생은 부하로 취급) 학교관료제를 심화시키고 교육의 비인간화를 촉진할 수 있다. • 교육은 공장의 생산라인과 다르므로 학생의 학업성취도를 공장의 생산품처럼 주기적으로 평가하여 능률을 측정하는 것은 부적절하다.

(2) 행정관리론(행정과정론) 04 초등

① 개념 : 행정가의 행정관리의 과정을 과학적으로 체계화하여 조직의 능률과 생산성을 극대화하고자 하는 이론이다. 교육행정의 목표를 합리적으로 달성하기 위해서 교육행정이 어떤 절차나 순서를 거쳐 수행되는지를 다룬다.

② 일반행정의 과정

㉠ 패욜(Fayol, POCCoCon; 1916)의 **산업관리론** : 행정관리론의 선구자

- **기획(Planning)** : 미래를 예측하고 행동계획을 수립하는 일
- **조직(Organizing)** : 인적·물적 자원을 조직하고 체계화하는 일
- **명령(Commanding)** : 구성원으로 하여금 과업을 수행하도록 하는 일
- **조정(Coordinating)** : 모든 활동을 통합하고 상호 조정하는 일
- **통제(Controlling)** : 정해진 규칙과 명령에 따라 일이 이루어지고 있는지를 확인하는 일

MEMO

㉡ 굴릭과 어윅(Gulick & Urwick, POSDCoRB; 1937) : 패욜의 이론에 기초하여 확장·발전

- **기획(Planning)** : 조직의 목적을 달성하기 위해 행동계획과 방법을 작성하는 일
- **조직(Organizing)** : 공식적 권한 구조를 설정하고 부서별 권한과 책임, 구성원의 역할을 명료화하는 일
- **인사(Staffing)** : 조직 구성원을 채용, 배치, 근무하는 일
- **지시(지휘, Directing)** : 조직의 장이 의사결정하고 그 결정사항을 각 부서에 명령, 지시하는 일
- **조정(Coordinating)** : 각 부서별 업무수행을 상호 유기적으로 관련시키고 원만하게 통합·조절하는 일
- **보고(Reporting)** : 작업 진행상황을 기록, 조사, 연구, 감독하여 조직의 장이 자신과 하위 직원들에게 정보를 제공하는 일
- **예산(Budgeting)** : 제반 예산을 편성하고 회계, 재정통제, 결산 등을 하는 일

③ 교육행정의 과정

㉠ 시어즈(Sears, PODCoCon; 1950) : 패욜의 영향을 받아 최초로 교육행정 분야에 적용

- **기획(Planning)** : 예비조사나 사전연구를 토대로 학교교육 계획 작성
- **조직(Organizing)** : 인적·물적 자원을 확보·배치하고 규칙과 원리를 구조화
- **지시(지휘, Directing)** : 의사결정을 통해 조직 구성원들이 행동할 수 있도록 명령, 지시
- **조정(Coordinating)** : 행정의 제반 측면(예 조직, 인사, 재정, 시설, 사무 등)이 교육목표 달성에 최적의 상태가 되도록 조화
- **통제(Controlling)** : 교직원의 활동을 감독하거나 결과를 분석하고 절차나 규정 등을 검토

㉡ 그레그(Gregg, 1957) : 의사결정(Decision making) − 기획(Planning) − 조직(Organizing) − 의사소통(Communicating) − 영향(Influencing) − 조정(Coordinating) − 평가(Evaluating)

㉢ 캠벨(Campbell) : 의사결정 − 프로그램 작성 − 자극 − 조정 − 평가

(3) 관료제론 98 중등, 99 초등보수, 03 초등, 04 중등

권위의 유형(Weber)

「지배권력에 관한 정당성 연구」 ⇨ 권력의 정당성 근거에 따라

- **전통적 권위** : 과거부터 있어 온 전통에 근거하여 권위가 인정 예 왕조의 세습
- **카리스마적 권위** : 지도자의 초인적이고 비범한 능력에 근거하여 권위가 인정 예 예언자, 주술사
- **합리적·합법적 권위** : 공식적 법 규정에 근거하여 권위가 인정 예 법규에 의한 임명·선출 ⇨ 관료제적 지배의 이상적인 형태

MEMO

05

① 개념 : 조직의 형태나 구조에 관심을 갖고 최소의 인적·물적 자원으로 조직의 목적을 달성하고자 하는 이론이다. 베버(Weber)는 합법적 권위에 기초한 이상적인 조직 형태를 관료제라고 하였다.

② 관료제의 특징(Hoy & Miskel, 2005)

㉠ 분업과 전문화(division of labor & specialization) : 조직의 목적달성에 위한 과업이 구성원의 직무로서 공식적으로 배분된다.

㉡ 권위의 계층화(위계화, hierarchy of authority) : 지위(부서)가 수직적으로 배치되고 하위직(하위부서)은 상위직(상위부서)의 통제와 감독을 받는다.

㉢ 경력지향성(career orientation) : 구성원의 직무경력을 중요하게 여긴다.

㉣ 규칙과 규정(rules & regulations) : 의도적으로 마련된 규칙과 규정을 통해 모든 활동을 규제한다.

㉤ 몰인정성(공평무사성, impersonal orientation) : 개인적인 감정이나 편견에 치우치지 않고 합리적으로 직무를 수행한다.

③ 관료제의 순기능과 역기능

Weber 관료제 모형의 순기능과 역기능(Hoy & Miskel)

학교관료제의 특징	순기능	역기능
분업과 전문화	숙련된 기술과 전문성 향상	피로, 권태감 누적
권위의 계층화	원활한 순응과 조정	의사소통의 장애
경력 지향성	동기 유발, 유인가	업적(실적)과 연공제 간의 갈등
규칙과 규정	계속성, 통일성, 안정성 확보	목표전도(동조과잉) 현상, 조직의 경직성
몰인정성	의사결정의 합리성 증대	구성원의 사기 저하

2 인간관계론 99 중등추시, 00~01 중등, 07 중등, 10 중등

개념 다지기

인간관계론의 등장

1. 1930년대에 이르러 경제공황이 심화되면서 과학적 관리론은 심각한 한계를 드러내었다. 과학적 관리론은 기계적 효율성만을 강조하여 인간의 사회적·정서적·심리적 측면을 무시하였던 것이다. 경제공황과 노동조합의 등장, 민주화의 경향으로 노동자는 당당한 권리와 인간으로서의 대우를 요구하게 되었다.
2. 인간관계론은 서부전기회사의 호손공장에서의 '호손실험' 연구를 통해 얻은 결과를 종합하여 붙여진 이름이다. 이 연구는 하버드대학교 경영학 교수인 메이요(Mayo)와 뢰슬리스버거(Roethlisberger)를 중심으로 8년간(1924~1932)에 걸쳐 수행되었다. 이 실험의 주된 목적은 조직 내 인간적 요인에 의해 생산성이 어떻게 달라지는가를 밝히는 데 있었다.

MEMO

(1) 개념

① 경제적 보상보다 인간의 정서적 · 사회적 · 심리적인 측면을 중시하여 작업능률의 향상을 도모하고자 하는 관리법이다.

② 인간관계론은 과학적 관리론의 재검토에서 출발한 이론으로서 과학적 관리론의 한계를 보완해 준다는 점에서 의의가 깊다.

③ 하버드대학 연구팀인 메이요(Mayo)와 뢰슬리스버거(Roethlisberger)의 호손(Hawthorne) 실험에 그 기원을 둔다.

호손실험

1. 호손실험의 내용

① 조명실험(1차 실험) : 작업장의 조명도와 작업능률과의 관계를 분석한 실험 ⇨ 작업자의 생산량은 작업장의 조명도와 아무런 관계가 없다. ⇨ 과학적 관리론의 효과에 대한 의문 제기

② 전화계전기 조립실험(2차 실험) : 서로 좋아하는 사람들끼리 작업팀을 만들게 하고, 별도의 작업실에서 일을 하게 한 실험 ⇨ 작업능률에 영향을 미치는 것은 휴식, 간식, 봉급인상 등과 같은 물리적 작업조건보다는 심리적 만족도, 집단에의 소속감과 참여 등 인간적 · 사회적 측면이다. ⇨ 사회적 관계성이 생산성 향상의 요인

③ 면접 프로그램(3차 실험) : 종업원이 자신들의 관심사를 직접 이야기하도록 하여 그들이 무엇을 생각하고 있는가를 파악하기 위한 실험(신변상의 문제, 근무환경에 대한 불평불만, 기타 의견 등 면접) ⇨ 물리적 조건의 개선보다는 개인적이고 사회적인 감정과 태도 등 인간적인 요인의 중시가 필요하다는 생각을 확산시키는 계기가 되었다.

④ 건반배선 조립 관찰실험(4차 실험) : 작업집단의 사회적 구조를 분석하기 위한 실험 ⇨ 노동자들은 공식조직 내에서 비공식 집단을 형성하고 거기서 만든 비공식적 규범이 구성원의 행동을 통제하였다(예 일벌레, 뺀질이). ⇨ 결국 구성원의 행동은 경제적 유인체제보다는 비공식 집단의 규범에 의해 이루어지고 있음을 시사

2. 호손실험의 결과 및 의의

① 생산성에 더 영향을 미치는 것은 개인의 사회 · 심리적 욕구이다. 개인의 사회 · 심리적 욕구 충족을 통해 안정감과 만족감을 갖게 하는 것이 중요하다.

② 개인은 인간적 존재이지 기계의 톱니바퀴와 같은 수동적 존재가 아니다.

③ 생산성의 향상은 개인의 능력과 기술보다는 조직 내의 인간관계 및 비공식조직의 사회규범에 더 영향을 받는다.

④ 노동자들은 경영자의 자의적 결정으로부터 스스로를 보호하기 위하여 비공식조직을 활용한다.

⑤ 비공식조직의 성격에 따라 생산능률이 크게 달라진다. 비공식조직이 관리자와 일체감을 가지고 있을 때 생산성이 향상된다.

⑥ 조직을 분업화된 전문적 집단으로 만드는 것이 가장 효과적인 작업 집단을 만드는 것은 아니다.

MEMO

05

(2) 인간관계론의 내용

① **경제적 측면보다 인간의 사회적·심리적 측면 중시**: 인간은 경제적 보상보다 사회적·심리적 욕구에 의해 동기가 유발된다. 따라서 개인의 사회·심리적 욕구를 충족시켜 줌으로써 안정감과 만족감을 갖게 하는 것이 중요하다.

② **비공식조직의 중요성 강조**: 조직 내의 인간관계 및 비공식조직의 사회 규범이 생산성에 중요한 영향을 미친다. 비공식조직의 성격에 따라 생산능률이 크게 달라진다. 비공식조직이 관리자와 일체감을 가지고 있을 때 생산성이 향상된다.

③ **교육행정의 민주화에 크게 공헌**: 민주적 지도성의 발휘, 의사소통의 원활화, 각종 인사제도의 창안(예 인사상담, 고충처리, 제안제도 등), 참여적 의사결정, 사기, 비경제적 보상에 의한 동기부여 등이 능률 향상에 기여한다고 강조한다. ⇨ 진보주의 교육운동, 민주적 교육행정, 인간주의적 장학, 학교의 민주적 운영 등에 영향

(3) 공헌과 비판

공헌	• 인간의 사회·심리적 욕구를 중시하였다. 안정·소속감·인정을 포함한 구성원의 사회·심리적 욕구가 작업환경의 물리적 조건보다 구성원의 사기와 생산성에 더 영향을 미친다. • 비공식조직의 중요성을 인정하였다. 생산성의 향상은 개인의 능력과 기술보다는 조직 내의 인간관계 및 비공식조직의 사회규범에 더 영향을 받는다. • 행정관리절차에서 민주적 관리기법을 도입하였다. 민주적 지도성과 사기, 의사소통, 각종 인사제도의 창안, 참여적 의사결정, 비경제적 보상에 의한 동기부여 등을 중시하였다.
비판	• 인간의 경제적 동기에 대해 과소평가하였다. • 조직의 공식적 측면을 상대적으로 경시하였다. • 구성원의 정의적 측면을 지나치게 강조하였다. • 조직을 폐쇄체제로 보고 정치적, 경제적, 기타 환경적 영향을 무시하였다.

(4) 교육행정에의 적용

① 쿠프만(Koopman) : 「학교행정의 민주화」(1943)
학교장은 인간관계론을 적용하여 학교행정을 민주화해야 한다고 주장하면서, 학교행정의 민주화 과제로 '교육의 사회적 책임 규정, 민주적 지도성의 개념 규정, 조직 형태의 민주화, 구성원들의 적극적 참여, 교사의 역할 규정 등'을 확인하고 실천할 것을 주장

② 여치(요크, Yauch) : 「학교행정에서의 인간관계 개선」(1949)
학교행정에서 인간관계의 중요성을 강조하면서, 장학, 예산 배정, 교육과정 등 행정의 모든 영역에 교사의 적극적 참여가 보장되어야 한다는 점을 강조

③ 몰맨(Moehlman) : 「학교행정」(1951)
봉사활동으로서의 학교행정론을 주장하면서, 교육행정은 교수목표 달성을 위한 수단이고, 교육과정 실현을 위한 봉사활동이라고 강조

MEMO

④ 그리피스(Griffiths) : 「교육행정에서의 인간관계」(1956)
교육행정에서의 인간관계를 강조하면서, 학교장은 교사들이 인간적 욕구에 민감한 사회적 인간임을 알아야 하고, 그들과의 좋은 인간관계는 상호존중, 호의, 인간이 권위와 가치에 대한 굳은 신념을 바탕으로 성립된다고 주장하였다. 또 이러한 인간관계를 발전시키기 위해서는 동기 유발, 상황인식, 의사소통, 권력구조, 사기, 집단역학, 의사결정, 지도성의 측면에 관심을 기울여야 한다고 주장하였다.

키워드
사회·심리적 욕구
비공식 조직
민주적 교육행정

(5) 인간관계론의 시사점(교육적 적용)㉮

① **구성원의 사회·심리적 측면 중시**: 경제적 보상보다 개인의 사회·심리적 욕구가 구성원의 동기를 유발하고 조직의 생산성에 더 큰 영향을 미친다. 따라서 개인의 사회·심리적 욕구를 충족시켜 줌으로써 안정감과 만족감을 갖도록 해야 한다.

② **비공식조직 중시**: 조직 내의 인간관계 및 비공식조직의 사회 규범이 생산성에 중요한 영향을 미친다. 따라서 비공식조직의 의견을 의사결정과정에 반영하고, 비공식조직이 관리자와 일체감을 갖도록 한다.

③ **민주적 교육행정 실시**: 학교의 의사결정과정에 구성원들을 적극적으로 참여시키고, 각종 인사제도(예 인사상담제도, 고충처리제도, 제안제도 등)를 창안하여 구성원들의 욕구를 충족시키고 사기를 진작해야 한다.

3 행동과학론

개념 다지기

행동과학론의 등장

1. 고전이론(고전적 관리론)은 조직의 생산성 향상을 위한 직무분석과 과업의 능률성을 지나치게 강조한 나머지 사회적 존재로서의 인간을 무시하였고, 인간관계론은 개인의 감정이나 태도, 비공식조직의 사기를 중요시한 나머지 조직을 지나치게 무시하였다.
2. 과학적 관리론이 '인간 없는 조직'을 강조했다면, 인간관계론은 '조직 없는 인간'을 강조했다고 볼 수 있다. 한편 이 두 이론은 공통적으로 조직 구성원들을 조직의 목적 달성을 위해 수단시하였다. 이런 점에서 헤겔의 정반합의 변증법적 발전논리에 따라 개인과 조직의 조화로운 관계를 강조하는 행동과학론이 대두하게 된다.

MEMO

05

(1) 개념

① 인간과 조직의 조화로운 관계를 정립하여 조직의 생산성을 향상시키고자 하는 이론이다.

② 과학적 관리론과 인간관계론의 장점을 통합하여 조직도 발전하고 구성원도 성취감을 느끼는 방법을 모색하였다.

③ 행동과학적 도구, 즉 행동의 개념과 이론, 연구설계, 통계적 측정 기법 등을 이용하여 개념을 조작하고 이론적 가설을 실증적 자료에 의해 검증하여 일반화할 수 있는 이론을 수립하고자 하였다.

(2) 개인과 조직

① 버나드(Barnard) : 「행정가의 기능」(1938) ⇨ 공식조직과 비공식조직의 상호관계 강조
조직을 사회적 협동체로 보고 공식조직과 비공식조직의 상호관계를 강조하였다. 그는 개인의 욕구 충족도(사기, 만족 등)를 능률성(efficiency), 조직의 목적 달성도를 효과성(effectiveness)이라고 구분하여 조직이 목표를 최대한 달성하기 위해서는 양자 간의 균형을 유지해야 한다고 하였다.

② 사이먼(Simon) : 「행정행위론 : 행정조직에서의 의사결정과정 연구」(1947) ⇨ 의사결정의 중요성 강조
행정과정은 의사결정과정이라고 강조하면서, 의사결정과정에서 경제적 인간형(최적의 합리성만 추구)과 행정적 인간형(만족스러운 범위 내에서 제한된 합리성 추구)으로 구분하고, 보다 객관적이고 효과적인 의사결정을 하기 위해서는 제한된 합리성을 추구하는 행정적 인간형이 필요하다고 주장하였다.

(3) 교육행정의 이론화 운동

① 이론화 운동 ⇨ 신운동(새로운 운동, New Movement)
㉠ 행정과 조직에 대한 규범적 진술은 과학적 이론에 포함될 수 없다.
㉡ 과학적 이론은 있는 그대로의 현상을 다룬다.
㉢ 연구는 이론에 기반을 두고 이론에 의해 진행되어야 한다.
㉣ 가설 연역적 체제가 이론 개발의 가장 좋은 모델이다.
㉤ 이론 개발과 교육을 위해 사회과학을 적극적으로 활용해야 한다.
㉥ 행정은 어떤 조직 형태에서나 적용할 수 있는 일반적인 개념으로 이해해야 한다.

② 교육행정 이론의 발달
㉠ 체제론점 관점 대두 : 교육을 하나의 사회체제로 파악하고 체제론적 관점에서 교육행정을 연구하는 경향이 나타남 ⇨ Getzels & Guba의 사회과정모형, Getzels & Thelen의 수정모형

MEMO

㉡ **동기 이론의 발전** : 구성원의 동기를 적극적으로 개발시키는 이론들이 발전 ⇨ Maslow의 욕구위계이론, Herzberg의 동기위생이론, Alderfer의 ERG이론

㉢ **지도성 이론의 발전** : 특성론에서 행동론으로 전환하게 하는 결정적 역할을 한 Hemphil과 Halpin, Likert, Tannenbaum과 Schmidt 등

㉣ **조직론의 발전** : 조직 자체에 대한 본격적인 이론들이 발전 ⇨ Halpin & Croft의 조직풍토론, Argyris의 성숙－미성숙이론, McGregor의 X－Y이론

㉤ **의사결정과 의사소통, 행정관리 이론의 발전** : Griffiths, Coladarci, Campbell, Gregg 등

③ 신운동의 공헌점

㉠ 교육행정의 과학적 연구를 크게 발전시켰다.

㉡ 교육행정가 양성 프로그램을 위한 교육과정의 개혁 및 교육행정 담당지도자 양성 문제를 중요시하는 계기가 되었다.

㉢ 학교의 교육목적 설정을 구체적인 행동목표로 진술하게 되었다.

4 체제이론 96 중등, 97 초등, 99 초등추시, 02 중등, 04 중등, 09 중등

개념 다지기

체제이론의 등장

1. 교육행정의 이론화 운동은 교육행정 연구와 실제에 많은 공헌을 하였지만, 조직 내의 변인에만 관심을 두었을 뿐 조직을 둘러싼 외부 환경을 고려하지 않았다는 비판을 받아 왔다. 체제이론은 1960년대와 1970년대에 학교조직을 이해하기 위한 방법으로 크게 각광을 받았으며, 현재는 제도교육의 현상적 이해라는 차원을 넘어 그 관리와 운영을 계획하고 이해하는 접근 방법으로 광범위하게 활용되고 있다.
2. '체제'란 그리스어 '시스테마(systema)'에서 유래한 용어로, '여러 부분으로 이루어진 전체 혹은 여러 요소의 총체'를 말한다. 생물학자 버타란피(Bertalanffy, 1901～1972)가 처음 사용하였다.

(1) 개관

① **개념** : 학교사회를 하나의 체제(system)로 보고 학교사회를 구성하고 있는 요소들과 그것의 구조와 기능을 파악하여 학교를 체계적으로 이해하려는 접근방법이다.

② **체제의 속성** : 체제는 생성·진화·성장·소멸하는 경향을 가지고 있고, 내적으로는 상위체제와 하위체제로 구성되는 구조를 가지며, 하위체제 간 상호의존적·역동적인 상호작용을 한다. 어떤 체제가 환경과 비교적 자유로운 상호작용을 하면 개방체제(open system), 그렇지 못한 체제를 폐쇄체제(closed system)라고 한다.

③ **영향** : 파슨스(Parsons), 머튼(Merton) 등 구조기능주의자들의 영향을 받았다.

MEMO

05

④ 개방체제의 특징

㉠ 체제는 투입, 과정, 산출, 환경의 요인으로 구성된다.

㉡ 체제는 상위체제와 하위체제로 구성되고, 체제 밖의 모든 것은 환경이다.

예 교육체제는 교육행정체제의 상위체제

㉢ 하위체제들은 상호의존적이며 역동적인 상호작용을 한다.

㉣ 체제는 자기통제력을 가지고 있고, 균형상태를 스스로 유지하려는 경향이 있다.

㉤ 체제는 환경과 상호작용하며 때로는 변하기도 한다.

㉥ 체제는 투입 → 과정 → 산출 → 환류(feedback)의 과정을 거친다.

(2) 체제이론의 기본 모형 – 투입-산출 모형

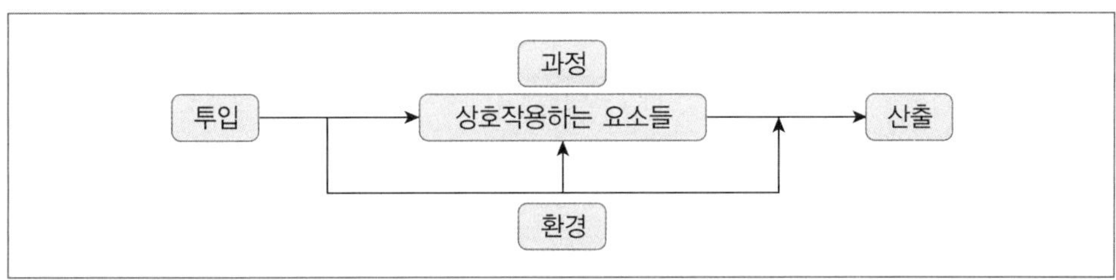

체제이론의 기본 모형

① **투입(input)**: 체제의 목적을 달성할 수 있도록 체제의 밖에서 안으로 들어가는 모든 요소

② **과정(process)**: 체제가 목적 달성을 위해 여러 자원과 정보를 활용하여 산출로 만들고 가치를 창조하는 과정

③ **산출(output)**: 체제가 환경이나 인접한 체제로 내보내는 자원과 정보로서, 체제가 의도적이거나 무의도적으로 생산해 내는 모든 것

④ **환경(environment)**: 체제와 일정한 접촉을 유지하고 그것에 일정한 영향을 주는 경계 밖의 주변 조건이나 상태

(3) 카우프만(Kaufman)의 체제접근모형

① 개관

㉠ 조직을 사회적 역동체제로서의 역동적인 구조로 파악 ⇨ 시스템을 구성하고 있는 모든 요소(변인)들을 유기적으로 연결, 기능화하면 생산성이 향상된다고 전제한다.

cf **행동과학이론**: 관찰 가능한 인간행동의 변인을 통제하여 변화를 유도 ⇨ 생산성 향상

㉡ 문제해결을 위해 여러 가지 대안으로부터 최적의 해결방안을 얻어내고 이를 실천·평가하는 일련의 과정을 제시하였다.

MEMO

② 모형도

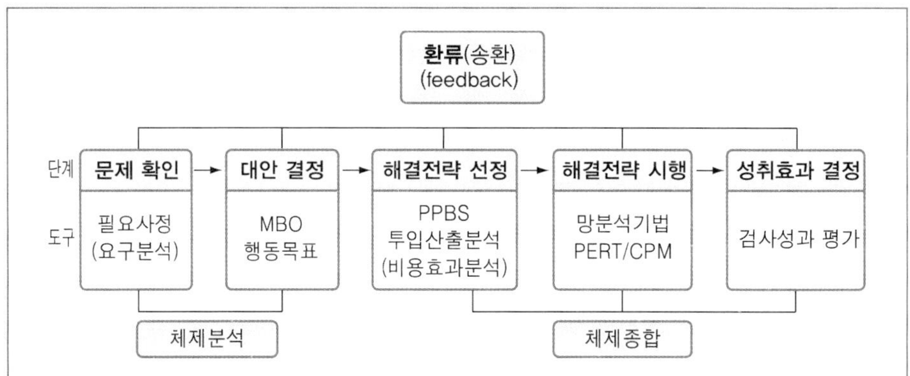

㉠ **문제 확인**: 요구분석을 통해 문제를 확인하고 문제해결을 위한 요건을 구체적으로 서술한다. 요구분석이란 현재의 상태와 원하는 상태 간의 차이를 분석하는 것이다.

㉡ **대안 결정**: 현 상태에서 요구되는 상태에 이르기까지 필요한 자세한 요건을 결정하는 분석을 시행하여, 문제를 해결할 수 있는 목표를 설정한다. 목표관리기법(MBO)을 사용하여 목표를 결정한다.

㉢ **해결전략 선정**: 앞 단계에서 결정된 대안(목표)을 실현할 수 있는 해결전략을 선택한다. 투입-산출 분석, 기획예산제도(PPBS) 등을 활용한다.

㉣ **해결전략 시행**: 실제 해결전략과 도구를 실행하고, 적절한 실행자료를 수집한다. 과업평가검토기법(PERT), 비판적 경로분석기법(CPM) 등과 같은 망 분석기법을 활용한다.

㉤ **성취효과 결정**: 문제해결 과정의 성과가 어느 정도 성취되었는지를 평가한다.

㉥ **수정**: 5단계에서 성과가 있는 것으로 평가되면 체제접근의 단계가 일단 끝나지만, 실행대로 이루어지지 않았을 경우 언제든지 필요한 수정을 한다.

(4) 겟젤스와 구바(Getzels & Guba)의 사회과정모형

① 개관

㉠ 겟젤스와 구바는 교육행정을 사회과정으로, 학교조직을 사회체제로 보고 그 사회체제 속에서 이루어지는 인간의 사회적 행동에 관한 일반적인 개념모형을 제시하였다.

㉡ 사회체제를 개인의 집합으로 이루어진 사회적 단위로 보고 사회체제 속에서 인간의 행동을 연구한 것이 사회과정이론이다.

MEMO

05

② 역할과 인성의 상호작용모형

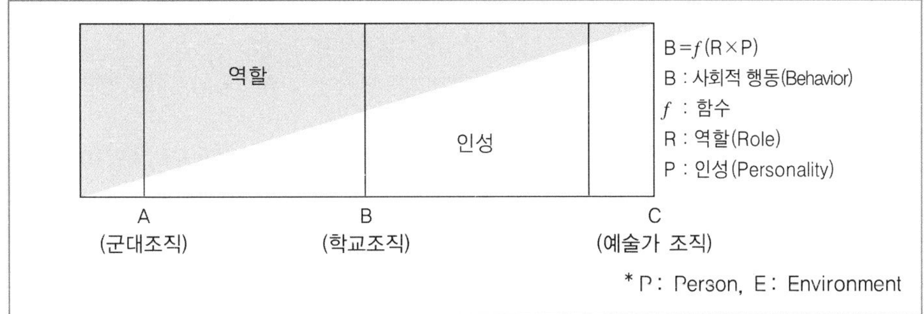

㉠ 겟젤스와 구바(사회과정이론)는 사회체제 내에서의 인간의 행동을 역할과 인성의 상호작용으로 본다. ⇨ $B=f(R\times P)$

㉡ 이것은 인간의 행동을 인성과 환경의 함수 $B=f(P\times E)$로 설명하는 레빈(Lewin)의 집단역동이론에서 착안한 것이다.

㉢ 역할과 인성의 상호작용은 집단의 성격에 따라 다르다. 군대조직은 역할이, 예술가 조직은 인성이 더 큰 영향을 미친다. 반면, 대체로 학교는 관료제적 특성과 전문적 특성을 다 갖고 있어 역할과 인성이 골고루 영향을 미친다고 볼 수 있다.

㉣ 물론 학교조직도 학교의 특성이나 풍토에 따라 그 위치점이 조금씩 다르기는 하다. A에 가까이 위치한 학교일수록 고도로 집권적인 의사결정과 표준화된 규칙과 절차를 따르도록 교사의 행동을 강요할 것이며, C에 가까이 위치한 학교일수록 교사와 학생의 개인적 욕구와 목표성취를 장려하는 창의적 활동을 격려할 것이다. 학교가 어디에 위치할 것인지를 결정하는 요인은 다양한데, 국가의 법규, 자치단체의 조례와 규칙, 교육감의 정책과 경영방침, 지역사회의 전통과 관습, 교장의 리더십, 학교의 특성이나 문화·풍토 등을 들 수 있다.

③ 겟젤스와 구바(Getzels & Guba)의 사회과정모형

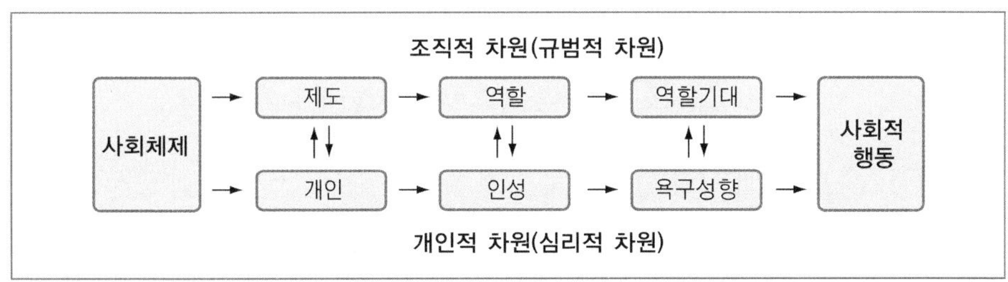

MEMO

1. **규범적 차원**: 제도, 역할, 역할기대 등 사회체제의 조직적 측면을 말한다.
   ① 제도: 사회체제가 지닌 목적달성을 위해 사람들로 하여금 분화된 과업을 수행하도록 역할을 조직화한 것
   ② 역할: 제도 속에 규정된 지위에 부여된 행동적 기대 · 지위나 임무에 따라 권리와 의무의 범위 내에서 행동하는 것
   ③ 역할기대: 사회체제 속에서 특정한 역할을 담당하는 개인에게 주어지는 일반적인 기대 ⇨ 행동에 따른 권리, 의무, 책임 등 역할 책임자에게 기대되는 것
2. **개인적 차원**: 개인, 인성, 욕구성향 등 사회체제의 심리적 측면을 말한다.
   ① 개인: 독특한 감정과 욕구, 사고를 가진 사람들
   ② 인성: 성격과 비슷한 말로, 개인에게 비교적 오래 계속되는 행동방식이나 경향
   ③ 욕구성향: 필요한 무엇인가를 충족하려는 경향

㉠ 겟젤스와 구바는 사회체제를 개인의 집합으로 이루어진 사회적 단위로 보고, 사회체제 속에서 인간의 행동은 조직의 규범적 차원과 개인의 심리적 차원의 상호작용의 결과로 나타난다고 보았다.

㉡ 조직의 규범적 차원은 체제의 목적을 달성하기 위한 과업분담체제로서 제도, 역할, 역할기대로 구성되며(⇨ 제도가 규정한 역할과 역할기대), 개인의 심리적 차원은 개인, 인성(성격), 욕구성향으로 구성된다(⇨ 개인이 가진 인성과 욕구성향).

㉢ 사회체제 속에서 개인의 사회적 행동은 이 두 차원의 동시적 상호작용의 결과로 나타난다는 것이다. 가장 이상적인 것은 양 차원의 균형, 즉 조직의 목표 달성과 개인의 욕구충족이 적절히 조화를 이루는 것이다.

㉣ 사회체제 속에서 이루어지는 개인의 행동을 이해하기 위해서는 규범적 차원과 개인적 차원을 모두 고려해야 한다.

(5) 겟젤스와 셀렌(Getzels & Thelen)의 수정모형

① 개관

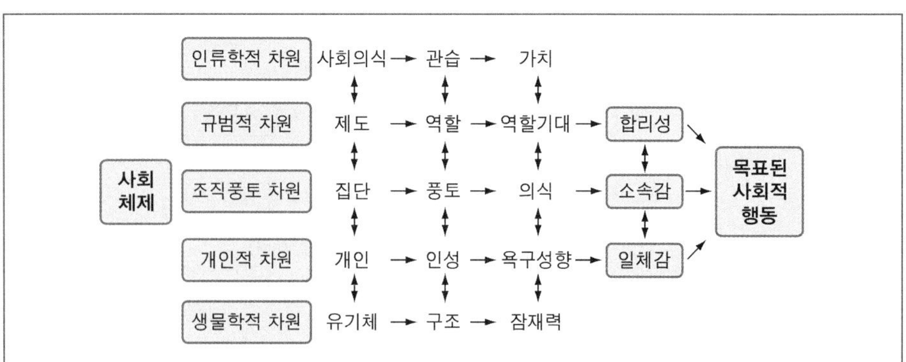

MEMO

05

㉠ 겟젤스와 구바(Getzels & Guba) 모형을 보완하여 발전시킨 모형이다. 겟젤스와 구바 모형은 조직적 차원과 인성적 차원의 두 차원만을 고려하기 때문에 현대와 같은 복잡한 사회에서 이루어지는 사회적 상호작용을 설명하는 데에는 한계가 있기 때문이다. 즉, 조직과 환경과의 상호관련성을 고려하지 않은 폐쇄체제로 한정하였다는 비판을 받으면서 수정모형(확대모형)을 제시하게 된 것이다.

㉡ 겟젤스와 셀렌(Getzels & Thelen)의 수정모형은 겟젤스와 구바 모형에 인류학적·조직풍토적·생물학적 차원을 추가하여 보다 다양한 사회적 행동을 설명하고 있다.

ⓐ **인류학적 차원**: 사회의식에 내재된 관습과 가치 ⇨ 한 조직에서 개인의 행동은 보다 큰 차원의 사회의식에 영향을 받는다. 사회의식(ethos)은 다른 조직의 집단문화에서부터 전체사회의 시대정신에 이르기까지 한 개인이 소속한 집단을 둘러싸고 있는 사회체제의 문화를 의미한다.

ⓑ **생물학적 차원**: 유기체로서 인간의 신체구조와 잠재력 ⇨ 유기체로서 인간의 신체구조와 내적 잠재력이 개인의 인성과 욕구성향에 영향을 주고, 사회적 행동에까지 영향을 미친다는 것이다.

예 인간의 행동은 체력, 정력, 인내력, 성차 등의 한계를 넘어설 수 없다.

ⓒ **조직풍토 차원**: 집단의 풍토(분위기)와 의식(의도) ⇨ 인간은 집단의 풍토와 의식으로 구성된 사회·심리학적 차원에 영향을 받는다. 조직풍토 차원은 역할과 인성의 상호작용이 상황에 의존한다는 점을 강조하기 위한 것이다. 역할과 인성은 상황이 적절할 때 극대화된다. 조직의 풍토(climate)가 특정한 역할을 수행하는 데 부적절하다면 혹은 특정한 인성을 지닌 개인으로 하여금 그것의 발휘를 불가능하게 하는 것이라면 그 사람의 사회적 행위는 다른 형태로 나타난다. 어떤 조직이든 특수한 조직풍토나 집단의식(intentions)이 존재하며, 이들에 의해 개인의 사회적 행동은 아주 다양하게 나타나게 된다.

예 A중학교 3학년 담임인 김 교사는 3학년 담임으로서의 역할기대에 따라, 그리고 독자적 인성(성격)과 욕구를 소유한 개인으로서 행동할 뿐만 아니라, A중학교 교직원의 한 사람으로서, 어떤 부서(공식집단)의 일원으로서 또는 그 직원들 간에 형성된 비공식조직의 일원으로서 행동할 것이다.

MEMO

② 한 개인의 행위가 목표로 하는 사회적 행동으로 나타나기 위한 조건(구성원의 사기진작 요인)

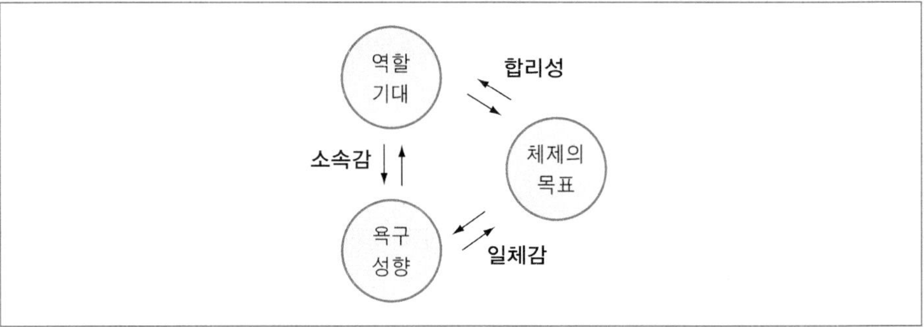

구성원의 사기진작 요인

㉠ 역할기대(기대)와 체제의 목표가 논리적으로 일치하면 '합리성(rationality)'이 생기고, 개인의 욕구성향(욕구)과 조직의 목표가 일치하면 체제와의 '일체감(identification)'이 형성되며, 개인의 욕구성향과 역할기대가 일치하여 조직의 목표 달성에 의식적으로 참여하면 집단의 일원으로서 '소속감(belongingness)'이 생긴다. 이와 같이 역할수행자는 개인적 차원과 제도적 차원이 일치하면 조직의 목표를 고도로 성취할 수 있게 된다.

㉡ 따라서 한 개인의 행위가 목표로 하는 사회적 행동으로 나타나려면, 제도적 목표 행위에 역할기대가 논리적으로 부합되어야 하며(합리성✦), 제도적 목표에 자신의 욕구성향을 만족시켜야 하며(일체감✦), 집단의 제도적 목표 달성에 의식적으로 참여함으로써 공동체 의식을 가져야 한다(소속감✦).

✦ 합리성
역할기대와 제도적 목표가 논리적으로 일치

✦ 일체감
개인의 욕구성향과 제도적 목표가 일치

✦ 소속감
개인의 욕구성향과 역할기대가 일치하여 제도적 목표 달성에 의식적으로 참여하는 것

5 대안적 관점 03 초등

(1) 개관

① 행동과학론, 체제이론을 중심으로 한 실증주의적 관점에 대한 비판을 통해 제기된 다양한 관점을 통칭한다.

② 이 관점은 전통적인 사회과학적 방법과 합리성에 대한 의문을 제기하고 주관성, 불확정성, 비합리성 등을 교육행정 현상의 분석을 위한 주요 개념으로 설정한다.

③ 크게 해석적 관점과 급진적 관점으로 구분할 수 있다.

MEMO

05

(2) 유형

① 해석적 관점(interpretive paradigm)

㉠ 대표적 학자인 그린필드(Greenfield)에 따르면, 조직은 객관적인 실체가 아니고, 인간에 의해 창조되고 의미가 부여된 주관적인 의미구성체(사회문화적 가공물)이기 때문에 가설 연역적 체제나 정교한 통계적 방법만으로는 이해할 수 없다고 한다.

㉡ 해석적 관점은 조직의 구조와 역동성을 설명하거나 예측하려 하지 않는다. 질적 연구방법을 통해 특수한 상황을 해석하고 이해하고자 한다. 과학적 방법을 통해 법칙을 정립하기보다는 합리적인 사고와 간주관적 해석을 통해 현상을 이해하는 것이 근본 목적이다.

㉢ 그러나 해석적 탐구는 조직 내 구성원들의 주관적인 의미 파악에 주력하기 때문에 객관성과 일반화가 항상 문제가 된다.

② 급진적 관점(radical paradigm)

㉠ 네오마르크시즘(Neo-Marxism)의 영향하에서 발전한 이론으로, 조직의 비합리적이고 특수한 측면, 주변적이고 소외된 측면에 초점을 맞추어 조직 문제를 탐구한다.

㉡ 해석적 관점과 유사하지만 좀 더 객관적 탐구를 추구한다는 점에서 다르다. 대표적 이론으로 포스트모더니즘, 비판이론, 페미니즘이 있다.

포스트모더니즘	• 모더니즘 사상의 바탕이 되는 이성과 진리, 합리성과 절대성을 비판하고 기존 것들의 해체(deconstruction)와 상대성, 다양성, 탈정형성을 표방한다. • 조직론의 측면에서 이 관점은 해체주의적 방법을 통해 현재의 조직이론과 그 지식 근거를 공격하는 입장을 대표하고 있다.
비판이론	• 비판을 통해 신비화된 허위의식을 파헤치고 새로운 변화를 모색하려는 경향이다. • 조직론에 있어 이 이론은 현대 조직이 지배계급의 이익을 위해 어떠한 기능을 수행하는지를 드러냄으로써 사회적 실재를 해체하려는 관점을 표방한다. • 현대의 조직이론을 신랄하게 비판한다는 점에서 포스트모더니즘과 맥을 같이 하지만, 그 지식기반에 대한 비판을 넘어 인간의 소외와 억압, 불평등을 야기하는 사회구조 및 조직을 변혁하려 한다는 점에서 다르다.
페미니즘	• 현대의 조직이 권위에 대한 복종, 순응, 충성, 경쟁, 공격성, 효율성 등을 강조하는 남성문화의 산물이며, 그에 편향되어 있다는 점을 비판한다. • 현존하는 조직사회를 주어진 것으로 보고, 그 사회에서 여성의 역할을 부각시키려는 자유주의적 여권론과 기존의 관료제적 조직을 다른 조직체제로 변혁시키는 것을 목적으로 하는 급진주의적 여권론으로 구분된다. • 최근에 이 이론은 교육활동과 교직에서의 성차별 등에 관한 심각한 문제를 제기하여 관심을 끌고 있다.

Section 02 조직론(Organization Theory)

MEMO

01 조직 이해

개념 다지기

조직

1. **조직의 정의**: 조직은 '공동의 목표를 달성하기 위해 둘 이상의 사람들이 과업을 분담하며 의사소통하는 사회체제'라고 정의할 수 있다. 행정은 바로 이 조직 안에서 이루어지므로, 조직은 '행정이 이루어지는 그릇'으로 비유할 수 있다.
2. **조직의 원리** 99 초등추시
   ① 계층의 원리: 권한과 책임의 정도에 따라 직위가 수직적으로 서열화·등급화되어 있다는 원리
   예 사장, 부장, 과장 등
   ② 통솔범위의 원리(통솔한계의 원리): 1명의 상관이 직접 통솔할 수 있는 부하의 수에는 한계가 있다는 원리
   ③ 명령통일의 원리: 부하는 1명의 상관에게만 명령을 받고 보고한다는 원리
   cf 한 집에 시어머니가 둘이면 며느리가 괴롭다. 복수교감제
   ④ 적도집권의 원리: 중앙집권제와 지방분권제 사이에 적절한 균형을 유지해야 한다는 원리 예 단체자치
   ⑤ 분업화의 원리: 업무를 성질별로 나누어 1명에게 1가지의 주된 업무를 분담시키는 원리. 표준화(standardization)·전문화(specialization)·단순화(simplification) 등 3S를 촉진
   ⑥ 조정의 원리: 공동 목적달성을 위하여 업무 수행 및 제 기능을 조화 있게 정리·배열하는 집단적 노력으로, 업무 간, 상하 간, 기능 간의 상호관계를 조화 있게 유도해 나가는 원리
   cf 사공이 많으면 배가 산으로 올라간다.

1 조직의 구조

(1) 공식조직과 비공식조직 99 초등추시, 16 중등論

① 공식조직(formal organization)

㉠ 일정한 목적을 달성하기 위해 인위적으로 구성한 조직으로, 공식적인 조직표에 나타나는 조직이다. 권위의 계층화, 명확한 책임분담, 표준화된 업무수행, 비정의적 인간관계 등을 특징으로 한다.

㉡ 교육행정 이론의 발달과정에서 고전이론(고전적 관리론) 시대에 강조한 내용이다.

MEMO

05

② 비공식조직(informal organization)

㉠ 공식조직 속에서 현실의 인간관계를 중심으로 형성되는 자연발생적 조직이다(⇨ 자생조직). 예 학연, 혈연, 지연, 동호회 등

㉡ 공식조직 내에서 구성원들이 개인의 욕구충족을 위해 자발적으로 구성한 집단이다.

㉢ 교육행정 이론의 발달과정에서 인간관계론 시대에 강조한 내용이다.

㉣ 비공식조직의 순기능과 역기능[암]

암기법
안경원 ↔ 정적비

구분	내용
순기능	• **직무집단의 안정화에 기여**: 구성원들의 누적된 심리적 욕구불만의 해소처가 되므로 귀속감과 안정감을 부여한다. • **의사전달의 원활화에 기여**: 공식적 구조만으로는 불충분한 의사전달을 비공식적 통로를 통하여 보충해 준다. • **공식조직의 경직성 완화에 기여**: 법규에 의해 운영되는 공식조직에 융통성을 부여하고 자유로운 대인관계로 인해 개방적 풍토가 형성된다. • **직무의 능률적 수행에 기여**: 구성원 간의 협조와 지식 및 경험의 공유가 자유로워 직무의 능률적 수행에 기여한다. • **구성원 간의 행동기준 확립에 기여**: 구성원 간에 서로 권하고 조언함으로써 상호 통제기능을 갖고 있으므로 어떤 행동기준을 제공한다. • **공식조직의 책임자에 대한 능력보완에 기여**: 공식조직의 책임자에 대한 자문기관이나 협조자의 역할을 한다.
역기능	• **정실행위의 우려**: 비공식조직 관계로 파벌이 조성되면 정실인사의 계기가 되고, 구성원 간의 갈등과 소외가 초래될 수 있다. • **적대감정 유발 우려**: 비공식조직 간에 적대감정이 야기될 경우 공식조직의 기능이 마비될 수 있다. • **비공식적 의사전달의 역기능 우려**: 왜곡된 정보 및 가십(gossip), 소문 등 비공식적 의사전달의 역기능이 나타날 수 있고, 이로 인해 구성원의 사기가 저하될 수 있다.

③ 공식조직과 비공식조직의 비교

㉠ 공식조직은 조직의 목적달성을 위해 인위적으로 만든 것인 데 비하여, 비공식조직은 혈연·지연·학연 등의 기초 위에 자발적으로 형성된 것이다.

㉡ 공식조직은 능률의 논리에 따라 구성·운영되는 데 비하여, 비공식조직은 감정의 논리에 의해 구성·운영된다.

㉢ 공식조직은 외면적·외향적이어서 가시적인 데 비하여, 비공식조직은 내면적·내향적이어서 비가시적이다.

㉣ 공식조직은 전체 성원으로 구성된 대규모 조직인 데 비하여, 비공식조직은 친숙한 인간관계를 중심으로 한 소규모 조직이다.

㉤ 공식조직은 계층에 따른 과업의 분담이 분명한 데 비하여, 비공식조직은 계층이나 성원의 역할이 불분명하다.

㉥ 공식조직은 지도자의 권위가 상부에 의해서 하향적으로 주어지는 데 비하여, 비공식조직은 부하들의 동의에 의해서 상향적으로 주어진다.

㉦ 공식조직은 전체적 질서를 부여하는 데 비하여, 비공식조직은 부분적 질서를 담당할 뿐이다.

MEMO

(2) 계선조직과 참모조직

① 계선조직(직계조직, line organization) : 조직의 목표 달성을 위해 상하위계의 지휘명령 계통에 따라 움직이는 수직적인 조직(예 교장−교감−부장−교사, 장관−실 · 국장−과정 · 계장−계원) ⇨ 실제 집행하는 기능

장점	• 권한과 책임의 한계가 명확하여 업무수행의 효율성을 제고할 수 있다. • 단일기관으로 구성되어 의사결정(정책결정)이 신속하게 이루어질 수 있다. • 상하위계가 엄격하여 강력한 통솔력을 발휘할 수 있다. • 업무처리가 간편하여 조직 운영비가 적게 든다. • 조직이 안정적이며, 업무의 분화가 다양하지 않는 소규모 조직에 유리하다.
단점	• 조직이 대규모화되는 현대조직에서는 관리자의 업무량이 과중될 수 있다. • 전문가의 지식과 경험을 활용할 수 없어 관리자의 독단적인 의사결정이 이루어질 수 있다. • 명령계통을 주축으로 한 수직적 조직이므로 의사전달이 불충분하고 조직의 경직성을 초래할 수 있다.

② 참모조직(막료조직, staff organization) : 계선조직이 원활하게 목적을 달성할 수 있도록 기획 · 연구 · 자문 · 정보제공 등 지원 · 보조해 주는 수평적인 조직(예 교육부 기획관리실, 교육정책실, 장학편수실, 감사공보담당관) ⇨ 지원 · 보조하는 기능(명령 · 결정 · 집행 ×)

장점	• 전문적인 지식과 경험을 활용함으로써 합리적인 의사결정을 할 수 있다. • 수평적 업무의 조정과 협조를 가능하게 한다. • 계선조직의 업무를 지원해 줌으로써 조직의 신축성을 기할 수 있다. • 기관장의 통솔범위를 확대시켜 준다.
단점	• 조직의 복잡성으로 조직 구성원이나 부서 간의 갈등 · 불화가 생길 수 있다. • 계선과 참모 간에 책임 전가의 사태를 빚을 우려가 있다. • 조직 운영을 위한 경비지출이 많이 든다. • 의사전달과 명령계통에 혼란을 일으킬 수 있다.

③ 보조조직(auxiliary organization) : 계선조직과는 별도로 그 내외부에서 계선조직의 기능을 부분적으로 심화 · 보조하는 조직(예 학교의 행정실, 중앙교육연수원, 교원소청심사위원회, 국립특수교육원, 국립국제교육원, 국사편찬위원회 등) ⇨ 간접적인 보조활동(계선조직의 주요 시책에 관여 ×)

MEMO

05

2 조직의 유형

(1) 파슨스(Parsons)의 사회적 기능 유형 – 사회적 기능을 기준으로 분류 10 중등

① 생산조직(production organization) : 사회의 적응기능(Adaptation)을 수행하는 조직
예 사회를 유지하기 위해 물품을 제조하는 회사, 기업 등의 경제체제

② 정치적 목표지향조직(political organization) : 사회 공동의 목표 달성기능(Goal-attainment)을 수행하는 조직 예 목표 달성을 위해 권력을 할당하는 정부, 정당 등의 정치체제

③ 통합조직(integrative organization) : 사회 구성원 간의 통합기능(Integration)을 수행하는 조직 예 사회체제의 내적 활동을 조정·통합하는 법원, 경찰 등의 사회체제

④ 유형유지조직(pattern maintenance organization) : 사회의 문화를 유지·존속하는 잠재적 유형유지기능(Latent pattern maintenance)을 수행하는 조직
예 학교, 가정, 종교 등의 문화체제

(2) 카츠와 칸(Katz & Kahn)의 분류 – 조직의 본질적 기능을 기준으로 한 분류 ⇨ 파슨스(Parsons)의 AGIL이론에 토대

① 생산·경제조직(productive or economic organizations) : 사회를 유지하기 위해 물자와 서비스를 제공하는 조직 예 1차 산업, 2차 산업, 3차 산업으로 분류

② 적응조직(adaptive organizations) : 사회 변화에 적응할 수 있도록 새로운 지식을 창출하고 이론을 개발하고 문제해결의 정보를 제공하는 조직 예 대학, 연구소, 조사기관

③ 관리·정치조직(managerial or political organizations) : 인적·물적 자원의 배분과 여러 하위체제의 조정·통제를 통해 사회를 관리·통합하는 기능을 수행하는 조직
예 정부, 정당, 노동조합, 압력단체

④ 유지조직(maintenance organizations) : 사회의 현상을 유지하고 개인의 사회화 기능을 수행하는 조직 예 학교, 가정, 종교단체, 문화기관

(3) 블라우와 스콧(Blau & Scott)의 1차 수혜자 유형 – 조직의 1차 수혜자를 기준으로 분류

① 호혜조직(mutual benefit associations) : 조직의 구성원이 조직의 1차 수혜자인 조직
예 정당, 노동조합, 종교단체, 교원단체, 전문가 단체, 학생회

② 사업조직(business concerns) : 조직의 소유자가 조직의 1차 수혜자인 조직. 이 조직의 주된 목표는 이윤의 획득 예 기업체, 금융기관

③ 공공조직(commonwealth organizations) : 일반대중 전체가 조직의 1차 수혜자인 조직
예 군대, 경찰, 소방서

④ 봉사조직(service organizations) : 조직을 이용하는 고객(client)이 조직의 1차 수혜자인 조직. 이 조직의 기본적인 기능은 고객에게 서비스를 제공하는 것
예 학교, 병원, 사회사업기관, 법률상담소

MEMO

(4) 칼슨(Carlson)의 봉사조직 유형 03 중등, 05 초등, 11 중등

조직과 고객의 선택 여부를 기준으로 '봉사조직'의 유형을 4가지로 분류하였다.

		고객의 조직 선택권	
		유	무
조직의 고객 선택권	유	유형 1(야생조직) 예 사립학교, 사립대학, 특목고, 자율형사립고 ⇨ 시장원리 지배, 생존경쟁 치열	유형 3(강압조직) 예 군대 ⇨ 이론적으로는 가능하지만, 실제로는 존재하지 않음
	무	유형 2(적응조직) 예 미국의 주립대학, 자유등록제의 학교	유형 4(온상조직, 사육조직) 예 공립학교, 정신병원, 형무소, 고교평준화지역고교 ⇨ 법에 의해 조직이 고객을 선발하고, 고객도 의무적으로 참여해야 함

유형	내용
유형 1 (야생조직)	• 조직과 고객이 독자적인 선택권을 갖고 있는 조직 • 이 조직은 살아남기 위해 경쟁하지 않으면 안 되기 때문에 야생조직이라고 함 예 사립학교, 사립대학, 특목고, 자율형사립고, 개인병원 등
유형 2 (적응조직)	조직이 고객을 선발할 권리는 없고, 고객이 조직을 선택할 권리만 있는 조직 예 미국의 주립대학, 자유등록제의 학교
유형 3 (강압조직)	• 조직은 고객선발권을 가지나 고객은 조직선택권이 없는 조직 예 군대 • 봉사조직으로 존재하기 어려우므로, 이론적으로는 가능하나 실제로는 존재하지 않음
유형 4 (온상조직)	• 조직과 고객 모두 선택권을 갖지 못하는 조직 • 이 조직은 법적으로 존립을 보장받고 있어 온상조직(사육조직)이라고 함 예 공립학교, 정신병원, 고교평준화지역 고교, 형무소 등

(5) 에치오니(Etzioni)의 분류 – 권력 유형과 참여 유형을 기준으로 한 분류 10 중등

		참여 유형		
		소외적	타산적	도덕적(헌신적)
권력 유형	강제적	강제조직		
	보상적		공리조직	
	규범적			규범조직

① 강제조직: 물리적 제재나 위협 등 강제적인 통제수단을 사용하며, 구성원들은 소외감을 가지고 참여 예 교도소, 정신병원

② 공리조직: 보수, 성과급 등 물질적 보상체제를 이용하여 구성원들을 통제하며, 구성원들은 타산적으로 참여 예 회사, 기업

③ 규범조직: 사명감, 신념, 존경 등 규범적 권력을 사용하여 구성원들의 높은 도덕적·헌신적 참여를 유도 예 학교, 종교단체, 대학, 자원단체, 종합병원

(6) 홀(R. H. Hall)의 교육조직구조 유형 – 전문성과 관료성의 정도를 기준으로 조직유형 제시

08 초등

홀은 전문성과 관료성의 정도를 기준으로 4가지 조직유형을 제시하였다. 구체적으로 말하면, 전문적 성격의 조직패턴과 관료적 성격의 조직패턴을 구분하고, 이 두 조직패턴을 결합하여 4가지 조직유형을 제시하였다.

조직의 특징	조직 패턴
권위의 위계	관료적
직원들을 위한 규칙	
절차 명세서	
비정성	
기술적 능력	전문적
전문화	

		전문성 정도(패턴)	
		높음	낮음
관료성 정도(패턴)	높음	Weber형	권위주의형
	낮음	전문형	혼돈형

① **베버형**: 베버(M. Weber)가 주장한 이상적 관료제의 모습과 가장 유사한 구조

② **권위주의형**: 행정가들은 획일적인 의사결정에 참여하고, 교사들은 의심 없이 행정가들의 지시에 순응하는 공식적이고 수직적인 구조. 규칙과 절차가 인정에 얽매이지 않고 일관성 있게 적용되는 구조

③ **전문형**: 의사결정의 실질적인 권한이 교사들에게 위임되어 있는 구조

④ **혼돈형**: 일상적 운영에서 혼돈과 갈등이 전형적으로 나타나는 구조

(7) 민츠버그(H. Minzberg)의 조직이론 – 조직의 기본적 요소를 조정하는 방법에 따라

02 중등, 07 초등, 10 중등

민츠버그는 조직의 5가지 구성요소(핵심부분)와 조정기제(조정방법)를 기준으로 조직유형을 5가지로 구분하였다.

① **조직의 구성요소**

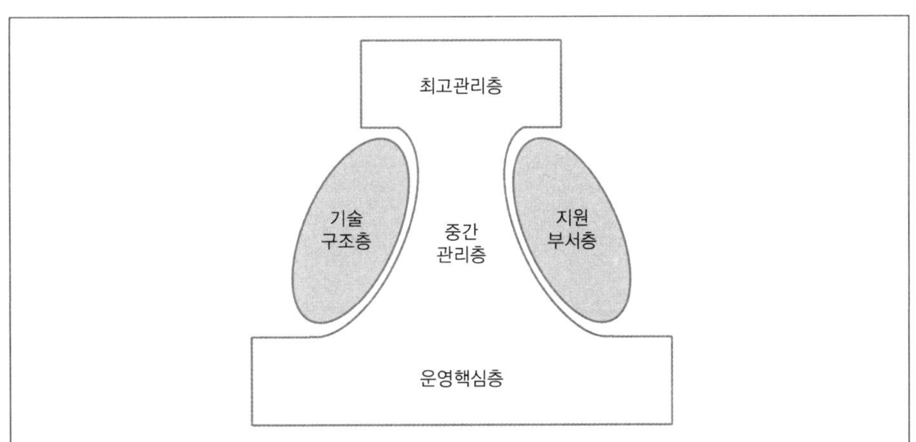

MEMO

구성요소	내용
최고관리층 (전략 부문, strategic apex)	조직을 전반적으로 책임지고 관리하는 최고경영층 예 교장
중간관리층 (중간라인 부문, middle line)	전략 부문과 핵심운영 부문을 연결시키는 중간관리층(중간계선) 예 부장교사
핵심운영층 (핵심작업계층, operating core)	현장에서 실제로 제품이나 서비스를 생산해 내는 곳 예 교사
기술구조층 (기술구조 부문, technostructure)	조직 내의 기술적인 문제를 전문적으로 다루는 부문으로, 조직 내의 과업 과정과 산출물의 표준화를 담당하는 분석가들이 있는 곳 예 학교 교육과정 담당자나 수업담당 장학사
지원부서층 (지원스태프, support staff)	조직의 기본적인 과업 외에 발생하는 문제에 대해 간접적인 지원을 하는 스태프(교육의 목적을 간접적으로 지원) 예 교사(校舍)와 교지의 유지 · 관리 담당자, 시설 · 재정 · 서무 담당자

② 조정기제(coordinating mechanism)

조정기제	내용
직접감독	상사가 부하에게 지시를 내리고 그들의 행동을 감시하여 조정해 나가는 방법이며, 작업과정의 종류와 양을 표준화함으로써 조정이 이루어지게 하는 방법
산출의 표준화	일의 결과, 즉 산출의 종류와 양을 표준화함으로써 조정이 이루어지게 하는 방법
기술의 표준화	직무에 대한 교육, 연수, 훈련 등을 통한 직무 통제의 간접적 방법으로 조정하고자 하는 방법
작업과정의 표준화	직무의 내용을 명세화하거나 프로그램화함으로써 조정해 나가는 방법
상호조절	조직 구성원들이 비공식적 의사소통을 통하여 지속적으로 행동을 서로 조절하는 방법

MEMO

05

③ 조직구조의 유형: 5가지 기본부문과 조정기제가 결합하여 구체적인 조직구조 형태가 나타남

조직 형태	내용
단순구조 (simple structure)	• 최고경영자가 조직의 핵심부분이며, 직접감독을 주요 조정기제로 하는 소규모 조직(조직의 핵심부분: 최고경영자, 조정기제: 직접감독) 예 도서벽지 소규모 학교, 영세 소규모 기업 → 집권화되고 유기적인 소규모 조직(소규모 학교): 최고관리층과 핵심운영층의 2계층으로 구성 → 중간관리자, 기술구조층, 지원부서층이 거의 없음, 분업과 전문화도 거의 없음 • 단순하고 동태적인 환경에 적합하며, 대부분의 의사소통은 비공식적임 • 학교 운영이 집권화되어 학교장이 규칙이나 규정에 얽매이지 않고 강력한 지도성을 발휘
사업부제 (divisionalized form)	• 중간관리층이 조직의 핵심부분이며, 산출의 표준화를 주요 조정기제로 하는 대규모 조직(조직의 핵심부분: 중간관리층, 조정기제: 산출의 표준화) 예 종합대학교(각 단과대학), 종합병원(각 전공분과), 대기업(각 사업부) • 각 사업부는 자율적으로 활동하지만, 각 부문 간 영업영역의 마찰이 일어날 수 있음
전문적 관료제 (professional bureaucracy)	• 핵심운영층이 조직의 핵심부분이며, 기술의 표준화를 주요 조정기제로 하는 전문적인 조직(조직의 핵심부분: 핵심운영층, 조정기제: 기술의 표준화) 예 체계화된 학교나 전문가 조직 → 기능에 따라 조직이 형성된 것은 기계적 관료제와 유사하나 업무핵심층이 전문직이라는 것이 특징 • 복잡하고 안정적인 환경에 적합한 전문가 조직 • 수평·수직적으로 분권화된 조직형태로서 분권화와 표준화가 동시에 허용되는 구조 • 높은 분화와 전문성을 바탕으로 전문가에게 많은 자율성이 보장되며, 핵심작업층 간의 관계가 느슨하게 결합되어 있음 • 학교의 운영이 분권화되어 교사들 간의 민주적인 관계가 형성됨
기계적 관료제 (machine bureaucracy)	• 기술구조층이 조직의 핵심부분이며, 작업과정의 표준화를 주요 조정기제로 하는 대규모 조직(조직의 핵심부분: 기술구조층, 조정기제: 작업과정의 표준화) 예 Weber의 관료제 • 단순하고 안정적인 환경에 적절한 대규모 조직으로서 Weber의 관료제와 가장 유사 → 높은 집권화, 과업의 세분화(분업화), 규칙과 규정의 강조, 위계적인 의사결정 등이 이루어짐 • 기술구조층에서 학교의 업무를 표준화하여 교사들의 업무 내용이 표준화 • 대량생산에 적합하고 기술합리성을 추구하지만, 비인간적이고 유연성이 떨어진다는 단점 → 높은 경직성으로 인해 환경변화에 부적합함
임시체제 (adhocracy)	• 지원부서층이 조직의 핵심부분이며, 상호조절이 주요 조정기제인 수평적인 전문 조직 예 광고회사, 컨설팅 회사 • 평상시에는 조직이 일정한 형태로 움직이다가 특별한 사건이 발생하면 그것을 담당할 수 있도록 조직을 재빨리 구성하여 업무처리가 이루어지는 형태 • 고도의 수평적 직무전문화가 이루어지며, 빠르게 변화하는 환경에 신속히 대응할 수 있다는 장점 • 최고관리층과 중간관리층, 핵심운영층이 혼합되어 책임소재가 불분명하여 갈등과 혼동의 유발 가능

MEMO

조직 형태	의의	환경	규모	권한소유, 분화 기타
단순구조	최고관리층(핵심부분), 직접감독(업무조정)	단순하고 동태적 환경에 적합	소규모 영세 조직	높은 집권화 / 낮은 분화, 낮은 공식화, 높은 융통성
사업부제	중간관리층(핵심부분), 산출표준화(업무조정)	상대적으로 안정적 환경에서 운영	대규모 조직	각 사업부는 자율적으로 활동 / 부문 간 영역 영역의 마찰 발생 가능
전문적 관료제	핵심운영층(핵심부분), 기술표준화(업무조정)	복잡하고 안정적 환경에 적합	중·소규모 조직	• 높은 수평·수직적 분권화 → 분권화와 표준화가 동시에 허용 • 높은 분화(전문화), 낮은 공식화 → 전문가에게 많은 자율성 보장·민주적 관계 형성
기계적 관료제	기술구조층(핵심부분), 작업과정표준화(업무조정)	단순하고 안정적 환경에 적합	대규모 조직	• 높은 집권화 / 높은 분화(전문화), 높은 공식화 • 높은 경직성 → 환경변화에 부적합
임시체제 (애드호크라시)	지원부서층(핵심부분), 상호조절(업무조정)	빠르게 변화하는 환경(복잡·동태적 환경)	소규모 조직	• 분권화된 유기적 구조 / 높은 수평적분화·전문화, 낮은 공식화, 높은 융통성 • 최고관리층과 중간관리층, 핵심운영층이 혼합되어 책임소재가 불분명하여 갈등과 혼동의 유발 가능

④ 학교조직의 구조: 전문적 관료제

㉠ 학교조직의 구조가 관료제적 성질과 전문적 성질을 모두 갖고 있다는 점에서 민츠버그(Mintzberg)는 학교조직의 구조를 전문적 관료구조 형태에 가깝다고 기술하고 있다.

㉡ 전문적 관료구조는 조직에서 분권화(비집중화)와 표준화를 동시에 허용하고 있는 구조이다. 분권화(비집중화)는 작업층의 전문적 지식과 기술이 주요하게 행사될 수 있도록 분권화되어 있다는 말이고, 표준화는 전문적 지식과 기술에 의해 과업활동이 조정된다는 말이다.

㉢ 전문적 관료구조는 전문직이 그들의 직업 양성과정에서 획득한 기술의 표준화에 의해 과업활동이 조정된다. 그래서 전문적 관료구조에서의 작업층은 전문인으로서 작업층 간의 관계가 느슨하게 결합되어 있으며, 전문가들은 동료와 독립적으로 일하지만 그들의 전문적 지식과 기술에 근거해서 자율적으로 고객과는 밀접한 관계를 맺는 특성을 지니고 있다.

MEMO

05

3 학교조직의 특성

(1) 전문적 관료제 – Hoy & Miskel 96 초등, 99 초등보수, 01 초등, 02~04 중등, 07 초등, 15 중등추시論, 23 중등論

학교조직은 관료적 성격과 전문적 성격을 공유하고 있다. ⇨ 현대 행정조직과 마찬가지로 학교는 우선적으로는 관료제적인 특성을 갖는다. 그러나 학교는 구성원인 교사가 고도의 교육을 받은 전문가라는 점에서 일반적인 관료제와 구별되는 전문적 특성이 있다.

① 관료적 특성㉧

암기법
분권경규몰

㉠ 학교관료제의 특성

ⓐ **분업과 전문화**: 학교의 업무처리를 위하여 교무, 연구, 학생업무 등과 같은 업무를 분화해서 전문적으로 처리한다.

ⓑ **권위의 위계화(계층화)**: 학교조직의 업무 분화에 따라 이를 조정하기 위하여 교장–교감–보직교사–교사 등 상하의 위계에 따라 권한과 직위를 배분하고 있다.

ⓒ **경력 지향성**: 조직의 안정성을 위해 승진은 경력과 같은 연공 서열주의가 기본이 된다.

ⓓ **규칙과 규정의 강조**: 교직원의 행동을 규제하고 업무 수행의 통일성을 확보하기 위해 복무지침, 내규, 업무편람 등의 규칙과 규정을 제정·활용한다.

ⓔ **몰인정성(공평무사성)**: 개인적인 감정이나 편견에 치우치지 않고 합리적으로 직무를 수행한다.

㉡ 학교관료제의 순기능과 역기능

ⓐ **분업과 전문화**: 구성원들이 하나의 맡은 업무에 전념함으로써 전문성을 향상할 수 있다. 그러나 맡은 업무만 계속 반복하다 보면 피로감이나 권태감이 누적될 수 있다.

ⓑ **권위의 위계화(계층화)**: 부서가 수직적으로 배치되고 상하의 지휘체계가 확립되어 있어 업무의 원활한 조정과 통제가 용이하다. 그러나 지나치게 위계화가 강조되면 상사의 지시나 명령에 문제점이 있다고 해도 이의를 제기하지 않게 되어 상하 간의 의사소통에 장애가 생길 수 있다(상향식·상호적인 의사소통 ×).

ⓒ **경력 지향성**: 경력을 위주로 인사를 하면 구성원들이 조직에 충성하도록 유인할 수 있다. 그러나 능력이 있어도 경력에 막혀 진급할 수 없으므로 무사안일주의에 빠지거나 업적과 연공제 간의 갈등이 생길 수 있다.

ⓓ **규칙과 규정의 강조**: 모든 업무를 규칙과 규정에 의해 처리함으로써 업무의 통일성과 안정성을 이룰 수 있다. 그러나 규칙과 규정을 지나치게 강조하면 조직 운영이 경직되거나 목표전도 현상이 나타날 수 있다. 규칙과 규정도 결국은 목표 달성을 위한 수단에 불과하다는 점을 인식해야 한다.

MEMO

ⓔ **몰인정성(공평무사성)**: 개인적 감정이나 편견에 치우치지 않으므로 의사결정의 합리성을 높일 수 있다. 그러나 개인적인 감정이나 개인 간의 편차 등을 전혀 고려하지 않고 지나치게 합리성만을 강조하다 보면 심리적·정서적인 면이 무시되어 구성원의 사기를 저하시킬 수도 있다.

Weber 관료제 모형의 순기능과 역기능(Hoy & Miskel)

학교관료제의 특징	순기능	역기능
분업과 전문화	숙련된 기술과 전문성 향상	피로, 권태감 누적
권위의 계층화	원활한 순응과 조정	의사소통의 장애
경력 지향성	동기 유발, 유인가	업적(실적)과 연공제 간의 갈등
규칙과 규정	계속성, 통일성, 안정성 확보	목표전도(동조과잉) 현상, 조직의 경직성
몰인정성	의사결정의 합리성 증대	구성원의 사기 저하

② 전문적 특성

㉠ **자유재량권 부여**: 교사들은 독립적인 교실에서 상당한 자유재량권을 가지고 학생들을 가르친다.

㉡ **직무수행의 통일된 표준과 엄격한 감독 없음**: 학교의 교육목표가 상당히 추상적으로 표현되어 있어 교사들은 직무수행의 통일된 표준을 갖기 어렵고 엄격한 감독을 받지도 않는다.

㉢ **의사결정의 참여 보장**: 학교는 교사들이 전문가임을 인정하고 의사결정에 보다 많은 참여를 보장한다.

Plus

교직의 전문성

1. **장기간의 교육**: 교사가 되기 위해서는 장기간의 직전교육이 있고, 교사가 된 이후에도 현직교육을 계속 받아야 한다.
2. **고도의 지식과 이론체계(심오한 학문의 이론적 배경)**: 교사는 담당할 전공교과는 물론이며, 교수−학습, 생활지도 등 교육학에 대한 이론적 배경, 그리고 넓고 깊은 교양지식도 갖추고 있어야 한다.
3. **고도의 자율성·윤리성·봉사성 필요**: 교사는 직무수행에 있어 높은 자율성이 보장되며, 도덕적 윤리성을 갖추고, 국가·사회 발전에 무한한 봉사기능을 수행한다. 사도강령과 사도헌장 등 윤리강령을 마련하고 있다.
4. **전문적 단체**: 교직의 전문성을 제고하고 교직의 사회경제적 지위와 교권을 신장하기 위한 전문적인 교원단체도 존재한다.

(2) 이완조직(이완결합체제, loosely coupled system) – Weick

99 중등추시, 00 중등, 04 초등, 07 중등, 10 중등, 15 중등추시論

과거에는 학교조직의 관료적인 특성을 강조하여 학교는 조직의 공식 목표를 달성하기 위해서 학교장을 중심으로 일관성 있게 피라미드식으로 짜여 있다고 보았다. 그러나 실제적인 학교조직은 하위체제 간에 '구조적으로 느슨하게 결합되어 있다'라는 점이 지적되었다. 웨이크(Weick)는 학교조직을 '이완조직'으로 개념화하여 학교조직의 특수성을 설명하였다. 이완조직이란 연결된 각 사건이 서로 반응하는 동시에 각각 자체의 정체성을 보존하면서 물리적·논리적 독립성을 갖는 조직이다.

① 개념

㉠ 부서 간에 상호 관련성은 있지만 구조적으로 느슨하게 결합되어 있어 각각 독립성을 유지하고 있는 조직을 말한다. 학교조직은 구조적 느슨함을 특징으로 한다. 학교조직은 특성상 자율성과 자유재량권을 가지고 있으며, 때로는 교사도 형식적인 교장의 지시와 통제를 받을 뿐이다.

예 교장이 이번 학력고사에서 학교 전체 성적을 상위수준에 목표를 둔다고 해서 교사가 즉각적인 반응을 보일 내용은 거의 없다. 강의와 실험, 실습 등은 행정조직의 통제에서 벗어난 강의실 등에서 독립적으로 이루어지고 있다.

㉡ 학교조직이 갖는 이완결합성은 모든 참여 주체들 간에 상호 신뢰가 이루어진다는 것을 전제로 한다. 이것을 신뢰의 논리(logic of confidence)라고 한다(Meyer & Rowan). 결국 신뢰의 논리만이 통제의 기제가 된다는 것이다.

② 이완조직의 특성(Campbell, Corbally & Nystrand)㉾

㉠ 학교 구성원들에게 보다 많은 자유재량권과 자기결정권을 부여한다. 교사는 전문가로서 자율권을 행사하며, 상부나 상사의 권위에 순종하지 않는다.

㉡ 각 부서 및 학년 조직의 국지적(局地的) 적응을 허용한다. 한 부분의 성공이나 실패가 다른 부분의 성공이나 실패와 별로 연결되지 않는다. 수학교과의 학업성취도가 높거나 낮은 것이 국어교과의 성취도 수준에 미치는 영향은 없다.

㉢ 환경 변화에 적응하기 위해 학교조직에서 이질적인 요소들이 공존하는 것을 허용한다.

㉣ 기발한 해결책의 개발을 장려한다.

㉤ 광범한 환경변화에 대해 민감하여야 한다.

㉥ 다른 부분에 영향을 주지 않는 한 체제의 일부분이 분리되는 것을 용납한다.

㉦ 부분 간의 조정을 위하여 비교적 소액의 경비가 요구된다.

㉧ 활동과 결과가 분리되어 있다(투입과 산출의 인과관계를 분명하게 파악할 수 없다). 교사의 의도대로 학생의 학업성취도가 나타나는 것은 아니며 여기에는 수많은 변인이 개입된다(남정걸).

MEMO

암기법 자국이기

MEMO

③ 이완조직의 장점과 제한점

㉠ **장점**: 교사의 역할 수행상의 안정성 · 자율성 · 전문성을 존중할 수 있고, 신뢰의 논리를 충족시키고, 어떤 한 부분의 문제나 결손이 다른 부분에 확산되지 않고 국지화하여 위험부담을 줄이는 데 기여한다.

㉡ **제한점**: 교사들의 본질적 과업인 교수활동의 자율성과 전문성만을 지나치게 강조한다는 데 문제점이 있다. 비교수 분야의 활동, 즉 출결관리, 학급편성, 입 · 퇴학 등은 엄격하게 통제되며, 교사의 자격, 채용, 전보, 승진, 시간표 운영, 회계관리와 물품 및 시설관리 등은 엄격한 법적 · 행정적 규제를 받아야 하는 것을 무시해서는 안 된다.

(3) **이중조직**(느슨한 결합 + 엄격한 관료제) – Meyer & Rowan

① 학교는 교수활동의 측면에서는 느슨한 결합구조를 가지고 있으나, 행정관리의 측면에서는 엄격한 결합구조(엄격한 관료제적 특성)를 가지고 있다.

② 학교의 중심적인 활동인 수업의 경우를 보면 교장과 교사가 매우 느슨하게 결합되었다는 생각을 하게 되나, 수업을 제외한 많은 학교경영 활동, 예컨대 수업시간운영, 인사관리, 학생관리, 시설관리, 사무관리, 재무관리 등에서는 교장과 교사가 보다 엄격한 결합을 맺고 있다.

③ 때때로 지나친 독립성이 조직의 생산성과 효율성을 떨어뜨릴 수 있는 반면, 엄격한 경직성도 교사의 사기를 떨어뜨려 과업수행의 효과를 감소시킬 수 있다. 그러한 점에서 교육행정가는 느슨한 결합과 엄격한 결합의 단점을 극복하고 양자의 순기능을 최대한 확보할 수 있는 안목과 전략수립 능력을 갖추어야 한다.

(4) **조직화된 무질서**(조직화된 무정부, organized anarchy) – Cohen, March, Olsen

03 중등, 04 초등, 06 초등

전통적인 구조론자들은 조직 내 의사결정을 고도로 통합된 합리적인 과정으로 간주한다. 그러나 학교조직을 연구한 일단의 학자들은 교육조직이 이러한 합리적인 방식으로 운영되지 않고 오히려 학교조직은 '조직화된 무질서'의 특성을 보인다고 주장하였다. '조직화된 무질서' 또는 '무정부상태의 조직'은 코헨(Cohen), 마치(March), 올센(Olsen) 등이 개념화한 것이다.
조직화된 무질서는 무질서, 무정부 상태에서의 우연적인 조직운영을 특징으로 하는 관점이다. 불분명한 목표, 불확실한 기술, 유동적 참여 현상이 대표적이다. 이것은 질서를 유지하고 있는 이완조직과 구별된다. 이완조직은 구성원의 자율성과 자유재량, 국지적 적응 허용, 이질성의 공존 등을 특징으로 한다. 자유재량과 자기결정권 부여는 질서를 유지하고 있는 조직을 상정하고 있는 개념이며, 국지적 적응을 허용하고 인정한다는 것도 중앙의 질서유지 기제가 있다는 것을 전제로 한 것이다. 또한 환경변화에 적응하기 위해 이질적인 요소들을 허용한다는 것도 기본적인 질서 유지 상태에서 적용될 수 있는 것이다.

① 개념 : 조직화된 무질서란 조직화는 되어 있지만 구조화되어 있지 않거나 합리적 · 과학적 · 논리적으로 파악될 수 없는 조직을 말한다. 조직을 움직이는 목표, 기술, 구성원들 간의 관계가 전통적 조직이론에서 지적하는 바와 같이 명백히 기능적이지 않다는 점에서 비유적으로 '무정부(무질서)'라는 표현을 사용하고 있다.

② 특징㉮

㉠ 불분명한 목표(목표의 모호성) : 교육조직의 목표가 구체적이지 않고 분명하지도 않다. 교육조직의 목표는 추상적인 단어로 진술되어 있고, 대립적인 목표가 상존하며, 교육주체들마다 다르게 규정한다.

예 '수월성'과 '교육의 질'을 높이자고 합의를 한다고 해도, 이러한 용어들이 구체적으로 무엇을 의미하는지 모호하며 이를 정의하고자 할 때는 또다시 심각한 논쟁에 직면한다.

㉡ 불확실한 기술(불분명한 과학적 기법) : 목표를 달성하기 위해 사용하는 방법도 분명하지 않다. 교사들마다 각기 상이한 교수방법과 기술을 사용하고 있지만, 그 어느 것이 효과적인 것인지를 분명하게 말할 수 없다.

㉢ 구성원의 유동적 참여 : 학교조직의 구성원인 학생, 교사, 행정가 등이 고정적이지 못하고 유동적이다. 학생들은 일정 기간이 지나면 졸업하고, 교사와 행정가도 이동한다.

MEMO

키워드
목표
기술(방법)
구성원

(5) 학습조직(learning organization) – Senge 09 초등, 15 중등論

① 개념

㉠ 학습조직은 교사들이 학교 내외의 지식과 정보를 공유하고, 협력적인 학습활동을 전개하며, 지속적으로 새로운 지식을 창출하여 학교의 환경변화에 적응해 나가는 조직이다(Senge et al, 2000).

㉡ 학습조직은 외부환경 변화에 적응하기 위하여 조직의 구성원들이 학교 내외의 지식과 정보를 공유하고, 협력적인 학습활동을 전개하며, 지속적으로 조직의 변화를 꾀해 나가는 조직이다.

㉢ 학습조직의 원리를 적용하면 자신의 교수행위의 근거가 되는 신념이나 교사로서의 개인적 삶, 전문적 지식 등을 재점검하면서 교사의 소명을 재충전하는 기회가 될 것이며, 학교조직도 적극적으로 환경변화에 적응하게 될 것이다.

② 학습조직의 원리(Senge) – 『The Fifth Discipline』㉯

㉠ 개인적 숙련(전문적 소양, personal mastery)

ⓐ 개인적 숙련은 개인이 추구하는 지식, 기술, 태도를 형성하기 위해 개인적 역량을 지속적으로 키워 가는 행위를 의미한다. 즉, 개인의 비전(미래의 원하는 모습)과 현재의 상태(현재의 자신의 모습) 간의 차이(gap)를 확인하고, 이 차이를 줄이기 위해 끊임없이 학습활동을 전개하는 행위를 의미한다.

암기법
정비팀개시

MEMO

ⓑ 따라서 개인적 숙련은 개인의 비전을 구체화·명료화하는 과정이다. 예를 들어, 미래에 성취하고자 하는 것은 무엇이며, 어떤 교사가 되기를 원하는지 등 미래 자신의 모습을 분명히 기술한 다음, 학교현실, 교실환경, 학생문제, 학교변화 등 현실을 직시해 본다. 그리고 가장 하고자 하는 것을 선택하고 그에 따른 행동을 취한다.

예 자기장학과 현직연수를 통해 교사업무와 학교경영 전반에 대한 전문성을 신장해야 함, 수석교사가 구성원 전문성 신장을 위한 매개 역할 수행 가능

ⓛ 정신 모델(정신 모형, mental model)

ⓐ 정신 모델은 주변에서 발생하는 현상들을 이해하는 인식체계를 의미한다. 개인이 무엇을 어떻게 보느냐를 결정하고, 어떻게 행동할지를 이끄는 인식의 틀이다. 교사들은 하나의 상황에 대해서도 자신의 정신 모형에 따라 각기 다르게 해석하고 판단한다.

ⓑ 정신 모델은 교사들이 자신의 생각과 관점들을 성찰하고 객관화하여 자신의 행동과 선택에 영향을 미치는 사고의 틀을 새롭게 하는 훈련이다. 정신 모형의 훈련을 위해서는 성찰과 탐구라는 2가지 연습이 필요하다. 성찰은 개개인의 신념체계나 교직에 대한 가정이 어떻게 형성되었는지 인식하고 반문해 보는 과정이다. 탐구는 자신의 세계관과 기본 가정 및 신념체계를 타인과 공유하고, 타인의 다양한 관점과 사고를 수용하면서 새로운 통찰력을 얻어 가는 과정이다.

ⓒ Senge는 정신 모형을 한 장의 유리창에 비유하여, 유리창을 깨끗하게 해 주는 것처럼 우리의 사고체계를 더 나아지도록 해 주는 작용이라고 했다. 따라서 성찰과 탐구의 과정을 거치면서 교사들은 자신의 교직관을 새롭게 정립하는 기회를 갖게 될 것이다.

ⓒ 공유 비전(비전 공유, shared vision)

ⓐ 공유 비전은 조직이 추구하는 방향과 그 중요성에 대해 모든 구성원들이 공감대를 형성하는 것이다.

예 학교 전체가 함께 만든 목표를 중심으로 교장, 교사가 함께 비전을 실현해 나가고자 하는 노력 필요, MBO(목표중심경영) 등을 활용하여 학교 경영을 하게 되면 보다 쉽게 달성할 수 있음

ⓑ 공유 비전은 조직 구성원들이 각기 갖고 있는 열망을 한 방향으로 정렬하는 일련의 기술이다. 공유 비전은 사람들이 함께하는 공감대를 형성하게 되고, 조직 구성원들이 함께 만들기 원하는 미래에 대한 이미지를 개발하는 것이다. 비전 공유는 지속적인 학습 활동을 전개할 수 있는 에너지를 제공한다.

ⓒ 공유 비전은 학교의 관례를 바꾸는 방법과 밀접한 관련이 있다. 예를 들어, “현재의 상황이 올바르다고 생각합니까?, 만약 그렇지 않다면 우리는 어떤 방향으로 가야 합니까?”, “내가 만일 교장이라면 성공적인 학교를 만들기 위해 어떻게 할 것인가”하는 내용을 갖고 스스로 진단해 보고 토의하는 자세가 필요하다. 이런 과

MEMO

05

정을 통해서 교사들은 성공적인 학교의 이미지를 공유하게 될 것이고, 이는 교사들에게 목표를 설정하고 그 목표를 실현하도록 하는 활력이 될 것이다.

㉣ 팀 학습(team learning)

ⓐ 팀 학습은 구성원들이 팀을 이루어 학습하는 것으로, 개인 학습을 증진시키고 조직 학습을 유도하게 한다. 팀 학습은 구성원들 간의 대화와 공통 사고로부터 시작되며, 대화와 토론을 통한 학습으로 인해서 학습의 시너지 효과가 발생한다.

ⓑ 개인이 해결할 수 없는 복잡한 문제나 핵심적인 문제를 해결할 수 있고, 서로의 학습을 촉진하는 효과가 있다. 학교는 팀 활동이 풍부한 조직이다.

ⓒ 팀 학습의 조직은 교사들의 연수와 밀접한 관련이 있다. 연수는 크게 학교단위 차원, 학교 간의 교류, 시・군・구 교육청의 연수, 시・도 교육청의 연수 4가지로 나눌 수 있고, 이처럼 형태에 따라 팀 학습 조직도 달라질 수 있다. 가장 기본적인 출발인 학교단위 차원의 팀 학습조직으로는 개별학교가 스스로의 인적・물적 자원에 비추어 교과별・학년별에 초점을 맞추어 학습조직 팀을 구성하고 교사의 공동체 학습을 형성하는 경우이다. 이 경우 교사들의 자율적인 공동체 형성과 모임 절차의 간소화를 통해 비공식 모임을 활성화하는 노력이 필요하다.

㉤ 시스템 사고(체제 사고, system thinking)

ⓐ 시스템 사고는 현상을 이해하고, 이를 바탕으로 문제를 해결하는 수단으로 이용한다. 조직에서 일어나는 여러 가지 사건들을 부분적으로 이해하고 해결하기보다는 전체적으로 인지하고 이에 포함된 부분들 간의 순환적 인과관계 또는 역동적인 상호작용 관계로 이해하고 사고하는 접근 방식이다.

예 왜 안 될까? 무엇이 문제일까?

ⓑ 시스템 사고는 교사들이 학교교육의 문제를 전체적 관점에서 볼 수 있도록 유도한다. 학교조직에서 의사결정을 할 때, 예상하지 못한 문제에 직면하게 되는 경우가 많다. 이는 시스템적 사고를 하지 못했기 때문이다. 교사들은 학생의 요구에 어떠한 변화가 있는지를 생각하고, 학교 자체의 변화와 학교와 관련된 학부모 및 지역사회의 요구에도 관심을 가져야 한다.

MEMO

(6) 전문적 학습공동체(교사학습공동체, professional learning community) 22 중등論

배경 1

교사의 수업 사유화와 교과주의에 갇힌 폐쇄성으로 새로운 교육환경 변화에 대처하기가 어려운 실정이다. 이러한 현실에 대한 돌파구 중 하나로 등장한 것이 전문적 학습공동체이다. 교사의 역량에만 의존하여 교육과정과 수업을 실행했던 학교문화를 공동으로 연구하고 실천하는 학교문화로 바꾸어 교육의 질적 성장과 함께 교사 개인과 학교의 역량을 함께 성장시키고 결국 이를 통해 학생의 학력을 신장시키고자 한다. 전문적 학습공동체는 교사의 전문성과 교사의 학습공동체가 통합된 개념으로 교사의 자율성(autonomy)과 책무성(accountability)이 강조되면서 그 중요성이 강조되고 있다.

배경 2 : 경기도 교육청

- 이론 중심의 연수, 개인 연구활동이 학교의 변화와 실천을 위한 노력으로 이어지지 못함으로써 학교 안의 문제를 찾아 해결하는 실행학습 체제로 연수활동의 전환 필요
- 개인주의, 폐쇄적인 교과 · 교실주의 극복을 위해 개방과 협력의 학습공동체 활동을 통한 학교문화와 학교조직 개선으로 학교교육력 제고
- 전문성 신장을 위한 연수가 개별적 업무에 머물고 교실 및 수업 개선과 연계되지 않는 문제점을 극복하기 위해 공동연구 · 공동실천을 통한 집단적 성장 기재 마련

① 개념

㉠ 교사의 전문성 신장과 학생의 학습 증진을 위해 협력적으로 배우고 탐구하며 실천하는 교육전문가 집단이다(서경혜, 2009:244).

㉡ 단위학교 교원들이 동료성을 바탕으로 함께 연구(공동연구)하고, 함께 실천(공동실천)하며, 교육활동에 대하여 대화하고 협의하는 과정에서 함께 성장(집단성장)하는 학습공동체 활동이다(경기도 교육청 보도자료, 2015). 전문적 학습공동체 운영으로 개방과 협력의 학교문화 개선 및 교육과정 중심의 학교 운영을 통해 학교조직 혁신이 가능하다.

② 필요성

㉠ **학생의 학업성취도 향상** : 교사 학습공동체는 학생의 학습증진에 중점을 두고 협력하여 공부하고 새로운 아이디어를 적용해 나가기 때문에 학생들의 성취도를 향상시키는 데 효과적이다.

㉡ **교사의 전문성 신장** : 교사들이 협력하여 학습하고, 배운 것을 현장에서 실천함으로써 교사의 수업개선 및 전문성 신장에 효과적이다.

㉢ **학교 조직문화 개선** : 교사들이 전문적 학습공동체의 협력적 학습활동에 자발적으로 참여함으로써 협력적 학교 조직문화를 형성하고, 이로 인해 교육의 상향식 개혁이 가능하다.

③ 특징

㉠ **가치와 비전의 공유(shared values & visions)** : 모든 구성원들이 조직이 추구하는 방향과 목적에 대해 합의나 공감대를 형성한다.

MEMO

05

ⓛ **협력적 학습 및 적용(collective learning & application of learning):** 교사들은 학생의 학습 증진을 위해 함께 협력하여 공부하고, 새로운 아이디어와 정보를 적용하여 문제를 해결하고자 한다.

ⓒ **개인적 경험의 공유(shared personal practice) 및 반성적 대화:** 교사들은 그들의 수업 행동을 검토하기 위해 서로의 교실을 방문하거나 각자 적용한 결과를 공유하고 토론하면서 자신의 실천을 반성한다. 교사는 멘토, 멘티, 충고자의 역할을 수행하며 상호 성장하게 된다.

ⓔ **지원적·공유적인 리더십(supportive & shared leadership):** 구성원들은 리더십을 공유하고 지원적 리더십을 발휘한다. 교사는 학교 문제에 대해 토의하고 결정을 내리는 데 지속적으로 참여하며 민주적인 결정을 내리게 된다.

ⓜ **지원적 상황(supportive conditions):** 전문적 학습공동체에서는 교사가 학교의 문제를 연구하고 동료들과 토론할 수 있도록 교사의 활동을 지원하는 인적·물적 환경을 제공한다.

Plus

1. 전문적 학습공동체 활성화를 위한 단위학교 추진과제(경기도 교육청)

① 학교조직의 학습조직화
- ㉠ 행정조직을 교육과정 중심의 학교조직으로 개편하기
- ㉡ 교무업무 중심의 학교조직을 학년(군) 및 교과단위 학습연구모임으로 재조직하기
- ㉢ 교육과정 운영의 전문성과 지속성을 고려한 인사규정 운영

② 공동연구, 공동실천의 활성화
- ㉠ 교육과정 및 수업 개발을 위해 학교(학년) 상황 속에서 연구과제 찾기
- ㉡ 학교 상황 속 문제 해결을 위한 협력적 연구 실행: 집단지성을 통한 경험의 재구성, 문제해결을 위한 선행연구 및 문헌 조사, 연구사례 공유 및 외부전문가의 도움 받기
- ㉢ 연구실천 사례 나눔: 일상적 연구실천 나눔, 학년단위 수업 및 교육과정 운영 나눔, 전문적 학습공동체별 정기적 실천 나눔(교과 교육과정 평가회, 교육과정 세미나, 공동연구 발표회 등), 연구결과물 공유(학교단위 컨퍼런스, 연구자료 공유)

③ 행정중심에서 교육활동 중심의 지원체제 구축
- ㉠ 교육과정 중심의 학교 운영: 불필요한 사업과 행사 축소, 권한위임 강화, 결재라인 간소화로 교원업무경감 지속적 추진
- ㉡ 운영시간 확보: 정기적 학습공동체의 날 운영
- ㉢ 물리적 환경 구축: 학습공동체 연구실 설치 등 공간 재구조화
- ㉣ 예산 지원 확대

2. 기대 효과(경기도 교육청)

① 동료성을 바탕으로 공동연구를 실천하는 전문적 학습공동체 활성화로 개방과 협력의 학교문화 개선

② 이론중심의 개인 연수에서 학교 현장의 문제를 함께 찾아 해결하는 협력적 실행 연구로 집단성장을 통해 학교교육력 제고

③ 전문적 학습공동체 활성화를 위해 학교조직의 학습조직화 및 지원체제 구축으로 교육과정 중심의 학교조직 혁신

MEMO

02 조직문화(organizational culture)

개념 다지기

조직문화

1. **개념**: 조직문화는 조직 구성원들이 공유하고 있는 철학, 신념, 이데올로기, 감정, 가정, 기대, 태도, 기준, 가치관 등으로 정의된다.
2. **조직문화와 조직풍토와의 관계**: 현상적으로 볼 때 일치하는 개념이나, 조직문화는 인류학이나 사회학적 개념인 반면, 조직풍토는 심리학적 개념에 해당한다. 그래서 조직문화에서는 암묵적 가정, 공유된 가치관, 공유된 규범 등을 강조하지만, 조직풍토에서는 공유된 지각(집단 인지)을 강조한다. ⇨ 조직의 변혁과 관련하여 최근에는 조직풍토보다 조직문화를 중시

키워드
가정, 가치, 규범

1 조직문화의 수준 – Hoy & Miskel㉑

조직문화는 구체적・표면적 수준에서 추상적・심층적 수준에 이르기까지 다양한 형태로 분류할 수 있다(Hoy & Miskel, 1996).

조직문화 유형	문화수준	특징
공유된 규범으로서의 문화	표면수준 구체수준	• 공유된 규범은 문화의 가장 구체적・표면적・가시적인 수준이다. • 규범은 성문화되어 있지 않지만 조직 구성원들이 마땅히 따르도록 할 원리나 법칙을 의미한다. 규범은 행동의 표준으로서 구성원들의 행동을 규제한다. 예 수업시간에 떠들어서 수업을 방해해서는 안 된다. 동료를 지원하라. 학생들에게 교과 외 도움을 주어라. 교장을 비판하지 마라. ⇨ 학칙이나 규정에는 성문화되어 있지 않지만 모든 구성원은 이런 기대 속에서 행동한다. • 규범은 구성원들의 행동이나 조직생활의 측면을 이해하는 데 중요한 수단이 된다. • 규범의 특징은 조직 구성원들이 승인하면 할수록 더욱 강화된다. 즉, 사람들이 조직의 규범을 따랐을 때 보상이나 격려를 받는다든지, 또는 규범을 어겼을 때 곤란을 당한다든지 하게 되면 그 규범은 더욱 강화되는 경향이 있다.
공유된 가치로서의 문화	중간수준	• 공유된 가치는 문화의 중간수준으로서 구성원이 공유하는 가치관이며 바람직한 것을 의미한다. • 공유된 가치는 조직을 바로 그 조직으로 만드는 조직의 기본적 특성이다. 이를 공유함으로써 구성원들은 조직의 일원으로서 자부심을 느끼고, 조직생활의 참 의미를 알게 된다. 예 개방성, 협력, 친밀감 ⇨ 오우치(Ouchi)가 중시한 문화 • 구성원들이 공유하는 가치에 따라서 구성원의 행동이 달라질 수 있다. 예컨대, 기업이 추구하는 가치와 군대가 추구하는 가치는 분명히 차이가 있다. 이러한 가치에 따라 모든 의사결정도 달라질 것이다.

묵시적 가정으로서의 문화	심층수준 추상수준	• 묵시적 가정은 문화의 가장 추상적이고 심층적 수준에 해당한다. • 묵시적 가정이란 조직 구성원들 사이에 공공연하게 이야기하지 않아도 아주 당연시 하는 가정을 의미한다. 가정을 해독하고 구체적인 문화의 형태로 실현한 것이 가치관과 규범이다. 예 인간 · 인간관계 · 진리 · 환경 등에 대한 관점

2 맥그리거(McGregor)의 X-Y이론 95 중등, 98 중등, 06 초등

(1) 개관

① 맥그리거(McGregor)는 2가지 인간관과 그에 따른 경영전략의 차이를 X-Y이론으로 제시하였다. X이론은 성악설에, Y이론은 성선설에 근거한다.

② 이 두 이론은 구성원의 동기부여전략(경영전략)을 선택하는 데 중요한 역할을 하며, 이 선택이 조직의 분위기를 결정한다는 점에서 조직문화를 이해하는 데에도 유용하다.

③ X이론적 문화는 타율적인 통제 문화를 만들어 내며, Y이론적 문화는 자율적인 통제의 문화를 만들어 낸다. 이러한 차이는 인간을 어린이로 취급하는 문화와 성숙한 어른으로 보는 문화 간의 차이다.

④ Y이론에 입각한 지도자의 행동은 조직목표에 대한 공감, 고도의 신뢰와 존경, 직무만족, 개방적인 관계가 특징이다. 이런 교장은 매우 효과적이고 생산적인데, 그 까닭은 교사를 진정으로 이해하고 그들의 발전을 위해 교장과 교사 간 상호신뢰와 존경을 바탕으로 학교의 목표를 공유하고, 이를 달성하기 위해 공동의 노력을 하기 때문이다.

(2) X이론과 Y이론의 차이점 비교

구분	X이론	Y이론
기본 가정	[성악설(性惡說)의 인간관] • 인간은 선천적으로 일을 싫어하며, 가능한 한 일을 피하려고 한다. • 인간은 지시받기를 좋아하고, 책임을 회피하려고 하며, 야망이 없고, 무엇보다도 안전을 원한다. • 인간에게 동기를 부여할 수 있는 유일한 수단은 돈이다. 일에 대한 만족감이나 보람이 돈보다 우선되는 경우는 없다.	[성선설(性善說)의 인간관] • 인간은 본래 일을 싫어하지 않고, 자연스럽게 받아들인다. • 인간은 맡은 일을 수행하기 위하여 자기지시와 자기통제를 할 수 있다. • 인간은 책임을 맡아 일하기를 좋아하고, 최상의 보상을 자기만족과 자기실현에 둔다.

MEMO

	[과학적 관리론적 접근]	[인간관계론적 접근]
경영 전략	• X이론의 행정가(경영자)는 인간은 적극적인 개입이 없으면 저항하거나 수동적이게 된다고 믿는다. • 그래서 행정가(경영자)는 구성원을 설득하고 경제적 보상을 주거나(온건한 방법), 강압과 처벌, 통제 등 권위주의적이고 강압적인 지도성을 발휘한다(적극적 방법). ⇨ 당근과 채찍	• Y이론의 행정가(경영자)는 인간을 동기와 잠재력, 책임감, 목표성취의지 등을 가진 자아실현적 존재로 본다. • 따라서 행정가(경영자)는 구성원의 사회·심리적 욕구를 충족하여 자발적 근무의욕과 동기를 유발시켜 주거나, 조직의 제반 여건과 운영방법을 정비하여 구성원의 노력을 촉진하고 지원한다.

3 오우치(Ouchi)의 Z이론

(1) 개관

Z조직의 특성		Z문화의 핵심적 가치
장기간의 고용	→	조직에 대한 헌신
완만한 승진	→	경력지향성
참여적 의사결정	→	협동심과 팀워크
집단결정에 대한 개인적 책임	→	신뢰와 집단충성
전체 지향	→	평등주의

① 오우치(Ouchi)는 미국과 일본에서 생산성이 높은 성공한 기업의 공통점을 비교·검토하여 Z이론을 제시하였다.

② Z이론은 맥그리거(McGregor)의 X-Y이론의 연장선상의 개념이다. 그러나 McGregor의 X-Y이론은 경영자 개인의 인간관과 그에 따른 리더십 방식의 차이를 강조한 반면, Z이론은 전체 조직의 문화에 관심을 둔다.

③ 성공적 기업은 친밀성, 신뢰, 협동, 팀워크, 평등주의 등의 가치관을 공유하는 독특한 기업문화를 가지고 있다. 이들 조직의 성공은 기술보다는 인간관리에 기인하고 있는 것이다.

④ Z이론의 조직은 장기간의 고용, 원만한 승진, 참여적 의사결정, 집단결정에 대한 개인적 책임, 전체 지향의 특성을 갖고 있다. 장기간의 고용은 안정감을 갖고 조직에 헌신하도록 하며, 원만한 승진은 광범위한 경험과 다양한 경력을 쌓게 하고, 참여적 의사결정은 협동심과 팀워크를 강화하며, 집단결정에 대한 개인적 책임은 상호 신뢰와 지원의 분위기를 만들어 주며, 전체 지향은 평등주의를 촉진한다.

⑤ 조직문화의 이러한 기본적 가치는 조직생활의 모든 부분에 영향을 주어 조직목표를 성공적으로 성취하게 하며, 효율적인 체제를 유지하도록 해 준다.

(2) Z이론의 학교에의 적용 – Ouchi(1980)

① 학교에서도 학교 구성원 상호 간(교사와 학생 간, 학생 상호 간, 교사 상호 간, 교사와 행정가 간 등)에 신뢰하며 친밀한 대인관계를 발전시켜야 한다.

② 학교 행정가는 학교의 목표와 운영에 대해 교내 구성원과 지역사회 인사들과의 개방적 토의를 통해 공동으로 의사결정을 하고, 여기에 필요한 기능 훈련의 문화를 창조해야 한다.

③ 학교에서는 자기 이익을 충족할 상황을 마련해 주어야 사명감과 생산성을 올릴 수 있다.

④ 학교에서는 자기의 노력이 인정받고 보상받을 수 있는 공정한 유인체제를 마련해야 한다.

⑤ 교육의 질은 교육받은 사람에 의해 그 사회의 복지와 경제력을 증진하는 데 가장 중요한 자산이다.

4 아지리스(Argyris)의 미성숙–성숙이론✦ 95 중등

(1) 개관

① 아지리스(Argyris)는 관료적 가치체제(X이론에 근거한 조직)와 인간적 가치체제(Y이론에 근거한 조직)를 비교 연구하여 미성숙–성숙의 연속선(continuum)을 제시하였다.

② 미성숙한 인간과 조직은 성숙한 인간과 조직으로 연속적으로 발전해 간다고 가정하였다 (예 수동적인 아이가 능동적인 어른이 되는 과정). 아지리스는 미성숙과 성숙을 하나의 연속적인 발전과정으로 이해하였다. 인간과 조직이 여러 해에 걸쳐 성숙해 가는 과정을 다음과 같이 7가지의 차원에서 설명하였다.

MEMO

아지리스는 개인이 조직을 통해 자아를 실현하고, 동시에 조직은 개인을 통해 목표를 실현하는 과정을 이해하기 위해 개인과 조직의 상호작용 연구를 수행하였다. 이와 관련하여 그는 관료적 가치체제(X이론에 근거한 조직)와 인간적 가치체제(Y이론에 근거한 조직)를 비교 연구하였다.

MEMO

미성숙 - 성숙의 연속선

미성숙		성숙
수동적 태도	→	능동적 태도
의존적 성향	→	독립적 성향
몇 가지 행동방식	→	다양한 행동방식
피상적인 흥미	→	심층적 흥미
단기적 전망	→	장기적 전망
종속적 지위	→	대등하거나 우월한 지위
자아의식의 결여	→	자아의식과 자기통제

(2) 내용

① 관료적 가치체제를 따르는 조직(미성숙 조직풍토)

㉠ X이론에 근거하여 인간을 부정적이고 미성숙한 존재로 취급한다.

㉡ 이러한 조직에서는 의심 많은 인간관계가 형성되어 대인관계 능력을 저하시키고 집단 간 갈등을 야기하며, 결국 조직의 문제해결력을 저하시킨다.

㉢ 미성숙한 인간으로 취급받으면 사람들은 공격적이거나 냉담한 반응을 나타내게 되며, 그에 따라 관리자는 더욱 통제를 가하게 되어 결과적으로 조직의 효율성이 저하된다.

② 인간적 가치체제를 따르는 조직(성숙 조직풍토)

㉠ Y이론에 근거하여 인간을 긍정적이고 성숙한 인간으로 취급한다(자발적으로 책임감, 동기, 목표지향성 등을 가진다고 봄).

㉡ 이러한 조직에서는 신뢰하는 인간관계가 형성되어 대인관계 능력을 증가시키고 집단 간 협동, 융통성이 증가되어, 결과적으로 조직의 효과성이 증대된다.

③ 개인의 성숙이 곧 조직의 성장을 촉진시킨다. ⇨ 개인(자아실현)과 조직(목적달성)이 서로 상생하는 방법 추구

㉠ 따라서 조직 관리자는 구성원을 성숙한 인간으로 취급하고 그러한 문화풍토를 조성하는 데 최선의 노력을 기울여야 한다.

㉡ 조직 내의 구성원에게 자율성과 책임의 폭을 넓혀 주고 믿음으로 대해 주며, 직장에서 성숙할 수 있는 기회를 부여하면, 구성원의 자아실현욕구와 함께 조직의 욕구도 충족되며, 조직의 목표도 달성된다. 예 라디오 조립 작업 실험

MEMO

05

5 스타인호프와 오웬스(Steinhoff & Owens)의 학교문화 유형론 07 전문상담, 20 중등論

(1) 개관

① 스타인호프와 오웬스(Steinhoff & Owens)는 공립학교에서 발견될 수 있는 4가지 특유한 문화형질(culture phenotypes)을 통해 학교문화를 분류하였다. 이들은 학교문화의 특질을 비유(metaphor)를 사용하여 설명한다.

② 스타인호프와 오웬스가 조직문화평가척도를 만들어 47개 초·중등학교를 조사한 결과 가족문화와 기계문화 유형의 학교(각 33%)가 대부분을 차지하고, 공연문화(10%)와 공포문화(8%)의 학교는 비교적 적은 것으로 나타났다고 한다.

(2) 학교문화 유형㉧

암기법
기가공공

① 가족문화(family culture) : 이 학교는 '가정(home)'이나 '팀(team)'에 비유된다. 학교는 가족으로서 애정적이고 우정적이며, 때로는 협동적이고 보호적이다. 구성원은 의무 이상의 헌신과 서로에 대한 관심을 갖고, 제 몫을 다하고자 한다.

예 교장은 부모, 코치로 묘사

② 기계문화(machine culture) : 이 학교는 '기계(machine)'에 비유된다. 이 학교에서는 모든 것을 기계적인 관계로 파악하며, 학교의 목표 달성을 위해 교사들을 기계와 같이 취급하며 이용한다.

예 교장은 일벌레로부터 느림보에 이르기까지 기계공으로 묘사

③ 공연문화(cabaret culture) : 이 학교는 쇼(서커스, 브로드웨이쇼, 연희 등)를 시연하는 '공연장(cabaret)'에 비유된다. 학교는 공연과 함께 청중으로서 학생의 반응을 중시하며, 훌륭한 교장의 지도하에 탁월하고 멋진 가르침을 추구한다.

예 교장은 곡마단 단장, 공연 사회자, 연기 주임으로 간주

④ 공포문화(horrors culture) : 이 학교는 '전쟁터, 혁명 상황, 악몽'에 비유된다. 학교 구성원들은 고립된 생활을 하며, 서로를 비난하고 적대적이며 냉랭하다. 교사들은 자신의 학교를 밀폐된 상자 혹은 형무소라고 표현한다. 교장은 자기 자리를 유지하기 위해 무엇이든지 희생의 제물로 삼을 준비가 되어 있다.

MEMO

6 세티아(Sethia)와 글리노(Glinow)의 문화유형론

(1) 개관

① 조직의 주된 관심이 인간과 성과 중 어디에 있느냐에 따라 조직문화의 유형을 4가지로 분류하였다.

② 인간에 대한 관심(concern for people)은 조직이 구성원의 만족과 복지를 위해 노력하는 것을 나타내며, 성과에 대한 관심(concern for performance)은 구성원이 최선을 다해 직무를 수행하도록 하려는 조직의 기대를 나타낸다.

		성과에 대한 관심	
		낮음	높음
인간에 대한 관심	높음	보호문화	통합문화
	낮음	냉담문화	실적문화

Sethia와 Glinow의 조직문화 유형

암기법
보냉실통

(2) 학교문화 유형[암]

① **보호문화**: 구성원의 복지를 강조하지만 높은 성과를 요구하지 않는다(온정주의적 문화). 이러한 문화를 가진 조직은 구성원이 조직의 지도자에게 순응하는 경향을 보이고, 충성심과 애정이 있어 조직이 생존하고 번영한다. 팀워크와 협동, 상사에 대한 복종 등이 중요한 가치로 여겨진다.

② **냉담문화**: 인간과 성과 모두에 무관심한 조직이다. 음모, 파당, 분열로 사기저하와 냉소주의가 만연하여 특별한 상황과 환경의 보호 없이는 생존이 어려운 조직이다. 이는 지도자의 방임적 리더십에 의해 조장되며, 조직의 효과성과 능률성에 대한 관심보다는 기득권과 이해관계에 의해 조직이 운영된다.

③ **실적문화**: 구성원의 복지는 소홀히 하면서도 높은 성과를 요구한다. 성공추구문화의 대표적인 경우다. 여기서 인간은 소모품으로 간주되며, 높은 성과를 낼 때만 보상을 준다. 성공, 경쟁, 적극성, 혁신 등이 중요한 가치다.

④ **통합문화**: 성과와 인간 모두에 높은 관심을 나타내는 조직이다. 구성원은 온정주의적 관심의 대상이 아니라 인간의 존엄성을 바탕으로 한다. 구성원 스스로 잠재력을 최대한 계발하고, 조직발전에 크게 공헌하기를 기대한다. 협동, 자율성, 창의성, 모험 등이 주요 가치다. '사람들이 할 수 있는 모든 것을 할 수 있도록 자유를 허용하라'는 것이 하나의 기본원칙이다.

MEMO

05

03 조직풍토(organizational climate)

개념 다지기

조직풍토

조직풍토는 바로 조직 구성원이 조직 내에서 경험하는 총체적 조직 환경의 질을 의미한다. 사람에게 느껴지는 인상이나 분위기가 있듯이 조직에도 그 나름대로의 분위기가 있는데 이를 조직풍토라고 한다. 즉, 조직풍토는 다른 조직과 구별되는 그 조직만이 갖고 있는 독특한 분위기다. 조직풍토는 인간행동에 영향을 미치는 사회심리적 실체로서 조직과 조직 구성원의 행동을 이해하는 데 중요한 요인이 된다. 학교조직에서도 조직풍토가 학교조직 구성원들의 행동에 영향을 미치는 것으로 밝혀졌다(주삼환 외, 2015). 학교풍토는 학교의 인성(人性)이라고 볼 수 있다.

1 리커트(Likert)의 관리체제 91 중등, 07 초등

(1) 개관

① 리커트(Likert)는 상・하급자 간의 관계가 어떠하냐에 따라 조직관리유형(조직풍토)을 체제 1(system 1)에서 체제 4(system 4)에 이르기까지 하나의 연속선(continuum)으로 표시하였다.

② 행동과학적 연구를 통해 조직변화 계획을 실행하였는데, 조직이 X이론에서 Y이론으로, 미성숙한 행동이 성숙한 행동의 격려로, 위생요인의 강조에서 동기부여요인의 만족으로 나아가도록 의도하고 있다.

③ 체제 1은 과업 지향적이며 고도로 구조화된 권위적 관리유형(X이론)인데 비하여, 체제 4는 팀워크・상호 신뢰・상호작용 등에 기반을 둔 관계성 지향적 관리유형(Y이론)이다. 체제 2, 3은 2개의 양극단의 중간관계에 해당한다.

(2) 관리체제(경영체제)

체제 1 : 착취적이고 권위주의적 관리(경영)	체제 2 : 자선적이고 권위주의적 관리(경영)
[관리자는 부하를 신뢰하지 않음] ① 의사결정은 하향적이고 일방적임 ② 부하의 동기 유발은 공포, 위협, 처벌에 의함 ③ 통제는 최고 관리자에게 집중됨 ④ 상사와 부하 간의 상호관계는 별로 없음 ⑤ 비공식적으로 관리자의 목적에 반대함	[관리자는 부하에게 자비를 베풀 듯 신뢰함] ① 의사결정에 부하는 별로 관여하지 않음 ② 부하의 동기 유발은 보상과 처벌임 ③ 상사와 부하 간의 관계는 자비를 베풀 듯함 ④ 부하는 두려움과 경계를 나타냄 ⑤ 통제는 최고 관리자에게 집중, 더러 위임도 함

MEMO

체제 3 : 자문적 관리(경영)	체제 4 : 참여적 관리(경영)
[관리자는 부하를 중요한 존재로 인식하나 완전히 신뢰하지는 않음] ① 부하가 낮은 수준의 한정된 의사결정을 함 ② 의사소통은 상하로 이루어짐 ③ 동기 유발은 보상, 때로는 처벌 및 약간의 참여에 의함 ④ 상사와 부하 간에는 온건한 관계와 상당한 신뢰가 있음 ⑤ 통제는 하향적으로 위임됨	[관리자는 부하를 전적으로 신뢰함] ① 의사결정이 널리 확산됨 ② 의사소통은 상하, 좌우로 됨 ③ 동기 유발은 참여와 보상에 의함 ④ 상사와 부하 간의 관계는 광범위하고 우호적임 ⑤ 고도의 신임과 신뢰가 있음 ⑥ 통제과정에는 광범위한 책임이 존재함

① 수탈적 관리체제(이기적 권위주의적 풍토) : 관리자는 부하를 신뢰하지 않음
② 자비적 관리체제(자선적 권위주의적 풍토) : 관리자는 부하에게 자비를 베풀 듯이 신뢰함
③ 자문적 관리체제(협의적 풍토) : 관리자는 부하를 상당히 중요한 존재로 인식하나 완전히 신뢰하지 않음
④ 참여적 관리체제(참여적 풍토) : 관리자는 부하를 전적으로 신뢰함

체제 1과 체제 2를 채택하는 교장이나 교사는 학교의 목적 달성을 위해 고도의 통제와 지위를 이용한 압력과 권한을 행사한다. 리더와 부하 관계는 1대1의 관계를 강조한다. 체제 3은 부하와 개인적으로 상의하여 의사결정을 하는 참여적 리더십을 보인다. 그러나 학교 목적의 극대화, 학생의 자아실현, 교사의 자아충족에는 못 미친다. 체제 4는 중요한 조직의 모든 과정에 팀워크를 강조한다. 교장이나 교사는 자아통제적 방법으로 커다란 집단 충성심과 높은 목표완수, 고도의 협동을 이룬다.
요컨대, 효과적인 학교일수록 참여적 분위기인 체제 4에 더 접근하고 덜 효과적인 학교일수록 체제 1의 관리형태(경영형태)에 접근한다.

<table>
<tr><th>맥그리거</th><th>아지리스</th><th>리커트</th><th>허즈버그</th><th>동기</th></tr>
<tr><td>X이론</td><td>미성숙</td><td>체제 1</td><td>위생요인</td><td>외재적 동기</td></tr>
<tr><td rowspan="2">↕</td><td rowspan="2">↕</td><td>체제 2</td><td rowspan="2">↕</td><td rowspan="2">↕</td></tr>
<tr><td>체제 3</td></tr>
<tr><td>Y이론</td><td>성숙</td><td>체제 4</td><td>동기요인</td><td>내재적 동기</td></tr>
</table>

2 핼핀과 크로프트(Halpin & Croft)의 학교조직 풍토론 02 초등, 07 중등

MEMO

05

Halpin과 Croft는 조직풍토기술척도(OCDQ: Organizational Climate Description Questionnaire)를 개발하여 학교조직풍토를 연구하였다. OCDQ는 교사의 행동 특성과 교장의 행동 특성에 대해 교사들이 어떻게 '지각'하는가를 조사하여 학교풍토를 기술한 것으로서 교사들의 자기평가라고 할 수 있다. 교사의 행동 특성 변인에는 사기, 장애, 친밀, 일탈을, 교장의 행동 특성 변인에는 추진, 인화, 과업, 냉담을 설정하였다.

Halpin과 Croft는 개방－폐쇄의 연속선에 따라 개방 쪽에 있는 학교의 풍토를 개방적·민주적·발전적이라고 하고, 폐쇄 쪽에 있는 학교의 풍토를 폐쇄적이고, 기능적으로 고착된 풍토라고 했다. 개방성에 근거한 풍토의 계열은 가장 훌륭한 사기(esprit)의 지시자에 중점을 둔 것이었다. 따라서 학교조직 풍토를 설명하는 데 사기(esprit)의 점수에 따라 개방적 풍토(63점), 자율적 풍토(55점), 통제적 풍토(54점), 친교적 풍토(50점), 간섭적 풍토(45점), 폐쇄적 풍토(38점)의 6가지 유형으로 분류하였다.

(1) 개관

① 핼핀과 크로프트(Halpin & Croft)는 교사의 행동 특성과 교장의 행동 특성에 대한 교사들의 '지각'을 토대로 학교조직 풍토를 6가지 유형으로 분류하였다. ⇨ 조직풍토기술척도(OCDQ: Organizational Climate Description Questionnaire)를 개발하여 조사

② 교사의 행동 특성[암]

㉠ 사기(esprit): 교사들이 자신의 업무에서 욕구충족과 성취감을 느끼는 정도

㉡ 장애(방해, hindrance): 교사들이 교장을 자기 일을 방해하는 사람으로 지각하는 정도

㉢ 친밀(intimacy): 교사들이 업무 외에 상호 간 친밀하고 우호적인 인간관계를 유지하면서 사회적 욕구를 충족시키는 정도

㉣ 일탈(방임, disengagement): 교사가 주어진 업무에 헌신하지 않고 이탈하려는 정도

③ 교장의 행동 특성

㉠ 추진(솔선수범, thrust): 교장이 솔선수범하며 학교를 역동적으로 잘 운영해 나가는 정도

㉡ 인화(배려성, consideration): 교장이 배려하고 친절한 행동을 보이는 정도

㉢ 냉담(초연성, 원리원칙, aloofness): 교장이 공식적이며 규칙과 규정을 강조하는 정도

㉣ 과업(생산성 강조, production emphasis): 교장이 과업달성을 강조하며 철저히 지시·감독하는 정도

암기법
- 교사: 사방친일
- 교장: 추배냉과

MEMO

암기법
개자통친간폐

(2) 학교조직풍토 유형 – 개방 – 폐쇄 연속선상의 학교풍토

개방 – 폐쇄의 연속선상에서 조직풍토를 위한 원형 프로필(M = 50, SD = 10)

하위요인 / 조직풍토	교사의 행동특성				교장의 행동특성			
	사기	방해	친밀	일탈	추진	배려	냉담	과업
개방적	63 (높음)	43 (낮음)	50 (중간)	43 (낮음)	61 (높음)	55 (중간)	42 (낮음)	43 (낮음)
자율적	55 (높음)	41 (낮음)	62 (높음)	40 (낮음)	53 (중간)	50 (중간)	61 (높음)	39 (낮음)
통제적	54 (높음)	59 (높음)	40 (낮음)	38 (낮음)	51 (중간)	45 (낮음)	55 (높음)	63 (높음)
친교적	50 (중간)	42 (낮음)	58 (높음)	60 (높음)	52 (중간)	59 (높음)	44 (낮음)	37 (낮음)
간섭적	45 (낮음)	46 (낮음)	46 (낮음)	65 (높음)	51 (중간)	55 (높음)	38 (낮음)	55 (높음)
폐쇄적	38 (낮음)	58 (높음)	54 (중간)	62 (높음)	41 (낮음)	44 (낮음)	55 (높음)	54 (높음)

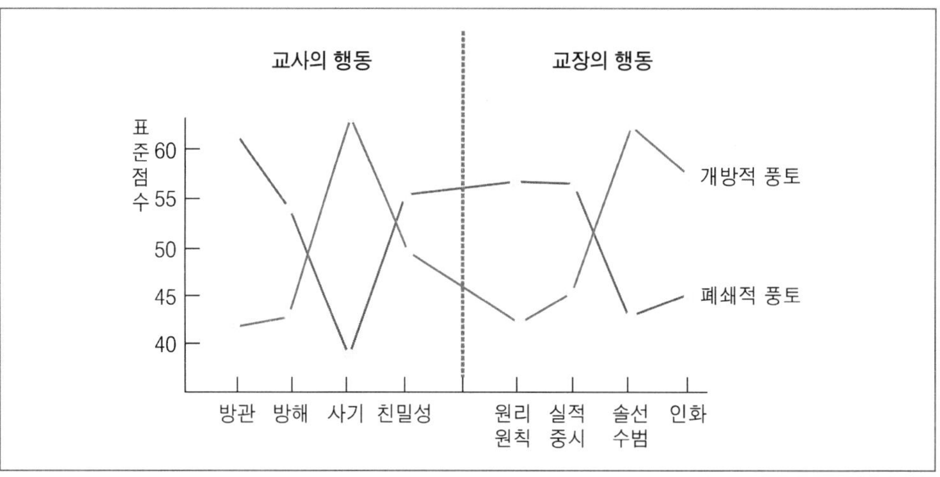

① **개방적 풍토(open climate)**: 교사의 사기와 교장의 추진성이 매우 높아 아주 활기차고 생기 있는 조직풍토이다. 교장이 과업을 강조하지 않아도 교사들이 학교의 목표 달성에 헌신하며 개인의 사회적 욕구도 충족한다. ⇨ 가장 바람직한 풍토

② **자율적 풍토(autonomous climate)**: 교장은 냉담하지만 과업을 강조하지 않아 생산성이 높지 않지만, 교사들은 높은 사기와 친밀성을 바탕으로 매우 자유롭게 업무를 수행하며 사회적 욕구를 충족하는 자유보장적 풍토이다.

③ **통제적 풍토(controlled climate)**: 교장은 냉담하며 과업을 강조하지만, 교사는 방해로 느끼며 (친밀성이 낮아) 사회적 욕구 충족이 소홀히 되는 지시적인 풍토이다. 하지만 목

MEMO

05

적달성에서 오는 성취감이 높아 친교적 풍토보다 사기가 더 높게 나타난다. ⇨ 과업수행이 강조되는 반면 교사의 사회적 욕구 충족은 소홀히 하는 지시적 풍토

④ **친교적 풍토**(familiar climate) : 교장과 교사들 간에 우호적 태도가 형성되고 사회적 욕구는 잘 충족되나, 조직의 목표 달성을 위한 집단 활동이 부족한 사교적인 풍토이다. 교장은 극히 배려적이고 과업을 강조하지 않으며, 교사도 친밀성을 추구하며 업무에는 일탈적이다.

⑤ **간섭적 풍토**(친권적, paternal climate) : 교장은 배려적이면서 과업을 강조하지만(공정성 결여), 교사는 (업무에 무관심하고 사기와 친밀성도 낮아) 과업성취나 사회적 욕구 충족 모두에 부적합한 풍토이다. ⇨ 교장이 교사에게 과업을 강조하지만 공정성이 결여되어 과업성취나 욕구 충족 모두에 부적합한 풍토 ⇨ 교장은 열심히 하나 불행히도 효과적이지 못한 사회적 환경이다. 교사는 일 때문에 바쁘지 않으나 서로 간에 잘 지내지 못하며, 경쟁적인 분파를 형성하는 경향이 있다. 교장은 전혀 초연하지 않으나 생산 강조의 면에서 강요적이며 이성적이지 못하다. 또, 배려적이며 다소 정력적이나 전문가적인 역할을 모범적으로 하기보다는 자비로운 전제자의 스타일을 취한다. 낮은 초연성과 높은 배려성이 그 특징이다.

⑥ **폐쇄적 풍토**(closed climate) : 교사의 사기는 극도로 떨어져 있고 업무에는 무관심한데, 교장은 극히 냉담하며 불필요한 일과 과업만 지나치게 강조하는 비효율적인 풍토이다. ⇨ 가장 바람직하지 못한 풍토 ⇨ 과업완수도 사회적 만족도 현저하지 못한 사회환경이다. 교사는 분절되고 일탈되어 있으며, 서류업무가 과중하고, 사기는 밑바닥이다. 그리고 적대적 환경에 대한 심리적 방어로서 약간의 친교가 형성되어 있다. 교장은 극히 초연하며, 배려적이지 못하나, 일상적인 일과 불필요한 일을 강조하며 엄격한 방법으로 요구는 많다. 응급수술이 필요하다. 낮은 사기, 높은 일탈성, 낮은 추진력을 그 특징으로 한다.

햄핀과 크로프트가 만든 조직풍토 질문지(OCDQ)는 하위변인에 있어 개념체계의 논리성이 결여되어 있다는 지적이 있다. 교사의 행동 중에 '장애'나 교장의 행동 중 '생산성 강조'나 '사려성'이 그것이다. 즉, 장애는 교사 행동의 하나의 하위차원으로 규정되어 있지만, 실은 교사의 대인관계의 행동이라기보다는 행정적 요구를 지칭하는 것이라는 사실이다. 또한 과업(생산성 강조)은 높은 생산 표준을 강조하는 것이 아니라 철저한 감독과 전제적 행동에 대한 의미가 내포되어 있다. 또한 조직풍토의 유형 중 '중간'에 위치한 풍토의 의미가 모호하다는 지적도 있다. 이러한 타당하지 않은 하위척도와 낮은 신뢰도 때문에 개정된 OCDQ는 초기의 OCDQ-RE에 대한 비판을 수용하고 있다.

MEMO

암기법

- 교사: 협친일
- 교장: 지지제

3 호이와 미스켈(Hoy & Miskel)의 학교조직 풍토론 11 초등

(1) 개관

① 호이와 미스켈(Hoy & Miskel)은 개정된 조직문화풍토척도(OCDQ-RE)를 사용하여 학교조직 풍토를 4가지로 구분하고 개방−폐쇄의 연속선상에서 설명하였다.

② 교사의 행동 특성[암]

㉠ 협동적 행동(단체적, collegial behavior) : 교사들 상호 간에 지원적이고 전문적인 상호작용의 정도 ⇨ 교사들은 소속학교에 대하여 자부심을 가지며, 동료들과 같이 일하는 것을 즐거워한다. 그들은 매사에 열성적이며, 수용적일 뿐만 아니라 동료들의 전문적인 능력에 대해서도 서로 존중한다.

㉡ 친밀적 행동(intimate behavior) : 학교 안팎에서 교사들 간에 형성된 개인적 관계의 정도 ⇨ 교사들 상호 간에 사회적 연대의식이 강하고 응집력이 높다. 교사들은 서로 잘 알고 가까운 친구지간이며, 정기적으로 모임도 갖고, 서로 도움을 주고받는다.

㉢ 일탈적 행동(disengaged behavior) : 교사들 간에 조성된 소외감과 격리감의 정도 ⇨ 전문적 활동에 대하여 열의와 관심이 부족하다. 교사들은 다만 시간을 보내고 있을 뿐이며 집단노력에 있어 비생산적이다. 그들은 공동의 목표의식을 공유하고 있지 않으며, 동료교사나 소속학교에 대해서도 부정적이며 비판적이다.

③ 교장의 행동 특성

㉠ 지원적 행동(supportive behavior) : 교사들에게 진실한 관심을 보이고 지원하는 정도 ⇨ 교사에게 높은 관심을 보인다. 교장은 교사들의 제안에 대하여 귀를 기울이고 또 이에 대하여 수용적이다. 교사들에게 칭찬을 자주하고, 비판을 건설적인 입장에서 다룬다. 지원적인 교장은 교사들의 전문적 능력을 존중하고 각각의 교사에 대하여 인간적 · 전문적 관심을 나타낸다.

㉡ 지시적 행동(directive behavior) : 교사들의 개인적 욕구에 전혀 관심을 두지 않는 엄격한 과업지향의 정도 ⇨ 빈틈없고 철저하게 감독한다. 교장은 모든 교사와 학교활동에 대하여 매우 사소한 일까지도 빠뜨리지 않고 지속적으로 통제를 행사한다.

㉢ 제한적 행동(restrictive behavior) : 교사들이 업무를 수행할 때 장애를 주는 정도 ⇨ 교사들의 행동을 조장, 촉진하기보다는 오히려 방해한다. 교장은 교사들의 수업을 방해하는 서류 작성, 회의 참석, 일상적인 업무 등을 수행하도록 요구한다.

MEMO

암기법
개몰일폐

05

(2) 학교조직풍토 유형 – 개방 – 폐쇄 연속선상의 학교풍토

행동특성		풍토 유형			
		개방풍토	몰입풍토	일탈풍토	폐쇄풍토
교사 행동	협동적	고	고	저	저
	친밀적	고	고	저	저
	일탈적	저	저	고	고
교장 행동	지원적	고	저	고	저
	지시적	저	고	저	고
	제한적	저	고	저	고

		교장 행동	
		개방	폐쇄
교사 행동	개방	개방풍토 (open climate)	몰입풍토 (engaged climate)
	폐쇄	일탈풍토 (disengaged climate)	폐쇄풍토 (closed climate)

학교조직풍토의 유형화

① **개방풍토(open climate)** : 교사와 교장이 모두 개방성을 나타내는 풍토이다. 교장은 교사의 제안과 전문성을 존중하며, 교사는 높은 협동성과 친밀성을 유지하며 과업에 헌신하는 풍토이다. 학교 구성원 간 협동, 존경, 신뢰가 형성되어 있는 풍토이다.

② **몰입풍토(참여풍토, engaged climate)** : 교사는 개방적이나 교장은 폐쇄성을 나타내는 풍토이다. 교장은 비효과적인 통제를 하며 교사의 업무를 방해하지만, 교사는 높은 협동성과 친밀성을 바탕으로 높은 전문적인 업무수행을 하는 풍토이다.

③ **일탈풍토(disengaged climate)** : 교사는 폐쇄적이나 교장은 개방성을 나타내는 풍토이다. 교장은 교사들에게 관심이 많으며 지원적인 데 반하여, 교사는 교장을 무시하거나 협조하지 않을 뿐만 아니라, 교사 간에도 불화와 분열을 보이며 헌신적이지 않은 풍토이다.

④ **폐쇄풍토(closed climate)** : 교사와 교장 모두가 폐쇄성을 나타내는 풍토이다. 교장은 일상적이거나 불필요한 잡무만을 강조하면서 엄격한 통제를 하고, 교사는 교장과 불화하고 업무에 관심과 책임감이 없으며 헌신적이지 않은 풍토이다.

MEMO

04 조직갈등(organization conflict)

개념 다지기

조직갈등

조직 내 갈등(conflict)이란 행동주체 간의 대립적 내지 적대적 상호관계(상호작용)를 말한다. 갈등의 종류에는 개인갈등(심리적 갈등), 대인갈등(사람 간의 갈등), 집단갈등(집단 간 갈등), 문화갈등(문화 간 충돌), 역할갈등(상반된 역할 부여에 따른 심리적 부담), 의사결정 갈등(대안의 선택 기준이 모호) 등으로 그 형태가 다양하다. 갈등의 원인은 공동적인 의사결정의 필요성에 대한 인지(認知)의 차이, 목표의 차이, 현실에 대한 인지의 차이 등 다양하다(March & Simon).

암기법
화학자 ↔ 시불조

1 갈등의 순기능과 역기능[암]

(1) 갈등의 순기능

① 조직의 변화와 혁신을 촉진하여 새로운 화합의 계기가 될 수 있다.
② 조직 내 문제에 대한 정보와 자기반성의 기회를 제공한다.
③ 조직 내의 갈등을 관리하고 방지할 수 있는 방법을 학습할 수 있는 기회를 제공한다.
④ 갈등을 극복하려고 노력하는 가운데 구성원의 재능과 능력이 발휘된다.
⑤ 침체된 조직을 거기에서 벗어나 더욱 생동하게 하는 계기가 될 수 있다.
⑥ 구성원들의 다양한 심리적 욕구를 충족시키는 계기가 될 수 있다.

(2) 갈등의 역기능

① 목표 달성에 필요한 시간과 자원을 낭비할 수 있다.
② 구성원에게 정신적 · 육체적 · 정서적으로 긴장과 불안, 고통, 스트레스 등을 유발한다.
③ 조직이나 타인에 대해 부정적인 태도와 적개심, 불만, 참여 기피 등을 야기한다.
④ 조직의 안정성, 조화성, 통일성을 깨뜨릴 수 있다.

(3) 갈등과 조직의 효과성✦ – Robbins

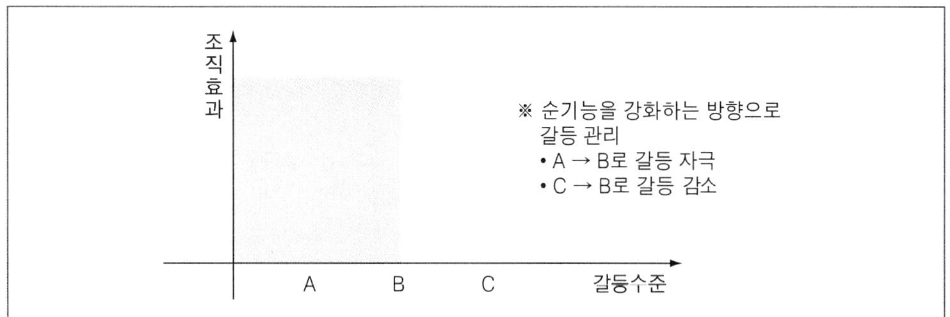

상황	갈등수준	갈등의 유형	조직의 내부적 특성	조직의 효과성
A	낮거나 전혀 없음	역기능적	냉담·침체적, 변화에 무반응, 새로운 아이디어의 결여	낮음
B	적절	순기능적	생동적, 혁신적, 자체 비판적	높음
C	높음	역기능적	파괴적, 혼돈, 비협조적	낮음

MEMO

갈등이 적절한 정도일 때 조직의 효과성에 긍정적인 영향을 미친다.

2 토마스(Thomas)의 갈등관리 전략 – 조직 상황에 따른 갈등관리 방식

99 중등추시, 00 초등, 02~03 초등, 06 초등

(1) 개관

① 개념: 조직의 목표 달성과 조직 구성원의 필요를 충족시키는 갈등을 다루는 갈등관리 방식을 5가지로 분류하여 제시하였다. 한쪽 당사자가 타인의 관심사(이익)를 충족시키려는 정도인 '협조성(협동성, cooperativeness)'과 자신의 관심사(이익)를 충족시키려는 정도인 '독단성(적극성, assertiveness)'의 2가지 독립적 차원에 의한 갈등관리 전략을 경쟁, 회피, 수용, 협력, 타협의 형으로 나누고 있다.

② 갈등관리 방법(유형도)[암]

암기법
경회수타협

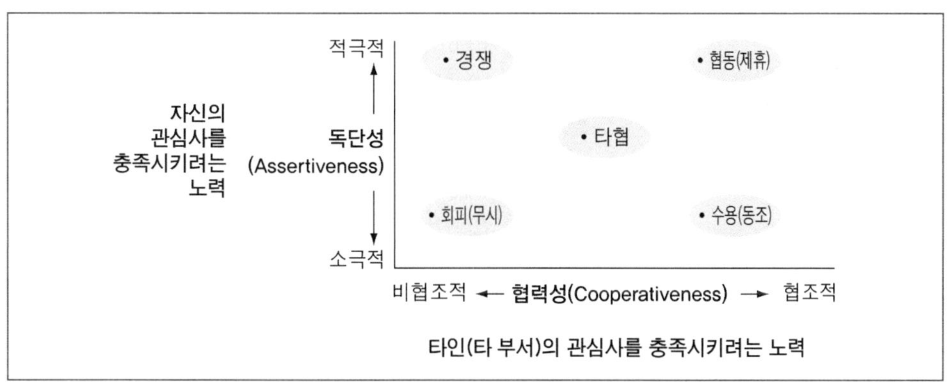

MEMO

(2) 갈등관리 방법(전략, 유형)

경쟁형 (competing)	• 관리방법: 상대방을 희생시키고 자신의 이익이나 관심사를 충족하려는 전략으로, 한쪽이 이익을 얻는 반면 다른 쪽이 손해를 보는 승패(勝敗, win－lose) 전략 ⇨ 행정가는 조직의 목표 달성을 강조하며 구성원들의 개인적 필요에 대해서 협력하지 않는 방식 • 적절한 상황: ① 신속한 결정이 요구되는 긴급한 상황일 때, ② 조직의 성장에 매우 중요한 문제일 때, ③ 중요한 사항이지만 인기 없는 조치를 실행할 때, ④ 타인을 부당하게 이용하는 사람에게 대항할 때
회피형 (avoiding)	• 관리방법: 자신과 상대방의 관심사 모두를 무시함으로써 갈등으로부터 탈피하고자 하는 방식. 갈등이 없었던 것처럼 행동하여 가능한 한 갈등을 무시하고 의도적으로 피하는 형. 어떠한 행태로든 갈등을 해결하려고 하지 않는 접근 ⇨ 조직의 목표를 강조하지도 않고 구성원들의 필요에 대해서 협력하지도 않는다. • 적절한 상황: ① 쟁점이 사소한 것일 때, ② 해결책의 비용이 효과보다 훨씬 클 때, ③ 다른 문제가 해결되면 자연스럽게 해결될 수 있는 하위갈등일 때, ④ 사태를 진정시키고자 할 때, ⑤ 다른 사람들이 문제해결을 더 효과적으로 해결할 수 있을 때
수용형 (순응, 동조, 조정) (accomodating)	• 관리방법: 좋은 인간관계를 유지하기 위해서 자신의 욕구충족은 포기하고 상대방의 주장에 따름으로써 갈등을 해소하는 방법 ⇨ 행정가는 구성원의 필요에 양보하고 자기를 희생 • 적절한 상황: ① 자기가 잘못한 것을 알았을 때, ② 더 중요한 문제를 위해 좋은 관계를 유지해야 할 때, ③ 조화와 안정이 특히 중요할 때, ④ 패배가 불가피하여 손실을 최소화할 때, ⑤ 다른 사람에게 더 중요한 사항일 때
협력형 (협동형) (collaborating)	• 관리방법: 양쪽의 관심사를 모두 만족시키려는 접근으로, 양자 모두에게 이익을 주는 승승(勝勝, win－win) 전략 ⇨ 양쪽이 다 만족할 수 있는 갈등해결책을 적극적으로 찾는 최선의 방법 • 적절한 상황: ① 목표가 학습하는 것일 때, ② 합의와 헌신이 중요할 때(양쪽의 협력이 필요한 경우), ③ 양자의 관심사가 매우 중요하여 통합적인 해결책만이 수용될 때, ④ 관계증진에 장애가 되는 감정을 다루고자 할 때, ⑤ 관점이 다른 사람들로부터 통찰력을 통합하기 위하여
타협형 (compromising)	• 관리방법: 양쪽이 조금씩 상호 양보하여 절충안을 찾으려는 방법 ⇨ 다수의 이익을 위해 조직의 목표와 개인의 필요 간에 균형을 찾아 수용 가능한 해결책을 찾는 방법 ⇨ 양쪽이 다 손해를 보기 때문에 앙금이 남아 다른 갈등의 원인이 될 수 있다. ⇨ 현실적으로 가장 많이 활용 • 적절한 상황: ① 복잡한 문제에 대한 일시적인 해결책을 얻고자 할 때, ② 당사자들의 주장이 서로 대치되어 있을 때, ③ 목표가 중요하지만 목표 달성에 따른 잠재적인 문제가 클 때, ④ 협력이나 경쟁의 방법이 실패할 때, ⑤ 시간 부족으로 신속한 행동이 요구될 때

Section 03

지도성론(Leadership Theory)

01 전통적 지도성론

MEMO

1 특성론(trait theory) – 과거~1950년 25 중등論

(1) 개관

① 지도자로서 선천적으로 타고난 특성이 있다고 보고 지도자의 특성과 자질을 분석하려는 접근

② 그러나 리더만 관심의 대상이 되었지 그 구성원에 대한 관심은 없었다는 점에서 한계

(2) 대표자

스토딜(Stogdill)	카츠와 칸(Katz & Kahn) 25 중등論
① 재능(capacity) : 지능, 기민성, 언어의 유창성, 독창력, 판단력 ② 성취(achievement) : 학문, 지식, 운동경기의 성취 ③ 책임감(responsibility) : 신뢰, 솔선, 인내력, 적극성, 자신감, 성취욕 ④ 참여(participation) : 활동성, 사교성, 협동성, 적응성, 유머 ⑤ 지위(status) : 사회경제적 위치와 인기	① 실무적 기술(사무적 기술) : 어떤 일을 수행하는 데 필요한 지식과 기술. 어떤 활동의 방법, 과정, 절차, 기법 등을 이해하고 활용할 수 있는 능력 예 작업관리층(하위계층), 교사, 서무과장 등 하위직 행정가에게 필요한 기술 ② 인간적 기술(인화적 기술) : 구성원들과 인화를 조성하고 협동적으로 일할 수 있는 기술 예 중간관리층(중간계층), 교감, 장학사에게 필요 ③ 종합적 기술(전체 파악 기술, 통합적 · 구상적 기술) : 조직을 하나의 전체로 파악할 수 있는 능력. 행정조직을 총체적으로 파악할 수 있는 능력. 조직 전체의 복합성을 이해하고 자기활동이 전체로서의 조직 어디에 관련되는가를 파악하는 능력 ⇨ 교육활동 전반을 통합적 · 대국적 · 장기적 견지에서 일관하여 선견지명을 가지고 사업을 구상해 나가는 것 예 상위관리층(상위행정가), 교육감, 교장에게 필요

MEMO

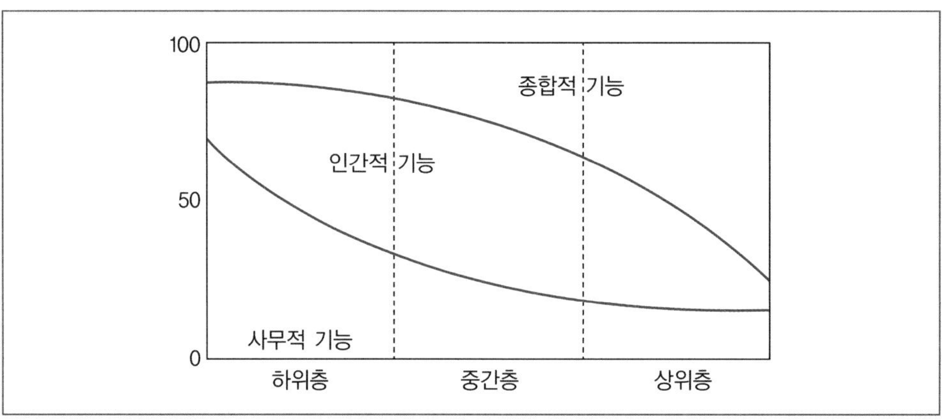

교육행정의 3가지 기술(Katz & Kahn)

2 행위론(behavior theory) – 1950~1970년

(1) 개관

① 지도자가 어떤 행동을 하느냐를 분석하여 지도자가 나타내는 행동을 기술하였다.

② 효과적인 지도자와 비효과적인 지도자의 행위를 비교하여 지도자의 행위양식을 유형화하였다.

(2) 레빈(Lewin) 등의 지도성 연구 – 아이오와대학의 연구

① 연구

㉠ Lewin, Lippitt, White은 지도자의 행동 유형을 권위적 지도자, 민주적 지도자, 자유방임적 지도자로 구분하고 각 유형이 집단의 태도와 생산성에 미치는 영향을 분석하였다.

㉡ 권위적 지도자는 명령적이고 참여를 허용하지 않으며 칭찬이나 비판을 개인적으로 행하되 중립적인 태도를 취하였으며, 민주적 지도자는 집단의 결정을 권장하고 칭찬이나 비판 시에는 객관적 입장을 취하였으며, 자유방임적 지도자는 집단에게 완전한 자유를 주었다(권위적 → 과업지향적, 과학적 관리론 / 민주적 → 관계지향적, 인간관계론).

MEMO

05

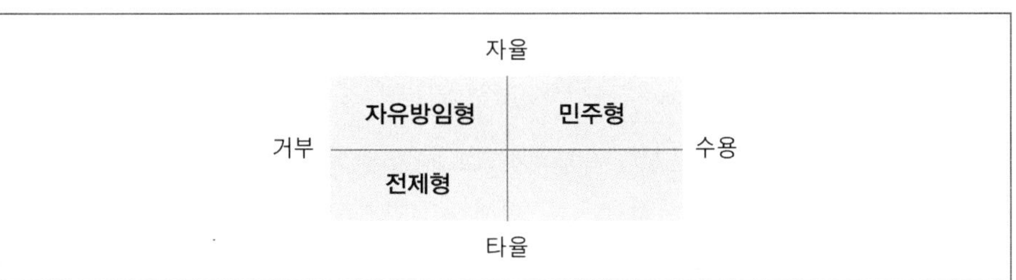

② 결과

㉠ 민주적 지도자를 가장 선호하고, 권위적 지도자를 가장 싫어한다는 결과가 나왔다.

㉡ 권위적 지도자는 공격적인 행동이나 냉담한 행동을 유발하였고, 자유방임적 지도자는 좌절과 방향감각의 상실, 우유부단한 행동이 관찰되었다.

(3) 핼핀과 위너(Halpin & Winer)의 지도성 연구 – 오하이오주립대학의 연구

① 연구

㉠ '구조성(과업 중심, task-oriented)'과 '배려성(인간관계 중심, relationship-oriented)' 차원을 기준으로 지도자의 행동을 인화형, 효율형, 비효율형, 과업형으로 분류하였다. 지도자행동기술척도(LBDQ : Leader Behavior Description Questionnaire)를 사용하였다.

㉡ 구조성은 지도자가 조직목표 수행을 중시하고, 과업을 조직·설정·할당하며, 과업 집단의 성취를 높게 평가하는 차원이다. 따라서 구조성을 중시하는 지도자는 구성원 각자에게 기대되는 역할을 분명히 하고, 업무를 배정하고, 사전에 계획을 세우고, 일 처리 방법과 절차의 확립을 중시하며, 결실을 보기 위해 일을 추진한다. [구조성 → 과학적 관리론]

㉢ 배려성은 지도자가 신뢰, 존경, 온화, 지원, 집단 구성원에 대한 관심을 나타내는 차원을 말한다. 따라서 배려성을 중시하는 지도자는 구성원의 아이디어를 청취하고, 친절하고, 사람들과 자주 만나며, 모든 직원을 공평하게 취급하고, 피고용자의 아이디어를 자주 활용한다. [배려성 → 인간관계론]

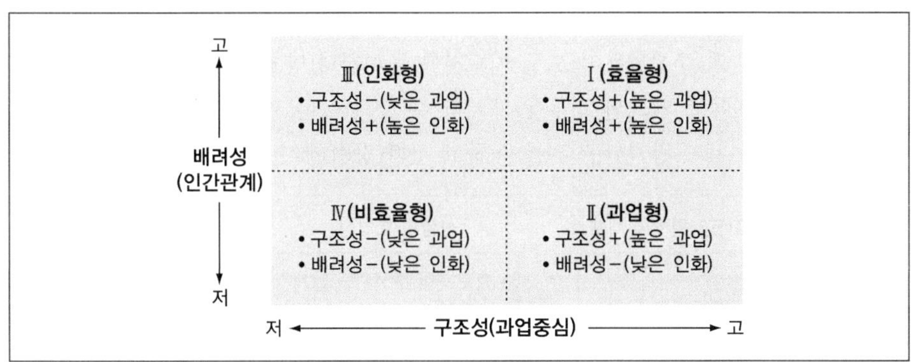

② 결과 : Ⅰ형(높은 구조성·높은 배려성; 효율형)이 가장 효과적인 지도자 유형이다.

MEMO

3 상황론(situation theory) – 1970~1980년 99 초보, 01 중등, 14 중등

(1) 개관

① 등장배경 : 특성이론은 상황을 경시하였고(상황에 따라 지도자의 특성이 바뀔 수 있음), 행위론은 단순한 이원론적 접근을 취해 복잡한 현대사회에 불충분하다.

② 상황적 지도성론 : '모든 상황에 적용할 수 있는 하나의 지도성은 없다.'라는 전제에서 지도성은 '상황적 조건(상황변인)'에 의해서 결정된다는 입장 ⇨ 효과적인 지도성은 지도자의 개인적 특성, 지도자의 행위, 지도성 상황요인 간의 상호작용에 의하여 결정된다.

(2) 피들러(Fiedler)의 상황적 지도성 이론 07 초등, 13 중등

① 개관

㉠ 개념 : '상황의 호의성(situation's favorableness)'에 따라 지도성 유형을 달리해야 한다. ⇨ 지도자의 효과적인 지도성 행위는 상황의 호의성에 따라 결정된다. ⇨ 지도자의 '가장 싫어하는 동료 척도(LPC : Least Preferred Co-worker scale)' 개발

㉡ 상황의 호의성 : 상황이 지도자로 하여금 집단에 대하여 영향력을 행사할 수 있는 정도 ⇨ 지도자와 구성원의 관계, 과업구조, 지도자의 지위권력의 조합으로 결정

ⓐ 지도자와 구성원의 관계(leader-member relation) : 지도자와 구성원 간 관계의 질 ⇨ 지도자의 구성원에 대한 신뢰, 구성원의 지도자에 대한 존경 등

예 지도자와 구성원 간의 분위기가 좋고 나쁨

ⓑ 과업구조(task structure) : 과업의 특성 ⇨ 과업이 명확하게 규정되고 수행방법이 체계화 · 구조화되어 있는 정도 → 목표의 명료도, 목표 달성의 복잡성, 수행에 대한 평가의 용이도, 해결책의 다양성에 따라 구분됨

예 과업이 분명하면 지도자의 통제는 증가하고, 그렇지 않으면 지도자의 통제는 감소

ⓒ 지도자의 지위권력(power) : 조직이 지도자의 지위에 부여한 권력의 정도

예 지도자의 보상(승진, 월급 · 상여금 인상) 및 처벌권 등

㉢ 최상의 상황통제의 예

ⓐ 집단의 구성원들이 모두 지도자를 좋아한다(양호한 지도자-구성원 관계).

ⓑ 명확하게 정의된 직무를 제시할 수 있다(높은 과업구조).

ⓒ 지도자가 강력한 직위를 점하고 있다(강력한 지위권력).

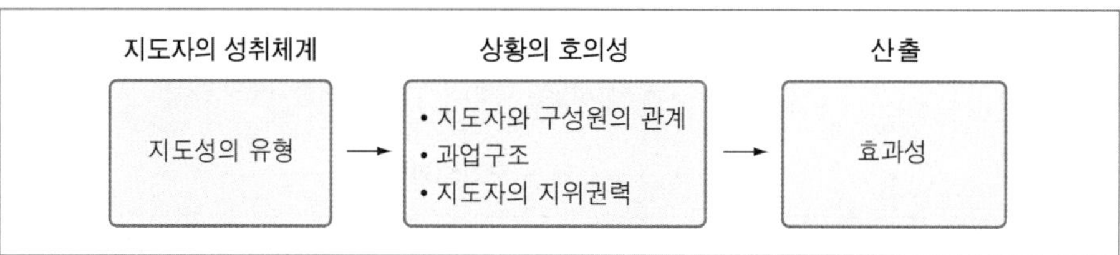

MEMO

05

② 지도성 유형

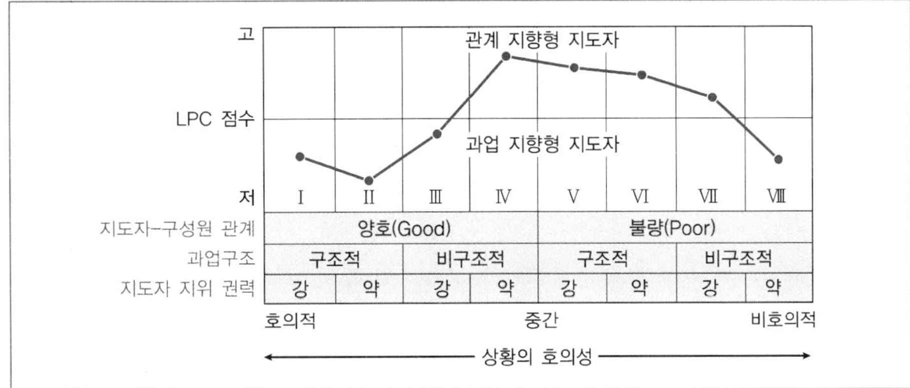

피들러의 상황에 따른 효과적인 리더십 유형(윤정일)

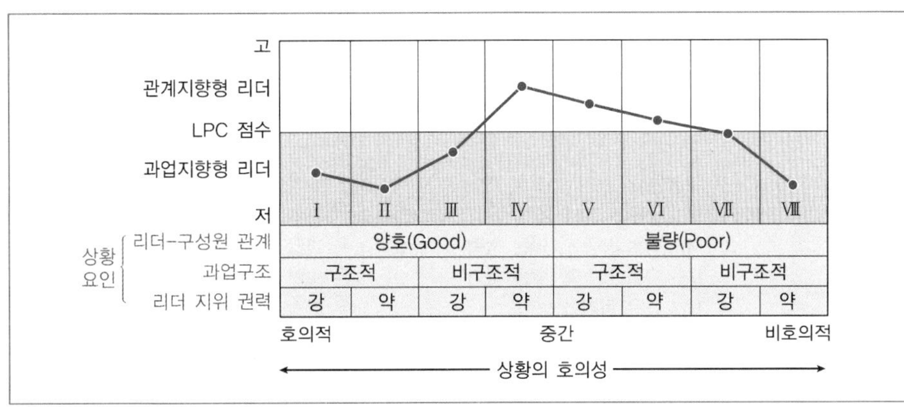

피들러의 상황에 따른 효과적인 리더십 유형(주삼환)

㉠ 상황이 호의적이거나 비호의적일 때는 과업지향적 지도자가 가장 효과적이다(지도자의 영향력이 대단히 크거나 작은 극단적인 상황).

㉡ 상황의 호의성이 중간 정도일 때는 관계지향적 지도자가 가장 효과적이다(지도자의 영향력이 중간 정도인 상황).

(3) 허시와 블랜차드(Hersey & Blanchard)의 상황적 지도성 이론

94 초등, 97 중등, 08 초등, 08 중등, 14 중등論

① 개관

㉠ **개념**: '구성원의 성숙도(준비도)'에 따라 지도성 유형을 달리 해야 한다. ⇨ 지도자의 효과적인 지도성 행위는 구성원의 성숙도에 따라 결정된다.

㉡ **구성원의 성숙도**: 개인적 직무수행능력인 '직무성숙도(job maturity)'와 개인적 동기수준인 '심리적 성숙도(psychological maturity)'를 의미

MEMO

ⓒ **지도성 행위**: 과업행위란 지도자가 구성원에게 무슨 과업을 언제, 어디서, 어떻게 수행해야 하는지를 일방적으로 설명하는 것을 말하며, 관계성 행위란 지도자가 심리적 위로를 제공하고 일을 촉진할 수 있도록 여건을 조성해 주는 것을 의미한다.

② **지도성 유형**: 구성원의 성숙도와 지도성 행위를 조합하여 4가지 지도성 유형 제시

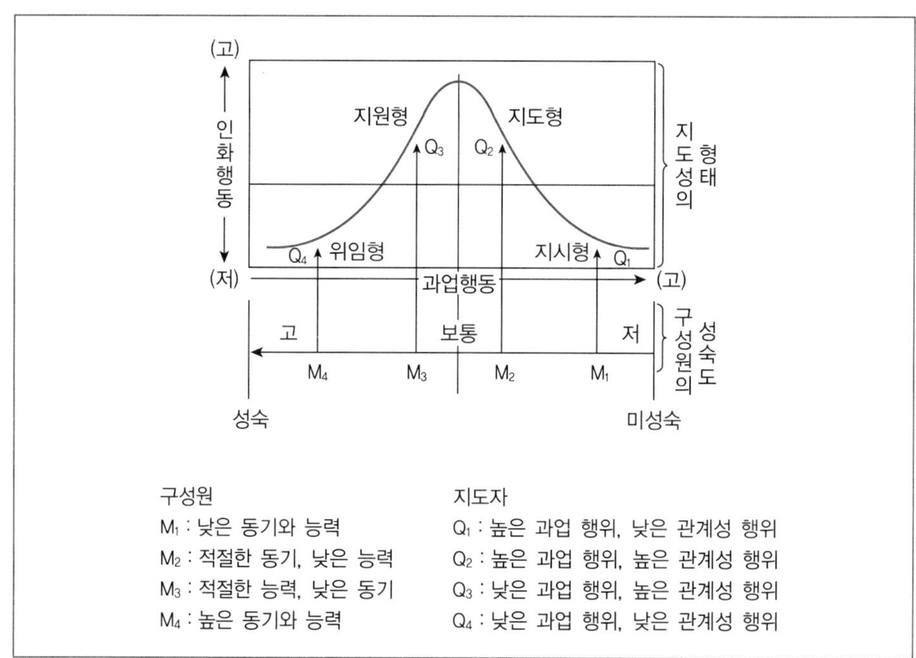

구성원의 성숙도	낮다(M_1)	중간이다		높다(M_4)
		M_2(중간 이하)	M_3(중간 이상)	
직무성숙도(능력 or 전문성)	저	저	고(적절)	고
심리적 성숙도(동기)	저	고(적절)	저	고
효과적 지도성 유형	지시형(설명형)	지도형(설득형)	지원형(참여형)	위임형
과업	고	고	저	저
관계	저	고	고	저
특징	구성원의 성숙도 수준이 낮을수록 과업지향성을 높이고, 성숙도 수준이 높을수록 과업지향성을 낮추는 방향으로 지도성을 발휘한다.			

㉠ **지시형(설명형, directing)**: 구성원의 능력과 동기가 모두 낮을 경우(M_1), 일방적인 과업설명이 요구되는 상황이어서 높은 과업 행위와 낮은 관계성 행위가 효과적이다. ⇨ 높은 과업, 낮은 관계성 행위를 보이는 유형(Q_1)

예 지도자가 구성원들의 역할을 규정하고, 행동을 지시해야(어떤 과업을 언제, 어디서, 어떻게 수행해야 하는가를) 한다. 따라서 의사소통은 일방적이다.

MEMO

05

㉡ 지도형(설득형, coaching) : 구성원이 능력은 낮으나 적절한 동기를 가지고 있는 경우(M_2), 능력을 높여주기 위한 높은 과업행위와 고양된 동기를 계속 유지하기 위한 높은 관계성 행위가 효과적이다. ⇨ 높은 과업, 높은 관계성 행위를 보이는 유형(Q_2)

예 지도자가 구성원에게 대부분의 지시적 행동을 가하지만 쌍방향 의사소통을 통해 사회정서적 지원을 함으로써 구성원들의 의견을 의사결정에 받아들여 구성원들의 심리적 참가를 유도하는 행동 등이 포함된다.

㉢ 지원형(참여형, supporting) : 구성원이 적절한 능력을 갖되 낮은 동기를 가지고 있는 경우(M_3), 일방적인 지시인 과업행위는 낮추고 동기를 높여 줄 수 있는 높은 관계성 행위가 효과적이다. ⇨ 낮은 과업, 높은 관계성 행위를 보이는 유형(Q_3)

예 지도자 주도의 방향 제시는 불필요하되 구성원들이 동기화될 수 있도록 의사결정에 참여시켜야 한다. / 의사결정과정에서 지도자와 구성원들이 쌍방적 의사소통을 통해서 서로 의견을 교환하고, 구성원들은 과업수행의 능력과 지식을 가지고 있기 때문에 지도자는 구성원들의 자발적인 행동을 조장한다.

㉣ 위임형(delegating) : 구성원의 능력과 동기가 모두 높을 때(M_4), 과업과 관계성 행위를 모두 줄이고 권한을 대폭 위임하는 것이 효과적이다. ⇨ 낮은 과업, 낮은 관계성 행위를 보이는 유형(Q_4)

예 구성원들이 과제에서나 관계성에서 심리적으로 높은 수준의 성숙도를 나타내기 때문에 집단 구성원에게 과업을 위임함으로써 집단에 대한 신뢰를 나타내어야 한다.

02 새로운 지도성론

1 리더십 대용 상황이론(substitutes for leadership model) — Kerr & Jermier 11 초등

(1) 개관

① 배경

㉠ Kerr & Jermier는 어떤 상황에도 공식적인 리더십이 항상 필요하다는 가정에 의문을 제기하면서, 부하에 의해 리더십이 대체되거나 지도자의 영향력이 무력화되는 상황을 규명하려고 노력하였다.

㉡ 어떤 상황에서는 지도자 행동의 영향력을 대용하거나 무력화하는 것들이 있고, 다른 상황에서는 지도자 행동의 영향력을 대용하거나 무력화하는 것이 존재하지 않는다는 점을 분명히 하고 있다.

㉢ 이는 학교와 같은 전문적 관료제, 자율성이 강한 조직에서 지도자의 역할이 어느 정도 발휘되어야 하는지를 검토하는 데 중요한 시사점을 준다.

② 개념 : 지도자의 리더십이 상황에 따라 대체되거나 억제될 수 있다는 이론이다(⇨ 리더십 대체이론). 기존의 상황적 리더십 이론을 구성하고 있는 상황, 지도자 행동, 효과성의 개념 중 상황을 대용 상황과 억제 상황으로 나누어 설명한다.

MEMO

㉠ **대용(substitute) 상황**: 지도자의 행동을 불필요하게 만들고 때때는 과다하게 만드는 사람 혹은 사물 등과 관련된 상황이다. 즉, 구성원의 태도·지각·행동에 영향을 미치는 지도자의 능력을 대신하거나 감소시키는 상황적 측면을 말한다.

예 구성원의 높은 수준의 능력과 전문성, 구조화된 과업 특성, 공식적인 역할과 절차 등으로 인해 지도자의 지도성이 필요하지 않은 상황

㉡ **억제(neutralizer) 상황**: 지도자의 행동을 대체하는 것이 아니라 지도자가 특정한 방식으로 행동하지 못하게 하거나 지도자 행동의 영향력을 무력화시키는 상황적 측면을 말한다(⇨ 지도자의 행동을 억제하거나 무력화시키는 상황적 측면).

예 학교장이 우수한 교사를 보상할 수 있는 권력을 가지고 있지 않은 경우(→ 학교장의 지도자 행동을 제약하는 상황적 조건), 학교장이 제공하는 인센티브에 교사들이 무관심한 경우(→ 학교장의 행동을 무력화시키는 상황적 조건)

③ **리더십 대용 상황으로 작용할 수 있는 상황 변인**: 구성원 특성, 과업 특성, 조직 특성

㉠ **구성원 특성**: 구성원의 능력, 훈련, 경험과 지식, 전문성 여부, 보상에 대한 무관심 등

㉡ **과업 특성**: 구조화된 일상적 과업, 내재적 만족을 주는 과업, 과업에 의해 제공되는 피드백 등

㉢ **조직 특성**: 역할과 절차의 공식화, 규정과 정책의 신축성, 구성원의 응집력, 지도자와 구성원의 공간적(물리적) 거리, 지도자의 권력 강약, 조직의 목표나 계획의 분명성 등

(2) 의의와 한계(시사점)

① 리더십 대용 상황이론(모형)은 과업수행이 지도자가 가지고 있는 그 어떤 것에 의존하지 않고 구성원, 과업, 조직 특성에 달려 있다는 점을 강조한다.

예 구성원이 높은 능력과 경험, 식견을 가지고 있고, 수행절차가 분명하며 일상적으로 수행하는 과업일 경우 지도자의 리더십이 거의 필요가 없을 것이다.

② 리더십 대용 상황이론(모형)은 지도자의 어떤 행동이 어떤 상황에서는 중요한 영향을 주는 데 반해, 다른 상황에서는 왜 아무런 영향을 주지 못하는지를 이해하는 데 많은 도움을 준다.

③ 그러나 이 이론은 리더십 행동에 조정 효과를 미치는 상황변인들을 목록화했을 뿐 이들의 인과관계를 설명하기 어렵고 이에 대한 실증적 분석도 부족하다는 한계도 있다.

학교에서 교사는 전문직으로서 자율성을 가지고 학생들을 교육하는 창의적인 업무를 주로 맡고 있다. 이러한 측면에서 교장의 리더십은 교사에 의해 대체될 수 있을 것이다. 하지만 리더십 대용 상황모형을 학교에 일률적으로 적용하는 데는 어려움이 있어 보인다. 학교장의 리더십 유형에 따라 또는 학교의 조직 특성에 따라 학교장의 리더십이 오히려 강화되어야 할 부분도 있기 때문이다.
그럼에도 불구하고 리더십 대용 상황모형의 관점에서 학교장이 리더의 영향력을 발휘해야 할 경우와 그렇지 못한 경우를 분별하는 데 도움을 줄 수 있다면 이 모형의 효용성은 크다고 할 것이다.

MEMO

05

2 변혁적 지도성 이론(transformation leadership theory) – Burns, Bass

99 초등보수, 02~03 초등, 05 초등, 05 중등, 09~10 초등, 19 중등論

(1) 개관

1. **윤정일 외**: 상황적 지도성은 지도성을 발휘할 수 있는 적절한 상황 속에서만 지도자의 특성과 행동이 지도성의 효과를 극대화할 수 있고, 그렇지 않은 상황 속에서는 아무리 탁월한 지도자의 특성과 행동도 그 효과를 발휘할 수 없다는 점을 강조한다. 그렇지만 지도자는 상황에 부합하는 방식으로만 지도성을 발휘하는 것이 아니며 또 그렇게만 해서도 안 된다. 지도자는 단순히 상황에 부합하는 방식으로 조직을 관리하거나 경영하기보다는 자신의 특성과 행동 스타일에 부합하도록 상황을 만들어 내고, 이를 통해 조직의 효과성을 이끌어 내야 한다. 다시 말해, 지도자는 단순히 상황에 부합되는 특성을 지니고 그에 맞는 적절한 행동을 해 나가는 것이 아니라, 자신의 특성과 행동 스타일에 맞도록 상황 자체를 변혁하고 개선해 나가는 것이 더 중요하고 필요하다는 것이다. 이러한 생각에서 발전한 리더십 이론이 변혁적 리더십 이론이다.
2. **Burns(번스)**: 무언가를 변혁시킨다는 말은 보다 심층적으로 파고드는 것을 의미한다. 마치 개구리가 왕자로 탈바꿈하거나 마차 공장이 자동차 공장으로 탈바꿈할 때처럼 형식이나 구조의 대변신을 일으키는 것, 사물의 상태나 본질 그 자체를 변화시키는 것이다. 다른 실체로 변화되어 눈에 보이는 형식이나 내적 특성에 근본적인 변화가 일어나도록 하는 것이다. 이같이 폭과 깊이가 있는 변화는 바로 변혁적 리더십을 통해 나타난다.

① 개념

㉠ 변혁적 지도성은 구성원의 성장욕구(예 자아실현)를 자극하여 동기화시킴으로써 구성원의 태도와 신념을 변화시키고 기대 이상의 성과를 달성하게 하는 지도성을 의미한다. 특히 변혁적 지도성은 지도성이 행사되는 과정에서 지도자의 특성과 행동 스타일에 맞도록 상황 자체와 조직을 변혁하고 개선해 나가는 것을 중시한다.

㉡ 구성원들의 욕구와 능력을 인정하고 그들의 잠재력을 일깨워 "사람들로 하여금 보다 더 훌륭한 사람으로 향상시키는 지도성"이자 기대 이상으로 직무를 수행하게 하는 영향력 행사의 과정이다(Burns, Bass).

② 거래적 지도성과 변혁적 지도성의 차이(Bass, 1990) 00 서울초보 : 거래적 지도성이 지도자가 구성원에게 순종을 요구하고 노력에 대한 대가로 보상을 제공하여 구성원을 동기화시키는 반면(상호교환적 관계), 변혁적 지도성은 지도자가 구성원에게 잠재능력을 일깨우고 의식과 능력 향상을 격려함으로써 조직을 변혁하고 높은 성취를 이루도록 유도한다.

MEMO

거래적 지도자(교환적 지도자)	변혁적 지도자
• 조건부 보상 : 노력에 대해 보상을 한다는 교환적 계약. 업적이 높으면 많은 보상을 약속함 • 적극적 예외관리 : 규칙과 기준으로부터의 이탈을 감시하고 찾아내어 올바른 행동을 취하도록 함 • 소극적 예외관리 : 규정과 표준에 맞지 않을 때만 개입 • 자유방임 : 책임을 포기하고 의사결정을 회피함	• 이상적 영향력(카리스마) : 구성원에게 비전과 사명감을 제공하고 자부심을 부여하여 존경과 신뢰를 얻음 • 영감적 동기화(감화력) : 구성원에게 높은 기대를 전달하고 노력에 초점을 두는 상징을 사용하며, 중요한 목적을 단순한 방법으로 표현함 • 지적 자극 : 지식, 합리성 및 문제해결능력을 증진함 • 개별적 배려 : 개인적인 관심(능력, 배경, 상황 등)을 보이며, 각자를 개인적으로 상대하고 지도·충고함

암기법
이상한 영감의 지개

(2) 변혁적 지도성의 특징(핵심요소) – 4I (Bass)㊙

① 이상적인 완전한 영향력(Idealized influence)

㉠ 지도자가 구성원들에게 신뢰와 존경을 받으며 동일시와 모방의 대상이 되어 이상적인 영향력을 행사한다(Bass).

㉡ 지도자가 높은 기준의 윤리적·도덕적 행위를 보이고, 목표 수행 과정에서 발생하는 위험을 구성원과 함께 분담하며, 자신보다는 타인의 욕구를 배려하고, 개인의 이익이 아니라 조직의 이익을 위해 행동하는 것을 토대로 구성원의 존경과 신뢰를 받고 칭송을 얻는다(Hoy & Miskel).

② 영감적 동기화(감화력, Inspirational motivation)

㉠ 지도자는 구성원들에게 비전을 공유하도록 하고, 조직의 과업이 달성되고 조직이 발전할 수 있다는 기대와 도전감을 주어 구성원들을 동기화한다(Bass).

㉡ 조직의 미래와 비전을 창출하는 데 사람들을 참여시키고, 구성원이 바라는 기대를 분명하게 전달함으로써 조직의 문제를 해결할 수 있고, 조직이 발전할 수 있다고 믿도록 구성원의 동기를 변화시켜 단체정신, 낙관주의, 열성과 헌신 등을 이끌어 낸다(Hoy & Miskel).

③ 지적 자극(Intellectual stimulation)

㉠ 지도자는 구성원들이 기존 상황에 대해 새로운 방식으로 혁신적이며 창의적으로 사고하도록 자극한다(Bass).

㉡ 일상적인 생각에 대해 의문을 제기하고 문제들을 구조화하며 종래의 상황을 새로운 방식으로 접근함으로써 구성원들이 혁신적이고 창의적이 되도록 유도한다(Hoy & Miskel).

MEMO

05

④ 개별적 배려(Individualized consideration)

㉠ 지도자는 구성원들의 개인적 성장 욕구에 관심을 보이고 새로운 학습기회를 제공하여 구성원들이 자신의 잠재력을 계발하도록 배려한다(Bass).

㉡ 성취하고 성장하려는 개개인의 욕구에 특별한 관심을 보임으로써 새로운 학습 기회를 만들어 구성원이 잠재력을 계발하고 자신의 개인적 발전을 모색하며, 그에 대해 책임을 지도록 한다(Hoy & Miskel).

(3) 의의와 한계

① 의의 : 학교를 재구조화(restructuring)하고 변화시키는 데 긍정적 효과가 큰 것으로 보인다. ⇨ 변혁적 지도성은 지도자와 구성원이 상호작용하는 가운데 만족을 느낄 수 있으며, 새로운 비전과 함께 구조를 변화시킬 수 있는 새로운 지도성 이론이다. 오늘날과 같이 학교의 재구조화(restructuring)가 요청되는 시대에 급격한 사회변화에 적극적으로 대응하며 교육의 질을 높이기 위해서는 학교장도 교사와 상호신뢰를 바탕으로 변혁적 지도성의 발휘가 요청된다.

② 한계 : 변혁적 지도성은 지도자의 강력한 지도성을 강조하여 지도자의 특성과 행동 유형(스타일)에 적합하도록 상황을 변혁한다는 점에서 오히려 상황의 중요성을 경시하였다는 비판을 받고 있다. Bass도 인정하듯이, 이 이론은 위기상황을 매우 중요한 것으로 인식하고 있다. 그러나 조직상황은 항상 위기상황에 노출되어 있지는 않다. 그래서 지도자와 구성원의 관계에만 초점을 둔 것은 너무 협소하므로 조직 차원의 영향력 과정을 좀 더 광범위하게 고려해야 한다는 지적도 있다. 또, 리더십을 제한하고 촉진하는 상황적 변인을 좀 더 강화하는 방향으로 개선이 필요하다는 점을 약점으로 지적하고 있다.

Plus

❶ **카리스마적 지도성**(charismatic leadership)

1. **개념** : 카리스마적 지도성은 지도자의 비범한 능력과 개인적 매력 등을 통해 구성원의 헌신적 복종과 충성을 이끌어 내는 지도성을 말한다. 카리스마적 지도성은 카리스마적 특성을 가진 지도자와 그에 영향을 받는 구성원의 관계에서 나오는 것으로 본다(Weber : 절대적 신앙을 토대로 맺어지는 지배와 복종의 관계를 카리스마적 지배라고 명명). 카리스마적 지도성도 추종자(follower)들로 하여금 기대이상의 직무수행을 하도록 동기를 유발시킨다는 점에서 변혁적 지도성과 유사한 면이 있다.

2. **카리스마적 지도자의 인성특성과 행동특성**

① 인성특성 : ㉠ 높은 수준의 자신감, ㉡ 자기신념의 완전무결함에 대한 확신, ㉢ 다른 사람을 지배하려는 경향과 영향력을 발휘하려는 욕구(House)

② 행동특성 : ㉠ 미래 비전 제시, ㉡ 이미지(인상) 관리, ㉢ 구성원들이 모방할 행동모델 제시, ㉣ 자기희생, ㉤ 개인적인 모험 감수(Hoy & Miskel)

이러한 행동은 집단의 과업수행과 관련된 강한 동기를 유발한다.

예 미래 비전 제시는 업무수행의 의미를 부가해 주고, 구성원에게 열정과 자극을 일으킨다. 또한, 인상(이미지) 관리는 지도자가 내린 결정에 대한 신뢰를 증대시키고 구성원들의 자발적인 충성을 증대시킨다. 이러한 행동을 통해 구성원들은 지도자의 비전에 전념하게 되고, 기대 이상의 수행성과를 내게 된다.

MEMO

3. **의의와 한계**: 카리스마적 지도성 이론은 위기, 격동, 변화 요구가 높은 조직상황에서 큰 효과를 발휘할 수 있고, 일부 지도자들이 구성원들에게 미치는 특별한 영향력을 효과적으로 설명하는 장점이 있다. 그러나 이 이론 역시 지도자와 구성원의 관계에 과도하게 초점이 맞추어져 있으며, 리더십을 제한하고 촉진하는 상황적 변인이 무시되거나 간과되었다는 비판을 받고 있다.

4. **변혁적 지도성과의 차이**: 카리스마적 지도성과 변혁적 지도성은 어떤 면에서는 비슷하다. 그러나 카리스마적 지도성 이론은 지도자가 초자연적 목적과 권력에 대한 강한 욕구를 가지고 있고, 추종자(follower)들이 그를 우상화하고 숭배한다는 점에서 변혁적 지도성 이론과 다르다. 변혁적 지도자도 어느 정도의 카리스마가 있지만, 카리스마는 변혁적 지도성의 필요조건이기는 하지만 충분조건은 아니다. 변혁적 지도성이 카리스마적 지도성보다 더 포괄적이다.

❷ 서번트 리더십(servant leadership): Greenleaf

1. **개념**: 지도자의 강한 리더십 발휘보다는 솔선수범과 헌신적인 봉사를 강조하는 리더십이다. 서번트 리더는 추종자(팔로어, follower)가 성장하고 발전하도록 도와주는 데 초점을 둔다. 리더는 목적달성을 위해 권력을 행사하지 않으며 설득을 중요시한다. 서번트 리더십은 비전과 영향력, 진실성 및 신뢰를 중시한다는 점에서 변혁적 리더십과 공통점이 많다. 전통적인 관점에서 조직은 리더를 정점으로, 팔로어를 저변에 위치시키는 피라미드 구조의 조직이지만, 서번트 리더십의 관점은 정반대의 역피라미드 구조로서 리더가 밑에서 조직을 지원하고 행동에 대한 책임이 조직의 전체로 분산되도록 하는 조직이다.

2. **서번트 지도자의 행동특성**
   ① Robbins: 추종자(팔로어, follower)에 대한 적극적인 경청, 설득, 강조, 의무(stewardship: 관리인, 보호자, 개발자로서의 책임), 잠재력 개발
   ② Newstrom
      ㉠ 리더는 적극적이고 동감하면서 경청한다.
      ㉡ 리더는 자기의 태도와 감정을 더 잘 이해하도록 자기반성에 열중한다.
      ㉢ 리더는 다른 사람들이 성공하도록 돕는 것을 매우 강조한다.
      ㉣ 리더는 타인을 동등한 자로서 존경스럽게 대우한다.
      ㉤ 리더는 잘못을 인정하고 자기 자신의 취약점을 고백하고 타인의 도움을 요청한다.
      ㉥ 리더는 대화에 열중하고 이해를 확실히 하기 위해서 자주 알기 쉽게 설명한다.
      ㉦ 리더는 참여자 각자의 가치와 기여도를 확실히 인정한다.
      ㉧ 리더는 잘못을 기꺼이 인정하고 도움을 요청한다.

3. **연구 기대**: 학교가 서비스 조직이며 조직 자체보다는 교수와 학습을 더 중요시하며, 교육행정의 조건정비설의 입장에서 행정가는 '밑에서 위로(from the bottom up)'의 수단적, 봉사적 활동을 하고, 무엇보다도 교사와 학생의 발달을 우선시해야 하므로 서번트 리더십은 앞으로 더욱 많은 연구가 기대된다.

MEMO

05

3 문화적 지도성 이론(cultural leadership theory) — Sergiovanni, Cunningham & Gresso

1. **서지오바니(Sergiovanni)** : "학교는 구조적 의미에서 이완결합이지만, 문화적 의미에서는 확고하게 결합되어 있다." 그래서 "교사와 학생들은 관료제적 규칙, 관리지침, 상황의존적 교환, 합리적 실체의 이미지보다는 규범, 집단의 관습, 신념의 유형, 가치, 사회화 과정, 사회적으로 구조화된 실체의 이미지에 의해 더 잘 움직여진다."
2. **컨닝햄과 그레소(Cunningham & Gresso)** : "학교의 개혁은 구조적 접근이 아닌 문화적 접근을 통해 가능하다. 문화는 사람들의 마음에 영향을 주고 그들의 관리, 업무, 그리고 자기 자신을 지각하고 결부시키며 해석하는 모델이 되기 때문에 학교교육을 개선하기 위해서는 반드시 고려되어야 한다."

(1) 개관

① 배경

㉠ 학교는 구조적 의미에서 이완결합이지만, 문화적 의미에서는 확고하게 결합되어 있다. 그래서 교사와 학생들은 상호 공유하는 규범, 가치, 신념, 의미 체계라는 학교의 문화에 의해 더 잘 움직여진다.

㉡ 문화는 어떤 학교의 구성원을 다른 학교의 구성원과 구별하는 집합의식과 정신을 만드는 것으로 묘사할 수 있다. 학교문화는 교사, 학생, 학부모를 하나의 집단으로 묶는 공유된 가치, 신념, 의미 체계라고 할 수 있다. 효과적인 지도자는 문화적 지도성을 가장 상위에 두고 다양한 지도성의 힘을 하위에 둔다.

㉢ 문화적 지도성은 이러한 학교조직의 특수성을 고려한 지도성이다. 학교는 구조적으로 느슨하게 결합된 이완결합체제로 되어 있다. 교사는 상당한 자율성과 자유재량권을 가지며 전문직업인으로 간주된다. 따라서 성공적인 지도자는 학교를 이완된 구조로 파악한다.

② 개념

㉠ 문화적 지도성은 구성원의 의미추구 욕구를 만족시킴으로써 그 구성원을 학교의 주인으로 만들고, 조직의 제도적 통합을 가능하게 하는 지도성을 의미한다(주삼환 외). 문화적 지도성은 독특한 학교문화를 창출하고, 독특한 학교 정체성의 확립과 전통 수립에 기여한다.

㉡ 문화적 지도성은 지도자가 조직문화에 관심을 갖고 조직문화에 변화를 꾀하여 조직의 효과성을 개선해 나가려는 지도성이다. 왜냐하면 조직의 구조적 접근의 변화만으로는 조직 효과성을 높이기에 한계가 있기 때문이다. 학교차원에서 문화적 지도성은 독특한 학교문화를 창출하는 데에서 나오는 지도성이다(신현석 외).

㉢ 학교문화는 학교교육을 개선하기 위해 반드시 고려되어야 한다. 문화가 구성원의 마음을 움직이고 그들의 업무, 행동에 영향을 미치기 때문이다. 학교의 조직문화는 모든 행정적 노력의 구심점이 되어 조직구조, 조직행동, 조직의 직무수행에 영향을 주고 직무수행을 개선하는 데 기제가 된다.

MEMO

③ 효과적인 문화를 형성할 수 있는 구성요소(Cunningham & Gresso)

㉠ 버티컬 슬라이스(vertical slice : 조직에서 각 계층 대표자들이 직위에 관계없이 허심탄회하게 토론하고 조정하는 의사소통 방법), 비전(vision), 동료관계, 신뢰와 지원, 가치와 흥미, 폭넓은 참여, 지속적 성장, 개인적인 권한부여 등이다. 이러한 문화의 형성을 통해서 학교조직의 수월성을 높일 수 있다.

㉡ 성공적인 지도자는 학교를 이완된 구조로 파악한다. 교사들은 고립되어 제 각기 다른 수업을 하며 교사 간의 상호작용이 빈번하지 않기 때문에 상당한 자율성과 자유재량권이 필요하며, 고도의 전문성 신장이 요구되므로 전문직업인으로 간주된다.

암기법
문상교인기

(2) 서지오바니(Sergiovanni)의 학교지도성 유형[㉧] – 문화적 지도성을 가장 중시

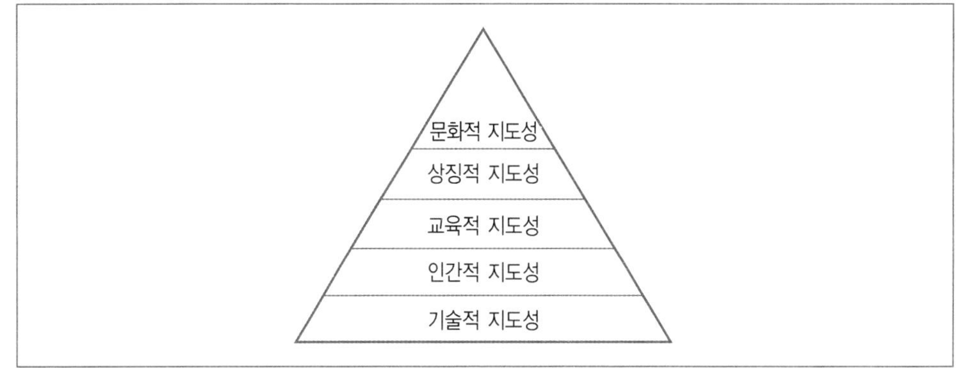

리더십 영향력 위계✦

문화적 리더십을 가장 상위에 위치시키고, 다양한 리더십의 힘을 하위에 위치시켜 리더십의 힘을 위계화한다.

① 기술적 지도성(사무적 지도성, technical leadership) : 견고한 경영관리기술을 구비한 지도성이다. 계획, 조직, 조정, 시간관리 등을 강조하고 그에 대한 우수한 능력을 가지고 있음 ⇨ 전문경영자(management engineer)로 간주

② 인간적 지도성(human leadership) : 유용한 사회적・인간적 자원을 활용하는 인간관리자의 역할을 구비한 지도성이다. 인간관계, 사교능력, 동기화 능력, 지원, 격려, 참여적 의사결정 등을 통해 사람들의 사기를 높이고 조직의 성장을 도모함 ⇨ 인간공학 전문가(human engineer)

③ 교육적 지도성(educational leadership) : 교육에 대한 전문적 지식과 능력을 구비한 지도성이다. 효과적인 교수-학습, 교육 프로그램 개발, 교육과정 개발, 장학, 평가 등을 효율적으로 수행함 ⇨ 현장교육 전문가(clinical engineer)

④ 상징적 지도성(symbolic leadership) : 학교의 중대사에 대해 주의를 환기시키고 '무엇이 중요한 가치인가'를 알려 주는 지도성이다. 학교 견학, 교실 방문, 학생과의 간담회, 행사나 의식 관장 등 상징적 행사와 언사를 통해 학교의 비전과 목표에 주의를 환기시키고 특별한 행동을 유도함 ⇨ 대장(chief)의 역할

⑤ **문화적 지도성**(cultural leadership) : 학교가 추구하는 '영속적인 가치와 신념'을 규정하고, 독특한 학교문화를 창출하는 지도성이다. 독특한 학교 정체성의 확립 및 전통 수립에 기여함 ⇨ 성직자(priest)의 역할

MEMO

Plus

1. **어느 조직에서 나타나는 지도성**: 사무적 · 인간적 지도자
2. **교육조직의 독자적 지도성**: 교육적 · 상징적 · 문화적 지도자
3. **유능한 지도성**: 사무적 · 인간적 · 교육적 지도자
4. **우수한 지도성**: 상징적 지도자와 문화적 지도자

(3) 의의와 한계

① 결국, 문화적 지도성은 인간정신의 실체를 수용하고 의미와 의의의 중요성을 강조하며, 도덕적 질서를 만드는 가치와 규범에 관계된 전문직업적 자유의 개념을 인정함으로써 지도성의 핵심에 상당히 접근하고 있다.

② 그러나 거시적 관점의 문화에 의한 지도성 접근은 일단 확립된 문화가 조직 구성원들을 수동적 행위자로 만들고 능동적인 조직 행위자의 가능성을 제한할 수 있다. 따라서 조직 구성원들의 잠재 가능성을 계발할 수 있는 미시적 관점을 포함하는 새로운 지도성이 요구된다.

4 도덕적 지도성 이론(moral leadership theory) – Sergiovanni, Owens

(1) 개관

① 배경

㉠ 서지오바니(Sergiovanni)는 문화적 지도성에 대한 논의를 확대하여 학교에서의 지도성을 도덕적 지도성으로 개념화하고, 그를 통해 학교의 가치와 효율성에 대한 논의를 전개하였다.

㉡ 도덕적 지도성은 변혁적 지도성의 궁극적 방향(가장 높은 수준의 변혁적 지도성)이며, 초우량 지도성이 지향하는 바와 상당한 유사성을 지닌다.

② 개념

㉠ 도덕적 지도성이란 지도자의 도덕성과 구성원의 자율성을 바탕으로, 구성원 각자를 '셀프리더(자기지도자, self-leader)'가 되도록 자극하는 '지도자들의 지도자'로서 궁극적으로 '도덕적이고 효과적인 조직'이 될 수 있도록 하는 지도성을 말한다(주삼환 외).

㉡ 지도자의 개인적 자질에 기반을 둔 영향력으로 타인으로부터 존경이나 동일시 대상으로서 구성원에게 영향을 미치게 되는 지도성이다(신현석 외).

MEMO

ⓒ 도덕적 지도성은 지도자의 도덕성과 구성원들의 자율성 확보를 통하여, 지도자가 자신의 도덕적 품성과 능력을 바탕으로 구성원(추종자)의 존경과 신뢰를 획득하고 나아가 구성원(추종자)의 능력을 계발하고, 구성원(추종자)의 자율적 직무수행을 조장하여 구성원들(추종자들)을 '셀프리더'가 되도록 자극하고, 지도자(리더) 자신은 '지도자들의 지도자(리더들의 리더)'가 되어 궁극적으로 도덕적이고 효과적인 조직이 될 수 있도록 하는 리더십 기제이다.

(2) 서지오바니의 학교 유형 분류

① 개념

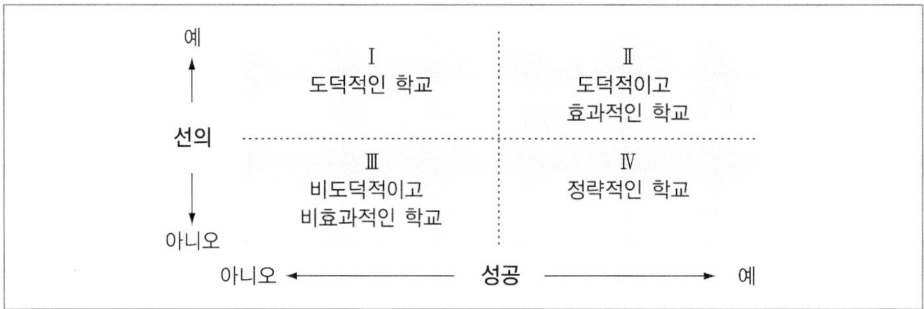

㉠ 서지오바니는 학교를 도덕적 측면의 선의(good-will)와 관리적 측면의 성공(success)이라는 두 차원을 조합하여 4가지 유형으로 제시하였다.

㉡ 선의는 높으나 성공이 낮은 도덕적인 학교(Ⅰ유형), 선의와 성공이 두루 높은 도덕적이고 효과적인 학교(Ⅱ유형), 선의도 성공도 낮은 비도덕적이고 비효과적인 학교(Ⅲ유형), 선의는 낮으나 성공이 높은 정략적인 학교(Ⅳ유형)가 그것이다.

㉢ 서지오바니는 학교는 바람직한 가치를 전수하는 곳이고 행정이란 도덕적 기술이므로 Ⅰ과 Ⅱ유형만이 본질적인 의미에서의 학교라고 말한다.

㉣ 구체적으로 말하면, Ⅰ유형의 도덕적인 학교에서 교직원들은 선의에 의해 동기가 유발되지만, 목적의 성취에 있어서는 성공적이지 못하다. Ⅳ유형의 정략적인 학교에서는 교직원들이 선의에 의해서 동기가 유발되지 않았지만, 목적 성취에 있어서는 성공적이다. Ⅰ유형의 도덕적인 학교는 교직원들이 선의에 기초한 교장의 지도성을 이해하게 되면서, 성공할 가능성이 증대될 것이다. Ⅳ유형의 정략적인 학교보다는 선의를 강조하는 Ⅰ유형의 도덕적인 학교가 정상적으로 Ⅱ유형의 학교가 될 가능성이 높게 된다.

㉤ 결국, 도덕적 지도성은 성공보다는 선의를 중시하는 Ⅰ의 학교와 Ⅱ의 학교를 만드는 지도성이라 할 수 있다.

② 학교행정가의 리더십

㉠ 결국 학교행정가가 지향해야 할 도덕적 지도성은 성공보다는 선의를 중시하는 Ⅰ유형과 Ⅱ유형의 학교를 만드는 리더십이라 할 수 있다.

㉡ 따라서 학교행정가의 리더십은 높은 가치와 윤리에 바탕을 둔 도덕적 리더십에 의존해야 하며, 그럴 때에만 학생의 복지와 학교의 발전에 기여할 수 있는 참다운 리더십을 발휘할 수 있게 된다.

③ Ⅰ유형과 Ⅱ유형의 학교를 만들기 위한 전략

㉠ 서지오바니는 전문직업적 사회화, 목적설정과 공유가치, 동료의식과 상호의존성을 제시한다.

㉡ 이러한 전략을 통해서 구성원들이 일에 헌신하도록 하는 데 필요한 규범적 권력을 제공함으로써 이완구조를 가진 학교에서 통제 문제를 해결할 수 있고, 이러한 전략들이 성공할 경우 그것들은 교사들을 구성원(추종자)에서 자기관리자로 변혁시킬 수 있다고 보았다.

㉢ 뿐만 아니라 전문직업적 사회화, 목적설정과 공유가치, 동료의식과 상호의존성이 강조될 경우 이것들은 리더십을 대신할 수 있으며 리더의 지도력은 그만큼 필요가 없게 된다. 수업이 교사들 자신의 지혜와 동료들에 의존하여 자율적으로 해결되기 때문이다.

㉣ 행정가들은 지시적 리더십을 발휘하는 대신 교사들이 리더가 되도록 자극하고 조건을 확립하는 데 노력을 투자할 수 있게 된다. 결국 학교 지도자는 교사들을 셀프리더(self-leader)로 변혁시킬 수 있는 지도력을 발휘해야 할 것이다. 도덕적 리더십은 이러한 조직 운영을 효율적으로 달성할 수 있는 전략이다.

5 초우량 지도성 이론(슈퍼 리더십, super-leadership theory) – Manz & Sims 11 중등

(1) 개관

① 배경

㉠ 오늘날의 조직은 자율적 지도성(self-leadership)을 개발하여 이용하는 새로운 지도성인 초우량 지도성을 필요로 한다(Mans & Sims, 1989).

㉡ 공식적 권력과 권위, 그리고 간섭과 통제를 강조하는 전통적 지도성은 비효율적이므로, 구성원들의 자율적 지도성을 개발하여 활용하는 초우량 지도성(슈퍼 리더십)을 현대의 조직관리 방식으로 만즈(Mans)와 심스(Sims)가 제안한 것이다.

㉢ 초우량 지도성은 부하 직원들이 '스스로를 자율적으로 이끌 수 있는 능력을 계발'한다는 관점에서 자율적 지도성으로, 직원들의 이러한 능력을 계발시키는 지도자의 능력이라는 관점에서 초우량 지도성이라 한다.

MEMO

② 개념

㉠ 초우량 지도성은 지도자가 구성원 각자를 지도자로 성장시켜 스스로를 자율적으로 지도할 수 있도록 만드는 지도성이다. 즉, 지도자가 조직 구성원 개개인을 지도자로 성장시킴으로써 지도자가 '구성원들(추종자들)의 지도자'가 아니라 '지도자들의 지도자'가 되게 하여 구성원(추종자)을 지도자로 변혁시키는 지도성이다(주삼환 외).

㉡ 초우량 지도성은 조직 구성원 각자가 스스로를 통제하고 자신의 삶에 진정한 주인이 될 수 있도록 자율적 리더십(셀프 리더십, self-leadership)을 개발하는 데 중점을 두는 리더십 개념이다. 지도자(리더)는 구성원들이 스스로 생각하여 해결책을 찾고 의사결정을 하도록 도와주는 사람이다.

슈퍼 리더십은 도덕적 리더십이 지향하는 바와 상당히 유사하다.

(2) 특징✦

① **구성원의 자율적인 통제와 동기 강조**: 초우량 지도성은 외적인 통제보다는 구성원들의 자기지도적인(self-leading) 내적 통제를 무엇보다 중시한다. 따라서 외적 통제, 즉 타인의 의한 리더십은 자율적 통제와 동기를 일깨우는 방향으로 교체되어야 한다.

② **구성원 스스로 지도자로서의 능력 개발 강조**: 초우량 지도성은 지도자만의 능력이나 특성보다는 구성원들이 스스로 지도자로서의 능력을 개발하도록 하는 데 초점을 둔다.

③ **지도자는 지도자들의 지도자**: 초우량 지도성은 지도자가 '구성원들의 지도자'가 아니라 '지도자들의 지도자(리더들의 리더)'로서 모든 구성원들을 지도자로 변혁시키는 리더십이다.

(3) 유용성과 한계

① 학교와 같이 전문직 종사자들이 많은 조직의 경영에 매우 의미 있는 시사점과 유용성을 준다. 전문직 종사자들은 직무수행 과정에서 독립적으로 일하고, 과업의 특성상 자율성과 책임이 그 기반이 될 수밖에 없기 때문에 각자의 자율적 지도성이 매우 필요하기 때문이다.

② 모든 사람이 자율적 지도성을 실천할 수는 있지만 모두가 효과적인 지도자가 될 수 있는 것은 아니다. 특히 지도자의 특별한 능력이나 행위보다는 구성원의 능력과 행위에 지도성의 초점이 맞추어져 있기 때문에 지도자의 지도성 프로그램이나 역량 개발 등에 시사하는 바가 약하다는 문제점을 지닌다.

MEMO

05

감성 리더십(Goleman)

1. 개념
   ① 감성 리더십은 자기인식능력, 자기관리능력, 사회인식능력, 사회기술능력이 뛰어난 감성적 리더들이 발휘하는 리더십을 의미한다(Goleman).
   ② 감성 리더십은 리더가 자신이 가지고 있는 감성적이고 사회적 능력을 개발하고, 구성원들의 감성을 이해하고 배려함과 동시에 비전을 제시하고 자연스럽게 조직 구성원들에게 영향력을 행사하는 것을 말한다.

2. 감성 리더십의 구성요인

구성요인	세부요인	정의	하위요인
개인역량 (personal competence)	자기인식능력 (self-awareness)	자신의 감성을 명확하게 이해하는 능력	• 감성이해력 • 정확한 자기평가 • 자신감
	자기관리능력 (self-management)	자기 자신의 감성을 효과적으로 관리하는 능력	• 자기통제력 • 신뢰성, 자기관리 및 책임의식, 적응력 • 성과달성지향, 주도성
사회적 역량 (social competence)	사회적 인식능력 (social awareness)	다른 사람의 감성을 명확하게 이해하는 능력	• 감정이입, 조직파악력 • 고객서비스 정신
	관계관리능력 (relationship management)	다른 사람의 감성을 효과적으로 관리하는 능력	• 영감을 불러일으키는 능력 • 영향력, 타인지원성, 연대감 형성 • 커뮤니케이션, 변화촉진력, 갈등관리능력

6 분산적 지도성 이론(distributed leadership theory) — Elmore, Spillane, Harris, Gronn

12 중등

1. 한 개인이 갖고 있는 능력이나 특성을 중시하고 한 개인이 조직 변화에 책임을 지는 기존 지도성 이론[영웅적 지도성, 집중된 지도성(focused leadership)]의 가정에 대해 반대하고, 지도자, 구성원, 이들이 처한 상황 간의 상호작용에서 지도성 어떻게 실행되는지를 탐구한다. 즉, 학교조직에서 학교장만이 지도성을 발휘하는 것이 아니라, 교장, 교사, 학부모, 행정직원, 그리고 여러 전문가들 모두가 잠재적 지도자이자 변화의 주역이 될 수 있고, 상황과 역할에 따라 지도성을 발휘할 수 있다는 개념이다.
2. 분산적 지도성은 이완결합적 성격이 강한 학교조직의 고유한 특성을 반영하면서 학교개선과 학교 책무성 도모, 교수-학습의 개선, 학생의 학업성취도 향상에 대한 조직 내의 환경 변화에 대처하기 위한 지도성 실행(leadership practice)에 초점을 맞춘 대안적인 접근이다.

MEMO

(1) 개념

① 분산적 지도성이란 지도자(leaders), 구성원(followers), 상황(situation) 간의 상호작용에 의해 지도성이 분산되어 실행되는 것을 의미한다(리더십 실행; leadership practice).

② 분산적 지도성은 학교장과 학교 구성원 모두가 공동의 지도성을 실행하며, 그에 대한 공동 책임을 수행하면서 조직의 효과성과 개인적 전문성 및 역량을 극대화하는 것을 목표로 한다. 특히 공동의 지도성 실행을 통한 '교수-학습의 개선', '전문가학습공동체의 구현'을 구체적인 목표로 한다.

③ 분산적 지도성은 최근 대두되고 있는 이론이지만 실제로는 학교 현장에서 이미 실행되어 왔다. 예를 들면, 수업 및 교육과정에 대해 다수의 선임교사 또는 멘토들이 후임 교사들을 코칭하는 경우, 학교운영에 관한 계획을 학교운영위원회를 통해서 공동으로 수립 이행하는 경우, 학년 및 부서 계획을 해당 부장이 중심이 되어 수립 이행하는 경우, 교내 체육대회, 경진대회 등 이벤트 행사가 담당 교과팀이나 특별팀을 통해 수행되는 경우, 시범학교나 연구학교 운영에 있어서 해당 분야 전문성을 지닌 교사가 주된 역할을 수행하는 경우 등을 들 수 있다.

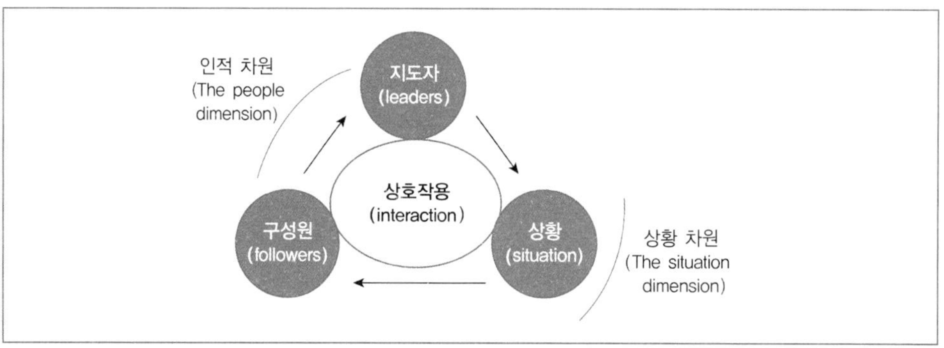

Spillane의 상호작용

(2) 분산적 지도성의 특징

① **집단 지도성 강조**: 분산적 지도성은 조직 내 다수의 공식적·비공식적 지도자들의 집단 지도성을 강조한다. 이들은 공통의 목표를 위해 서로 상호작용하면서 지도성을 실행한다.

② **네트워크 형성을 통한 공동 실행 촉진**: 분산적 지도성은 다수의 지도자들이 네트워크를 형성하여(그물망처럼 연결되어) 상호의존 및 신뢰와 협력을 기반으로 지도성이 공동 실행된다.

③ **학교 개선과 책무성 도모**: 분산적 지도성은 학교 구성원 간의 전문적 지식의 공유, 상호의존, 신뢰를 바탕으로 창출된 조직학습(팀 학습)을 통해 학교개선과 책무성을 도모한다.

MEMO

05

(3) 분산적 지도성의 구성요소 – 분산적 지도성 실행을 위한 필수조건

① Spillane(2006)

Spillane은 분산적 지도성의 실행요소(구성요소, 필수요인)로 지도자 · 구성원 · 상황을 강조한다.

㉠ **지도자** : 분산적 지도성에서는 공식적 · 비공식적 지도자를 포함한 다수의 지도자들에 의해 지도성이 실행된다. 지도자들은 공통의 목표를 위해 서로 상호작용하면서 지도성을 실행한다.

㉡ **구성원** : 분산적 지도성에서 구성원은 구성원인 동시에 지도성 실행의 주체로서 서로에게 영향력을 행사하면서 상호의존 및 신뢰와 협력의 조직문화를 만들어 낸다.

㉢ **상황** : 분산적 지도성에서 지도자들은 상황과 상호작용한다. 상황은 정례화된 활동(routine : 예 주 · 월 단위 조직활동, 정기적 회의 등), 도구(예 학생시험 성적, 생활기록부, 교사평가도구), 제도(예 비전, 목표, 학교(조직) 규칙, 학교운영계획서), 구조(예 학년 담임회의, 교사회의, 위원회 등 공식적 또는 임의적 형태) 등을 포함하는 요소이다. 지도자는 구성원들과 상호작용할 뿐만 아니라 상황과도 상호작용한다.

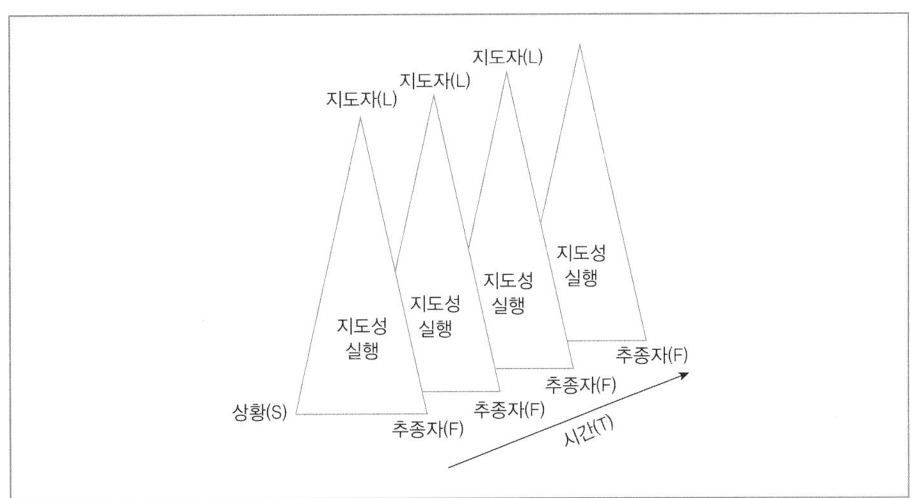

Spillane의 분산적 지도성의 실행

② 주영효와 김규태(2009), 김희규(2012)

㉠ **지도자 확대** : 분산적 지도성은 공식적 · 비공식적 지도자를 포함한 다수의 지도자들이 상호작용하면서 지도성을 실행한다. 또, 지도성은 구성원에 대해 행해지는 것이 아니라 구성원이 지도성 실행의 주체로서 상호작용한다. 이러한 점에서 분산적 지도성은 지도자와 구성원의 경계가 허물어지고 개방되는 지도자 확대(leader-plus)를 특징으로 한다.

MEMO

㉡ **상황**: 분산적 지도성은 지도성 실행이 상황 속에서 구성된다고 본다. 상황(situations)은 정례화된 활동(routine: 예 주·월 단위 조직활동, 정기적 회의 등), 도구(예 학생시험 성적, 생활기록부, 교사평가도구), 제도(예 비전, 목표, 학교(조직) 규칙, 학교운영계획서), 구조(예 학년 담임회의, 교사회의, 위원회 등 공식적 또는 임의적 형태) 등을 포함하는 요소이다. 이러한 상황은 지도성 실행을 정의하게 되며, 동시에 지도성 실행을 가능하게 하거나 제한하게 된다.

㉢ **조직문화**: 조직문화는 지도성이 분산되는 데 영향을 미치는 조직 외부의 사회적·문화적 맥락과 조직 내부의 문화 및 역사 등을 의미하는 것으로, 분산적 지도성의 실행에 영향을 준다.

㉣ **조직학습**: 분산적 지도성은 조직 구성원들 간의 상호작용을 통해 형성된 지도성 실행을 강조하기 때문에 팀 학습 또는 집단적 학습을 강조한다. 팀워크와 집단적 협동학습은 구성원들이 의도적, 체계적, 지속적인 상호작용을 통해 교과, 학교운영 등에 대한 지식 및 경험 공유와 다양한 의사교환의 기회를 확대하여 공동체의 형성에 기여한다.

(4) 분산적 지도성의 실행 사례

① **학교의 과업 상황**: 학업성취도 향상을 위한 학력검사를 실시하고 결과를 해석하여 학생의 수준을 진단해야 하는 과업이 주어진 상황

② **지도자의 구성**: 이 과업을 실행하기 위해서는 최소한 3인의 지도자, 즉 교장, 교감, 진로상담교사가 필요하다. 교장은 학교 전체 교수 프로그램에 대한 풍부한 이해를 소유하고 있고, 교감은 수업환경의 실태에 대한 실제적인 지식을 소유하고 있으며, 진로상담교사는 시험 자료에 대한 실질적 지식과 함께 어떻게 자료를 해석할 것인가에 대한 정보를 소유하고 있다.

③ **분산적 지도성의 실행**: 교장, 교감, 진로상담교사라는 3인의 지도자가 각각의 관점과 특성에 근거하여 공동으로 지도성을 발휘하여 과업을 효과적으로 해결할 수 있다.

(5) 분산적 지도성의 의의와 한계

① **의의**: 학교 운영과 교수-학습의 개선, 학생의 학업성취도 향상에 기여할 수 있으며, 새로운 방식으로 학교 지도성 실행을 개선할 수 있는 강력한 도구를 제공해 줄 수 있다(신현석 외, 2016).

② **한계**: 분산적 지도성 개념의 정체성이 시급하다는 점, 누구의 관심이 분산되고 어떠한 특정 목표를 위해 활용되는가에 대한 고려가 필요하다는 점, 민주적 의사결정 과정이 오히려 교사들에게 스트레스를 줄 수 있을 뿐만 아니라 더 좋은 티칭 실행 및 조직의 혜택을 도모하지 못할 수 있다는 점, 이와 관련하여 책임과 권력 분산이 조직경영의 효과성을 오히려 저해할 수 있다는 점 등이다(주영효 외, 2009).

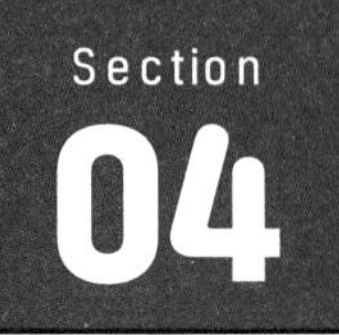

Section 04 동기론(Motivation Theory)

MEMO

개념 다지기

동기론

1. '왜'라는 질문이 바로 동기에 대한 질문이다. 동기(motivation)는 인간으로 하여금 목표 지향적인 활동을 하도록 활성화시키는 심리·정신적 에너지이다. 동기는 인간행동의 활성화, 방향 제시, 유지 등 3가지 기본적 요소를 포함하고 있다.
2. 내용이론(what)은 동기를 유발하는 요인이 무엇인지를 밝히고자 한다. 내용이론은 "사람들은 무엇 때문에 열심히 일을 하는가?" 하는 물음에 대한 답을 준다. 행동주의 학습이론과 맞닿아 있다.
3. 과정이론(how)은 동기가 어떤 상호작용 과정을 통해 유발되는가를 밝히고자 한다. 동기화 과정에 나타나는 여러 변인들 간의 상호작용을 설명해 준다. "사람들은, 인지적으로 어떤 과정을 거쳐 열심히 일하려고 결정하고 이를 실천하는가?" 하는 물음에 답을 준다. 인지주의 학습이론에 맞닿아 있다.

01 내용이론(content theory)

1 욕구위계이론(need hierarchy theory) — Maslow 92 중등, 99 중등추시, 01 초등, 03 초등

(1) 개관

① 기본 입장

㉠ 욕구하는 존재로서의 인간: 인간은 항상 무엇인가를 원하는(욕구하는) 존재(wanting being)이다. 욕구가 동기 유발 요인이다.

㉡ 5단계 욕구 위계: 인간에게 중요한 순서(위계)에 따라 인간의 욕구를 5단계(생리적 욕구, 안전의 욕구, 사회적 욕구, 존경의 욕구, 자아실현의 욕구)로 구분하여 제시하였다. 저수준 욕구 ⇨ 고수준 욕구

㉢ 저수준의 욕구로부터 고수준의 욕구로 충족(만족-진행 접근법)

ⓐ 먼저 요구되는 욕구는 다음 단계에서 달성하려는 욕구보다 훨씬 강하다.

ⓑ 하나의 하위욕구가 충족되어야 위계상 다음 단계의 욕구가 나타나서 충족을 요구한다.

MEMO

ⓒ 일단 충족된 욕구는 약해져서 동기 유발의 요인으로서의 의미를 상실한다.

ⓓ 완전한 욕구충족은 불가능하므로 욕구충족은 대개 상대적이다.

② 개념

㉠ 인간의 욕구를 생리적 욕구, 안전의 욕구, 사회적 욕구, 존경의 욕구, 자아실현의 욕구 등 5단계로 위계화하여 제시하였다.

㉡ 하위욕구가 충족되어야 상위욕구가 등장한다.

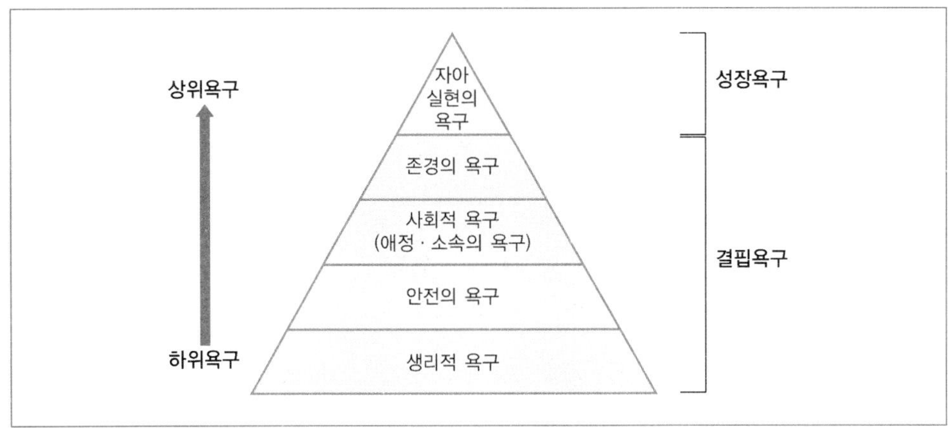

암기법
생안사존자

(2) 욕구 5단계[암]

① **생리적 욕구(physiological needs)**: 인간의 삶 그 자체를 유지하기 위한 가장 기초적인 욕구이다. 예 의식주 · 성욕 등(⇨ 조직요인: 기본급여, 근무조건, 작업환경(냉난방 시설) 등)

② **안전의 욕구(safety needs)**: 신체적 위협이나 위험, 공포나 불안으로부터 벗어나고자 하는 욕구이다. 확실성 · 예측성 · 질서 · 안전을 보장받고 싶어 하는 욕구이다.

예 불안 · 무질서로부터의 자유, 구조 · 법 · 질서 · 안정에 대한 욕구(⇨ 조직요인: 신분보장, 직업안정, 안전한 근무조건, 의료혜택, 연금제도, 보험, 종교 등)

③ **사회적 욕구(애정 · 소속의 욕구, social needs)**: 사회적 존재로서 대인관계의 욕구나 애정 · 소속의 욕구이다.

예 집단에의 소속감, 애정, 소속, 우정, 등(⇨ 조직요인: 전문적 친선, 경쟁적 작업집단, 감독의 질 등)

④ **존경의 욕구(esteem needs)**: 타인에 의한 존경의 욕구(예 인정, 지위, 명예)와 자기 존중(self-respect)의 욕구(예 자신감, 자기효능감)이다. 존경의 욕구가 충족되면 자신감, 권위, 권력 등이 생겨나게 된다. 예 조직요인: 승진, 지위상징, 직책 등

⑤ **자아실현의 욕구(self-actualization needs)**: 자신의 잠재력을 최대한 실현하려는 욕구이다. 지적 욕구(지식욕구 + 이해욕구)와 심미적 욕구 등을 포함한다.

예 최대의 자기발견, 창의성, 교직을 천직으로 알고 가르치는 일에서 삶의 보람을 찾는 경우, 자기표현의 욕구(⇨ 조직요인: 일의 성취, 조직 내에서의 발전, 도전적인 직무 등)

MEMO

(3) 비판점

① 인간의 욕구가 반드시 위계적으로 나타나는 것은 아니다(욕구의 '순차적 계층성'이 항상 고정적인 것은 아니다). 어떤 사람은 생리적 욕구나 안정의 욕구가 충족되지 않은 가운데에서도 자아실현을 위한 활동에 에너지를 쏟기도 한다.

예 나치 수용소에 수감되어 결핍의 욕구가 충족되지 않은 상태의 사람들도 진리를 추구하고 지적 성취를 이룬 역사적 기록들이 있음

② 인간의 행동은 여러 욕구요인이 상호 복합적으로 작용하여 결정되기도 한다. 교사들이 방학 중에도 쉬지 않고 자발적으로 연수를 받는 이유는 자신을 계발하기 위한 자아실현의 욕구와 함께 승진(존경의 욕구)을 위한 욕구를 충족하기 위한 노력일 수 있다.

③ 인간의 욕구와 동기를 너무 정태적으로 파악하였다. 욕구요인의 상대적 중요성은 사람에 따라 다를 뿐 아니라, 개인적으로도 상황에 따라 상대적 선호나 강도가 다르다. 그래서 인간의 행동을 제대로 이해하려면 조직의 변인(구조와 과정, 리더십), 환경 변인(정책이나 제도의 변화 등)을 두루 고려할 필요가 있다.

④ 자율 욕구를 강조하지 않은 한계가 있다. 교사들은 교직을 수행하는 과정에서 전문적인 판단기준과 양심에 비추어 자유롭게 학생들을 가르치기 원하는 경우가 있다.

Plus

포터(Porter)의 욕구위계설

포터는 매슬로우의 욕구위계에서 생리적 욕구를 제외하고, 대신에 자율욕구(autonomous needs)를 존경욕구와 자아실현욕구 사이에 설정하여 욕구만족질문지(NSQ : Need Satisfaction Questionnaire)를 개발하였다. 자율욕구란 자신의 환경이나 운명을 통제하고자 하는 욕구를 말한다. 즉, 자신의 직무와 관련된 의사결정에 참여하고, 영향력을 행사하며, 작업환경을 통제하고, 권위를 확보하고자 하는 욕구이다. 매슬로우가 사용한 욕구의 명칭을 약간 변형하여 안전의 욕구, 소속의 욕구(affiliation needs), 자아존경의 욕구(selt-esteem needs), 자율욕구, 자아실현욕구의 5가지를 제시하였다.

(4) 시사점

① '인간중심 경영'의 학교문화와 조직풍토가 필요하다. 학생의 자아실현을 돕기 위해서는 교사들이 직무를 통해 자아실현의 욕구를 충족할 수 있어야 한다.

② 교사들의 동기 유발을 위한 단계적 · 복합적인 접근이 필요하다. 경제적 지원(생리적 욕구)이나 교권을 세우는 일(존경의 욕구), 가르치는 일에 긍지와 보람을 가질 수 있도록(자아실현 욕구) 사회적 · 제도적 장치를 마련하는 일 등 종합적인 접근이 필요하다.

③ 교사들이 긍정적 자아개념을 갖고 고차적 욕구를 충족할 수 있도록 배려해야 한다. 교사가 긍정적 자아개념과 발전하려는 욕구를 가질 때 학생들에게도 역할모델이 될 수 있다.

④ 학교경영자들은 교사들이 바라는 욕구가 무엇인지 체계적으로 알아야 한다. 그럴 때만이 교사들이 가르치는 일에 만족하며 학교조직의 목적달성에 더 헌신할 수 있도록 지원할 수 있다.

MEMO

⑤ 학습에의 시사점

㉠ 학생들의 동기 유발을 위한 단계적·복합적 접근이 필요하다.

㉡ 기본적 욕구충족은 다른 종류의 학습의 기초가 된다.

㉢ 교육은 학습자의 현재의 욕구를 충족시켜 줌과 동시에 새로운 욕구를 개발시켜 주어야 한다.

㉣ 학생이 배울 수 있고 그렇게 믿을 수 있는 안전하고 질서 있는 교실을 만든다.

㉤ 가르치고 배우는 경험을 학생의 관점에서 생각해 본다.

2 동기－위생이론(motivation-hygiene theory) － Herzberg

94 중등, 99 초등추시, 99 서울초등, 00~01 초등, 01~02 중등, 06~07 초등, 09 초등

허즈버그(Herzberg)는 피츠버그에서 203명의 기술자와 회계사들을 대상으로 직무수행 시 가장 만족했던 사건과 가장 불만족했던 사건이 무엇이었는지 2가지 질문으로 면접을 시행하였으며, 이를 바탕으로 연구를 한 결과, '만족을 주는 요인'과 '불만족을 주는 요인'이 서로 다르다는 사실을 발견하였다. 이런 이유로 '이요인설'이라고도 하며, 직무 만족을 주는 요인을 '동기요인' 또는 '만족요인', 불만족을 가져다주는 요인을 '위생요인' 또는 '불만족 요인'이라 이름 붙였다.

(1) 개관

위생요인이 충족되면 구성원이 지닌 역량의 80%가 발휘되고, 충족되지 않으면 60%만 발휘된다. 동기요인이 충족되면 자신이 가지고 있는 역량을 110% 발휘할 수 있다.

① **인간의 욕구는 이원적 구조**: Maslow의 욕구위계이론에 기초하여 인간의 욕구를 동기요인과 위생요인의 이원적 구조로 설명한다.

② **동기요인과 위생요인은 별개의 차원**: 직무만족에 기여하는 동기요인과 직무불만족에 기여하는 위생요인은 서로 별개의 차원으로 존재한다.✦ 불만족(dissatisfaction)의 반대는 만족이 아니라 '불만족이 없는 것(no dissatisfaction)'이며, 만족(satisfaction)의 반대는 불만족이 아니라 '만족이 없는 것(no satisfaction)'이다.

③ **접근욕구와 회피욕구**: 만족요인은 접근욕구(approach needs)와 관련이 있으며, 불만족요인은 회피욕구(avoidance needs)와 관련이 있다.

(2) 내용 － 동기요인과 위생요인✦

① 동기요인(motivators)

㉠ '직무 그 자체'와 관련된 것으로, 직무만족에 기여하는 요인✦

예 성취, 인정, 책임, 직무 자체, 승진, 성장 가능성(발전감) 등

㉡ 동기요인은 충족되지 않아도 불만은 없으나, 충족되면 강력한 동기를 부여하며 직무만족에 긍정적인 영향을 준다.

✦ 동기추구자
(motivation seekers)
주로 성취, 인정, 책임, 발전 등의 측면에서 생각

✦ 위생추구자
(hygiene seekers)
주로 보수, 근무조건, 감독, 지위, 직업안정, 사회적 관계 등의 측면에서 생각

✦ 기출
학생의 존경, 학부모의 인정, 수업능력의 인정 ⇨ 동기요인

② 위생요인(hygiene factors)

㉠ '직무 환경'과 관련된 것으로, 직무불만족에 기여하는 요인

예 정책과 행정, 감독, 보수, 대인관계(상사·하급자·동료와의 관계), 근무조건, 지위, 직업안정성(직무안정성), 개인생활에의 영향 등

㉡ 위생요인은 충족되지 않으면 직무에 불만족을 가져와 조직의 성과에 부작용을 일으키지만, 충족되더라도 강력한 동기를 부여하거나 직무만족에 기여하지는 못한다.

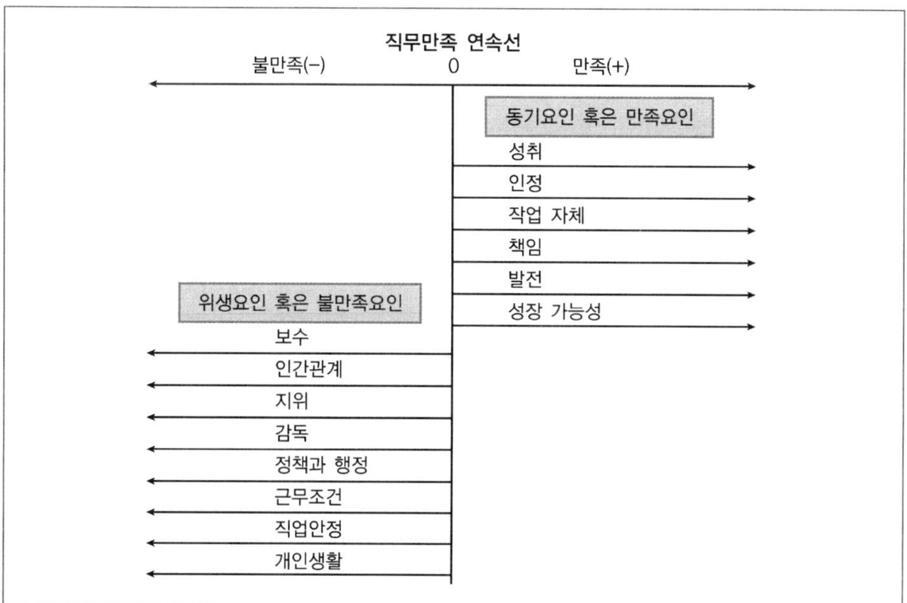

(3) 비판점

① 만족 차원과 불만족 차원의 상호 배타성에 대한 오류이다. 두 요인은 동시에 나타나기도 하므로 개인차를 무시한 것이다.

예 동료들과 우정(사회적 욕구)을 쌓으면서 일을 하는 과정에서 만족을 느끼는 사람들도 많다.

② 방법론상 공개적인 면담을 통해 알아낸 결과이므로 신뢰성이 약하며 주관적이다. 즉, 응답자들이 면담자가 듣기를 원한다고 생각하는 응답을 하였을 가능성이 높다.

③ 이 연구는 실제적인 동기와 성과의 관계를 탐구하기보다는 종업원의 만족에 초점을 두었다. 즉, 직무만족을 경험한 사람의 높은 성과 수준과 직무불만족을 경험한 사람의 낮은 성과 수준 간의 연계성에 대한 심층적인 연구가 바탕이 되지 않았다.

④ 만족과 불만족을 분류하는 방식에도 문제가 있을 수 있다. 자기가 통제할 수 있는 요소에 대해서는 자연히 즐거운 경험을 언급할 가능이 있는 반면에 자기통제를 벗어나는 직무 환경에 대해서는 기분 나쁜 경험을 말할 가능성이 높다.

MEMO

(4) 학교조직에의 시사점

① 직무재설계(job redesign): 일 그 자체와 관련된 교사의 동기화 전략으로서, 직무 자체 또는 그 수행방식을 변화시키는 것

㉠ 직무 풍요화(job enrichment): 직무내용 재편성 ⇨ 보다 높은 수준의 지식과 기술을 필요로 하는 다양한 작업내용을 직무에 포함시키고, 작업자에게 자신의 성과를 계획·지휘·통제할 수 있는 자율성과 책임감을 많이 부여하고, 개인적 성장의 기회를 제공하도록 직무의 내용을 재편성하는 것을 말한다. 결국 직무 풍요화는 교사들에게 직무 수행상의 권한을 대폭 이양하고, 자율성과 책임감을 많이 부여하여, 자신의 능력을 발휘하며 성장할 기회를 갖도록 직무내용을 재편성하는 것을 말한다(직무확대·직무교체 ×).

㉡ 자율성 증대: 직무수행에 관련된 의사결정에 구성원을 적극적으로 참여시킨다. 완벽한 자율성의 제공이 아니라 제한된 범위 내에서의 자율성의 증대를 도모하는 것이다.

㉢ 경력단계 프로그램(인사행정 확대): 교직의 경력단계 프로그램은 교사 → 교감 → 교장으로 이어지는 단순한 교직의 직위를 다단계(다층구조)로 재설계하는 것을 말한다. 그 대표적인 예가 '수석교사제'이다. 교직의 경력단계 프로그램은 교사의 자격과 단계를 보다 세분화하여 교사들이 지속적으로 새로운 지식과 기술, 전문성을 계발할 수 있는 기회와 보상을 제공하고, 직무의 다양성과 책임을 증가시켜 궁극적으로 교직의 보람과 만족을 경험하게 하려는 것이다.

② 수석교사제

㉠ 추진배경

ⓐ 교사 본연의 가르치는 업무가 존중되고, 수업 전문성을 가진 교사가 우대받는 교직풍토를 조성하기 위한 제도

ⓑ 현 교장·교감의 학교 관리직 우위 풍토를 수업 잘하는 교사 중심으로 재편함으로써, 교직 사회의 학습조직화 촉진의 핵심기제로서 수석교사제 운영

ⓒ 기존 일원화된 교원자격체제를 행정관리(management) 경로와 교수(instruction) 경로의 이원화 체제로 개편

㉡ 수석교사의 지위: 교장의 지도·감독을 받되, 최고의 수업전문가로서 교사들의 교수 및 연구활동 지원, 학생교육

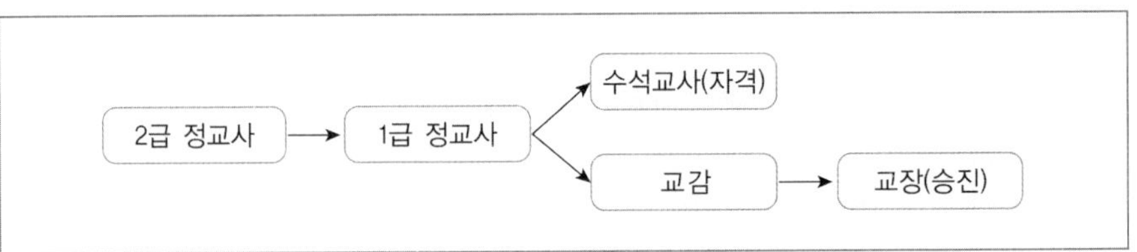

MEMO

㉢ 수석교사의 역할
ⓐ 학생을 직접 가르치는 일(학생교육 담당 : 주당 수업시수 50% 경감) 이외에 수업을 연구하고, 교육과정·교수학습·평가방법을 개발하고 보급한다.
ⓑ 동료교사들의 교수 및 연구 활동을 지원하며, 신임교사를 지도하는 멘토 등의 역할을 수행한다.
ⓒ 학교·교육청 단위에서 수업 컨설팅(코칭)을 하거나 생활지도 컨설팅을 실시한다.
ⓓ 학교 내 학습조직 구축을 위한 구심점 역할을 한다.

㉣ **수석교사제의 목표** : 교사들이 한정되어 있는 교감이나 교장직으로의 진출을 최종 목적으로 삼지 않고, 계속적인 자기연마와 전문성 개발을 통해 교직수행 능력을 증진하고, 그 결과 교직의 보람(만족)을 얻을 수 있도록 하는 데에 목표가 있다.

3 생존 – 관계 – 성장이론(ERG이론) – Alderfer 01 초등

(1) 개관

① Maslow의 욕구위계이론을 개선하여 인간의 욕구를 생존욕구(E), 관계욕구(R), 성장욕구(G)로 구분하였다.
② 저차원의 욕구와 고차원의 욕구 간에는 근본적인 차이가 있으며, 욕구가 조직에서 구성원의 동기를 결정하는 중요한 요인이라고 보았다.

(2) 내용 – 생존욕구(E)–관계욕구(R)–성장욕구(G)

① **생존욕구(Existence)** : 인간의 생존에 필요한 욕구 ⇨ Maslow의 생리적 욕구(1단계), 안전의 욕구 중 일부(2단계) 예 보수, 작업환경, 직업안정, 근무조건 등
② **관계욕구(Relatedness)** : 사회적 존재로서 타인과 인간관계를 맺고자 하는 욕구 ⇨ Maslow의 안전한 대인관계의 욕구(2단계), 사회적 욕구(3단계), 타인의 존경을 받고 싶은 욕구(4단계)
③ **성장욕구(Growth)** : 인간이 성장하고 잠재력을 최대한 발휘하고자 하는 욕구 ⇨ Maslow의 자존의 욕구(4단계), 자아실현의 욕구(5단계)

매슬로우(Maslow)의 욕구계층이론	앨더퍼(Alderfer)의 ERG이론
5 자아실현 4 존경(자기 자신)의 욕구	성장욕구(G)
4 존경(대인관계)의 욕구 3 애정·소속·사회적 욕구 2 안전(대인관계)의 욕구	관계욕구(R)
2 안전(물리적) 욕구 1 생리적 욕구	존재욕구(E)

MEMO

(3) Maslow 이론과의 비교

① **공통점**: 하위수준의 욕구가 충족되면 상위수준의 욕구가 동기 유발의 힘을 얻게 된다. 존재욕구가 충족될수록 관계욕구가 동기 유발의 힘을 얻게 되고, 관계욕구가 충족되면 성장욕구의 충족이 기다리고 있다는 것이다.

② **차이점**

㉠ Maslow는 하위수준의 욕구가 충족되면 그 다음 단계의 욕구로 진행된다고 하여 '만족－진행 접근법'을 주장한 반면(충족된 욕구는 더 이상 동기요인이 될 수 없다), Alderfer는 상위수준의 욕구가 충족되지 않거나 좌절될 경우 그보다 낮은 하위수준의 욕구로 이행한다는 '좌절－퇴행 접근법'을 주장하였다.

예 학교에서 어떤 교사들은 관리직으로 승진을 하거나 전문직으로 진출할 목적으로 대학원에 진학하지만, 교감이나 교장이 될 수 없다거나 전문직으로 진출할 수 없다고 판단한 교사는 사람들과 사귀고 어울리는 활동에 더 관심을 기울이는 현상을 볼 수 있다.

㉡ Maslow는 강도가 큰 하나의 욕구만이 동기요인으로 작용한다고 주장한 반면, Alderfer는 2가지 이상의 욕구가 동시에 나타날 수 있다고 주장하였다.

㉢ Maslow는 하위수준의 욕구가 충족되어야 상위수준의 욕구가 나타난다고 보는 반면, Alderfer는 하위수준의 욕구가 충족되지 않더라도 상위수준의 욕구가 발생할 수 있다고 주장하였다.

예 생존욕구가 충족되지 않아도 일 자체를 흥미롭고, 도전감 있게 느끼도록 동기부여하고 성장욕구를 자극하면 조직효과를 올릴 수 있다.

㉣ Alderfer는 자기존경의 욕구(Maslow－결핍욕구)를 '성장욕구'에 포함시켰다.

③ **비판점**: 보편성의 문제 ⇨ 이론을 검증한 실증적 연구가 별로 없다.

(4) 시사점

① Alderfer는 2가지 이상의 욕구가 동시에 작용할 수 있다고 주장한다.

② 따라서 교사들이 직무수행의 과정에서 생존욕구가 완전히 충족되지 않더라도 자율성을 부여하고 일 자체를 흥미롭고 도전감 있게 제시해 주면 성장욕구를 자극하게 되어 동기부여가 될 수 있다.

MEMO

05

(5) 내용이론 간의 관계

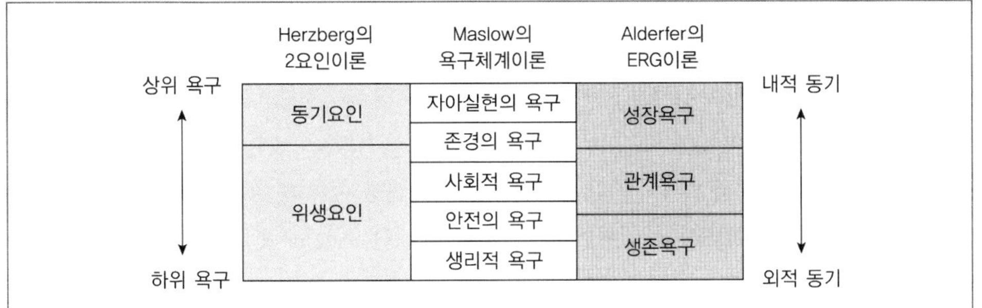

내용이론 간의 관계(주삼환)

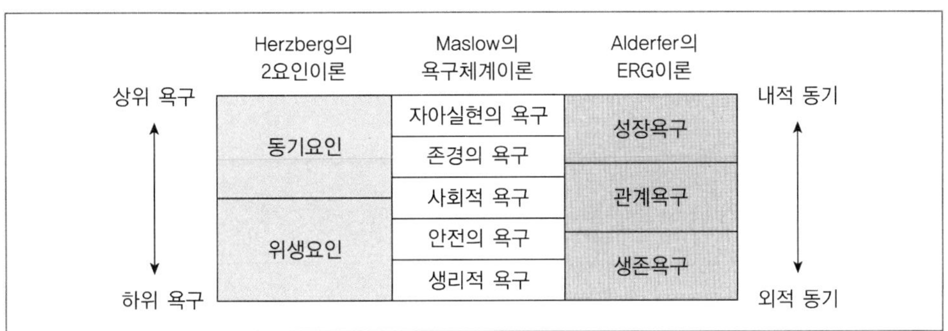

내용이론 간의 관계(윤정일)

4 맥클리랜드(McClelland)의 성취동기이론

(1) 개념

① 성취동기는 어떤 어려운 일을 수행하는 것, 장애를 극복하고 높은 수준에 도달하려는 것, 자기 자신을 초월하는 것, 과업 혹은 과제 수행에 있어 다른 사람과의 경쟁에서 이겨 성공을 추구하려는 인간의 심리특성으로 정의된다(Murray). ← Henry Murray가 처음 소개

② 맥클리랜드(McClelland)의 성취동기이론에 따르면, 어려운 과정을 달성하거나 난관과 장애를 극복하거나 혹은 뛰어나려 하는 것은 모두 성취를 향한 욕구에서 기인한다.

(2) 성취동기가 높은 사람의 주요 특성 3가지

① **중간 정도 난이도의 목표나 과업**: 성취동기가 높은 사람은 적절히 어려운 목표와 중간 정도의 위험수준을 설정하는 경향이 있다. 과업이 너무 어려우면 성공의 기회가 낮은 반면, 쉬운 과업은 누구나 할 수 있는 것이기 때문에 지나치지 않지만 다소 도전감을 주는 상황을 선택하는 경향이 있다.

MEMO

② **과업 수행에 대한 개인적 책임감**: 성취동기가 높은 사람은 어떤 과업을 수행하거나 문제를 해결하는 데 있어서 개인적으로 책임을 지려는 강한 바람을 가지고 있다. 높은 성취동기를 가지고 있는 사람들은 개인적인 책임이 부여되고 그 결과로서 평가받는 상황을 더 선호한다.

③ **과업 수행에 대한 강한 피드백**: 성취동기가 높은 사람은 과업 수행에 대한 강력한 피드백을 원한다. 이들은 자신들이 수행한 과업의 성공 여부에 관계없이, 그들이 얼마나 일을 잘했는지를 알고 싶어 하며 또한 결과에 대한 정보를 받고 싶어 한다.

(3) 성취동기를 함양하기 위한 시도(성취동기를 높이는 상황 · 조건)

첫째, 개인이 성공할 수 있는 상황을 조성하고, 둘째, 합리적이고 성취 가능한 목표를 설정하도록 강조하며, 셋째, 과업 수행에 대한 개인적인 책임감을 부여하여 수용하도록 하고, 넷째, 과업 수행에 대한 분명한 피드백을 제공한다.

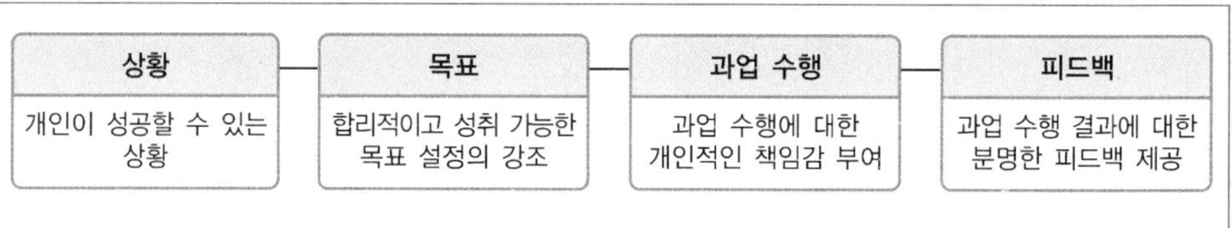

성취동기를 키우기 위한 구성요소와 활동

02 과정이론(process theory)

1 기대이론(expectancy theory, VIE이론) — Vroom 12 초등

(1) 개관(동기부여 = $\sum$유인가 × 기대)

① 인간의 동기는 ㉠ 노력을 하면 성과를 얻을 것이라는 성과기대와 ㉡ 성과로 인해 얻게 될 보상에 대한 보상기대 간의 함수관계이며, ㉢ 이 양자는 개인이 느끼고 있는 유인가에 의하여 조정된다.

② 가장 강력한 동기를 유발할 수 있는 3가지 요인의 조합은 ㉠ 높은 성과기대, ㉡ 높은 보상기대, ㉢ 높은 긍정적 유인가다.

③ 유인가–보상기대–성과기대 이론(VIE: Valence-Instrumentality-Expectancy theory), 가치이론(value theory)

MEMO

05

(2) 동기요인

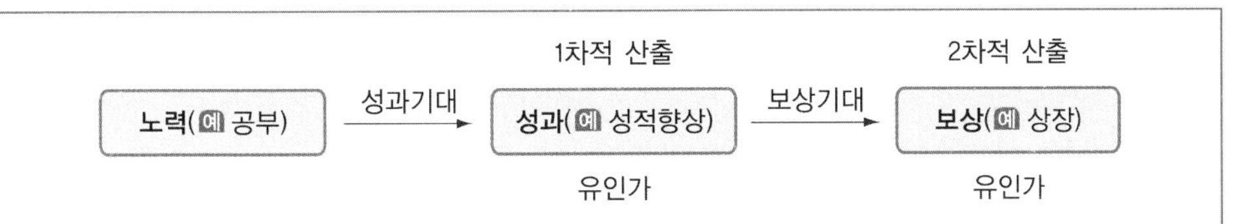

기대이론의 기본모형

① **성과기대(expectancy, 노력과 성과의 관계)**: 일정한 노력을 하면 어떤 성과가 나올 것이라는 수관적 믿음(지각된 확률) ⇨ 성과기대는 0~1의 값을 갖는다.

예 열심히 노력하면 A학점을 받을 수 있다는 믿음의 정도

② **보상기대(instrumentality, 수단성, 성과와 보상의 관계)**: 일정한 성과(1차 산출)를 내면 어떤 보상(2차 산출)을 받을 것이라는 주관적 믿음(지각된 확률) ⇨ 보상기대는 −1~+1의 값을 갖는다.

예 열심히 공부하면 좋은 학점(1차 산출)을 받고 그렇게 되면 반드시 장학금(2차 산출)을 받을 수 있다는 믿음의 정도

③ **유인가(valence, 목표 매력성)**: 어떤 결과나 보상이 주는 매력성 혹은 선호의 정도 ⇨ 특정 보상에 대한 개인적 열망의 강도이기 때문에 동일한 보상에 대해서도 개인마다 유인가가 다르다. 유인가는 −, 0, +의 값을 갖는다.

예 능력감, 자율, 인정, 성취, 창의성 등 → 교사가 열심히 노력한 결과 승진이라는 보상이 주어진다고 할 때 교사의 승진하고자 하는 열망이 강하면 동기도 강해진다.

(3) 교육적 시사점 – 동기 유발

① **높은 성과기대**: 학교경영자는 교사들이 노력만 하면 성과를 얻을 수 있다는 큰 믿음을 심어 주어야 한다. 이를 위해 교사를 위한 훈련 프로그램이나 안내, 지원, 후원 그리고 결정에 참여하는 것 등이 중요하다. 교사들이 긍정적인 자기 이미지를 갖게 하는 것도 중요한데, 특히 초임교사들을 지원해 주는 학교 차원의 멘토링 프로그램 등은 좋은 예가 될 수 있다.

② **높은 보상기대**: 학교경영자는 교사들이 노력을 하여 성과를 이루면 성과가 보상으로 이어질 수 있다는 보상기대를 분명히 하고 구체화하여야 한다. 열심히 가르치면 무엇을 얻을 수 있을 것인지를 명료화하고, 보상체계의 공정성을 증진시켜야 한다. 이런 점에서 학교 조직에서 직위배분 결정에 교사들을 참여시키고 그 결정 과정을 투명하게 하는 것이 중요하다.

③ **높은 유인가**: 학교경영자는 교사들이 생각하는 보상에 대한 유의성, 즉 보상이 주는 매력의 정도를 증진하여야 한다. 이를 위해 교사들이 더 매력적으로 생각하는 보상내용이 무엇인지를 생각해야 한다. 인간은 보상이 자신이 원하는 것일 때 열심히 일을 하게 된다. 한마디로 경영자는 교사들이 바라는 보상을 적절하게 제공하는 것이 중요하다.

MEMO

2 성과 – 만족이론(performance-satisfaction theory) – Porter & Lawler

(1) 개관

① 포터(Porter)와 로울러(Lawler)는 브룸(Vroom)의 기대이론을 발전시켜 성과와 만족에 영향을 주는 요인을 다룬 성과–만족이론을 제시하였다.

② 아래 그림에서 1~3번은 Vroom의 기대이론을 기초로 한 것이고, 4~9번은 Porter와 Lawler 모델의 독자적인 특징을 보여 준다.

③ Vroom은 기대이론에서 과업성과와 만족의 연결 관계를 직접적으로 다루지 않았다. 그러나 Porter와 Lawler의 성과–만족이론은 능력과 특성, 역할지각이 노력과 과업성취를 연결시켜 주고, 과업성취 후에 따라오는 보상과 이 보상을 어떻게 지각하느냐가 만족을 결정한다는 것을 보여 준다.

(2) 내용

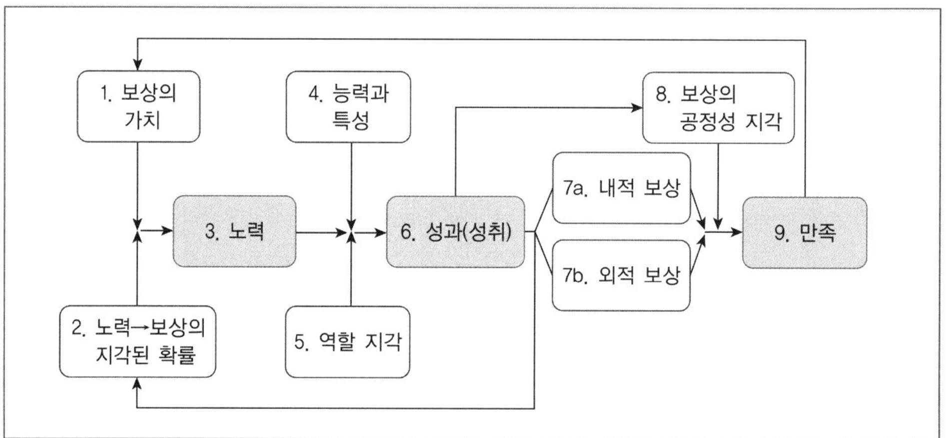

성과 - 만족이론 모델

1. **보상의 가치**: 기대이론에서의 유의성과 같은 개념으로, 어떤 결과가 어느 정도 매력적인가 하는 것
2. **노력 대 보상의 확률에 대한 지각**: 기대이론에서의 성과기대와 보상기대의 개념을 합한 것. 이는 노력–성과(성과기대), 성과–보상(보상기대) 요소로 구분할 수 있음
3. **노력**: 과업수행에 얼마만큼 열심히 하느냐(에너지, 힘)를 말하는데, 보상의 가치와 노력 대 보상의 확률에 대한 지각의 곱이 노력의 강도를 결정함
4. **능력과 특성**: 한 개인이 가지는 장기적이고 안정된 특성
5. **역할지각**: 효과적인 직무수행을 위해 요구되는 자신의 역할에 대한 인식
6. **성과**: 과업에 대한 개인적 성취
7. **보상**: 직무성과를 통해 얻을 수 있는 바람직한 것으로, 내적 보상과 외적 보상으로 구분됨
8. **보상의 공정성 지각**: 공정하다고 생각하는 보상의 양(정도)
9. **만족**: 받을 보상이 지각된 공정성 수준에 부합되거나 아니면 이를 초과하는 정도

MEMO

05

① 보상의 가치(1)와 노력 대 보상의 지각된 확률(2)에 의해 노력(3)이 결정된다. 그렇다고 노력이 성과에 직접적으로 연결되는 것은 아니다.

② 성과(6)에는 노력(3)뿐 아니라 능력과 특성(4), 역할지각(5)이라는 변인이 영향을 미친다.

예 직무수행에 필요한 능력을 구비하지 않았거나 자신의 역할에 대한 정확한 지각(이해)가 부족하면 그 노력은 충분한 성과를 낼 수 없다.

③ 성과(6)는 내적 보상(7a)과 외적 보상(7b)을 수반하는데, 그 보상에 대해 공정하다고 지각하는 정도에 의해 만족이 결정된다. ⇨ 지각된 공정한 보상이 만족의 요인

④ 성과－만족이론의 모델은 2가지 중요한 피드백이 있다.

㉠ 만족이 보상의 가치에 연결된다는 것

예 만족의 내용이 결핍욕구에 해당하는 것이라면 보상의 가치는 하락할 것이고, 그 내용이 자아실현과 같은 성장욕구에 해당하는 것이라면 보상의 가치는 더 크게 지각될 것이다.

㉡ 성과에 따라 보상이 제대로 주어졌는지는 차후의 노력에 대한 보상의 확률의 지각에 영향을 미치게 된다.

(3) 특징

① 직무수행 노력은 과업성취와 거기에 결부된 보상에 부여하는 가치, 그리고 노력이 보상을 가져다줄 것이라는 기대에 의해 달라진다.

② 노력에 의한 직무성취(성과)는 개인에게 만족을 줄 수 있는데, 만족을 주는 힘은 거기에 결부된 내재적 보상과 외재적 보상에 의하여 강화된다.

③ 내재적 보상과 외재적 보상이 있다고 하더라도 그것이 공정하다고 지각되어야만 만족을 줄 수 있다.

(4) 비판점

① 이론의 내용체계가 복잡하여 검증하기가 힘들다.

② 변수를 조작적으로 정의하기 애매하여 기대이론 주장자들 간에 통일성이 결여되어 있다.

③ 가장 만족이 큰 쪽으로 인간의 행동이 동기화된다는 기대이론의 쾌락주의적 가정은 인간행위의 올바른 설명이 되지 못한다.

④ 과연 인간이 이처럼 복잡한 계산과정을 거쳐 행동하는지 의문이다.

(5) 시사점

① **높은 성과기대**: 기대이론과 동일

② **높은 보상기대**: 기대이론과 동일

③ **높은 유인가**: 기대이론과 동일

④ **분명한 역할기대**: 역할기대를 분명히 할 필요가 있다. 자신이 해야 할 역할이 분명하면 노력을 집중할 수 있고, 성과가 높아져 보다 나은 보상을 받을 수 있다.

MEMO

3 공정성이론(equity theory) — Adams 08 중등

(1) 개관

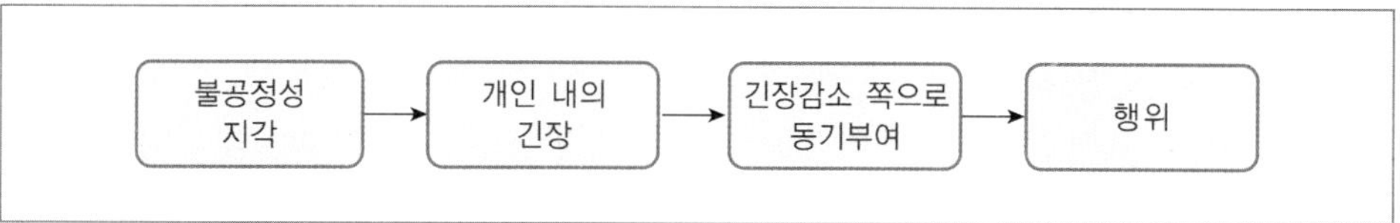

공정성 이론의 논리

사회적 비교이론(social comparison theory)은 한 개인이 다른 사람에 비해 어느 정도 공정하게 대우를 받고 있는지에 관한 지각의 중요성을 강조한다.

① 아담스(Adams)가 제안한 공정성 이론은 사회적 비교이론을 토대로 직무동기를 설명한다.✦
② 사람들은 자신의 투입과 성과의 비율을 타인의 그것과 비교하여 동일하면 직무에 만족을 느끼지만, 불공정하다고 느끼면 공정성을 회복하는 방향으로 어떤 행동을 동기화한다.
③ 투입(inputs)이란 특정인이 과업수행에 기여하는 모든 것(예 교육, 경험, 훈련, 개인의 특성, 노력, 태도 등)을 말하며, 성과(outcomes)는 특정인이 과업수행의 결과로 받게 되는 것(예 보수, 승진, 직업안정, 부가적 혜택, 근무조건, 인정 등)을 말한다.

(2) 내용

① 공정성 도식: 분배적 공정성 중시

㉠ 공정한 경우

$$\text{공정성} = \frac{\text{자신의 성과}}{\text{자신의 투입}} = \frac{\text{타인의 성과}}{\text{타인의 투입}}$$

㉡ 불공정한 경우

$$\text{저급여 불공정성} = \frac{\text{자신의 성과}}{\text{자신의 투입}} < \frac{\text{타인의 성과}}{\text{타인의 투입}}$$

$$\text{과급여 불공정성} = \frac{\text{자신의 성과}}{\text{자신의 투입}} > \frac{\text{타인의 성과}}{\text{타인의 투입}}$$

② 공정성 회복(불공정성 감소)을 위한 행동유형

㉠ 투입 변경(조정): 불공정성이 유리한 것이냐 불리한 것이냐에 따라 투입을 증가시키거나 감소시킨다. 과소보상의 경우 개인은 노력을 감소시킬 것이고, 과대보상의 경우 노력을 증가시킬 것이다.

㉡ 성과 변경(조정): 투입의 증가 없이 임금인상이나 근무조건의 개선을 요구한다(예 노조의 압력 등). 특히 이것은 다른 산업이나 조직과의 불공정성을 없앨 때 나타난다.

MEMO

05

㉢ **투입이나 성과의 인지적 왜곡**: 실제로 투입이나 성과를 변경시키고 않고 이들을 인지적으로 왜곡시켜 공정성을 회복한다. 인지적 왜곡은 자기 자신이나 타인에 대해 모두 적용될 수 있다. 자신의 투입이나 결과의 인지적 왜곡(예 그가 월급이 더 많아도 내가 승진의 기회는 더 많다), 타인의 투입이나 결과의 인지적 왜곡(예 그가 나보다 더 열심히 일했으니 더 많은 보상을 받는다)이 있다.

㉣ **비교 대상의 투입과 성과의 변경(비교 대상의 투입과 성과에 대한 영향력 행사)**: 비교 대상이 되는 타인에게 투입이나 산출을 감소 또는 증가하도록 압력을 가하거나 조직을 떠나도록 압력을 넣을 수 있다.

㉤ **비교 대상의 변경**: 비교 대상을 다른 대상으로 변경하여 불공정성을 줄일 수 있다.

예 자기의 전문지식수준을 어느 석학이나 동료 전문가들의 지식수준과 비교한다.

㉥ **조직 이탈**: 전보를 요청하여 부서를 옮기거나 조직을 완전히 떠날 수 있다.

(3) 교육적 시사점

① 교사들은 사회적 비교 과정을 통해 만족, 불만족을 경험한다. 따라서 학교경영자나 정책 집행자는 교사들을 공정하게 대우하도록 노력해야 할 것이다.

예 성과급을 결정할 때 교직의 특성상 그 성과를 객관적으로 정하기 곤란하다는 사실을 염두에 두고, 교사들이 최대한 합의할 수 있는 안을 만든다.

② 학교경영자는 교사의 동기부여에 있어서 지각의 중요성을 고려하여 건설적인 조직풍토나 문화를 구축해야 한다.

예 냉소적이거나 적대적인 학교풍토가 형성되면, 그에 속한 교사들은 서로에 대해 부정적으로 지각하며, 이것이 동료의 성과를 왜곡되게 지각하도록 하는 요인이 될 수 있다.

③ 교사들은 자신들이 받는 보상을 교직 이외의 직종에 종사하는 사람들과도 비교한다. 이런 점에서 호봉이 올라갈수록 타 직종에 비해 상대적으로 급여수준이 떨어지는 교사들의 보수체계는 교사들의 직무만족과 사기진작을 위해 국가적인 차원에서 정책적인 배려가 필요하다.

4 목표설정이론(goal setting theory) — Locke

(1) 개관

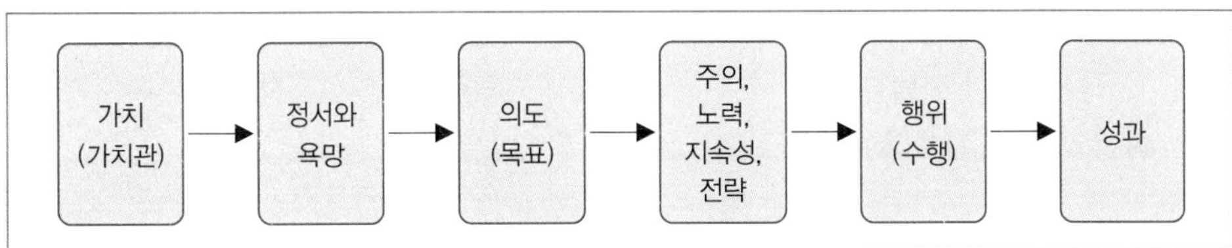

목표설정이론의 일반모델

MEMO

① 목표가 동기를 형성하는 가장 중요한 요인이며, 목표가 정해지면 이것이 실제 행위나 성과를 결정한다.

② 인간의 행위를 결정하는 인지적 요인에는 가치(values)와 의도(목표)가 있다. 인간은 자신의 가치가 바탕이 되어 정서와 욕망을 형성하고, 이를 토대로 의도나 목표를 설정한다. 목표는 인간의 주의와 노력, 지속성을 증가시키고 과업수행전략을 개발하도록 함으로써 실제 행위나 성과를 결정한다(그림 참조).

③ 목표는 ㉠ 과업에 대한 주의력을 증가시키며, ㉡ 행동에 투입되는 노력을 증진시키고, ㉢ 포기하려는 유혹을 줄여 주어 지속성을 증대시키며, ㉣ 구체적인 과업추진전략을 개발하게 함으로써 동기와 과업수행을 높이는 기제가 된다. 따라서 성공적인 과업수행을 위해서는 성공적인 목표설정이 필요하다.

(2) 목표가 지녀야 할 속성 – Steers㊙

암기법
구곤참피경수

① **목표의 구체성**: 막연한 목표보다는 구체적인 목표가 성과를 더 높여 준다. 구체적인 목표는 모호성을 감소시키고 행동방향을 명확히 제시하기 때문이다.

예 "성적을 높여라."보다는 "전 과목 평균 65점 이상을 받아라."

② **목표의 곤란성**: 쉬운 목표보다는 다소 어려운 목표가 성과를 높이는 데 유리하다. 도전감을 주고 많은 노력을 집중하도록 자극하기 때문이다.

③ **목표설정에 참여**: 구성원들이 목표설정 과정에 참여하면 직무만족도를 높여 주므로 성과를 높일 수 있다.

④ **목표의 수용성**: 일방적으로 강요된 목표보다는 구성원이 자발적으로 수용한 목표가 더 큰 동기를 유발시킬 수 있다.

⑤ **노력에 대한 피드백**: 노력에 대해 구체적·긍정적인 피드백을 주면 성과를 높일 수 있다.

⑥ **동료 간 경쟁**: 동료들 간의 경쟁이 성과를 높일 수 있다. 그러나 지나친 경쟁은 해가 될 수도 있다.

(3) 목표설정이론이 지지받는 이유 – Steers

① 구체적이고 어려운 목표는 애매하거나 명료하지 않은 목표보다 더 높은 수준의 과업수행을 가져온다.

② 어려운 목표라 하더라도 그것이 수용되기만 한다면, 쉬운 목표보다 높은 수준의 과업수행을 가져온다.

③ 목표는 자신이 선택하거나, 다른 사람과 함께 선택하거나, 다른 사람에 의해 부여되거나 하는 근원에 관계없이 강한 동기 유발의 요인이 된다.

(4) 결론(시사점)

① 목표 달성이론은 구체적이고 도전적이지만 달성 가능한 목표가 구체적인 과업수행전략의 개발뿐만 아니라 집중력, 노력 및 지속성을 증가시키기 때문에 동기를 증가시킬 수 있고, 실제로 증가시키고 있다는 것을 시사한다.

② 목표 달성과정에서 제공하는 피드백은 주의력, 노력, 지속성을 강화시키고, 나아가 목표 달성 전략을 재정립하고 변경할 수 있는 정보를 제공해 준다.

(5) 영향

① 목표관리기법(MBO : Management By Objectives) : 조직의 구성원들이 조직의 목표 설정에 공동으로 참여하고, 각 구성원의 활동 성과에 대해 평가하고 보상하는 경영기법이다.

② 조직개발기법(OD : Organizational Development) : 행동과학적인 지식과 기술을 활용하여 조직의 목적과 개인의 욕구를 결부시켜서 조직 전체의 변화와 발전을 도모하려는 노력이다.

③ 정보관리체제(MIS : Management Information System, 경영정보관리, 경영정보 시스템) : 조직의 계획, 운영 및 통제를 위한 정보를 수집-저장-검색-처리하여 적절한 시기에 적절한 형태로 구성원에게 제공해 줌으로써 조직의 목표를 보다 효율적 및 효과적으로 달성할 수 있도록 조직화된 통합적 인간-기계시스템(man-machine system) · 컴퓨터 기반시스템을 말한다. ⇨ 대학에서 수강신청, 등록금관리, 성적관리, 급여관리, 입시사정, 기타 강의나 연구자료 처리 등에 컴퓨터를 활용하고 있으며, 초 · 중등학교에서 수업계획, 재정회계관리, 시설 및 물자관리, 학생의 성적과 기록관리 등을 전산화함으로써 자원활용을 극대화하고 의사결정을 효율화하고 있다.

Section 05 정책론(Policy-Making Theory)

MEMO

01 교육기획(educational planning)

1 개관

(1) 개념 17 중등論

① 미래의 교육활동에 대한 사전준비 과정이다.

② 즉, 미래의 교육활동에 대비하여 교육목표를 효율적이고 안정적으로 달성하기 위해 교육활동의 방향과 효과적인 수단 및 방법을 제시하는 지적·합리적인 사전준비 과정이다.

(2) 교육기획의 특성

① **미래 지향적인 행정 과정**: 기획은 미래를 구상하는 것으로, 앞으로의 활동을 준비하는 과정이다. 주간계획, 월간계획, 연간계획, 장기계획 등과 같이 모든 계획을 실제로 시행하기 전에 이를 준비하고 구상하는 과정이다.

② **지적인 활동**: 기획은 어떠한 일을 구체적으로 시행하기 전에 그 목표와 내용, 절차와 방법, 기대되는 성과에 대해 미리 생각해 보는 것이기 때문에 고도의 지성과 전문성을 요구하는 계획 과정이다.

③ **합리적인 활동**: 기획은 목표와 수단 및 방법을 합리적으로 연결하고 이를 통해 목표 달성을 효율화하는 활동이기 때문에 합리적인 정보수집과 판단, 그리고 문제해결 능력을 필요로 한다.

④ **사전의 준비과정**: 기획은 사전의 준비 과정이지 실제적인 시행이나 집행이 아니기 때문에 상황의 변화에 따라 언제든지 수정하거나 보완할 수 있는 특징을 가지고 있다.

MEMO

05

(3) 교육기획의 효용성(긍정적 역할) 17 중등論

① **교육행정의 안정화에 기여 :** 교육정책 수행과 교육행정의 안정화에 기여한다. 뚜렷한 목표와 방향을 설정하고 장기적인 교육기획에 따라 일관성 있게 교육체제를 운영한다면 조령모개식의 정책 변경이나 방침 변경은 일어나지 않게 된다.

② **교육행정의 효율성과 타당성 제고 :** 교육행정 혹은 교육경영의 효율성과 타당성을 제고할 수 있다. 설정된 교육목표를 가장 효율적으로 달성할 수 있는 최적의 대안을 선택함으로써 효율성을 높일 수 있고, 교육목표와 이를 달성하기 위한 수단을 합리적으로 연결함으로써 교육행정 활동의 합목적성과 타당성을 제고할 수 있다.

③ **한정된 재원의 합리적 배분 :** 한정된 재원을 합리적으로 배분할 수 있도록 해 준다. 교육기획은 교육투자 지출의 우선순위를 합리적으로 설정하고 그 효과를 극대화하도록 배분함으로써 투자의 효율성을 제고할 수 있게 한다.

④ **교육변화의 촉진 :** 교육개혁과 교육적 변화를 촉진하는 역할을 수행한다. 상황과 여건의 변화를 미리 예견하여 그에 기민하게 대처하고, 소망스러운 개혁과 변화를 계획 · 추진함으로써 교육발전을 촉진할 수 있다.

⑤ **합리적 통제 :** 합리적인 통제를 가능하게 한다. 조직의 제 활동이 미리 짜인 계획과 일치하는지 확인할 수 있기 때문에 교육기획은 조직을 효과적으로 통제하는 수단이 된다.

(4) 교육기획의 한계(난점)

① **미래 예측의 어려움 :** 인간의 예측 능력은 불완전하기 때문에 그 효용에도 한계가 있다.

② **정보와 자료의 부족 :** 정확하고 적절한 정보와 자료의 취득에 한계가 있기 때문에 합리적인 교육계획을 작성하는 데 늘 어려움이 상존한다.

③ **전제 설정의 불확실성 :** 급변하는 현대에 있어서는 각종 예측과 추정을 위한 여러 가지 상황을 전제하기가 매우 어렵다. 예 취학 아동의 수, 경제성장의 지속성 등

④ **시간과 비용 및 노력의 제약 :** 시간과 경비, 전문적 역량이 항상 한정되어 있기 때문에 교육계획의 효율적 수립과 추진이 저해를 받는다.

⑤ **정치적 · 사회적 압력 :** 교육전문가에 의해 합리적으로 수립된 교육계획의 경우에도 정치적 · 사회적 압력에 의해 변경되거나 실현되지 못하는 경우가 종종 발생한다.

⑥ **계량화의 곤란성 :** 교육계획의 목표는 추상적인 경우가 많아 명확하게 계량화하기가 어렵고 목표 달성 여부를 평가하기도 대단히 어렵다.

⑦ **교육운영의 경직성으로 인한 개인의 창의성 위축 :** 지나치게 세부적인 교육계획은 교육의 자율성을 침해하고 창의성을 위축시킬 수 있다.

MEMO

2 교육기획의 원리와 접근방법

(1) 교육기획의 원리 – 학교교육계획 수립 시 고려할 요소 00 초보

① 민주성의 원리 : 국민이나 이해관계 집단 등의 광범위한 참여를 통해 민주적인 방식으로 이루어져야 한다.

② 중립성의 원리 : 교육 자체의 타당성과 효율성에 따라 수립되어야 하며, 어떠한 정치적·종교적·당파적 이해와 압력에 좌우되어서는 안 된다.

③ 효율성의 원리 : 의도하는 교육목표를 달성할 수 있는 능률적이고 효과적인 수단과 방법을 동원할 수 있도록 수립되어야 한다.

④ 전문성의 원리 : 교육전문가들의 적극적인 참여와 지속적인 검토과정을 거쳐서 수립되어야 한다.

⑤ 타당성의 원리 : 의도하는 교육목표를 달성할 수 있는 타당한 수단과 방법을 통해 수립되어야 한다.

⑥ 적응성(융통성)의 원리 : 상황 변화에 신축적(탄력적)으로 적응(대응)할 수 있도록 수립되어야 한다(신축성).

⑦ 안정성의 원리 : 정책의 일관성과 안정성을 유지할 수 있도록 수립되어야 하며, 지나치게 가변적인 계획으로 이루어져서는 안 된다.

⑧ 균형성의 원리 : 안정성과 적응성, 민주성과 전문성 등을 적절하게 유지하는 방식으로 이루어져야 한다.

⑨ 통합성의 원리 : 국가의 타 부문 기획과 통합되도록 이루어져야 하며, 하위 부문을 종합적으로 고려하여야 한다.

⑩ 계속성의 원리 : 의도한 교육목적을 실현하기 위해 계속적인 연구와 평가를 통해 수립되어야 한다.

(2) 교육기획의 접근방법

① 사회수요에 의한 접근법

㉠ 개념 : 교육을 받고자 하는 모든 사람에게 교육의 기회를 부여해야 한다는 원칙하에 교육에 대한 개인적·사회적 수요를 기초로 교육계획을 수립하는 방법

예 대표적 지표 : 인구성장률, 취학률

㉡ 장점 : ⓐ 사회의 교육적 수요에 부응함으로써 적어도 단기적으로는 사회적·정치적 안정에 기여할 수 있다. ⓑ 인구성장률을 활용하여 비교적 손쉽게 교육계획을 세울 수 있다. ⓒ 균등한 교육의 기회를 보장할 수 있다.

MEMO

05

㉢ 단점 : ⓐ 사회수요라는 개개인의 심리적 욕구 충족에 주안점을 두기 때문에 교육에 대한 사회적 필요와는 동떨어진 교육계획을 수립할 가능성이 있다. 사회의 경제적 인력 수요와 상충되는 경우 실업 문제 등을 야기할 수 있다(⇨ 산업체의 인력수요를 고려하지 못한다. 예 인력의 공급과잉, 과부족 현상 초래). ⓑ 재정적 제약 등을 고려하지 않은 사회수요의 충족은 교육의 질적 수준을 하락시키는 요인이 되기도 한다. ⓒ 특히 투자의 우선순위 등을 상세화하지 않고, 모든 교육수요를 충족시킬 만큼 자원의 여유가 없을 때 어떻게 해야 되는가에 대한 방안을 제시하지 못한다는 치명적인 약점을 가지고 있다.

② 인력수요에 의한 접근법 08 중등

㉠ 개념 : 경제성장에 필요한 인력의 수요를 예측하여 교육(인력)의 공급을 조절하는 방법. 산업사회의 필요와 요구를 반영하고, 교육투자 간의 우선순위를 제시하는 교육기획 방법

㉡ 기획수립 절차 : 기준연도와 추정연도의 산업부문별, 직종별 인력변화 추정 → 인력수요 자료의 교육수요 자료로의 전환 → 교육자격별 노동력의 부족분 계산 → 학교수준 및 학교종류(학과)별 적정 양성규모 추정

㉢ 장점 : ⓐ 교육과 취업, 나아가 교육과 경제성장을 보다 긴밀하게 연결하여 교육에 대한 계획을 수립할 수 있고(⇨ 경제인력의 안정적 공급), ⓑ 교육운영에 낭비를 줄여 효율성을 높일 수 있다.

㉣ 단점 : ⓐ 교육과 취업이 반드시 1 : 1 대응관계를 갖지 않는다. ⓑ 급변하는 사회에서는 교육수요나 인력수요의 구조도 역시 급변하기 때문에 추정 자체가 대단히 어렵다. ⓒ 교육과 취업 간의 시차 때문에 수급에 차질을 빚기 쉽다. ⓓ 교육의 기획이 교육의 본래 목표와는 다른 경제성장을 위한 인력공급이라는 외적 목적에 초점을 맞춤으로써 기본적으로 교육의 본질을 훼손할 수 있다.

③ 수익률에 의한 접근법

㉠ 개념 : 교육 투자에 대한 경제적 효과를 분석하는 방법. 교육투입(교육에 투입되는 비용)에 대한 교육산출(교육받은 후 기대되는 수입), 즉 수익률을 추정하여 이루어지기 때문에 비용－수익(편익) 접근방법 혹은 비용－효과 분석이라고도 함

㉡ 장점 : ⓐ 교육운영의 경제적 효율성을 제고시킬 수 있고, ⓑ 비용－수익 분석을 통해 교육투자의 합리성을 제고할 수 있다.

㉢ 단점 : ⓐ 교육투입과 교육산출을 계산하는 방식이 너무 다양하고 학자 간에도 합의된 것이 없기 때문에 그 측정이 용이하지 않으며, ⓑ 수익률 계산에 따르는 어려움과 과거의 소득을 가지고 미래의 소득을 추정하는 기법 자체의 문제 등 기술적 한계를 가지고 있다.

MEMO

④ 국제비교에 의한 접근법

㉠ 개념 : 선진국이나 유사한 다른 국가의 교육정책을 비교하여 교육기획하는 방법

㉡ 장점 : 유사한 외국의 경험을 모방하여 교육기획을 수립하기 때문에 일차적으로 그 과정을 단순화할 수 있다. 즉, 외국의 선행경험을 간접적으로 활용하기 때문에 계획수립 자체가 쉽고 문제 예측이나 처치를 효율적으로 할 수 있다.

㉢ 단점 : ⓐ 국가마다 교육제도나 운영방식이 다르기 때문에 한 국가에서 효과적인 방법이었다고 하더라도 자국에서는 비효과적인 방법이 될 수도 있다. ⓑ 각 나라의 전통과 사회문화적 배경이 다르고, 삶의 양식과 가치체계 등도 다르기 때문에 모방의 장점을 거의 활용하지 못하는 경우도 발생할 수 있다. ⓒ 과거에 선진국에서 성공한 발전모형을 미래에 후발국에서 채택할 때, 그것이 타당하다 할지라도 시차에 따른 변화와 조건의 차이에 의해 그 효과가 반감될 수 있다.

02 교육정책(educational policy)

1 개관

(1) 개념

① 국가의 교육활동에 대한 기본지침 : 교육정책은 교육목적의 달성을 위해 정부가 공익(公益)과 국민의 동의를 바탕으로 결정한 교육에 관한 기본적인 지침 혹은 의사결정을 말한다. 예 정부 주도로 이루어지는 교육과정, 교원의 수급계획, 교육재정 등

② 의사결정과 정책결정을 명확히 구분하기는 어렵지만 일반적으로 공익성 여부를 근거로 구분한다. 의사결정은 개인(사적 기관)에 의하여 주도되기 때문에 공익성에 근거하지 않을 수도 있지만, 정책결정은 정부(공적 기관)에 의하여 주도되기 때문에 공익성에 근거한다.

(2) 교육정책의 특성

① 행위의 측면 – 의사결정 : 교육정책은 정책 행위라는 측면에서 정부가 수행하는 교육에 관한 공적인 의사결정이라는 특징을 가진다.

② 형성과정의 측면 – 정치적 과정 : 교육정책은 그 형성 과정에서 정치적 과정을 통해 이루어지고, 정치·행정체제를 통해 수립·추진되기 때문에 본질적으로 권력의 문제와 깊은 관련을 맺는다.

③ 효과의 측면 – 교육목적의 실현 : 교육정책은 교육활동을 이끌고 조장하며 지원하기 위한 기본 지침을 제시하려는 근본적인 목적을 가지고 있다.

MEMO

05

2 교육정책 결정의 원칙과 결정과정

(1) 교육정책 결정의 원칙

① 민주성의 원리 : 국민의 참여와 민주적 절차에 의하여 수립되어야 한다.
② 중립성의 원리 : 정치적·종교적·사회적 압력에 좌우되지 않고, 교육정책 자체의 타당성과 효율성에 기초하여 수립되어야 한다.
③ 효율성의 원리 : 형성과정·집행·결과에 있어서 능률적이고 효과적이어야 한다.
④ 합리성의 원리 : 가치지향적인 정책에 객관성과 과학성을 부여하고 현실에 입각한 합리적 원리에 기초해야 한다.

(2) 교육정책의 결정과정(일반적인 과정)

단계	내용
1단계 : 문제의 확인	당면한 문제를 인식하고 개념화함으로써 문제해결의 필요성을 자각한다.
2단계 : 자료의 수집과 분석	문제를 확인한 후에 문제해결과 평가에 필요한 자료와 정보를 수집하고 분석한다. 특히 자료와 정보 수집에 있어서는 편견을 버리고 타당성과 신뢰성을 고려해야 한다.
3단계 : 대안의 작성과 평가	전 단계에서 제기된 문제의 원인과 결과를 명세화하고 문제해결에 알맞은 대안과 문제해결을 위한 기준을 설정하고 대안을 작성하고 평가한다. 정책결정과정의 중심이 되는 단계로, 대안을 작성하고 평가할 때는 교육적 합리성은 물론, 경제적 합리성과 정치적 합리성을 함께 고려해야 한다.
4단계 : 대안의 선택	개발된 대안들을 검토하여 최선의 대안을 선택한다.
5단계 : 대안의 실행 및 평가	선택된 대안을 실행하고, 그 시행결과를 최종적으로 평가한다.

(3) 캠벨(Campbell)의 교육정책 결정론(교육정책의 결정과정)

단계	내용
1단계 : 기본적 힘의 작용단계 (basic force)	• 지역적·전국적·전 세계적 범위에서 발생하는 중요한 정치적·경제적·사회적·기술공학적 힘(영향력)이 교육정책 결정에 작용 • 국민의 교육에 대한 열망 정도, 국민의 경제력 수준, 국제적 긴장상태, 인구동태, 기술공학의 발전, 새로운 지식의 발전 등 제 요인에 의해 교육정책이 영향을 받음 예 미국에서 Sputnik 발사의 영향으로 수학·과학교육 강화
2단계 : 선행운동단계 (antecedent movement)	• 기본적 힘에 대해 반응하는 단계로, 건의서, 연구보고서 등 교육에 대하여 상당한 주의를 끄는 각종 운동이 선행적으로 전개 • 사회적으로 저명한 개인이나 또는 전문기관이 작성하는 교육개혁에 관한 건의서, 연구보고서 등은 교육정책 형성의 분위기를 조성 예 교육에 관한 백악관 회의와 교육에 관한 대통령 자문위원회, 한국교육개발원이 작성한 보고서

MEMO

3단계 : 정치적 활동단계 (political action)	• 정책결정에 선행되는 공공의제에 관한 토의나 논쟁이 이루어짐 • 매스컴을 통하여 일반시민의 여론을 조직화하고 정당의 정책으로 채택되거나 공식적인 입법의 준거로서 작용하기도 함
4단계 : 공식적인 입법단계 (formal enactment)	• 행정부나 입법부에 의해 정책형성이 이루어지는 최종단계 • 지금까지의 기본적인 사회적 조건의 변화나 전국적인 선행운동의 조직 및 정부 내외의 정치적 활동과 같은 단계들은 입법단계에 이르러 비로소 정점을 이루게 됨

(4) 교육정책의 평가 95 중등

① 개념 : 정책평가(policy evaluation)는 주로 정책집행이 일어난 이후에 집행과정이나 정책결과를 사후적으로 검토하는 지적 활동을 말한다.

② 교육정책의 평가

㉠ 교육정책평가의 종류 : 교육정책평가는 대상에 따라 크게 집행과정을 대상으로 하는 과정평가(process evaluation)와 정책결과, 즉 정책이 집행된 후에 과연 의도했던 정책효과가 발생했는지를 평가하는 총괄평가(summative evaluation)가 있다. 총괄평가는 정책효과뿐만 아니라 부수효과나 부작용까지 포함하여 정책이 사회에 끼친 영향이나 충격을 확인하려는 사실판단 활동이라고 할 수 있다.

㉡ 평가기준(Dunn, 1994) : Dunn(1994)은 6가지 평가기준을 제시

효과성 (effectiveness)	정책 목표의 달성정도 ⇨ 정책의 성공여부를 판단하는 가장 중요한 기준이 됨
능률성 (efficiency)	정책 효과 대비 투입 비용의 비율 ⇨ 비용과 효과가 화폐적으로 측정되지 않으면 능률성 자체가 의미 없게 되는 경우가 많음
적합성(적절성) (appropriateness)	정책 목표가 어느 정도 바람직한가의 정도 ⇨ 사회 전체의 입장에서 가장 바람직하다고 판단되는 것을 정책 목표로 결정하면 그 목표는 적합하다고 할 수 있음
대응성 (responsiveness)	특정 정책이 정책수혜집단의 요구와 필요를 만족시키는 정도 ⇨ 대응성은 정책성과가 특정 정책 대상집단들의 욕구와 선호, 가치를 만족시키고 있는가에 관한 기준으로 이것은 대상집단들에 대한 조사결과와 일치되어야 함
공평성(형평성) (equity)	사회집단 간 정책효과와 정책비용 배분 등에서의 형평성 ⇨ 정책의 집행에 따르는 비용(cost)과 편익(benefit)이 여러 집단에 평등하게 배분되어 있는 정도
적정성(충족성) (adequacy)	특정 정책이 정책 문제를 해결한 정도 ⇨ 정책 목표의 달성이 문제해결에 얼마나 공헌했는가를 측정하는 것

MEMO

05

03 의사결정(정책결정, decision-making)

1 의사결정을 보는 관점 – 선택을 보는 관점에 따라

의사결정이란 어떤 문제해결과 관련하여 여러 가지 대안 중 1가지 대안을 선택하는 과정이다. 따라서 의사결정의 본질은 선택의 행위이다. 선택이라는 문제를 어떻게 볼 것이냐 하는 시각이 의사결정을 보는 4가지 이론적 관점을 형성한다. ① 목표를 달성하기 위한 합리적인 최선의 사고방식(합리적 관점), ② 공동의 목표를 달성하기 위한 관련 당사자들 간의 합의의 결과(참여적 관점), ③ 이해집단 간의 타협 혹은 이해집단의 이익을 극대화하는 방식으로의 협상 결과(정치적 관점), ④ 목표가 명확하지 않은 상황에서 선택의 시기, 관련 당사자, 제기된 문제, 해결방안 등이 복잡하게 뒤엉킨 결과로 나타난 하나의 우연적인 현상(우연적 관점)이라는 생각들이 그것이다.

(1) 합리적 관점 – 합리적 판단으로서의 의사결정

① 의사결정은 목표 달성을 위한 수많은 대안 중에서 합리적인 최선의 대안을 선택하는 것이라고 본다.

② 문제확인 → 목표설정 → 가능한 모든 대안 탐색 → 각 대안에 대한 결과 평가(계량적 기법) → 목표를 극대화하는 대안 선택

③ 관료제 조직, 중앙집권적 조직에 적합한 의사결정모형

(2) 참여적 관점 – 합의로서의 의사결정 04 중등

① 의사결정은 관련 당사자 간의 논의를 통한 합의의 결과라고 본다.

② 관련자의 능력과 자율이 보장되는 전문적 조직에 적합한 의사결정 방식

(3) 정치적 관점 – 타협으로서의 의사결정 05 중등

① 의사결정은 이해집단 간 타협의 결과라고 본다.

② 폐쇄체제가 아닌 개방체제를 전제한다.

③ 갈등이 항상 존재하고 협상과 타협이 기본적 규칙으로 되어 있는 조직에 적합한 의사결정모형

(4) 우연적 관점 – 우연적 선택으로서의 의사결정

① 의사결정은 필연적 결과와는 무관한 수많은 요소(예 문제, 해결책, 선택기회, 참여자)가 우연히 동시에 한곳에 모일 때 이루어진다고 본다.

② 조직화된 무질서로 비유되는 조직에 적합한 의사결정모형

MEMO

의사결정을 보는 4가지 관점의 비교

구분	합리적 관점	참여적 관점	정치적 관점	우연적 관점
중심개념	목표 달성을 극대화하는 선택	합의에 의한 선택	협상에 의한 선택	우연에 의한 선택
목적	조직목표 달성	조직목표 달성	이해집단의 목표 달성	상징적 의미
적합한 조직형태	관료제, 중앙집권적 조직	전문적 조직	다수의 이익집단이 존재하고 협상이 용이한 조직	조직화된 무질서 조직
조직환경	폐쇄체제	폐쇄체제	개방체제	개방체제
특징	규범적	규범적	기술적	기술적

2 의사결정모형(의사결정 이론모형, 정책형성 기본모형)

(1) 합리모형(rational model) – Reitz 99 초등추시, 99 초등보수, 09 초등, 21 중등論

개념	• 의사결정을 위해 필요한 모든 지식과 정보를 수집하고, 이를 객관적으로 분석·종합하여 최적의 대안을 선택하는 모형이다. • 목표 달성을 위해 모든 대안을 탐색 후 최선의 대안을 찾는 모형 ⇨ 인간의 전지전능함, 합리적 경제인, 최적 대안의 합리적 선택, 목표의 극대화를 전제로 한 이상적·낙관적 모형
비판	• 의사결정자의 전지전능함을 전제로 하고 있으나 인간 능력의 한계로 인해 비현실적이다(합리모형의 전지전능의 가정은 인간과 조직의 합리성이 제한되어 있기 때문에 비현실적이다). 인간은 전지전능하지 못하고 문제 분석 능력에 한계를 가질 수밖에 없다. • 이성적 판단과 감성적 심리 사이에 불일치가 생길 수도 있어 오히려 구성원들이 수용하기 어려운 최종대안을 선택하는 경우도 발생한다. • 대안을 과학적으로 비교 평가하는 데 요구되는 정보를 충분히 구하지 못하는 경우가 많다. • 일상적이고 반복적인 정형적 문제해결에는 적용될 수 있지만, 전례가 없는 새롭고 비구조적인 비정형적 문제해결에는 적용 가능성이 매우 희박하다. • 지나치게 이상적이고 규범적이기 때문에 사실세계의 정책결정 상황에는 잘 부합하지 않는다.

(2) 점증모형(incremental model) – Lindbloom, Snyder, Wildavsky 02 초등, 07 초등, 21 중등論

개념	기존의 틀 속에서, 기존 정책보다 약간 개선된 대안을 선택하는 모형 ⇨ 정치적 합리성, 문제가 불확실하고 구성원 간의 갈등이 커 대안의 개발이 어렵고 결과 예측이 어려운 경우
장점	안정적인 정책결정과 집행이 가능하며, 정책에 대한 폭넓은 지지를 받기 쉽고, 실현 가능성이 높은 대안을 선택할 수 있다.
비판	• 새로운 목표의 적극적인 추구보다는 드러난 문제나 불만의 해소에만 주력함으로써 적극적인 선(善)의 추구보다는 소극적인 악(惡)의 제거에만 관심을 쏟는다. • 급격한 변화나 장기적인 전망에 의거한 계획적인 변화를 거부하고 '적당히 되는 대로 해나가는(muddling through)' 점진적인 개선을 도모하기 때문에 지나치게 보수적·대증적(對症的)인 정책결정모형이다. • 점진적·보수적 성격을 띠어 개혁적이거나 혁신적인 의사결정에는 부적합하다.

MEMO

05

(3) 만족모형(satisfying model) – Simon & March 06 초등

개념	객관적 자료를 바탕으로 여러 대안을 모색하지만, 의사결정자의 주관적 입장에서 만족스러운 대안을 선택하는 모형 ⇨ 제한적 합리성, 주관적 합리성, 행정적 합리성을 전제로 한 모형
장점	합리모형이 지닌 현실적 한계를 극복할 수 있는 가능성을 제시한다.
비판	• 만족의 정도가 주관적이기 때문에 보편타당성이 부족하다. • 의사결정자(정책결정자)의 개인적 차원의 문제이기 때문에 조직 차원의 거시적 정책결정(의사결정)을 설명하는 데는 상당한 무리가 있다.

(4) 혼합모형(mixed–scanning model) – Etzioni

개념	기본방향의 설정은 합리모형을 적용하고, 방향 설정 후 세부적인 문제해결은 점증모형을 적용하는 방식 → 넓은 영역에 대한 기본적인 의사결정은 합리모형에 근거하여 개괄적으로 탐색하고, 그중에서 세부적인 관심을 가져야 할 좁은 영역은 점증모델의 관점에서 면밀하게 비교·탐색 ⇨ 합리모형(합리성)과 점증모형(실용성)의 장점을 결합한 모형
장점	• 합리모형과 점증모형의 장점을 결합하여 나름대로 현실적이고 바람직한 방향을 제시한다. • 장기적 전략과 단기적 변화를 동시에 이룰 수 있다. • 복잡하고 불확실한 상황에 실용적으로 접근할 수 있다.
비판	• 새로운 모형이 아니라 기존의 모형을 절충한 것에 불과하다(이론적 독자성이 떨어짐). • 의사결정 과정이 다소 불분명하다. • 기본방향에 대한 결정을 제외하면 점증모형과 크게 다를 것이 없다.

(5) 최적모형(optimal model) – Dror 99 초등추시, 11 초등

개념	• 합리모형과 점증모형의 절충을 시도한 점에서 혼합모형과 유사하나, 양자의 단순 합계적 혼합이 아니라 합리성과 초합리성(직관적 판단, 창의력, 상상력 등)을 동시에 고려하여 최적치(optimality)를 추구하는 규범적인 모형 • 최적치란 '모든 것이 고려된' 것이라는 의미에서 최선의 것이지만, 그것이 '지고지선' 그 자체가 아니라 '주어진 목표에 도움이 되는 가장 바람직한 상태'를 의미 ⇨ Dror가 점증모형의 타성적이고 현실 안주적인 성격을 비판하면서 그 대안으로 제시
장점	그동안 비합리성으로 배제해 왔던 초합리적 요인을 의사결정에 포함하여 창의적이고 혁신적인 의사결정을 거시적으로 정당화할 수 있는 이론적 근거를 마련해 주었다.
비판	• 불분명한 초합리성에 의존하고 있어 다소 비현실적이고 이상적이라는 비판을 받기도 한다. • 의사결정에 비합리적 요소를 고려해야 한다는 것 외에는 합리모형의 범위를 크게 벗어나지 못하고 있다.

MEMO

(6) **쓰레기통 모형**(garbage can model, 비합리적 의사결정) – Cohen, March, Olsen 99 초등

개념	의사결정이 합리적인 과정에 따라 이루어지는 것이 아니라, 갖가지 쓰레기가 우연히 한 쓰레기통에 모이듯이 의사결정의 4가지 요소인 문제, 해결책, 참여자, 선택 기회가 어떤 계기(점화장치)로 서로 우연히 만나게 될 때 의사결정이 이루어진다고 보는 모형 ⇨ '조직화된 무질서' 조직에서 일어나는 의사결정모형
특징	• 의사결정은 합리성보다는 우연성에 기초한다. • 문제와 해결책이 조화를 이룰 때 좋은 의사결정이 이루어진다. • 의사결정자들은 조화를 이루기 위해 문제, 해결책, 참여자, 선택 기회를 탐색한다.
장점	존재하지도 않은 문제에 대해 해결책이 제안될 수 있는 이유(문제와는 별개로 해결책이 먼저 제시될 수 있는 이유), 해결되는 문제가 거의 없는 이유를 설명하는 데 도움을 준다.
비판	'조직화된 무질서' 조직에서 일어나는 의사결정모형이라는 점에서 모든 조직에서 일어나는 보편적인 의사결정의 행태를 설명하기에는 한계성을 보인다.

의사결정모형의 비교

의사결정모형	주창자	내용	특징
합리모형	리츠(Reitz)	• 모든 대안 중 '최선의 대안' 모색 ⇨ 고전적 모형(classical model) • 정책 결정자의 전능성(全能性), 최적 대안의 합리적 선택, 목표의 극대화, 합리적 경제인 전제	• 객관적 합리성 추구 • 정형적 문제해결에만 적용 • 비정형적 문제해결에는 현실적으로 실현 불가능(비현실적) • 경제적 합리성 • 전체주의 체제에 적합
만족모형	• 사이먼(Simon) • 마치(March)	• 현실적으로 만족할 만한 해결책 선택	• 주관적 합리성 추구 • 제한된 합리성, 행정적 합리성 • 보수적 모형
점증모형	• 린드블룸(Lindbloom) • 윌다브스키(Wildavsky)	• 다원적이고 합의지향적 민주사회의 의사결정모형 • 기존정책보다 약간 개선된(점증된) 대안 선택	• 소극적 악의 제거 추구 • 제한된 합리성, 정치적 합리성 • 보수적 모형 • 민주주의 체제에 적합
혼합모형 (제3의 모형)	에치오니(Etzioni)	• 합리적 모형(정형적 문제/장기전략/기본방향 설정) + 점증적 모형(비정형적 문제/단기전략/세부적인 결정)	• 이론적 독자성이 없음 • 합리성 + 실용성 • 자율 사회체제에 적합
최적모형	드로어(Dror)	• 만족화 모형과 점증적 모형의 한계 보완 • 합리적 모형 + 점증적 모형(합리적 모형에 근접) • 주어진 목표에 가장 알맞은 모형 선택 ⇨ 규범적 최적화 지향	• 초합리성 중시(엘리트의 영감, 비전 중시) ⇨ 혁신적 정책결정의 이론적 근거 마련 • 유토피아적 모형 • 혁신적 사회체제에 적합

MEMO

05

쓰레기통 모형	• 코헨(Cohen) • 마치(March) • 올센(Olsen)	• 문제의 우연한 해결 • 문제, 해결책, 선택기회, 참여자의 흐름의 우연한 조합으로 해결	• 비합리적 의사결정모형 • 조직화된 무질서를 전제

3 의사결정 참여모형

조직 구성원을 의사결정에 적절히 참여시킬 때, 구성원의 직무만족·사기·사명감을 증진시켜 조직의 목표 달성에 긍정적인 결과를 초래할 수 있다. 문제는 누구를 언제, 어떤 형태(방식)로 참여시키는 것이 바람직하냐이다. 불필요한 참여는 오히려 시간을 낭비하고 역효과를 초래할 수도 있다.

(1) 브리지스(Bridges)의 참여적 의사결정 99 중등추시

① 개념

㉠ '적절성(개인적 이해관계)'과 '전문성(전문적 지식)'을 기준으로 구성원들이 수용영역 안에 있느냐, 밖에 있느냐에 따라 의사결정에의 참여여부를 검토한다.

㉡ '수용영역(zone of acceptance)'이란 구성원이 상급자의 의사결정을 기꺼이 받아들이는 영역이며, 구성원들의 참여여부 결정의 준거는 '적절성(개인적 이해관계)'과 '전문성(전문적 지식)'이다.

② 4가지 상황에 따른 참여적 의사결정의 형태

상황		참여적 의사결정의 유형
수용영역 밖	적절성 ○, 전문성 ○	초기 단계부터 자주 적극적으로 참여시킨다. ⇨ 의회주의형 의사결정(리더의 역할은 소수의 의견까지 보장하여 의회주의형으로 의사결정이 이루어지도록 하는 것임)
수용영역의 한계영역 (marginal conditions)	적절성 ○, 전문성 ×	최종 대안을 선택할 때 가끔 제한적으로 참여시킨다(참여시키는 목적은 이해를 구하거나, 설득·합의를 도출하여 저항을 최소화하기 위함이다). ⇨ 민주적 접근형 의사결정(리더는 구성원의 부분적인 참여를 통해 의사결정에 감정적 반항을 감소시켜 민주적으로 커다란 마찰 없이 문제를 해결해야 함)
	적절성 ×, 전문성 ○	대안제시나 결과평가 단계에서 가끔 제한적으로 참여시킨다(참여시키는 목적은 질 높은 아이디어나 정보를 얻기 위함이다). ⇨ 민주적 접근형 의사결정
수용영역 안	적절성 ×, 전문성 ×	수용영역 안에 있으므로 구성원을 참여시킬 필요가 없다.

㉠ 상황 Ⅰ: 구성원이 개인적 이해관계(적절성)와 전문적 지식(전문성)을 모두 가지고 있어 '수용영역 밖'에 있는 경우 ⇨ 초기단계(문제의 인지)부터 자주 적극적으로 참여시킴 ⇨ 의회주의형 의사결정 방식(소수의 의견까지 보장)

MEMO

㉡ 상황 II : 구성원이 개인적 이해관계(적절성)는 있으나 전문적 지식(전문성)이 없어 '수용영역 한계조건(marginal conditions)'에 있는 경우 ⇨ 최종대안을 선택할 때 가끔 제한적으로 참여시킴(참여시키는 목적은 구성원에게 이해를 구하고 설득·합의를 도출하여 저항을 최소화하기 위해서) ⇨ 민주적 접근형 의사결정 방식

㉢ 상황 III : 구성원이 전문적 지식(전문성)은 있으나 개인적 이해관계(적절성)가 없어 '수용영역 한계조건(marginal conditions)'에 있는 경우 ⇨ 대안제시나 결과평가 단계에서 가끔 제한적으로 참여시킴(참여시키는 목적은 질 높은 아이디어나 정보를 얻기 위해서) ⇨ 민주적 접근형 의사결정 방식

㉣ 상황 IV : 구성원이 이해관계도 없고 전문성도 없어 '수용영역 안'에 있는 경우 ⇨ 구성원을 참여시킬 필요가 없음

(2) 호이와 타터(Hoy & Tarter)의 참여적 의사결정 09 중등

① 개념

㉠ 브리지스(Bridges)의 참여적 의사결정 모형을 발전시켜 관련성과 전문성, 구성원의 신뢰(헌신)에 따라 참여적 의사결정의 유형을 제시하였다.

㉡ 구성원이 수용영역 밖(완전참여)에 있는 경우 구성원의 신뢰(헌신)를 고려하여 의사결정의 참여정도를 다르게 결정한다.

② 5가지 상황에 따른 참여적 의사결정의 형태

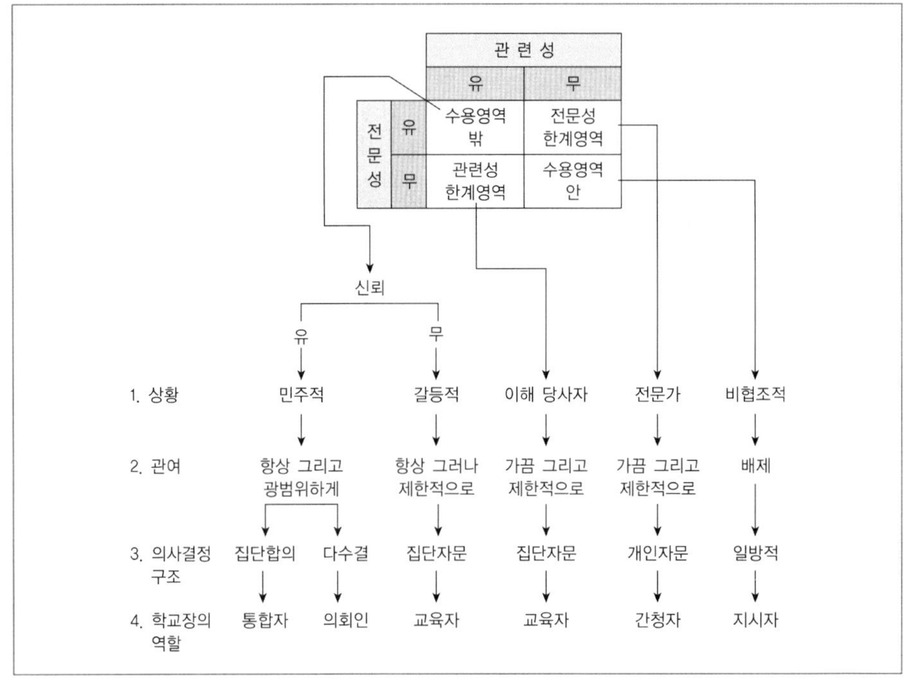

Hoy & Tarter의 참여적 의사결정 모형

구분	참여허용 기준	상황	관여(참여)	의사결정 구조	학교장의 역할	기능	목표
수용영역 밖 (관련성 ○, 전문성 ○)	신뢰 ○	민주적	항상 그리고 광범위하게	집단 합의	통합자	각기 다른 입장을 통합	일치된 의견을 얻는다.
				다수결	의회인	공개토론을 조성	집단결정을 이끌어 낸다 (소수의견 보호).
	신뢰 ×	갈등적	항상 그러나 제한적으로	집단 자문	교육자	생섬을 설명하고 논의	저항을 줄이고 결정을 수용하도록 한다.
관련성 한계영역	관련성 ○, 전문성 ×	이해 당사자	가끔 그리고 제한적으로	집단 자문	교육자		
전문성 한계영역	관련성 ×, 전문성 ○	전문가	가끔 그리고 제한적으로	개인 자문	간청자	조언·충고를 구함	결정의 질을 향상한다.
수용영역 안	관련성 ×, 전문성 ×	비협조적	배제	일방적	지시자	단독적 결정을 행함	효율성을 성취한다.

- **합의**: 행정가는 구성원들을 의사결정에 참여시킨 다음 집단이 결정한다. 모든 집단의 구성원들은 결정을 하고 평가할 때 똑같이 참여하나 전체 합의가 있어야만 결정이 이루어질 수 있다.
- **다수결**: 행정가는 구성원들을 의사결정에 참여시키고 집단이 다수결의 원리로 결정한다.
- **집단 자문**: 행정가는 전체 집단의 의견을 경청하고, 집단 제안의 함의를 논한 후 구성원들의 욕구를 반영하거나 반영하지 않겠다는 결정을 한다.
- **개인 자문**: 행정가는 결정 사안에 대해 잘 알 수 있는 구성원들과 개별적으로 상의한 다음에 그들의 의견을 반영하거나 반영하지 않겠다는 결정을 한다.
- **일방적 결정**: 행정가는 구성원의 자문이나 참여 없이 결정한다.

㉠ **민주적 상황**: 의사결정이 수용영역 밖에 있고 구성원의 신뢰(헌신)가 있다면(민주적 상황), 항상 광범위하게 참여시킴 ⇨ 이 상황에서 유일한 쟁점은 의사결정을 합의로 할 것인가, 다수결로 할 것인가의 문제다. ⇨ 통합자(intergrator; 집단합의) 또는 의회인(paliamentarian; 다수결)

㉡ **갈등적 상황**: 의사결정이 수용영역 밖에 있고 구성원의 신뢰(헌신)가 없다면(갈등적 상황), 조직의 복지와 일치하는 방향으로도 나아가야 하기 때문에 참여가 제한되어야 함 ⇨ 집단자문 ⇨ 교육자(educator)

㉢ **이해당사자(이해관계자) 상황**: 구성원이 쟁점에 대해 개인적 이해관계가 있지만 전문성이 부족하면(이해당사자 상황), 가끔씩 제한적으로 참여시킴 ⇨ 집단자문 ⇨ 교육자(educator)

㉣ **전문가 상황**: 구성원이 의사결정에 대해 이해관계는 없지만 전문성이 있으면(전문가 상황), 가끔 제한적으로 참여시킴 ⇨ 개별(개인)자문 ⇨ 간청자(solicitor)

MEMO

MEMO

ⓜ 비협조적(비협력적) 상황 : 구성원이 관련성도 없고 전문성도 없다면(비협조적 상황), 의사결정은 수용영역 안에 있으므로 참여를 배제한다. ⇨ 일방적(단독) 결정 ⇨ 지시자(director)

04 의사소통(communication)

조직의 모든 활동은 의사소통(communication)을 통해 이루어진다. 의사소통이란 생각이나 아이디어, 감정 등 의도하는 바를 남에게 전달하는 과정이다. 의사소통을 통해 조직의 목표가 조직의 구성원에 의해서 받아들여지고, 구성원의 유목적적인 행동을 야기할 수 있다. 의사소통을 우리의 몸에 비유하자면, 각 기관과 세포에 영양분과 산소를 공급하는 혈관(내부의 의사소통)이나 호흡기(외부와의 의사소통)에 비유할 수 있다.

1 의사소통의 이해

(1) 의사소통의 기능

① **조정 및 통제를 위한 수단** : 구성원의 행동을 일사분란하게 하고, 직무와 관련된 책임과 권한의 소재를 명확하게 규정할 수 있다.

② **합리적 의사결정의 수단** : 구성원이 의사결정 과정에 참여할 수 있고, 의사결정의 내용이 정확하고 우수할 경우 의사결정의 수준을 높일 수 있다.

③ **조직통솔과 리더십의 발휘** : 구성원을 통솔하고 조직목표에 대한 공헌과 추종을 유도할 수 있다.

④ **사기앙양 및 동기 유발** : 구성원을 자극하고 격려함으로써 구성원의 사기를 앙양하고 동기를 유발할 수 있다.

암기법
명일적분 적적통관

(2) 의사소통의 원칙 – C. E. Redfield㉧ 10 초등

① **명료성** : 의사전달 내용이 명확해야 한다. ⇨ 피전달자가 분명하고 정확하게 이해할 수 있도록 간결한 문장과 쉬운 용어를 사용한다.

② **일관성(일치성)** : 의사소통 내용의 전후가 일치되어 모순이 없어야 한다.

③ **적응성(융통성)** : 의사소통의 내용이 상황에 맞게 융통성 있게 적응할 수 있어야 한다. 즉, 구체적인 상황에 적응할 수 있는 현실 적합성을 말한다.

MEMO

05

④ **분포성(배포성)**: 의사소통의 내용이 모든 대상에게 골고루 전달되어야 한다. 모든 사람들이 알 수 있도록 모든 정보를 공개해야 한다.

⑤ **적시성**: 의사소통은 적시에 이루어져야 한다. 의사전달이 가장 효율적으로 이루어질 수 있는 적정한 시기를 놓쳐서는 안 된다.

⑥ **적량성(적정성)**: 과다하지도 과소하지도 않은 적당량의 정보를 전달해야 한다. 과다할 경우에는 의사소통에 혼란이 생길 수 있고, 과소할 경우에는 의사소통에 영향을 미칠 수 없다.

⑦ **통일성**: 조직 전체의 입장에서 동일하게 수용된 표현이어야 한다.

⑧ **관심과 수용**: 전달자가 피전달자의 주의와 관심을 끌 수 있어야 하고, 피전달자가 정보를 수용할 수 있어야 한다.

(3) 의사소통의 종류 00 강원초보, 03 초등

의사소통의 형식에 따른 구분	공식적 의사소통	• 공식조직 내에서 공식적인 통로와 채널을 통해 이루어지는 의사소통 (예 공문서) • **장점**: 권한 관계가 명확해지고, 의사전달이 확실하고 편리하며, 전달자와 피전달자가 명확하여 책임의 소재가 분명함 • **단점**: 의사전달이 형식화되어 융통성이 없고, 의사소통의 속도가 느리며, 배후 사정을 소상히 전달하기 곤란함
	비공식적 의사소통 00 강원초보	• 조직 구성원 간의 친분이나 인간관계 등을 통해 비공식적으로 이루어지는 의사소통(예 개별적 만남, 친목회, 조직 내 소문) ⇨ 공식적 의사소통의 약점을 보완하게 됨(상호보완이 필요) • **장점**: 비교적 솔직하게 전달되어 지도자에게 유익한 정보를 전달하는 수단이 되며, 의사전달이 신속하고, 배후 사정을 소상히 전달할 수 있음 • **단점**: 소문이나 풍문의 형식으로 나타나므로 책임 소재가 불분명하고 통제도 어려우며, 왜곡된 정보가 유통될 수 있으며, 공식적 의사소통 기능을 마비시킬 수 있음
의사소통의 흐름에 따른 구분	일방적 의사소통	한쪽 방향으로만 이루어지는 의사소통(예 지시, 명령, 강의) ⇨ 의사소통 기술이 중요하며, 명확하고 구체적일수록 효과적임
	쌍방적 의사소통	양쪽 방향으로 이루어지는 의사소통으로 모든 참가자가 송신자이자 수신자가 됨(예 대화, 토론, 질의)
의사소통의 방향에 따른 구분	수직적 의사소통	아래위로 이루어지는 의사소통 ⇨ **하향식 의사소통**: 조직의 계층 또는 명령계통에 따라 상관이 부하에게 메시지를 전달(상의하달식 의사소통) / **상향식 의사소통**: 부하가 상관에게 메시지를 전달(하의상달식 의사소통)
	수평적 의사소통	상하관계를 전제하지 않은 의사소통(예 회의, 사전심사제도, 회람)
의사소통의 방법에 따른 구분	언어적 의사소통	말이나 문자 등 언어적인 방법으로 이루어지는 의사소통
	비언어적 의사소통	자세, 몸짓, 표정, 침묵, 복장, 공간배열 등 비언어적인 방법으로 이루어지는 의사소통

MEMO

암기법
개민 맹독 잠비 미폐

2 의사소통의 기법

(1) 조하리의 창(Johari's window) 04 중등

① 개념

㉠ 조셉 루프트(Josep Luft)와 해리 잉햄(Harry Ingham)에 의해 개발 ⇨ 원래 대인관계의 유형을 설명하려는 것이었으나, 대인관계 능력의 개선방향이나 대인 간 갈등을 분석하는 데에도 널리 사용된다.

㉡ '자신에 관한 정보'가 자신에게 알려진 경우와 알려지지 않은 경우 그리고 '자신에 관한 정보'가 타인에게 알려진 경우와 알려지지 않은 경우의 조합(결합관계)에 의해 4가지 영역으로 구성된다.

② 내용[암]

피드백 →

자기노출 ↓

	자신에게 알려진 영역	자신에게 알려지지 않은 영역
타인에게 알려진 영역	개방적 영역(민주형) (Open)	맹목적 영역(독단형) (Blind)
타인에게 알려지지 않은 영역	잠재적 영역(과묵형) (Hidden)	미지적 영역(폐쇄형) (Unknown)

㉠ 개방적 영역(Open area): 민주형 의사소통 유형

ⓐ 자신에 관한 정보가 자신이나 타인에게 잘 알려져 있는 부분

ⓑ 서로 잘 알고 상호작용하기 때문에 효과적인 의사소통이 가능

ⓒ 효과적인 의사소통을 위해서는 이 부분의 영역을 넓혀 가야 하는데, 자기노출을 하고 피드백을 많이 받을 때 가능하다.

㉡ 맹목적 영역(Blind area): 독단형 의사소통 유형

ⓐ 자신에 관한 정보가 타인에게는 알려져 있지만, 자신에게는 알려져 있지 않은 부분

예 자신이 가지고 있는(본인은 알지 못하는) 좋지 않은 버릇, 습관, 행동특성

ⓑ 자기 이야기는 많이 하면서 상대방의 이야기는 귀 기울이지 않거나, 자기주장은 강하면서 상대방의 의견에 대해서는 불신하고 비판적이며 수용하지 않으려 한다.

ⓒ 타인으로부터 피드백을 받지 못할 때 이 부분이 넓어져 효과적인 의사소통이 이루어지기 힘들다.

㉢ 잠재적 영역(Hidden area): 과묵형(비밀형) 의사소통 유형

ⓐ 자신에 관한 정보가 자신에게는 알려져 있지만, 타인에게는 알려져 있지 않은 부분

예 남에게 노출하기를 꺼려하는 정보, 감정, 실수, 약점, 과거 경험 등

MEMO

05

ⓑ 타인이 어떻게 반응할지 몰라 마음의 문을 닫고 자신의 감정과 태도를 타인에게 잘 알리려 하지 않는 '방어적인 태도'를 취하게 된다.
ⓒ 의사소통에서 자신의 의견이나 감정을 표출하지 않고 타인으로부터 정보를 얻으려는 경향이 크다.

㉣ 미지적 영역(Unknown area) : 폐쇄형 의사소통 유형
ⓐ 자신에 관한 정보가 자신과 타인에게 모두 알려져 있지 않은 부분
ⓑ 자신에 대한 견해를 표출하지도 않고 타인으로부터 피드백을 받지도 않는 경우이다.
ⓒ 계속될 때 일상적인 의사소통이 어려워지며 자기폐쇄적으로 가기 쉽다.

(2) 대인 간의 의사소통 유형

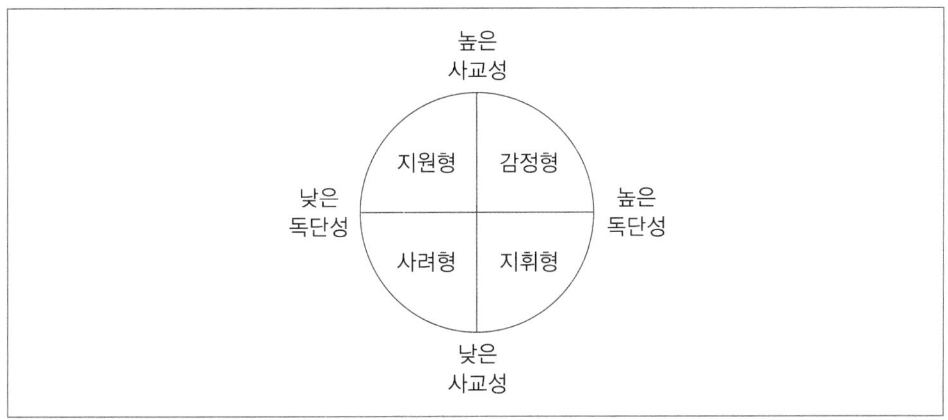

① Reece와 Brandt의 의사소통 유형 : 대인 간의 의사소통 유형을 독단성의 높고 낮음과 사교성의 높고 낮음을 기준으로 감정형, 지휘형, 사려형, 지원형으로 유형화하였다.

㉠ 독단성(Dominance) : 책임을 맡으려는 태도를 과시하는 경향 ⇨ 독단성이 높은 사람은 스스럼없이 충고하고 강력하게 의견을 개진하며 요구사항을 분명히 전달하고 자기주장이 강하고 타인을 통제하려는 경향이 있다(한편, 독단성이 낮은 사람은 협조적이고 남을 열렬히 돕는 경향이 있으며, 또 자기주장이 약하고 타인에 의해서 쉽게 통제당하는 경향이 있음).

㉡ 사교성(Sociability) : 자기감정을 통제하거나 표현하려는 경향 ⇨ 사교성이 높은 사람은 자신의 느낌을 자유롭게 표현하며 개방적이다(한편, 사교성이 낮은 사람은 자신의 감정을 통제하는 경향이 있으며, 보수적이고 공식적인 인간관계를 유지함).

감정형 (emotive style)	높은 독단성과 높은 사교성을 지니고, 열정적이고 솔직담백하게 의사소통하는 유형 ⇨ 상대방의 이름을 부르고, 사적인 이야기를 하는 등 비격식을 좋아하며 자신의 의견을 극적이면서도 설득력 있게 표현함

MEMO

지휘형 (director style)	높은 독단성과 낮은 사교성을 지니고, 솔직하고 엄격하며 독단적이고 단호하게 의사소통하는 유형 ⇨ 단호한 표정과 결단력 있는 음색으로 강력한 의견을 제시하며 냉담하고 격식을 차림
사려형 (reflective style)	낮은 독단성과 낮은 사교성을 지니고, 조용하고 혼자 있기를 좋아하며 의사결정을 쉽게 하지 않는 유형 ⇨ 격식을 차리고 신중한 태도로 의견을 제시하며, 서두르지 않고 계산된 의견을 개진하며 감정통제를 잘함. 또 침착하고 어떤 일에 몰두하며 초연해서 친해지기가 어려움
지원형 (supportive style)	낮은 독단성과 높은 사교성을 지니고, 민감하고 참을성이 있으며 경청을 잘하는 유형 ⇨ 주의를 기울여 경청하고 권력의 사용을 절제하며, 친절하게 설득하고 온정을 표시함. 또 사려 깊고 신중하게 의사결정과 의사표현을 함

ⓒ **바람직한 의사소통 유형**: 가장 좋은 유형이 별도로 존재하는 것은 아니며 각기 유형별로 독특한 강점을 가진다. 그러나 이러한 강점이 과장되면 문제가 발생한다. 예를 들어, 감정형이 너무 지나치면 쉽게 흥분하고 진지하지 않게 보일 수 있는 반면, 너무 엄격한 지휘형은 남들에게 밀어붙이는 형으로 비춰질 수 있다. 또, 과도한 사려형은 소심하게 보일 수 있는 반면, 지나친 지원형은 우유부단하게 비추어질 수 있다.

② Hellriegel, Slocum & Woodman의 의사소통 유형

㉠ 전달자와 수신자 간의 피드백의 수준과 개방성의 정도에 따라 5가지로 유형화

㉡ 즉, 전달자와 수신자 간에 피드백이 얼마나 효과적으로 이루어지며, 개방성의 정도는 어떠한지에 따라 의사소통을 유형화하였다.

자기거부형 (self-denying style)	개인이 타인에게서 고립되어 자신의 생각, 의견, 태도, 감정을 타인에게 숨기려 하는 의사소통 유형 ⇨ 내성적인 사람의 경우
자기보호형 (self-protecting style)	자신에 대해서는 숨기면서도, 남에 대해서는 알려고 하고 타인에 대한 평가만 늘어놓는 유형 ⇨ 극단적인 경우는 자기방어적인 사람
자기노출형 (self-exposing style)	자신의 행동에 대한 반응을 상대방에게 확인시킴으로써 자신에게 관심을 유지하도록 하는 유형 ⇨ 가장 최근에 받아들인 피드백이 긍정적인가 부정적인가에 따라 심한 감정상 기복을 겪을 수 있음
자기실현형 (self-actualizing style)	자신에 대한 적당한 양의 정보를 제공하고 피드백을 요청하며, 방어적이지 않고 건설적·개방적인 피드백을 제공하는 유형 ⇨ 조직 의사소통에서 가장 유용한 유형으로 효과적인 피드백과 자기노출 및 타인에 대한 경청이 전제될 때 실현
자기협상형 (self-bargaining style)	의사소통하는 상대방과 자신의 내적 기분이 일치하지 않아 갈등을 느끼게 되는 문제를 자기 스스로 해결하기 위해서 자신의 인지 내에서 타협하는 유형 ⇨ 상대방의 반응이 동일한 경우에만 피드백을 제공하고 자신을 개방함

MEMO

05

3 의사소통의 장애요인과 극복방안

(1) 의사소통의 장애요인

전달자와 피전달자에 의한 장애요인	• 준거체계의 차이 : 가치판단의 기준이 달라서 같은 의사소통 내용을 서로 달리 해석하는 경우 • 여과 : 의사소통이 여러 단계를 거치는 동안 내용이 왜곡되는 경우 • 선택적 지각 : 자신이 선호하거나 믿고 있는 일부 정보만을 선택해서 수용하는 경우(선택적으로 보고 듣는 경향) • 수용거부 : 전달자의 메시지를 수용하려고 하지 않는 경우(편견, 불신 등으로 인해) • 전달자의 자기방어기제 : 전달자가 자기에게 불리한 사실을 은폐하고 소통시키려 하지 않는 경우 • 전달자의 의식적 제한 : 보안상의 문제 등으로 의사소통의 비밀을 유지하는 경우 • 원만하지 못한 인간관계나 능력부족 : 원만하지 못한 인간관계나 능력부족으로 인해 의사소통이 이루어지지 않는 경우
수단 및 매개체에 의한 장애요인	• 양적 과다 : 의사소통의 내용이 양적으로 과다하여 내용 파악이 곤란한 경우 • 언어상의 문제 : 애매모호한 표현이나 전문용어를 사용하는 경우 • 정보의 유실 : 의사소통의 내용이 정보의 유실이나 불충분한 보존으로 인해 내용 파악이 곤란한 경우
조직구조에 의한 장애요인	• 집권적 계층구조 : 집권적 계층구조로서 수직적인 의사전달이 제한받는 경우 • 조직 간의 할거주의 : 조직 간의 할거주의로 인해 수평적 의사전달이 저해 받는 경우 • 비공식조직의 역기능 : 비공식조직의 역기능으로 소문·풍문 등에 의해 의사소통이 왜곡되는 경우 • 의사소통의 채널 부족 : 의사소통 채널의 부족으로 개방도가 미흡한 경우 • 의사소통의 집권화(집중화) : 의사소통의 권한이 특정인에게 집중되어 의사소통의 흐름이 저하되는 경우

(2) 의사소통의 장애요인 극복방안

개인 수준	• 반복 : 같은 내용의 메시지를 다양한 경로(전화, 면담, 메모, 이메일)로 반복하여 전달 • 감정이입 : 상대방의 입장에서 메시지를 해석하고 이해 • 이해 : 상대방이 이해할 수 있는 언어(말과 글)로 전달 • 피드백 : 수신자의 메시지 이해 정도를 확인 • 경청 : 상대방의 말을 잘 듣는 것
조직 수준	• 조직 구조 : 계층 단계가 많은 조직에서는 동료 간의 횡적 의사소통이 유리(상향식·하향식 의사소통은 약하고 왜곡됨). 계층 단계가 적은 조직에서는 상하 의사소통이 쉽고, 직접적 대화가 쉽게 이루어지고, 의사소통을 굴절시키는 단계가 없어 효과적인 의사소통이 이루어질 수 있음 • 지위 차이 : 상하 관계는 자유로운 의사소통을 제어하므로, 상위직의 사람들은 하위직의 사람들과 대화할 기회를 의식적으로 확대하려는 노력이 필요함 • 통신망의 종류와 선택 : 개인과 개인, 집단과 집단을 연결하는 다양한 의사소통망을 선택·활용

Memo

Chapter

02

교육행정의 실제

Section 01 교육제도

MEMO

01 교육제도 04 초등, 06 초등

1 교육제도의 이해

(1) 교육제도의 개념

① 교육제도는 사회제도의 한 종류로서 교육의 목적・내용・방법・조직 및 행・재정 등 교육 전반에 관한 조직, 기구 및 법제 등을 말한다.

② 교육제도는 국가의 교육정책이 법규에 의해서 구체화된 것이며, 국민교육을 효율적으로 실시하기 위해 제정된 교육실시상의 법적 기제 일체이다(교육제도 법정주의; 「헌법」 제31조 제6항✦). 예 의무교육제도, 학교제도, 대학입시제도

학교교육 및 평생교육을 포함한 교육제도와 그 운영, 교육재정 및 교원의 지위에 관한 기본적인 사항은 법률로 정한다.

③ 국가교육제도의 기준을 명시한 교육관련 법규에는 「헌법」, 「교육기본법」, 「초・중등교육법」, 「고등교육법」, 「유아교육법」, 「평생교육법」이 있다.

④ 교육을 협의의 학교교육에 국한시킬 때 교육제도는 학교제도와 동일시된다. 그래서 교육제도는 통상적으로 학교제도(학제)로 이해된다.

(2) 교육제도의 원리

① 공교육의 원리

㉠ 국가가 모든 국민이 교육을 받을 수 있는 기회를 공적으로 보장해 준다. ⇨ 국가, 지방공공단체(학교법인 등도 포함) 등이 국민교육제도를 운영한다.

㉡ 의무성, 무상성, 중립성을 전제로 한다.

② 기회균등의 원리(「헌법」 제31조 제1항)

㉠ 모든 국민은 능력에 따라 균등하게 교육받을 권리를 가진다(어떠한 조건에 구애됨 없이).

㉡ 장학제도, 사회보장제도

③ 의무교육의 원리(「헌법」 제31조 제2항, 제3항✦)

㉠ 모든 부모는 자녀에게 취학시킬 의무가 있으며(취학의 의무), 국가와 지방자치단체는 학교를 설립할 의무가 있고(학교설치의 의무), 교육을 보장할 의무가 있다(교육보장의 의무).

㉡ 국민교육제도 성립의 기본요건

MEMO

✦ 헌법 제31조
② 모든 국민은 그 보호하는 자녀에게 적어도 초등교육과 법률이 정하는 교육을 받게 할 의무를 진다.
③ 의무교육은 무상으로 한다.

(3) 교육제도 유형론

① 터너(Tuner)의 교육제도 유형론

㉠ 교육제도는 사회계층의 이동과 밀접한 관계가 있다.

㉡ 사회계층의 이동유형

경쟁적 이동	후원적 이동
• 엘리트의 자리가 공개경쟁을 통해서 쟁취됨 • 개인은 모든 수단과 방법을 동원하여 엘리트 지위를 획득 예 미국의 단선형 학제	• 경쟁방식을 탈피하고 통제된 선발과정을 통해서 엘리트의 지위가 획득 • 기성 엘리트가 능력 소지자를 조기에 선발 교육 예 영국의 복선형 학제

② 호퍼(Hopper)의 교육제도 유형론

㉠ 교육제도 유형

구분	구분	예
선발 방법	중앙집권적 표준화 선발 vs. 지방분권적 비표준화 선발	• 프랑스, 스웨덴 : 중앙집권적 표준화 정도 높음 • 오스트레일리아, 영국 : 중간 정도 • 미국, 캐나다 : 낮음
선발 시기	조기선발 : 초등학교 졸업단계에서 선발	영국, 프랑스
	만기선발 : 대학 단계에서 선발	미국, 캐나다, 스웨덴
	중간 수준	러시아, 오스트레일리아
선발 대상	특수주의(정예주의) : 특별한 자질을 갖춘 사람만 선발	영국, 프랑스
	보편주의(대중평등주의) : 누구나 교육받을 가치를 지니고 있음	미국, 캐나다, 오스트레일리아, 스웨덴
선발 기준	집단주의 : 사회의 이익을 강조	러시아, 스웨덴, 영국, 프랑스
	개인주의 : 개인의 자아실현을 강조	미국, 캐나다, 오스트레일리아

㉡ **우리나라 교육선발(대입 수능시험)의 특징** : 중앙집권적 표준화, 만기선발, 보편주의, 개인주의

MEMO

2 학교제도의 이해

(1) 학교제도의 개념

① 개념 : 각종(학교 종류별)・각급(학교급별) 학교의 전체적 조직을 말함 ⇨ 학교제도(학제)는 국가의 교육목표를 실현하려는 제도적 장치로서의 학교교육을 단계별로 구분하고, 각 단계의 교육목적과 교육기간, 교육내용을 설정하고, 종적으로는 교육단계의 접속관계를, 횡적으로는 학교교육과 학교 외 교육 및 교육과정 간의 연결관계를 규정함으로써 국민교육의 운영을 제도적으로 규정하는 역할을 담당하는 것을 말한다.

② 학교제도(학제)의 구조 : 수직적 '계통성'과 수평적 '단계성'에 따라 구성된다.

㉠ 계통성 : '어떤 교육을 하는가, 또는 어떤 계층(혹은 성별이나 능력)의 취학자를 대상으로 하는가'를 나타낸다(예 보통교육계통, 직업교육계통, 특수교육계통, 서민교육계통, 귀족교육계통, 인문계 학교, 실업계 학교 등).

㉡ 단계성 : '어떤 연령층을 대상으로 하는가, 또는 어느 정도의 교육 단계인가'를 나타낸다(예 취학 전 교육, 초등교육, 중등교육, 고등교육).

㉢ 우리나라 : 기본적으로 단선형인 우리나라의 6－3－3－4제는 횡적으로 구분된 초등학교, 중학교, 고등학교, 대학교라는 4개의 단계가 하나의 계통을 이루고 있다.

역사적으로 복선형 → 분기형 → 단선형으로 발달(⇨ 교육의 기회균등 원칙의 발달과 밀접)

(2) 학제의 유형✦

① 복선형(cast system)

㉠ 개념 : 상호 관련을 갖지 않는 2가지 이상의 학교계통이 병존하는 학교제도 ⇨ 학제 간의 이동을 인정하지 않으며, 입학 자격에 제한을 두는 경향이 있음. 사회계층이나 신분에 따라 분리된 학제. 유럽에서 발달 ⇨ 후원적 이동과 관련(Turner) ⇨ 계통성 중시

㉡ 장점 : 학교교육을 통한 사회계층에 대한 계획적 통제가 용이

㉢ 단점 : 계층사회의 고정화로 인한 사회적 분열 야기, 학교 간 이동 불가

② 단선형(ladder system)

㉠ 개념 : 하나의 학교계통을 가진 단일의 학교제도 ⇨ 보통교육과 민주교육의 실현에 적합한 학제. 개인의 능력을 중시한 학제. 미국에서 발달. 우리나라 학제(예 초등학교－중학교－고등학교－대학교) ⇨ 경쟁적 이동과 관련(Turner) ⇨ 단계성 중시

㉡ 장점 : 민주주의적 기회균등의 이념 구현

㉢ 단점 : 학교교육을 통한 사회계층에 대한 계획적 통제가 어려움

MEMO

05

③ 분기형 : 복선형과 단선형의 중간적 형태 ⇨ 기초교육은 단선형, 중등교육 이상은 복선형(능력 중시)

구분	복선형 학제	단선형 학제
교육관	능력주의 교육관	평등주의 교육관
강조점	계통성(계급, 신분) ⇨ 계급형 학제(cast system), 비민주적 복선형	단계성(연령, 발달단계) ⇨ 계제형 학제(ladder system), 민주적 단선형
역사	유럽형 학제(예 영국, 프랑스)	미국형 학제(예 미국, 한국, 일본)
사회이동	후원적 이동	경쟁적 이동
장점	사회계층에 대한 교육의 계획적 통제가 용이, 사회직능에 부합되는 인간 양성	교육의 기회균등 보장(→ 민주주의 교육이념 구현), 일관된 교육정책 시행, 수평적 학교이동(전학)이 용이
단점	전학이 불가, 계급의식 조장, 사회분열 조장, 교육적 차별 인정(기회균등 이념 구현이 어려움), 비민주적인 제도	사회계층에 대한 교육의 계획적 통제가 불가능, 기술혁신적인 메커니즘에 적응하는 인간양성이 어려움

02 교육자치제도 92 중등, 07 영양, 08 중등

1 교육자치제의 개념과 원리

(1) 교육자치제의 개념

① 지방분권의 원리에 따라 교육행정을 일반행정으로부터 분리·독립시켜 교육행정의 조직과 운영 면에서 교육의 자주성을 보장하는 제도

② 의결기관으로서의 교육위원회, 집행기관으로서의 교육감, 민주적 통제와 전문적 지도 사이에 조화와 균형을 추구

(2) 교육자치제의 원리✦

지방교육자치를 크게 '민주성의 원리'와 '전문성의 원리'로 나누면, 전자는 지방분권의 원리, 주민통제의 원리가 해당되며, 후자는 자주성 존중의 원리, 전문적 관리의 원리가 해당된다.

① 지방분권의 원리 : 교육정책의 결정과 중요시책의 집행에서 중앙집권을 지양하고, 각 지방자치단체로 권한을 분산하고 이양하는 것. 중앙의 획일적인 통제를 지양하고, 각 지역사회의 실정에 맞고 다양한 요구에 부합하는 교육행정을 실시하려는 것 ⇨ 단체자치의 원리 예 교육·학예에 관한 권한 및 책임이 지방자치에 있다.

MEMO

② **주민(민중)통제의 원리**: 교육정책을 민의에 따라 결정하고 운영하는 것. 지역주민이 그들의 대표를 통하여 교육정책을 심의·의결하는 것 ⇨ 주민자치의 원리

예 교육감에 대한 주민소환제, 교육위원회 제도(폐지)

③ **자주성 존중의 원리**: 지방교육행정을 일반행정에서 분리·독립시키고 교육활동을 자주적으로 결정하고 실천할 수 있도록 보장하는 것 ⇨ 교육의 자주성·독립성·전문성 보장

예 교육행정기구, 인사, 재정, 장학 등을 일반행정과 분리하여 자주적으로 운영

④ **전문적 관리(전문성)의 원리**: 지방교육행정조직에서 교육감을 비롯한 중요한 행정적 인사 시 교육 또는 교육행정의 전문성이 보장되어야 한다는 것. 교육의 전문적 역량을 가진 사람들이 교육행정을 운영해야 한다는 것

예 교육감 후보자의 자격(교육경력 또는 교육행정 경력이 3년 이상이거나 양 경력을 합한 경력이 3년 이상)

2 현행 지방교육자치제도

(1) 교육위원회 – 폐지

① 2010년 2월 개정된 「지방교육자치에 관한 법률」은 교육의원 주민직선제를 2014년 6월 말까지만 유지하는 이른바 일몰제를 규정함에 따라 2014년 7월부터 교육의원제 폐지

② 교육의원제 폐지로 「지방교육자치에 관한 법률」에 규정되었던 교육위원회 및 교육위원 관련 조항들은 삭제되고, 「지방교육자치에 관한 법률」에는 교육감에 관한 규정만 남게 되었다.

(2) 교육감

① 지위(제18조)

㉠ 시·도의 교육·학예에 관한 사무의 집행기관 ⇨ 독임제 집행기관

㉡ 교육·학예에 관한 소관 사무로 인한 소송이나 재산의 등기 등에 대하여 당해 시·도를 대표 ⇨ 대표권

② **국가행정사무의 위임(제19조)**: 국가행정사무 중 시·도에 위임하여 시행하는 사무로서 교육·학예에 관한 사무는 교육감에게 위임하여 행한다.

Section
02 장학행정

01 장학의 이해

MEMO

1 장학의 개념

(1) 어원적 정의

① 전통적 장학
- ㉠ 어원 supervision = superior(위에서) + vision(보는 것) ⇨ oversight(감시, 감독, 시학)
- ㉡ 어원상 '우수한 사람이 위에서 바라본다'라는 감시, 감독, 시학의 의미로 사용

② 현대적 장학
- ㉠ service(봉사)로 변화: 전문적 지식과 기술을 가지고 service하는 활동
- ㉡ 교사의 교수행위 향상을 도모하기 위해 이루어지는 모든 활동

(2) 장학의 개념

① 장학의 개념은 엄밀하게 정의할 수는 없어도 적어도 2가지의 중요한 요소를 포함하고 있다. 첫째, 장학을 어떤 관점에서 보든 궁극적으로 수업의 개선을 목적으로 한다는 점이며, 둘째, 그 대상이 교사라는 점이다.

② 이러한 요소를 고려하여 장학을 간단히 정의해 보면, '교수행위의 개선을 위해 교사에게 제공되는 장학담당자의 모든 노력'이라고 잠정적으로 말할 수 있다.

MEMO

2 장학의 발전과정 01 초등, 05 중등, 09 초등

장학형태	시기	장학방법	교육행정 관련이론
관리장학	1750~1910 1910~1920 1920~1930	시학과 강제 과학적 장학 관료적 장학	과학적 관리론
협동장학	1930~1955	협동적 장학	인간관계론
수업장학	1955~1965 1965~1970	교육과정 개발 임상장학	행동과학론
발달장학	1970~1980 1980~현재	경영으로서 장학 인간자원 장학 지도성으로서 장학	일반체제론 인간자원론

(1) 관리장학 시대(1750~1930)

① **시학과 강제**: 18~19세기에 공교육제도가 정착되면서 별도의 시학관을 임명하여 학교의 인원과 시설 및 재정 등을 점검하고 검열 ⇨ 시학으로서의 장학, 권위주의적·강제적 시학활동 수행

② **과학적 장학**: 20세기 초반부터는 과학적 관리론의 영향으로 능률과 생산성을 강화하는 방향에서의 과학적 장학이 강조 ⇨ 교사를 관리의 대상으로 보고 상하관계 속에서 일의 능률만 추구하였으며, 통제와 책임·능률을 장학활동의 핵심적 덕목으로 삼음

③ **관료적 장학**: 과학적 장학은 행정적 차원에서 정교화되어 관료적 장학으로 정착 ⇨ 관료제적 특성을 활성화하여 장학활동의 능률을 제고하고자 분업과 기술적 전문화, 조직 규율을 강조 ⇨ 구체적인 절차와 문서에 의한 의사소통이 강화되어 엄격한 통제적 장학활동이 이루어짐

(2) 협동장학 시대(1930~1955)

① **개관**: 1930년대부터 인간관계론의 부상으로 강제적·통제적 장학으로부터 인간적·민주적 장학으로 변화

② **진보주의 운동**: 1930년대는 진보주의 운동의 시기로 아동중심 교육이 대단히 강조. 교육의 핵심이 교사에서 학생으로 전환 ⇨ 장학활동의 핵심도 장학담당자로부터 교사에게로 전환되었으며, '최소한의 장학'이 '최선의 장학'으로 간주 ⇨ 방관적 장학

③ **인간관계론의 영향** : 방관적 장학은 인간관계론의 영향으로 새로이 민주적 장학, 참여적·협동적 장학(예 동료장학)의 형태로 활성화 ⇨ 협력자, 조력자로서의 장학. 개인의 존중과 편안한 인간관계가 장학담당자의 핵심적 덕목이 됨

(3) 수업장학 시대(1955~1970)

① **학문중심 교육과정의 영향** : 1957년 스푸트니크 충격으로 태동한 학문중심 교육과정의 영향 ⇨ 장학도 교육과정 개발과 수업효과 증진에 중점을 둠 ⇨ 장학담당자들은 각 교과의 전문가로서 교육내용을 선정·조직하고, 교사들과 함께 교육프로그램을 제작·보급하는 것을 주요 임무로 삼음

② **수업현장에 대한 관심도 고조** : 장학담당자들은 교수-학습에 대한 분석과 임상적 활동에 관심을 기울였으며, 시청각 기자재를 활용한 수업 개선, 새로운 교수법의 개발 등에 노력을 집중 ⇨ 특히 교실에서의 교수활동에 초점을 맞춰 장학담당자와 교사가 협력하여 교사의 전문성 신장을 도모하는 임상장학과 마이크로티칭(micro-teaching) 기법 등이 활성화

(4) 발달장학 시대(1970~현재) 01 초등, 09 초등

① **개관** : 인간관계론 시기의 협동장학에 대한 새로운 대안이 모색되었는데, 신과학적 관리론에 바탕을 둔 수정주의 장학과 인간자원장학이 그것이다.

② **수정주의 장학(경영으로서의 장학)** : 인간관계론 시기의 협동장학에 대한 반발로 등장 ⇨ 인간관계론보다는 과학적 관리의 통제와 효용 등을 보다 강조 ⇨ 장학의 중점도 교사의 능력개발, 직무수행 분석, 비용-효과 분석 등을 강조. 교사 개인에 대한 관심보다 학교 경영에 큰 관심을 보임 ⇨ 경영으로서의 장학

③ **인간자원장학** : 인간관계론 시기의 협동장학에 가까움 ⇨ 그러나 협동장학이 참여를 통해 교사의 직무만족을 높이고 그 결과로서 학교효과성의 증대를 목표로 하는(참여 → 교사의 직무만족 향상 → 학교효과성 증대) 반면, 인간자원장학은 참여를 통해 학교효과성을 증대시키고 그 결과로서 교사의 직무만족을 목표로 한다(참여 → 학교효과성 증대 → 교사의 직무만족 향상)는 특징을 가짐 ⇨ 인간이 안락만을 추구하는 존재가 아니라 일을 통해 자아실현을 추구한다는 기본 가정하에 학교과업의 성취를 통한 직무만족에 초점을 두는 인본주의적 특징을 보여 줌 ⇨ 특히 최근에 자발적 참여를 통해 학교효과성과 직무만족 증대를 동시에 이끌어 낼 수 있는 지도성이 강조되는 것과 무관하지 않음

MEMO

02 장학의 유형

장학주체에 따른 장학	중앙장학(교육장학) ⇨ 지방장학(학무장학) ⇨ 지구별 자율장학 ⇨ 교내자율장학(수업장학)
장학방법에 따른 장학	동료장학, 자기장학, 전통적 장학(약식장학), 발전장학, 인간자원장학, 선택장학(차등장학)

1 중앙장학(교육장학, 교육부장학)

(1) 개념

① 중앙 교육행정기관인 교육부 내에서 이루어지는 모든 장학활동

② 전국의 각급 학교와 지방교육행정기관이 교육부가 시달한 장학방침과 교육시책의 구현 계획을 어떻게, 얼마나 실천하고 있는가에 중점을 둔 교육행정의 한 분야

(2) 담당부서

학교정책실(장학편수실)을 중심으로 장학활동 수행, 인접부서(장학관, 교육연구관, 장학사, 교육연구사)에서도 그 고유업무와 관련된 장학활동 수행 ⇨ 교육부 내의 참모조직으로 전문적 조언

2 지방장학(학무장학)

(1) 개관

① **개념**: 지방교육행정기관인 시・도 교육청과 그 하급 교육행정기관(교육지원청)에서 이루어지는 장학행정 ⇨ 교육활동을 위한 장학지도, 교원의 인사관리, 학생생활지도, 교육기관의 감독을 통해 지방의 교육행정업무를 관할하는 행정활동

② **담당부서**: 시・도 교육청의 초등교육국과 중등교육국, 교육지원청의 학무국 또는 학무과를 중심으로 수행, 인접부서에서도 그 고유업무와 관련되어 장학활동 수행 ⇨ 장학관, 교육연구관, 장학사, 교육연구사가 장학 담당

MEMO

05

(2) 장학방법

종합장학	• 국가시책, 교육청 시책을 비롯하여 중점업무 추진상황, 교수-학습지도, 생활지도 등 학교운영 전반에 관해 종합적으로 지도·조언한다. • 장학지도반이 교육청의 시책에 대한 학교별 추진사항을 파악하고 평가하며, 통상적으로 2년에 1회 정도 실시한다.
확인장학	• 각 학교 담당장학사가 이전 장학지도 시 지시사항에 대한 이행 여부를 확인한다. • 종합장학의 결과 시정할 점과 계획상으로 시간이 소요되는 사항의 이행 여부를 확인·점검하는 절차이며, 기타 학교운영의 애로를 발견하여 지도·조언하는 활동이다.
개별장학	각급 학교에 따라 학교현장의 현안문제를 중심으로 확인하고 지도·조언하는 활동이다.
특별장학	• 특별한 문제가 발생하거나 발생이 우려될 때 해당 문제해결이나 예방을 위한 필요한 지도·조언을 한다. • 학교담당 장학사를 포함한 현안문제에 전문적 식견을 갖춘 장학요원으로 장학협의팀을 구성하여 현안문제가 해결될 때까지 그 학교에서 장학활동을 수행한다.
요청장학	• 개별 학교의 요청에 의하여 해당 분야의 전문 장학담당자를 파견하여 지도·조언하는 장학활동이다. • 장학내용 : 학교별 현안과제 해결 지원, 교수-학습, 평가방법 개선

3 지구별 자율장학 98 중등

(1) 개념

① 지구별 장학협의회 간사학교가 중심이 되어 학교 간 상호방문을 통해 교육연구, 생활지도 및 특색사업을 공개적으로 협의하는 장학이다.

② 지구 내 학교 간, 교원 간의 협의를 통해 독창성 있는 사업을 자율적으로 선정·운영함으로써 교원의 자질과 교육의 질적 향상을 도모하고 학교 간, 교원 간 유대를 강화하며 수업공개를 통한 학교특색의 일반화와 교수-학습방법을 개선하고자 하는 장학활동이다.

(2) 구체적인 내용

① **학교 간 방문장학** : 지구별 자율장학반 편성(반장 : 교장, 반원 : 교감과 주임교사), 교육활동의 상호 참관, 정보 교환, 순회교사제 운영, 자율학습, 보충수업, 학사일정 등 현안문제 협의

② **교육연구활동** : 교수-학습방법 및 평가의 개선 연구와 보급, 연구발표회 및 합동 강연회

③ **생활지도 활동(학생 선도)** : 교외 생활지도반 운영을 통한 학생 선도, 유관기관 및 지역사회와의 협조체제 구축

MEMO

4 교내장학 14 중등추시論, 22 중등論

개념 다지기

교내장학

1. 개념: 학교에서 교사의 수업활동 및 교육환경을 개선하기 위해 교사를 지도・조언하는 학교 단위의 장학
2. 담당: 교장, 교감, 보직교사, 동료교사 등. 경우에 따라서 교육청의 장학사에 의해 이루어지기도 한다.
3. 유형: 임상장학, 동료장학, 자기장학, 약식장학

(1) 임상장학(clinical supervision) – Cogan, Acheson 99 서울초보, 00 초등, 04 중등, 06 초등

① 개념

㉠ 임상장학은 학급 내에서 교사와 학생의 상호작용에 초점을 둔 장학이다(윤정일 외).
⇨ 임상장학은 교실 내에서 교사의 수업기술 향상과 전문적 성장을 목적으로 교실수업에 초점을 둔 교사중심의 장학이다.

㉡ 임상장학은 교실 내에서 교사와 장학담당자(예 장학사, 교장, 교감)가 1 : 1의 친밀한 관계 속에서 교사의 수업기술 향상과 계속적인 전문적 성장을 위하여 계획협의회, 수업관찰, 피드백협의회의 과정을 거치는 특별한 장학대안이다(주삼환 외).

㉢ 임상장학은 교사의 필요에 의하여, 교사의 요청에 의하여, 교사를 중심으로 이루어지는 장학이기 때문에 '교사중심 장학'이라고 할 수 있다(주삼환 외).

㉣ 임상장학은 수업장학에 포함되며 수업장학은 모든 형태의 일반장학에 포함된다. 임상장학은 종래의 장학과는 달리 교실의 수업에 한정하고, 수업 중에서도 교사가 문제점으로 삼는 부분에만 제한하여 조금씩 개선해 나가려고 한다는 점이 특징이다(주삼환 외).

㉤ 임상(臨床)이라는 말은 병리(病理)적 의미가 아니라 건전한 교사, 발전 지향적 교사라는 기본 가정에서 출발하는 것으로 장학담당자가 교사의 수업장면을 직접 관찰하고 함께 개선책을 모색한다는 적극적 의미로 사용된 것이다. ⇨ 로저스(Rogers)의 내담자중심 상담이론의 정신과 목적, 원리와 같다.

② 목적

㉠ 교사의 교수기술 향상과 전문적 성장에 목적을 두고 있다.

㉡ 구체적으로 말하면 ⓐ 수업의 문제를 진단하고 해결하고, ⓑ 교사에게 수업상황에 대한 객관적 피드백을 제공해 주며, ⓒ 교사가 효과적인 수업전략을 수립할 수 있도록 도와주고, ⓓ (승진, 임기보장 등을 위한) 객관적인 교사평가 자료를 얻으며(우리나라에서는 이 항목은 적용하지 말도록 권고), ⓔ 계속적인 전문적 성장에 긍정적 태도를 갖도록 한다.

MEMO

암기법
수쌍친자

③ 특징[암]

㉠ **수업분석 중점**: 수업분석에 중점을 둔다. 임상장학은 교사의 교실수업에 초점을 맞추고, 교사가 문제로 삼는 수업의 문제를 분석하고 해결하고자 한다.

㉡ **쌍방향 동료관계 지향**: 교사와 장학담당자 간의 관계는 상하관계보다는 쌍방적 동료관계를 지향한다. 장학담당자는 교사와 사전에 수업계획에 대해 충분히 협의한 후 수업을 관찰·분석·평가하며 이에 기초하여 교수활동을 개선하고자 한다.

㉢ **친밀한 인간관계 강조**: 교사와 장학담당자 간의 친밀한 인간관계를 강조한다. 임상장학은 교사의 필요와 요청에 의해서 이루어지는 만큼 1:1의 친밀한 인간관계 속에서 진행된다.

㉣ **자발적 노력 강조**: 교사의 자발적 노력을 강조한다. 임상장학은 교사가 수업을 개선하겠다는 적극적인 의지를 가지고 있어야 효과적이다.

④ 단계(절차)✦

Cogan은 8단계를 제시하면서 추가, 삭제 등 수정할 수 있다고 했으며, 그 후 많은 사람들에 의해 ① 관찰 전 협의회, ② 수업관찰, ③ 분석과 전략, ④ 관찰 후 협의회, ⑤ 관찰 후 협의회 분석의 5단계로 압축하였다. 이것을 더 압축한 것이 ① 계획협의회, ② 수업관찰, ③ 피드백협의회의 3단계다.

㉠ 계획협의회(1단계)

ⓐ **개관**: 교사와 장학사가 사전에 친밀한 인간관계를 형성하고 임상장학을 위한 구체적인 계획을 공동으로 수립하는 단계 ⇨ 수업에 대한 교사의 관심을 확인하고, 교사의 관심을 관찰 가능한 행동으로 바꾸고, 관찰도구와 관찰행동을 결정하는 단계

ⓑ **주요 활동**: 수업자(교사)와 장학사 간의 인간관계 수립을 위한 대화, 수업자에게 임상장학의 필요성·특성·장학의 이점에 관해 이해시키기, 임상장학의 효율적 수행을 위한 역할분담, 함께 수업을 계획·검토와 확정, 임상장학을 위한 약정(約定) 체결

㉡ 수업관찰(2단계)

ⓐ **개관**: 계획협의회에서 약속한 대로 장학담당자가 학급을 방문하여 실제수업을 관찰하고 객관적인 자료를 수집하는 단계

예 플랜더스(Flanders)의 수업형태 분석법(언어 상호작용 분석기법)

ⓑ **주요 활동**: 임상장학협의회를 위해 필요한 정보와 자료수집, 수업의 관찰과 관찰내용의 기록

㉢ 피드백협의회(3단계)

ⓐ **개관**: 수집된 자료를 놓고 협의하여 수업개선과 수업기술 향상의 전략을 모색하는 단계

ⓑ **주요 활동**: 수업자의 수업결과에 의하여 분석된 자료의 제시, 문제점이나 우수한 점을 토의, 수업자에게 보상을 통한 강화 제공, 장학사의 장학방법에 관한 반성, 자기의 임상장학을 위한 협의

MEMO

ⓒ 피드백협의회 형태

자료제시(display)	관찰자는 관찰 중에 기록된 자료를 평가적 논평 없이 보여 준다.
분석(analyze)	교사는 자료를 증거로 하여 수업 중에 일어난 것을 분석한다.
해석(interpret)	장학담당자의 도움으로 교사는 관찰자료에 의하여 나타난 대로 교사와 학생의 행동을 해석한다.
대안결정(decide)	장학담당자의 도움을 받으며 교사는 관찰한 교수에 불만족한 점을 주의하고, 보다 만족한 측면을 강조하기 위하여 미래에 대한 예언적 접근을 한다.
교사의 대안과 전략 강화(reinforce)	만일 교사의 변화에 대한 의도에 대하여 장학담당자와 교사 사이에 의견의 불일치가 있다면 교사로 하여금 그 의도를 수정할 수 있도록 도와주고, 그 의도에 장학담당자가 의견을 같이한다면 변화에 대한 교사의 의도를 장학담당자는 강화한다.

암기법
교필자상

⑤ 임상장학의 유의점㉺

㉠ **교사 평가 지양**: 교사에 대한 평가를 지양하고, 교사와 상호신뢰하며 동료적인 인간관계가 형성되었을 때 그 효과를 높일 수 있다.

㉡ **임장장학의 필요성 이해**: 교사는 자신의 전문성 향상을 위해 임상장학이 꼭 필요한 것이라는 점을 이해한다.

㉢ **객관적인 자료 제공**: 임상장학에서는 수업을 관찰하여 그 자료를 정확하고 객관적으로 제공하는 일이 중요하다.

㉣ **상호 대등한 관계 형성**: 행정 중심에서 교육과정이나 수업 중심으로, 공문에 의한 지시 중심에서 현장 중심으로, 상하관계에서 대등한 관계로, 가르치고 배우는 자 중심에서 상호 대등한 방향으로 나아가야 할 것이다.

Plus

마이크로티칭(Micro-teaching) : **소규모 수업**

1. **개념**
   ① 학생 수, 수업시간, 수업내용, 수업기술 등을 모두 축소한 축소된 연습수업 ⇨ 임상장학의 축소 형태
   ② 학생을 3~10명, 시간을 7~20분 정도로 축소하고, 간단한 내용을 가지고 한두 가지 수업기술의 향상에 초점을 둔 축소된 연습수업

2. **절차**: 수업(교수) → 평가(분석) → 재수업(재교수)
   ① 계획 → 교수 → 관찰 → 비평 → 재계획 → 재교수 → 재관찰 → 재비평의 과정을 반복 · 훈련
   ② 계획을 세워 수업을 하고, 이를 녹화하여 되돌려 보면서 비평하고, 이 비평에 따라 재계획을 세워 수업하고 다시 녹화하여 재비평하는 식으로 반복하면서 수업기술을 향상시키는 장학방법
   ③ 즉, 수업(교수) ⇨ 평가(분석) ⇨ 재수업(재교수)의 과정을 반복하면서 교사의 수업기술을 향상하고자 함

3. **장점**
   ① 비교적 편안한 환경 속에서 새로운 기법과 절차를 연습할 수 있다.
   ② 특정 주제의 수업에 대해 새로운 접근 방법을 시도할 수 있다.
   ③ 비디오 분석을 통해 수업결과에 대한 즉각적 피드백이 가능하다.

MEMO

05

④ 자신의 수업에 대한 자기 평가 및 타인 평가가 가능하다.
⑤ 수업운영에 대한 자기장학과 동료장학에 효과적이다.

4. 단점

① 마이크로 교수에 포함되는 기술들은 합리적인 방식으로 선택되기보다는 무작위의 방식으로 선택될 수 있다.
② 마이크로 교수는 행동주의를 기반으로 하는 실험연구로 실제 교수 상황과는 다소 차이가 있을 수 있다.
③ 소규모 수업 그 자체는 뚜렷한 목적이나 목표를 가지고 있지 않다.

(2) 동료장학(peer supervision) 07 초등, 18 중등論

① 개념

㉠ 수업의 개선을 위해 교사들이 서로 협동하는 장학의 형태이다. 즉, 교사의 수업개선과 전문적 성장을 위해 둘 이상의 교사가 서로 수업을 관찰하고 그 결과에 대해 상호 조언하며 협동하는 장학이다. ⇨ 협동적 동료장학

㉡ 동료장학은 수업연구 중심 동료장학, 협의 중심 동료장학, 연수 중심 동료장학 등 다양한 형태로 진행될 수 있다.

② 동료장학의 형태(모형)

㉠ **수업연구 중심 동료장학**: ⓐ 동료교사들이 수업과 관련된 연구과제를 공동으로 선정하고 공개수업을 통해 문제점을 개선하거나, ⓑ 경력교사와 초임교사가 짝을 이루어 상호 간 수업을 공개·관찰하고 의견을 교환하여 수업방법의 개선을 도모하는 형태(멘토링 장학)
예 멘토링 장학, 팀티칭 등

㉡ **협의 중심 동료장학**: ⓐ 동료교사들 간에 특정 주제에 관해 (공식적이거나 비공식적인) 일련의 협의를 통하여 서로 경험, 정보, 아이디어, 도움, 충고, 조언 등을 교환하거나, ⓑ 공동 관심사나 공동 과제를 서로 협의하는 형태
예 동학년 협의회, 동교과 협의회, 동부서 협의회 등

㉢ **연수 중심 동료장학**: ⓐ 각종 자체 연수를 계획, 추진, 평가할 때 공동연구자로서 서로 경험, 정보, 아이디어를 교환하거나, ⓑ 때로는 강사나 자원인사로서 공동으로 협력하는 형태

③ 방법

㉠ **동학년 또는 동교과 교사끼리**: 초등학교에서는 같은 학년의 교사끼리, 중등학교에서는 같은 교과의 교사끼리 수업기술 향상을 위해 협동하게 할 수 있다(동일 학년 교사, 동일 교과 교사끼리).

㉡ **유능한 교사와 초임교사가 짝을 이루어**: 경험 있는 유능한 교사와 초임교사가 짝을 이루어 장학의 기능을 하게 할 수도 있다(멘토링 장학).

㉢ **관심 분야가 같은 교사끼리**: 비슷한 문제와 관심을 갖고 있는 교사끼리 팀을 구성하여 협동적으로 문제를 해결하게 하는 방안도 있다(관심 분야가 같은 교사끼리).

MEMO

④ 특징

㉠ 교사들의 자율성과 협동성을 기초로 한다.

㉡ 동료적 관계 속에서 교사들 간에 서로 가르치고 배우는 활동이다.

㉢ 학교의 형편이나 교사들의 필요와 요구에 기초하여 다양하고 융통성 있게 운영된다.

㉣ 교사들의 전문적 발달뿐만 아니라 개인적 발달, 학교의 조직적 발달까지 도모할 수 있다.

⑤ 장점(윤정일 외)

㉠ **이용의 편리성**: 엄격한 장학훈련이나 철저한 협의회의 절차를 거치지 않아도 되기 때문에 교사들이 이용하기 편리하다.

㉡ **자유로운 의사교환과 피드백 가능**: 다른 장학에 비해 계층적 거리감이 적고 동료의식이 강하게 지배하기 때문에 자유로운 의사교환과 피드백이 가능하다.

㉢ **동료관계 증진 및 교사의 전문적 성장**: 적극적인 동료관계를 증진할 수 있고, 이를 토대로 학생 교육에 대한 교사의 적극적인 자세와 전문적 성장을 도모할 수 있다.

㉣ **수업 개선 및 학교교육의 개선**: 동료교사끼리 수업 전략을 설계하고 실천해 봄으로써 수업 개선에 크게 기여할 수 있고, 이는 결국 학교교육의 개선에도 긍정적인 효과를 가져올 수 있다.

㉤ **학교의 인적 자원 최대한 활용**: 수업 개선을 위해 교사들이 공동으로 노력하도록 함으로써 장학활동을 위해 학교의 인적 자원을 최대한 활용할 수 있다.

㉥ **자신감 및 동기 유발**: 교사들의 일에 대한 자신감 및 동기 유발 등을 증가시키는 데 기여할 수 있다.

(3) **자기장학**(self-directed supervision)

① 개념

㉠ 교사 자신의 전문적 성장을 위해 스스로 계획을 세우고 실천해 나가는 자율장학을 말한다. ⇨ 가장 이상적인 장학 형태

㉡ 자기 수업의 녹음·녹화, 학생의 의견조사, 전문서적 탐독, 대학원 진학이나 각종 세미나 참여, 전문인사의 자문과 조언 등을 활용할 수 있다.

② 특징

㉠ 교사 자신이 스스로 계획을 세워 실천하며, 그 결과에 대하여 자기반성하는 활동이다.

㉡ 제반 전문적인 영역에서의 교사 자신의 성장과 발달을 도모한다.

㉢ 교사 자신의 자율성과 자기발전의 의지 및 능력을 기초로 한다.

㉣ 장학사나 교장은 자원인사로 봉사해 주고 교사 자신이 자기 경험에 의해 개발·실천한다. ⇨ 자기실현의 욕구가 강하고 경험과 능력이 있는 교사들로 하여금 선택하게 하면 효과적이다.

MEMO

05

③ 방법

㉠ **자기 수업의 분석 및 자기 평가**: 자기 수업을 녹음 또는 녹화하여 이를 스스로 분석하고 평가한다.

㉡ **학생을 통한 수업반성**: 자신의 수업이나 생활지도, 특별활동지도, 학급경영 등과 관련하여 학생들과의 면담이나 학생들을 대상으로 한 의견조사를 실시한다.

㉢ **전문서적 및 자료 탐독**: 교직활동 전반에 관련된 전문서적이나 전문자료를 탐독하거나 활용한다.

㉣ **대학원 등의 수강**: 관련 영역에서 대학원 과정, 방송대학 과정 등의 수강을 통해 자기발전을 도모한다.

㉤ **전문기관과 전문가 방문 및 상담**: 교직 전문단체, 연구기관, 학술단체 등 전문기관을 방문하거나 전문가와의 면담을 통해 자기발전의 자료나 정보를 수집한다.

(4) **약식장학**(일상장학, 전통적 장학) 98 중등, 05 초등, 07 중등

① 개념

㉠ 교장이나 교감이 잠깐(5~10분) 교실에 들러 교사의 수업 및 학급경영활동을 관찰하고, 이에 대해 지도·조언하는 활동을 말한다.

㉡ 교장은 정기적으로 교내를 순회하고, 몇 분 동안 교실방문을 위해서 머무르고, 중요하고 의미 있는 노트를 하고, 교사에게 적절한 피드백(예 간단한 충고나 느낌을 메모하여 제시)을 제공해 준다.

② 특징

㉠ 원칙적으로 학교 행정가인 교장이나 교감의 계획과 주도하에 전개된다.

㉡ 간헐적이고 짧은 시간 동안의 학급순시나 수업참관을 중심 활동으로 한다.

㉢ 다른 장학 형태에 대하여 보완적·대안적인 성격을 갖는다.

③ 유의점

㉠ 공개적이어야 하며 학교행정가인 교장이나 교감이 담당한다.

㉡ 계획적으로 정해진 일정에 의해 이루어져야 한다.

㉢ 학습 중심적이어야 한다. 즉, 교수(teaching)가 어떻게 학습을 촉진 또는 방해했는지 등에 초점을 두어야 한다.

㉣ 교사와 행정가의 상호작용이 잘 이루어질 때 가장 효과적이다.

MEMO

④ 의의

㉠ 미리 준비한 수업활동이나 학급경영활동이 아닌 평상시의 자연스런 수업활동이나 학급경영활동을 관찰할 수 있다.

㉡ 교장이나 교감은 학교교육, 학교경영, 학교풍토 등 전 영역에 걸쳐 학교를 전체적으로 파악하는 데 필요한 정보를 수집할 수 있다. 그러나 교사들은 약식장학에 대한 거부반응을 보인다.

㉢ 교장이나 교감이 교사들의 수업활동과 학급경영활동을 포함하여 학교교육 및 경영의 전반에 관련하여 이의 개선을 위한 적극적인 의지와 노력을 보일 수 있다.

장학 유형의 비교

장학 유형	구체적 형태	장학 담당자
임상장학	초임교사 혹은 갱신기 교사 대상 수업관련 지도·조언 활동	외부 장학 요원, 전문가, 교장, 교감
동료장학	수업연구(공개)중심 장학, 협의중심 장학, 연수중심 장학	동료 교사
약식장학	학급순시, 수업참관	교장, 교감
자기장학	자기수업 분석 연구, 전문서적 자료 탐독, 대학원 수강, 교과연구회·학술회·강연회 참석, 각종 자기연찬 활동	교사 개인

5 컨설팅 장학 08 초등, 12 초등

(1) 개념

① 학교교육을 개선하기 위해서 일정한 전문성을 갖춘 사람들이 학교와 학교 구성원의 요청에 따라 제공하는 독립적인 자문활동을 의미한다(윤정일 외).

② 교원의 자발적 의뢰를 바탕으로 교수-학습과 관련된 전문성을 계발하기 위해 교내·외의 전문성을 갖춘 사람들이 제공하는 조언활동을 의미한다(진동섭 외).

③ 컨설팅 장학은 학교 컨설팅의 의미와 원리, 방법을 장학에 적용한 것이다.

④ 최근 학교현장에서는 수석교사의 수업컨설팅 장학, 그리고 교육과정, 생활지도, 학교폭력 예방 및 대책, 연구학교 운영 등 특정 영역별로 교육청이 학교와 전문 컨설턴트를 중개한 컨설팅 장학, 교육청 내부 자원을 활용한 컨설팅 장학, 외부 전문가를 컨설턴트로 위촉하는 등 교육활동 개선을 위한 노력을 하고 있다.

(2) 기본원리[암]

전문성의 원리	컨설팅은 학교경영과 교육에 대해 전문성(전문적 지식과 기술체계)을 갖춘 사람에 의해 이루어져야 한다.
자발성의 원리	컨설팅은 의뢰인의 자발적인 요청에 기초해야 한다. 의뢰인(학교장이나 교사)이 자발적으로 컨설턴트에게 도움을 요청해야 한다.
자문성의 원리	컨설팅은 본질적으로 자문활동이어야 한다. 즉, 컨설턴트가 의뢰인을 대신해서 교육을 담당하거나 학교를 경영하는 것이 아니며, 그 컨설팅 결과에 대한 모든 책임은 원칙적으로 의뢰인에게 있다.
독립성의 원리	컨설턴트와 의뢰인의 관계는 상호 독립적이어야 하며, 상하관계나 종속관계에 있어서는 안 된다. 독립된 개체로서 서로 인정하고 도와주는 역할수행이 이루어져야 한다. 독립성의 측면에서 보면 학교조직의 내부인보다는 외부인이 컨설턴트로 활동하는 데 좋은 위치에 있다.
일시성의 원리	의뢰인과 컨설턴트와의 관계는 특정 과제해결을 위한 일시적인 관계여야 한다. 일단 의뢰한 문제가 해결되면 컨설팅 관계는 종료되어야 한다.
교육성의 원리	컨설턴트는 의뢰인을 대상으로 문제해결에 필요한 정보를 제공하고 교육이나 훈련을 실시해야 한다.

MEMO

암기법
전자자독일교

(3) 컨설팅 장학의 과업

컨설팅 장학의 과업은 의뢰 교사의 문제에 대한 정확한 진단, 의뢰 교사의 문제를 해결할 수 있는 방안의 구안과 방안 실행에 필요한 직·간접적인 지원, 의뢰 교사를 대상으로 한 교육이나 훈련 실시, 컨설팅 장학 우수 사례의 발굴 및 비슷한 어려움에 처한 교사들에 대한 문제 해결 사례와 정보 제공 등이다(진동섭 외).

Plus

수업 컨설팅

1. **개념**: 전문성을 갖춘 장학요원들이 교사의 의뢰에 따라 그들이 직무수행상 필요로 하는 문제와 능력에 관해 진단하고, 그것의 해결과 계발을 위한 대안을 마련하며, 대안을 실행하는 과정을 지원 또는 조언하는 활동. 학교 컨설팅 영역 중 주로 교육활동(예 학급운영, 교과교육활동, 교과 외 교육활동)과 관련된 영역만을 지원하는 맞춤형 장학 활동
2. **과정**: 착수 → 수업지원 → 실행 → 평가 단계로 진행
   ① 착수단계: 의뢰인(교사)의 자발적 요청, 예비진단, 장학요원 위촉
   ② 수업지원단계: 의뢰인과 장학요원 간 친화관계 형성, 문제 진단, 대안 개발 및 제안
   ③ 실행단계: 대안의 실행, 모니터링, 결과 분석 및 제공
   ④ 평가단계: 문제해결에 대한 평가와 보고서 작성 및 평가결과에 대한 환류(feedback)

(4) 기대효과

① 학교 현장의 문제해결을 직접 지원하는 장학 행정이 정착될 수 있다.
② 단위 학교의 필요와 요구에 기초한 맞춤 장학을 실현할 수 있다.
③ 장학 요원의 저변 확대 및 우수 교육 활동의 일반화에 기여한다.

MEMO

6 기타 장학

(1) 인간자원장학 – 서지오바니(Sergiovanni)와 스타래트(Starratt) 01 초등, 09 초등

개념 다지기

인간관계론적 장학과 인간자원론적 장학의 차이점

1. **인간관계론적 장학(사회적 인간관 / 도구적 인간관)**: 의사결정 과정에 교사들이 참여 ⇨ 교사들의 직무만족도 향상 ⇨ 학교교육의 효과성 증대
2. **인간자원론적 장학(자아실현적 인간관 / 목적적 인간관)**: 의사결정 과정에 교사들이 참여 ⇨ 학교교육의 효과성 증대 ⇨ 교사들의 직무만족도 향상

① 개념

㉠ 교사들을 학교의 의사결정 과정에 참여시켜 학교의 효과성을 증대시키고 이를 통해 교사의 직무만족을 높이려는 장학이다. 교사의 자발적 참여를 통해 학교 효과성과 교사 직무만족의 증대를 동시에 이끌어 내는 장학이다.

㉡ 인간은 일을 통해 자아실현을 추구한다는 기본 가정하에 학교과업의 성취를 통한 직무만족에 초점을 두는 인본주의적 특징을 보여 준다. 인간자원장학은 교사의 능력을 최대한 발휘하게 하여 교사를 행복하게 하고, 교사를 목적시하자는 데 초점을 둔다.

㉢ 목적적 인간관, 자아실현적 인간관에 토대를 둔다. ⇨ 교사 개인의 욕구를 학교목적 및 과업과 통합시키는 데 중점을 둔다.

㉣ 교사들이 의사결정에 참여 ⇨ 직무 중심적 · 과업 지향적 접근(학교조직의 효과성) + 인간관계적 접근(교사의 직무만족)

② 특징

㉠ 교사 개인의 욕구와 학교목적 및 과업을 통합하는 데 중점을 둔다. ⇨ 기대이론과 유사

㉡ 교사의 직무만족의 중요성을 강조한다. 교사의 직무만족을 교사가 일하게 되는 바람직한 목적으로 본다. 직무만족은 중요하고 의미 있는 일을 성공적으로 성취함으로써 생기며, 이러한 성취는 학교효과성의 중요 구성요소이다.

㉢ 교사는 학교효과성을 증대시킬 잠재 가능성을 가진 존재 ⇨ Y이론에 근거

㉣ 교사는 잠재 가능성을 개발하려고 노력한다.

㉤ 대다수의 교사는 주어진 직무 이상으로 책임감을 발휘할 수 있다.

㉥ 학교경영자의 기본 과제는 교사들이 학교의 목표 달성에 능력을 최대한 발휘할 수 있는 환경을 조성하는 일이다.

③ 절차: 장학 → 교사의 능력 향상 → 학생의 능력 향상 → 인간자본 형성

MEMO

05

(2) 선택장학(차등장학, 절충적 장학) 99 초보, 04 중등

① 개념 : 교사가 여러 장학 대안 중에서 자신에게 맞는 장학방법을 선택하게 하는 장학을 말한다.

② 방법 : 장학의 선택대안으로는 임상장학, 동료장학, 자기장학, 약식장학 등 학교나 교육청의 사정과 형편에 따라 늘릴 수도 있고 줄일 수도 있다.

③ 선정기준 : 교사의 희망에 따르지만 적절한 대상의 선정기준은 다음과 같다.

적용대상교사 / 장학유형	글래트혼(Glatthorn)	카츠(Katz)
임상장학	초임교사 및 경험이 있는 교사들 중 특별한 문제를 안고 있는 교사	초임교사(생존기 : 처음 3년 계속, 그 후 3년마다), 경력교사(갱신기 : 3년마다)
동료장학	모든 교사	높은 동료의식을 가지고 있는 경험 있고 유능한 교사(정착기)
자기장학	경험 있고 능숙하며 자기분석 및 지도능력을 지닌 개인적 성향의 교사	혼자 일하기를 좋아하는 경험 있고 유능한 교사(성숙기)
약식장학	모든 교사들 또는 다른 장학방법을 원하지 않는 교사들	모든 단계의 교사 또는 위 장학유형을 선택하지 않는 교사

(3) 발달장학

① 개념 : 교사의 발전 정도에 따라 장학방법을 달리 적용하여 교사의 발전 수준을 높여 나가는 장학이다.

② 방법 : 낮은 수준의 교사에게는 지시적 장학을 적용하고, 중간 정도의 교사에게는 협동적 장학을 적용하고, 높은 수준의 교사에게는 비지시적 장학을 적용한다. 물론 교사의 참여 정도도 차차 높아진다. 이렇게 차등적인 장학으로 교사의 발전 정도, 참여 정도를 높여 나간다는 의미에서 발달장학이라는 말이 나왔다.

(4) 책임장학

① 개념 : 교사가 무엇을 하느냐에 관심을 갖는 것이 아니라 학생이 무엇을 배우느냐에 관심을 갖는 장학 ⇨ 학생의 학습, 즉 학업성취도에 중점을 두는 장학이다. 책임적(accountable) 접근을 사용하는 장학사는 주어진 학습에서 어떤 학습목표를 강조할 것인가를 교사가 스스로 결정하도록 도와줌으로써 장학을 시작한다(McNeil).

② 방법 : 장학사와 교사는 학습을 어떻게 평가할 것인가에 대하여 계획협의회에서 합의·결정한다. 그런 다음 장학사가 교실을 방문할 때 장학사는 주로 학생이 의도한 목적을 달성하였는지 알아보기 위한 관찰을 한다. 그리고 교수방법의 문제는 학생의 성취도를 고려한다.

Section 03 인사행정

MEMO

01 교육인사행정의 이해

1 교원인사행정의 개념과 원리

(1) 교원인사행정의 개념

① 교원인사행정은 교육조직의 목적을 효과적으로 달성하는 데 필요한 유능한 교육직원의 채용과 그들의 계속적인 능력개발 및 사기앙양을 도모하는 일련의 과정이다.

② 채용과정에는 인력계획, 모집, 시험, 임용 등이 포함되며, 능력개발에는 현직교육, 근무성적평정, 승진 및 전직·전보 등이 포함되며, 사기에는 보수 및 근무환경을 포함하는 물리적 조건과 사회심리적 요인이 포함된다.

(2) 교원인사행정의 원리

① **전문성 확립의 원리**: 교직은 교육에 관한 자율성과 사회적 책임을 질 수 있는 전문성을 필요로 한다.

② **실적주의와 연공주의와의 적정 배합의 원리**: 교직은 직무수행능력과 업적 등을 중시하는 실적주의와 근무연수, 경력 등 오래 근무한 연공(서열)주의가 적정하게 강조되어야 한다.

③ **공정성 유지의 원리**: 학교급별, 지역 등의 이유로 인해 차등을 받지 않으며, 누구나 능력에 따라 동등한 기회가 부여되어야 한다.

④ **적재적소 배치의 원리**: 구성원의 능력과 적성, 흥미에 맞게 배치함으로써 구성원의 직무만족과 사기를 높여야 한다.

⑤ **적정수급의 원리**: 교원의 수요와 공급을 적정하게 조절하여야 한다.

MEMO

05

2 교육직원의 분류

교육직원은 교육활동에 관련된 모든 사람을 말한다. 협의의 교육직원은 국·공립의 각급 학교에 근무하는 교원과 교육전문직, 즉 교육공무원(특정직)을 말하며, 광의의 교육직원은 교육공무원(특정직), 교육행정직(일반직), 기능직, 특수경력직, 사립계통 교육직원을 모두 포함한다.

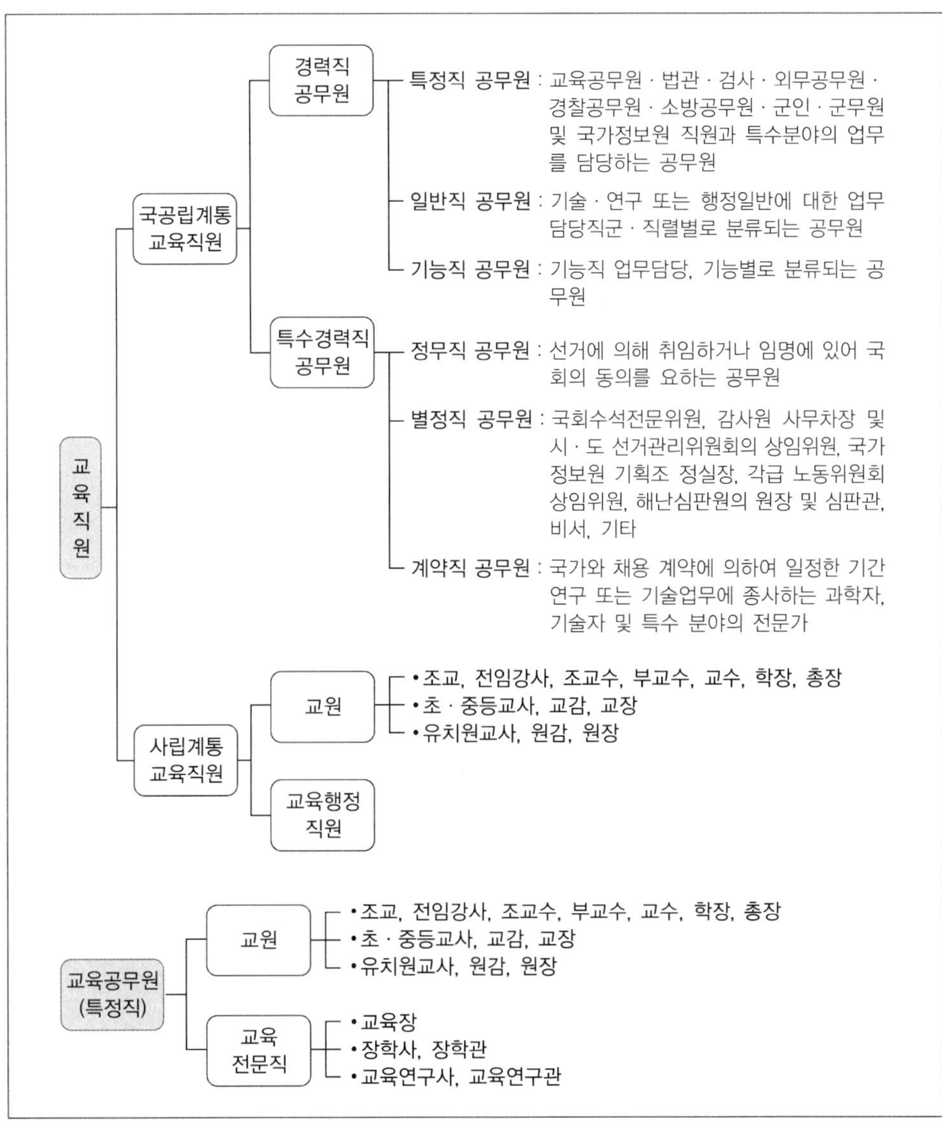

MEMO

3 교직원의 임용

(1) 교원의 자격 – 「초·중등교육법」 제21조, 「고등교육법」 제14조

① 각급 학교에서 원아 및 학생을 직접 지도하는 자로서 국·공·사립학교에 근무하는 자
② 사설강습소는 각급 학교에서 제외되며, 각급 학교의 일반 사무직원 및 노무 종사자도 제외된다.
③ 유치원의 원장·원감, 초·중등학교의 교장·교감, 대학의 총장·부총장·학장, 교수, 부교수, 조교수, 각급 학교의 시간강사도 교원에 포함된다.
④ 교사의 자격은 대통령령으로 정하는 바에 따라 교육부 장관이 검정·수여하는 자격증을 받은 사람이어야 한다(「초·중등교육법」 제21조, 「유아교육법」 제22조).
   ㉠ 교사의 자격은 정교사(1급, 2급), 준교사, 전문상담교사(1급, 2급), 사서교사(1급, 2급), 실기교사, 보건교사(1급, 2급) 및 영양교사(1급, 2급)로 나눈다.
   ㉡ 수석교사는 위의 자격증을 소지한 사람으로서 15년 이상의 교육경력(교육전문직원으로 근무한 경력을 포함한다)을 가지고 교수·연구에 우수한 자질과 능력을 가진 사람 중에서 대통령령으로 정하는 바에 따라 교육부장관이 연수 이수 결과를 바탕으로 검정·수여하는 자격증을 받은 사람이어야 한다.
   ㉢ 유치원 교사는 2년제와 4년제, 보건교사는 3년제와 4년제로 양성한다.
   ㉣ 학교는 교육과정 운영상 필요한 경우 산학 겸임 교사, 명예교사 또는 강사를 둘 수 있다(자격증 ×, 「초·중등교육법」 제22조).

「교육공무원법」 제29조의4(수석교사의 임용 등)

1. 수석교사는 교육부장관이 임용한다.
2. 수석교사는 최초로 임용된 때부터 4년마다 대통령령으로 정하는 업적평가 및 연수실적 등을 반영한 재심사를 받아야 하며, 심사기준을 충족하지 못한 경우 대통령령으로 정하는 바에 따라 수석교사로서의 직무 및 수당 등을 제한할 수 있다.
3. 수석교사는 대통령령으로 정하는 바에 따라 수업부담 경감, 수당 지급 등에 대하여 우대할 수 있다.
4. 수석교사는 임기 중에 교장·원장 또는 교감·원감 자격을 취득할 수 없다.
5. 수석교사의 운영 등 그 밖에 필요한 사항은 대통령령으로 정한다.

MEMO

05

(2) 임용

① 용어의 정의

㉠ '임용'이라 함은 신규채용, 승진, 승급, 전직, 전보, 겸임, 파견, 강임, 휴직, 직위해제, 정직, 복직, 면직, 해임 및 파면을 말한다.

㉡ '직위'라 함은 1인의 교육공무원에게 부여할 수 있는 직무와 책임을 말한다.

㉢ '직급'이라 함은 직무의 종류, 곤란성과 책임도가 상당히 유사한 직위의 군을 말한다.

㉣ '직렬'이라 함은 직무의 종류가 유사하고 그 책임과 곤란성의 정도가 상이한 직급의 군을 말한다.

② 임용의 유형 10 중등, 12 초등

유형	의미	이동유형	특징
승진	• 동일직렬 내에서의 직위 상승 ⇨ 승진 + 승급 • 경쟁시험 전형(공개시험이나 근무평정) • 교사 ⇨ 교감, 장학사 ⇨ 장학관, 연구사 ⇨ 연구관 • 연공서열주의(경력)와 능력주의(능력) 절충	수직적 이동 (상승이동)	• 권한과 책임 증대 • 위신 상승, 보수 증가
승급	• 동일직급 내에서의 호봉 상승 • 일정기간(매1년) 경과 후 자동 상승	수직적 이동 (상승이동)	매월 1일 ⇨ 정기승급일
강임	동일직렬 내에서 바로 하위직위에 임용	수직적 이동 (하강이동)	직위 폐직, 본인 동의 경우
전직	• 종별과 자격 또는 직렬을 달리하는 임용 • 교사 ↔ 장학사, 초등교사 ↔ 중등교사	수평적 이동	교원인사 적체 해소
전보	• 동일직위 내에서 근무지 이동 • 보직 변경(직렬의 변화 ×) • A학교 교사 ↔ B학교 교사 • 초등학교 영양교사 ↔ 중학교 영양교사	수평적 이동	• 순환근무제 • 보직교사는 전보 시 보직 겸임을 면(免)함

MEMO

02 교원의 능력개발

개념 다지기

교사의 능력개발모형(교사발달모형)

1. **개관**: 교사발달모형은 교사교육, 즉 교사의 능력개발모형을 시사한다. 교사발달모형은 훈련모형(training models), 전문성 개발모형(professional development models), 갱신모형(renewal models)의 3가지가 있다.

2. **교사발달모형 비교**

구분	훈련모형	전문성 개발모형	갱신모형
전제	• 교사 중심이 아닌 지식 중심을 강조한다. • 지식은 교사가 해야 할 일을 알려 준다. • 가르치는 일은 직업이고, 교사는 기술자이다. • 기술의 숙달이 중요하다.	• 지식 중심이 아닌 교사 중심을 강조한다. • 지식은 개념으로, 교사의 판단을 위한 정보를 제공한다. • 가르치는 일은 전문적이고 교사는 전문가이다. • 전문성 개발이 중요하다.	• 지식과 교사가 다 같이 중요하다. • 지식은 개인적인 것으로, 교사 자신과 타인을 연결시켜 준다. • 가르치는 일은 천직(天職)이며 교사는 봉사자이다. • 개인적 · 전문적 자아개발이 중요하다.
역할	• 교사는 지식의 소비자이다. • 교장은 전문가이다.	• 교사는 지식의 생산자이다. • 교장은 동료이다.	• 교사는 지식을 내면화하는 사람이다. • 교장은 친구이다.
운영	• 기술적 능력(예 수업기술, 평가방법 등)을 강조한다. • 계획적인 훈련과 연습을 통해서 교사로서의 기술을 습득케 한다.	• 일상적 능력을 강조한다. • 문제해결과 탐구, 실천연구를 통해서 전문적 공동체를 형성하도록 유도한다.	• 개인적 · 비판적 능력을 강조한다. • 반성, 대화, 담론의 분위기를 조성함으로써, 서로를 위해 주는 공동체를 구축한다.

1 현직교육

(1) 개념

현직 교원이 교직을 능률적 · 효과적으로 수행하기 위해 필요한 지식과 기술을 습득하고, 가치관과 태도를 발전적 교직관에 맞도록 지향하기 위해 실시하는 제반 연수

(2) 중요성

① 직전교육의 미비 내지 결함을 보완한다.
② 새로운 지식과 기능, 태도를 습득한다.
③ 계속적인 연찬을 통해 교직의 전문성을 제고한다.

(3) 현직교육의 목표

① 건전한 신념을 고취시킨다.
② 교육기술을 함양한다.
③ 지식을 함양한다.
④ 지도력을 함양한다.

MEMO

05

(4) 현직교육의 종류

① **직무연수 :** 교육의 이론·방법 및 직무수행에 필요한 능력 배양을 위하여 실시되며, 직무연수의 연수과정과 내용 및 기간은 당해 연수원장이 정한다.

② **자격연수 :** 교원의 자격을 취득하기 위하여 실시된다(예 1·2급 정교사, 교감, 교장 등).

③ **특별연수 :** 전문지식 습득을 위한 국내외 특별연수 프로그램을 의미한다.

2 교원의 승진

(1) 개념

① 승진이란 동일직렬 내에서의 직위상승을 의미한다(예 교사 → 교감, 교감 → 교장).

② 승진에 따라 상위직급에 임용되면 책임과 권한이 증가되고, 임금 및 각종 근무여건이 개선된다.

(2) 승진기준 및 평정배점

<table>
<tr><th colspan="3">평정내용</th><th>평정점</th></tr>
<tr><td colspan="3">경력평정</td><td>70점(32.86%) / 평정기간 : 20년</td></tr>
<tr><td colspan="3">근무성적평정</td><td>100점(46.95%) / 평정요소 : 5개(10~40점)</td></tr>
<tr><td rowspan="5">연수성적 평정</td><td rowspan="3">연수</td><td>직무연수</td><td>18점</td></tr>
<tr><td>자격연수</td><td>9점</td></tr>
<tr><td>계</td><td>27점(12.68%)</td></tr>
<tr><td colspan="2">연구실적</td><td>3점(1.41%)</td></tr>
<tr><td colspan="2">합계</td><td>30점(14.08%)</td></tr>
<tr><td rowspan="3">가산점</td><td colspan="2">공통 가산점</td><td>30점(연구·시범·실험학교 1.25, 재외국민교육기관에 파견근무한 경력 0.75, 연수 이수실적이 학점으로 기록·관리되는 경우 1)</td></tr>
<tr><td colspan="2">선택 가산점</td><td>10점</td></tr>
<tr><td colspan="2">합계</td><td>13.0(6.10%)</td></tr>
<tr><td colspan="3">총평정점</td><td>213.0점(100%)</td></tr>
</table>

MEMO

3 전직과 전보 · 휴직

전직	종별과 자격 또는 직렬을 달리하는 수평적 이동 예 교사 ↔ 장학사, 교감 · 교장 ↔ 장학관, 교육연구사 ↔ 장학사, 초등교사 ↔ 중등교사
전보	동일직위 내에서 현 직위를 유지하면서 근무지를 변경하는 수평적 이동(보직 변경 : 직렬의 변화 ×) 예 A중학교 교사 ↔ B중학교 교사, A중학교 교사 ↔ B고등학교 교사 예 초등학교 영양교사(보건교사, 사서교사, 전문상담교사) ↔ 중학교 영양교사(보건교사, 사서교사, 전문상담교사)
휴직	재직 중 일정한 사유로 직무에 종사할 수 없을 경우 면직시키지 않고, 일정 기간 신분 유지가 가능하면서도 직무에 종사하지 않아도 되는 제도 • **직권휴직** : 임면권자가 휴직을 명령하는 것(예 질병, 병역, 생사불명, 법정의무수행 등) • **청원휴직** : 당사자가 휴직을 신청하는 경우(예 유학, 고용, 육아, 연수, 간병 등)

4 교원능력개발평가

(1) 개념 – 「교원 등의 연수에 관한 규정」(대통령령)

① 학교 교원의 능력을 진단하여 지속적인 능력 개발 지원을 목적으로 실시하는 평가이다.

② 교원능력개발평가는 교원 상호 간의 평가 및 학생 · 학부모의 만족도 조사 등의 방법으로 한다.

(2) 평가의 원칙

교육부장관 및 교육감은 다음 각호의 원칙에 따라 교원능력개발평가를 하여야 한다(제19조).

① 평가대상 및 평가참여자의 범위는 평가의 공정성 및 신뢰성이 확보될 수 있도록 기준을 정할 것

② 평가방법은 계량화할 수 있는 측정방법과 서술형 평가방법 등을 함께 사용하여 평가의 객관성 및 타당성을 확보할 것

③ 평가에 참여하는 교원, 학생 및 학부모의 익명성을 보장할 것

④ 평가에 관한 학교의 자율성을 최대한 보장할 것

(3) 평가항목

교원능력개발평가는 평가대상 교원에 따라 다음 각호의 구분에 따른 항목을 평가한다(제20조).

① **교장, 원장, 교감 및 원감** : 학교 경영에 관한 능력

② **수석교사** : 학습지도 및 생활지도 등에 관한 능력과 교사의 교수 · 연구 활동 지원 능력

③ **교사** : 학습지도 및 생활지도 등에 관한 능력

(4) 평가 결과의 통보 및 활용 – 제21조

① 교육부장관 및 교육감은 교원능력개발평가를 하였을 때에는 그 평가 결과를 해당 교원과 해당 교원(학교의 장은 제외한다)이 근무하는 학교의 장에게 통보하여야 한다.

② 교육부장관, 교육감 및 학교의 장은 교원능력개발평가의 결과를 직무연수 대상자의 선정, 각종 연수프로그램의 개발 및 제공, 연수비의 지원 등에 활용할 수 있다.

MEMO

05

5 학습연구년제 12 초등

(1) 개관

① 개념 : 학습연구년제란 교원들의 전문성을 향상시키기 위하여 1년 동안 학교현장 업무 부담에서 벗어나 소속 학교 외에서 연구활동을 할 수 있도록 지원하는 특별연수 제도이다.

② 자격 : 교원능력개발평가 결과 우수교사

③ 법적 근거 : 「교육공무원법」 제40조 제1항, 「교원 등의 연수에 관한 규정」 제13조 제2항

> 교육부장관 또는 교육감은 교원 스스로 수립한 학습·연구계획에 따라 전문성을 계발(啓發)하기 위한 특별연수로서 교육부장관이 정하는 특별연수의 대상자를 선발할 때에는 제1항의 요건을 갖추고 제18조에 따른 교원능력개발평가 결과가 우수한 사람 중에서 선발하여야 한다.
>
> —「교원 등의 연수에 관한 규정」 제13조 제2항

(2) 목적

① 교원능력개발평가 결과 우수교사에 대한 인센티브 제공으로(보상기제로) 교원의 전문성 신장 기회 제공

② 우수교원의 학습욕구를 지원하여 전문성 심화 및 재충전을 통해 교직에 대한 자긍심 제고 및 학교교육 발전에 공헌

(3) 기본방향

① 교원능력개발평가 결과 우수자에 대한 보상기제로 학습연구년을 부여하고, 지속적 전문성 신장을 위해 다양한 활동에 참여기회 제공

② 학습연구년 기회 제공을 통한 재충전과 교직에 대한 자긍심 제고

(4) 기대효과

① 교원의 전문성 제고 : 교원능력개발평가 시행에 따른 합리적 보상기제를 마련하고, 다양한 연구활동을 지원함으로써 교원의 전문성을 제고

② 교직사회의 학습화 촉진 : 교직사회의 전문적 지식 축적 및 실천적 연구 결과의 공유를 통해 궁극적으로 교직사회의 학습화 촉진

③ 교원의 사기 진작 : 교원의 전문직으로서 자부심 제고, 자기계발 및 재충전으로 교직에 대한 헌신 유도 및 교원의 사기 진작

Section 04 재무행정

MEMO

01 교육재정

1 교육재정의 이해

(1) 개관

① **개념**: 교육재정은 교육에 필요한 재원을 공권력에 의해 조달하고 그것을 합목적적으로 관리·사용하는 경제행위를 말한다.
② **공경제활동**: 공공의 경제활동(정부, 지자체, 학교) ↔ 사경제활동(기업, 가계의 경제활동)
③ **교육재정의 주체**: 국가(정부), 공공단체(지방자치단체, 학교)

(2) 교육재정의 성격

① **공공성**: 국민 전체의 공공복지를 도모하는 공경제 활동이다.
② **강제성**: 정부가 공권력을 동원하여 강제적 수단으로 수입을 도모한다.
③ **수단성**: 교육활동의 지원을 목적으로 하는 수단이다.
④ **양출제입(量出制入)의 원칙**✦: 필요한 경비(지출)를 먼저 산출한 후 수입을 확보한다.

학교회계는 양입제출(量入制出)의 원리이다.

⑤ **비긴급성과 장기효과성**: 교육의 효과(결과)가 장기간을 두고 나타나므로 교육재정은 긴급한 것이 아니다.
⑥ **효과의 비실측성**: 교육재정의 투자에 대한 효과를 측정하기가 어렵다.
⑦ **팽창성**: 교육경비는 계속적으로 팽창한다.

MEMO

05

2 교육재정의 운영원리 02 중등, 05 중등, 13 중등

교육재정의 운영은 재정의 '확보 → 배분 → 지출 → 평가'의 과정으로 이루어진다. 확보, 배분, 지출, 평가의 각 단계에는 중요하게 요구되는 원리가 있다.

단계	원리	내용
확보 단계	충족성 13 중등	교육활동을 운영하는 데 필요한 재원이 충분히 확보되어야 한다. ⇨ 가장 먼저 달성해야 할 원리로 '적정 교육재정 확보의 원리'라고도 불림
	자구성	지방교육 자치를 구현하기 위해 중앙정부의 지원금 외에 필요한 추가경비를 확보하기 위한 지방자치단체의 스스로의 노력이 필요하다. ⇨ 지방자치단체가 필요한 재원을 스스로 확보할 수 있도록 제도적 장치가 마련되어야 한다.
	안정성	교육활동의 장기적인 일관성·영속성을 유지하기 위하여 안정적인 재원이 확보되어야 한다.
배분 단계	효율성 13 중등	최소한의 재정으로 최대한의 교육효과(교육성과)를 이루어야 한다. 예 투자의 우선순위, 학교교육비의 기능별 배분의 적정성, 규모의 경제
	균형성 (평등성)	경비의 배분에 있어서 개인 간·지역 간 균형을 이루어야 한다. ⇨ 동등한 것은 동등하게 처리
	공정성 (공평성) 02 중등	특정 기준에 의해 교육재정 배분에 있어서 차이가 나는 것은 정당하다. ⇨ 다른 것은 다르게 처리 ⇨ 학생의 개인차(능력), 교육환경의 차이, 교육프로그램, 학교 단계, 정책 목표의 우선순위 등에 따라 차등적으로 재정 지원을 하는 것은 정당하다.
지출 단계	자율성 05 중등	교육재정 운영에 있어 단위기관(예 시·도 교육청, 교육지원청, 단위학교)의 자율성이 보장되어야 한다.
	투명성 05 중등	교육재정 운영 과정이 일반대중에게 공개되고 개방되어야 한다. ⇨ 명확한 정부의 역할과 책임, 국민의 정보이용 가능성, 예산과정(준비, 집행, 보고)의 공개, 정보의 완전성(정보의 질과 신뢰성) 보장이 관점이 중시된다.
	적정성	의도한 교육결과를 산출하는 데 적절한 지원을 제공해야 한다. ⇨ 표준화된 성과를 산출할 수 있는 자원의 배분, 그리고 교육대상자의 필요를 충족시킬 수 있는 교육프로그램의 양과 질 보장 측면을 강조한다.
평가 단계	효과성	• 투입된 재원이 설정된 교육목표의 달성과 교육의 질적 향상을 가져오도록 해야 한다. • 설정된 교육목표 도달여부 및 목표 달성 정도를 측정하여야 한다.
	책무성 13 중등	사용한 경비에 관하여 납득할 만한 이유를 제시할 수 있고 책임을 질 수 있어야 한다.

MEMO

3 지방교육재정 – 시 · 도 교육청 재정 10 중등

국가 지원	지방교육 재정 교부금 (가장 규모가 큼)	보통교부금 (지방교육행정기관의 경상적 경비지출에 활용)	1. 재원 : 당해 연도 내국세 총액의 1만 분의 2,027의 96/100 + 당해 연도의 교육세 세입액 전액 2. 교부기준 : 기준재정수입액이 기준재정수요액에 미달하는 경우에 그 미달액을 기준으로 총액 교부 3. 종전의 봉급교부금(의무교육기관 교원) 및 증액교부금(저소득층 학생지원금, 특성화고교 실습지원금 등)을 흡수 · 통합한 금액
		특별교부금	1. 재원 : 당해 연도 내국세 총액의 1만 분의 2,027의 4/100 2. 교부기준 • 재원의 60/100 : 전국적인 교육관련 국가시책사업지원 수요발생 시(시책사업수요) • 재원의 30/100 : 특별한 지역교육 현안 수요발생 시(지역교육현안 수요) • 재원의 10/100 : 재해발생 시 또는 재정수입의 감소가 있는 때(재해발생수요)
	국가지원금	–	국고사업 보조금
지방 부담	지방자치단체 일반회계 전입금	지방교육세 전입금	등록세액 · 재산세액의 20%, 자동차세액 30%, 주민세균등할의 10~25%, 담배소비세액의 50%, 레저세액의 60%
		담배소비세 전입금	특별시 · 광역시 담배소비세 수입액의 45%
		시 · 도세 전입금	특별시세 총액의 10%, 광역시세 · 경기도세 총액의 5%, 나머지 도세 총액의 3.6%
		기타 전입금	도서관 운영비, 학교용지부담금, 보조금 등
자체 수입	–	–	입학금 및 수업료(고등학교에 한함), 재산수입, 수수료, 사용료

- **기준재정수요액** : 지방교육 및 그 행정운영에 관한 재정수요를 산정한 금액
- **기준재정수입액** : 교육 · 학예에 관한 일체의 재정수입을 산정한 금액
- **측정단위** : 지방교육행정을 부문별로 설정하여 그 부문별의 양을 측정하는 단위
- **단위비용** : 기준재정수요액을 산정하기 위한 각 측정단위의 단위당 금액

지방교육재정교부금의 교부 목적 : 교육의 균형 있는 발전(「지방교육재정교부금법」 제1조)

지방자치단체가 교육기관 및 교육행정기관을 설치 · 경영하는 데 필요한 재원의 전부 또는 일부를 국가가 교부하여 교육의 균형 있는 발전을 도모함을 목적으로 한다. 교부금의 재원규모는 내국세 총액의 20.0%에 해당하는 금액과 교육세 세입액 전액을 합한 금액이다. 교부금은 보통교부금과 특별교부금으로 구분된다. 보통교부금은 내국세 총액의 20.0%의 96/100에 해당하는 금액과 교육세 세입액 전액을 합한 금액으로 하고, 특별교부금은 내국세 총액의 20.0%의 4/100에 해당하는 금액으로 한다. 지방교육재정교부금에는 보통교부금의 용도에 대한 특별한 규정이 없고, 특별교부금에 대한 용도만 규정되어 있기 때문에 보통교부금은 특별교부금의 용도 외의 모든 용도에 쓰이는 교부금으로 이해할 수 있다.

MEMO

05

02 교육비

1 교육비 – 교육에 소요되는 비용 06~07 중등, 11 중등

구분	교육목적 관련	운영 형태	부담주체	예
총교육비	직접교육비	공교육비	공부담 교육비	국가(교부금, 보조금, 전입금 등), 지방자치단체, 학교법인 부담 경비
			사부담 교육비	입학금, 수업료, 학교운영 지원비
		사교육비	사부담 교육비	교재대, 부교재대, 학용품비, 과외비, 피복비, 단체활동비, 교통비, 숙박비 등
	간접교육비	교육기회경비, 유실소득	공부담 교육비	건물과 장비의 감가상각비, 이자 ⇨ 비영리 교육기관이 향유하는 면세의 가치
			사부담 교육비	• 학생이 취업할 수 없는 데서 오는 손실 • 교통비, 하숙비(Kiras의 구분)

(1) 직접교육비와 간접교육비 – 교육목적과의 관련성 정도에 따른 분류

① 직접교육비 : 교육목적을 달성하기 위한 교육활동에 직접 지출되는 모든 공·사교육비 ⇨ 일반적으로 '교육비'라고 할 때는 '직접교육비'만을 의미

② 간접교육비 : ㉠ 교육기간 중에 취업할 수 없기 때문에 유실된 또는 포기된 수입이나 소득 ⇨ '기회비용'이라고도 하며, 교육투자 수익률 측정 시 포함됨 ㉡ 교육을 받음으로써 포기해야만 했던 취업과 그에 따른 소득발생의 기회상실비용 ㉢ 유실소득(사부담 교육기회경비) + 비영리교육기관이 향유하는 면세의 가치(공부담 교육기회경비)

예 학생에 의한 포기된 경비, 면세의 비용, 학교건물과 시설에 대한 감가상각비와 포기된 이자

(2) 공교육비와 사교육비 – 운영형태, 즉 회계절차에 의한 분류

① 공교육비 : 국가나 공공단체가 합리적인 예산회계 절차에 의해 지급하는 경비

예 교육부, 지방교육행정기관, 학교법인 등의 예산에 계상(計上)되는 모든 경비(교육행정비, 학교교육비, 입학금, 수업료 등)

② 사교육비 : 교육활동에 투입은 되지만 예산회계 절차를 거치지 않는 경비

예 학부모가 부담하는 교재대, 하숙비, 교통비, 과외비 등

(3) 공부담 교육비와 사부담 교육비 – 교육재원, 즉 부담주체에 따른 분류

① 공부담 교육비 : 국가, 지방자치단체, 학교법인 등 공공단체가 부담하는 교육비

② 사부담 교육비 : 학부모가 부담하는 경비, 공교육비(예 입학금, 수업료, 학교운영지원비 등) + 사교육비(예 교재대, 학용품비 등)

MEMO

(4) 총량 교육비와 단위 교육비 – 교육비의 비교단위에 따른 분류

① **총량 교육비**: 모든 교육활동에 쓰이는 교육비의 총량 예 학교급별 교육비

② **단위 교육비(교육원가)**: 학생을 기준으로 한 학생 1인당 교육비, 교육의 최종 생산단위가 학생임을 전제로 하고 학생 1인에게 소요되는 평균경비

(5) 이전적 경비와 비이전적 경비

① **이전적 경비**: 경제 단위 상호 간에 소득의 이전만을 가져오는 경비 예 보조금

② **비이전적 경비**: 소모적 경비 예 시설비, 봉급

(6) 인건비, 운영비, 시설비 – 교육비 지출 시, 사용목적에 따른 분류

① **인건비**: 교육활동을 수행하거나 지원하는 데 필요한 용역을 구입하기 위한 경비 ⇨ 정부예산 교육비 중에서 약 50%를 차지

② **운영비**: 교육활동을 수행하거나 지원하는 데 필요한 경비 예 교통비, 실험·실습비

③ **시설비**: 교육활동을 위해 장기간 사용이 가능한 자본형성을 위한 경비

2 교육비 관리기법 98 중등, 01 초등

(1) 교육비 차이도(CD: Cost Differentials) 산출

① **개념**: 초등학교 학생의 교육비를 기준(1.00)으로 하였을 때 중등 또는 고등교육 학생 1인당 교육비의 비율 ⇨ 중앙정부의 교육재정 배분방식 중 경상재정 수요액 산정기준에 관한 것으로, 경상재정 수요액은 학교급별 교육비를 기준으로 산정한다.

② **의의**: 예산의 합리적 배분의 기준, 특수교육비 산출의 기준이 된다. ⇨ 수직적 공정성(형평성)

학교급별 교육비 차이도 계수

유치원	초등학교	중학교	고등학교		특수학교
			일반계	특성화고	
1.42	1.00	1.42	1.87	2.55	5.29

MEMO

05

(2) 표준교육비(= 최저소요 교육비, 적정단위 교육비)

① **개념** : 공교육활동을 영위하기 위하여 필요한 최소한의 경비 예 의무교육비

㉠ 일정 규모의 단위학교가 그에 상응하는 인적・물적 조건, 즉 표준교육조건을 확보한 상태에서 소기의 교육 목적 달성을 위한 정상적인 교육활동을 수행하는 데 필요한 최저 소요 교육비

㉡ 인건비와 시설비를 제외한 정상적인 교육활동 운영에 필요한 교구・시설・설비 등을 갖추고 이를 운영하는 데 소요되는 경비만을 포함

② **목적** : 교육활동 계획 수립의 과학적・합리적인 기초자료로서 제공, 정확한 교육예산 편성과 지출의 공공성을 보장 ⇨ 교육의 기회균등 보장

③ **산출원칙**

㉠ **기회균등의 원칙** : 누구나 어떤 지역・조건하에서도 필요한 최저교육을 받을 수 있어야 한다.

㉡ **공비지변의 원칙** : 의무교육에 소요되는 최저교육비와 경상비 일체를 공비(公費)로 충당한다.

03 교육예산 편성기법

연대별	중점	예산제도	내용
1900년대 초반	통제지향	품목별 예산	투입 중심, 지출의 대상과 구입물품별 예산분류, 회계책임의 명확화
1950년대	관리지향	성과주의 예산	산출물 중심, 사업별로 예산분류, 사업목적이 분명
1960년대	기획지향	계획 예산	예산의 정책성 중시, 계획과 예산의 연계, 자원의 합리적 배분
1970~80년대	감축지향	영기준 예산	우선순위 중시, Zero Base에서 계속・신규사업을 검토, 예산팽창 방지

1 품목별 예산제도(LIBS : Line-Item-Budgeting System, 항목별 예산제도) 11 중등

(1) 개념

① 지출대상을 인건비, 시설비, 운영비 등과 같이 품목별로 세분화하여 지출대상과 그 한계를 명확히 규정하는 제도 ⇨ 지출대상(품목)별로 예산을 편성하는 제도

② 예산집행에 있어 유용이나 부정을 방지하고자 하는 통제지향의 예산제도

MEMO

(2) 장단점

장점	• 지출항목을 중심으로 예산이 배분되어 있기 때문에 회계책임을 분명히 할 수 있다. 지출항목과 금액을 명백히 하기 때문에 회계책임을 분명히 할 수 있다. • 지출대상과 금액이 명백히 표시되어 있어 예산의 유용이나 남용을 방지할 수 있다. 또 예산에 대한 사전 및 사후통제가 가능하다. • 세밀하게 작성된 예산내역을 통해 각종 정보와 자료를 얻을 수 있다(인건비, 시설비 등). • 점증주의적인 방식으로 전년도를 기준으로 예산을 편성하기 때문에 금액 산정이 간편하다.
단점	• 세부적인 지출대상에 중점을 두기 때문에 사업의 전체적인 개요를 파악하기 어렵다. • 지출대상과 금액이 명백히 제한되어 있고, 예산에 대한 자유재량을 지나치게 제한함으로써 예산집행 시 예상치 못한 사태에 신축성 있게 대응하기 어렵다. • 예산확보를 위해 예산항목에만 관심을 기울이므로 정책이나 사업의 우선순위를 등한시할 수 있다.

2 성과주의 예산제도(PBS : Performance Budgeting System, 실적 예산제도)

(1) 개념

① **활동별(기능별) 예산제도** : 사업별 · 활동별로 예산을 편성하는 제도 ⇨ [단위원가 × 사업량(업무량) = 예산액] ⇨ 예산과목을 기능별(목표별 · 활동별)로 분류한 다음 각 기관의 세부사업별 사업량을 수량으로 표시하고, 단위원가에 사업량을 곱하여 예산액을 편성하는 기법 ⇨ 정부가 지출하는 목적에 중점을 두어 정부가 시행하고자 하는 사업의 비용을 명백히 해 주는 예산제도. 올해의 성과(실적)로 내년 예산을 편성한다.

② **사업중심 편성** : 사업을 중심으로 예산을 편성함으로써 사업 또는 정책의 성과에 관심을 기울인 예산제도. 예산서에는 사업의 목적과 목표에 대한 기술서가 포함된다.

③ 성과주의 예산제도는 사업계획의 목적에 따라 비용을 책정하는데, 이 비용의 범위 내에서는 각 품목 간에 상호 융통을 허용한다.

④ 이 제도는 종래의 품목별 예산제도가 물품의 종류와 수량만을 표시하는 데 치우쳐 구입 목적을 밝히지 못하였을 뿐만 아니라 이 때문에 사업의 성과나 내용을 파악할 수 없다는 단점을 극복하기 위해 고안된 제도이다.

Plus

예산편성의 구성요소

1. **업무단위(work unit)** : 성과주의 예산편성의 기본단위(업무측정단위). 하나의 사업수행 과정에서의 활동과 최종산물(성과, 실적)로 이루어짐 예 도로건설 1km
2. **단위원가(unit cost)** : 업무단위 1단위 산출에 소요되는 경비 예 100만 원
3. **업무량(workload)** : 업무단위로 측정한 단위 수 예 도로건설 100km
4. **예산액의 산정** : 단위원가 × 업무량 예 도로건설사업의 경우 100만 원 × 100km = 1억 원

(2) 예산편성 과정

① 예산과목을 기능별(목표별 · 활동별)로 나누고, 각 기능별로 다시 사업계획 및 세부사업으로 분류한 다음 각 세부사업에 대한 사업량(업무량)을 수량으로 표시하고, 단위사업을 수행하는 데 소요되는 원가계산을 통해 예산을 편성하는 기법이다.

예 1913~1915년 리치몬드(Richmond)에서 시도된 원가예산제도, 1934년 테네시강 유역 개발공사(TVA)의 프로그램 예산

② 교육부를 기준으로 보면, 교육을 고등교육, 중등교육, 초등교육, 사회교육으로 분류하고, 이를 다시 소관 실국 또는 교육청으로 분류한 후, 사업별로 분류하고, 이를 다시 활동별로 분류한다(기능별 분류 → 기관별 분류 → 사업별 분류). 활동별 단위원가를 계산하고, 단위원가에 업무량을 곱하여 예산액을 산출한다.

③ **올해의 성과(실적)로 내년 예산을 편성**: 매년 책정된 예산은 그해까지 집행된 내역으로 내년 예산을 분배한다.

예 올해 A사업에 10억이 책정되어 8억을 썼다면 내년에는 8억만 책정 ⇨ 예산낭비 방지를 위해 '참여예산제'✦ 실시

(3) 특징 – 관리기능 중심의 예산편성기법✦

① **예산편성 및 집행의 효율성과 성과 제고**: 성과에 자신이 없는 분야의 예산감축 요구

② **품목별 예산제도의 단점 보완**: 품목별 예산 전용 가능

③ **자율성 및 책임성 강화**: 집행부서가 예산편성 이후에도 목표 달성을 위한 관리 노력, 성과 제고를 위한 부서의 자율성 제고

(4) 장단점

장점✦	• 사업별 또는 활동별로 예산이 편성되므로 각 기관이 무슨 사업을 추진하는지 쉽게 이해할 수 있다. 예산이 기능별, 기관별, 사업계획별로 분류되고 업무량까지 표시되기 때문에 각 기관이 어떤 사업을 어떻게 추진하고 있는지 용이하게 이해할 수 있다. • 예산집행에 있어서 신축성과 융통성을 기할 수 있다. • 정책이나 계획수립이 용이하며, 예산심의가 편리하다. 사업별로 예산 산출 근거가 제시되기 때문에 예산심의가 편리하다. • 예산집행의 결과를 다음 회계연도에 반영함으로써 효율적인 예산편성에 기여할 수 있다. • 투입되는 예산의 성과를 파악할 수 있으며, 성과평가를 통해 행정통제를 합리화할 수 있다.
단점	• 업무단위의 선정과 단위원가의 계산이 어렵다. 특히 계량화가 어려운 교육 분야에 적용하는 데는 많은 어려움이 예상된다. • 예산통제가 어렵고, 회계책임이 불분명하여 공금관리에 어려움이 있다. • 성과 측정이 어렵다. 업무단위가 중간산출물에 불과한 경우가 많아 예산 성과의 질적 측면을 파악하기 어렵다. 예 순찰시간이 치안유지의 확보를 보장하지 못함 • 구체적인 개별적 사업만 나타나 있어 전략적인 목표의식이 결여된다(장기적인 계획과 연계보다는 단위사업만을 중시한다).

MEMO

참여예산제는 예산편성 과정에 지자체와 시민단체의 참여를 허용한다.

예산기능을 통제 중심에서 관리 중심으로 전환한다.

1. 행정의 투명성 및 신뢰성 확보
2. 재정 지출의 효율성 제고
3. 행정 서비스의 개선 및 책임행정 구현
4. 정부 기능의 핵심역량 강화

MEMO

3 기획 예산제도(PPBS : Planning Programming Budgeting System)

(1) 개념

① 장기적 기획(planning)과 단기적 예산편성(budgeting)을 결합시켜 한정된 재원을 합리적으로 배분하는 제도 ⇨ 장기적 기획(planning)과 단기적 예산편성(budgeting)을 세부계획(programming)을 통해 유기적으로 연관시킴으로써 합리적인 자원배분을 이룩하려는 제도이다. ⇨ 장기계획수립(planning) ⇨ 사업계획수립(programming) ⇨ 예산배정(budgeting)

② 1년을 단위로 운영되고 있는 전통적인 예산제도를 탈피하여 다년도 예산을 기본으로 하겠다는 5년짜리 연동예산(rolling budget)이다.

③ 절약과 능률, 효과성, 경제적 합리성, 합목적성, 과학적 객관성 등을 이념으로 한다. 교육분야에서 교육기회가 급격하게 팽창하여 교육재정의 부족현상이 심화되던 1960년대 후반에 미국에서 학교경영체제 혁신을 위한 한 방법으로 도입되었다.

(2) 특징 – 계획기능 중심의 예산제도✦

계획(중·장기적 계획수립)과 예산(단기적 예산편성)을 통합하여 제한된 예산을 목적과 계획 달성을 위해 사용한다.

① 품목별 예산제도의 단점과 성과주의 예산제도의 단점 보완

② 사업목표, 사업내용, 예산배정 및 평가 등을 중시

(3) 학교경영과 PPBS를 적용한 예산편성절차

① 학교경영계획을 수립한다(중·장기 목표).

② 세부계획을 수립하고 소요예산을 산출한다(단기 구체적 목표).

③ 사업예산을 조정, 배분, 확정한다.

④ 예산을 집행한다.

⑤ 예산의 효용을 분석한다.

(4) 장단점

구분	내용
장점	• **자원배분의 합리화** : 사업계획과 예산편성이 유기적으로 연결되어 있어 한정된 자원을 합리적으로 배분할 수 있다. 계획 지향적인 예산관리가 가능하다. 한정된 자원을 최적으로 활용할 수 있다. • **의사결정의 일원화** : 모든 것을 중앙집권적으로 처리할 수 있기 때문에 예산편성의 의사결정 과정을 일원화할 수 있다. • **예산의 절약과 지출의 효율화** : 학교목표의 우선순위에 따라 예산을 배분함으로써 예산의 절약과 지출의 효율화를 기할 수 있다.
단점	• **의사결정의 집권화(하향적)** : 정보가 최고 의사결정자에게 집중됨으로써 예산제도에 있어 지나치게 중앙집권화 성향을 초래할 수 있다. • **목표의 계량화 곤란** : 교육목표는 양적으로 계산할 수 없는 경우가 많다(목표 달성 정도를 계량화하기 어렵다).

4 영(零)기준 예산제도(ZBBS : Zero-Base Budgeting System) 05 초등, 09 중등

(1) 개념 – 미국의 피어(Pyhrr)가 창안

① 전년도 사업을 전혀 고려하지 않고 모든 사업을 제로(zero)에서 다시 시작하는 것으로 간주하여 예산을 편성하는 제도 ⇨ 전년도 예산에 구애받지 않고 신년도 사업을 재평가하여 우선순위를 정하고 한정된 예산을 배분

② 회계연도마다 모든 사업을 처음 시작한다고 생각하고, 설정하고자 하는 사업을 평가・조정하여 예산을 편성하는 기법

③ 전년도 예산은 근거가 없는 것으로 간주하고 신규사업은 물론 계속사업까지도 계획의 목표를 재평가하여 예산을 재편성하는 제도

(2) 특징 – 감축기능 중심의 예산제도✦

① 전년도 예산내역을 기준으로 가감하는 점증주의 방식 탈피

② 예산편성의 신축성 확대

③ 예산의 관리기능과 계획기능의 조화 강조

MEMO

예산절감이 기본 목표이며, 제한된 예산을 고려하고 사업의 우선순위를 결정하여 집행한다. 예산절약과 관리에 구성원의 참여를 보장한다.

(3) 과정

① 1단계(의사결정 패키지 작성) : 의사결정 패키지(decision package)란 요약된 사업계획서로 한 개인의 사업개요, 즉 사업명, 사업의 목적, 실천방법(1안, 2안, 3안)과 그에 따른 기대되는 성과, 소요예산, 필요인력, 사업수행 책임자 등을 간략히 기술한 것이다.

② 2단계(우선순위 결정)

㉠ 의사결정 패키지의 중요도에 따라 사업의 우선순위를 결정한다.

㉡ 순위가 결정되면 제한된 예산액을 고려하여 수행 가능한 선을 결정한다.

(4) 장단점

구분	내용
장점	• 학교경영에 전 교직원의 참여를 유도할 수 있고, 창의적이고 자발적인 사업구상과 실행을 유인할 수 있다. ⇨ Y이론 • 모든 사업을 전면적으로 재검토하기 때문에 우선순위가 낮은 사업에서 우선순위가 높은 사업으로 재원을 전환할 수 있어 합리적인 예산배분이 가능하다. • 학교경영 계획과 예산이 일치함으로써 교장의 합리적이고 과학적인 경영을 지원할 수 있다.
단점	• 모든 사업을 제로(zero)의 상태에서 분석해야 하므로 시간과 노력의 부담이 과중되며, 우선순위를 결정하는 데 어려움이 있다. • 교원들이 예산업무에 정통하지 않아 시행착오를 할 가능성이 많다. • 사업이 기각되거나 평가절하되면 비협조적 풍토가 야기될 수 있다. • 의사결정에 전문성이 부족하면 비용 및 인원 절감에 실패할 수 있다.

MEMO

04 단위학교 예산제도(SBBS) ─ 학교회계제도 03 중등, 04 초등, 04 중등, 10 초등

개념 다지기

기존의 학교예산제도는 학교를 운영하는 경비가 별도로 관리되고 각각 적용되는 법규가 서로 달라 학교재정이 효율적으로 운영되지 못하였다. 즉, 종전의 학교재정 운영은 도급경비, 일상경비, 목적경비, 학교운영지원비, 급식경비, 수익자부담경비, 학교발전기금, 세입세출외 현금 등이 각각 분리되어 운영됨에 따라 회계연도가 다르고, 적용되는 법규가 달라 학교재정의 세부적인 내용을 파악하는 데 어려움이 있고, 이러한 재정운영구조로는 교육과정운영과 학교운영을 효과적으로 지원하는 데 한계가 있었다.
이에 2001년 이후부터 실시하고 있는 현행 학교회계제도는 단위학교의 자율적인 예산운영을 통해 다양한 교육활동을 효과적으로 지원하며 학교교육의 질적 수준을 높이기 위해 일상경비와 도급경비의 구분 없이, 표준교육비를 기준으로 총액을 배분한다. 학교운영의 효율화를 위해 학년도와 회계연도를 일치(3월 1일~2월 말일)시키며, 회계연도 개시 전에 일괄 배부하고, 학교운영지원비 등 자체수입을 하나의 통합회계로 운영한다. 또한 예산안은 교직원의 참여와 학교의 제 여건을 고려하여 편성하고, 동 예산안을 학교운영위원회의 심의를 거쳐 학교장이 확정한 후 집행한다.

1 개관

(1) 개념

① 단위학교 예산제도(SBBS : School Based Budgeting System)는 단위학교 책임경영이 강조되면서 도입된 방법으로, 교장이 예산과정의 중심적인 역할을 담당하는 단위학교 중심의 분권화된 예산제도이다. ⇨ 단위학교를 중심으로 한 분권화된 예산제도[2001년부터 국립 및 공립 초·중등학교(특수학교 포함)에 적용, 사립학교는 제외]

② 이에 따라 단위학교의 모든 세입과 세출을 일원화하여 (교사의 참여와 학교운영위원회의 심의를 통해) 학교가 자율적으로 예산을 편성·운영할 수 있도록 하는 학교회계제도를 운영하고 있다.

③ 이는 종래의 교육청 중심의 학교예산 편성 및 집행을 학교 단위의 예산편성 및 집행으로 전환하는 것으로 단위학교에서의 예산에 관한 지율적인 책임경영방안이라고 할 수 있다.

(2) 학교회계제도의 특징(운영)

① 학교회계연도 : 회계연도는 3월 1일부터 이듬해 2월 말일까지로 한다. ⇨ 학년도와 일치

② 예산배부방식 : 일상경비와 도급경비 구분 없이 표준교육비를 기준으로 총액배부한다.

③ 예산배부시기 : 학교회계연도 개시 50일 전에 일괄적으로 예산교부 계획을 각 학교에 통보한다.

MEMO

05

④ **세출예산 편성**: 재원에 따른 사용목적 구분 없이 학교실정에 따라 자율적으로 세출예산을 편성한다.

⑤ **사용료 · 수수료 수입처리**: 학교시설 사용료나 수수료 수입 등을 학교 자체수입으로 처리한다.

⑥ **회계장부관리**: 학교예산에 편성되는 여러 자금(예 교육비 특별회계, 학교운영 자원회계)을 '학교회계'로 통합하고 장부도 단일화한다. ⇨ 장부기입 방식은 '복식부기' 사용

⑦ **자금의 이월**: 집행 후 잔액이 발생하면 다음 회계연도로 잔액을 이월할 수 있다.

(3) 장점

① 모든 세입과 세출을 일원화함으로써 학교재정의 효율적인 운영이 가능하다.

② 예산편성과정에 교사와 학부모의 참여가 증대되어 학교재정운영의 투명성과 신뢰성이 높아진다(학운위 심의사항).

③ 단위학교에서 자율적인 예산운영이 가능해져서 다양한 교육활동을 효과적으로 지원하며 학교교육의 질적 수준을 높일 수 있다.

2 예산내용 및 구조

구분	내용
세입	① 국가의 일반회계나 지방자치단체의 교육비특별회계로부터 받은 전입금 ② 학부모부담경비(학교운영지원비, 수익자부담경비) ③ 학교발전기금으로부터 받은 전입금 ④ 국가나 지방자치단체의 보조금 및 지원금 ⑤ 자체 수입(사용료 및 수수료, 기타 수입) ⑥ 이월금 ⑦ 물품매각대금
세출	① 인건비 ② 학교운영비 ③ 일반운영비 ④ 수익자부담경비 ⑤ 예비비

Section 05
학교 · 학급경영

MEMO

01 학교경영 04 초등

개념 다지기

학교경영

1. **학교경영의 개념**: 학교의 교육목적 달성을 위한 인적 · 물적 자원과 조건을 정비하는 활동

2. **학교경영 조직**
   ① 교원조직
   ㉠ 교육지도 조직(수평적 관계 조직): 교수와 학습활동을 수행하는 조직으로 학년, 학급, 반 등으로 편성되어 있다. 교사는 법률이 정하는 바에 의하여 학생을 교육할 수 있는 자율성을 가지고 있으므로, 교육지도 조직의 관계는 기본적으로 수평적인 관계이다.
   예 교장 → 교감 → 수석교사 → 담임교사(교과교사)
   ㉡ 교무(校務)분장 조직(수직적 관계 조직, 업무 · 사무 조직): 상하의 위계에 따라 권한이 배분되어 있는 수직적인 관료조직이다. 예 교장 → 교감 → 보직교사(부장교사) → 평교사(계원교사)
   ㉢ 운영협의 조직(consultant organization): 교직원의 전문적 참여를 통해 학교운영에 관한 제반 문제 협의
   예 전체 교직원회의, 보직교사 회의(부장회의), 기획 위원회, 각종 운영위원회, 각종 협의회, 교직원 친목회 등
   ㉣ 교과경영 조직: 학급담임제, 교과담임제
   ㉤ 교무회의: 자문기구의 성격
   ② 학생회, 학부모회 조직: 자율적 · 민주적 단체 ⇨ 후원적, 비영리적

MEMO

05

1 학교경영혁신

(1) 단위학교 책임경영제(SBM : School-Based Management) 96 중등, 99 중등, 09 중등

① 개념

㉠ 학교운영에 관한 권한을 단위학교에 위임하여 학교를 자율적으로 운영하고 그 결과에 대해 책임을 지는 제도로서, 단위학교의 자율성과 책무성을 강조하기 위한 것이다.

㉡ 즉, 중앙집권적인 학교경영방식에서 탈피하여 교육과정운영, 인사 및 재정상의 권한을 단위학교 운영주체(교장, 교사, 학부모, 지역인사)에게 위임함으로써 그들이 자율적으로 경영하고 그 결과에 대해 책임을 지는 제도로서 단위학교의 자율성 및 책무성을 강조하는 것이다.

㉢ **구체적인 실천방안** : 학교운영위원회, 공모교장제, 초빙교사제, 학교회계제도, 도급경비제, 학교정보공시제

② 의의

㉠ **교육의 효율성과 내실화 증대** : 단위학교 책임경영제에서는 학교장을 중심으로 교육당사자가 교육운영에 적극적으로 참여하게 됨으로써 교육의 효율성과 내실화를 기할 수 있다.

㉡ **수요자 중심의 교육 실현** : 단위학교 책임경영제를 실시하면 각 학교 실정에 맞는 교육을 실시할 수 있으므로 수요자 중심의 교육을 실현할 수 있다.

㉢ **교육 자치제 실현** : 단위학교 책임경영제를 실시하면 각 지역에 맞는 교육을 실시할 수 있으므로 교육 자치제를 실현할 수 있다.

③ 구체적인 실천방안

㉠ **학교운영위원회의 설치와 운영** : 단위학교의 자율적인 운영을 위하여 모든 학교에 학부모, 교원, 지역인사가 공동으로 참여하는 학교운영위원회를 설치·운영한다.

㉡ **공모교장제 및 초빙교사제** : 학교운영위원회의 심의를 거쳐 교장이나 교사를 초빙할 수 있도록 하여 학교 실정에 맞는 교육운영이 가능하도록 한다.

㉢ **학교회계제도 도입** : 학교재정의 효율적인 운영이 가능하도록 단위학교의 모든 세입과 세출을 일원화하여 학교가 자율적으로 예산을 편성·운영할 수 있도록 한다.

㉣ **도급경비제 실시** : 학교의 필요에 따라 용도를 변경할 수 있는 예산을 총액으로 지급하여 단위학교의 재량권을 확대한다.

MEMO

(2) 학교운영위원회 99 초등추시, 99 중등추시, 00 초등, 05 초등, 06 중등, 07 초등, 08 중등, 12 초등, 24 중등論

① 개념

㉠ 학교운영위원회는 학교운영에 관한 의사결정에 학부모, 교원, 지역사회 인사가 함께 참여함으로써 학교 정책결정의 민주성·합리성을 확보하고, 교육목표를 효율적으로 달성하기 위한 의사결정 기구이다.

㉡ 학교운영위원회는 학생과 학부모 및 지역사회의 요구를 학교교육에 적극 반영함으로써 학교운영에 대한 정책결정의 민주성·합리성·투명성을 제고하고, 학교의 자율성과 책무성을 강화하려는 제도이다(교육부, 2013 학교운영위원회 핸드북).

㉢ 학교운영위원회는 학교자율화 확대 등 단위학교 책임경영제의 대표적인 실천 사례로, 학교운영의 자율성을 보장하고 학부모의 학교참여를 활성화하자는 취지에서 설치·운영되고 있다. 1995년 5·31 교육개혁 방안 중의 하나로 발표되었고, 1996년부터 국공립학교에서는 의무사항으로, 2000년부터 사립학교에서도 권고사항이 의무사항으로 규정됨으로써 현재 모든 학교에서 구성·운영되고 있다.

② 도입배경

㉠ 학교운영의 자율성 및 책임성 증대로 단위학교 책임경영제 확립

㉡ 교원·학부모·지역사회 인사의 자발적 참여를 통한 자율적인 '학교공동체' 구축

③ 성격

㉠ 법적 성격

ⓐ **법정위원회**: 법률「초·중등교육법」과「초·중등교육법 시행령」및 조례에 근거하여 모든 학교에 설치·운영

ⓑ **심의·자문기구**: ⓘ 국·공립학교 – 심의기구 ⇨ 국·공립 학교장은 심의와 다르게 시행하고자 하는 경우 학교운영위원회와 관할청에 서면으로 보고할 의무를 진다, ⓘⓘ 사립학교 – 필수 자문기구

㉡ **단위학교 차원의 교육자치기구**: 학교운영의 중요 사항에 대해 학교 구성원들이 참여하여 민주적인 절차에 따라 자율적으로 결정하는 단위학교 차원의 교육자치기구이다.

㉢ **학교내외의 구성원이 함께하는 학교공동체**: 학교운영위원회는 학교의 구성 주체인 교사 및 학부모와 지역사회 인사 등 학교 내외의 구성원이 학교운영의 중요한 의사결정에 함께 참여하는 학교공동체이다.

㉣ **개성 있고 다양한 교육을 꽃피울 수 있는 제도적 장치**: 학교운영위원회 제도는 학교 규모, 학교 환경 등 개별학교가 처해 있는 실정과 특색에 맞게 다양하고 창의적인 교육을 실현할 수 있는 제도적 장치이다.

MEMO

05

④ 학교운영위원회의 자격과 선출 및 구성

㉠ 자격과 선출

학부모 위원	당해 학교에 자녀를 둔 학부모(자녀 학생이 졸업, 휴학, 전학 또는 퇴학하는 경우 자격이 상실됨). 민주적 대의절차에 따라 학부모 전체회의에서 직접 선출(예 직접투표, 서신 또는 우편투표, 직접투표와 서신 또는 우편투표를 병행), 직접 선출이 곤란한 경우에는 학급별 대표로 구성된 학부모 대표회의에서 선출 가능
교원 위원	당해 학교 재직교원. 교장은 당연직 위원이며 나머지 교원위원은 교직원 전체회의에서 무기명투표로 선출(단, 사립학교는 교직원 전체회의에서 추천한 자 중 학교장이 위촉). 위원장 및 부위원장으로 선출될 수 없다.
지역 위원	학부모 위원 또는 교원위원의 추천을 받아 학부모 위원 및 교원위원이 무기명투표로 선출

㉡ 구성: 5인 이상 15인 이내(매 학년도 3월 1일 기준 학생 수 고려). 위원의 정수는 다음의 범위 안에서 학교의 규모 등을 고려하여 당해 학교의 학교운영위원회규정으로 정한다(「초·중등교육법 시행령」 제58조).

학교 규모	학생 수＜200명	200명≦학생 수＜1,000명	1,000명≦학생 수
위원정수	5명 이상 8명 이내	9명 이상 12명 이내	13명 이상 15명 이내
위원구성비(일반학교)	① 학부모 위원(40/100~50/100) ② 교원위원(30/100~40/100) ③ 지역위원(10/100~30/100)		
위원구성비(국·공립 산업수요 맞춤형 고교 및 특성화 고교)	① 지역위원(30/100~50/100, 단 위원 중 1/2은 사업자로 선출) ② 교원위원(20/100~30/100) ③ 학부모 위원(30/100~40/100)		

㉢ 임기(서울의 경우): 위원(임기 2년, 1차 연임 가능), 위원장 및 부위원장(임기 1년, 연임 가능). 단, 보궐위원은 전임자의 잔임기간

⑤ 학교운영위원의 권한과 의무

㉠ 권한: 학교운영 참여권, 중요사항 심의·자문권, 보고요구권(학교장이 운영위원회의 심의·의결 결과와 다르게 시행하거나 운영위원회의 심의·자문사항임에도 불구하고 심의·자문을 거치지 않고 운영하는 경우)

㉡ 의무: 회의 참여(학운위가 소집되었을 때 회의에 출석해서 성실히 참여해야 함), 지위 남용 금지(당해 학교와 영리를 목적으로 하는 거래를 하거나 재산상의 권리, 이익의 취득 또는 알선 금지) ⇨ 무보수 봉사직, 운영위원은 다른 학교의 위원을 겸직할 수 없다.

MEMO

⑥ 학교운영위원회의 기능 : 심의 또는 자문기능

㉠ 심의사항(사립학교는 자문사항)

ⓐ 학교 헌장 및 학칙의 제정 또는 개정에 관한 사항(단, 사립학교는 학교법인의 요청이 있는 경우에 한하여 자문)

ⓑ 학교의 예산안 및 결산에 관한 사항

ⓒ 학교 교육과정의 운영방법에 관한 사항

ⓓ 교과용도서 및 교육자료의 선정에 관한 사항, 교복 · 체육복 · 졸업앨범 등 학부모가 경비를 부담하는 사항

ⓔ 정규 학습시간 종료 후 또는 방학기간 중의 교육활동 및 수련활동사항

ⓕ 학교운영 지원비의 조성 · 운용 및 사용에 관한 사항

ⓖ 「교육공무원법」 제29조의 3 제8항에 따른 공모교장의 공모방법, 임용, 평가 등(단, 사립학교는 제외)

ⓗ 「교육공무원법」 제31조 제2항에 따른 초빙교사의 추천(단, 사립학교는 제외)

ⓘ 학교급식에 관한 사항

ⓙ 대학입학 특별전형 중 학교장 추천에 관한 사항

ⓚ 학교 운동부의 구성 · 운영에 관한 사항

ⓛ 학교운영에 대한 제안 및 건의 사항

ⓜ 기타 대통령령, 시 · 도의 조례로 정하는 사항

㉡ 심의 · 의결사항(국 · 공 · 사립 공통)

⇨ 학교발전 기금의 조성 · 운용 및 사용에 관한 사항(「초 · 중등교육법」 제33조, 「초 · 중등교육법 시행령」 제64조)

ⓐ **조성방법** : 기부자가 기부한 금품의 접수, 학부모 등으로 구성된 학교 내 · 외의 조직 · 단체 등이 그 구성원으로부터 자발적으로 갹출하거나 구성원 외의 자로부터 모금한 금품의 접수

ⓑ **조성목적** : 학교 교육시설의 보수 및 확충, 교육용 기자재 및 도서의 구입, 학교 체육활동 기타 학예활동의 지원, 학생복지 및 학생 자치활동의 지원

ⓒ 운영위원회는 교육과학기술부령이 정하는 바에 따라 발전기금을 운영위원회 위원장의 명의로 조성 · 운용하여야 한다.

ⓓ 운영위원회는 발전기금의 관리 및 집행과 그 부수된 업무의 일부를 당해 학교의 장에게 위탁할 수 있다.

ⓔ 운영위원회는 학교의 회계연도 종료 후 20일 이내에 결산을 완료하여 그 결과를 관할청에 보고하고, 학부모에게 통지하여야 한다.

ⓕ 발전기금의 조성 · 운용 및 회계관리 등에 관하여 기타 필요한 사항은 교육과학기술부령으로 정한다.

MEMO

05

⑦ 학교운영위원회의 교육적 의의

㉠ 학교 의사결정 과정의 민주성 증진 : 학교 의사결정이 학교 구성원의 참여와 민주적 절차에 의해 이루어지므로 학교 의사결정 과정의 민주성을 증진할 수 있다.

㉡ 단위학교의 자율성 · 자치성과 책무성 강화 : 학교 구성원들이 자율적으로 참여하여 학교운영에 관한 의사를 결정하므로 단위학교의 자율성 · 자치성을 실현하고 학교교육에 대한 책무성을 강화할 수 있다.

㉢ 수요자 중심의 학교 경영 풍토 : 학생과 학부모의 필요와 요구를 반영하여 학교교육 활동을 전개하게 되므로 수요자 중심의 학교 운영이 가능해진다.

㉣ 학교 경영의 전문성 및 과학성 증진 : 의사결정과정의 합리화를 통해 의사결정

㉤ 학교교육 성과의 효율성 제고에 기여

(3) 학부모의 교육참여

① 학부모의 학교참여 모형 : Keith & Girling, Mayer

㉠ 전문가-고객 모형(professional-client model) : 전문가인 교사와 학생을 의뢰한 고객과의 관계를 전제한다. 교사 주도하에 수직적 · 일방적으로 의사소통이 이루어지고, 학부모는 문외한인 무력한 존재로서 수동적인 입장에서 교사나 학교의 요구를 수용하게 된다. 전문가인 교사의 지시에 따르거나 반응하기만 기대될 뿐, 학부모의 입장에서 주도적인 활동이나 발언권을 행사할 기회는 별로 없다.

㉡ 옹호자 모형(advocacy model) : 학교의 교육과정의 운영이나 재정의 운용, 교사의 임용 혹은 경영방침에 관한 주요 의사결정에 학부모가 적극적으로 참여한다. 교사와의 관계에서도 개인적 입장에서보다는 학부모들이 결속하여 집단적으로 관계를 형성하고, 경우에 따라서는 학교를 귀찮은 존재로, 반대세력으로 작용할 수 있다.

㉢ 정치활동 모형(political action model) : 옹호자 모형을 학부모들이 교내에서 개인적으로나 집단적으로 학교나 교사를 대상으로 활동하는 데 한정하고, 정치활동 모형은 개인보다는 교직단체, 여러 교육관련 민간단체(NGO) 등이 집단적으로 그리고 교내를 대상으로 하지 않고 학교 밖의 교육청, 교육부를 포함한 정부의 관련 부처와 정당이나 정치단체 및 입법기관인 국회를 상대로 그들의 요구와 권익을 주장하고, 필요한 정책과 제도 및 법규의 개정이나 제정에 관여하는 활동을 말한다.

㉣ 동반자 모형(partnership model) : 학교경영의 효율화와 자녀들의 학습 성취도를 향상시키기 위해 학교와 학부모 간에 책임을 분담하는 협동적 관계를 말한다. 학부모의 관심영역에 따라 학교의 재정지원, 인적 자원으로서의 봉사, 숙제 돌보기, 담임교사에 대한 조력, 급식봉사 등의 역할을 맡는다.

MEMO

② 학부모 참여의 유의점

㉠ 학부모의 참여가 학교교육과 경영에 오히려 문제가 될 때에는 이들의 참여를 어느 정도 제한할 필요가 있다.

㉡ 학교나 교원의 입장을 이해하는 것이 아니라 자기 자녀에게만 관심을 갖는 학부모의 참여는 학교를 무시하거나 교원에 대해 적대감을 가질 수 있다.

㉢ 대부분의 학부모는 자녀를 통해 얻은 제한된 정보를 가지고 오직 자기 자녀의 문제만을 개선하려고 할 뿐, 학교 경영과 전체 학생의 복지를 개선하는 데 기여하려고 하지는 않는다.

㉣ 학부모는 교육에 대해 전문적 식견이나 경륜을 가진 사람들이 아니므로 학교경영자나 교원과 대등한 인식을 바탕으로 참여할 입장이 아니다.

(4) 혁신학교

① 배경

㉠ 혁신학교는 기존의 학교교육의 반성과 미래사회의 변화에 대비하기 위한 요구에서 시작되었다.

㉡ 입시위주의 암기식 교육으로 인한 교육과정의 획일화는 미래의 주체인 학생들이 장래의 다양한 삶의 주체가 되는 데 한계를 가져왔다.

㉢ 다양성을 존중하며 소통하는 집단지성을 발휘하기 위해서는 학교공동체 구성원이 학교단위 경영에 책무성을 갖고 민주적으로 참여할 수 있어야 한다. 또한 배움이 중심인 전문적 학습공동체를 구현할 수 있어야 한다.

② 개념: 혁신학교는 학교단위 주도로 지역사회와 협력하여 학교의 운영을 행정 중심에서 교육과정 중심으로 변화시키고자 하는 것을 말한다.

③ 혁신학교의 특징

㉠ 입시성적이 좌우되는 기존의 좋은 학교 개념에서 벗어나 학생과 학부모가 만족하는 다양한 배움 중심의 학교를 추구한다.

㉡ 이를 위해 혁신학교에서는 학생중심의 교육과정과 수업혁신, 행정중심에서 교육과정 중심으로 학교운영, 교직원회와 학생회의 학교경영 참여를 촉진하는 권한위임, 학교단위 자율평가제, 주민참여 예산제 등 교육의 지속적인 성장과 발전을 추구하는 변혁적이고 선도적인 특징을 찾을 수 있다.

④ 혁신학교의 운영(특징)

㉠ 학습자 중심의 교육과정 운영: 혁신학교는 학생들이 자기주도적으로 상호 협력하고 공동체와 더불어 살아가기 위한 기본적이고 실제적인 역량을 위한 학습자 중심의 교육과정을 운영한다.

㉡ **교육과정 중심의 학교 운영**: 혁신학교는 자율적 책무성을 바탕으로 학생들의 교육활동을 촉진하고 교사들이 수업에 집중할 수 있도록 교육과정 중심의 학교 운영을 한다.

㉢ **학부모 및 지역사회와 연대**: 교사들이 교수·학습 전문성을 신장할 수 있도록 지원을 확대하고, 학교의 자원뿐만 아니라 지역사회가 교육활동의 확산된 터가 될 수 있도록 학부모 및 지역사회와 연대성을 갖고 소통한다.

Plus

혁신학교 사례

1. **조현초등학교**: 조현초등학교는 교원의 자발적 참여를 통해 새로운 모습의 농촌의 작은 학교를 만들고자 하며 소통, 협력, 자발성을 존중하는 민주적 학교 운영의 모델이다. 개인 맞춤형 교육, 활동중심 교육, 감성교육, 실천교육의 교육방향에 따라 교육과정 지역화, 집중이수, 통합학습 등 학생중심의 교육과정을 운영한다. 농촌의 작은 학교이지만 학부모, 문화예술인, 지역사회와 협력하여 학생들에게 예술교육, 생태학습, 다양한 체험활동은 물론이고 국제문화 교류의 기회를 부여하고 있다.

   학교장은 학교 구성원이 자율적이고 주체적으로 참여하여 배움과 돌봄의 학교공동체를 만들고자 교무실과 행정실을 교육지원실로 통합 운영하고, 교직원협의회를 강화하여 교육과정 운영권을 위임하고, 학부모와 지역사회의 학교경영 참여를 확대하는 등 변혁적 리더십을 발휘한다.

2. **보평중학교**: 미래형 혁신학교인 보평중학교는 학교공동체의 참여와 협력을 바탕으로 인성과 실력을 갖춘 창의·지성 인재육성을 학교경영의 목표로 한다. 학생들의 자기주도적 미래 핵심 역량 개발을 위해 교수·학습방법을 개선하고, 건강한 심신을 바탕으로 인성 교육, 창의지성 교육, 특기·적성 교육을 중심 추진한다.

   학교장은 학교공동체가 함께하는 학교를 경영하기 위해 민주적 의사결정과 권한위임, 학생 자치 활동 보장, 학부모와 지역사회의 협력 및 참여 확대, 교수과정과 교무행정을 융합한 행정조직, 교원의 교무·행정업무 경감을 위한 행정전담자 배치, 교과연구회 활성화 등 학교공동체 구성원과 수평적, 협력적 관계로 학교경영을 한다.

3. **흥덕고등학교**: 참여와 소통을 통한 희망과 신뢰의 배움 공동체를 지향하는 흥덕고등학교는 열정과 공공에 헌신하는 마음을 갖춘 미래 시민 육성을 교육목표로 한다. 수업혁신, 교실혁신, 학교혁신, 행정혁신, 제도혁신 등 5대 혁신과제를 설정하고, 교육과정 개선과 학생 교육활동의 체계화, 교사의 교수·학습 전문성 신장, 학생 복지체계 구축, 참여와 자율 및 책임을 지향하여 학부모·지역사회와 협력을 교육의 기본체계로 삼는다.

   학교는 교원의 교무·행정업무 경감을 위해 시범적으로 교무행정과 일반행정의 통합 운영, 혁신학교 간의 교육협력 모델을 구축, 교육비 지출 관행을 개선하여 교육활동 중심으로 집행, 교육시설을 교육활동 중심으로 개선, 교육활동 컨설팅 지원단 운영, 교직원협의회를 통한 보직교사 추천제 도입, 인사자문위원회의 내실화, 학교운영에 대한 교원의 자발성과 학생 교육활동 보장을 위한 교직원회의 개선 등의 노력을 한다.

MEMO

2 학교경영기법

1950~60년대	기획 예산제도(PPBS)	⇨ 예산운영의 합리화
1970~80년대	영기준 예산제도(ZBBS), MBO	⇨ 민주화
1990년대	TQM	⇨ 총체적 질 경영

(1) 목표관리기법(MBO : Management By Objectives) 10 중등

① 개념

㉠ 1954년 드러커(Drucker)가 주창하고 오디온(Odiorne)이 체계화한 능력주의적 · 민주적 관리기법

㉡ 조직의 구성원들이 공동으로 참여하여 조직의 공동목표(교육목표)를 설정하고, 이에 비추어 각자의 책임영역에 따른 부서별 · 개인별 세부목표를 설정하고, 정해진 기준에 따라 각 구성원의 성과를 측정하여 평가하고 보상하는 경영기법이다.

㉢ 이는 구성원들을 목표설정에 참여시켜 각자의 목표를 공동목표에 일치시키고 내면화하는 과정을 목표관리로 파악한 것이다.

㉣ **목표관리의 절차** : 조직의 목적과 공동목표 설정(양적 · 행동적 목표 설정) → 영역별 · 개인별로 세부목표 설정 → 조직 정비 → 과업수행 및 자기통제 실시 → 성과 측정 → 자기반성 및 보고 → 전체적인 성과 판단 → 보상

② 배경

㉠ 과학적 관리론의 한계점을 극복하고자 등장한 이론이다. ⇨ Y이론의 인간관에 기반

㉡ 학교의 관료화를 방지한다.

㉢ 학교경영의 민주화를 위한 참여의 과정을 중시한다.

㉣ 교직원의 의사소통을 활성화하고, 상하 간의 인화(人和)를 도모한다.

③ 학교경영과 목표관리

㉠ 교장, 교감, 부장교사, 교사 등 전교직원이 공동 참여하여 학교경영 목표를 명확히 설정한다.

㉡ 목표 달성을 위한 각 부서 및 개개인의 책임영역을 설정한다.

㉢ 책임영역에 따라 이를 실천하고 자기통제에 의해 목표 달성을 확인하고 평가한다.

④ 목표관리기법의 특징

㉠ **교직원의 공동참여에 의한 목표설정** : 목표관리제에서는 교장과 교사들이 공동으로 목표를 설정한다. 이 때문에 목표관리는 민주적 학교경영의 한 형태이다.

㉡ **교직원의 책임 영역 명료화** : 학교의 목표는 구성원들의 합의로 결정되고, 각자의 역할에 대해서도 명료하게 진술되어야 한다.

MEMO

05

㉢ **자기통제를 통한 목표 달성** : 모든 구성원들이 목표설정에 참여하고 그 성과에 대해 책임을 가지게 되므로 자기통제를 통해 목표를 적극적으로 달성하고자 한다.

㉣ **목표실현을 위한 공동의 노력과 성과의 평가 및 보상** : 목표관리에서는 공동의 노력을 통한 목표 달성과 이에 대한 평가 및 보상을 중요하게 생각한다.

⑤ 장단점

장점	• **교육의 효율성 제고** : 모든 교육활동을 학교교육 목표에 집중시킴으로써 교육의 효율성을 제고할 수 있다. • **교직원의 참여의식 고양 및 인력자원 활용의 효율성 도모** : 교장, 교감, 학년 및 교과부장, 교사들이 함께 활동계획을 수립하고 이를 활용함으로써 교직원들의 참여의식을 높이고 인력자원 활용의 효율성을 도모할 수 있다. • **학교 관료화 방지 및 교직의 전문성 제고** : 학교운영의 분권화와 참여를 통해 학교의 관료화를 방지하고 교직의 전문성을 살릴 수 있다. • **교직원의 역할 갈등 해소** : 목표와 책임에 대한 명료한 설정으로 교직원들의 역할 갈등을 해소하고 학교관리의 문제나 장애를 조기에 발견, 치유할 수 있다. • **상하 간의 인화 도모** : 참여를 통한 의사결정을 통해 교직원 간의 의사소통을 활성화하고 상하 간의 인화를 도모할 수 있다.
단점	• **구체적 · 단기적 목표 달성에 치중** : 구체적이고 단기적인 목표 달성에 치중하기 때문에 장기적이고 전인적 목표를 추구하는 학교교육 활동에는 부적합한 측면이 있다. • **계량적인 목표 설정과 평가** : 측정 가능하고 계량적인 교육목표를 설정하고 평가하고자 하기 때문에 학교교육을 오도할 가능성이 있다. 보다 높은 수준의 목표설정을 회피하고, 계량적 측정이 용이한 분야에만 주력하는 형태가 발생한다. • **교직원의 업무부담 가중** : 목표설정과 성과보고 등에 많은 시간과 노력이 필요하므로 교직원들의 업무 부담을 가중시키고 불만의 원인이 될 수 있다. • **폐쇄적 내부관리모형의 한계** : 학교는 기본적으로 다른 여러 세력의 영향이 큰 개방체제이기 때문에 다른 관리기능을 통합하는 방식으로 추진되기가 어렵다. 폐쇄적 내부관리모형이기 때문에 급격한 변화나 복잡한 환경에서 효용이 제약된다(외부 전문가의 충원을 통해 전문성 제고 ×).

(2) **총체적 질관리**(TQM : Total Quality Management) 02 초등

① 배경

㉠ 제2차 세계대전 후 일본산업의 부흥을 도왔던 데밍(Deming)에 의해 소개된 관리방식

㉡ 학생들의 학업성취도 향상과 학생의 중도 탈락이나 폭력 방지 등을 위하여 기업경영 방식을 학교교육 경영에 적용 ⇨ 학교조직 개선방안, 조직의 결과에 대한 효과성보다 체제 전체의 질로 관심 전환

② **개념** : 지속적인 품질관리를 위해 경영을 개선하려는 노력으로, 고객(수요자)의 만족수준을 높이고 제품의 질을 높게 유지하려는 것을 말한다.

MEMO

③ 특징

㉠ **총체적 참여(total involvement) 중시**: 학교 전 구성원들의 의사결정 참여와 팀워크(team work)를 통한 조직 운영 및 업무수행을 강조한다. ⇨ 집단의 집합적 능력 활용, 노동의 분화 극복, 공동학습을 통한 상호 동기 부여

㉡ **수요자(고객) 중심 교육 강조**: 수요자의 요구를 만족시키기 위해 품질향상을 최우선적 목표로 한다. 이에 따라 학교조직의 유연성을 강화하고, 교사들에게 수업과 관련된 권한을 위임하며, 학교 공동체 구성원의 균등한 참여를 보장한다.

㉢ **지속적인 질 개선 강조**: 수요자의 기대를 충족할 수 있도록 학교체제와 교육과정을 지속적으로 개선하고, 품질향상을 위해 학교 구성원의 헌신을 강조한다. ⇨ 무결점주의(결점이 없어질 때까지 개선활동을 되풀이)

㉣ **기타**: 자유주의, 지방분권주의 특징을 중시한다. 교육과정 결정 시 종업원의 의사결정 참여가 증대된다. 의사결정 시 하부에서 상부로 반영되는 형태이다. 학생 성취의 보상체제가 실시된다. 학생들의 협동학습이 고취된다. 교원의 행정업무 축소로 교사 본연의 임무(교수－학습)에 충실하도록 한다.

(3) 조직개발기법(OD: Organizational Development) 01 초등

① 개념

㉠ 조직개발기법(OD)이란 행동과학적인 지식과 기술을 활용하여 조직의 목적과 개인의 욕구를 결부시켜서 조직 전체의 변화와 발전을 도모하려는 노력이다. ⇨ 맥그리거(McGregor)의 Y이론적 인간관에 입각

㉡ 따라서 조직개발은 새롭고 급격히 변화하는 기술, 시장, 도전에 잘 적응할 수 있도록 조직의 구조, 가치, 신념, 태도 등을 변화시키기 위해 고안된 복합적인 교육전략이다.

㉢ 조직개발기법은 사회의 급속한 변화에 따른 조직변화의 필요에 직면하여 조직 구성원의 문제 발견 및 해결능력을 증진시키고 변화에 잘 적응하는 관리능력을 증진시키기 위한 계획적·체계적 조직관리기법이다.

② **주창자**: 오웬스와 스테인호프(Owens & Steinhoff)

㉠ 조직개발(조직발전)이 학교혁신의 가장 핵심적인 과정이라고 파악

㉡ **10가지 주요 개념 제시**: 발전목표, 체제의 혁신, 체제적 접근, 인간 중심주의, 교육을 통한 혁신, 경험을 통한 혁신, 실제적인 문제 취급, 체계적인 계획, 변혁 주도자의 참여, 최고 의사결정자의 참여

③ 조직개발기법의 특징(성격)

㉠ **행동과학의 활용**: 조직개발은 다학문적인 행동과학을 응용한 행동과학적 지식과 기술의 활용한다.

㉡ **계획적 변화**: 조직개발은 사전에 치밀한 계획에 의해 신중히 검토된다.

MEMO

05

㉢ **포괄적 변화**: 조직개발은 부서별 개발이 전개되는 경우도 있지만 전체체제의 변화에 초점을 맞춘다.

㉣ **장기적 변화**: 조직개발은 장기간에 걸쳐서 변화를 유도하는 것이다.

㉤ **변화담당자의 도움**: 조직을 장기적이고 포괄적으로 변화시키려면 전문적인 변화담당자의 도움이 있어야 한다.

㉥ **계속적 과정**: 조직개발은 한 번 실시하고 끝내는 것이 아니라 반복적으로 실시하여 적용하도록 해야 한다.

㉦ **집단지향적**: 조직개발은 과거와 같이 개인의 행동이나 태도, 가치관에 역점을 두지 않고, 조직 내 집단 간의 상호작용에 역점을 둔다.

㉧ **역동적 인간 상호관계 중시**: 조직개발은 구성원의 참여를 전제로 하여 역동적인 상호작용에 의해 조직을 발전시키고자 한다.

㉨ **평등주의**: 조직개발은 집단의 관계성을 개선하는 데에 역점을 두기 때문에 계층의 차이를 무시하고 실시한다.

㉩ **현재성**: 조직개발은 과거보다는 현재의 문제를 발견하고, 적합한 전략을 수립하여 조직을 발전시키고자 한다.

④ 조직개발기법의 유형

㉠ **감수성 훈련(sensitive training)**: 구성원 개개인들이 참여하여 자유로운 분위기 상황 속에서 친밀한 인간관계를 토대로 진행하는 자기이해 및 자기변화 훈련

㉡ **팀 빌딩 기법(팀 구축법, team building)**: 조직 내에 존재하는 다양한 팀들을 개선하고 혁신하여 그 효과성을 증대시키는 전략

㉢ **과정자문법(process consultation, P-C 방법)**: 외부 컨설턴트의 도움을 받아 집단 내 및 집단 간 의사소통, 집단문제해결 및 의사결정, 집단규범, 지도성과 권위 등을 개선하고자 하는 방법

㉣ **그리드 훈련(grid training)**: 이상적인 9-9형의 관리자(인간과 과업에 대한 관심이 모두 매우 높은 형)가 되도록 고무하는 방법

㉤ **조사연구-피드백 기법(survey research feedback)**: 설문지를 이용하여 분석단위(예 작업진단, 부서, 전체 조직)를 조사한 후 여기에서 얻어진 자료를 문제집단과 문제해결을 위한 구체적 행동방안을 개발하는 데 사용하는 전략

㉥ **대면 회합(confrontation meeting)**: 조직의 여러 계층에서 나온 사람들로 구성된 집단이 조직의 건강도를 신속히 파악하여 빠른 시간 내에 개선방향을 마련하는 기법

MEMO

(4) **과업평가검토기법**(PERT : Program Evaluation and Review Technique) 04 초등, 07 초등

① 개념

㉠ 어떤 사업수행에 필요한 세부적인 작업 활동과 단계, 이들의 상호관계 등을 검토하여 플로차트(flow chart)를 작성하고 이에 따라 업무를 추진하는 방법이다.

㉡ 과업평가검토기법은 '활동과 단계의 구분 → 플로차트(flow chart) 작성 → 각 작업 활동의 소요시간 추정 → 전체 과제 수행시간 추정'의 절차를 거친다.

② 절차

㉠ **플로차트(flow chart) 작성** : 활동과 단계들 간의 관계를 도표화(flow chart)한다. 이는 과업수행에 필요한 활동과 단계를 선후관계와 인과관계의 선망으로 나타낸 도표이다.

㉡ **각 작업 활동의 소요시간 추정** : 플로차트가 작성되면 단계와 단계 사이의 구체적인 활동에 대하여 소요시간을 추정한다. 소요시간은 최단시간, 최장시간, 최적시간 등으로 구분하여 추정하고, 이 3가지 시간을 중심으로 각 작업 활동에 필요한 기대시간(expected elapse time)을 계산한다. 기대시간은 특정한 활동을 여러 번 반복할 때 기대되는 평균 활동시간을 의미한다.

㉢ **전체 과제 수행시간 추정** : 특정한 활동에 대한 기대시간이 추정되면 전체 활동과 단계들을 수행하는 데 필요한 과제수행시간을 추정한다.

③ 장단점

구분	내용
장점	• 작업과정의 작성에 관계자 전원이 참여하게 되므로 구성원들의 참여의식을 높이고 자발적 협조를 이끌어 낼 수 있다. • 작업과정의 전모를 파악할 수 있기 때문에 작업추진에 앞서 애로사항을 파악할 수 있다. • 특정한 과업을 추진하기 위한 세부 작업 활동의 순서와 상호관계를 유기적으로 파악할 수 있다. • 작업 요소별로 책임부서가 명확해짐으로써 원만한 작업수행이 가능하다. • 효율적인 예산통제가 가능하며, 최저비용으로 일정 단축이 가능하다. • 관리자와 과업수행자가 과업의 진전 상황을 쉽게 파악할 수 있다. • 작업을 체계적으로 관리할 수 있고 시간에 맞추어 과업을 완수할 수 있도록 해 준다.
단점	• 관계되는 사람들 전원이 참가하여야 하고, 같이 책임을 져야 한다. • 계획에 필요한 모든 자료를 세밀하게 검토하여야 한다. • 효과적인 계획이 이루어지려면 고도의 훈련을 쌓아야 한다.

(5) **정보관리체제**(MIS : Management Information System)

① 배경

㉠ 현대의 모든 조직은 처리하고 활용하고 이해해야 할 수많은 정보를 가지고 있다. 따라서 조직은 매일 매일의 의사결정을 위해 그러한 관련 정보를 체계화하여 필요할 때 수시로 활용하는 일이 절대적으로 필요하다. 정보관리체제는 이러한 의사결정의 효율화를 위한 자료와 정보 흐름의 조직형태라고 할 수 있다.

MEMO

05

㉡ 교육에서 정보관리체제는 주로 대학경영을 혁신하기 위한 기법으로 발전하였다. 대학교육의 계획, 운영, 통제, 평가 등을 수행함에 있어 관련 정보의 수집, 처리, 저장, 전달 등을 효율화하기 위한 대학행정 지원체제로 발전하였던 것이다. 현재 우리나라의 경우 정보관리체제는 대학을 중심으로 수강신청, 등록금관리, 성적관리, 급여관리, 입시사정, 기타 강의나 연구자료 처리 등 초보적인 활용에 머물고 있다. 그러나 최근 일부 초・중등학교에서도 컴퓨터를 활용하여 수업계획, 재정회계 관리, 시설 및 물자관리, 학생의 성적과 기록관리 등을 전산화함으로써 지원활용을 극대화하고 의사결정을 효율화하고 있다.

② 개념

㉠ 정보관리체제(MIS)는 의사결정자가 합리적인 의사결정을 내릴 수 있도록 필요한 정보를 적시에 신속하고 정확하게 제공하는 체제를 말한다.

㉡ 즉, 조직의 목표를 보다 효율적이고 효과적으로 달성할 수 있도록 의사결정에 필요한 경영정보나 회계자료 등을 수집, 처리, 보관, 평가하였다가 적시에 제공하는 종합적인 정보관리의 체제이다.

㉢ 대학에서 수강신청, 등록금관리, 성적관리, 급여관리, 입시사정, 기타 강의나 연구자료 처리 등에 컴퓨터를 활용하고 있으며, 초・중등학교에서 수업계획, 재정회계관리, 시설 및 물자관리, 학생의 성적과 기록관리 등을 전산화함으로써 자원활용을 극대화하고 의사결정을 효율화하고 있다.

③ 의의

㉠ 정보처리의 효율화를 위한 정보관리체제는 초・중・고등교육기관 및 교육행정기관에서 다양하게 활용될 수 있다. 우선, 경영평가를 위한 예산과 경비의 내역, 학생 자료철, 교과목 일람 및 시간표, 급여, 시설목록, 학생성적 등 초보적인 자료철로 활용될 수 있다.

㉡ 뿐만 아니라, 이러한 기초자료를 토대로 경비분석, 교사부담 분석, 학생의 성향분석, 성적사정, 교육의 산출 등을 분석하여 학교경영에 활용할 수 있으며, 나아가 이러한 분석자료를 토대로 학교경영 목표의 우선순위 결정, 인사관리, 진학사정, 사업별 재정 및 인력소요 판단 등 예측과 통제를 위한 정보를 제공받을 수 있다.

㉢ 특히, 교육경영에 있어 정보관리체제는 교육활동 분석, 자원소요 추정, 시설활용도 분석, 비용-효과 분석을 위한 체제와 관련된 요소의 데이터베이스 자료 등으로 나누어 하위체제로 구성하고 이들을 체계화할 경우 그 효과가 배증될 수 있다.

MEMO

02 학급경영

1 학급경영의 이해

(1) 개관

① 개념 : 담임교사가 교육목표 달성을 위해 교육활동을 계획 · 조직 · 실행하는 제반 활동을 의미하며, 그 궁극적 목적은 학년별 교육과정 목표 달성을 위한 생활지도와 교수 · 학습의 촉진이라고 할 수 있다.

② 학급경영의 의미(측면) – 학급경영에 대한 학자들의 다양한 관점(Johnson & Brooks)

㉠ 질서유지로서의 학급경영 : 학급활동의 질서를 유지하기 위해 교사가 학급에서 행하는 모든 활동 ⇨ 훈육, 생활지도, 학급행동지도의 관점

㉡ 조건정비로서의 학급경영 : 학습환경을 조성하는 일, 수업을 위한 조건정비와 유지활동

㉢ 교육경영으로서의 학급경영 : 학급이라는 교육조직을 경영하는 일 ⇨ 경영학적 관점

③ 학급경영의 영역

영역	내용
교과지도영역	교과지도, 특수아 지도, 가정학습지도
창의적 체험활동 지도영역	자율활동, 동아리활동, 봉사활동, 진로활동
생활지도영역	학업문제, 교우관계, 진학 · 진로지도, 건강지도
환경시설 관리영역	시설 · 비품관리, 게시물 · 청소 관리, 물리적 환경정비
사무관리영역	각종 장부관리, 학생기록물 관리, 각종 잡무처리
가정 및 지역사회 관리영역	학부모와의 관계 유지, 지역사회의 유대관계 유지

(2) 학급경영의 특징

① 교수-학습활동이 효과적으로 이루어지도록 지원하기 위한 봉사적 활동이다.

② 학급사회는 동일 연령, 동일 수준의 학생들이 모여서 공동의 목적을 추구하는 동질사회이면서, 개인차와 학급차를 지닌 이질사회이다.

③ 학급사회는 순수한 우정으로 맺어진 동지적 사회이면서, 지역사회 안에서 학교와 가정을 연결하는 교량적 사회이다.

④ 학급경영의 주체는 학급 담임교사이며, 대상은 학급구성원이다.

⑤ 학급경영은 학교경영의 최하단위이며, 교수-학습활동의 단위조직이 된다.

MEMO

05

(3) 학급경영의 목표

① 개성을 살리면서 구성원으로서의 사회성 신장
② 상호 협동의 집단생활 체험으로 '우리' 의식 고취
③ 운동과 보건위생의 습관화를 통한 건강생활 영위
④ 소질 · 적성의 조기 발견 노력과 진로의 탐색
⑤ 근검 · 절약의 태도와 창의력 개발

(4) 학급경영의 예방적 활동

① 파악(with-it-ness) : 함께함, 완전파악
㉠ 교사가 교실의 모든 영역에서 어떤 일이 일어나고 있는지를 항상 알고 있고, 그 사실을 학생들이 언어적 · 비언어적으로 알도록 하는 것 ⇨ "교사는 머리 뒤에도 눈이 있다."
㉡ 교사가 교실 사정에 대해 잘 알고 있는 상태
예 잘못된 행동은 즉시 지적하기, 누가 문제를 일으켰는지 정확히 지적하기, 가장 심각한 위반행동에 먼저 대응하기

② 중첩(overlapping) : 동시처리
㉠ 교사가 동시에 여러 가지 일을 할 수 있는 것을 말한다.
예 수업 내용을 설명하면서 주의집중을 안 하고 있는 아이에게로 다가가기
㉡ 교사가 어느 하나에도 초점을 잃지 않고 동시에 2가지 문제에 주의집중하는 교사의 능력을 말한다.

③ 파문효과(ripple effect) : 파급효과
㉠ 작은 일탈행위가 큰 행위로 발전하는 것으로 교사의 즉각적인 지각으로 행동의 증가를 막을 수 있는 것을 말한다.
㉡ 우수한 교사는 일탈행위가 일어나는 즉시 이를 지각할 수 있는 능력이 있고, 이는 문제행위의 증가나 확산을 예방할 수 있다.
예 한 학생이 다른 학생의 공을 빼앗으려는 작은 사건이 큰 사건으로 확대될 수 있다. 교사가 사건의 발생 초기에 관찰이 가능하다면 이러한 작은 일탈행위가 큰 행위로 발전되는 것을 막을 수 있다.

④ 원활함(smoothness) : 이동관리(movement management)
㉠ 강의나 수업이 큰 문제 없이 시작부터 끝까지 진행되는 정도를 말한다.
㉡ 원활함을 보여 주는 교사는 학급활동을 효과적으로 연결하는 처리 절차를 밟는다. 수업은 논리적인 순서로 짜여 있고 필요한 수업자료가 준비되어 있으며 시종일관 원활하게 진행된다.
㉢ 원활함을 가진 교사는 한 학생의 질문이나 행동으로 흐트러지거나 사소한 내용을 불필요하게 반복함으로써 수업이 산만해지는 것을 피한다.

MEMO

⑤ 집단경계(group alerting)

㉠ 수업 시작 전에 한 명의 학생에게만 초점을 맞추기보다 학급 전체에 주의를 환기시키는 학급경영기술을 의미한다.

㉡ 주의를 끌기 위해 학급 전체 둘러보기, 각자 그리고 한꺼번에 대답하도록 하기, 학생이 마음을 졸이게 한 후 과제를 제시하기 등의 기법이 있다.

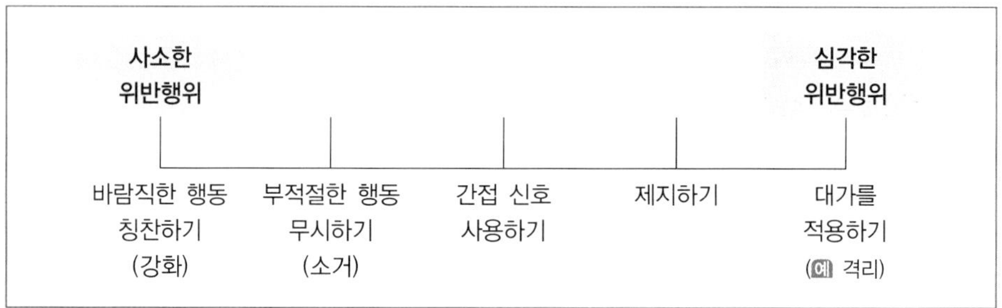

바람직하지 않은 행동에 대한 교사의 효과적인 개입전략

2 학급경영의 원리와 원칙 05 중등, 10 초등

(1) 학급경영의 원리

학급경영을 효율적으로 수행하기 위해서는 그 지침이나 준거가 필요한데, 이를 학급경영의 원리라고 한다. 학급경영의 원리에는 여러 가지가 있을 수 있으나, 남정걸(1992)은 타당성의 원리, 개별화의 원리, 자율화의 원리, 사회화의 원리, 통합화의 원리, 전문성의 원리 등을, 김영돈(1983)은 다음과 같은 8가지 원리를 제시하고 있다.

① **자유의 원리** : 학생의 인격을 존중하고 개성을 발전시켜야 한다. 즉, 학생의 발달에 대한 구속을 지양하고, 자연적 발달을 조장할 수 있는 여건을 제공해 주어야 한다.

② **협동의 원리** : 학급 집단의 안전과 이익을 위하여 협동생활을 할 수 있도록 지도해야 한다. 학업성적의 점수를 얻기 위해 필요 이상으로 경쟁을 조장해서는 안 된다.

③ **창조의 원리** : 학급 내외의 생활에서 과학하는 과정과 방법을 지도하고, 실제 활동에서 그러한 기회를 제공해야 한다.

④ **노작의 원리** : 학습활동이나 창의적 체험활동을 통해 유·무형의 창작물이 표현되고 실현될 수 있는 기회를 제공해야 한다.

⑤ **흥미의 원리** : 학습활동에 흥미를 가질 수 있도록 주변환경을 새롭게 조성하고, 자율적인 활동을 통해 성공감과 자신감을 맛볼 수 있는 조건을 제공해야 한다.

⑥ **요구의 원리** : 당면한 학생 및 가정의 요구, 사회의 요구 등을 찾아 교육적인 내용으로 충족시켜 주도록 한다.

MEMO

05

⑦ **접근의 원리** : 학급에서 교사와 학생, 학생 상호 간에 서로 존경하고 인격적으로 대함으로써 개인과 학급이 발전될 수 있도록 지도해야 한다.
⑧ **발전의 원리** : 학급경영활동에 대한 지속적인 점검과 반성, 평가 등을 통해 학급이 보다 발전적인 방향으로 변화하도록 해야 한다.

(2) 학급경영의 원칙(원리)

① 교육적 학급경영
㉠ 모든 학급경영활동이 교육의 본질과 목적에 부합되도록 운영하라는 원칙이다.
㉡ 교육은 인간성향의 가변성을 믿고 개인이 지닌 잠재력을 최대한 발전시키고자 하는 노력이듯, 학급경영도 학생 개개인의 인지적·정의적·신체적 능력을 최대로 개발하여 자아실현된 인간에 도달할 수 있도록 운영되어야 한다.

② 학생이해의 학급경영
㉠ 학급경영의 구상과 전개가 학생의 이해를 기반으로 이루어져야 한다는 원칙이다.
㉡ 효과적인 학급경영을 위하여 학생의 발달단계에 따른 제 특징과 학습능력 및 준비도, 그리고 집단역학과 사회적 심리의 이해를 근거로 학급의 제 활동이 구성되고 운영되어야 한다.

③ 민주적 학급경영 05 중등, 10 초등
㉠ 인간존중, 자유, 평등, 참여, 합의 등 민주주의 이념에 입각하여 학급을 경영하는 원칙이다.
㉡ 학급 구성원 개개인의 인격이 존중되고, 자유로운 학급분위기가 조성되며, 학생 스스로 결정할 수 있고 책임질 수 있는 자율적 행동을 조성하는 원리이다.
㉢ 학급은 민주주의적 학습의 장이라는 점에서 의의가 있다.

④ 효율적 학급경영
㉠ 효율적이고 능률적으로 학급을 운영하는 원칙이다.
㉡ 효율성(efficiency)은 학급의 자원을 경제적으로 사용하여 최대의 성과를 얻는 것을 말한다.
㉢ 학급자원을 경제적으로 사용하여 학급목표를 달성함과 동시에 학급구성원의 심리적 만족을 충족시키는 학급운영이 효율적인 학급경영이다.

권지수의 탁월한 만점전략

합격지수 100
권지수 교육학

생활지도와 상담

생활지도와 상담

PART 06 Thinking Map

1 생활지도

- **생활지도의 이해**
  - 개관 96 초등
  - 생활지도의 원리
    - 기본원리 90 중등, 93 중등, 95 초등, 96 중등
    - 실천원리 93 초등, 95 초등, 99 중등, 05 중등
  - 생활지도의 과정 90 초등, 92 중등, 93 초등, 95 초등, 98~99 초등, 05 초등
- **생활지도의 이론**
  - 비행이론
    - 거시이론
      - 아노미이론
      - 비행하위문화이론
      - 갈등이론
    - 미시이론
      - 사회통제이론 09 중등
      - 중화이론
      - 차별접촉이론 14 중등추시論
      - 낙인이론 96 중등, 04 초등, 08 중등, 14 중등추시論
  - 진로이론
    - 진로교육
    - 진로상담이론
      - 구조론적 이론
        - Parsons의 특성요인이론
        - Roe의 욕구이론 05 중등, 11 중등
        - Holland의 성격이론 08~10 중등, 12 초등, 12~13 중등
        - Blau의 사회학적 이론 10 중등
      - 발달론적 이론
        - Ginzberg의 진로발달이론
        - Super의 진로발달이론 10 중등, 12 중등
        - Tiededman과 O'Hara의 진로이론 12 중등
      - 과정론적 이론
        - Gelatt의 의사결정이론
        - Krumboltz의 사회학습이론 11 초등

2 상담활동

- **상담이해**
  - 상담의 이해 96 초등, 08 중등, 10 초등
  - 상담의 기본조건 91 중등, 99 초등추시, 99 중등, 02~03 초등
  - 상담의 상담기법 97~98 초등, 99 초등추시, 02 초등, 04 중등, 06~12 초등, 08~10 중등, 12 초등
- **상담이론**
  - 정신역동적 상담이론
    - Freud의 정신분석적 상담이론 10 중등, 12 중등
    - Jung의 분석심리학적 상담이론
    - Adler의 개인심리학적 상담이론 04 중등, 07 초등
  - 행동중심 상담이론 (행동주의 상담이론) 94 초등, 99 초등추시, 06 초등, 07~08 중등, 11~12 중등, 14 중등추시論
    - Pavlov의 고전적 조건형성이론
    - Skinner의 조작적 조건형성이론
    - Bandura의 사회적 인지학습이론
  - 인지중심 상담이론 (인지적 상담이론)
    - Williamson의 지시적 상담이론 00 중등
    - Ellis의 합리적 · 정서적 행동치료 00 초등추시, 02~03 중등, 03 초등, 05 초등, 08 초등, 10 중등, 12 중등
    - Beck의 인지치료 01 초등, 06 초등, 11 초등
    - Glasser의 현실치료 05~06 중등, 09~10 초등, 12~13 중등
    - Berne의 교류분석이론 01 초등, 12 초등, 12 중등
  - 정서중심 상담이론 (인본주의 상담이론)
    - Rogers의 인간중심 상담이론 91 중등, 93~94 초등, 99 초등보수, 00 초등, 01 중등, 02 초등, 03 중등, 06 초등, 10 중등, 12~13 중등, 14 중등추시論
    - Perls의 게슈탈트 상담이론 07~08 중등, 10~11 중등
    - Frankl의 실존주의 상담이론 94 중등
  - 기타 상담이론
    - 해결중심 상담이론 08 중등, 10 초등, 12 초등
    - 집단상담
    - 학교상담

합격지수 100
권지수 교육학

Chapter

01

생활지도

Section 01

생활지도의 이해

MEMO

01 생활지도의 원리

개념 다지기

생활지도

1. 개념

① 어원적 의미 : 영어의 guidance에서 유래한 것으로 학생들을 '안내하다, 이끌다, 지도하다'라는 의미를 가지고 있다. 이는 성장하는 학생들을 바람직한 방향으로 이끌어 준다는 의미이다.

② 일반적 의미 : 개인으로 하여금 자기 자신의 이해와 현실 환경의 이해를 통하여 건전한 적응을 하며 또는 자신의 가능성을 발달시켜 계속 건전하게 성장할 수 있도록 조력하는 기술적·조직적인 활동이다. ⇨ 학생의 자율적이며 계속적 성장을 조력하고 지도·조언하는 활동이다.

③ 궁극적 목표 : 학생의 자아실현을 통한 전인적 발달

2. 생활지도의 목표 96 초등

① 학생 개인의 자율적 성장을 돕는다.

② 통합적 존재로서 학생의 전인적 발달을 촉진한다.

③ 개인의 다양한 경험을 의미 있게 통합시켜야 한다.

④ 자기 자신을 바르게 이해하고 자신의 여러 인간적 특성을 현명하게 활용할 수 있도록 한다.

⑤ 환경에 적절하게 대응할 수 있는 인간적 특성을 개발한다.

MEMO

06

1 생활지도의 기본원리 90 중등, 93 중등, 95 초등, 96 중등

자아실현의 원리	• 생활지도는 모든 개인이 자아실현을 할 수 있도록 돕는 것이라야 한다. ⇨ 생활지도의 궁극적 목적 • 자아실현은 인간의 내적 동기를 인정하고 전인격적 발달을 통해서만 가능하다.
수용의 원리	• 학생 개인의 가치와 존엄성을 인정하고 한 인간으로서 존중하며 있는 그대로 받아들여야 한다. 일방적 지시나 억압, 명령을 배제한다. ⇨ 무조건적이고 긍정적 존중(C. Rogers) • 생활지도는 기본적으로 인간의 존엄성을 인정하고 모든 개인은 한 인간으로서 존중받아야 한다는 민주적 이념에서 출발한다.
인간관계의 원리	• 생활지도는 교사와 학생 사이의 참다운 인간관계가 형성될 때 가능하다. • 허용적인 분위기(rapport)를 조성하고, 학생을 진실하게 대하며 학생의 입장을 공감적으로 이해할 수 있어야 한다.
자율성 존중의 원리	• 생활지도는 학생의 성장을 조력하는 과정이므로 학생 스스로 문제를 파악하고 해결해 나갈 수 있도록 문제해결의 자율적 능력과 태도를 강조해야 한다. • 학생의 문제를 교사가 해결해 주는 것이 아니라 학생 자신의 자율적인 판단과 자발적인 활동을 강조한다.
적응의 원리	• 생활지도는 학생의 생활 적응을 돕는 과정이므로 학생 자신과 현실을 이해하고 생활에 능동적이고 적극적으로 적응할 수 있도록 해야 한다. • 현실에 순응하는 현실 순응적이고 소극적인 적응보다 개인의 능력과 인성을 계발하는 적극적이고 능동적인 적응을 강조한다.

2 생활지도의 실천원리 93 초등, 95 초등, 99 중등, 05 중등

전인성의 원리	생활지도는 개인의 생활영역 중 일부(예 도덕교육, 훈육)만을 다루는 것이 아니라, 개인의 전체적인 면, 즉 지·덕·체의 조화로운 발달을 도모하는 활동이어야 한다.
균등성의 원리	생활지도는 문제아나 부적응아만을 대상으로 하는 것이 아니라, 정상적인 모든 학생(재학생 및 퇴학생, 졸업생까지도 포함)을 대상으로 하는 것이어야 한다.
적극성의 원리	생활지도는 소극적인 치료나 교정보다 적극적인 예방과 지도에 중점을 두어야 한다.
과학성의 원리	생활지도는 상식적 판단이나 임상적 판단에만 기초하지 말고 객관적인 방법과 자료에 기초하여야 한다(예 진학지도: 학업성취도검사 결과, 적성검사 결과 등).
계속성의 원리	생활지도는 단 한 번의 지도로 끝나는 것이 아니라, 진급, 진학, 졸업, 취직 후에도 계속되어야 한다. ⇨ 사전(事前)조사활동 + 정치(定置)활동 + 추수(追隨)활동
협력성의 원리	생활지도는 담임교사나 상담교사는 물론 학교 전 교직원과 가정 및 지역사회의 유기적인 연대와 협력이 필요하다.

MEMO

02 생활지도의 과정(주요 영역) 90 초등, 92 중등, 93 초등, 95 초등, 98 초등, 99 초등, 05 초등

조사활동 (investigation service)	• 학생 개인의 이해에 필요한 기초적인 자료를 조사하고 수집하는 활동(⇨ '학생조사활동') • 가정환경, 학업성취도, 지능, 인성, 적성, 건강상태, 흥미, 장래희망 등 생활지도에 필요한 일체의 개인적 자료를 조사하고 수집 • 조사방법으로는 표준화 검사(예 지능검사, 적성검사, 학력검사, 성격검사, 흥미검사 등), 임상적 방법(예 관찰법, 면접법, 질문지법, 평정법, 사회성 측정법 등) 등이 일반적으로 활용
정보활동 (information service)	• 학생의 문제해결과 적응에 필요한 각종 자료와 정보를 제공하는 활동(⇨ '정보제공활동') • 학생들에게 제공되는 정보는 교육정보, 직업정보, 개인적 · 사회적 정보 등이 있음
상담활동 (counseling service)	• 생활지도에서 가장 중핵적인 활동 • 상담자와 내담자 간의 독특한 관계에서 상담과 상담의 기법을 통해 행해지는 개별적인 문제해결과정 • 상담은 전문적 조력의 과정이고, 학생의 문제해결뿐만 아니라 전인적 성장과 발달을 돕는 과정이며, 학습의 과정이다.
정치활동✦ (placement service)	• 상담결과를 이용하여 학생들을 적재적소에 배치하는 활동(⇨ '배치활동') • 교육적 정치활동(예 학교나 학과 선택, 동아리 활동의 부서 선택, 수준별 수업반 배정, 방과 후 활동 선택 등)과 직업적 정치활동(예 진로선택, 직업선택, 부업알선 등)으로 대별된다.
추수활동 (follow-up service)	• 정치 후 잘 적응하고 있는지 사후 점검하는 활동이면서, 생활지도의 프로그램 개선을 위한 정보를 수집하는 활동(⇨ '사후지도활동') • 전화, 면접, 관찰, 질문지, 방문지도 등의 방법을 활용

✦ 위탁활동
상담자가 자기능력으로 해결할 수 없는 내담자의 문제를 전문기관에 맡기는 활동[예 주의력결핍과다행동장애(ADHD)를 겪고 있는 학생을 전문치료기관에 위탁] ⇨ 위탁활동은 정치활동과 구별됨

Section
02 생활지도의 이론

01 청소년 비행이론 96 중등, 04 초등, 08 중등, 09 중등, 14 중등추시論

MEMO

거시적 접근은 사회구조적 요인에 의해 비행이 발생한다고 한다. 사회구조에 의해서 발생된 욕구좌절 때문에 다양한 일탈적 적응방식이 생겨난다고 한다. 아노미이론, 비행하위문화이론, 갈등이론이 있다.

1 거시이론✦

(1) 아노미이론 – Merton

개념 다지기

아노미(Anomie)

아노미이론은 뒤르켐에 의해 시작된 이론으로, 이후 머튼이 사회구조이론에 기초하여 일탈행위를 설명하는 일탈이론으로 정립하였다.

1. **뒤르켐(Durkheim)**: 프랑스 사회학자 에밀 뒤르켐은 아노미란 분업화된 사회에서 사회 구성원 간의 공통된 규칙을 만들지 못해 협조가 안 되고 사회 연대가 약해져 있는 무규범 상태 또는 규칙이 붕괴된 상태라고 정의했다. 한 사회체제가 아노미 상태에 있을 때는 공통의 가치관과 의미가 더 이상 이해되거나 받아들여지지 않으며, 더구나 새로운 가치관이나 의미도 나타나지 않는 상태에서 대다수 사회 구성원들은 무기력, 목적의식의 결여, 감정의 공허함과 절망 등을 경험하게 된다. 뒤르켐은 '자살론'에서 사람들이 자신의 행동을 규제하는 사회적 기준의 붕괴로 인해 나타나는 자살의 한 형태, 곧 아노미적 자살이 있다고 하였다.
2. **머튼(Merton)**: 미국의 로버트 K. 머튼은 아노미의 원인을 연구하였는데, 그에 따르면 아노미 현상은 자신의 문화적 목적을 달성하기 위한 정당한 방법을 갖고 있지 않은 사람들에게 가장 심각하게 나타난다고 한다. 목적달성이 매우 중요해졌기 때문에 그 사회의 기준에 의해서 받아들여지는 제도화된 방법, 수단들로 그 목적을 달성할 수 없다면 그들은 비합법적인 수단을 동원하게 된다. 이와 같이 수단보다 목적을 지나치게 강조하게 되면 사회통제구조를 붕괴시키는 아노미가 일어난다. 예를 들면 사회는 사회 구성원들에게 부를 획득하도록 강요하고 이를 위한 부당한 방식들을 제공한다면 많은 사람들이 규범을 무시하게 된다. 결국 이러한 상황에서는 구성원 자신의 이익추구와 자신에게 가해지는 제재에 대한 공포가 유일한 통제기제가 된다. 따라서 사회적 행동은 예측할 수 없게 되며 이러한 아노미 현상으로 인해 비행 · 범죄 · 자살이 나타난다.

① 아노미 : 문화목표(cultural goal)와 제도화된 수단(institutionalized means) 간의 괴리현상

② 비행 발생원인 : 사회구조가 특정 사람에게는 정당한 방법으로 문화목표를 달성할 수 없게 되어 있어서 비행이 발생한다고 주장한다. 즉, 한 사회의 문화목표와 제도화된 수단 간의 괴리현상 때문에 비행이 발생한다고 본다.

③ 비행 발생과정 : 문화목표란 한 사회에서 거의 모든 성원이 바람직하다고 생각하며 소유하기를 원하는 것이며, 제도화된 수단이란 그 문화목표를 달성하는 데 합당한 방법을 말한다. 따라서 문화목표에 이르는 제도화된 수단이 결여되면 개인은 아노미를 느끼게 되며, 그 결과 비합적인 방법에 의존하면서 범죄나 일탈행위를 저지른다는 것이다.

MEMO

④ 5가지 적응유형

머튼(Merton)은 적응양식 중 동조형을 제외한 나머지는 일탈행위로 규정하였다.

적응유형	문화목표	제도화된 수단	특징
동조형(순종형) (confirmity)	수용	수용	문화목표와 제도화된 수단을 수용하는 사람들(열심히 노력해서 문화목표를 달성하려는 사람들) ⇨ 이상적 적응 방식 예 학교교육 의존 입시집착형
혁신형(개혁형) (innovation)	수용	거부	문화목표를 수용하지만 제도화된 수단을 거부하는 사람들 ⇨ 대부분의 범죄(횡령, 사기, 강도, 절도, 탈세 등) 예 사교육 의존 입시집착형
의례형(관습형) (ritualism)	거부	수용	문화목표는 거부하나 제도적 수단은 수용하는 사람들 ⇨ 절차적 규칙·규범만을 준수하고자 하는 무사 안일한 관료 예 무기력 학습형
도피형 (retreatism)	거부	거부	문화목표와 제도적 수단을 다 거부하는 사람들 ⇨ 약물중독자, 알콜중독자, 자살, 정신병, 학교 포기 청소년들이 해당 예 도피반항적 학습거부형
반역형(반발형) (rebellion)	거부 (new)	거부 (new)	문화목표와 제도적 수단을 다 거부하면서 동시에 새로운 문화목표와 제도화된 수단으로 대체하려는 사람들 ⇨ 급진적 사회운동, 반문화, 히피 등 예 새로운 학습체제 구축형

(2) 비행하위문화이론 – Cohen

① 지배적인 가치가 중산층 기준에 의해 형성되어 있기 때문에 하류계층 자녀들은 상대적으로 불리한 입장에 처하게 되어 비행을 저지른다고 본다.

② 하류계층 청소년들의 하위문화는 중산층의 지배문화에 대항하는 대응적 성격의 문화이다.

③ 코헨에 의하면, 미국사회는 지배문화가 중산층의 문화이며 중산층의 가치가 지배적 가치로 되어 있는데, 하류계층의 청소년의 경우에는 그들의 사회적 배경으로 인해 중산층의 기준에 의한 지위를 얻기가 상대적으로 곤란해진다. 따라서 이들은 지위욕구불만을 가지게 되며, 이러한 불만을 해결하기 위하여 중산층의 기준을 버리고 자신들에게 유리한 새로운 준거틀을 집단적으로 만든다는 것이다.

(3) 갈등이론 – Meier, Quinney

① 자본주의의 법과 정의는 자본가 계급에만 유리하기 때문에 자본가 계급과 노동자 계급 간의 갈등으로 인해 비행이 발생한다고 본다. 범죄나 비행의 원인을 정치적, 사회적 계급 구조에서 찾으려고 한다.

② 지배계급의 범죄(예 기업범죄, 조직범죄)는 숨겨지고, 지배계급의 착취에 저항하는 노동자 계급의 범죄는 낙인되어 드러나는 부도덕성이 자본주의적 행형제도의 특성이다.

③ 비판이론, 마르크스이론, 새 범죄학 등으로 명명된다.

MEMO

2 미시이론+

미시적 접근은 사회적 인간관계에 의해서 비행이 발생한다고 한다. 사회통제이론, 중화이론, 차별접촉이론, 낙인이론이 있다.

(1) 사회통제이론 – Hirschi 09 중등

① 비행은 비행성향을 통제해 줄 수 있는 사회적 유대(연대)가 약화될 때 발생한다고 본다. 사회적 유대(연대) 요소로는 애착, 전념, 참여, 신념 등을 꼽을 수 있으며, 사회적 유대 중 중요한 것은 가족, 학교, 지역사회의 유대이다.

② 사회통제이론은 아노미이론을 반박하는 대표적 이론이다. 비행은 동기에 의해서가 아니라 동기를 통제할 수 있는 통제기제의 여부에 달려 있다고 본다. 비행통제의 대표적 기제가 사회적 유대(연대)이다. 즉, 개인과 사회를 맺어 주는 고리가 약해지거나 깨질 때 사회가 개인에게 부과하는 억제력이 제거되며 이에 따라 그 개인이 일탈행동을 하게 된다는 것이다.

③ 사회적 유대(연대) 요소

애착(attachment)	부모, 또래, 교사 등 의미 있는 타인과 정서적으로 밀착된 정도
전념(집착) (commitment)	사회적 보상이 높은 목표를 설정하고 설정한 목표를 달성하기 위해 끈기 있게 집착하는 것 예 미래의 직업을 얻기 위해 열심히 공부한다든가, 소명감을 가지고 종교적인 활동을 열심히 한다든가 하는 것
참여(몰두) (involvement)	관례적 활동에 투입하는 시간의 양 예 학생이 학업에 몰두한다, 주부는 가사일에 몰두한다, 직장인은 자기 업무에 몰두한다.
신념(belief)	사회적 규칙과 가치를 자신의 신념처럼 수용하는 것 ⇨ 내면화된 사회 통제

(2) 중화이론 – Sykes & Matza

① 비행청소년들이 자기의 행위가 나쁘다는 것을 알면서도 중화기술을 사용하여 죄의식 없이 비행을 저지른다고 본다.

② 즉, 청소년들은 전통적인 도덕가치를 부정하는 것이 아니라, 여러 상황에서 그것을 중화시키는 방법(techniques of neutralization)을 가지고 있으며 그럼으로써 별 죄의식 없이 비행을 저지른다. 중화기술은 범죄가 자아에 갖는 의미를 희석시키는 것을 의미한다.

MEMO

③ 청소년들은 인습가치(지배적인 문화)와 일탈가치 사이에서 표류하는 표류자(drifter)이다. 전통적인 비행이론은 대부분의 비행청소년들이 청소년 말기나 성인단계에 이르러 비행을 청산하고, 나이가 들어감에 따라 비행이 사라지는 표류(drift)현상을 설명하지 못한다. 표류는 사회의 통제가 느슨한 상황으로 전통적 비행이론에 따르면 대부분의 청소년들은 비행자가 되어야 한다. 그러나 실제는 비행을 저지르지 않는다. ⇨ 사회통제무력화이론, 표류(편류)이론

④ 비행은 기존 규범에 대항하는 가치관 때문은 아니다. 코헨의 비행하위문화 이론에 대해 비행적 하위문화에서 사회화된 사람들은 비행적 행동방식으로 행동할 수밖에 없다는 주장은 결정론적 이분법적 사고라고 비판하였다.

Plus

중화기술

1. **책임의 부정**: 비행의 책임을 외적 요인으로 전가 ⇨ 비행의 책임을 가정환경, 부모의 애정결핍, 빈곤, 친구 등 외적 요인으로 전가하고 자신은 잘못(책임)이 없다고 합리화하는 기술
   예 비행자가 친구 때문에 또는 부모의 애정결핍 때문이라는 외적 요인을 핑계로 삼아 자신의 책임을 부정한다.
2. **가해(피해발생)의 부정**: 자신의 비행을 사소한 것으로 치부하며 가해를 부정 ⇨ 자신의 행위로 피해를 본 사람이 없다고 합리화하는 기술
   예 그들은 그 정도의 피해는 감당할 만하다. 학교폭력의 가해자들이 그것은 단순한 장난이었다고 한다. 물건을 훔치고 잠깐 빌린 것이라고 한다. 집단 패싸움을 벌이고 단순한 다툼 또는 합의한 결투로 생각한다.
3. **피해자의 부정**: 피해자는 피해를 입어 마땅한 사람이라고 간주 ⇨ 자신의 행동은 일탈이 아니라 피해자가 응당 받았어야 할 정당한 행위라고 합리화하는 기술
   예 그들이 사태를 초래한 장본인이다. 절도범이 자신이 훔친 것은 부정축재자의 것이므로 자신의 범행은 분배적 정의의 실천이라고 생각한다. 상점의 물건을 훔치면서 가게 주인이 정직하지 못한 사람이라고 생각한다.
4. **비난자의 비난**: 비난자를 오히려 비난 ⇨ 비난자를 비난함으로써 자기의 일탈성을 중화한다.
   예 털어서 먼지 안 나는 사람은 없다. 선생님도 촌지를 받으면서 시험 중 부정행위로 적발된 학생이 교사를 특정 학생만 편애한다고 비난한다. 신호위반으로 적발된 운전자가 적발한 경찰을 비난한다. 어른들은 더 나쁜 일도 많이 하지 않냐며 변명한다.
5. **대의명분에 호소(더 높은 충성심에의 호소)**: 보다 높은 상위가치나 대의명분에 호소 ⇨ 범죄를 저지른 학생이 자신의 행동을 또래집단에 대한 충성심이라고 생각한다.
   예 친구와의 소중한 우정을 지키기 위해 나쁜 일을 하게 되었다. 나는 동료들을 위해 그런 짓을 하였다.

(3) 차별접촉이론 – Sutherland ⇨ 가장 많이 사용되는 이론 14 중등추시論

① 비행은 친밀한 집단 내에서 사회적 상호작용이나 모방을 통해 사회적으로 학습된 결과라고 본다.

② 모든 계층의 청소년들이 일탈집단을 직·간접적으로 자주 접하게 되면 일탈청소년이 될 수 있다. 예 근묵자흑(近墨者黑)

MEMO

06

Plus

차별접촉이론의 비행에 관한 기본 명제

1. 비행은 학습된다.
2. 비행은 타인과의 상호작용, 특히 의사소통의 과정에서 학습된다.
3. 비행학습은 주로 1차적 집단과의 친밀한 인간관계를 통해 이루어진다.
4. 비행학습 내용에는 비행의 기술뿐만 아니라 비행과 관련된 동기, 충동, 합리화, 태도 등도 포함된다.
5. 비행의 동기와 태도는 법이나 규범에 대해 호의적인(유리한) 정의를 하느냐, 비호의적인(불리한) 정의를 하느냐에 따라 결정된다.
6. 법 위반에 호의적인 정의가 비호의적인 정의보다 더 클 때 일탈이 일어난다.
7. 차별적 교제는 빈도, 우선성, 강도, 지속기간에 따라 다르다.
   ① 빈도(frequency): 일탈된 다른 사람들과 많이 접촉할수록 일탈의 가능성은 많아진다.
   ② 우선성(priority): 일탈의 영향이 얼마나 일찍 발생하는가, 일탈에 일찍 노출될수록 일탈행동 패턴으로 발달할 가능성은 커진다.
   ③ 강도(intensity): 일탈된 다른 사람과 동일시하는 정도이다.
   ④ 지속기간(duration): 일탈된 역할모델과 보낸 시간이 길수록 일탈 학습의 가능성은 크다.
8. 비행은 일반적인 욕구와 가치에 의해서만 설명되는 것은 아니다.

(4) 낙인이론 – Lemert, Becker ⇨ 상징적 상호작용이론에 기초한 이론

99 중등, 04 초등, 08 중등, 14 중등추시論

① 개관

㉠ 개념: ⓐ 타인이 자기 자신을 우연히 비행자로 낙인(labeling)찍었기 때문에 자기의 지위를 비행자로 규정하고 의식적·상습적으로 비행을 저지른다고 설명한다. 비행은 행위자의 내적 특성이 아니라 주위에서 비행자로 의미를 부여하며 만들어진다고 본다. ⓑ 낙인이론에서 비행성(범죄성)은 행동의 특성보다는 그런 행위를 한 자에게 사회인이 의미를 부여하는 것으로 규정한다. 낙인을 찍는 것은 일종의 자기충족적 예언으로 작용하며, 본래 정상적인 사람도 주의의 잘못된 인식 등으로 실제로 일탈자가 될 수 있다고 본다.

예 철수가 장난삼아 던진 돌에 지나가던 아이가 중상을 입게 되었다. 이로 인해 철수는 경찰서에 신고되고 비행청소년으로 취급되었다. 그 이후로 철수가 가졌던 자아정체감은 부정적으로 바뀌게 되었고, 결국은 일탈자가 되었다.

㉡ 의미 부여: 비행행동은 객관적으로 일탈적인 것이 아니라 사람들에 의해 일탈행동 또는 일탈자로 규정되고 낙인찍힌 것뿐이라고 한다. 일탈자로 낙인찍히면 일탈자이고, 같은 행동을 한 사람도 일탈자로 낙인찍히지 않으면 일탈자가 아니다. 어떤 행동을 '일탈적'이라고 규정하는 기준도 임의적이며, 어떤 집단의 사람에 의해서 규정된다.

MEMO

㉢ **비행자가 되는 과정** : 특정인이 비행자로 낙인찍히는 과정 → 낙인찍힌 사람이 스스로를 비행자로 자기규정하는 과정 → 경력비행자가 되는 과정 ⇨ 일탈행동으로 보이는 행동을 한 학생은 처음에는 사람들이 자신을 일탈자·문제아라고 규정짓는 것을 거부하다가, 점차 자기 스스로 일탈자라고 생각하게 된다. 그리하여 자아개념을 일탈자(deviant self-image, 비행성 자아상)로 재구성하게 된다. 일탈자로서 자아개념을 형성하게 되면, 자신의 자아 이미지에 맞는 역할행동, 즉 일탈자로서의 행동(2차적 일탈)을 하게 된다.

② **낙인 과정(Hargreaves)** : 학생 유형화 과정 연구 ⇨ 교사에 의해 학생의 일탈행동이 형성되는 과정 연구

㉠ 모색 단계(추측단계, speculation; 교사가 학생들을 만나 첫인상을 형성하는 단계) ⇨ ㉡ 명료화 단계(정교화 단계, elaboration; 첫인상이 실제와 같은지 확인하고 명료화하는 단계 → 가설검증 과정) ⇨ ㉢ 공고화 단계(고정화 단계, stabilization; 학생을 범주화하여 공고화하는 단계 → 학생의 정체성에 대해 비교적 안정된 개념을 가짐)

③ **낙인에 따른 교사의 차별적 기대** : 낙인에 따른 교사의 차별적 기대는 학생의 자기지각에 영향을 준다. 그래서 어떤 형태의 낙인을 하든지 자성예언(self-fulfilling prophecy) 효과를 만들어 낸다. 굿과 브로피(Good & Brophy)는 낙인에 따른 차별적 기대과정을 다음과 같이 설명한다.

㉠ 교사는 특정 학생에게서 특정한 행동과 학업성취를 기대한다.

㉡ 교사는 학생에 따라 다른 기대를 하기 때문에 다르게 행동한다.

㉢ 교사의 차별적 처치(treatment)는 각 학생에게 어떤 행동과 학업성취를 기대하는가를 말해 주며, 학생의 자아개념과 성취동기 및 포부수준에 영향을 준다.

㉣ 교사의 처치가 시간이 흘러도 변함이 없고, 학생이 그것에 적극적으로 저항하거나 변화시키려고 하지 않으면, 교사의 처치는 학생의 학업성취와 행동을 형성하게 된다.

㉤ 시간이 흐름에 따라 학생의 행동과 학업성취는 본래 교사가 기대했던 것과 더 근접하게 맞아 들어가게 된다.

④ **일탈을 촉진하는 교사의 특징** : 특정 학생을 편애하는 경향, 공부를 못하거나 규율을 어기는 학생을 문제아라고 보는 고정관념 소유, 문제아를 가르치는 자신의 처지가 불쌍하다고 인식하는 경향, 가르치는 일이 지겨운 일이라고 생각, 학생과의 개별적인 만남과 접촉을 기피, 보수적인 '도덕주의'에 집착

⑤ **교육적 시사점** : 학교(교사)의 대응방식에 따라 이차적 일탈이 방지될 수 있거나 또는 야기될 수도 있다. 학교의 부주의한 징계 조치, 문제학생으로서의 유형화 및 차별적 취급 등은 자칫 문제학생을 일반 또래집단으로부터 고립시키고 일탈집단으로 몰아넣는 결과를 초래할 수 있다.

MEMO

06

02 진로지도

1 진로교육(career education)

(1) 개념

① 개인이 자신의 진로를 현명하게 선택하고, 선택한 진로에 들어가서는 계속 발전해 나갈 수 있도록 돕는 과정

② 평생교육의 차원, 제4차 교육과정 때부터 교육과정에 도입

③ 2009 개정 교육과정 때부터 중학교 '선택' 교과에 '진로와 직업' 교과 도입

(2) 진로교육의 과정

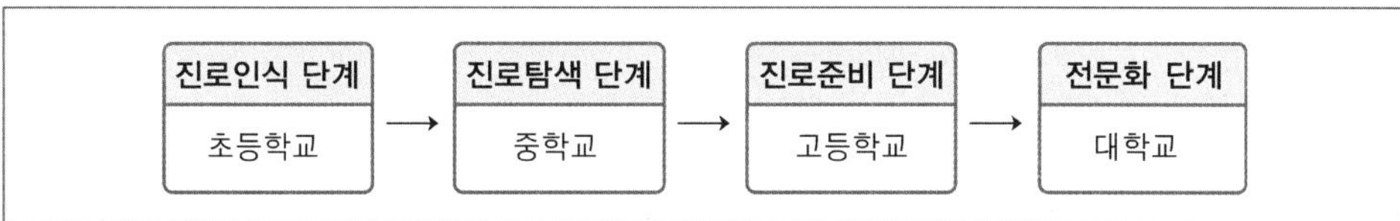

단계별 지도내용

지도단계	지도내용
인식단계 (초등학교)	• 자아에 대한 인식 • 자신의 소질이나 흥미 발견 • 다양한 직업의 인식 • 일과 직업에 대한 자긍심의 발견 • 일과 직업 수행을 위한 지식, 기술 습득의 필요성 인식
탐색단계 (중학교)	• 자아개념의 명료화 • 진학 및 직업 준비 교육 • 직업의 분류 및 직업군 탐색 • 자기의 의사결정에 관련된 요소 인식 • 가치 있고 지속적인 사회적 제도로서의 직업(일)의 이해
준비단계 (고등학교)	• 자아개념의 구체화 • 기본기능의 계속적인 숙달, 활용, 응용력의 강조 • 진로 목표에 적합한 계획수립 • 일(직업)에 대한 가치 획득 • 구체적인 진로계획의 수립과 졸업 후의 환경에 대비
전문화단계 (대학교)	• 구체적 직업 관련 지식과 특수기술 개발 • 재교육, 현직교육, 승진을 위한 기술 훈련과정 제공 • 직업인의 긍지와 보람, 직업윤리와 가치관 정립 • 피고용인으로서 의미 있는 인간관계 형성 • 전문직에 고용될 수 있는 전문가의 능력 배양

MEMO

2 진로상담이론

개념 다지기

진로상담이론의 접근방법

1. **구조론적 접근(이론)**: 개인의 심리적 특성 중에서 특별히 성격(성격구조)과 직업의 특성 간에 관련이 깊거나 상응하는 연결 구조를 강조한다.
   예 특성요인이론, Roe의 욕구이론, Holland의 성격이론, Blau의 사회학적 이론
2. **발달론적 접근(이론)**: 직업선택이나 진로발달이 전 생애에 걸쳐 이루어진다고 본다. 이 점은 직업선택을 일회적인 행위로 보는 특성요인이론과 구별되며, 진로선택요인에 있어 특성(trat)보다는 자아개념을 더 중시한다. 예 Ginzberg의 진로발달이론, Super의 진로발달이론
3. **과정론적 접근(이론)**: 개인의 특성이나 직업 간의 연결 관계보다는 진로선택이나 진로결정의 과정에 주목하고 있는 이론이다. 예 Gelatt의 의사결정이론, Krumboltz의 사회학습이론

(1) 구조론적 이론

① 특성요인이론(trait and factor theory)

개념	흥미나 능력, 적성 등 개인적 특성이 바로 직업의 특성과 일치하기 때문에 직업을 선택한다는 이론이다.
대표자	파슨스(Parsons), 윌리암슨(Williamson), 헐(Hull) 등
특징	• 과학적 측정방법을 통해 개인의 특성(trait)을 식별하여 직업 특성에 연결시키는 것을 핵심으로 한다. • 개인의 특성(trait)에 대한 객관적 자료와 직업의 특성에 관한 자료를 중시한다. • 개인의 특성과 직업의 요구 간에 연결이 잘 될수록 개인적인 만족과 성공적인 직업수행의 가능성이 커진다.
진로상담과정 6단계	분석(학생에 관한 자료를 수집하여 학생의 개인적 특성을 파악) → 종합(수집된 자료를 종합하여 학생의 특성을 총체적으로 이해) → 진단(학생이 당면하고 있는 진로선택의 문제점을 진단) → 예측(가능한 대안의 검토 및 결과 예측) → 상담(최선의 대안을 선택하고, 직업적 성공을 위한 준비나 대책을 마련할 수 있도록 도움을 줌) → 추수지도
한계	각 발달단계에서 특성을 어떻게 지속적으로 측정 및 고려할 수 있는지의 한계는 남는다.

MEMO

06

② 욕구이론(need theory) 05 중등, 11 중등

<table>
<tr><td>개념</td><td colspan="3">• 매슬로우(Maslow)가 제시한 욕구단계론을 기초로, 개인의 욕구가 직업선택에 큰 영향을 미친다는 이론이다(즉, 개인의 욕구를 충족시켜 주는 직업을 선택한다는 것이다). 개인의 욕구는 아동기에 부모의 양육방식에 영향을 받는다고 본다. 이에 따르면, 직업선택은 부모와 자녀의 관계(부모의 양육방식)에서 형성된 개인의 성격과 욕구구조에 의해 결정된다고 본다.
• 직업에 대한 만족도는 그 직업이 얼마나 개인의 욕구를 잘 충족시켜 주는지에 달려 있다. 예 부모가 자녀에게 애착이 강하면 인간지향적 성격이 형성되고 자녀는 인간지향적 직업(서비스직, 비즈니스직, 예능직 등)을 선택함. 부모가 자녀에게 무관심하거나 거부적일 때 비인간지향적 성격을 형성하고 비인간지향적 직업(기술직, 과학직 등)을 선택함</td></tr>
<tr><td>직업선택에서 인성요인</td><td colspan="3">로우(Roe)는 인성의 요인이 직업선택의 주요 변인이라고 보고 어렸을 때 부모-자녀 관계의 상호작용에서 주요 인성적 차이를 형성한다고 보았다.</td></tr>
<tr><td>직업선택에서 욕구요인</td><td colspan="3">로우(Roe)는 직업들을 흥미에 기초해 총 8가지의 직업군으로 구분하고 책무성에 기초해 6가지 수준으로 나누었는데, 어떤 직업분야 내에서 선택되는 수준은 개인의 욕구강도에 따라 결정된다고 한다. 욕구강도는 유전적 요소와 무의식적인 욕구충족방법과 같은 요소들로 구성되며, 개인의 지능수준과 사회적·경제적 배경에 의해 영향을 받는다.</td></tr>
<tr><td>대표자</td><td colspan="3">로우(Roe), 호포크(Hoppock)</td></tr>
<tr><td rowspan="4">부모의 양육방식과 직업지향성에 대한 가설</td><td colspan="2">부모의 양육방식
(부모-자녀의 상호작용 유형)</td><td>성격 지향성</td><td>직업 지향성</td></tr>
<tr><td rowspan="2">정서집중형
(자녀에 대한 애착)</td><td>과보호형: 과잉보호적 분위기 ⇨ 자녀를 지나치게 보호함으로써 자녀에게 의존심을 키워준다.</td><td rowspan="3">인간지향적인 성격 형성</td><td rowspan="3">인간지향적 직업선택
⇨ Ⅰ. 서비스직,
Ⅱ. 비즈니스직,
Ⅲ. 단체직,
Ⅶ. 일반문화직,
Ⅷ. 예능직</td></tr>
<tr><td>과요구형: 과잉요구적 분위기 ⇨ 자녀가 남보다 뛰어나고 공부를 잘하기를 바라므로 엄격하게 훈련시키고 무리한 요구를 한다.</td></tr>
<tr><td>수용형
(자녀 수용)</td><td>애정형: 애정적 분위기 ⇨ 온정적이고 관심을 기울이며 자녀의 요구에 응하고 독립심을 길러준다. 또 벌을 주기보다는 이성과 애정으로 대한다.</td></tr>
</table>

MEMO

	수용형 (자녀 수용)	**무관심형**: 무관심한 분위기 ⇨ 자녀를 수용적으로 대하지만 욕구나 필요에 대해 그리 민감하지 않다. 또 자녀에게 어떤 것을 잘하도록 강요하지 않는다.	비인간지향적 성격 형성	비인간지향적 직업선택 ⇨ Ⅳ. 기술직, Ⅴ. 옥외활동직, Ⅵ. 과학직
	회피형 (자녀 회피)	**방임형**: 무시적 분위기 ⇨ 자녀와 별로 접촉하려고 하지 않으며 부모의 책임을 회피하려고 한다.		
		거부형: 거부적 분위기 ⇨ 자녀에게 냉담하여 자녀가 선호하는 것이나 의견을 무시한다. 또 부족한 면이나 부적합한 면을 지적하며 자녀의 욕구를 충족시켜 주려고 하지 않는다.		
한계	• 실증적인 근거의 결여 • 검증의 어려움 • 진로상담을 위한 구체적인 절차의 부재			

MEMO

06

③ 성격이론(personality theory) 08~09 중등, 12 초등, 12~13 중등

<table>
<tr><td>홀랜드
(Holland)의
성격(인성)이론
(RIASEC 6각형
모델)</td><td colspan="2">홀랜드(J. Holland)의 성격(인성)이론에서는 성격유형과 직업환경을 각각 6가지로 분류하고, 개인의 성격유형에 맞는 직업환경을 찾아야 한다고 본다. 홀랜드는 개인의 성격유형이 직업선택에 중요한 영향을 미친다고 보았다. 즉, 사람들은 자기의 성격유형을 표출할 수 있는 직업환경을 선택한다고 보고, 6가지 성격유형과 직업환경유형을 제시하였다. 따라서 개인의 성격유형과 직업환경과의 패턴을 알면 직업선택, 직업전환, 직업적 성취, 역량, 직업만족도 등에 대해 예측이 가능하다. 개인의 성격유형과 흥미분야를 발견하고 그것을 발휘할 수 있는 직업을 찾도록 하는 것이 진로지도의 기본이다(예 홀랜드의 직업흥미검사).</td></tr>
<tr><td rowspan="7">직업적
성격유형
(직업환경)과
성격 특성</td><td>직업적 성격유형</td><td>직업적 성격 특성(선호하는/싫어하는 직업적 활동)</td></tr>
<tr><td>실재형(현실적)
(Realistic)</td><td>기계를 만지거나 조작하는 것을 좋아하며, 몸을 움직이는 활동을 선호한다. 그러나 교육적인 활동이나 치료적인 활동은 좋아하지 않는다.
예 기술자, 운동선수, 정비사(기계 · 전기기사), 자동차 및 항공기 조종사, 엔지니어 등</td></tr>
<tr><td>탐구형(지적)
(Investigate)</td><td>탐구심이 많고 논리적 · 분석적이며, 정확하고 지적 호기심이 많으며, 체계적인 활동을 선호한다. 그러나 사회적이고 반복적인 활동에는 관심이 부족하다.
예 과학자, 생물학자, 물리학자, 화학자, 인류학자, 사회학자, 의사 등</td></tr>
<tr><td>예술형(심미적)
(Artistic)</td><td>변화와 다양성을 좋아하고, 자유롭고 창의적인 활동을 선호한다. 그러나 체계적이며 구조화된 활동에는 흥미가 없다.
예 예술가, 작곡가, 음악가, 미술가, 무용가, 디자이너, 연예인(배우), 소설가, 작가 등</td></tr>
<tr><td>사회형(사회적)
(Social)</td><td>다른 사람들과 어울리는 것을 좋아하고, 다른 사람들을 도와주는 활동을 선호한다. 그러나 도구와 기계를 포함하는 질서정연하고, 체계적인 활동에는 흥미가 없다.
예 교사, 상담사, 사회복지사, 간호사, 언어치료사 등</td></tr>
<tr><td>설득형(기업형)
(Enterprising)</td><td>지도력과 통솔력이 있으며, 말을 잘하고(설득적이며), 다른 사람들을 관리하는 활동을 선호한다. 그러나 관찰적 · 상징적 · 체계적 활동에는 흥미가 없다.
예 기업인, 정치가, 법조인, 영업사원, 관리자 등</td></tr>
<tr><td>관습형(전통적)
(Conventional)</td><td>계획에 따라 자료를 기록 · 정리 · 조직하는 활동을 좋아하며, 계산적인 능력을 발휘하는 활동을 선호한다. 그러나 창의적 · 자율적이며 모험적, 비체계적인 활동에는 매우 혼란을 느낀다. 예 회계사, 은행원, 경리사원, 사서, 법무사 등</td></tr>
<tr><td>한계</td><td colspan="2">• 성격만 주로 강조되어 다른 중요한 개인적 · 환경적 요인이 경시
• 진로상담에 적용할 수 있는 구체적인 절차를 제공하지 못함
• 성격요인을 중시하면서도 성격의 발달과정에 대한 설명이 드러나지 않음
• 자신의 성격에 맞지 않는 직업환경을 선택했을지라도 자신의 특성이나 환경을 바꿈으로써 직업적 수행을 잘해나갈 가능성을 무시하고 있음
• 홀랜드 모형의 측정 검사도구에 성적 편견이 내재되어 있음(예 실재형이나 탐구형에 여성적 직업 배제, 사회형이나 관습형에 여성적 직업 많이 나열)</td></tr>
</table>

MEMO

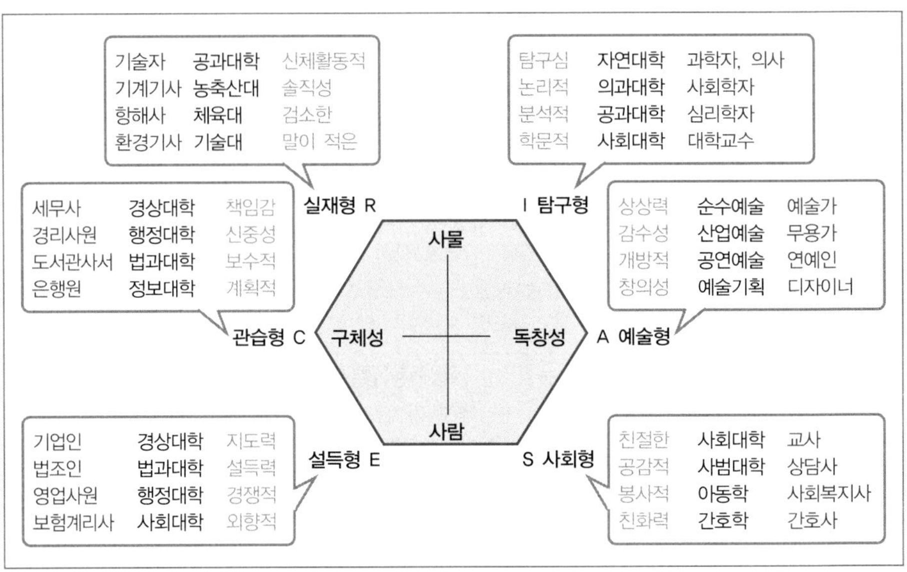

④ 사회학적 이론(sociological theory) 10 중등

개념	가정, 학교, 지역사회 등의 사회적 요인이 직업선택에 큰 영향을 미친다고 본다. 개인을 둘러싼 사회・문화적 환경이 개인의 행동에 영향을 미친다는 사회학적 지식을 바탕으로 생성된 이론이다.
특징	이 이론의 특징은 개인이 통제할 수 없는 요인들이 직업선택에 중요한 영향을 끼친다는 것이다. 그만큼 개인의 직업선택의 재량권은 다른 이론에서 가정하는 것보다 훨씬 적다. 이 이론에 따르면, 문화나 인종의 차이에 비해 개인이 속해 있는 사회계층이 개인의 직업적 야망에 큰 영향을 미친다고 한다. 개인의 사회계층에 따라 개인은 교육정도, 직업포부수준, 지능수준 등이 다르며 이런 사회경제적 요인들이 진로 발달에 영향을 미친다. 특히 부모는 자녀의 진로선택에 중요한 영향을 주는 것으로 간주한다. 따라서 진로상담을 할 때는 내담자 가정의 사회・경제적 지위, 가정의 영향력, 학교, 지역사회, 압력집단, 역할지각 등을 고려해야 한다고 제언한다.
대표자	블라우(Blau), 홀링쉐드(Hollingshead), 폼(Form) 등

MEMO

06

(2) 발달론적 이론

<table>
<tr>
<td rowspan="5">진즈버그
(Ginzberg)의
진로발달이론</td>
<td colspan="2">① 개념 : 직업선택이란 삶의 어느 한 시기에 이루어지는 일회적인 사건이 아니라, 장기간에 걸쳐 발달하는 일련의 의사결정이라고 본다. 직업에 대한 지식, 태도, 기능도 어려서부터 발달하기 시작하여 일련의 단계를 거치면서 발달한다고 본다. 발달단계 초기에 이루어지는 선택과정은 개인의 흥미, 능력, 가치관에 좌우되지만, 나중에는 이 요인들과 외부적인 조건이 함께 타협됨으로써 직업선택이 이루어진다. 타협을 직업선택의 본질적 측면으로 본다.</td>
</tr>
<tr>
<td colspan="2">② 진로발달단계</td>
</tr>
<tr>
<td>환상기
(6~10세)</td>
<td>• 직업선택에서 자신의 능력이나 가능성, 현실여건 등을 고려하지 않고 욕구만을 중시하는 시기이다. 자기가 원하는 것은 무엇이든지 다 할 수 있다고 믿고 환상 속에서 비현실적인 선택을 하는 경향이 있다.</td>
</tr>
<tr>
<td>잠정기
(11~17세)</td>
<td>• 직업선택에서 개인의 흥미, 능력, 가치(가치관)를 고려하지만, 현실여건을 고려하지 않는 시기이다. 현실적 요인들을 고려하지 않기 때문에 잠정기(시험기)라고 하며 비현실적인 시기에 해당한다. ⇨ 청소년 초기 단계
• 흥미단계 ⇨ 능력단계 ⇨ 가치단계 ⇨ 전환단계로 진행
– 흥미단계(11~12세) : 자신의 흥미나 취미에 따라 직업을 선택함
– 능력단계(12~14세) : (자신이 흥미를 느끼는 분야에서 성공을 거둘 수 있는 능력이 있는지) 자신의 능력을 시험해 보고자 하며, 이 세상에는 다양한 직업이 있고, 직업에 따라 보수나 교육·훈련 유형도 각기 다르다는 사실을 처음으로 인식하게 됨
– 가치단계(15~16세) : 직업선택 시 다양한 요인을 고려해야 함을 인식함. 자기가 좋아하는 직업에 관련된 모든 정보들을 알아보며, 그 직업이 자신의 가치관 및 생애목표에 부합하는지 평가해 봄
– 전환단계(17~18세) : 점차 주관적 요소에서 현실적인 외부요인으로 관심을 전환함</td>
</tr>
<tr>
<td>현실기
(18세~)</td>
<td>• 자신의 흥미, 능력, 가치뿐만 아니라 직업의 요구조건, 교육기회, 개인적 요인 등과 같은 현실요인을 고려하고 타협해서 결정 ⇨ 현실적으로 직업을 선택하는 시기, 청소년 중기 단계
• 탐색단계 ⇨ 구체화단계 ⇨ 특수화(전문화)단계로 진행
– 탐색단계 : 직업을 탐색하고 직업에 필요한 교육과 경험을 쌓으려고 노력
– 구체화단계 : 직업목표를 구체적으로 정하고, 자신의 결정에 관련된 내적·외적 요소를 종합
– 특수화단계 : 자신의 결정을 더욱 구체화시키고, 더욱 세밀한 계획을 세움</td>
</tr>
</table>

MEMO

수퍼(Super)의 진로발달이론
10 중등, 12 중등

① 개념 : 직업발달 과정에서 본질적인 역할을 하는 것이 자아개념(self-concept)이라고 본다. 인간은 자아개념(이미지)과 일치하는 직업을 선택하며('나는 이런 사람이다.'라고 느끼고 생각하던 바를 살릴 수 있는 직업을 선택), 이런 의미에서 직업선택은 자아개념의 실행이라고 본다. 개인의 직업발달의 과정은 자아실현과 생애발달의 과정으로 본다. 진로발달은 인간의 전 생애에 걸쳐서 이루어지는 연속적인 과정으로 보고, 진로발달 5단계를 제시하였다. 진로문제(직업선택 문제)가 발생하는 원인은 자아개념의 발달수준과 진로성숙도가 낮기 때문이라고 본다. ⇨ 진즈버그의 발달이론을 비판하고 보완한 발달이론

② 수퍼의 진로발달 요인과 기본 가정

진로발달 요인	기본 가정
개인차	각 개인은 흥미와 능력, 성격이 모두 다르다.
다양한 가능성	개인차에 의해 각 개인은 다양한 직업에 어울리는 자격을 갖추게 된다.
직무능력의 유형	각 직업은 특정한 능력과 성격 특성을 요구한다.
진로유형	진로유형은 부모의 사회경제적 수준, 지적 능력, 교육 등에 의해 결정된다.
직무만족	직업만족도는 자아개념을 실행할 수 있는 정도에 비례한다.

③ 진로발달단계 : 생애진로 무지개

성장기 (0~14세)	• 초기에는 욕구와 환상이 지배적이나 점차 흥미와 능력을 중시 • 환상기 ⇨ 흥미기 ⇨ 능력기로 진행 – 환상기(4~10세) : 욕구가 지배적이며 환상적 역할수행이 중시됨 – 흥미기(11~12세) : 진로결정에 흥미가 주요한 요인이 됨 – 능력기(13~14세) : 능력을 중시하면서 진로를 선택함
탐색기 (15~24세)	• 학교활동, 여가활동 등을 통해 자아를 검증하고 역할을 수행하며 직업탐색을 시도 • 잠정기 ⇨ 전환기 ⇨ 시행기로 진행 – 잠정기(15~17세) : 자신의 욕구, 흥미, 능력, 가치, 직업기회 등을 고려하여 잠정적으로 진로선택 – 전환기(18~21세) : 자아개념이 직업적 자아개념으로 전환되는 시기 → 취업에 필요한 훈련, 교육 등을 받으며 자신의 자아개념을 확립하려 함. 자신의 자아개념을 실천하려 함에 따라 현실적 요인을 중요시하게 됨 – 시행기(22~24세) : 적합하다고 판단한 직업을 시행하며 적합 여부를 시험함. 자신에게 적합해 보이는 직업을 선택해서 최초로 직업을 가지게 됨

MEMO

06

단계	내용
확립기 (25~44세)	• 자신에게 적합한 분야에 종사하고 삶의 기반을 잡으려고 노력 • 시행기(정착기) ⇨ 안정기로 진행 – 시행기(25~30세) : 자신이 선택한 일이 적합하지 않을 경우, 적합한 일을 발견할 때까지 반복하여 변화를 시도함 – 안정기(31~44세) : 진로유형이 분명해지고 안정되는 시기(안정된 위치를 굳히기 위해 노력하며, 안정과 만족감, 소속감, 지위 등을 갖게 됨)
유지기 (45~65세)	안정 속에서 자신의 위치를 확고히 하고 유지하려는 시기
쇠퇴기 (66세~)	직업전선에서 은퇴하여 다른 활동을 찾는 시기

④ 발달이론의 교육적 함의

㉠ 개인의 진로발달이란 전 생애기간에 이루어지는 연속적인 과정이기 때문에 진로상담의 최종목표를 직업선택으로 제한해서는 안 된다.

㉡ 개인의 진로성숙도를 분석하여 진로성숙의 취약한 하위분야들을 보완할 수 있는 구체적 진로발달 프로그램의 개발과 적용이 필요하다.

㉢ 지나치게 자아개념을 강조하고 있다는 비판을 받는다.

티이드만과 오하라 (D. Tiedeman & R. O'Hara)의 진로이론
12 중등

① 개념

㉠ 진로발달(직업발달)이란 직업 자아정체감(vocational identity)을 형성해 나가는 계속적 과정이며, 직업 자아정체감은 의사결정을 되풀이하는 과정에서 성숙된다. 직업 자아정체감이란 개인이 자신의 제반 특성을 정확히 파악하고 자신의 자아를 실현시킬 수 있는 일이 무엇인가에 대한 나름대로의 생각 또는 인식을 말한다. 티이드만과 오하라는 진로발달은 교육 또는 직업적 추구에 있어서 개인이 나아갈 방향을 선택하고, 선택된 방향에 들어가서 잘 적응하고자 발전하는 과정에서 이루어지는 자아의 발달로 개념화하고 있다.

㉡ 진로발달은 직업 자아정체감을 형성하는 과정으로 정의하며, 연령과 관계없이 의사결정을 통해 직업의식이 발달한다.

㉢ 이 접근은 개인이 일에 대한 자신의 특성을 파악하고 자아를 실현시킬 수 있는 일이 과연 무엇인가를 나름대로 인식하고 생각하여 진로를 결정한다는 뜻에서 의사결정이론이라고도 한다.

㉣ Super(1953)는 자아발달이론에서 각 발달단계(6단계)에 연령을 고정시키고 있지만, Tiedeman(1961)과 O'Hara(1968)는 연령과 관계없이 문제의 성질에 좌우되며 의사결정과정을 통해서 직업의식이 발달하고 있다고 설명하고 있다.

㉤ 개인이 어떤 문제에 직면하거나 욕구를 경험하고 또 결정을 내려야 할 필요성을 인식할 때 의사결정과정이 시작된다. 이러한 과정을 Tiedeman과 O'Hara(1963)는 7단계(탐색기 – 구체화기 – 선택기 – 명료화기 – 적응기 – 개혁기 – 통합기)를 크게 예상기와 실천기로 구분하고 있다.

MEMO

② **예상기**: 예상기(anticipation)에서 개인은 과거의 경험을 돌이켜보고 능력을 알아보며 가능한 목표를 점검해 본다. 자기 행동의 결과를 예견해 보며, 상상하여 역할을 시도해 보고, 목표와 가치, 가능한 보상을 생각하여 개인은 특정한 방향으로 나아갈 준비를 한다. 그 다음 자기가 하고자 하는 것과 그렇지 않은 것을 분명하게 진술할 수 있게 된 뒤에, 이미 내린 의사결정을 신중히 분석·검토해 보고 결론을 내리는 과정이다.

> ㉠ **탐색기**: 자신의 능력과 여건을 예비평가하여 가능한 목표를 탐색함
> ㉡ **구체화기**: 자신의 가치관, 보수, 보상 등을 고려하여 진로를 구체화함
> ㉢ **선택기**: 자기가 하고 싶어 하는 일을 선택하고, 자신에게 맞지 않은 진로를 탈락시킴
> ㉣ **명료화하기**: 결정된 진로에 대해 분석·검토하고 명료하게 결론을 내림

③ **실천기**: 실천기(implementation)에서 새 집단이나 조직의 풍토에 적응하기 위해서 자신의 일면을 수정하거나 버리기도 하고, 수용적 자세가 받아들여진 이후에 주장적인 강경한 태도를 보이기 시작하다가, 결국, 집단의 요구와 개인의 요구와의 균형이 이루어지게 된다는 것이다.

> ㉠ **적응기**: 선택한 조직(직장) 내에서 인정과 승인을 받기 위해 노력하며, 새로운 상황에 수용적인 자세로 임함
> ㉡ **개혁기**: 인정을 받게 되면 자신의 의견이나 주장을 강하게 드러냄(자신에게 맞지 않은 부분에 대해 조직을 개혁하고자 하는 마음이 있는 시기)
> ㉢ **통합기**: 개인의 욕구와 조직의 욕구를 타협하고 통합하는 시기. 개인은 집단의 일원으로서 원만하게 생활해 가면서 직업적 자아개념을 발달시키게 되는데, 이것은 분화와 통합의 과정을 통한 역동적인 평형화 과정이다.

MEMO

06

(3) 과정론적 이론

① 젤라트(Gelatt)의 의사결정이론

개념	개인의 진로는 환경의 영향을 받는 것이 아니라, 개인 스스로가 합리적으로 최적의 환경을 선택해 간다고 본다. 직업선택의 기본원리는 의사결정과정과 같으며, 의사결정의 단계는 다음과 같다. ㉠ 목적의식 ㉡ 정보 수집, ㉢ 가능한 대안의 열거, ㉣ 각 대안의 결과 예측, ㉤ 각 대안의 실현 가능성 예측, ㉥ 가치평가, ㉦ 의사결정, ㉧ 평가 및 재투입
대표자	젤라트(Gelatt), 로스(Roth), 힐튼(Hilton)

② 크럼볼츠(Krumboltz)의 사회학습이론 11 초등

개념	진로결정은 학습된 기술로서, 유전적 요인과 특별한 능력, 환경적 조건과 사건, 학습경험, 과제접근기술과 같은 진로결정요인 간 상호작용의 결과라고 본다. 이 이론은 고전적 행동주의 이론, 강화이론, 인지적 정보처리 이론에 기초하고 있다.
대표자	크럼볼츠(Krumboltz), 젤라트(Gelatt)
진로결정에 영향을 주는 4가지 요인 (진로결정요인)	• 유전적 요인과 특별한 능력(genetic endowments & special abilities) : 개인의 진로기회를 제한하는 타고난 특질 예 인종, 성별, 신체용모, 성격, 지능, 예술적 재능 등 직업이나 교육선택에 영향을 미칠 수 있는 요인 • 환경적 조건과 사건(environmental conditions & events) : 환경에서의 특정한 사건이 활동, 진로선호, 기술개발 등에 영향을 미친다는 것 예 취업 및 훈련 기회(취업 가능한 직종의 내용, 교육훈련이 가능한 분야), 직업 · 취업구조, 사회정책 · 노동정책(노동법 포함), 교육제도, 가정의 영향, 이웃과 지역사회의 영향 등 환경에서의 특정한 사건 • 학습경험(instrumental learning experiences) : 개인이 과거에 학습한 경험은 현재 또는 미래의 교육적 · 직업적 의사결정에 영향을 미친다는 것. 진로결정과 관련된 과거의 학습경험으로 도구적 · 연상적 · 대리적 학습경험이 있음 1. **도구적 학습경험** : 어떤 행동에 대해 정적 또는 부적 강화를 받을 때 나타남 2. **연상적 학습경험** : 이전의 중립적 사건이나 자극을 비중립적 사건이나 자극과 연결시킬 때 일어남, 중립적 사건이나 자극을 정서적으로 받아들이는 사건이나 대상으로 연상할 때 일어남 3. **대리적 학습경험** : 타인의 행동을 관찰, 모방할 때 나타남 • 과제접근기술(task approach skills) : 개인이 환경을 이해하고 그에 대처하며 미래를 예견하는 능력이나 경험으로, 유전적 요인, 환경적 조건이나 사건, 학습경험 간의 상호작용의 결과로 나타남. 문제해결기술, 일하는 습관, 정보수집능력, 감성적 반응, 인지적 과정 등이 포함됨

Me
mo

Chapter

02

상담활동

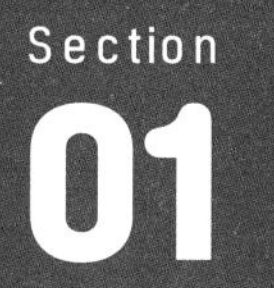

Section 01 상담활동의 이해

MEMO

01 상담의 이해 96 중등, 08 중등, 10 초등

1 상담의 개념

(1) 개념

① 상담은 전문적인 소양을 갖춘 상담자가 내담자의 여러 가지 문제를 해결하도록 도와주는 활동이다(면대면 과정, face to face).

② 상담(counseling)이 '정상인'을 대상으로 예방에 중점을 두면서 성장과 발달을 촉진하고자 한다면, 심리치료(psycho-therapy)는 '비정상인(환자: 성격장애, 심리장애)'을 대상으로 치료와 교정에 중점을 두면서 장애를 완화시키고자 한다.

상담	심리치료
정상의 문제	비정상의 문제
현실적 문제, 선택과 결정의 문제	성격적 문제/무의식의 문제, 정서적 갈등의 문제
예방 중점	치료와 교정 중점
성장과 발달 촉진	장애 완화
인지적 방법 활용(생각, 의견)	정서적 방법 활용(증오, 애정, 충동)
내담자의 문제는 질병이 아니다	내담자의 문제는 일종의 질병이다
학교, 기업, 상담소에서 상담자가 수행	병원에서 전문치료자가 수행

MEMO

06

(2) 생활지도와 상담(counseling), 심리치료(psycho-therapy)와의 구별

① 생활지도는 대부분 학교 장면에서 이루어지지만, 상담은 학교뿐만 아니라 직장, 군대 등에서도 이루어진다. 반면, 심리치료는 주로 전문 치료기관이나 병원 등에서 환자를 대상으로 이루어진다.

② 생활지도는 모든 학생을 대상으로 광범위한 영역에서 학생들을 도와주는 반면에, 상담은 부적응 문제를 가지고 있는 학생을 대상으로 상담자와 내담자 간에 특수한 관계를 맺고 문제해결을 도와주는 활동이다. 심리치료는 심리적 장애를 가지고 있는 환자를 대상으로 치료자와 환자 간에 상담에서보다 더 특수한 관계를 형성하며 치료나 재활을 목적으로 이루어지는 활동이다.

③ 생활지도는 생활지도의 전문가뿐만 아니라 담임교사, 교장과 교감, 학교행정가 등이 담당할 수 있다. 그러나 상담과 심리치료는 훈련과 전문적 소양을 갖춘 전문가에 의해 이루어진다.

④ 생활지도의 영역은 학생들의 이해와 지도에 필요한 기초 정보자료를 수집하고, 문제의 해결과 의사결정에 필요한 정보와 자료를 제공하는 동시에 건전한 사회의 일원으로서 성장 발달할 수 있도록 조언·조력해 주는 활동이 중심이 된다. 반면, 상담의 영역은 사고·심리적 갈등의 해결문제를 주로 다루고 있고, 심리치료의 영역은 심리적·정신적 장애 문제의 극복에 중점을 둔다.

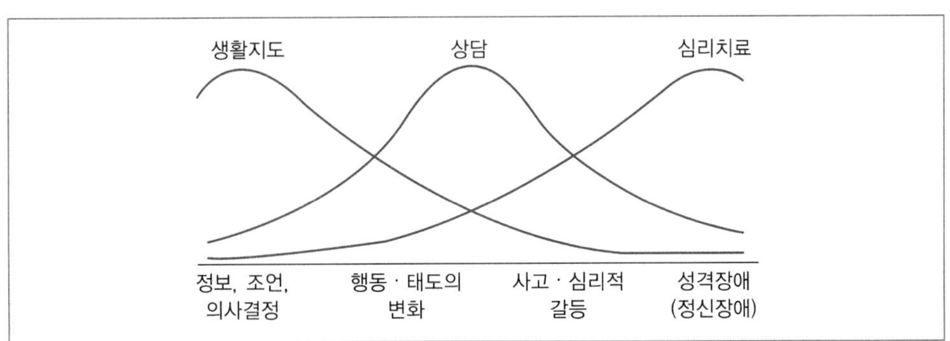

생활지도, 상담, 심리치료 영역의 비교

MEMO

02 상담의 기본조건 91 중등, 99 초등추시, 99 중등, 02~03 초등

수용 (acceptance)	• 내담자를 한 인간으로서 존중하고 있는 그대로 받아들이는 것 ⇨ "무조건적이고 긍정적 존중"(C. Rogers) • 내담자의 행동, 감정, 태도 등이 긍정적인 것이든 부정적인 것이든 하나의 사실로 그대로 수용해야 한다.
공감적 이해 (empathetic understanding)	• 상담자가 내담자의 입장에서 마치 내담자인 것처럼(as if) 이해하는 것 ⇨ "감정이입적 이해"(동정 ×), 내담자의 감정에 빠져들지 않으면서 내담자의 감정을 자신의 감정처럼 느끼는 것 • 상담자는 내담자가 표현하는 말뿐만 아니라 그 이면에 숨겨진 내담자의 감정, 신념까지 포착할 수 있어야 한다. • 상담자에게 '제3의 귀(The Third Ear)', '제3의 눈(The Third Eye)'이 요구된다. **내담자**: 우리 아빠는 나만 보면 야단치세요. **상담자**: 아빠가 너만 미워하시는 것 같아 속상하구나.
진실성 (일치성, 솔직성) (genuineness, congruence)	• 상담자는 내담자를 순수하고 진실하며 정직하게 대해야 하며, 가면이나 역할연기에 얽매여 있어서는 안 된다. 또, 내담자와의 관계에서 상담자가 자신의 경험이나 감정을 솔직하게 표현해야 한다. 넓은 의미에서 경험, 인식, 의사소통 등이 모두 일치(합치)해야 한다. • 상담자의 진실성은 내담자의 진실성을 촉진하는 기폭제 역할을 한다.
신뢰(래포 형성) (trust)	• 내담자가 상담자를 믿는 것 • 신뢰가 형성되기 위해서는 래포(rapport), 즉 상담자와 내담자 간 믿을 수 있는 친밀한 분위기가 형성되어야 한다.

03 상담의 상담기법 97~98 초등, 99 초등추시, 02 초등, 04 중등, 06~10 초등, 08~09 중등, 12 초등

MEMO

06

구조화 → 경청 → 반영 → 명료화 → 직면 → 해석

구조화 (structuring) 07 초등, 10 초등	• 개념 : 상담의 시작단계에서 상담자가 상담과정의 본질, 제한조건 및 방향에 대하여 정의를 내려 주는 것 예 상담에 적극 참여하기, 약속 시간 준수하기, 상담 연기 방법, 상담교사에게 연락하는 방법, 상담실 이용방법, 상담기간과 횟수, 앞으로 기대되는 효과 등 • 기능 : 상담의 방향이나 초점을 잃지 않게 하며 상담을 효율적으로 진행할 수 있게 한다. 학생 : 상담실에는 매일 와야 해요? 교사 : 상담은 보통 1주일에 한 번 하는데, 필요하다면 더 자주 할 수도 있단다.
경청 (listening)	• 개념 : 내담자의 말과 행동에 상담자가 선택적으로 주목하는 것(언어적 + 비언어적 반응) ⇨ 상담자가 경청을 할 때 적극적으로 선택하여 듣는 것만이 중요한 것은 아니다. 상담자는 자신이 내담자의 말을 주목하여 듣고 있음을 전달해 줄 필요도 있다. 예컨대, 상담자는 내담자가 말할 때 진지한 관심이 있음을 나타내는 눈길을 보냄으로써 그와 함께하고 있음을 알려야 한다. • 기능 : 내담자에게 생각이나 감정을 자유롭게 표현할 수 있게 북돋아 주며, 자신의 방식으로 문제를 탐색하게 하며, 상담에 대한 책임감을 느끼게 한다.
반영 (reflection of feeling) 02 초등, 04 중등, 10 중등	• 개념 : 내담자의 말과 행동에서 표현된 기본적인 감정을 상담자가 다른 참신한 말로 부언해 주는 것이다. 내담자의 말을 그대로 되풀이하는 하는 것('재진술')이 아니라, 그 내용의 밑바탕에 흐르고 있는 감정을 파악하는 것이 중요하다. 상담자는 내담자가 자신의 감정을 알아차리고 경험하게 함으로써 문제해결에 이르도록 돕는다. ⇨ "정서 되돌려 주기" • 기능 : 내담자의 자기이해를 도와줄 뿐만 아니라 내담자로 하여금 자기가 이해받고 있다는 인식을 갖게 한다. 학생 : 친구들이 모두 저를 싫어하는 것 같아요. 저한테는 아무도 말을 걸지 않아요. 교사 : 친구들과 친하게 지내고 싶은데, 말을 거는 친구가 없어 속상한가 보구나.
재진술 (restatement) 08 중등, 12 초등	• 개념 : 재진술은 내담자의 말을 그대로 되풀이하는 것을 말한다. 이는 내담자가 말한 내용 중 일부를 반복함으로써 상담의 방향을 초점화(focusing)하는 기술이다. 내담자의 말을 요약하기 위해서는 말의 내용, 말할 때의 감정, 그가 한 말의 목적, 시기, 효과에 대해서 주의를 기울여야 한다. ⇨ "내용 되돌려 주기"✦

'반영'이 내담자의 메시지에 담긴 정서를 되돌려 주는 기술이라면, '재진술'은 내담자의 메시지에 담긴 내용을 되돌려 주는 기술이다.

MEMO

	• 기능 : 내담자가 말한 내용 중 일부를 반복함으로써 상담의 방향을 초점화(focusing)하는 기술 학생 : 어제 오빠랑 싸웠다고 엄마에게 혼났어요. 전 억울해요. 교사 : 엄마에게 혼나서 억울하다는 거구나. 학생 : 선생님, 저는 영희가 좋아요. 그런데 영희가 어떤 때는 저에게 웃으며 대해 주다가 어떤 때는 차갑게 대해요. 영희가 저를 좋아하는지 싫어하는지 헷갈려요. 교사 : 영희가 너를 대하는 태도가 때에 따라 달라지니까 너를 좋아하는지 아닌지 잘 모르겠다는 거구나.
명료화 **(clarification)** 02 초등, 06 초등, 09 초등	• 개념 : 내담자의 말에 내포된 뜻을 상담자가 자신의 언어로 내담자에게 명확하게 말해 주거나, 내담자에게 분명하게 말해 달라고 요청하는 것(→ 내담자가 산만하고 막연하게 말한 것을 상담자가 분명하고 간결하게 정리해서 말해 주거나, 분명하게 말해 달라고 요청하는 것). 명료화는 내담자가 말하고자 하는 의미를 상담자가 생각하고, 이 생각한 바를 다시 내담자에게 말해 준다는 점에서 단순한 재진술과는 다르다. ⇨ 내담자에게 언급해 주는 내용은 어디까지나 내담자의 표현 속에 포함되었다고 상담자가 판단하는 것, 즉 명료화의 자료는 내담자 자신은 미처 충분히 자각하지 못하는 의미나 관계이다. • 기능 : 내담자가 애매하게만 느끼던 내용이나 불충분하게 이해한 자료를 상담자가 말로 정리해 준다는 점에서 내담자에게 자기가 이해를 받고 있으며 상담이 잘 진행되고 있다는 느낌을 갖게 해 준다. 그리고 내담자로 하여금 미처 생각하지 못했던 측면을 다시 생각하도록 해 주는 자극제가 된다. 학생 : 나는 태어나지 말았어야 했나 봐요. 교사 : 이해가 잘 안 되는데 무슨 뜻인지 자세히 설명해 줄래? 학생 : 지난밤 꿈에 아버지와 사냥을 갔는데, 제가 글쎄 사슴인 줄 알고 쏘았는데, 나중에 가까이 가 보니까 아버지가 죽어 있었습니다. 그래서 깜짝 놀라 잠을 깨었습니다. '디어 헌터'라는 영화를 본 지 며칠 안 돼서 그런 꿈을 꾸었는지 모르겠어요. 교사 : 꿈이었겠지만, 총을 잘못 쏘아서 아버지를 돌아가시게 한 죄책감 같은 것을 느꼈는지도 모르겠군요.
즉시성 **(immediacy)** 07 초등	• 개념 : '과거－거기'에서 벌어졌던 일보다는 '지금－여기'에서 벌어지는 일(상황) 또는 '지금－여기'에서의 상담자와 내담자의 관계에 직면하여 그것을 다루도록 하는 초점화 기술 ⇨ 일(상황)의 즉시성, 관계의 즉시성 • 기능 : 상담자와 내담자 간에 긴장감이 형성될 때, 내담자가 상담에 흥미를 보이지 않을 때, 내담자가 상담자에게 신뢰감을 보이지 않을 때, 상담이 방향성을 잃었을 경우, 내담자가 의존성이 있을 경우에 사용 학생 : 애들이 저를 놀리고 때려요. 어쩌죠? 선생님이라면 어떻게 하시겠어요? 선생님이 시키시는 대로 할게요. 교사 : 글쎄. 그런데 선생님은 자세한 내용을 모르니까 당황스럽고, 또 마치 너한테 해결책을 줘야 할 것 같은 기분이 들어서 부담스럽기도 하구나.

MEMO

06

재구조화 (restructuring) 11 초등	• 개념 : (다른 사람의 동기를 살펴서) 다른 사람의 행동을 다른 관점에서 보도록 유도하는 기법이다. 비합리적인 사고로 인해 나타나는 비합리적 반응을 해결하기 위한 합리적인 사고를 하도록 하는 상담이다. • 기능 : 상담자는 내담자가 지각하는 상황을 보다 합리적인 방법으로 학습하도록 돕는다. 학생 : 선생님, 저는 엄마 잔소리 때문에 괴로워요. 엄마는 제가 조금만 쉬고 있어도 "공부 안 하니?" 하고, 학교 마치고 집에 조금만 늦게 가도 "왜 이렇게 늦게 오니?" 하며 야단치세요. 엄마는 칭찬은 않고 늘 꾸중만 하세요. 교사 : 엄마가 잔소리하고 야단만 쳐서 속상한 모양이구나. 그런데 그건 너에 대한 엄마의 관심의 표현일 거야. 너를 많이 사랑해서 그러시는 게 아닐까?
탈중심화	• 아동으로 하여금 현재 자신이 겪고 있는 즉시적 경험을 관찰하고 숙고하게 하는 자기관찰기회를 제공해서 자기중심에서 벗어날 수 있도록 하는 과정이다. • 또한 아동의 기대나 판단 등을 구체화할 수 있는 탐색적인 질문을 통해 어떤 사건에 반응할 때 사건 그 자체가 아니라 자신의 사고와 신념을 통해 해석된 것이란 것을 깨닫게 한다.
직면 (confronting) 99 초등추시, 02 초등, 12 초등	• 개념 : 내담자가 모르고 있거나 인정하기를 거부하는 생각과 느낌에 대하여 주목하도록 하는 방법으로, 내담자가 가지고 있는 불일치 · 모순 · 생략 등을 상담자가 내담자에게 알려 주는 것이다. ⇨ 내담자에게 심리적 위협과 상처를 줄 수도 있으므로, 상담자는 시의성(時宜性), 즉 내담자가 그것을 받아들일 수 있는 준비가 되어 있는지를 면밀히 고려하여 사용해야 함 • 기능 : 내담자가 가지고 있는 불일치 · 모순 · 생략 등을 상담자가 내담자에게 기술 학생 : (온몸이 경직되면서 두 주먹을 불끈 쥐며) 저는 이 세상에서 우리 아빠를 누구보다 사랑하고 존경해요. 교사 : 너는 아빠를 사랑한다고 말하면서도 그 순간 온몸이 긴장하는구나. (가영이가 같은 반 친구와 다툰 일에 대해 괜찮다고 말하면서 울먹이며 눈시울이 약간 젖어 있다.) 교사 : 가영아, 너는 괜찮다고 말하지만 목소리가 떨리고 눈물이 글썽이네.
자기개방 (자기노출) (self-disclosure)	• 개념 : 상담자가 자신의 경험이나 생각, 정보 등을 내담자에게 솔직하게 노출시키는 기술 • 기능 : 자신을 솔직하게 노출시킴으로써 친근감을 전달하고, 내담자의 깊은 이해를 발달시킨다. 학생 : 친구들이 저만 따돌리고 선생님들께서도 저에게 관심이 없어요. 교사 : 선생님도 예전에 친구들한테 따돌림을 당했을 때 몹시 힘들었단다.
정보제공	• 개념 : 문제 사태에 대해 정확한 정보를 제공하는 것 ⇨ 내담자가 따라야 할 해결책이나 처방을 제시하는 충고 또는 조언하기와는 구별된다. • 기능 : 내담자의 무지(無知)와 정보의 부족이 문제의 원인으로 밝혀진 경우에 적절한 기술

MEMO

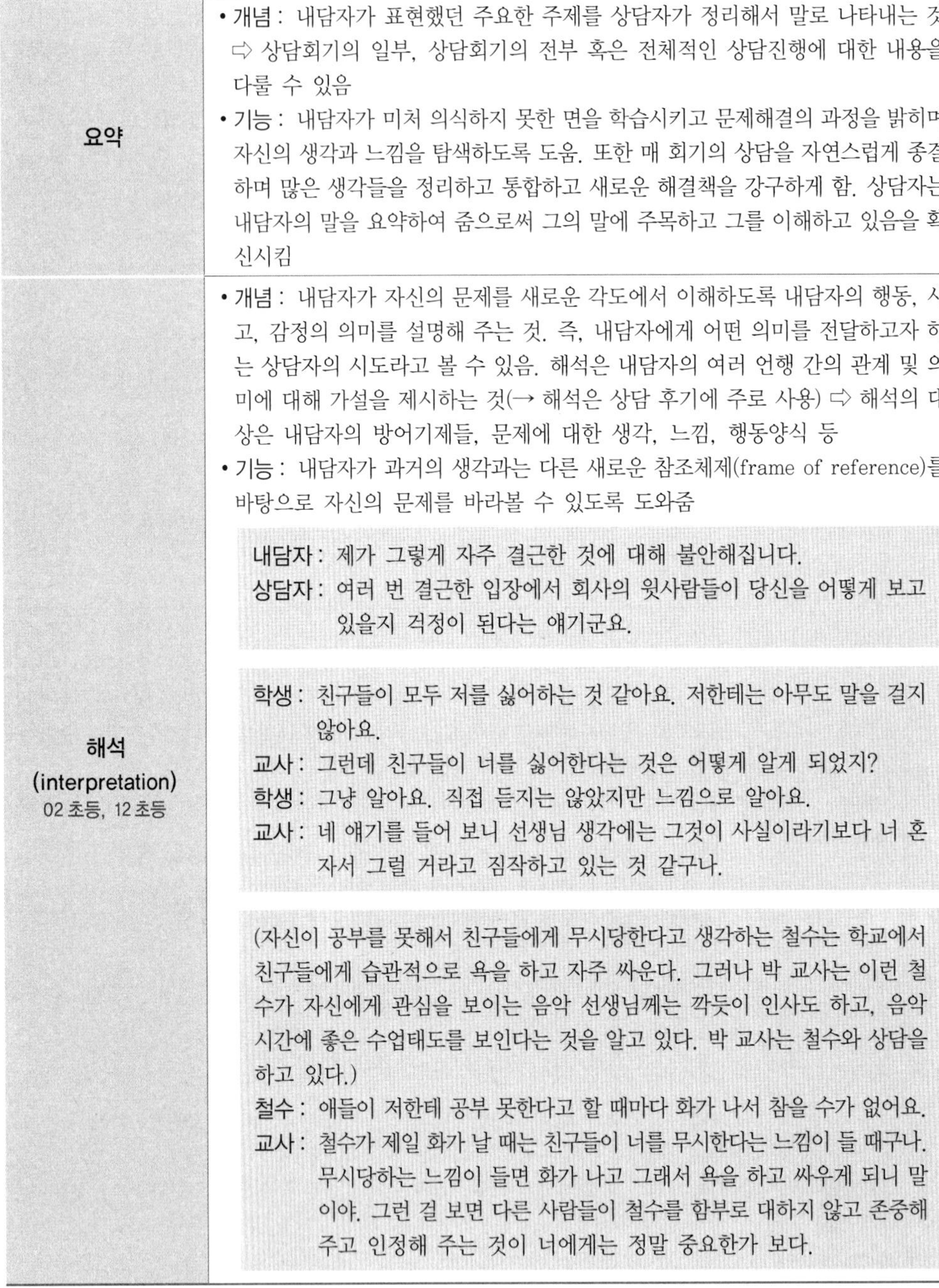

요약	• 개념 : 내담자가 표현했던 주요한 주제를 상담자가 정리해서 말로 나타내는 것 ⇨ 상담회기의 일부, 상담회기의 전부 혹은 전체적인 상담진행에 대한 내용을 다룰 수 있음 • 기능 : 내담자가 미처 의식하지 못한 면을 학습시키고 문제해결의 과정을 밝히며 자신의 생각과 느낌을 탐색하도록 도움. 또한 매 회기의 상담을 자연스럽게 종결하며 많은 생각들을 정리하고 통합하고 새로운 해결책을 강구하게 함. 상담자는 내담자의 말을 요약하여 줌으로써 그의 말에 주목하고 그를 이해하고 있음을 확신시킴
해석 (interpretation) 02 초등, 12 초등	• 개념 : 내담자가 자신의 문제를 새로운 각도에서 이해하도록 내담자의 행동, 사고, 감정의 의미를 설명해 주는 것. 즉, 내담자에게 어떤 의미를 전달하고자 하는 상담자의 시도라고 볼 수 있음. 해석은 내담자의 여러 언행 간의 관계 및 의미에 대해 가설을 제시하는 것(→ 해석은 상담 후기에 주로 사용) ⇨ 해석의 대상은 내담자의 방어기제들, 문제에 대한 생각, 느낌, 행동양식 등 • 기능 : 내담자가 과거의 생각과는 다른 새로운 참조체제(frame of reference)를 바탕으로 자신의 문제를 바라볼 수 있도록 도와줌 내담자 : 제가 그렇게 자주 결근한 것에 대해 불안해집니다. 상담자 : 여러 번 결근한 입장에서 회사의 윗사람들이 당신을 어떻게 보고 있을지 걱정이 된다는 얘기군요. 학생 : 친구들이 모두 저를 싫어하는 것 같아요. 저한테는 아무도 말을 걸지 않아요. 교사 : 그런데 친구들이 너를 싫어한다는 것은 어떻게 알게 되었지? 학생 : 그냥 알아요. 직접 듣지는 않았지만 느낌으로 알아요. 교사 : 네 얘기를 들어 보니 선생님 생각에는 그것이 사실이라기보다 너 혼자서 그럴 거라고 짐작하고 있는 것 같구나. (자신이 공부를 못해서 친구들에게 무시당한다고 생각하는 철수는 학교에서 친구들에게 습관적으로 욕을 하고 자주 싸운다. 그러나 박 교사는 이런 철수가 자신에게 관심을 보이는 음악 선생님께는 깍듯이 인사도 하고, 음악 시간에 좋은 수업태도를 보인다는 것을 알고 있다. 박 교사는 철수와 상담을 하고 있다.) 철수 : 애들이 저한테 공부 못한다고 할 때마다 화가 나서 참을 수가 없어요. 교사 : 철수가 제일 화가 날 때는 친구들이 너를 무시한다는 느낌이 들 때구나. 무시당하는 느낌이 들면 화가 나고 그래서 욕을 하고 싸우게 되니 말이야. 그런 걸 보면 다른 사람들이 철수를 함부로 대하지 않고 존중해 주고 인정해 주는 것이 너에게는 정말 중요한가 보다.

MEMO

06

반영, 명료화, 직면, 해석의 비교 02 초등

학생: 지난밤 꿈에 아버지와 사냥을 갔는데, 제가 글쎄 사슴인 줄 알고 쏘았는데, 나중에 가까이 가 보니까 아버지가 죽어 있었습니다. 그래서 깜짝 놀라 잠을 깨었습니다. '디어 헌터'라는 영화를 본지 며칠 안 돼서 그런 꿈을 꾸었는지 모르겠어요.

1. **반영**: "그런 끔찍한 꿈을 꾸고 마음이 몹시 당황했겠구나."
2. **명료화**: "꿈이었겠지만 총을 잘못 쏘아서 아버지를 돌아가시게 한 죄책감 같은 것을 느꼈는지도 모르겠구나."
3. **직면**: "너무 권위적이고 무관심한 아버지가 혹시 일찍 사고로 세상을 떠났으면 하는 생각이 마음 구석에 있었는지도 모르겠구나."
4. **해석**: "부모에게 효도해야 한다는 동양 문화권에서 볼 때 그런 꿈을 꾸었다는 사실에 네 마음이 심란하기도 하겠지. 그리고 한편으로는 권위적인 존재에 대한 적개심을 간접적으로나마 인정하고 표현했다는 점도 중요하겠지."

Section 02

상담이론

MEMO

개념 다지기

접근방법에 따른 상담이론의 분류

1. **문제 중심적 접근**: 정신역동적 상담이론, 행동중심 상담이론, 정서중심 상담이론, 인지중심 상담이론
2. **해결 중심적 접근**: 해결 중심적 단기상담

01 정신역동적 상담이론

1 Freud의 정신분석적 상담이론 10 중등, 12 중등

(1) 개념

① 프로이트(S. Freud)의 정신분석이론(심리성적 성격이론)에 근거한 상담이론

② 인간 부적응행동의 원인을 무의식에 억압된 욕구에서 비롯된다고 보고, 내담자가 지닌 무의식의 세계를 의식화하여 문제를 치료하려는 상담방법

(2) 인간관

① **결정론적 존재, 무의식적 존재**: 현재 인간의 행동은 과거 어렸을 때의 경험에 크게 좌우되며, 생후 약 5년간의 경험이 이후의 인간 행동 및 성격에 결정적인 영향을 미친다. 인간의 외적인 행동이나 감정 또는 생각은 정신 내적인 원인에 의해 결정되며, 인간의 의식은 '빙산의 일각'에 불과하고 인간의 행동 대부분은 무의식에 지배받는다. 사람들이 겪는 심리적 문제는 무의식이 작용한 결과이며, 무의식 속에 있는 고통들이 의식상태로 올라오려는 과정에서 심리적 증상이 형성된다. 따라서 정신분석은 무의식에 대한 건강한 깨달음을 추구하며, 무의식에 접근해 나가는 것이 곧 정신분석이다.

MEMO

06

② 생물학적 존재, 갈등론적 존재 : 인간은 쾌락을 추구하는 생물학적 존재로 생물학적 추동에 의해 통제되고 정신 에너지의 체계인 3가지 자아(원초아, 자아, 초자아)가 끊임없이 갈등하는 갈등론(비관론적)적 존재이다. 본능이 추구하는 쾌락과 현실의 갈등, 자아와 외부 세계와의 갈등, 적극성과 수동성의 갈등이 우리를 지배한다. 인간의 삶은 갈등의 연속이다.

(3) 주요 개념

① 정신적 힘으로서의 추동(drive) : 인간은 2가지 기본적인 추동, 즉 성적 추동인 리비도(libido)와 공격적 · 파괴적 추동인 타나토스(thanatos)를 가지고 태어난다. 그래서 한편으로 성적 쾌감을 얻고자 하고, 다른 한편으로 타인을 공격하고 파괴하고자 하는 것이 인간을 움직이는 가장 중요한 원동력이다. 인간의 발달은 이러한 본능적 추동을 현실에 맞게 조정해 나가는 방법을 체득하는 과정이다. 심리적 증상들은 이러한 본능적 욕구들을 현실에 맞게 조정해 나가는 데 있어서의 어떤 실패를 반영하는 것으로 이해할 수 있다.

② 정신 구조(의식, 전의식, 무의식) : 인간의 정신세계는 의식 영역, 전의식 영역, 무의식 영역으로 구성되어 있다. 의식은 자신이 주의를 기울이는 순간에 곧 인식할 수 있는 정신활동 부분이며, 무의식은 의식되지 않는, 자신이 전혀 모르는 정신활동 부분으로, 억압된 욕구나 본능이 깊이 자리 잡고 있는 심층영역이다. 의식과 무의식의 경계면에 있는 영역이 전의식이며, 전의식은 즉시 인식되지는 않지만 주의를 집중하고 노력하면 의식될 수 있는 정신활동 부분이다.

③ 성격의 구성 요소(id, ego, super-ego)

㉠ 원초아(id)는 생물학적 측면이 강한 본능적 욕구(예 성욕, 식욕, 수면욕 등)로서, '쾌락의 원리'에 따라 작동한다. 현실의 강력한 반대와 이러한 반대를 실행하는 자아의 발달로 인해 원초아의 욕구들은 억압(방어)될 수밖에 없다. 억압된 욕구들은 무의식 속에 숨겨진 채로 삶에 영향을 미친다.

㉡ 자아(ego)는 현실 세계와 접촉하는 성격의 한 부분(id의 일부가 현실에 적응하기 위해 변한 것으로 구강기에서 남근기에 걸쳐서 형성. '나'라는 의식의 작용이 자아라고 생각하면 됨)으로서, 원초아의 본능적 욕구들과 현실 세계를 중재하고, 갈등을 조절하는 기능을 한다. 자아(ego)는 '현실의 원리'에 따라 작동한다.

㉢ 초자아(super-ego)는 부모의 가치관이나 사회적인 규칙, 도덕과 양심 등이 자리잡은 성격의 한 부분(부모의 가치기준을 내면화함으로써 자아에서 발달)으로서, 무엇이 옳고 그른지, 어떤 일을 해야 하고 어떤 일은 하지 말아야 하는지 등을 판단하는 것이 초자아의 임무이다. '도덕과 양심의 원리'에 따라 작동한다. 초자아(super-ego)는 원초아의 충동을 견제하고 자아의 현실적 목표들을 도덕적 · 이상적 목표로 유도하려 한다.

MEMO

④ **불안(현실적 불안, 신경증적 불안, 도덕적 불안)**: 원초아(id), 자아(ego), 초자아(super-ego) 간의 마찰이 불안을 야기하며 현실적 불안, 신경증적 불안, 도덕적 불안이 있다.

㉠ 현실적 불안은 자아(ego)가 현실을 자각하여 두려움을 느끼는 불안이며, 실제적 위험에서 우리를 보호하는 데 기여한다.

예 차가 내게 달려드는 것을 볼 때 느끼는 불안, 학기말 시험 불안, 독사를 보고 느끼는 불안

㉡ 신경증적 불안은 자아(ego)와 원초아(id) 간의 갈등에서 비롯된 불안으로, 원초아(id)에 의해 충동적으로 표출된 행동이 처벌되지 않을까 하는 무의식적 두려움이다.

㉢ 도덕적 불안은 원초아(id)와 초자아(super-ego) 간의 갈등에서 비롯된 불안으로, 자신이 도덕적 기준에 위배된 생각이나 행동을 했을 경우 생기는 불안이다.

예 죄책감, 수치심

⑤ **방어기제**: 원초아(id)의 충동과 초자아(super-ego)의 압력에서 비롯되는 불안에서 자아(ego)를 보호하려는 심리적 기제이다. 즉, 자아(ego)가 무의식적 충동을 방어하고 조절하기 위해 사용하는 구체적인 정신적 대처방법들이다. 억압, 부정, 투사, 합리화, 치환(전치), 반동형성, 취소 등이 있다.

⑥ **심리성적 발달단계**: 성적 에너지(libido)가 신체의 어떤 부분에 집중되는지에 따라 구강기, 항문기, 남근기, 잠복기, 생식기(성기기)로 나눈다. 특정 발달단계에서 성적 욕구가 과대충족 또는 과소충족될 때 그 단계의 잔존물들이 정신적 에너지의 상당부분을 점유하게 되어 일종의 발달정지가 일어나는 현상인 '고착', 이전의 발달단계로 후퇴하는 현상인 '퇴행'은 부적응 행동을 유발한다.

(4) 상담목표

프로이트는 무의식의 작용이 심리적인 문제를 일으킨다고 보기 때문에 무의식에 억압된 내용이 무엇인지 알아내는 것이 중요하다. 따라서 '무의식의 의식화(자신의 무의식에 대해서 아는 것)'가 필요하며 이를 통해 무의식에 억압된 내용을 밝혀 줄 수 있게 된다. 자신의 모습을 수용하고 자아(ego)의 기능을 강화시켜 줌으로써 현실적이고 합리적으로 적응하도록 해 주어야 한다.

① 무의식의 의식화(무의식을 의식 영역으로 떠올리는 것이다, 내담자의 통찰)를 통해 자신의 모습을 수용하고 자아(ego)의 기능을 강화시켜 준다. 이를 통해 내담자가 현실적이고 합리적으로 적응하도록 해 준다.

② 자아(ego) 기능을 강화하여 본능(id)이나 초자아(super-ego)의 기능을 조절하고 성격의 조화로운 발달을 도모한다.

MEMO

06

(5) 상담과정

① **치료동맹(초기단계)**: 내담자가 분석에 적절한 사람인가를 평가하여 치료계약을 맺고 전이관계를 형성할 때까지의 치료 초기단계이다.

② **훈습(working through)(중간단계)**: 내담자의 통찰을 변화로 이끄는 것을 방해하는 저항을 반복적이고 점진적으로 정교하게 탐색하는 것. 내담자의 저항, 상담자의 저항에 대한 해석, 내담자의 해석에 대한 반응 등의 과정을 거치게 된다.

③ **종결**: 전이의 해결. 내담자와 상담자가 분석의 주요 목적이 달성되고 전이가 충분히 이해됐다는 것을 받아들일 때 정신분석은 종결된다.

(6) 상담기법

① **자유연상법(free association)**: 내담자로 하여금 마음속에 떠오르는 모든 것, 즉 아무리 괴상하고 사소하며 우스꽝스러울지라도 무조건 다 이야기하게 하는 것이다(예 "마음에 떠오르는 것이라면 그것이 아무리 하찮은 것이고, 입에 담을 수 없는 것이라도 숨기지 말고 무조건 모두 다 이야기하세요."). 상담자는 내담자 속에 억압된 자료를 수집하고 해석하여 의미를 찾아 내담자의 통찰을 돕는다.

② **꿈의 분석(dream work)**: 잠을 잘 때가 의식의 힘이 가장 느슨해지므로(방어기제 약화) 꿈은 깨어 있을 때보다 훨씬 무의식적 자료를 많이 포함하고 있는데, 이러한 꿈의 의미를 분석・해석함으로써 내담자의 문제와 갈등을 이해하고 통찰을 얻게 된다. ⇨ "꿈은 무의식에 이르는 왕도"

③ **저항(resistance)의 분석**: 저항은 내담자가 상담의 진행을 방해하고 상담에 협조하지 않는 모든 행위(예 상담시간에 늦는 것, 주제와 다른 이야기를 하는 것, 아무것도 떠오르지 않는다고 하는 것)이다. 이는 내담자가 자신의 억압된 충동이나 감정을 의식해 냈을 때 느끼게 되는 심리적 불안으로부터 자아를 보호하기 위해서 발생한다. 상담자는 심리적 저항을 분석하고 해석하여 내담자에게 그 의미를 알려 줌으로써 내담자의 통찰을 돕는다. 상담자는 심리적 저항을 분석하여 내담자가 무의식적으로 숨기고자 하는 것, 피하고자 하는 것, 두려워하는 것 등에 대한 정보를 얻고 그 의미를 파악하여 내담자에게 알려 주는데, 그 자체가 상담의 치료적 효과이다.

④ **전이(transference)의 분석**: 전이란 일종의 왜곡으로 과거의 중요한 사람에게 느꼈던 감정을 현재의 상담자에게 똑같이 느끼고 자기도 모르게 상담자에게 표현하는 현상이다('그때 그 사람'에게서 경험되었던 감정이 '지금 이 사람'에게 재현되는 것 ⇨ 시점의 왜곡과 대상의 왜곡). 전이야말로 내담자의 심리적 문제의 원인 그 자체를 표현하는 것이다(⇨ 전이가 치료의 핵심임). 상담자는 전이를 분석하고 해석함으로써 내담자의 무의식적 갈등과 문제의 의미를 통찰하도록 돕는다. 내담자가 더 이상 과거에 얽매이지 않고 현재에 살도록 하며 현실 속에서 만나는 사람 자체에 대해 진실한 감정을 느끼고 소유할 수 있도록 하는 데 도움이 된다.

MEMO

역전이(counter-transference)

상담자가 내담자에게 일으키는 전이현상으로, 내담자를 마치 상담자가 겪은 과거의 어떤 중요한 인물로 느끼는 현상. 내담자를 싫어하는 감정이나 과잉애착, 과잉관여 등으로 나타난다. 효과적인 상담을 위해서는 내담자의 분노, 사랑, 아첨, 비판 등이 강력한 감정을 받을 때 발생하는 역전이를 객관적으로 처리할 수 있어야 한다.

⑤ 해석(interpretation) : 해석은 자유연상, 꿈, 저항, 전이 등의 방법을 통해 찾아낸 무의식 세계의 정보들이 지닌 상징적 의미를 내담자에게 설명해 주는 것이다. 상담자의 해석을 통해 내담자는 이전에 몰랐던 무의식적 내용들을 차츰 의식적으로 이해하고 받아들이게 된다. 그러나 해석은 아무 때나 해서는 안 되며 내담자가 그것을 받아들일 만한 마음의 준비가 되어 있을 때 해야 한다. 그렇지 않으면 내담자의 강한 저항을 초래할 수 있다.

2 Adler의 개인심리학적 상담이론 04 중등, 07 초등

(1) 개념

① 아들러(A. Adler)의 '개인심리학'에 기초한 상담이론으로, 정신분석이론으로부터 발전되었다.

② 인간의 부적응행동은 비정상적인 방법으로 열등감을 해소하려고 할 때 발생한다고 보고, 내담자의 생활양식을 파악하여 바람직한 방향으로 생활양식을 바꾸도록 재교육하거나 재정향하는 상담방법이다.

(2) 인간관

① **전인적 존재, 총체론적 존재** : 개인은 분리될 수 없는 통합된 전체이며, 인간의 개개 행동은 그가 총체적으로 선택한 '생활양식'의 관점에서 파악되어야 한다고 본다.

② **불완전한 존재, 열등한 존재** : 인간은 불완전한 존재로서 누구나 어떤 측면에서 열등감을 느끼고 있다고 본다. 아들러는 "인간이 된다는 것은 자신이 열등하다는 것을 느끼는 것을 의미한다."라고 하였다.

③ **사회적 존재, 목적론적 존재** : 인간은 사회적 관심을 받기 위해 끊임없이 노력하는 존재이며, 현재를 바탕으로 미래지향적인 삶의 목적을 향해 노력하는 목적론적 존재이다. 목적론적 존재로서의 인간은 열등감을 극복하여 자기완성을 추구하는 존재이다.

④ **성장하는 존재, 창조적 존재** : 인간은 사회적 맥락에서 끊임없이 변화하고 발전하는 존재이며, 자유의지와 선택을 가지고 자기 자신을 보다 훌륭하게 창조하는 존재이다.

MEMO

06

(3) 주요 개념

① **사회적 관심**: ㉠ 개인이 사회적 존재로서 타인에 대한 공감, 공동체감을 느끼는 것(예 지역사회에 대한 감정, 타인에 대한 감정이입, 협동, 우정, 동료애, 이웃사랑, 애타적 마음, 배려 등)을 의미한다. 사회적 관심은 공감, 타인과의 동일시, 타인지향을 의미한다. ⇨ "사회적 관심은 타인의 눈으로 보고, 귀로 듣고, 가슴으로 느끼는 것"(Adler) ㉡ 사회적 관심을 가진 사람은 정신적으로 건강하고 행복하며 사회에 기여하는 사람이다. 반면 사회적 관심이 결여된 사람은 부적응한 사람으로 인생의 실패자이다. 부적응한 사람은 단지 자신의 욕구에만 관심을 두며 사회적 맥락에서 타인 욕구의 중요성을 인식하지 못한다.

② **열등감**: 열등감은 자기완성을 위한 필수요인이다. 열등감이 하나의 동기가 되어 열등감을 극복하고자 우월성을 추구하려고 노력할 때 심리적으로 건강하며 성장·발달한다. 심리적 건강을 위해 우리가 열등감을 지배하는 게 필요하다. 그러나 열등감이 우리의 삶을 지배할 경우 열등감의 노예가 되어 '열등감 콤플렉스'에 빠진다. 열등감 콤플렉스의 3가지 원인은 기관열등감, 과잉보호, 양육태만이다.

③ **우월성의 추구**: 우월성이란 자기완성 혹은 자기실현을 의미한다. 우월성의 추구는 삶의 기초적인 사실로 모든 인간이 문제에 직면했을 때 부족한 것은 보충하며, 낮은 것은 높이고, 미완성의 것은 완성하며, 무능한 것은 유능한 것으로 만드는 경향성이다. 사회적 관심을 가진 바람직한 생활양식을 바탕으로 한 우월성의 추구가 건강한 삶이다.

④ **생활양식(life style)**: 삶의 대한 개인의 기본적 지향성이며 반복적인 생활패턴을 의미한다. 인간은 생활양식에 따라 생각하고 느끼고 행동한다. 생활양식은 열등감과 그것을 보상(극복)하기 위한 노력으로 나타난다(예 신체적으로 허약한 어린이는 체력을 보다 훌륭하게 발달시키는 쪽으로 보상하려고 애쓴다). 생활양식은 대부분 4~5세에 형성되며, 이 시기 이후 개인의 생활양식은 거의 변하지 않고 단지 정착된 기본구조가 확대될 뿐이다. 아들러는 '사회적 관심'과 '활동수준'에 따라 생활양식을 4가지, 즉 지배형, 기생형, 회피형, 사회적 유용형으로 설명한다. 지배형, 기생형, 회피형은 바람직하지 않은 유형으로, 사회적 관심이 부족하다는 공통점이 있으나 활동수준(인생과제를 다루는 데 있어서 개인이 보여주는 에너지의 양)에는 차이가 있다. 이러한 생활유형은 가정에서 어린 시절에 부모의 영향으로 주로 형성된다.

MEMO

지배형 (ruling type)	• 사회적 관심은 낮으면서 활동수준은 높아, 독단적이며 공격적이다. 타인의 복지나 배려를 고려하지 않는 반사회적 태도를 보인다. 예 폭력적인 사람 • 지배형은 부모가 지배하고 통제하는 독재형으로 자녀를 양육할 때 나타나는 생활양식이다(예 가부장적 가족문화). ⇨ 민주적인 부모의 역할이 필요
기생형 (getting type)	• 사회적 관심과 활동수준이 모두 낮고, 자신의 욕구를 충족하기 위해 다른 사람에게 의존한다. 스스로 해결할 능력이 없다고 믿기 때문에 기생적인 방법으로 자신만의 욕구를 충족한다. 예 마마보이, 부모의 재산을 보고 빈둥대는 사람 • 기생형은 부모가 자녀를 지나치게 과잉보호할 때 나타나는 생활양식이다. ⇨ 많은 시련과 어려움을 겪고 자신이 노력하여 떳떳하게 성취할 수 있도록 해야 한다.
회피형(도피형) (avoiding type)	• 사회적 관심과 활동수준이 모두 낮으며, 자신감이 없고 매사에 소극적이고 부정적이다. 자신감이 없기 때문에 적극적으로 직면하는 것을 피하며, 시도하지도 않고 마냥 불평만 하기 때문에 사회적 관심이 떨어져 고립된다. 예 세상과 단절하여 인터넷 게임만 하는 사람 • 회피형은 부모가 자녀의 기를 꺾어 버릴 때 나타나는 생활양식이다. ⇨ 자녀가 보다 나은 삶을 위해 과감하게 도전하는 자세를 갖도록 해야 한다. 자녀의 기를 살려 주는 교육이 필요하다. 또, 부모로서 사회적 관심을 갖고 매사에 적극적으로 참여하는 태도를 자녀에게 보여 주는 것도 필요하다.
사회적 유용형 (socially useful type)	사회적 관심과 활동수준이 높아 자신과 타인의 욕구를 동시에 충족시키는 한편, 인생과제를 완수하기 위해 기꺼이 타인과 협동하는 심리적으로 건강한 사람의 표본이다.

⑤ **허구적 최종목적론** : 허구나 이상이 현실보다도 더 효과적으로 사람을 움직이게 한다는 것이다(예 정직이 최선의 길이다. 목적이 수단을 정당화한다. 모든 사람은 동등하다.). 인간의 궁극적 목적은 허구로서 그것이 실현 불가능할지도 모르나 행동의 원인, 충동, 본능, 힘 등을 넘어서 행위의 최종 설명이 될 수 있다는 것이다. 즉, 최종의 목적만이 인간의 행동을 설명할 수 있다는 것이다. ⇨ 아들러는 인간을 현재를 바탕으로 미래지향적인 삶의 목적을 향해 노력하는 존재로 보았으며, 이러한 삶의 목적은 최소한 사회에 기여할 수 있는 유능한 생활양식을 바탕으로 설정되는 것이 필요하다고 주장하였다.

⑥ **가족구도/출생순위** : 아들러는 가족구도와 출생순위가 인간의 생활양식의 형성에 중요하다는 것을 강조하였다. 부모와 자녀의 가족관계, 출생순위와 가족의 수, 가족 내 위치에 대한 해석은 어른이 되었을 때 세상과 상호작용하는 방식에 큰 영향을 미친다.

⑦ **인생과제** : 아들러는 사람이면 누구나 적어도 3가지 인생과제인 '일과 여가'(직업), '우정이나 사회적 관심'(사회), '사랑과 결혼'(사랑)에 직면하게 된다고 한다.

MEMO

06

(4) 상담목표

① 내담자의 문제해결을 위해 부족한 사회적 관심, 상식, 용기를 불어넣어 바람직한 삶을 영위하도록 조력한다.

② 상담을 통해 내담자의 생활양식을 파악하여 바람직한 방향으로 생활양식을 바꾸도록 재교육이나 재정향을 위해 노력한다.

(5) 상담과정

① **상담관계 형성** : 상담자와 내담자가 우호적이며 대등한 관계를 형성하고 관심과 경청을 바탕으로 공감적 관계를 형성한다.

② **평가와 분석** : 상담자는 내담자의 부적절한 생활양식에 영향을 준 요인들을 평가하고 분석한다.

③ **해석과 통찰** : 평가와 분석을 바탕으로 내담자의 부적응에 대한 해석을 한다. 해석을 바탕으로 내담자로 하여금 자신이 잘못된 목표와 자기패배적 행동에 대한 통찰을 발달시킨다.

④ **재정향** : 내담자가 새로운 방향을 갖도록 조력한다. 이때 내담자가 목표를 성취할 신념과 행동에 있어 변화를 만들도록 한다.

(6) 상담기법

① **즉시성(Immediacy)** : 상담과정에서 지금 이 순간 무엇이 일어나고 있는지를 다루는 기법이다. 상담과정에서 일어나는 것이 내담자 자신의 생활양식의 표본임을 깨닫게 한다. 지금 여기에서 일어나는 내담자의 말과 행동의 모순점을 즉각적으로 지적한다.

> 내담자 : (무릎에 얹은 손을 바라보며 상담자에게 부드럽고 작은 목소리로) 저는 남자친구에게 제 말에 귀 좀 기울이고, 제가 말하는 것에 관심 좀 가져달라고 말하고 싶어요. 그렇지만 그 사람은 들은 척도 안 할 거예요.
>
> 상담자 : 남자친구에게 자신의 말에 귀 기울여 달라고 말하고 싶다고 하지만, 당신은 시선을 아래로 두고 작은 목소리로 말하네요.

MEMO

② 격려 : 내담자의 기를 살려 주는 작업이다. 사람들이 불행, 우울, 분노, 불안 등을 겪는 것은 성장가능성과 자기능력에 대한 신뢰가 부족하기 때문이다. 격려는 내담자가 열등감과 낮은 자아개념을 극복할 수 있게 하며, 재정향 단계에서 행동의 변화를 가져오는 데 유용하다. 격려는 아들러 상담의 가장 중요한 중재기법 중의 하나이다.

내담자 : 제가 하고 있는 일이 잘 안 돼 요즘 너무 스트레스를 받고 있어요. (잠시 말이 없다가) 사실 저는 제가 맡은 일이 어떻게 하면 잘되는지 알고 있거든요. 그런데 우리 과장님이 중간에서 일이 안 되는 쪽으로 몰아가는 거예요.
상담자 : 당신은 생산적이고 효과적으로 일할 수 있는 전략을 알고 계신가 보군요. 그 전략을 물어보고 싶군요.

③ '마치~처럼' 행동하기(Acting as if) : 내담자가 마치 자신이 원하는 상황에 있는 것처럼 상상하고 행동하도록 하는 일종의 역할연기이다. 이 기법은 한스 바이힝거(Hans Vaihinger, 1991)의 개인은 자신이 설정한 세상에 대한 가정에 따라 자신의 세상을 창조한다는 주장을 응용한 것이다(허구적 최종목적론). 이 기법은 내담자가 실패할 것이라고 믿기 때문에 두려워하는 행동을 하도록 도와준다. 내담자는 '마치~인 것처럼' 행동해 봄으로써 새로운 감정과 자신감을 준다.

예 최소한 일주일 정도 마치 그 일이 일어난 것처럼, 그의 환상을 역할 놀이를 통해 표현해 보도록 격려할 수 있다.

내담자 : 저는 교수님들께 말 걸기가 너무 힘들어요. 사실 통계학 중간시험 문제 하나가 잘못 채점된 것이 있어서 담당교수님을 찾아뵙고 시정해 달라고 해야 하거든요. 근데 너무 떨려요.
상담자 : 당신은 교수님께 말 거는 일이 힘드신가 보군요. 그렇지만 다음 주까지 통계학 교수님을 찾아뵙고 오시기 바랍니다. 당신이 마치 실수를 찾아내는 일에 자신감이 넘치고 교수님께 그 상황에 대해 자연스럽게 설명할 수 있는 사람처럼 행동해 보세요.

④ 자기모습의 파악 : 내담자가 열망하는 변화된 행동을 하기 위해서는 '자기 모습을 있는 그대로 파악하는' 노력이 필요하다. 내담자는 행동을 옮기기 전에 자기 모습을 파악해 봄으로써 변화하기를 원하게 된다.

⑤ 질문(The question) : 내담자가 미처 확인하지 못한 자신의 생활양식과 증상을 통찰할 수 있는 기회를 제공하기 위한 기법이다. "당신이 좋아진다면 무엇이 달라지는가?"와 같이 개방형 질문을 통해 내담자가 깊은 수준에서 생활양식, 심리상태, 신념, 행동, 감정 등에 대해 탐색할 수 있도록 한다. 내담자의 응답에 따라 상담자는 내담자의 문제를 다루는 방식을 달리할 수 있다.

MEMO

06

> 상담자 : 만약 내가 당신의 증상을 즉시 제거할 수 있는 마술지팡이나 마술약을 가지고 있다면, 당신의 인생에서 무엇이 달라지겠습니까?
> 내담자 1 : 나는 더 자주 사교모임에 가거나 책을 쓸 것입니다. ⇨ 심인성 증상
> 내담자 2 : 나는 이러한 격심한 고통을 받지 않겠지요. ⇨ 기질적 증상

⑥ 내담자의 수프에 침 뱉기(Spitting in the soup) : 내담자의 잘못된 의도를 깨닫게 하기 위한 것으로, 상담자가 내담자의 행동이 총체적으로 손해되는 행동이라는 사실을 내담자에게 분명하게 보여 줌으로써 더 이상 손해되는 행동을 하지 못하도록 하는 기법이다. 내담자의 자기 패배적 행동(수프)에 감추어진 의도・동기를 인정하지 않음(침 뱉기)으로써 그 행동을 감소시키는 기법이다.

> 내담자 : 이 회사를 위해 청춘을 바쳤는데, 이번 승진에서 탈락시키다니……. 이런 회사에 남아 있다는 것이 무슨 의미가 있겠어요? 회사를 당장 그만두어야겠어요.
> 상담자 : 그럼, 그렇게 해 보세요. 당신은 그렇게 할 수 있는 선택권이 있으니까요.
> 내담자 : 네, 뭐라고요? 저더러 회사를 그만두라는 말씀이세요?
> 상담자 : 당신은 '그래도 회사를 그만두면 안 되죠'라는 말을 듣고 싶어 하는 것 같아요. 그러다가 결과가 좋지 않으면 다른 사람에게 책임을 돌릴 수 있도록 말이에요.

⑦ 악동 피하기(Avoiding the tar baby) : 분노, 실망, 고통 등의 감정호소로 상담자를 통제하려는 내담자의 의도를 간파하여 그 기대와는 다르게 행동하는 기법이다. 상담자는 내담자의 이런 악동의 행동을 강화하는 오류를 범하기보다는 성장을 촉진하는 행동을 격려해야 한다. ⇨ 상담자는 내담자의 자기 패배적인 행동을 인정하는 함정에 빠지지 않기(수렁 피하기) (자기 패배적인 행동은 변화되기 어렵고 내담자에게 특별히 중요할 것이기 때문에 항상 고수하려고 한다. 내담자는 자기 패배적인 자기지각을 유지하기 위해 상담자를 함정에 빠뜨리려고 악동의 행동을 할 수 있는데, 이러한 악동의 접촉을 피해야 한다는 것이다. 오히려 상담자는 내담자의 비효율적인 지각이나 행동을 언급하는 대신에 격려하고 또 격려해야 한다.)

> 내담자 : 죄송한 말씀인데요. 솔직히 이번 상담을 통해 얻은 것이 하나도 없는 것 같아요.
> 상담자 : 상담에 대한 기대가 충족되지 않아 실망이 되시나 보군요. 제가 보기에는 당신이 받아들이기 어려웠던 경험 때문에 더 이상의 탐색을 주저하고 있는 것처럼 보이는데…….

MEMO

⑧ 단추 누르기 기법(Push button) : 유쾌한 경험과 불쾌한 경험을 차례로 떠올리게 하여 각 경험에 수반되는 감정에 주의를 기울이는 기법이다. 이 기법은 단추를 누르는 것처럼 사고의 결정에 따라 감정이 창출된다는 사실을 깨달음으로써 부정적 감정에 지배되지 않고 통제할 수 있도록 하기 위해 사용된다. “상담자는 내담자에게 2가지 단추, 즉 우울단추와 행복단추를 가지고 집에 가라고 하며, 그에게 앞으로 겪게 될 사건에 어느 단추를 쓰게 될 것인지는 자기가 통제할 수 있다고 말한다.”(Adler)

상담자 : 눈을 감고 즐거웠던 일을 떠올리면서 감정을 경험해 보세요. (잠시 쉬었다가) 이번에는 불쾌했던 일을 떠올리면서 어떤 느낌이 드는지 주목해 보세요. (잠시 쉬었다가) 2가지 활동에서 드는 느낌의 차이점에 주목하세요. 각 장면에 대해 드는 느낌에 주목해 보세요. 그러면 누르고 싶은 단추를 선택해 보세요.

⑨ 역설적 의도(Paradoxical intention) : 내담자의 특정 사고나 행동을 의도적으로 과장하는 기법이다. 과장을 통해 자신의 행동을 극적으로 인식할 수 있게 도와준다. 이 기법은 직면으로 내담자의 저항을 불러일으키기보다는 오히려 과장하여 내담자의 행동을 덜 매력적으로 만들어 버리고, 내담자의 눈에도 어리석은 것으로 보이게 하는 효과가 있다. 역설적 의도는 때로 우유부단한 사람에게도 적용된다.

예 늑장 부리는 내담자들에게 과제를 더 미루라고 말한다. 오랫동안 걱정하는 내담자들에게는 매일매일 가능한 모든 것에 대해 걱정하는 데에만 전적으로 전념하는 시간 계획을 짜도록 한다. 교실에서 말하는 것을 두려워하는 내담자에게는 교실 뒤에 앉아서 아무 말도 하지 않도록 한다.

내담자 : 제가 아내로부터 가장으로 대우받고 있다는 생각이 들 때면 별문제가 없지만요. 아내가 잔소리라도 늘어놓으면, 가장의 권위를 무시하는 것 같아 막 화가 치밀어요.

상담자 : 왜 화가 계속되지 않죠? 당신은 가장으로 대우받고 있을 때의 행동을 연습하면서 화를 더 크게 내보면 어떨까요? 모든 일이 당신의 뜻대로 진행되고 있을 때도 화를 내보라는 것입니다. 자, 시작해 볼까요?

⑩ 과제설정과 이행(Task setting and commitment) : 내담자의 변화를 위해 현실적이고 소득이 있는 일련의 과제를 설정하고 수행하게 하는 기법이다. 과제는 단기간에 달성 가능한 목표에서 점차 긴 기간의 현실적 목표로 발전시킬 수 있게 설정한다. 내담자는 과제수행에서 얻게 된 성공감으로 인해 자신감과 용기를 가지게 된다.

내담자 : 지난 일주일 동안 많은 여성들에게 말도 걸고 데이트 신청도 해 보았는데, 너무나 어려웠어요.

상담자 : 일주일 내내 애쓰신 것 같은데, 6일간만 더 시도해 보는 게 어때요?

MEMO

06

02 행동중심 상담이론(행동주의 상담이론)

94 초등, 99 초등추시, 06 초등, 07 중등, 08 중등, 11~12 중등, 14 중등추시論

1 개관

(1) 개관

① 행동치료는 당신이 통제하는 대부분의 행동이 적응적이거나 부적응적이건 간에 학습되었다는 전제에서 비롯된다.

② 행동주의자들은 인간의 관찰될 수 있는 행동만이 심리학의 연구주제가 된다는 주장으로 과학적적인 방법으로 인간행동을 설명하려고 시도한다.

③ 행동치료는 인간행동의 원리나 법칙을 설명하는 학습이론에 근거한다.

④ 모든 행동은 주어진 환경에 의해 결정된다.

⑤ 행동치료 상담자는 당신의 바람직한 행동뿐 아니라 당신의 잘못된 행동도 학습된다고 믿는다.

⑥ 학습이란 상황에 처했을 때 반응을 통하여 행동이 변화되는 과정이다. 행동에서의 변화는 자연적 반응경향, 성숙 또는 유기체의 일시적 상태변화(예 피로, 약물 등에 의한)에 의해 설명될 수 없는 것을 말한다. 학습이란 과거 경험 때문에 일어나는 행동상의 비교적 영속적인 변화다. 학습원리를 도출하는 실험적인 장면으로써, 행동에 기초한 모델은 정신역동주의, 인본주의와는 달리 관찰 가능한 행동을 분석한다.

(2) 인간관

① 행동치료는 효과적이건 비효과적이건, 우리가 통제하는 대부분의 행동이 학습된다는 전제에 근거한다. 행동주의 심리학은 인간행동이 환경적 사건에 의해 결정된다는 입장을 취한다. 관찰할 수 있는 행동을 강조하기 때문에 인간의 내면적 가치나 자유의지를 주장하는 다른 심리학적 학파와 대립된다. 따라서 행동주의자들은 조건형성과 강화의 학습 법칙에 의해 인간을 선하게도 악하게도 만들 수 있다는 입장을 취한다.

② 행동주의 대변자였던 왓슨은 인간행동을 결정하는 데 환경적 사건들이 무엇보다도 중요하다고 강조하였다. 개인의 내현적 측면을 거부하면서 모든 행동은 학습의 결과로 이해될 수 있다고 주장하였다.

③ 요약하면, 행동주의 상담자는 인간이 조건형성의 산물이라고 보면 모든 인간학습의 기본적 유형으로 자극-반응의 패러다임을 주장한다.

MEMO

2 주요 개념(이론)

(1) Pavlov의 고전적 조건형성이론

① 특정 자극이 특정 행동을 수동적으로 조건화하여 불수의적(不隨意的) 정서반응이나 생리반응을 유발한다.

② 조건자극(CS)이 무조건자극(UCS)과 연합하여 조건자극에 특정한 조건반응(CR)을 일으키게 한다.

③ 수동적 조건형성은 인간행동의 중요한 부분을 설명하는 데 아직도 유용하다. 주로 정서적 반응의 학습이나 광고에 의한 학습은 주로 고전적 조건형성에 의해 학습된다.

(2) Skinner의 조작적 조건형성이론

① 작동적(조작적) 조건형성의 원리의 핵심은 사람이나 동물의 행동이 보상에 의해 강화된다는 점이다. 우연한 행동 후에 보상을 받으면 사람은 다음 행동의 결과에 대해 기대를 가지게 되며 그러한 기대는 이전 행동을 더 많이 하고 싶은 동기를 유발하게 된다. 따라서 보상이 적절하고 강할수록 그 행동의 빈도는 증가한다. 예컨대 어떤 사람이 수업시간에 발표를 했는데 거기에 대해 적절한 보상이 주어지면 그 사람의 마음에는 발표 후에 받을 보상에 대한 기대가 생기고 그러한 기대는 행동을 유발할 가능성이 크다. 이처럼 인간의 대부분의 복잡한 행동은 작동적 조건형성에 의해서 학습된다.

② 작동적 조건형성의 원리로 설명되는 현상은 학교나 가정에서 쉽게 찾아볼 수 있다. 예컨대 직장에서 열심히 일한 다음에 월급을 받는 것도 작동적 조건형성의 원리로 설명되며, 도박을 하면서 돈을 따면 도박에서 손을 떼기 어려운 것, 컴퓨터 게임을 하면 높은 점수나 그 밖의 다른 보상이 제공됨으로써 계속 컴퓨터 게임에 빠지게 되는 것 등은 작동적으로 조건형성이 되어 조건화된 후 소거하기가 어려워 계속하게 되는 현상이다. 학교에서는 공부를 잘한 학생에게 적절한 보상을 부여하며, 발표력이 부족한 학생이 발표를 조금이라도 했을 때 보상을 줌으로써 공부나 발표라는 행동의 빈도를 높일 수 있는 것도 역시 작동적 조건형성의 원리를 적용한 것이다.

(3) Bandura의 관찰학습이론(사회적 인지학습이론)

① 조건형성이 학습현상을 전부 설명해 주지는 못한다. 우리는 타인의 행동을 보고(관찰하고) 그것으로부터 배운다. 타인의 행동을 관찰함으로써 학습하는 것을 관찰학습(observational learning)이라고 한다.

MEMO

06

② 모방의 효과

㉠ 타인이 하는 행동을 관찰함으로써 새로운 반응을 학습할 수 있다. 시범자(model)는 반드시 실존 인물이 아니라도 효과가 있다. 신문, 도서, 잡지, 영화, TV 등을 통한 상징적·회화적 지시 방식도 중요한 시범자가 될 수 있다. 예컨대 아동들은 만화영화 등에서 공격적 행동을 보았을 때 실제 상황에서처럼 그 행동을 모방한다.

㉡ 타인의 행동을 관찰함으로써 어떤 특수한 행위를 억제하거나 피하게 되는 수가 있다. 교사가 많은 아동 앞에서 한 아동을 벌함으로써, 다른 아동들이 그 행동을 하지 않도록 하는 일벌백계가 이에 해당한다. 개를 두려워하는 아동이 개와 재미있게 노는 친구를 관찰함으로써 개에 대한 두려움이 감소되는 경우도 있다.

㉢ 모방은 또한 행동을 촉진하는 작용을 한다. 흔히 우리는 어떤 행동을 할 줄 알면서도 하지 않다가, 다른 사람이 그러한 행동을 하면 우리도 따라 하게 되는 경우가 있다. 예컨대, 담배를 피울 줄 알면서도 담배를 안 피우다가 다른 사람이 피우는 것을 보고 담배를 피우게 되는 것이 촉진이다.

(4) 행동수정기법의 순서

행동수정은 '부적응 행동의 선정과 정의 → 행동의 기초선 측정 → 적응행동의 증강과 부적응 행동의 약화 → 행동수정 효과의 검증 → 행동의 일반화'인 5단계로 이루어진다.

단계	내용
부적응행동의 선정과 정의	수정해야 할 행동을 선정해서 관찰·측정이 가능한 행동으로 세분화해서 정의한다. 예 교사는 현수의 부적응행동을 교정하기 위해 '욕하기', '자리에서 이탈하기', '친구와 사이좋게 지내기' 등 3개의 표적행동을 설정하였다.
행동의 기초선 측정	기초선 측정은 실제 행동수정에 들어가기 직전까지의 일상생활 중에서 수정하기 위해 선정되어 정의된 행동이 얼마나 빈번하게 또는 오랫동안 일어나고 있느냐를 측정하는 것이다. 예 교사는 일정 기간 현수의 행동을 관찰하여 기초선자료를 수집하였다. 행동의 발생 빈도는 '욕하기' 20회, '자리에서 이탈하기' 15회, '친구와 사이좋게 지내기' 2회로 나타났다.
적응행동의 증강과 부적응 행동의 약화	강화와 벌 또는 소멸 등 행동수정의 기법을 적용하여 행동을 증강 또는 약화 내지 제거해 나간다. 예 교사는 배려와 칭찬을 일차적으로 강화인으로 사용하였으며, 바람직하지 않은 행동이 줄어들지 않을 경우에는 처벌하였다. 또한 현수에게 자신이 행동을 스스로 점검하게 하였다.
행동수정 효과의 검증	수정의 효과를 검증해 봄으로써 행동변화가 강화 조작 때문에 나타난 것인지, 아니면 단순한 시간의 경과로 일어난 것인지를 확인한다. 예 교사는 강화와 처벌 그리고 자기 점검의 효과를 알아보기 위해 행동의 변화를 측정하였다. 그 결과 2주 후에는 '욕하기'가 13회로 감소하였으며, 또한 '자리에서 이탈하기'를 제외한 나머지 행동에서 긍정적 효과를 보였다.
행동의 일반화	적응행동의 일반화를 위해서는 행동수정을 끝내기 전에 학습된 행동을 고착시킬 필요가 있다. 예 교사는 현수가 이탈하는 행동에 대한 추가적 개입을 계획하였다. 즉 그는 별도의 장소를 지정하여 현수가 자리를 뜨고 싶을 때 갈 수 있도록 허용하였다.

MEMO

3 상담기법

(1) 고전적 조건형성 이론의 적용

① 소거(extinction) : 조건화된 반응이 일어나지 않게 하는 것으로, 부적응행동을 유발하는 무조건자극을 제거하고 조건자극만 반복해서 제시한다.

② 역조건 형성(상호제지, counter conditioning) : 바람직하지 못한 반응(예 공포, 두려움)을 야기하는 (무)조건자극에 더 강력한 새로운 자극을 연합하여 이전 반응을 제거하고 새로운 반응을 조건화하는 방법이다.

③ 체계적 둔감법(systematic desensitization) : 월페(Wölpe)가 개발한 것으로, 역조건 형성을 응용하여 불안이나 공포를 일으키는 조건자극에 이완(relaxation)반응을 결합하여 불안이나 공포를 소거하는 방법이다. 이 과정의 단계는, ㉠ 근육의 긴장을 이완하고, ㉡ 불안위계목록을 작성하며, ㉢ 위계의 목록에 따라 가장 불안을 덜 느끼는 것부터 상상과 긴장이완을 반복하여 체계적으로 불안에 대해 둔감하게 만드는 단계로 진행된다.

④ 홍수법(범람법, flood method) : 공포나 불안을 일으키는 조건자극을 장시간 충분히 경험시켜 공포나 불안을 소거하는 방법이다.

⑤ 내파치료(내폭요법, implosive therapy) : 극심한 불안이나 공포를 일으키는 대상이나 장면을 상상하도록 하여 불안이나 공포를 이겨내도록 하는 방법이다.

⑥ 혐오치료(aversion therapy) : 바람직하지 않은 반응(예 알코올 중독)을 유발하는 자극과 혐오자극을 함께 제시하여 조건자극을 회피하도록 하는 방법이다. 공포나 불안 자체를 소거하려는 것이 아니라 그것을 이용하여 해로운 생활을 회피하도록 하는 방법이다.

(2) 조작적 조건형성 이론의 적용 – 행동수정기법(응용행동분석)

① 바람직한 행동의 증가를 위한 행동수정기법

㉠ 프리맥(Premack)의 원리 : 빈도가 높은 행동(좋아하는 행동)을 이용하여 빈도가 낮은 행동(싫어하지만 바람직한 행동)을 강화하는 방법이다.

㉡ 토큰강화(token reinforcement) : 토큰(token, 상표, 쿠폰, 포인트, 스티커)을 모아오면 자기가 좋아하는 강화물과 교환할 수 있게 하여 강화하는 방법이다.

㉢ 행동조성(행동조형, shaping) : 차별적 강화를 이용하여 목표행동을 점진적으로 형성하는 기법이다. 학생이 한 번도 해 본 적이 없거나 거의하지 않는 행동을 여러 단계로 나누어 강화시킴으로써 점진적으로 바람직한 행동을 학습할 수 있게 하는 방법이다.

㉣ 행동계약(behavior contract) : 특정 행동에 제공될 강화인과 벌인에 관해 사전에 협약을 맺고, 그 협약에 따라 자극을 제공하면서 행동을 수정하는 기법이다.

㉤ 용암법(단서철회, fading) : 목표행동을 스스로 할 수 있도록 도움이 점차 줄여 나가는 방법이다(예 골프 연습, 정신지체아 교육).

MEMO

06

ⓑ 차별강화(선택적 강화, differential reinforcement) : 여러 행동 중 어느 하나만을 골라 선택적으로 강화하는 방법이다.

ⓢ 모델링(modeling) : 모델링은 내담자가 다른 사람의 바람직한 행동을 관찰해서 학습한 것을 수행하는 것이다. 이 기법에서 주요한 2가지 측면은 모델이 행동을 수행하는 방법을 배우고 행동을 학습한 결과로서 모델에게 무엇이 발생했는지를 아는 것이다.

② 문제행동의 교정을 위한 행동수정기법

㉠ 타임아웃(격리, Time-Out, TO) : 문제행동을 할 때 정적 강화의 기회(쾌 자극)를 박탈(차단)하여 문제행동을 감소시키는 방법이다. 쾌 자극이 없는 장소로 일시적으로 격리시키는 것이다.

㉡ 반응대가(response cost) : 문제행동을 할 때마다 정적 강화물을 박탈(회수)하여 문제행동을 감소시키는 방법이다.

㉢ 소거(강화중단, extinction) : 문제행동에 주던 강화를 중단하여 문제행동을 감소시키는 방법이다. 바람직하지 못한 행동을 하면 철저하게 무시한다. 일시적으로 '소거 폭발'이 발생한다.

㉣ 상반행동강화(incompatible behavior reinforcement) : 문제행동과 반대되는 바람직한 행동에 강화를 주어 문제행동을 감소시키는 방법이다.

㉤ 포만법(심적 포화, 물리게 하기, satiation) : 문제행동을 지칠 때까지 반복하게 하여 문제행동을 감소시키는 방법이다.

ⓑ 과잉교정(overcorrection) : 문제행동을 했을 때 원상회복의 방법으로 싫어하는 행동을 하도록 하는 처벌기법이다.

ⓢ 자극통제(stimulus control) : 문제행동을 유발할 수 있는 내·외적 조건들을 변화시켜 문제행동을 줄이고 바람직한 행동을 증가시키는 방법이다.

MEMO

03 인지중심 상담이론(인지적 상담이론)

1 Williamson의 지시적 상담이론 00 중등

(1) 개념(⇨ 임상적 상담, 특성·요인 상담, 상담자 중심 상담, 의사결정 상담)

① 내담자의 모든 문제에 대하여 지시적인 요소로서 문제해결을 돕는 상담방법이다.
② 상담자가 내담자에게 합리적인 자료(예 해석, 정보, 조언, 충고)를 제공하여 내담자가 당면한 문제를 해결할 수 있도록 돕는다.
③ **대표자**: 윌리암슨(Williamson) & 다알리(Darley), 파슨즈(Parsons)

(2) 인간관

① 인간은 선과 악의 잠재력을 모두 가지고 있다(선악 공유설).
② 선을 실행하는 과정에서 남의 도움을 필요로 하되 선한 생활을 결정하는 것은 자기 자신이다.
③ 선의 본질은 자아의 완전한 실현이다.
④ 인간은 누구나 자신만의 독특한 세계관을 지닌다.

(3) 이론적 가정

① 내담자는 자신의 문제를 객관적으로 볼 수 없고 스스로 해결할 능력이 없다. ⇨ 특성·요인 이론
② 상담자가 문제해결에 대한 대부분의 책임을 진다. 즉, 상담자는 탁월한 식견, 경험과 정보를 가지고 있으므로 문제해결에 대한 암시·충고·조언을 할 수 있다.
③ 개인의 부적응 문제(개인 특성과 환경의 부적절한 결합)는 지적 과정을 통해 수정되어야 한다.
④ 문제해결의 기초 단계로서 진단(診斷)을 강조한다. 내담자가 지금 어떤 상태인가를 과학적으로 파악하는 것이 중요하기 때문이다. ⇨ 의학적 모형(Patterson), 비민주적 상담(Rogers)
⑤ 상담목표는 상담과정보다는 문제해결 장면을 통하여 달성된다. ⇨ 임상적(臨床的) 상담

(4) 특징

① 특성·요인이론에 기초한다. 개인의 행동에 있어서 성격요인의 역할을 중시한다.
② 문제해결을 위한 논리적·인지적 접근을 중시한다.
③ 지시, 정보 제공, 조언, 충고 등 상담자의 적극적·주도적 역할을 강조한다. 상담결과의 책임은 상담자에게 있다.

MEMO

06

④ 내담자가 가지고 있는 문제행동을 대상으로, 문제의 원인을 해명하고 치료하는 것이 목적이다.
⑤ 임상적 기법을 활용한다.
⑥ 상담의 결과는 내담자의 문제해결이다.
⑦ 비민주적 상담이다.

(5) 상담과정[분석 → 종합 → 진단 → 예진 → 상담 → 추후(추수) 지도]

① **분석(analysis)** : 내담자를 객관적으로 이해하는 데 필요한 자료를 수집하고 분석한다.
② **종합(synthesis)** : 분석된 자료를 체계적으로 정리 · 조직하여 내담자의 특성(예 자질, 경향성, 적응과 부적응 등)이 명백히 드러나도록 종합한다.
③ **진단(diagnosis)** : 내담자가 당면한 문제의 특징과 원인을 분석, 그에 대한 결론을 내린다.
④ **예진(prognosis)** : 내담자의 문제를 그대로 방치했을 때 어떻게 발전되어 나갈 것인가를 미리 예언한다. ⇨ 미래에 대한 예측 시도
⑤ **상담(counselling)** : 상담자가 내담자로 하여금 자신의 문제를 해결할 수 있도록 조언, 안내, 충고 등을 하는 조력의 과정이다.
⑥ **추수지도(follow-up service)** : 상담결과를 계속적으로 확인하고 재발에 대한 후속조치를 취한다.

(6) 상담기술

① **타협의 강요** : 상담자는 내담자가 환경(예 부모의 희망, 교칙)에 타협 · 순응할 것을 강제한다.
② **환경의 변경** : 문제가 되는 환경을 변화(예 전학)시켜 문제를 해결한다.
③ **적당한 환경의 선택** : 내담자의 개성이나 성격, 흥미에 맞는 환경을 선택(예 직업이나 진로의 선택)하도록 돕는다.
④ **태도의 변경** : 환경의 요구에 부응하도록 내담자의 심리적 변화를 일으킨다.
예 친구와의 불화를 친근감으로 바꾸도록 노력하는 경우
⑤ **필요한 기술의 습득** : 문제해결에 필요한 기술이나 기능을 습득하도록 한다.
예 일반 고교 진학을 위해 보충수업을 받게 하는 경우

MEMO

2 Ellis의 합리적 정서적 행동치료(인지 · 정서 · 행동치료 : REBT)

00 초등추시, 02~03 중등, 03 초등, 05 초등, 08 초등, 10 중등, 12 중등

'인간은 동물과는 다르다.'라는 인간관에 기초한 이론으로, 인간의 사고(思考)와 신념이 인간의 정서와 행동을 움직이는 가장 큰 원동력이라고 본다(예 타인에 대한 적개심은 타인에 대한 비합리적 신념에 의해 생긴다). 인간의 인지 · 정서 · 행동이 상호작용하는 과정에서 '인지'가 핵심이 되어 '정서'와 '행동'에 영향을 미친다. 정서장애를 유발하는 것은 생활사건 그 자체가 아니라 사건에 대한 왜곡된 지각과 잘못된 신념 때문이며, 그 뿌리에는 비합리적이고 자기패배적인 관념이 자리한다. 따라서 인간의 정서적 · 행동적 장애는 비합리적 · 비현실적 · 자기파괴적인 인지체계(사고체계)의 결과이며, 치료는 이러한 잘못된 인지 과정을 재구성하는 것이다. 내담자의 비합리적 인지체계를 합리적 인지체계로 교정 · 대치 · 재교육시켜, 정신건강의 증진을 도모하는 상담방법이다.

— 엘리스(Albert. Ellis) : "사람의 행동은 그의 생각으로부터 나온다."

(1) 개념

① 인지(합리적)치료(Rational Therapy) ⇨ 인지 · 정서치료(합리적 정서치료, Rational-Emotive Therapy) ⇨ 인지 · 정서 · 행동치료(REBT : Rational Emotive Behavioral Therapy)

② 인간의 부적응행동의 원인을 비합리적 신념 때문이라고 보고, 내담자의 비합리적 신념을 합리적 신념으로 바꾸어 줌으로써 내담자의 정서적, 행동적 결과를 변화시키고자 하는 상담방법이다.

③ 합리적인 신념이란, ㉠ 논리적(logical)이고, ㉡ 실용적(pragmatic), ㉢ 현실적(reality-based)인 신념과 사고방식을 의미한다. 즉, 절대적 · 교조적 · 자기만족적이 아니라, 논리에 맞고, 목적과 목표를 달성하는 데 실용적이며, 경험으로 봐서도 현실과 일치되는 사고방식이다. 반대로 비합리적 신념이란 비논리적 · 비실용적 · 비현실적인 사고를 의미한다.

④ 생각은 생각을 낳는다. 비합리적 생각은 꼬리를 물고 또 다른 비합리적 생각을 낳는다. 비합리적 생각 → 비합리적 정서 → 비합리적 행동 → 또 다른 비합리적 사고로 이어지는 악순환의 고리가 계속된다. 따라서 인지 → 정서 → 행동치료에서는 당신이 비합리적 생각을 바꾸지 않으면 당신의 문제는 계속된다고 본다.

MEMO

06

(2) 인간관

① **합리적 사고와 비합리적 사고의 잠재성**: 인간은 합리적 사고와 비합리적 사고의 잠재성을 모두 가지고 태어났다. 인간은 타고난 합리적 신념에 의해 자신을 성숙하게 실현시킬 수도 있으며 동시에 타고난 비합리적 신념에 의해 자기의 성숙을 방해하거나 자신을 파괴할 수도 있다고 본다.

② **불완전한 실존적 존재**: 이처럼 인간은 실존적 불완전성을 지닌 존재이므로 인간이 합리적 삶을 살기 위해서는 불완전한 자신의 실존적 존재를 있는 그대로 수용하는 것이 필요하다. 그러므로 인지·정서·행동치료의 궁극적 목표를 불완전성을 지닌 인간에 대해 지금도 불안전할 뿐만 아니라 앞으로도 계속 실수할 가능성이 있는 자신들의 모습을 수용하고 편안한 마음을 갖게 도우려는 것이다. 내담자에게 자신의 실존적 불완전성을 철저히 인정하고 수용하게 하는 것이다.

(3) 주요 개념

① 성격의 3가지 측면

성격의 생리적 측면	엘리스에 따르면, 인간에게는 사용되지 않은 거대한 성장 자원이 있으며, 자신의 운명을 변화시킬 수 있는 능력이 있는 반면, 그와 동시에 사람들이 비합리적으로 생각하고 스스로에게 해를 끼치려는 예외적으로 강력한 선척적 경향성도 가지고 있다고 한다.
성격의 사회적 측면	• 인간은 사회 집단 내에서 양육되며, 인생의 대부분을 타인에게 인상을 남기려 하고, 타인의 기대에 맞춰 살고, 타인의 수행을 능가하려고 노력하는 데 바친다. 즉, 타인이 자신을 인정하고 승인한다고 믿고 있을 때, 보통 자기 자신을 '선량하고' '가치 있는' 사람으로 본다. • 엘리스에 따르면, 정서적 장애는 타인들이 생각하는 것에 대해 지나치게 많은 염려를 하는 것과 관련되며, 그 결과 타인의 승인을 받고자 하는 욕망이 커지게 되어 타인에 대한 인정과 승인에 대한 욕구가 절대적이고 긴박한 욕구가 된다. 이렇게 됨으로써 불안과 우울을 피할 수 없게 된다.
성격의 심리학적 측면	• 엘리스에 따르면, 인간의 부적절한 정서(예 불안, 절망감, 적대감, 좌절감, 슬픔, 유감 등)는 비합리적 신념에서 비롯된다고 한다. • 비합리적인 신념은 일반적으로 다음과 같은 진술의 형태를 취한다. "내가 어떤 것을 원하기 때문에, 그것은 절대적으로 존재해야만 하며, 만약 그것이 실제로 존재하지 않는다면, 그것은 끔찍한 일이다!" 개인이 일단 비합리적인 사고를 통해 불안과 우울을 경험하게 되면, 자신이 스스로 불안하고 우울한 것에 대해 불안해하고 우울해할 것이다. 그리하여 악순환을 경험하게 되는 것이다.

MEMO

② **비합리적 신념** : 비합리적 신념이란 비논리적 · 비실용적 · 비현실적인 사고를 의미한다. 비합리적 신념은 '자신에 대한 당위성(I must)', '타인에 대한 당위성(Others must)', '조건에 대한 당위성(Conditions must)'으로 나타난다.

자신에 대한 당위성	자기 자신에 대한 당위성을 강조하는 것이다(예 나는 항상 ~ 해야 한다). 자신에 대한 당위적 사고가 이루어지지 않을 때 자기파멸이라는 생각을 갖게 된다. 예 나는 훌륭한 사람이어야 한다. 나는 실수해서는 안 된다. 나는 실패해서는 안 된다. 나는 실직당해서는 안 된다. 나는 항상 적절하게 행동해야 한다.
타인에 대한 당위성	자기와 밀접하게 관련된 타인에게 당위적 행동을 기대하는 것이다(예 너는 항상 ~ 해야 한다). 타인에게 바라는 당위적 기대가 이루어지지 않을 때 인간에 대한 불신감을 갖게 된다. 이 불신감은 인간에 대한 회의를 낳아 결국 자기비관이나 파멸을 가져오게 된다. 예 부모니까 나를 사랑해야 한다. 자식이니까 내 말을 들어야 한다. 부인이니까 정숙하게 행동해야 한다. 애인이니까 자나 깨나 나에게 관심을 가져야 한다. 친구니까 우정을 보여야 한다. 직장동료니까 항상 일에 협조해야 한다.
조건에 대한 당위성	자기에게 주어진 조건에 대해 당위성을 기대하는 것이다(예 환경은 항상 ~ 해야 한다). 조건이 기대에 차지 않을 때 화를 내거나 부적절한 행동을 한다. 예 나의 가정은 항상 사랑으로 가득 차 있어야 한다. 나의 방은 항상 깨끗해야 한다. 나의 교실은 정숙해야 한다. 나의 사무실은 아늑해야 한다. 나에게 주어진 일은 3D(Dangerous, Dirty, Difficult)가 아니어야 한다.

엘리스(Ellis)가 제시한 비합리적 신념의 예

- 내가 알고 있는 모든 사람에게 인정받고 사랑받는 것은 필연적이다(모든 사람에게 항상 인정받고 사랑받아야 한다). (⇨ 타인에 대한 당위성)
- 나는 매사에 유능하고 완벽해야 한다. (⇨ 자신에 대한 당위성)
- 어떤 사람은 나쁘고 사악하기 때문에 마땅히 가혹하게 비난받고 처벌받아야 한다. (⇨ 타인에 대한 당위성)
- 세상일이 내가 원하는 대로 되지 않을 때 끔찍하고 파국적이다. (⇨ 조건에 대한 당위성)
- 인간의 불행은 외적 조건에 의해 생기며, 인간은 불행을 극복할 능력이 없다. (⇨ 조건에 대한 당위성)
- 내가 두려워하는 일이 실제로 일어날 가능성이 있음을 늘 걱정해야 한다. (⇨ 조건에 대한 당위성)
- 삶의 어려움이나 책임은 직면하는 것보다 피하는 것이 좋다. (⇨ 조건에 대한 당위성)
- 인간은 타인에게 의지해야 하며, 의지할 만한 그 누군가가 필요하다. (⇨ 타인에 대한 당위성)
- 자신의 과거는 현재 행동을 결정하며, 그 영향은 삶 속에서 계속된다. (⇨ 조건에 대한 당위성)
- 타인의 문제와 혼란으로 인해 자신이 늘 괴로워하고 속상해야 한다. (⇨ 자신에 대한 당위성)
- 문제의 완전한 해결책이 항상 있고 만약 완전한 해결책을 찾지 못하면 파국이다. (⇨ 조건 및 자신에 대한 당위성)

MEMO

06

비합리적 신념

1. **당위적 사고**: "반드시 … 해야 한다."로 표현되는 강한 요구가 포함된 경직된 사고
   예 세상은 반드시 공평해야 하며 정의는 반드시 승리해야 한다., 나는 반드시 이 영역에서 성공해야 한다. 등
2. **지나친 과장**: "…하면 끔찍하다." 또는 "…하면 큰일이다." 등으로 표현되는 사고나 진술(⇨ 재앙화(catastrophizing)라고도 함) ⇨ 자신이나 타인, 또는 상황적 조건 중에서 한 가지 부정적인 면을 기초로 전체를 부정적인 것으로 생각해 버리는 경향이 있음
   예 그녀가 나를 거절하면 큰일이다. 그런 일은 생각할 수도 없다. 시험에 떨어진다는 것은 곧 세상의 종말을 뜻한다. 결코 그런 끔찍한 일은 있을 수 없다.
3. **자기 및 타인 비하**: 자신이나 타인, 또는 상황에 대한 극도의 비하, 파멸적 사고를 하는 것 ⇨ "~하면(한 것을 보니), 나(그)는 무가치한 사람이다."
   예 '학기말 고사를 또 망쳤으니 나 같은 바보 천치가 또 있을까?'
4. **좌절에 대한 인내심 부족**: 좌절이 많은 상황을 잘 견디지 못하는 것을 의미 ⇨ 원하거나 요구하는 것이 주어지지 않을 때, 그 상황을 견디거나 그 어떤 행복감도 느끼지 못하는 경향이 있음. 그래서 문제 상황을 지나치게 부정적으로 보거나 세상에 대해 비관적으로 살아가곤 함

(4) 상담목표

① 내담자의 비합리적·비현실적 신념을 합리적·현실적 신념으로 변화시켜, 융통성 있고 생산적인 삶을 살아가도록 돕는다.

② 구체적으로, 모든 문제의 근원인 부정적인 자기대화를 제거하기 위해 자기대화를 재평가하게 한다. 모든 문제의 근원은 비합리적·비논리적 신념들이 내면화된 자기대화 내지 자기독백이기 때문이다.

(5) 상담과정

비합리적인 자기대화를 제거하는 방법으로 ABCDE 기법을 활용한다.

구분	내용
A (Activating event; 선행사건)	인간의 정서를 유발하는 어떤 사건이나 현상 예 시험 낙방, 실연, 직장 상사로부터의 질책
B (Belief; 신념)	• A 때문에 나타나는 신념(⇨ 환경적인 자극이나 선행사건에 대해 개인이 지니는 신념) • 합리적인 신념(rB : rational Belief)일 경우에는 문제가 되지 않으나, 비합리적인 신념(irB : irrational Belief)일 경우에 문제를 유발하게 된다. ⇨ 부적응의 원인(인지)
C (Consequence; 결과)	• B 때문에 나타나는 행동결과(부정적 정서나 행동)(⇨ 선행사건과 관련된 신념으로 인해 생기는 결과) • 비합리적인 신념의 결과는 죄책감, 불안, 분노, 자기연민, 자살충동 등으로 나타난다.

MEMO

D (Dispute; 논박)	비합리적 신념에 대해 도전하고 다시 생각하도록 재교육하기 위해 사용하는 논박(論駁) ⇨ 상담자의 역할(인지의 변화) • **논리성(logicality)에 근거한 논박**: 내담자 자신이 지닌 생각의 비논리성에 대해 질문하고 지적하는 것으로 '절대적 요구(must, should)'가 포함된 사고(예 반드시 그렇게 되어야 한다.)에서 '소망' 수준의 사고(예 그렇게 되면 좋겠다.)로 변화시키는 것을 말한다. 예 "인생이 당신이 원하는 대로 되어야 한다는 근거가 어디에 있습니까?", "당신이 가지고 있는 신념의 증거가 어디에 있습니까?" • **현실성(reality)에 근거한 논박**: 내담자가 자신의 생각이 현실적으로 일어날 수 없는 것임을 알게 하는 것으로 내담자가 지닌 절대적인 소망이 현실에서는 대부분 이루어지지 않는다는 점을 내담자가 깨닫도록 하는 데 목적이 있다. 예 "당신이 원하는 방식대로 인생이 풀린다는 것이 현실적으로 가능한 일입니까?" • **실용성(utility)에 근거한 논박**: 내담자가 그렇게 비합리적인 생각을 하는 것이 실제로 자신에게 어떤 도움이 되는지를 돌아보게 함으로써 내담자의 사고를 변화시키는 방법이다. 예 "당신이 그런 생각을 계속하는 게 실제 당신에게 도움이 됩니까?"
E (Effect; 효과)	논박의 결과로 나타나는 상담의 효과 예 인지적 효과(이성적 신념체계 형성), 정서적 효과(바람직한 정서 획득), 행동적 효과(바람직한 행동 습득)

ABCDE 모형의 예

- **A(선행사건)**: 나는 입학시험에 떨어졌다.
- **irB(비합리적 신념)**: 입학시험에 떨어진 것은 곧 파멸이라 생각했다.
- **C(결과)**: 부모님께 죄책감이 들고 자신에게 절망감이 들었다. 그래서 방 안에서만 지내면서 아무도 만나지 않았다.
- **D(논박)**: "떨어진 아이들도 많은데 유독 너만 파멸이라고 생각하면 되겠느냐?"라는 어머니의 말씀을 듣고, "나는 왜 시험에 떨어지면 파멸이라고 생각했지?"라고 스스로 반문했다.
- **rB(합리적 신념)**: 시험에 떨어진 것이 자랑은 아니지만, 그것이 곧 파멸은 아니라는 생각이 들었다.
- **E(효과)**: 시험에 떨어진 것이 불쾌하지만 절망하지 않고, 내 실력에 맞는 다른 학교를 알아보게 되었다.

(6) 상담기법

① **인지적 기법**: 비합리적 신념에 대한 논박

내담자가 가진 비합리적 신념이나 사고에 대해 논리성·현실성·실용성에 근거하여 논박하는 것으로, 내담자의 비합리적 신념을 수정하기 위한 가장 대표적인 방법이다.

② **정서적 기법**

㉠ **내담자의 불완전에 대한 무조건적인 수용**: 인간은 불완전한 존재라는 것을 수용하도록 하여 다른 사람에게 인정받지 못하더라도 그것이 곧 현실임을 받아들일 수 있도록 한다. 이럴 때 현실 속에서도 자신의 가치를 잃지 않을 수 있다. 상담자는 이와 같은 수용의 태도를 모델링을 통해서도 내담자에게 직접 보여 주고 가르쳐 주어야 한다.

MEMO

06

㉡ **합리적 · 정서적 심상법(인지 · 정서 심상법)** : 상담자는 내담자에게 가장 최악의 상태가 일어날 때를 상상하도록 한 후 그때 느끼는 부적절한 감정을 상상해 보고, 스스로 그 부적절한 감정을 적절한 감정으로 변화시키도록 연습하는 방법이다. 내담자에게 새로운 정서 패턴을 형성하게 할 강력한 연습과정이다.

㉢ **수치심 공격하기(shame-attacking)** : 다른 사람들이 잘 수용할 수 없는 수치스러운 행동을 억지로 시킴으로써 수치심에 대해 무뎌지게 하는 연습이다. 이를 통해 내담자는 자신의 행동에 대해 다른 사람들이 실제로는 별로 신경 쓰지 않음에도 불구하고 스스로 수치심을 만들어 느끼고 있음을 깨닫게 된다.

예 수치스러운 행동의 예: 다른 사람의 주의를 끌 정도로 화려하거나 이상한 옷 입고 다니기, 강의 시간에 엉뚱한 질문하기, 지나가는 사람에게 엉뚱한 질문하기, 목청껏 노래 부르기 등

㉣ **유머의 사용** : 내담자가 가진 비합리적 사고를 유머를 통해 보여 줌으로써 별로 심각한 문제가 아님을 스스로 깨닫게 하는 방법이다. 유머와 유사한 기법으로 내담자의 부정적 감정이나 비합리적 사고에 대해 우스운 노래를 만들어 부르게 하기도 한다.

③ **행동적 기법** : 행동적 기법에는 ㉠ 상담실에서 내담자가 실제 해 보면서 깨닫게 하는 방법(역할연기 · 역할 바꾸기), ㉡ 습득한 내용을 실제생활에 적용하고 그에 대한 피드백을 받도록 하는 방법(실제생활에서 해 보기, 여론조사하기), ㉢ 상담자를 보고 배우는 방법(모델링), ㉣ 그 밖에 전통적인 이완법(체계적 둔감법 · 이완기법 · 범람법 등)과 강화 스케줄의 적용 등이 포함된다. 내담자들은 자신이 두려워하거나 꺼리는 행동을 실제로 해 봄으로써 그 행동을 통해 자신의 비합리적 사고와 변화과정을 통찰하고 새로운 행동을 습득하도록 한다. 이 장에서는 여론조사하기와 범람법에 대해서만 간략히 설명하기로 한다.

㉠ **여론조사** : 자신의 코가 낮아 못생겼다고 생각하는 내담자나 자신이 실패자라고 생각하는 내담자가 주위 사람들에게 자신의 코가 어떻게 생겼는지 묻고, 자신이 실패자인지 물어서 그 결과를 보고하도록 하는 기법이다. 이 기법을 통하여 내담자는 자신의 사고를 현실적으로 검증받는 기회를 가진다.

㉡ **범람법(홍수법)** : 어떤 대상이나 상황에 대해 공포를 느끼는 사람에게 그 상황에 억지로 빠지게 함으로써 둔감해지도록 하는 방법이다.

예 엘리베이터를 타기 어려워하는 사람에게 일주일 동안 엘리베이터를 100번씩 타게 하는 것

MEMO

3 Beck의 인지치료(cognitive therapy) 01 초등, 06 초등, 11 초등

개념 다지기

Ellis와 Beck의 공통점과 차이점

1. **엘리스와 벡의 공통점**: 모두 개인의 심리·사회적 행복은 그 사람이 가지고 있는 자신과 세계에 대한 신념과 사고방식이 좌우한다고 보며 부적응적인 사람들이 경험하는 여러 가지 정서적·행동적 문제를 감소시키기 위해서는 정서적·행동적 측면보다는 인지적 측면에 개입하여 그들이 가진 신념과 사고방식을 바꾸어 주는 것이 가장 효과적이라고 본다.
2. **엘리스와 벡의 차이점**: 엘리스는 인간의 사고방식 중에서 경직된 당위성(예 "반드시 … 해야 한다.")과 '평가적 신념'(예 "…하면 큰일이다.", "나는 무가치한 사람이다.")을 가장 문제시했으며 그것으로 인해 자신·타인·세상에 대해 매사에 판단적이고 자기파괴적인 결론을 내릴 때 부적응적으로 된다고 보았다. 반면 벡은 당위성이나 평가적인 신념보다는 개인의 정보처리 과정에서 나타나는 오류와 왜곡이 부적응을 더 초래한다고 보았다. 즉, 평가적인 신념보다는 '추론에서의 오류'를 더 심각한 것으로 보았다.

— "정서적 장애는 개인이 자신의 경험을 구조화하는 방식에 의해 결정된다"(Beck)

(1) 개념

① 우울증에 관한 인지치료이론에서 출발하여, 점차 불안과 공포증 등을 포함한 정서적 문제 전반, 그리고 사람들의 성격적 문제를 치료하는 이론으로까지 확대된 상담이론 ⇨ 합리적 정서치료 + 인지행동적 상담이론 : 정보처리모형 + 현상학적 접근

② 인간의 부적응행동의 원인을 역기능적 인지도식에서 발생하는 인지적 오류 때문이라고 보고, 부적절한 사고패턴을 변화시켜 줌으로써 긍정적인 감정, 행동, 사고를 갖도록 하는 상담방법이다.

③ 부적응행동의 발생 원인 : 환경적 스트레스와 부정적 생활사건 ⇨ 역기능적 인지도식 ⇨ 인지적 오류 ⇨ 부정적 자동적 사고(예 인지삼제) ⇨ 심리적 문제

④ 역기능적 인지도식을 가진 사람이 일상생활에서 스트레스 사건을 경험할 때 인지적 오류를 일으켜 부정적인 내용의 자동적 사고를 자신도 모르게 떠올리게 되며, 그 결과로 심리적 문제가 발생하게 된다.

(2) 인간관

① 벡(Beck)은 인간의 행동을 정보처리 모형과 현상학적 접근에 바탕을 두고 개념화하였다. 인간은 어떤 사건을 인지하고 해석하며, 이에 부여한 의미를 토대로 반응전략을 세우며 살아가는 존재이다. 따라서 정서적·행동적 반응들은 대부분 인지적으로 평가한 결과에 의해 영향을 받는다. 즉 사람들이 자신들의 경험을 어떤 방식으로 인지하고 구조화하였느냐에 따라 느끼고 행동하는 것이 달라지게 된다.

MEMO

06

② 벡(Beck)은 우울이나 정서장애는 사람들이 현실을 해석할 때 자기평가와 기대되는 행동 결과를 부정적으로 바라보도록 이끄는 역기능적 신념과 여기서 비롯되는 인지적 왜곡으로 인해 일어난다고 본다. 즉 과장되고 왜곡된 비현실적이고 부정적인 자동적 사고가 우울과 정서장애를 일으킨다고 본다.

(3) 주요 개념

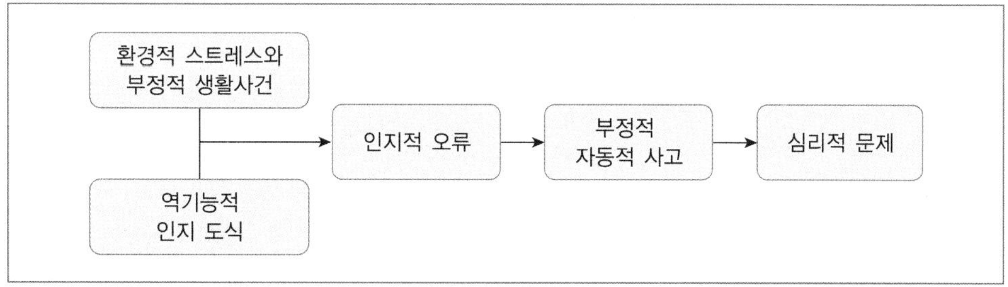

인지치료이론에 따른 심리적 문제의 발생과정

① 역기능적 인지도식

㉠ 인지도식(스키마, schema)이란 세상을 살아가면서 형성된 삶에 관한 이해의 틀로서 자신과 미래, 세상을 보는 특유하고 습관적인 방식이다. 인지도식은 이전의 경험에 의해 형성되며, 이 스키마는 크게 3가지 경로, ⓐ 특정 대상에 대한 이전 경험(예 개에 물린 경험), ⓑ 타인이 그 대상과의 관계에서 얻은 경험의 관찰(예 타인이 개에 물리는 것을 관찰), 그리고 ⓒ 그 대상에 대한 타인과의 대화(예 개를 섣불리 가까이하면 물린다고 한 부모의 이야기) 등 다양한 경로를 통해 형성된다.

㉡ 개인의 인지도식 내용이 부정적인 것일 때 그러한 인지도식을 역기능적 인지도식이라고 하며, 이는 심리적 문제를 초래하는 근원적 역할을 한다.

역기능적 인지도식의 예

- 사람은 멋지게 생기고 똑똑하고 돈이 많지 않으면 행복해지기 어렵다.
- 다른 사람의 사랑 없이 나는 행복해질 수 없다.
- 다른 사람에게 도움을 요청하는 것은 나약함의 표시이다.
- 절반의 실패는 전부 실패한 것이나 다름없다.
- 인정을 받으려면 항상 일을 잘해야만 한다.
- 한 인간으로서의 나의 가치는 나에 대한 다른 사람의 평가에 달려있다.
- 사람들이 언제 나에게 등을 돌릴지 모르기 때문에 믿을 수 없다.

MEMO

② 인지적 오류(cognitve errors) : 현실을 제대로 지각하지 못하거나 사실이나 그 의미를 왜곡하여 받아들이는 것 ⇨ '인지적 왜곡', '추론에 나타나는 체계적 오류'라고도 함

임의적 추론 (arbitary inference)	충분한 근거(증거)도 없이 성급하게 결론을 내리는 것 예 여자친구가 연락이 없다(⇨ 내가 싫어진 거야). 편지에 대한 답장이 없으면 자신이 배척당하고 있다고 결론을 내림
선택적 추상화 (selective abstraction)	중요한 요소들은 무시한 채 사소한 부분에만 초점을 맞추어 전체의 의미를 부정적으로 해석하는 것 ⇨ 자신이 한 일을 평가받을 때, 평가 속에 긍정적인 평가와 부정적인 평가가 함께 있는데도 부정적인 평가에만 초점을 맞추는 경우 예 발표할 때 많은 이가 긍정적 반응을 보였으나, 한두 명이 보인 부정적인 반응에 선택적인 주의를 기울여 실패했다고 단정하는 경우, 필기시험에서는 A를 받고 실기시험에서는 C를 받은 사람이 '시험을 망쳤다'고 말하는 경우
과잉일반화 (overgeneralization)	한두 번의 사건이나 경험에 근거해서 일반적인 결론을 내리는 것 예 평소 자신을 배려하고 도와주던 배우자가 어느 특정한 때에 배려하지 않으면, 그것으로 그가 자신에게 무심하다는 결론을 내리는 경우. 한두 번의 실연으로 "난 '누구에게나', '언제나' 실연당할 거야."라고 결론을 내리는 경우
과대평가 · 과소평가 (의미확대 · 의미축소) (magnification · minimization)	어떤 사건이나 경험을 지나치게 과대평가하거나 과소평가하는 경우 예 낙제 점수 ⇨ 내 인생은 끝이야(의미 확대), 과수석 ⇨ 어쩌다가 운이 좋아서 된 거야(의미 축소), "물론 나는 내가 하는 일에 뛰어나지. 하지만 그게 무슨 상관이야? 나의 부모는 나를 무시하는데." ⇨ 자신의 능력에 대한 과대평가와 부모가 무시한다는 생각 때문에 초래된 자신에 대한 과소평가가 동시에 나타나 있음
사적인 것으로 받아들이기 (personalization)	자신과 관련시킬 근거가 없는 외부 사건을 자신과 관련시키는 성향 예 자신의 행동 이외에 다른 요인이 상대의 기분을 나쁘게 할 수 있었다는 점은 생각지 않고, "그녀는 오늘 기분이 나쁜 것 같았다. 내게 화가 난 것이 틀림없다."라고 간주하는 경우
이분법적 사고 (절대적 사고) (absolutistic / dichotomous thinking)	모든 사건이나 경험을 이분법적인 범주의 둘 중 하나로 해석하는 것. '중간지대가 없이' 흑백논리로 현실을 파악하는 것. 완벽주의 예 그가 나를 '사랑하느냐, 미워하느냐'만으로 생각함, 완벽하지 않으면 모든 것이 잘못되었다고 생각하거나, 순수하지 않은 것은 곧 더러운 것, 성자가 아니면 죄인이라고 생각하는 것, 크게 성공하지 않으면 완전한 실패라고 생각하는 것

③ 자동적 사고(automatic thought)

㉠ 어떤 상황이나 사건을 접했을 때 즉각적 · 자동적으로 떠오르는 생각이나 평가를 의미한다(Pretzer & Beck, 1996). 자동적 사고는 개인에게 습관화되어 버렸기 때문에 자기 자신도 모르게 떠오르는 경우가 많다. 이것은 그 상황에 각 개인이 보여 주는 정서적 · 행동적 반응을 자극하고 반응의 종류를 결정하는 데 중요한 역할을 한다. 자동적 사고가 부정적일 때 심리적 문제가 발생한다.

㉡ 우울증으로 발전되는 자동적 사고의 예(인지삼제 : cognitive triad)로는 ⓐ 자기에 대한 비관적 생각(예 나는 무가치한 사람이야.), ⓑ 미래에 대한 염세주의적 생각(예 나의 앞날은 희망이 없다.), ⓒ 세상에 대한 부정적인 생각(예 세상은 살기가 힘든 곳이야.)이 있다.

MEMO

06

(4) 상담목표

① 역기능적 인지도식이나 인지적 왜곡을 제거하여 긍정적인 감정・행동・사고를 갖도록 한다.

② 상담자의 관심은 부적응 행동이나 감정을 유지시키는 내담자의 정보처리 방식이다. 인지치료 상담자는 내담자가 자신의 정보처리의 오류를 확인하여 수정하도록 조력한다. 상담자는 내담자의 인지 왜곡을 도전・검증・논의해서 보다 긍정적인 감정・행동・사고를 갖도록 한다.

(5) 상담과정

① 인지행동치료는 인지에 초점을 맞추어 자동화된 사고와 역기능적 가정을 찾아내고 이를 검증해 나가는 방식으로 진행한다. 치료기법은 크게 인지기법과 행동기법으로 나눌 수 있다.✦

② 자동적 사고 파악하기 ⇨ 자동적 사고 검증하기

✦ 인지기법
자동적 사고의 타당성에 언어적으로 도전하는 기법

✦ 행동기법
행동실험을 통해 직접 검증하는 기법

(6) 상담기법 – 부정적 사고 패턴을 바꾸기

① 특별한 의미 이해하기 : 내담자가 사용하는 '패배자', '우울한', '죽고 싶은' 등과 같은 애매한 단어들의 의미가 무엇인지 내담자에게 질문하여 내담자의 사고과정을 이해하게 한다. 이런 단어들은 자동적 사고와 인지도식에 의존해서 개인에게 다른 의미를 가진다.

② 절대성에 도전하기 : 상담자는 내담자가 어떤 절대성 단어를 자주 사용하는가를 파악하여 내담자에게 도전하고 그러한 생각이 잘못됐음을 깨닫게 한다. ⇨ 내담자가 자주 "직장에 있는 모든 사람은 나보다 영리해요."와 같은 극단적 진술을 통해 자신의 고통을 나타낸다. 이러한 진술은 '모든 사람', '언제나', '결코', '항상' 등과 같은 단어를 내포한다.

③ 재귀인하기 : 과도하게 자신에게 책임소재를 귀인하는 습관을 재귀인하도록 하여 사건의 책임을 정당하게 하도록 조력한다. 내담자는 자신이 상황이나 사건에 대한 책임이 거의 없는 경우에 그러한 상황이나 사건의 책임을 자신에게 귀인시킬 수 있다. 자신을 비난함으로써 내담자는 많은 죄의식을 느끼거나 심한 우울을 느낄 수 있다. 상담자는 재귀인하기 기법을 사용해서 내담자가 사건의 책임을 정당하게 하도록 조력한다.

MEMO

④ **인지 왜곡 명명하기** : 내담자가 사용하는 인지 왜곡이 흑백논리, 지나친 일반화, 선택적 추상 등과 같은 여러 가지 인지 왜곡 중 어떤 것에 해당하는지 명명하도록 하는 것이다. 인지 왜곡 명명하기는 내담자가 자신의 추론을 방해하는 자동적 사고를 범주화하는 데 도움이 될 수 있다.

예 어머니가 항상 자기를 비판한다고 믿는 내담자에게 이것이 어떤 왜곡인지 그가 어머니의 행동을 지나치게 일반화하고 있는 것은 아닌지에 대해 질문해 보도록 요청할 수 있다.

⑤ **흑백논리 도전하기** : 내담자의 이분법적 사고의 범주화를 연속선상의 다양성으로 변환시켜 그 속에서 자신의 위치를 확인하도록 함으로써 흑백논리나 이분법적 사고에서 벗어나도록 한다.

예 자신의 성적 평균이 A학점이 안 되면 파국이라고 생각하는 내담자를 생각해 볼 수 있다. 상담자는 이런 경우에 측정하기라는 과정을 사용해서 이분법적 범주화를 연속선상의 측정으로 변환시킨다. 이렇게 하면 학점은 정도의 다양성에서 보여질 수 있다. 내담자는 연속선상에서 자신의 위치를 확인함으로써 흑백논리나 이분법적 사고에서 비롯된 파국적 결과의 낙담에서 벗어날 수 있다.

⑥ **파국에서 벗어나기** : '만약~하면, 어떤 일이 일어날까?(what-if?)'라는 기법으로, 마음 아프겠지만 내담자에게도 파국적인 결과가 일어날 수 있다는 것을 깨닫게 한다.

예 성적이 우수한 고등학생이 학급 성적이 5등 내에서 벗어나면 파국이라고 생각하는 경우, "만약 너의 성적이 7등이 됐다면 어떤 일이 일어날 것 같은가?"라고 물어서 그러한 결과가 마음이 아프겠지만 가능할 수 있다는 것을 깨닫게 한다.

⑦ **장점과 단점 열거하기** : 내담자 자신의 특별한 신념이나 행동에 대한 장점과 단점을 열거하도록 하는 것이다. 어떤 신념에 대한 장점과 단점 열거하기는 내담자로 하여금 흑백논리에서 벗어나도록 하는 데 도움이 된다.

예 내담자가 "나는 실수를 해서는 안 된다."라는 강한 강박적 신념을 갖고 발표 불안에 고통을 받고 있다고 가정하자. 이러한 내담자에게 그러한 신념의 장점과 단점을 나열하게 함으로써 실수하면 큰일이라는 파국적 생각에서 벗어나게 할 수 있다.

⑧ **인지 예행연습** : 상황을 잘 해결하는 성공적인 자신의 모습을 상상하는 것이다. 상담자는 내담자로 하여금 인지 예행연습을 통해 발생할 가능한 일들에 적절한 방식으로 대처할 수 있도록 조력한다.

예 직장 여성이 자기의 상사 앞에서 어떤 주제에 대해 발표하는 것에 대한 상사의 반응으로 '네가 감히 이러한 주제에 대해 어떻게 내 앞에서 발표를 한다고 그래?'라는 상상을 가질 수 있다. 많은 경우에 이런 생각은 발표를 못 하게 하는 원인으로 작동한다. 이러한 파국적 상상은 인지 예행연습을 통해 바람직한 방향으로 대체될 수 있다. 이런 경우에 이 여성이 상사 앞에서 성공적인 발표를 하고 상사는 그러한 내용을 열심히 경청하는 것을 그녀가 상상하게 할 수 있다.

4 Glasser의 현실치료(현실요법, reality therapy) 05~06 중등, 09~10 초등, 12~13 중등

MEMO

06

개념 다지기

현실치료

1. 현실치료(현실치료적 상담이론, reality therapy)는 Glasser가 비행청소년의 치료기관인 캘리포니아 벤추리 여학교에 근무하면서 발전시킨 상담이론이다.
2. 인간은 기본적 욕구(예 생존의 욕구, 소속의 욕구, 힘의 욕구, 즐거움의 욕구, 자유의 욕구)를 갖고 태어나며, 기본 욕구를 충족하기 위해 자신의 행동을 통제하고 선택한다고 한다. 인간은 궁극적으로 자기결정을 하며, 자기 삶에 책임이 있다는 것을 강조한다. 그러므로 인간은 타인의 자유를 침해하지 않고 고통을 주지 않으면서 자신의 욕구를 충족할 수 있는 방법을 배우는 것이 필수적이다.
3. 글래서는 파우어스의 자문을 받아 통제이론을 현실치료의 이론적 틀로 삼아 선택이론으로 그의 입장을 더욱 발전시켜 왔다.

(1) 개념

① 현실치료(reality therapy)는 내담자의 기본 욕구를 파악하여 그러한 욕구를 바람직한 방식으로 충족할 수 있도록 하는 상담방식이다. 특히 현실치료는 학교상황에서 학생들을 상담하는 데 매우 효과적임이 밝혀졌다.

② 현실치료에서는 개인의 기본적 욕구에서 비롯된 바람이 정말 무엇인가를 파악하지 못하거나, 파악했다 하더라도 그 바람을 바람직한 방식(현실적으로 책임질 수 있는 옳은 방식)으로 충족시키지 못할 때 문제 행동이 발생한다고 본다.

(2) 인간관

글래서는 우리들 각자가 궁극적으로 자기결정을 한다는 기본적인 신념을 가지고 있다. 현실치료에서는 인간이 자신의 환경적인 여건에 의존하기보다도 자신의 결정에 더 크게 의존함으로써 자신의 책임을 다할 수 있고, 성공적이며, 만족스러운 삶을 살아갈 수 있다고 보고 있다.

① **자기결정적 존재**: 인간은 자신의 욕구나 바람에 따라 자신이 하고자 하는 행동을 스스로 선택하고 결정하며, 더 나아가 자신의 인생도 선택하고 결정한다고 본다. 이런 점에서 표면적으로 실존주의적인 입장을 취하고 있다.

② **책임 있는 존재**: 인간이 자신의 행동과 정서에 대해 자기 스스로에게 책임이 있음을 강조하며 결정론(예 정신분석학, 행동주의)을 반대한다. 현실치료자들은 기본적으로 우리 각자는 성공정체감을 통해 만족스럽고 즐거워지기를 바라며, 책임질 수 있는 행동을 보여 주고 싶어 하고, 의미 있는 인간관계를 가지고 싶어 한다고 본다.

MEMO

(3) 주요 개념

① **기본 욕구** : 인간은 5가지 기본 욕구, 즉 생존의 욕구, 소속의 욕구, 힘의 욕구, 즐거움의 욕구, 자유의 욕구를 갖고 태어나며, 이를 충족하기 위해 자신의 행동을 통제하고 선택한다.

② **통제이론** : 인간은 어떤 행동을 선택할 때 자신의 기본 욕구(예 생존의 욕구, 소속의 욕구, 힘의 욕구, 즐거움의 욕구, 자유의 욕구)를 최대한 충족하기 위해 자신의 행동을 통제한다는 이론이다. 그렇게 함으로써 자신의 욕구를 충족함과 동시에 주변 환경과의 관계를 유지, 발전시켜 나간다.

③ **선택이론** : 개인의 자유를 강조하는 이론이다. 인간은 사람들이 하는 모든 것(예 생각, 감정, 행동 등)을 선택할 수 있다고 주장한다. 따라서 선택이론에서는 개인이 느끼는 불행과 흔히 정신병으로 여겨지는 행동까지도 선택할 수 있다고 본다. 인간은 자신의 욕구를 충족하기 위해 어떤 행동을 선택하며, 어떤 행동을 선택할 것인가는 전적으로 인간에게 달려 있다. 인간은 자신이 선택한 행동으로 인해 행복하거나 불행하게 된다.

④ **전체행동(전행동, total behavior)** : 인간의 전행동(total behavior)은 '활동하기(활동, acting; 행동하기, doing), 생각하기(생각, thinking), 느끼기(느낌, feeling), 그리고 신체반응(physiology; 생물학적 행동, biological behavior)'의 4가지로 구성되어 있으며, 이들 구성요소는 서로 유기적으로 관련되어 인간의 기본욕구를 충족시키려 한다. 행동선택을 '자동차'에 비유하면, 엔진은 기본적 욕구이며, 활동, 생각, 느낌, 신체반응은 네 개의 바퀴가 된다. 이 중 분명하게 선택된 '활동하기(acting)'와 '생각하기(thinking)'는 앞바퀴로 자동차를 이끈다. 따라서 활동과 생각은 인간이 통제할 수 있고 행동의 방향을 잡아줄 수 있다(행동은 완전한 통제 가능, 생각은 어느 정도 통제 가능). '느끼기(feeling)'와 '신체반응(physiology)'은 뒷바퀴로 앞바퀴를 따라간다(통제 불가). 따라서 감정은 통제가 어렵고 신체반응은 통제가 더욱 어렵다.

5가지 기본 욕구

1. **생존의 욕구** : 인간이 생물학적 존재로서 생존에 대한 욕구임. 이것은 살고자 하고 생식을 통하여 자기 확장을 하고자 하는 속성을 의미한다.

2. **소속의 욕구**
   ① 인간이 사회적 동물로서 가정, 학교, 직장 사회에 소속되어 다른 사람과의 관계를 유지하면서 사랑을 주고받고자 하는 인간의 속성을 말함 ⇨ '소속감'의 유사어 : 사랑, 우정, 돌봄, 관심, 참여 등
   ② 일반적인 소속감 욕구의 예 : 어린아이는 엄마의 사랑과 돌봄을 원한다. 부부의 사랑은 부부관계의 유지뿐만 아니라 서로에게 위로와 삶의 원동력으로 작용한다. 친구 간에 정담을 주고받으면서 느끼는 우정은 각자에게 소중하다. 청춘남녀는 애틋한 사랑을 주고받기를 원한다.
   ③ 글래서는 소속하고 싶은 욕구를 3가지 형태, 즉 사회집단에 소속하고 싶은 욕구, 직장에서 동료들에게 소속하고 싶은 욕구, 가족에게 소속하고 싶은 욕구로 분류하였다. 소속감 욕구는 생리적 욕구와 같이 절박한 욕구는 아니지만 인간이 살아가는 데 원동력이 되는 기본 욕구이다.

MEMO

06

3. 힘의 욕구
   ① 우리 각자가 경쟁 · 성취하며 중요한 존재이고 싶어 하는 속성을 가지고 있다는 것을 의미함 ⇨ '힘'의 유사어 : 성취감, 존중, 인정, 기술, 능력 등
      예 학생에게는 좋은 성적이 그에게 성취감을 느끼게 할 것이다. 직장인에게 그의 승진은 자신의 능력이나 기술에 대한 인정을 반영한 것이다.
   ② 힘의 욕구에 매력을 느끼게 되면 종종 소속의 욕구 등 다른 욕구와 직접적인 갈등의 원인을 경험하게 됨. 즉, 사람들은 직장에서 성공의 욕구를 얻으려고 하다가 결과적으로 부부관계를 파괴시키기도 한다. 청소년은 힘의 욕구를 성취하기 위해 독립성을 갖고 접근하도록 하지만 반항이라는 부정적 접근방식을 사용하기도 한다.

4. 즐거움의 욕구
   ① 인간은 많은 새로운 것을 배우고 놀이를 통해 즐기고자 하는 속성을 가지고 있다는 것을 말함 ⇨ '즐거움'의 유사어 : 흥미, 기쁨, 학습, 웃음 등
   ② 글래서는 인간의 즐거움에 대한 욕구가 기본적이고 유전적인 지시라고 확신한다. 사람은 이 즐거움 욕구를 충족시키기 위해 때로는 생명의 위험도 감수하면서 자신의 생활방식을 과감히 바꾸어 나간다. 예 암벽 타기나 번지점프 등
   ③ 즐거움을 추구하는 욕구와 다른 욕구들 간에도 마찬가지로 갈등이 있을 수 있다. 예를 들면, 어떤 이는 공부가 재미있어서 소속감 욕구 충족을 포기하고 결혼을 지연시킬 수도 있다. 재미 혹은 즐거움은 우리의 삶을 엮어낸 혼합체의 일부분이기 때문에 즐거움이 없는 사람이란 생각할 수 없으나, 이 한 가지 욕구충족으로 다른 욕구나 다른 이의 욕구충족이 방해받아서는 안 되게 하는 책임을 져야 한다.

5. 자유의 욕구
   ① 인간이 이동 · 선택을 마음대로 하고 싶어 하고 내적으로 자유롭고 싶어 하는 속성을 말함 ⇨ '자유'의 유사어 : 선택, 독립, 자율성 등
   ② 자신이 자유 욕구충족을 하는 데 있어서 다른 사람의 자유를 침범하지 않도록 타협을 통하여 이웃과 함께 살 수 있는 절충안을 찾아내야만 한다. 즉, 우리의 모든 욕구를 충족시키려면 지속적으로 남의 권리를 인정해 주고 나의 권리를 인정받는 것에 대한 합리적인 이해와 자기선택에 대한 책임을 지려는 의지가 필요하다.

인간은 위 5가지 기본 욕구의 우선순위를 결정하는 데 있어서 끊임없이 갈등을 느끼며 이를 해소하려고 시도한다. 즉, 자신의 욕구를 충족시키기 위해 자기 나름대로의 정신적 사진첩을 뇌 속에 만들어 보관한다.
인간은 5가지 기본적 욕구를 충족시키기 위해 끊임없이 어떤 행동을 해야만 한다. 우리는 각자 매 순간 최선이라고 판단되는 행동을 한다. 자신이 판단하고 결정한 것이 현명할 수도 어리석을 수도 있다. 우리는 주관적이기는 하지만 자기 나름대로 창의적인 방법을 찾아 자신의 기본적 욕구를 충족시킨다. 개인의 욕구와 바람 간의 관계를 보면 개인의 욕구는 유전적인 속성이기 때문에 모든 사람이 공통적으로 가지고 태어나지만 그 욕구를 채우는 방법으로서의 바람은 개인마다 특이하고 차이가 있다.

(4) 상담목표

① 주요 목표는 일차적으로 내담자가 정말 원하는 것이 무엇인지를 그 기본 욕구나 바람을 파악한 후, 그러한 욕구(바람)를 바람직한 방식(3R : 현실적으로 책임질 수 있는 옳은 방식)으로 충족할 수 있도록 조력하는 데 있다.

MEMO

② 바람직한 방법으로 욕구를 충족할 수 있도록 하기 위해 3R, 즉 현실성(Reality), 책임감(Responsibility), 옳고 그름(공정성, Right or wrong)을 강조한다.

현실성 (reality)	• 현실파악과 수용능력이 있어야 한다는 것 • 자신의 욕구충족이 현실적인 것인지, 현실에서 실현 가능하며 수용 가능한지 고려
책임감 (responsibility)	• 책임감을 느끼며 수행해야 한다는 것 • 자신의 욕구충족 행위가 타인의 욕구충족을 방해하지 않는 범위 내에서 책임감 있는 행위인지 고려
옳고 그름(공정성) (right or wrong)	• 옳고 그름의 도덕적 판단을 해야 한다는 것 • 타인에게 해가 되지 않는 옳은 판단을 통해 자신의 욕구를 충족해야 함

③ 학생들이 학교생활에 적응하기 위해서는 이러한 3가지 능력이 있어야 하며, 없을 때에는 부적응이 발생할 수 있기 때문에 이를 교육해야 한다.

(5) **상담과정**(상담절차, 상담기법) – 우볼딩(Wubbolding)의 WDEP 13 중등

① **욕구(바람) 파악하기(Want)** : 내담자에게 "무엇을 원하는가?"라고 질문하여, 내담자의 바람이나 욕구가 무엇인지를 파악하도록 한다.

② **현재 행동 탐색하기(Doing)** : 내담자에게 "당신은 무엇을 하고 있습니까?"라는 질문을 통해 내담자의 현재 행동을 탐색하도록 한다.

③ **평가하기(Evaluating)** : 내담자가 3R(현실성, 책임감, 옳고 그름)을 기준으로 자신의 행동을 스스로 평가하도록 한다.

④ **계획하기(Planning)** : 내담자의 행동 중 잘못된 행동을 찾아 바람직한 방법으로 자신의 바람과 욕구를 충족시킬 수 있도록 계획하고 실행한다.

(6) 상담기법

선택이론에서 독창적으로 개발한 특별한 기법들을 사용하기보다 상담자와 내담자의 친밀한 관계를 바탕으로 내담자가 자신의 바람을 바람직한 방법으로 달성할 수 있도록 조력한다.

① **상담자 태도** : 상담자는 내담자와 친밀한 관계를 형성하되, 내담자의 변명을 수용하지 않고, 비판하거나 논쟁하지 않으며, 결코 포기하지 않고 조력하는 태도를 보인다. 현실치료자들이 내담자에게 취하는 주요한 태도는 상담활동을 위한 분위기에 기여하며, 궁극적으로 내담자를 변화로 이끈다.

② **질문하기** : 내담자가 원하는 바람과 현재의 행동을 파악하고 스스로 평가하고 계획하도록 효과적인 질문을 한다. 현실치료에서 질문은 내담자의 전체행동 탐색, 바람 파악, 현재 행동 파악, 평가하기, 구체적 계획 수립에서 중요한 역할을 한다.

MEMO

06

③ **직면하기**: 내담자가 원하는 바람과 현재의 행동과의 불일치나 모순에 주목하게 하여 현재의 행동으로는 내담자의 바람을 달성할 수 없음을 깨닫게 한다.

④ **역설적 기법**: 상담자는 내담자에게 모순된 요구나 지시를 주어 그를 딜레마에 빠지게 하는 역설적 기법을 사용한다. 예를 들면 실수하지 않으려고 강박적으로 생각하는 내담자에게 실수를 하도록 요구할 수 있다. 역설의 2가지 유형은 '틀 바꾸기(reframing)'와 '증상 처방'이다. '틀 바꾸기'는 내담자가 어떤 상황이나 주제에 대해 생각하는 방식을 변화하도록 조력하는 것이다. 즉, 내담자가 이전에 바람직하지 않았던 행동을 바람직한 행동으로 보도록 조력한다. '증상 처방'은 내담자가 증상을 선택하도록 지시하거나 요구하는 것을 말한다(예 얼굴이 붉어져서 타인에게 말을 못하는 사람에게 그가 얼마나 많이 그리고 자주 붉어지는가를 다른 사람에게 말하도록 하는 것). 이러한 역설적 기법은 내담자가 통제하고 있고 자신의 행동을 선택하는 것을 느끼도록 해 준다. 내담자가 보다 많이 우울하기를 선택하는 것은 역시 덜 우울하기를 선택할 수 있다는 것을 의미한다.

⑤ **유머 사용하기**: 상담자가 유머를 통해 내담자와 친근한 관계를 유지함으로써 내담자의 소속감 욕구를 충족시킬 수 있다. 현실치료는 즐거움이나 흥미를 기본 욕구의 하나로 강조한다. 상담자와 내담자가 농담을 공유한다는 것은 서로가 동등한 입장에서 흥미 욕구를 공유한다는 것을 의미한다.

5 Berne의 교류분석이론(transactional analysis) 01 초등, 12 초등, 12 중등

인간은 언어적이거나 비언어적인 메시지를 상대방에게 전달하여 의사소통을 한다. 의사소통을 통한 인간의 교류는 우리 각자가 형성한 자아와 삶의 태도를 반영하여 나타난다. 에릭 번(Eric Berne, 1910~1970)은 내담자가 갖는 자아상태를 바탕으로 의사소통의 교류가 어떻게 이루어지는가를 탐색하여 조력하는 교류분석(transactional analysis)을 창시하였다.
Freud와 비슷하게 부모자아(P), 성인자아(A), 아동자아(C)의 3가지 자아를 주장하였지만 Freud의 초자아(super-ego), 자아(ego), 원초아(id)의 개념과는 성격이 다르다. Freud가 인간의 문제적 행동을 하는 원인으로 긴장과 불안에 의한 무의식적 욕구의 억압을 주장한 것에 비해, Eric Berne은 인간이 문제적 행동은 3가지 PAC 자아가 상황에 맞게 원활하게 전환되지 못하고 어느 한 틀에 고정될 때 발생한다고 본다. 이러한 자아상태는 타인과 의사교류를 하는 상태를 분석하여 파악할 수 있다고 주장한다. 분석유형은 구조분석, 교류분석, 게임분석, 각본분석으로 구분된다.

(1) 개념

① 교류분석은 '자신의 삶의 입장에 따라 서로가 주고받고 있는 의사소통을 이해하고 분석하는 방법'을 의미한다. 자기를 분석하여 이해함으로써 자기통제 · 자율성 · 책임감을 높이고 건전한 대인관계를 맺게 하는 것이다.

MEMO

② 교류분석에서는 우리 각자가 3가지의 분리된 자아상태, 즉 부모(parent), 성인(adult), 아동(child) 자아상태를 가지고 있다고 가정한다. 이는 Freud의 초자아(super-ego), 자아(ego), 원초아(id)와 유사하지만 근본적인 차이가 있다. 즉 Freud의 정신분석이론에서는 무의식에 초점을 두는 반면, 교류분석이론에서 부모자아, 성인자아, 아동자아는 모두 의식 영역에 존재하며, 일상생활에서 쉽게 사용할 수 있는 것이다.

③ 이 접근방식에서 사용하는 주요한 4가지 분석방법은 구조분석(structural analysis), 교류분석(transactional analysis), 게임분석(game analysis), 각본분석(script analysis)이다.

④ 간략하게 정의하면, 구조분석은 내담자의 성격을 구성하는 자아상태를 분석하는 것이다. 교류분석은 내담자와 타인 간의 상호 의사소통과정을 분석하는 것이다. 게임분석은 정형화되고 반복되는 이면교류를 분석하는 것이다. 각본분석은 내담자가 강압적으로 사용하는 구체적인 인생각본을 분석하는 것이다.

(2) 인간관

① 정신분석에서처럼 결정론적인 입장에서 인간을 보지 않고, 인간은 자기의 환경조건과 아동기의 조건을 개선할 수 있는 능력이 있음을 믿는다.

② 인간은 과거에 내린 자신의 결정을 이해하는 능력이 있으며, 그것을 재결단할 수 있다고 가정한다.

③ 인간은 자신의 목표나 행동양식을 선택할 수 있고, 새로운 결정을 할 수 있으며, 새롭게 행동할 수 있다고 가정한다.

④ 모든 인간은 3가지 자아상태, 즉 부모(어버이, parent), 성인(어른, adult), 아동(어린이, child) 자아상태를 가지고 있고, 이 중 어느 하나가 상황에 따라 한 개인의 행동을 지배한다고 가정한다.

(3) 주요 개념

1) 삶의 입장(생활자세, life position)

부모자아상태, 성인자아상태, 아동자아상태는 개인의 기본적 욕구를 충족시키려는 노력과 결부되어 개인의 삶의 입장(생활자세)을 형성하게 된다. 긍정적인 삶의 입장(생활자세)인 '자기긍정－타인긍정'(I'm OK-You're OK)과 다른 3가지 부정적 삶의 입장(생활자세)이 있다.

① **자기긍정－타인긍정(I'm OK-You're OK)** : '나도 이만하면 괜찮고 당신도 그만하면 괜찮다'라는 자신과 타인에 대한 긍정적 삶의 태도와 상호존중의 입장이다. 아이의 정서적 및 생리적 욕구가 사랑과 수용의 방식으로 충족되면서 성장한 아동의 경우 이러한 생활자세를 형성하고 승리자 각본을 갖게 된다.

MEMO

06

② **자기긍정-타인부정(I'm OK-You're not OK)** : '나는 잘났고, 너는 별 볼 일 없다'라는 생활자세로 투사적 입장이다. 어린아이가 심하게 무시당하거나 비난이나 억압을 당하고, 부모로부터 폭력을 당한 경험이 있을 때, 나쁜 사람은 내가 아닌 다른 사람이라고 단정할 수 있다. 저항적(공격적)인 태도, 자기도취적인 우월감, 타인에 대한 극단적인 불신, 증오, 비난, 양심부재(良心不在)의 현상이 나타날 수도 있다. 비행이나 범죄자들이 주로 이 자세를 갖고 있으며, 심하면 타살 충동으로 연결될 수 있다. 이들은 자신의 범죄행위가 다른 피해자에게 미친 악영향을 생각하기보다는 오히려 자신의 잘못을 타인이나 사회의 탓으로 여겨 자신을 마치 가족이나 사회의 희생양으로 여기곤 한다.

③ **자기부정-타인긍정(I'm not OK-You're OK)** : '나는 별 볼 일 없고, 너는 잘났다'라는 생활자세로 내사적 입장이다. 다른 사람과 비교해서 무력감을 느끼는 사람들이 공통적으로 취하는 입장이다. 이것은 인생 초기에 일반적으로 어린애들이 취하는 최초의 자세이다. 욕구충족에 있어서 거의 무능한 상태에 있기 때문에 다른 사람의 도움 없이는 생존의 위협을 느끼게 되고 많은 좌절감을 경험한다. 그 결과 어린아이는 '내가 별 볼 일 없다(I'm not OK)'라는 자기-부정적인 인생자세를 갖게 된다. 그리고 타인을 긍정적으로 평가하고 자기보다 우월한 것으로 지각한다. 이러한 자세는 자기비하, 우울증, 열등감, 무가치감, 무력감과 같은 정서적 태도를 갖게 한다. 이러한 자세를 취하는 사람은 '희생자'의 역할을 하며, 자학적 행동을 하며, 간접적 공격성을 표출하는 경향이 높다.

④ **자기부정-타인부정(I'm not OK-You're not OK)** : '나도 별 볼 일 없고, 너도 별 볼 일 없다'라는 입장으로 비관적이고 부정적인 태도이다. 이러한 삶의 태도는 무용론적 입장을 보이는 사람들에게 나타난다. 부모에 의한 비판적・부정적인 반응을 강하게 경험하면서 '나는 별 볼 일 없는 아이다'라는 생각을 갖게 되며, 이러한 생각이 지배적일 때 부모의 어떤 반응들도 부정적으로 보게 되며 부모의 반응을 거부하게 된다. 이러한 사람은 어떤 노력도 기울이지 않으며 만사를 부정적으로 여기게 된다. 이러한 인생자세를 가진 사람은 삶의 의미를 상실하여 자포자기하고 극단적인 퇴행상태나 정신분열의 상태, 심한 경우에는 자살이나 타살의 충동을 느낄 수 있다.

2) 분석기법(상담과정)

① **구조분석(structural analysis) ⇨ 자아구조분석**

㉠ 구조분석은 내담자의 성격을 구성하는 3가지 자아상태를 분석하는 것이다. 구조분석을 통해 내담자는 자신의 3가지 자아상태가 어떻게 구성되어 있는지 알 수 있다. 사람의 성격은 3가지의 자아상태(PAC)로 구성된다고 보고, 자아구조를 '부모자아', '성인자아', '아동자아'의 3가지로 나누었다.

MEMO

부모자아 **(P : Parent ego)**	• 개인이 자신이나 타인에게 강요하는 당위적인 명령으로 구성되어 있는 자아상태이다[Freud의 초자아(Superego)에 해당]. 부모자아는 아동이 주로 자신의 실제 부모의 양육태도나 제도적 혹은 사회적 가치에 의해 형성된다(4~6세 발달). • 부모자아상태는 '비판적 부모자아(CP : Critical Parent ego)'와 '양육적 부모자아(NP : Nurturing Parent ego)'로 구성되어 있다. – **비판적 부모자아** : 비판적 · 통제적 · 지배적 이상의 추구가 특징 ⇨ '…해야 한다' 또는 '…해서는 안 된다'라는 완고한 아버지 마음의 표현 – **양육적 부모자아** : 아동을 보살피고 보호적이며 친절함이 특징 ⇨ '…해 줄게'라는 친절한 어머니 마음의 표현
성인자아 **(A : Adult ego)**	• 개인이 현실세계와 관련해서 기능하는 성격의 부분이다[Freud의 자아(ego)에 해당]. 현실적 · 객관적 · 논리적 · 비감정적 자아상태이다(2~4세에 형성되어 7~12세에 발달). • 성인자아상태는 객관적으로 현실을 검증하고 문제를 해결하며, 다른 두 자아상태를 중재한다. • 그러므로 성인자아상태는 성격의 균형을 위해 중심적 역할을 하며, 성격의 전체적인 적응과정에 가장 기여하는 부분이다.
아동자아 **(C : Child ego)**	• 어린애같이 쾌락적이고 충동적이며 흥미를 추구하는 자아상태이다[Freud의 원초아(id)에 해당]. 자발성, 창의성, 충동, 즐거움, 기쁨, 유쾌함 등이 아동자아상태의 특성이다(1~3세까지 발달). • 아동자아상태는 '순종적(적응적) 아동자아(AC : Adapted Child ego)'와 '자유로운(자연적) 아동자아(FC : Free Child ego)'로 구성되어 있다. – **순종적(적응적) 아동자아** : 부모나 권위자의 요구에 복종하는 자아로서 순종적 · 의존적 · 소극적이며, 수줍고 지나치게 타인을 의식하며 착한 모범생의 특성을 지닌다. – **자유로운(자연적) 아동자아** : 자연적, 감정적, 충동적, 자기중심적, 본능적, 적극적, 직관적, 자발적, 순진, 자유분방, 창조적이다.

ⓛ 주어진 상황에서 적절하게 다른 사람과 의사소통을 하기 위해서, 성격을 구성하고 있는 3가지 자아상태가 건전하게 발달되어야 한다. 잘 적응된 사람은 상황에 맞도록 3가지 자아상태 간에 균형을 유지하면서 자아상태의 조절을 결정한다.

ⓒ 일반적으로 나타나는 문제는 하나의 자아상태가 지배적으로 통제하는 경우이다. 만약 지나치게 부모자아상태가 발달되어 다른 자아상태를 배제하고 명령과 비판적인 자세만 견지한다면 다른 사람과의 의사소통에 문제가 된다. 역시 성인자아상태가 다른 자아상태를 배제하고 작동한다면 지나치게 현실적 · 논리적이라는 비판을 받게 된다. ⇨ 견고한 부모자아는 독단적이고 편견을 가진 것처럼 보이고, 견고한 성인자아는 분석적이고 따분한 것처럼 보이며, 견고한 아동자아는 미성숙하고 지나치게 민감하게 반응하는 것처럼 보인다.

MEMO

06

㉣ PAC 세 자아가 상황에 맞게 원활하게 전환되지 못하고 어느 한 틀에 고정될 때 부적응이 발생한다.

㉤ 이러한 3가지 자아상태 중 어느 것도 연령과 관계가 없다. 아동도 성인자아와 부모자아를 갖고, 노인도 아동자아로 반응할 수 있다.

② 교류분석(교류패턴분석; transactional analysis)

㉠ 교류분석은 내담자와 타인 간의 상호 의사소통과정을 분석하는 것이다. 즉, 부모자아(P), 성인자아(A), 아동자아(C) 상태에 대한 이해를 바탕으로 하여 일상생활에서 주고받는 말·행동·태도 등을 분석하는 것이다.

㉡ 일반적으로 언어적이든 신체적이든 간에 어떤 사람이 다른 사람의 존재를 인정할 때마다 교류라는 것이 발생한다. 교류(transaction)란 인간의 의사소통 단위 혹은 두 사람의 자아상태들 간 자극-반응의 연결로 정의된다. 교류는 3가지 범주, 즉 상보교류(보완적 교류), 교차교류(교차적 교류), 이면교류(저의적 교류)로 구분된다.

㉢ 우리가 대하는 상대방이 어떤 자아상태의 입장에서 이야기하는지를 파악하여 그가 전달한 메시지에 따라 상보교류(보완적 교류)가 될 수 있도록 해야 한다.

<table>
<tr><td>상보교류
(complementary transaction)</td><td>• 자극과 반응이 동일한 자아에서 이루어지는 의사 교류(수신된 자아상태와 반응하는 자아상태가 일치할 때 나타나는 의사 교류)
• 서로 기대한 대답이 오가며, 서로의 자아상태가 서로의 욕구를 충족시키는 평행선을 이루는 교류 ⇨ 인정이나 어루만짐이 서로에게 보완적이기 때문에 대화가 계속됨
• 상보교류는 건강한 인간관계에서 나오는 자연스러운 의사소통임
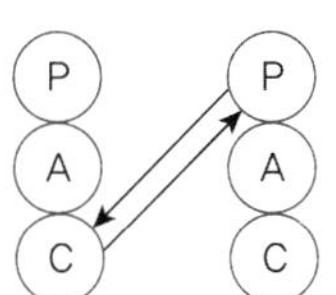
아들 : 엄마, 오늘밤엔 엄마랑 같이 잘래요.
엄마 : 무서운 영화를 보더니 엄마랑 같이 자고 싶은 모양이구나.
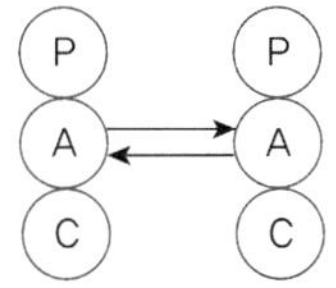
아빠 : 머리 자르러 언제 갈래?
아들 : 이 만화 끝나면 가요.</td></tr>
<tr><td>교차교류
(crossed transaction)</td><td>• 자극과 반응이 서로 다른 자아에서 이루어지는 의사 교류(수신된 자아상태와 반응하는 자아상태가 일치하지 않을 때 나타나는 의사 교류)
• 상대방이 예상외의 반응을 보임으로써 갈등, 불쾌, 거부감을 유발하고, 대화 단절로 이어질 수 있는 교류
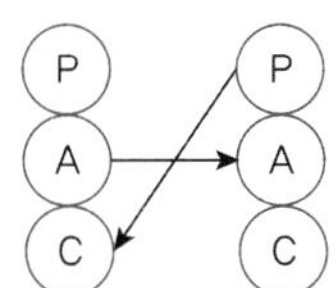
학생 : 선생님, 보고서 제출시간을 연기해 주시면 안 되나요?
교사 : 안 된다. 정해진 기간 내에 제출해야 해.</td></tr>
</table>

MEMO

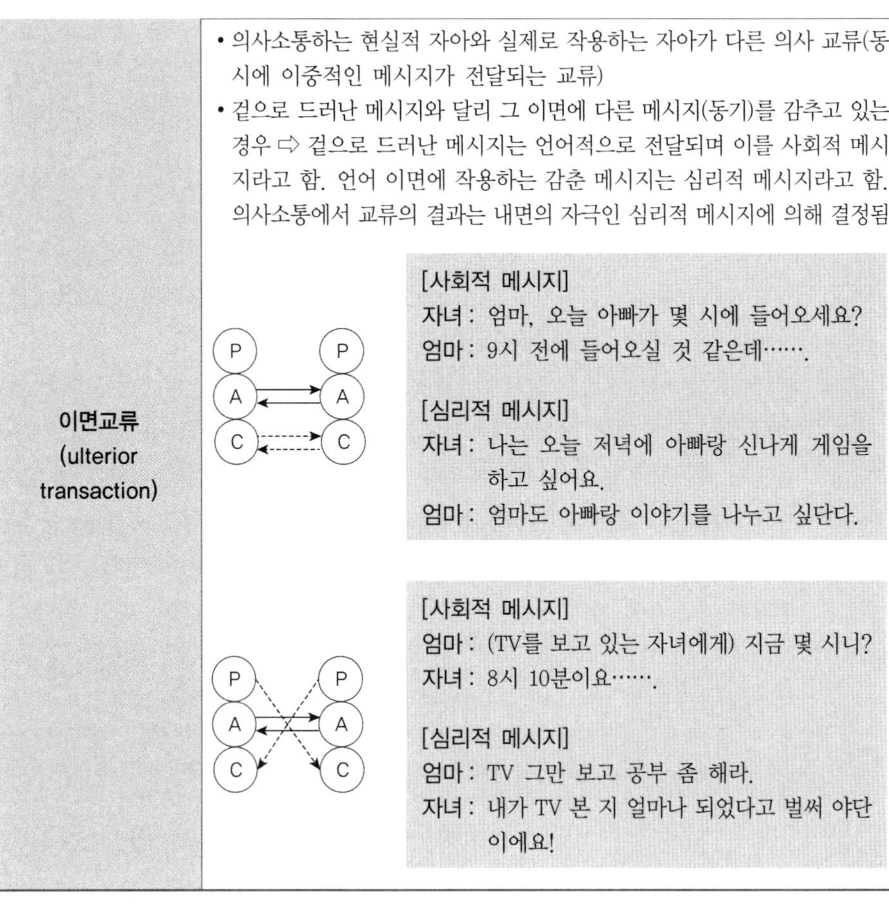

이면교류 (ulterior transaction)	• 의사소통하는 현실적 자아와 실제로 작용하는 자아가 다른 의사 교류(동시에 이중적인 메시지가 전달되는 교류) • 겉으로 드러난 메시지와 달리 그 이면에 다른 메시지(동기)를 감추고 있는 경우 ⇨ 겉으로 드러난 메시지는 언어적으로 전달되며 이를 사회적 메시지라고 함. 언어 이면에 작용하는 감춘 메시지는 심리적 메시지라고 함. 의사소통에서 교류의 결과는 내면의 자극인 심리적 메시지에 의해 결정됨 P A C — P A C [사회적 메시지] 자녀 : 엄마, 오늘 아빠가 몇 시에 들어오세요? 엄마 : 9시 전에 들어오실 것 같은데……. [심리적 메시지] 자녀 : 나는 오늘 저녁에 아빠랑 신나게 게임을 하고 싶어요. 엄마 : 엄마도 아빠랑 이야기를 나누고 싶단다. P A C — P A C [사회적 메시지] 엄마 : (TV를 보고 있는 자녀에게) 지금 몇 시니? 자녀 : 8시 10분이요……. [심리적 메시지] 엄마 : TV 그만 보고 공부 좀 해라. 자녀 : 내가 TV 본 지 얼마나 되었다고 벌써 야단이에요!

③ 게임분석(game analysis) : 정형화되고 반복되는 이면교류를 분석하는 것을 말한다.

[대화]
상사 : (지각한 부하에게) 지금이 몇 시인가?
부하 : (질문의 의도를 알면서도) 예, 9시 20분입니다.

[이면]
상사 : '또 지각이군.'
부하 : '또 비꼬는군.'

㉠ 게임을 시작하는 사람 : 고집이 세거나, 동정이 많은 사람, 애정결핍인 사람 등으로 성격 면에서 약점이 있거나 일그러진 사람들이다.

㉡ 게임의 결말 : 두 사람 관계가 부정적 · 파괴적으로 된다. 자주 다투거나, 트집 잡거나, 몰아붙이는 대화, 변명 등이 대표적인 게임이다.

MEMO

06

㉢ 게임은 어릴 때부터 습관화된 행동양식이므로 게임에 대한 지식을 얻었다고 금방 적절한 행동으로 변화되는 것은 아니므로 게임을 그만두기 위해서는 많은 연습이 필요하다. 에릭 번은 이러한 게임의 덫에서 벗어날 수 있는 길로서 자각, 자발성, 친밀감의 회복을 통한 자율성의 회복을 제시하고 있다. 자각이란 지금 여기의 삶을, 배운 대로가 아닌, 자기만의 방식으로 인식하는 것을 의미한다. 자발성은 배운 대로 느껴야 할 것 같은 압박감에서 벗어나 자기감정을 선택하고 표현할 수 있는 자유를 의미한다. 친밀감은 자발적이고, 게임에서 자유로운 솔직함으로 정의된다. 이러한 것이 모두 가능해지고 나면 모든 행동을 오직 자신의 의지에 따라 자유롭게 선택하는 자율성의 회복이 가능하다.

④ **각본분석(script analysis)** : 교류분석에서는 대인관계 패턴의 문제를 '게임'이라는 개념으로 파악하고 이 게임의 반복을 '생활각본'이라는 개념으로 설명한다. 각본분석은 내담자가 강압적으로 사용하는 구체적인 인생각본을 분석하는 것이다. 각본분석이란 자신의 자아상태에 대하여 통찰함으로써 자기의 각본을 이해하고 벗어날 수 있도록 하는 것을 말한다. 각자의 생활각본(life script)을 발견하고 변화시켜 건강한 삶을 살게 하는 것이 교류분석의 궁극적 목적이다.

인생의 승리자 각본을 유지하는 사람은 '자기긍정－타인긍정(I'm OK-You're OK)'의 생활자세를 가진 사람이다. 이러한 생활자세를 가지고 있는 사람의 구조분석을 해 보면 양육적 부모자아(NP)와 성인자아(A)가 인격의 주도권을 장악하고 있으며, 이들은 타인들과 심리적인 게임을 하지 않고 개방적인 태도에서 의사소통을 하고 있다. 따라서 교류분석에서 상담자는 부정적인 3가지 생활자세, 즉 '자기긍정－타인부정', '자기부정－타인긍정', '자기부정－타인부정'의 생활자세를 '자기긍정－타인긍정(I'm OK-You're OK)'의 생활자세로 변화시키는 데 그 목적을 둔다고 할 수 있다. 교류분석에서는 내담자가 지금까지 부정적인 생활자세로 살아왔다면 '재결단(redecision)'을 통해 '자기긍정－타인긍정(I'm OK-You're OK)'의 생활자세로 바꾸어 생활해 나갈 것을 강조한다.

㉠ **파괴적 각본** : 패자각본으로 부적응 행동이나 실패를 거듭하는 사람의 인생태도 또는 생활각본

㉡ **평범한 각본** : 보통사람들의 성실한 생활태도나 생활각본

㉢ **성공자의 각본** : 승자각본으로 인생의 목표를 스스로 결정・완수하는 자기실현의 각본

⑤ **재결단**

㉠ 내담자가 자신의 생활각본을 변화시키는 것을 말한다.

㉡ 내담자는 재결단을 통해 새로운 생활각본을 형성하고 자율적인 인간으로 변화된다.

㉢ 내담자의 자아상태가 강화되어 정상적인 자아를 회복하고 긍정적인 생활자세(자기긍정－타인긍정)를 형성한다.

MEMO

(4) 상담목표 – 자율성의 성취 ⇨ PAC 자아의 조정능력 발휘

교류분석 상담자는 내담자가 자각, 자발성, 친밀성을 회복하여 자율성을 성취하도록 조력함으로써 건전한 대인관계를 맺도록 한다.

① 내담자의 성격을 구성하고 있는 3가지 자아상태, 즉 부모자아, 성인자아, 아동자아상태가 건전하게 발달되도록 하는 데 있다.

② 내담자가 대하는 상대방이 어떤 자아상태에서 이야기하는가를 파악하여 그가 전달한 메시지에 따라 보완적 교류가 될 수 있도록 하는 데 있다.

③ 내담자가 현재 자신의 행동과 인생의 방향과 관련하여 새로운 결단을 내리도록 하는 데 있다. 즉 내담자가 지금까지 부정적인 생활자세로 살아왔다면 재결단을 통해 자기긍정–타인긍정의 생활자세로 바꾸어 생활해 나갈 수 있도록 해야 한다.

(5) 상담기법

① **구조분석**: 구조분석은 내담자의 성격을 구성하는 3가지 자아상태, 즉 부모자아, 성인자아, 아동자아의 상태를 분석하는 것이다. 구조분석을 통해 3가지 자아상태가 어떻게 구성되어 있는지 알고, 자신을 이해할 수 있게 한다.

예 당신은 지나치게 목에 힘을 주어 권위적인 태도로 남을 무시하지는 않는가? 당신은 어린아이처럼 항상 보호를 받으려고만 하지는 않는가? 당신은 주변 사람들로부터 지나치게 현실적이라는 지적을 받지는 않는가? 나의 성격을 구성하고 있는 자아상태를 형성하는 데 부모님의 영향은 어떠했는가? 상담자는 이러한 질문을 통해 내담자의 자아상태가 갖는 문제가 무엇인가를 정확히 파악한다.

② **교류분석**: 교류분석은 내담자와 타인 간의 의사소통과정을 분석하는 것이다. 교류분석을 통해 부적절한 교차교류(교차적 교류)나 이면교류(저의적 교류)를 중단하도록 촉진시킨다.

③ **게임분석**: 게임분석은 반복되는 이면교류인 게임을 분석하는 것이다. 내담자가 심리적 게임을 중단하고 직접적이며 진솔한 친밀감을 갖고 교류할 수 있도록 도와준다.

④ **각본분석**: 내담자가 강박적으로 사용하는 구체적인 인생각본을 분석하여 부정적인 3가지 삶의 입장(생활자세)을 '자기긍정–타인긍정'의 입장으로 변화시킨다. 내담자가 지금까지 부정적인 삶의 태도로 살아왔다면 생활각본을 변화시키는 '재결단'이 필요하다. '나도 당신도 이만하면 괜찮다'라는 자세로 바꾸어 우리에게 주어진 인생이라는 시간을 보다 알차고 소중하게 보낼 수 있는 인간관계를 이루어 나갈 것을 강조한다.

MEMO

06

04 정서중심 상담이론(인본주의 상담이론)

1 Rogers의 인간중심 상담이론

91 중등, 93~94 초등, 99 초등보수, 00 초등, 01 중등, 02 초등, 03 중등, 06 초등, 10 중등, 12~13 중등, 14 중등추시論

개념 다지기

정서중심 상담이론

1. 인간중심 상담이론은 1940년대에 칼 로저스(Carl Rogers)에 의해 창시된 상담이론이다(비지시적 상담 → 내담자 중심 → 인간중심 상담). 인간중심 상담이론은 구체적인 문제해결 기법보다는 내담자에 대한 상담자의 태도를 더 중요시한다.
2. 인간중심적 이론에서 인간은 정신분석 이론에서처럼 자신도 모르는 무의식에 의해 지배받는 그런 인간이 아니라 자기를 실현할 수 있는 기본적 동기와 능력을 '이미' 가지고 있는 것으로 가정된다. 인간은 과거에 얽매인 존재가 아니라 자신의 가능성과 잠재력을 발견하고 실현할 수 있는, 따라서 그 무엇이든 될 수 있는 형성과정 중에 있는 존재다. 인간의 잠재능력과 가능성에 대한 이 같은 믿음은 인간중심 상담이론의 핵심을 이룬다.

(1) 개념

① 인간은 스스로 성장할 수 있는 잠재능력이 있다는 가정에 기초하여, 내담자가 스스로 자신의 문제를 직접 해결하도록 돕는 상담이론이다. ⇨ 실존주의 철학에 토대

② 자아이론에 근거한 것으로 내담자인 학생이 위주가 되며, 상담자인 교사는 학생이 자신의 문제를 해결하는 데 있어 보조자(촉진자)의 역할만 한다. 상담자가 허용적인 분위기(rapport)를 조성하여 학생이 자기성찰과 수용을 통해서 스스로 문제를 해결해 나갈 수 있도록 한다.

③ 인간의 부적응은 외부적 기준과 내면적 욕구와의 괴리(불일치), 자기개념과 경험과의 괴리(불일치), 현실적 자아와 이상적 자아와의 괴리(불일치)에서 발생한다. ⇨ 외적으로 부여된 가치조건에 따라 살아가게 되면 자기개념과 경험 간의 불일치가 생기기 쉽다. '지금-여기'에서 경험하는 것들(예 그림 그리기에 대한 흥미)은 자기개념(예 판·검사가 되어 부모를 기쁘게 해 주는 데서 자신의 의미를 찾으려고 하는 것)과 불일치되므로 결국 부정된다. 이러한 불일치가 많을수록 '지금-여기'에서 부정되는 경험들이 많아지게 되어, 이 과정이 되풀이될수록 잠재력을 실현할 수 없음은 물론이고 심리적 문제와 부적응이 커지게 된다.

MEMO

(2) 인간관

① **유기체로서 자아실현 경향성을 지닌 존재**: 인간은 유기체로서 자신의 잠재력을 실현하려는 경향성을 가지고 태어난다(실현 경향성). 따라서 인간중심 상담에서 상담자는 전문적인 기법을 동원해서 내담자의 문제를 해결해 주는 것이 아니라 내담자 스스로가 자신의 문제를 해결해 나가도록 촉진하는 역할을 한다.

② **'되어가는 과정'으로서의 존재 – '지금–여기'**: 지금 그리고 여기에서 사람이 어떻게 생각하고 느끼느냐가 인간의 행동을 결정하는 유일한 요소이다. 현재의 나를 결정짓는 것은 어제 가졌던 비관적인 생각들이 아니라 바로 지금의 현상적 장(phenomenal field)에서 가지고 있는 나와 세상에 대한 희망이다.

(3) 주요 개념

① **자아(자기, self)**: 로저스는 개인은 외적 대상을 지각하고 경험하면서 그것에 의미를 부여하는 존재임을 강조한다(⇨ 로저스의 인간 이해를 위한 철학적 입장은 현상학에 영향을 받아 형성). 개인의 지각과 의미의 전체적 체계는 그로 하여금 자신의 현상적 장을 구성하게 한다. 인간은 성장해 가는 과정에서 '나는 어떤 사람인가?'에 관한 물음을 가지며 그에 대한 답을 찾아 나가는데, 이러한 물음에 대해 내린 답이 그 사람의 자기개념이 된다.

② **실현 경향성**: 실현 경향성이란 인간이 자신의 잠재력을 실현하려는 타고난 경향성을 말한다. 즉, 모든 사람들은 태어날 때부터 그 무엇도 될 수 있는 가능성과 잠재력을 가지고 있다는 것이다. 따라서 적절한 환경만 제공된다면(if~then) 인간은 스스로 자기를 실현하게 된다. 상담자가 해 주려는 것은 바람직한 사회환경(무조건적이고 긍정적인 존중, 공감적 이해, 순수성)을 제공해 주는 것이다. 그런 환경 속에서 인간은 내적인 자기실현 경향과 일치하는 방식으로 자기실현을 하려 하며, 궁극적으로 충분히 기능하는 인간(fully functioning person)에 이를 수 있다.

③ **가치 조건화**: 인간은 의미 있는 대상(예 부모)으로부터 인정받고 '긍정적 자기존중'을 얻기 위해 가치 조건화 태도를 형성하게 된다. 가치 조건화란 가치가 있고 없음을 규정짓는 외부적인 조건화를 말한다. 외적으로 규정된 조건들에 들어맞을 때 가치가 있는 것이며, 조건에 부합되지 않으면 가치가 없다는 것이다. 이렇게 형성된 가치의 조건화는 유기체가 경험을 통해 실현 경향성을 성취하는 것을 방해하는 주요한 원인이 된다. 아동은 착한 아이가 되기 위해 외적으로 부여된 가치 조건에 따라 살면서 내적 경험을 무시하게 된다. '지금–여기'에서 경험하는 것들(예 그림 그리기에 대한 흥미)은 자기개념(예 판·검사가 되어 부모를 기쁘게 해 주는 데서 자신의 의미를 찾으려고 하는 것)과 불일치되므로 결국 부정된다. 이러한 불일치가 많을수록 '지금–여기'에서 부정되는 경험들이 많아지게 되어, 이 과정이 되풀이될수록 잠재력을 실현할 수 없음은 물론이고 심리적 문제와 부적응이 커지게 된다.

MEMO

06

(4) 상담목표

① 내담자가 자신의 문제를 스스로 해결하고 자기를 실현하도록 돕는 데 있다(fully functioning person : 자아실현인, 만발기능인, 충분히 기능하는 인간). 성장과정에서 가치 조건에 물들여져 위축되고 왜곡된 자기개념을 보다 확장시키고 융통성 있게 변화시켜야 한다. 바로 '지금－여기'에서 진행되는 모든 내적인 경험들을 왜곡 없이 수용할 수 있을 때, 심리적 문제는 경험으로 해결되고 비로소 내담자는 이제까지는 보지 못했던 자신의 참 모습을 발견할 수 있게 된다.

② 상담자는 아무런 가치 조건도 부여하지 않고 내담자를 있는 그대로 존중하고 수용함으로써 내담자에게 부여된 가치 조건들을 해제해 나간다. 그 어떠한 예외도 없이 상담자가 이러한 태도를 일관되게 유지해 나갈 때 내담자는 비로소 참다운 자기를 발견하고 거기에 의미를 부여할 수 있는 것이다.

(5) 상담과정

① **경험의 파악** : 인간중심 상담은 상담의 처음이나 끝을 가릴 것 없이 시종일관 내담자의 경험을 강조한다. 성장을 위한 열쇠 또한 내담자의 경험 속에 있다.

② **감정의 반영** : 내담자가 경험에 대해 좀 더 개방적이 되기 위해서는, 상담자는 내담자의 현재의 의식 내면에서 진행되고 있는 감정을 반영해 주는 것이 중요하다. 여기에서 반영이란 내담자의 마음에서 일어나는 갖가지 감정들을(내담자는 이를 명확히 자각하지 못하는 경우가 대부분이다) 거울에 비추듯이 내담자에게 그대로 보여 주는 것이다. 이때 내담자는 자신의 감정을 상담자라는 거울을 통해 인식하고 자각하게 된다.

③ **감정의 수용(자신의 것으로 받아들이기)** : 내담자가 자신의 감정을 인식할 수 있게 되더라도 그것으로 상담이 끝나는 것이 아니다. 내담자로서는 자신의 감정을 인식하는 것은 물론, 더 나아가 그것을 부정하거나 왜곡하지 않고 자신의 것으로 받아들이는 것이 필요하다. 대개 내담자들이 어떤 감정을 받아들이지 못하는 것은 자라나는 과정에서 부여된 가치 조건들에 강하게 구속되어 있기 때문이다.

④ **가치 조건화의 해제** : 상담자로서는 이러한 가치 조건들을 상담에서 해제해 주어야 한다. 내담자의 내면 경험을 비판하거나 잘못을 지적하는 것이 아니라 전적으로 내담자의 입장에서 이해하고 공감해 주어야 한다. 그리고 내담자의 내면 경험을 어떤 특정한 가치 조건에 입각해서 판단하는 것이 아니라 무조건적으로 수용하고 존중해 주어야 한다. 이에 따라 이제까지 부정되었던 자신의 경험들이 전혀 새로운 의미로 다가오며, 거기에 중요성을 부여하게 된다. 그 결과 내담자는 어떠한 외적인 구속도 받지 않고 자신이 스스로에게 부여하는 의미에 따라 자기를 형성할 수 있는 참된 성장의 길로 나아가게 된다.

MEMO

(암기법)
무진공감

(6) 상담기법(상담자의 태도)[암] – 가치 조건화의 해제

① 진실성(genuineness), 진지성(sincerity), 일치성(congruence) : 상담자는 내담자와의 관계에서 경험하는 것을 솔직하게 그대로 표현해야 한다. 내담자에게 느끼는 긍정적·부정적 감정을 모두 표현할 수 있으며, 이를 통해 내담자는 자기와 경험 간의 불일치를 좁힐 수 있게 된다.

② 무조건적인 긍정적 존중(unconditional positive regard) : 내담자의 내면 경험을 특정한 가치 조건에 입각해서 판단·평가하는 것이 아니라 있는 그대로 무조건적으로 존중하고 수용해 주어야 한다. 이를 통해 가치 조건들을 해제하고 지금까지 부정되었던 자신의 경험들에 새로운 의미와 중요성을 부여할 수 있게 된다.

③ 공감적 이해(empathetic understanding) : 상담자가 내담자의 감정에 빠져들지 않으면서 내담자의 감정을 자기의 감정인 것처럼 느끼는 것을 의미한다(공감의 'as if'적 속성). 공감적 이해를 통해 내담자는 자유로운 자기이해와 자기수용, 참된 성장의 길로 나아갈 수 있게 된다.

2 Perls의 게슈탈트(형태주의) 상담이론 07~08 중등, 10~11 중등

개념 다지기

게슈탈트(형태주의) 상담이론

1. **게슈탈트 심리학의 영향** : 이 이론은 게슈탈트 심리학의 주요 원리인 전경과 배경의 형성과 소멸에 관한 원리, 지각의 조직화 과정에 관한 원리, 그리고 게슈탈트의 완성을 추구하는 인간의 동기에 관한 원리 등을 상담에 적용하고 있다는 점에서 게슈탈트 심리학의 영향을 받고 있다.
2. **경험적 접근** : 상담자가 내담자의 경험내용을 해석하거나 분석하는 것이 아니라 내담자가 지금 이 순간 자신의 사고·감정 및 신체적 감각을 왜곡하지 않고 있는 그대로 경험하는 것을 중시한다는 점에서 경험적인 접근이라고 할 수 있다.

(1) 개념

① Gestalt는 '형태', '외형(外形)', '전체'라는 뜻으로, 전체 장면의 의미를 중시한다. 즉, '게슈탈트(Gestalt)'는 개체의 욕구나 감정이 하나의 의미 있는 전체로 조직된 것을 의미한다.

② 상담자는 내담자가 현재 느끼고 경험하는 것을 무엇이 방해하는지 알 수 있도록 도움으로써 내담자가 '지금(now)-여기(here)'를 완전히 경험할 수 있도록 돕는 상담방법이다.

(2) 인간관

① **실존주의적 존재** : 게슈탈트 상담이론은 펄스(Frederick S. Perls; 1893~1970)에 의해 제시된 이론으로 '지금-여기(here-and-now)'와 경험의 전체성, 인간의 자유와 책임, 그리고 '과정으로서의 존재'를 강조한다는 점에서 실존주의적 존재다.

② **현상학적 존재** : 경험의 즉시성이나 객관적 사실보다는 인간의 주관적 지각이나 경험, 주관적으로 결정되는 의미를 강조한다는 점에서 현상학적 존재이다.

(3) 주요 개념

① **게슈탈트(Gestalt)** : 게슈탈트(Gestalt)란 여러 부분들이 연결되어 형성하는 의미 있는 전체를 말한다. 게슈탈트 심리학에서는 개인이 어떤 자극들을 접했을 때 개체는 일정한 법칙(완결 · 근접성 · 유사성의 법칙 등)에 따라 자극들을 조직하여 의미 있는 전체로 지각하는 경향이 있다고 한다. 이러한 원리를 상담에 적용하면 '게슈탈트(Gestalt)'는 개체의 욕구나 감정이 하나의 의미 있는 전체로 조직된 것을 의미한다. 게슈탈트는 인위적인 노력으로 형성되거나 조정되는 것이 아니라 유기체가 가진 자기 조정능력에 의해 매 순간 자신에게 가장 필요한 욕구와 감정의 순서대로 게슈탈트를 형성하고 조정하며 욕구와 감정을 해결한다. 그런데 이때 개체가 완결된 형태로 게슈탈트를 형성하지 못하거나 자연스럽게 조정 · 해결하지 못하면 그 개체는 심리적 · 신체적 장애를 겪게 된다.

② **전경과 배경** : 사람이 대상을 지각할 때 지각의 초점이 되는 부분이 전경이고, 관심 밖에 있는 부분을 배경이라고 한다. 이것을 정서적 측면에 적용하면 어떤 상황에서 사람의 욕구와 필요의 초점이 되는 부분을 전경, 그 밖의 부분은 배경이라고 할 수 있다. 정서적으로 건강한 사람은 매 순간 자신에게 중요한 게슈탈트를 전경으로 떠올릴 수 있고 그 욕구를 알아차리며, 그것을 충족시켜 해소하기 위해 적극적 활동 및 환경과의 접촉을 통해 평형 상태를 이룬다. 그러나 건강하지 못한 사람은 전경과 배경을 명확하게 구분하지 못하여 매 순간 자신이 가진 욕구나 하고 싶은 일, 또는 그 욕구를 충족시키기 위해 필요한 일이 무엇인지 모른다. 결과적으로 욕구를 충족하기 위한 활동이나 환경과의 접촉에 실패한다.

③ **알아차림(자각)** : 알아차림이란 개체가 자신의 욕구나 감정을 지각하고 그것을 게슈탈트(Gestalt)로 형성하여 전경으로 떠올리는 행위를 의미한다. 알아차림이 원활해지려면 개체는 과거나 미래에 지나치게 빠져 있지 않고 현재 자신의 욕구와 경험에 초점을 맞추며 현재의 경험과 감정, 그리고 행동을 책임질 수 있어야 한다. 자신의 경험을 부정하거나 비난하며 다른 사람에게 투사하거나 책임을 다른 곳으로 돌리지 않고 자신의 감정 · 사고, 그리고 행동을 자신의 일부로 받아들이고 그것에 대해 책임을 질 수 있을 때 원활한 알아차림이 가능하다.

MEMO

④ **미해결 과제** : '미해결 과제'란 개체가 게슈탈트(Gestalt)를 형성하지 못했거나 형성된 게슈탈트가 적절히 해소되지 못하여 배경으로 물러나지 못한 상태를 의미한다. 과거의 미해결 과제를 현재까지도 전경으로 떠올리고 있으면, 개체는 현재 자신의 경험과 욕구를 명확히 알아차릴 수 없고 그 순간의 타인 또는 환경과 진실하게 접촉할 수도 없다. 펄스는 미해결 과제의 가장 중요한 근원으로 해결이나 표현되지 않은 적개심을 든다. 그런데 사람은 미해결 과제 및 그것과 관련된 불편한 감정을 직면하지 못하고 회피하려는 성향이 있는데 이런 성향 때문에 자신의 문제를 해결하지 못하고 이러지도 저러지도 못하는 상황에 빠지게 된다.

⑤ **접촉** : 접촉이란 전경으로 떠오른 게슈탈트를 해소하기 위해 현재를 있는 그대로 경험하고 환경과 상호작용하는 행위를 의미한다. 한편 효과적인 접촉이란 자신의 개별성을 상실하지 않은 채 환경이나 다른 사람과 상호작용하는 것으로서 접촉이 효과적으로 일어나기 위해서는 분명한 알아차림, 충분한 에너지, 자신을 표현할 수 있는 능력이 필요하다. 접촉은 알아차림과 함께 게슈탈트의 형성과 해소 과정을 도와 유기체의 성장에 이바지한다.

(4) 상담목표

① 상담의 궁극적 목표는 증상의 완화나 제거가 아니라 개인의 성장에 있다. 상담자는 내담자가 자신의 욕구와 감정을 분명히 알아차리고 이를 환경과의 접촉을 통해 항상 잘 해소할 수 있도록 도와주어야 한다.

② 내담자의 개인적 각성을 증진시키고, 내담자가 여기－지금(here & now)의 삶을 진실하게 살아가도록 도와줌으로써, 내담자가 잘 통합된 인간이 되도록 한다.

(5) 상담과정

① 게슈탈트 치료에서 적용되는 상담과정은 일반적으로 알려진 절차가 없고 많은 상담자들이 각기 다르게 내담자의 변화를 위해 조력하고 있기 때문에 정확하게 설명하는 것이 쉽지 않다.

② 게슈탈트 치료의 과정을 크게 두 단계로 구분해 볼 수 있다(Yontef, 1995, pp.277～282). 첫째 단계에서는 상담자와 내담자가 진솔한 접촉에 근거한 관계형성, 내담자로 하여금 현재 무엇이 어떻게 진행되는가를 자각하도록 촉진하는 단계이다. 둘째 단계는 내담자의 삶을 불편하게 하는 심리적 문제를 실험과 기법을 통해 경험하도록 함으로써 통합하여 균형을 이룰 수 있도록 한다.

MEMO

06

(6) 상담기법

① **언어표현 바꾸기** : 내담자가 간접적이고 모호한 단어를 사용하는 것 대신에 내담자 자신과 자신의 성장에 책임감을 주는 단어들을 사용하게 한다.

예 '그것'과 '당신' 대신 '나'로 바꾸기(→ 대명사를 일인칭인 '나'로 바꾸는 것은 개인에게 상황에 대한 책임감을 부여함), '내가~할 수 없다' 대신 '나는~하지 않겠다'로 바꾸기(→ "내가~할 수 없다." 대신 "나는~하지 않겠다."로 대체하도록 권유하면 내담자는 자신의 결정에 책임을 지고 자신의 힘을 수용하게 됨), '내가~해야 한다' 대신 '나는~하기를 선택한다'로 바꾸기(→ "내가~해야 한다."를 언급하는 빈도와 그것들의 사용에서 오는 긴급함, 요구, 불안을 함축하지만, "나는~하기를 선택한다."라는 표현은 내담자에게 선택에 대한 책임감을 줌), '나는~가 필요하다' 대신 '나는~을 바란다'로 바꾸기(→ "나는~을 바란다."라는 표현이 "나는~가 필요하다."라는 표현보다 더 정확하고, 덜 긴급하고, 불안을 덜 야기함)

② **빈 의자 기법** : 빈 의자 2개를 이용하여 문제의 인물이 옆에 앉아 있다고 가정하고 그에 대한 감정과 갈등을 이야기해 보고, 또 의자를 바꿔 문제의 인물의 입장에서 말해 보게 하는 기법이다. 대인관계의 갈등을 해결하는 데 유용하다.

③ **환상 기법** : 실제 장면을 연상하는 환상을 통해 지금-여기로 경험을 재현하는 방법이다. 주장하는 것을 두려워하는 내담자의 경우 지금 주장해야 할 상황에 있는 것처럼 상상하게 하고, 그가 수동적이었을 때의 느낌과 그가 원하는 대로 요청할 수 있었을 때의 느낌을 비교한다.

④ **신체 행동을 통한 자각** : 특히 내담자의 신체 행동이 언어적 표현과 일치하지 않을 때 그러한 불일치를 지적하여 내담자의 자각을 확장시키는 방법이다. 의사소통에 있어서 언어적인 수준뿐만 아니라 말의 배후에 있는 목소리의 크기, 고저, 강약, 전달속도와 같은 의미까지도 예리하게 듣도록 한다.

3 Frankl의 실존주의 상담이론 94 중등

(1) 개념

① **정의** : 내담자의 존재를 그대로 수용하여 이해하면서 그의 역량을 스스로 계발하도록 돕는 상담이론

② **현상학적 방법** : 내담자의 실존 또는 있는 그대로의 경험을 이해하고 연구하기 위해 현상학적 방법을 채택함

③ **목표** : 인간 존재의 불안(不安)을 가장 중요한 문제로 간주하고, 인간 존재의 참된 의미를 찾아 자아를 실현하며 보다 창조적인 삶을 살아갈 수 있도록 돕는 것을 목표로 하는 상담이론

MEMO

(2) 이론적 가정

① 인간은 본성적으로 의지의 자유(自由), 의미(意味)를 추구하는 존재이며, 주체적으로 삶을 감당해 나간다. ⇨ 인간의 자기책임, 자기존재의 의미, 삶의 의미 결정은 오직 자기 자신만이 할 수 있다.

② 인간 존재의 가장 중요한 문제는 불안(不安) 문제이다.

③ 인간 존재의 불안은 시간의 유한성과 죽음, 주체성의 결핍으로부터 비롯되며, 부적응행동은 인간이 타고난 경향성을 실현하지 못한 결과로서, 삶에서 보람을 찾는 능력이 없어 나타나는 실존적 신경증이다. 실존적 신경증이란 억압된 충동 혹은 외상(trauma)으로 인한 불안이 아니라 삶의 의미를 찾을 능력이 없기 때문에 나타나는 정서적 장애이다. 실존과의 관련 속에서 생기는 제반 불안으로, 예를 들어 죽음, 상실, 비존재(無), 분리에 대한 불안 등을 말한다.

④ 문제해결 방법은 인간의 타고난 가능성(경향성)을 포함한 인간 존재의 가치와 삶의 의미를 찾고 자아실현을 하는 것이다.

⑤ 상담관계는 상담자와 내담자의 '만남'의 관계이며, 만남의 관계에서 내담자는 향상적인 급진적 변화를 통해 치료의 효과를 거둔다.

(3) 상담기법

① **의미요법(logotherapy)** : 인간은 '의미에의 의지(will to meaning)'를 지닌 존재

㉠ 프랭클(Frankl)의 『실존분석과 의미치료』

㉡ 의미 없는 삶을 살아가는(일종의 신경증) 사람들을 치료하기 위한 방법 ⇨ 건설적이고 주관적인 창조적 활동이나 경험을 통해 삶의 긍정적 의미를 발견

㉢ **기본원리** : 어떤 조건에서의 삶도 의미가 있다. 사람에게는 이러한 삶의 의미를 찾으려는 의지가 있으며 이 의지를 달성했을 때 행복해진다. 제한된 상황에서도 우리는 삶의 의미를 찾는 자유가 있다.

② **현존분석(daseinanalysis)** : 개인에 대한 현상학적 이해를 중시

㉠ 빈스방거(Binswanger)

㉡ 내담자의 증상이나 심리적 타격에 관심을 두지 않고 증상에 관한 내담자의 태도에 관심을 둠 예 불안의 문제는 기대불안(불안에 대한 불안)

㉢ 내담자의 내적 생활사를 밝혀 그 세계 내의 존재의 구조를 분석하고 내담자의 내적 세계의 의미를 해석하는 방법

MEMO

06

(4) 특징

① 내담자의 증상 자체나 과거의 심리적 타격에 관심을 두는 것이 아니라, 증상에 관한 내담자의 태도에 관심을 둔다.

② 불안에 대한 문제를 기대불안(예기불안)으로 본다. 이는 전에 불안을 일으킨 상태가 재발하지 않을까 하는 불안에 대한 불안이다.

③ 기대불안에 대한 치료방법

㉠ **역설적 지향의 방법(역설적 의도, paradoxical intention)**: 불안이나 공포를 회피하지 않고 정면으로 대결하여 극복하는 방법

예 불면증 환자에게 잠을 자지 말도록 한다.

㉡ **반성제거법(dereflection, 역반영, 방관)**: 쓸데없는 걱정에 사로잡혀 있는 경우 보완적 방법으로 다른 것을 생각해 보게 하는 것 ⇨ 내담자의 '과잉된 주의(지나친 자기-관찰)'를 내담자 자신의 외부로 관심을 돌림으로써 그 개인의 의식을 긍정적이고 생산적인 면으로 전환할 수 있게 하여 치료하는 방법

예 불면증이 일어날 때 주말여행 계획을 생각해 보게 한다.

㉢ **소크라테스 대화법(Socratic dialogue)**: 대화(질문)를 통해 내담자의 잠재성, 장점과 단점, 현실책임 등을 이해하거나 반성하게 함으로써 자기통찰을 얻도록 돕는 것. 내담자와 대화 도중 내담자가 놓치고 있는 자신의 내면세계를 스스로 발견하도록 그의 무의식을 파고드는 것

예 비슷한 처지에서 고통을 극복한 타인의 경험을 들려주어 내담자에게 숨겨진 자신감과 희망을 발견하게 한다.

㉣ **태도수정기법(modification of attitude)**: 내담자의 삶에 대한 부정적인 태도, 무의미한 태도를 변화시키기 위해 논증, 긍정적 암시, 단순책략의 기법을 활용하는 것

구분	내용
논증 (argument)	내담자가 타인에게 책임을 전가하지 않고 자신에게 책임이 있음을 인식하도록 논쟁하기
긍정적 암시 (positive suggestion)	내담자가 자신의 문제를 성공적으로 해결할 수 있는 능력을 소유하고 있음을 인식시키기
단순책략 (simple trick)	내담자로 하여금 자신이나 주변 인물에 대한 긍정적 특성을 작성하게 함으로써 긍정적인 태도를 형성시키기

㉤ **호소(appeal)**: 의지가 약한 내담자들을 위한 기법으로 상담자가 제안한 것을 내담자가 받아들여 수행하도록 함으로써 내담자의 약한 의지를 강화해 주는 방법

④ 상담의 최종 목적은 내담자로 하여금 인생의 적극적인 가치를 자기 속에서 발견하여 인생의 목표를 긍정적으로 지향하게 하는 것이다.

MEMO

05 기타 상담이론

1 해결중심 상담이론(단기상담, SFBC : Solution Focused Brief Counseling)

08 중등, 10 초등, 12 초등

(1) 개념

① 비교적 단기간(약 10회 또는 25회 이내)에 상담목표를 달성하는 데 초점을 두고 개발된 이론이다.

② 내담자가 호소하는 한두 가지 핵심문제를 중심으로 빠른 시간 내에 변화할 수 있도록 돕는 상담이다.

③ 문제의 원인을 규명하기보다는 학생이 가진 자원(강점, 성공경험, 예외상황)을 활용하면서 해결방법에 중점을 두어 단기간 내에 상담목적을 성취하는 상담모델이다.

④ 문제를 정의하고 원인을 파악하여 해결방법을 계획하는 기존 상담이론이 지닌 문제 중심의 패러다임(medical model)에서 벗어나, 학생과 함께 해결책을 발견하고 학생의 성공경험을 통하여 강점을 발견・확대시키는 해결중심적 패러다임(growth model) 상담모델이다.

(2) 인간관

① 인간본성에 대한 종합적인 관점을 갖고 있지 않으며, 인간은 자신 안에 자신의 문제해결 능력과 자원을 지니고 있다고 본다.

② 인간은 자신의 문제를 스스로 해결할 수 있는 능력이 있다. ⇨ 구체적이며 실현 가능한 목표를 세우고 이에 집중하게 함으로써 문제를 해결할 수 있도록 돕는다.

(3) 상담의 기본원리

① 문제의 원인을 분석하기보다 문제의 해결에 초점을 둔다. '왜'라는 질문 대신에 행동을 변화시키기 위해 '무엇을 할 것인가'에 관심을 둔다.

② 특정 상담이론에 내담자를 맞추기보다 내담자의 문제에 따라 여러 가지 상담방법을 적용한다. 효과가 있으면 계속하고 없으면 다른 것을 시도한다.

③ 과거보다는 현재와 미래에 초점을 둔다. 성공에 초점을 둘 때 해결방법이 보인다.

④ 문제를 가진 모든 사람은 해결책 또한 가지고 있다.

⑤ 작은 변화가 큰 변화를 일으킨다.

⑥ 모든 문제 상황에는 '예외'가 있고 그것이 해결책으로 가는 실마리가 된다.

⑦ 내담자가 표현하는 것을 최대한 활용한다.

MEMO

06

(4) 상담목표

> "심리치료자는 심리적 재탄생이나 내담자의 성격을 완전히 재조직하는 것에 해당하는 커다란 변화를 기대해서는 안 된다. 심리치료는 수선 작업이다."
>
> — Colby

① **내담자에게 맞는 해결방법을 찾아 문제를 해결하도록 돕기** : 상담자의 도움을 찾게 한 바로 그 문제를 극복하도록 돕는 것이다. 상담자 자신이 원하는 다른 목표로 바꾸려 하지 않는 것이 중요하다. 즉, 내담자들이 가장 절실하게 느끼는 불편함을 없애고, 합리적이고 적절한 수준에서 기능하도록 돕는 것이 가장 주된 목표이다.

② **내담자의 대처기술의 개발** : 여기에 덧붙여, 내담자들이 미래의 문제들을 더 잘 다루고 또 가능하면 미리 예방할 수 있도록 대처기술들을 개발하게 하는 것도 단기상담의 주요 목표가 된다.

Plus

단기상담에 적합한 내담자

단기상담을 하려면 내담자가 가져오는 문제들이 단기상담으로 도울 수 있는 것이어야 한다. 일반적으로 정신병, 경계선적 장애, 중독 등과 같은 심각한 장애는 제외된다. 그러나 불안이나 우울이 주요 문제인 경우에는 단기상담이 도움이 된다.

일반적으로 단기상담에 적합한 내담자는 대체로 다음과 같은 조건에 있는 사람이라고 볼 수 있다.

첫째, 호소하는 문제가 비교적 구체적인 내담자가 적합하다. 예를 들면 결혼하고 수년간 남편에게 폭행을 당한 부인이 이혼을 해야 할지 말아야 할지를 결정하고자 하는 것과 같은 경우에는 단기상담이 적합하다. 단기상담을 해야 하는 경우 상담자는 내담자의 문제를 구체화하여 단기상담에 적합하도록 목표를 조정하기도 한다. 예를 들면 대인 관계, 가정생활 등으로 영역을 나누어 어느 하나를 선택하게 하고, 그 문제를 다시 구체화한다.

둘째, 주 호소 문제가 발달상의 문제일 때 적합하다. 사람은 성장해 가면서 많은 발달상의 어려움을 겪을 수 있다. 예를 들면, 이성교제, 혼전 임신, 흡연, 음주, 부부문제, 직업 선택 문제, 진로 문제와 같은 문제는 발달 과정상에 겪는 문제라고 볼 수 있다.

셋째, 호소 문제가 발생하기 이전에는 생활 기능이 정상적이었던 내담자에게 적합하다. 예를 들면 이전에는 우울증도 없고, 대인관계나 모든 생활 기능에 아무런 문제가 없었으나 사랑하는 사람과 헤어지고 나서 우울증이 생긴 것이라면 단기상담의 효과를 기대해 볼 수 있다. 헤어짐이 우울증과 직접 연관된 것이라면 상담을 통해 헤어짐을 사실로 인정하고 그것으로 인해 생긴 상실감, 외로움, 후회 등을 다룰 수 있다.

넷째, 내담자에게 사회적으로 지지해 주는 사람이 있는 경우에 적합하다. 단기상담은 내담자의 문제가 완전히 해결되기 이전에 종결되는 경우에 많다. 상담 기간 동안에는 상담자가 내담자를 지지해 주기 때문에 안고 있는 정서적 문제가 감소되지만, 상담이 종결되면 이러한 정서적 문제가 재발하거나 내담자가 용기를 잃어버릴 수도 있다. 이러할 때 내담자를 지지해 주고 조언해 주고, 편을 들어주는 사람이 있으면 상담자의 전문적 조력 없이도 어려움을 극복할 가능성이 있다.

다섯째, 과거든 현재든 상보적 인간관계를 가져 본 적이 있는 내담자에게 적합하다. 상보적 관계란 당사자끼리 서로 잘해준다는 것을 의미한다. 이러한 관계를 맺은 경험이 있는 사람은 상담자와도 조기에 상보적 관계를 형성할 수 있다. 반대로 그러한 경험이 없는 사람은 상담자를 믿지 않거나 그 반대로 의존적으로 될 가능성이 있다. 상보적 관계에 있었는지는 가족 관계, 친구 관계 등에 대하여 얘기하는 것을 통해서 알 수 있다.

여섯째, 성격 장애로 진단된 내담자는 단기상담으로 효과를 보기 어렵다. 예를 들면 반사회적 성격 장애라든지 경계선 성격 장애 등의 경우에는 단기간에 고치기는 어렵다.

MEMO

(5) 상담과정

① **문제 기술**: 상담자는 "내가 당신을 위해 어떻게 기여할 수 있는가?"라는 질문을 통해 내담자에게 자신의 문제를 기술할 기회를 준다. 상담자는 내담자가 기술한 내용을 주의 깊게 경청한다.

② **목표 형성**: 상담자는 내담자와 함께 가능한 잘 형성된 목표를 개발한다. 상담자는 "만약 너의 문제가 해결되었을 때 너의 인생이 어떻게 달라질 것인가?"라는 질문을 해서 내담자의 기술을 끌어낸다.

③ **예외 탐색**: 이 단계에서 상담자는 내담자에게 문제가 일어나지 않았거나 문제가 덜 심각할 경우에 그의 삶이 어떻게 될 것인가를 묻는다.

④ **회기종결 피드백**: 회기 종결 시 상담자는 내담자에게 요약 피드백을 주고, 격려하며, 문제를 해결하기 위해 다음 회기 이전에 내담자가 할 수 있는 것을 제안한다.

⑤ **내담자 향상 정도 평가**: 상담자와 내담자는 함께 평정척도를 사용해서 내담자가 만족스러운 해결을 달성한 향상의 정도를 평가한다.

(6) 상담기법 08 중등, 10 초등

① 목표 세우기(goal setting)

㉠ **학생 자신에게 중요한 것을 목표로 정한다**: 부모나 교사가 아니라 학생 자신에게 중요한 것일수록 목표를 성취하기 위해 훨씬 더 노력하게 된다.

㉡ **작고 현실적인 것을 목표로 삼는다**: 작고 현실적인 것을 목표로 설정할 경우 변화되고자 하는 동기를 키워주고 변화에 집중하게 된다.

예 일주일에 한 번만 스스로 아침에 일어나기(작은 것), 반에서 20등 하는 학생이 다음 시험에 15등 하기(현실적인 것) 등

㉢ **구체적이고 명확하며 행동적인 것을 목표로 정한다**: 구체적이고 직접 관찰 가능하며, 인정할 수 있는 것을 목표로 한다.

예 10시까지 도서관에서 공부하고 집에 들어오기

㉣ **목표는 긍정적인 표현으로 기술한다**: 부정적인 진술은 비활동적으로 만든다.

㉤ **기타**: 목표의 완성보다는 시작단계로 간주하기, 목표수행이 힘든 일이라는 것을 인식시키기

② **상담 전 변화에 대한 질문**: 상담 약속 후 지금까지 발생한 변화에 대하여 질문하고 변화를 발견하기 위한 접근방법이다. 상담 전 변화가 있는 경우 내담자의 해결능력을 인정하고, 그러한 사실을 강화하고 확대할 수 있도록 격려한다.

예 "처음 상담을 약속할 때는 문제에 대해 심각하게 고민하던데, 지금은 어떠니?", "전화로 약속하고 오늘 상담을 받으러 오기까지 어떤 변화가 있었나요?"

MEMO

06

③ **척도질문(scaling questions)** : 숫자의 마력을 이용하여 내담자의 문제의 심각성, 목표의 성공 가능성, 성취 정도, 자신감 등을 수치로 표현하는 것이다.

예 "1부터 10까지 척도에서 '1'은 문제가 가장 심각한 때이고 '10'은 문제가 다 해결된 경우(기적이 일어난 경우)라고 하면, 지금의 상태는 어디에 있을까요?", "시험불안에서 가장 불안할 때를 10점, 전혀 불안하지 않을 때를 0점이라고 하면, 지금은 몇 점 정도 될까?"

④ **예외질문(exceptions)** : 문제가 발생하지 않은 예외적 상황을 찾아내어 성공의 확신을 심어 주는 것이다.

예 "최근 문제가 발생하지 않은 때는 언제였나요?", "시험을 볼 때마다 불안하다고 했는데, 혹시 불안하지 않은 적은 없었니?"

⑤ **기적질문(miracle question)** : 문제가 해결된 상태를 상상해 보도록 하는 방법으로, 바뀐 현실을 꿈꾸고 희망을 갖게 하는 역할을 한다. 문제에 대한 집착으로부터 벗어나서 '문제 중심'에서 '해결 중심' 영역으로 전환하게 만드는 데 효과적이다.

예 "만약 오늘밤 기적이 일어난다면, 내일 아침 무슨 일이 일어나 있을 것 같니?", "만약 네가 원하는 대로 이루어진다면, 너에게 어떤 일이 일어날 것 같아? – 당연히 성적이 오르겠죠. 부모님이 제일 좋아하실 것 같아요."

⑥ **관계질문(relational question)** : 내담자와 중요한 관계에 있는 사람들을 활용한 질문으로, 내담자가 객관적인 시각에서 자신의 문제를 바라볼 수 있도록 해 준다. 자신의 희망, 힘, 한계, 가능성 등을 지각하는 방식은 자신에게 중요한 타인이 자신을 어떻게 보고 있을 것이라는 생각과 밀접한 관계가 있다.

예 "이 기적이 일어난 후에 (선생님이, 친구가, 부모님이, 누나가, 기타) 뭐라고 말할까?", "네가 그렇게 변한 것을 그 사람들이 발견했을 때 그 사람들이 어떻게 행동할까?", "그리고 그 사람들이 네게 그렇게 다르게 대하는 것을 알았을 때, 너는 그 사람들에게 어떻게 다르게 반응하겠니?" "너의 학교생활에 대해 부모님이 모르는 희생과 노력은 무엇이 있니?"

⑦ **대처질문** : 어려운 상황에서도 어떻게 견디며 대처해 왔는지 질문하는 것으로, 대처질문을 통해 내담자에게 문제를 해결할 수 있는 힘이 있음을 깨닫게 한다. 대처질문은 자신의 미래를 절망적으로 보아 낙담하는 내담자에게 주로 사용한다.

예 "문제가 심각한데 그 어려운 상황에서도 어떻게 견딜 수 있었나요?, 어떻게 해서 상황이 더 나빠지지 않았나요?", "그렇게 시험불안에 시달리면서도 어떻게 그동안 결석 한번 없이 학교를 잘 다닐 수 있었니?"

⑧ **악몽질문** : 유일한 문제중심적 · 부정적 질문으로, 상황의 악화를 통해 해결의지를 부각시킨다.

MEMO

2 집단상담(group counseling)

(1) 개념

① 한 사람의 전문적 상담자가 동시에 몇 명(4~8명)의 내담자를 대상으로 개인의 관심사나 대인관계, 사고 및 행동양식의 변화를 도모하려는 집단적 상호작용 과정을 말한다.

② 내담자로 하여금 자신과 타인의 관계를 통하여 자기 자신과 타인을 이해하고, 자신의 문제를 통찰하여 문제해결능력을 증진하고자 실시한다. 즉, 상담과정에서의 집단 역동성을 통해 자신에 대한 통찰력, 타인에 대한 이해를 증진시킨다.

③ 상담의 3대 역할(예방, 교정, 발달 촉진) 중 특히 예방적 역할이 강조된다.

(2) 상담목표

① **자기문제에 대한 직면, 해결의 권장**: 개인이 타인과의 관계에서 자신의 문제를 해결하도록 도와준다.

② **자신과 타인의 이해**: 자신과 타인을 잘 이해하게 된다.

③ **감정의 바람직한 표현, 발산의 촉진**: 개인이 타인과의 관계에서 필요한 바람직한 감정표현능력을 증진한다.

④ **기타**: 집단생활에서 자아개념의 강화 및 협동심을 함양한다. 대인관계 기술의 향상을 가져온다.

(3) 상담과정

① **탐색(참여)단계**: 상담 집단의 분위기를 형성하고, 집단 구성원들이 자신을 소개하는 단계이다. 각 구성원에게 왜 이 집단에 들어오게 되었는가를 분명히 이해시켜 주고 서로 친숙하게 해 주며, 수용과 신뢰의 분위기를 형성한다.

② **과도기적(변화) 단계**: 참여단계에서 생산적인 작업단계로 넘어가도록 하는 과도기적 과정이다. 참여단계와 엄격하게 구분되지 않는다.

㉠ 구성원으로 하여금 집단에 참여하는 과정에서 일어나는 망설임, 저항, 방어 등을 자각하고 정리하도록 도와주는 단계이다. 특정인이 소외, 고립되지 않도록 한다.

㉡ 상담자는 구성원들 간의 느낌이 교환되도록 격려해 주고, 구성원들은 자신의 성장을 위하여 집단을 활용하는 단계이다.

MEMO

06

③ **작업(활동)단계** : 구성원들이 자기의 구체적인 문제를 활발히 논의하며 바람직한 관점과 행동방안을 적극적으로 모색하는 단계이다. 집단상담의 핵심과정이다.

㉠ 구성원이 높은 사기와 분명한 소속감, 즉 '우리 의식'을 갖는 것이 특징이다.

㉡ 이해와 통찰을 모색하기보다는 행동의 실천이 필요하다.

④ **종결단계** : 상담자와 구성원들이 상담에서 배운 것을 미래의 생활에 어떻게 적용할 것인가를 생각하는 단계이다.

(4) 장단점

장점	단점
• 구성원의 공통된 관심사를 상담하여 구성원의 일체감, 공동체 의식을 높일 수 있다. • 소속감, 동료의식이 강화되며, 시간과 경제성이 높다. • 많은 사람에게 자신을 비춰 봄으로써 자기 이해에 도움이 될 뿐만 아니라 타인도 이해하고 수용하는 마음을 갖게 된다. • 성원들 스스로가 경청, 수용, 지지, 대립, 해석 등 상담자의 역할을 하기 때문에 개인적으로 위로와 지지를 받는 등 발전을 할 수 있다.	• 집단경험 자체에 끌려 목적 달성보다 습관적으로 집단상담을 옮겨 다니는 현실 도피를 할 수가 있다. • 심각한 정신적 문제의 경우에는 적합하지 않다. • 구성원 개개인에게 모두 만족을 줄 수 없다. • 모든 학생에게 적합한 것은 아니다. 심한 정서적 혼란, 동료 간 적대감이 심한 자는 곤란하다. • 시간적으로나 문제별로 집단을 구성하는 데 어려움이 있다. • 개인에게 집단의 압력이 가해지면 오히려 개인의 개성이 상실될 우려가 있다. • 도움이 필요한 특정인에게 개별적 주의가 어렵다.

3 학교상담(school counseling)

(1) 개념

① 학생의 건강한 인성발달과 최적의 능력 개발을 조력하기 위해 학교에서 이루어지는 전문교육활동으로서 생활지도의 주요한 영역 중의 하나이다. Gybers가 제안한 종합적 학교상담모형이다.

② 학습, 진로, 성격, 비행, 성, 가족, 학교 적응 등 학생들이 겪는 발달상의 주요 영역에 대한 예방교육, 개인상담, 집단상담, 외부기관 의뢰 등의 활동을 하며, 학생 · 학부모 · 교사집단을 돕는다. 즉, 종합적 · 예방적 · 발달적이며, 학생이 부적응 문제를 보이기 이전에 다양한 형태의 서비스를 제공하여 문제를 예방하도록 한다.

MEMO

(2) 학교상담의 영역

영역	내용
학업발달 영역	• 내적 동기를 개발한다. • 효율적인 학습기술을 개발한다. • 미래에 대한 목적의식과 그것을 달성하는 방법을 개발한다. • 자신의 강점과 능력을 기반으로 좀 더 효율적으로 공부하는 방법을 이해한다. • 문제해결 기술을 개발한다.
개인적 · 사회적 발달영역	• 신체적 · 정서적 · 지적 성장과 발달을 이해한다. • 자기개념과 사회적 개념을 개발한다. • 또래관계를 이해하고 발달시킨다. • 학교, 가족, 자신에 대한 긍정적 태도를 갖는다. • 부모와 의사소통하는 방법을 배운다. • 삶의 스트레스, 도전, 패배와 성공을 대처하는 방법을 배운다. • 삶의 계속적인 변화에 대처하는 방법을 배운다.
진로발달 영역	• 직업의 차이와 변화하는 남녀의 역할에 관해 이해한다. • 개인적인 흥미와 기호를 인지한다. • 일과 놀이에서 타인들과 협동하고 공존하는 법을 배운다. • 일을 한다는 것의 의미와 학교활동이 미래의 계획과 어떻게 관련되는지를 이해한다. • 다소 먼 미래에나 경험할 수 있는 세계에 관해 인지한다.

Memo

권지수의 탁월한 만점전략

합격지수 100
권지수 교육학

교육사회학

Thinking Map

1 교육사회학 이론

- **구교육사회학**
  - 기능이론 94 중등, 99 초등보수, 01 초등, 01 중등, 03 초등, 04~07 중등, 07~09 초등, 11~13 중등, 15 중등추시論
    - 개관 — 개요, 사회를 보는 관점, 주요 주장
    - 주요 이론
      - 도덕사회화 06 중등, 08 초등
      - 사회화기능론
      - 학교사회화 01 초등, 07 중등
      - 기술기능이론 09 초등, 12 중등
      - 인간자본론 95 중등, 99 중등, 99 초등보수, 07 초등, 13 중등
      - 발전교육론 94 중등, 96 중등, 11 초등
      - 근대화이론
  - 갈등이론 95 중등, 98~99 중등, 99 초등보수, 00 초등, 05 중등, 11 초등
    - 개관 — 개요, 사회를 보는 관점, 주요 주장
    - 주요 이론
      - 경제적 재생산이론 04 중등, 08 중등, 12 중등
      - 종속이론
      - 급진적 저항이론 02 초등, 04 초등, 10 초등, 11~12 중등
      - 지위경쟁이론 98 초등, 99~00 중등, 00 초등, 02~04 중등, 06 초등, 09 중등, 12 중등
- **신교육사회학**
  - 개관 — 영국(해석학적 관점), 미국(교육과정 사회학), 교육이론의 특징
  - 주요 이론
    - 문화적 재생산이론 99 초등보수, 02~03 중등, 06 초등, 06 중등, 09 초등, 11 초등
    - 문화적 헤게모니이론 04 초등, 10 중등
    - 사회구성체이론(자본주의 국가론) 00 초등추시, 07 중등, 12~13 중등
    - 문화제국주의이론
    - 저항이론 00 중등, 05 중등, 07 초등, 11 초등
    - 자율이론(문화전달이론) 04 중등, 06 초등, 08 초등, 10 초등, 12 초등, 13 중등
    - 상징적 상호작용이론 05 중등, 08 중등, 10 초등
    - 학교에서 상호작용 연구
      - Hargreaves의 교사·학생 상호작용론
      - McNeil의 방어적 수업 06 초등, 13 중등
      - 상호작용 연구의 한계

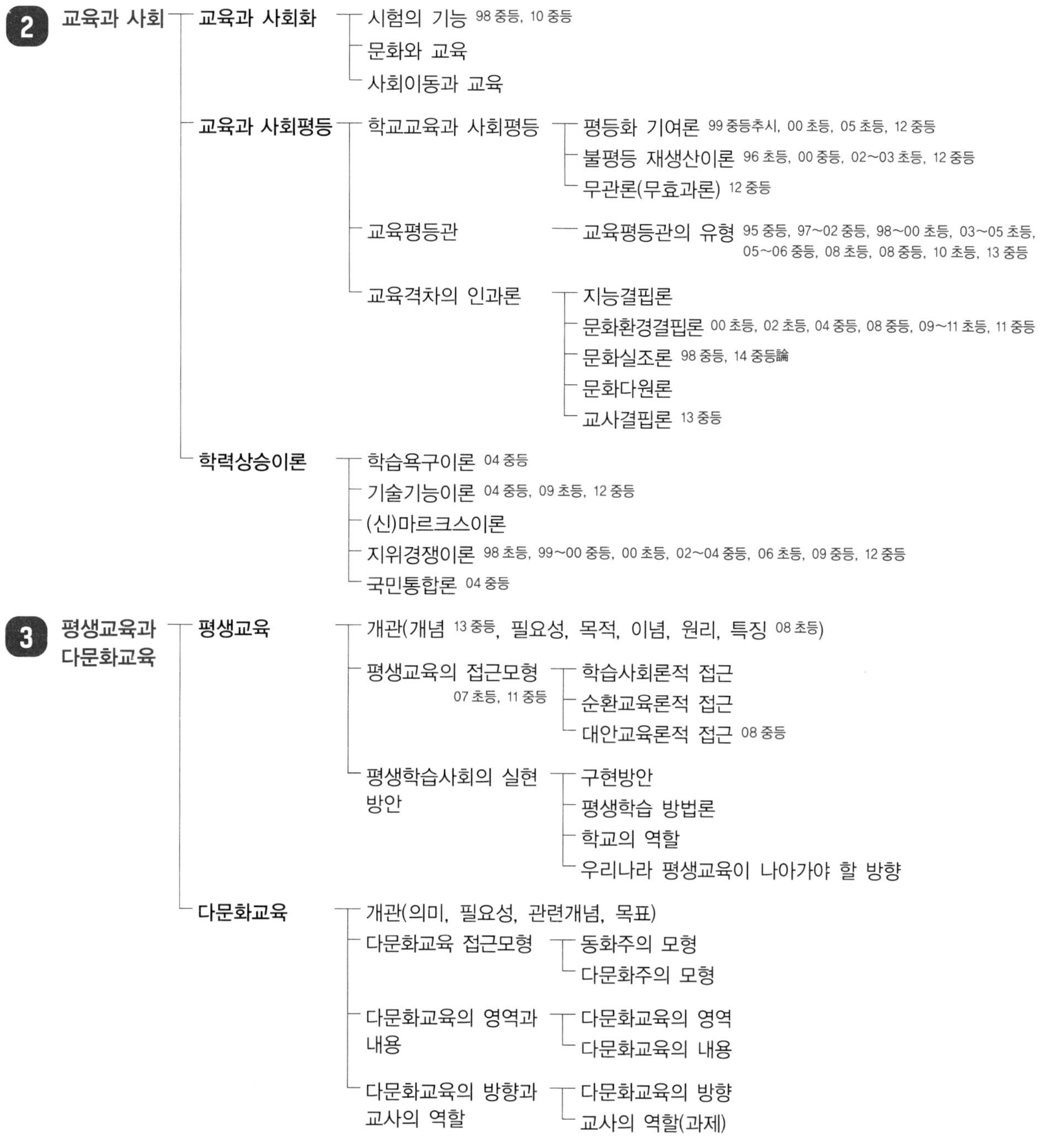
2
교육과 사회
교육과 사회화
시험의 기능 98 중등, 10 중등
문화와 교육
사회이동과 교육
교육과 사회평등
학교교육과 사회평등
평등화 기여론 99 중등추시, 00 초등, 05 초등, 12 중등
불평등 재생산이론 96 초등, 00 중등, 02~03 초등, 12 중등
무관론(무효과론) 12 중등
교육평등관
교육평등관의 유형 95 중등, 97~02 중등, 98~00 초등, 03~05 초등, 05~06 중등, 08 초등, 08 중등, 10 초등, 13 중등
교육격차의 인과론
지능결핍론
문화환경결핍론 00 초등, 02 초등, 04 중등, 08 중등, 09~11 초등, 11 중등
문화실조론 98 중등, 14 중등論
문화다원론
교사결핍론 13 중등
학력상승이론
학습욕구이론 04 중등
기술기능이론 04 중등, 09 초등, 12 중등
(신)마르크스이론
지위경쟁이론 98 초등, 99~00 중등, 00 초등, 02~04 중등, 06 초등, 09 중등, 12 중등
국민통합론 04 중등
3
평생교육과 다문화교육
평생교육
개관(개념 13 중등, 필요성, 목적, 이념, 원리, 특징 08 초등)
평생교육의 접근모형 07 초등, 11 중등
학습사회론적 접근
순환교육론적 접근
대안교육론적 접근 08 중등
평생학습사회의 실현 방안
구현방안
평생학습 방법론
학교의 역할
우리나라 평생교육이 나아가야 할 방향
다문화교육
개관(의미, 필요성, 관련개념, 목표)
다문화교육 접근모형
동화주의 모형
다문화주의 모형
다문화교육의 영역과 내용
다문화교육의 영역
다문화교육의 내용
다문화교육의 방향과 교사의 역할
다문화교육의 방향
교사의 역할(과제)

합격지수 100
권지수 교육학

Chapter

01

교육사회학 이론

Section 01 교육사회학 개요

MEMO

01 교육사회학의 개념

① 교육과 사회와의 관계를 체계적으로 연구・분석하는 학문
② 교육에 대한 사회학적 연구로서 교육현상을 사회학적 연구에서 얻어진 사회학적 지식과 연구방법 등으로 연구하는 학문
③ 교육이란 현상을 사회학적으로 바라보는 학문 ⇨ 학교와 사회와의 관계, 학교 내부의 사회적 관계가 주된 관심분야이다.

02 교육사회학의 발달과정

(1) 교육사회학의 성립 – 뒤르켐(E. Durkheim) : 교육사회학의 아버지, 사회실재론, 도덕사회화론

① **교육사회학의 토대 마련** : 교육을 하나의 사회적 사실(social facts)로 보고 이를 객관적・실증적으로 취급할 것을 주장하면서 교육사회학을 독자적인 학문영역으로 구축함
② **사회화(socialization)의 과정으로서의 교육** : 교육은 새로운 세대에게 사회적 가치나 규범을 내면화시켜 사회적 존재로 변모시키는 사회화 과정이며, 사회는 이러한 사회화 과정을 통해 문화적 동질성을 유지하게 됨

(2) 교육적 사회학(Educational Sociology) – 1950년대 이전

① 20세기 초부터 미국의 대학에서는 교육사회학 강좌가 개설되기 시작하여 널리 확산되었으며, 1923년에는 미국 교육사회학회가 창립되고 1927년에 전문 학술지(Journal of Educational Sociology)가 창간됨
② 이 시기의 교육사회학은 교육의 여러 문제를 해결하고 학습자를 지도하는 데 필요한 사회학적 지식을 모아 놓은 것으로 실천지향적 성격이 강함 ⇨ 응용과학적 교육사회학(교육의 문제를 진단하고 처방)

MEMO

07

(3) 교육의 사회학(Sociology of Education) – 1950~70년대

① 1950년대부터 교육현상을 사회학적으로 탐구하려는 학자들이 늘어나면서 시작하여 1963년에 학술지의 제호를 「Educational Sociology」에서 「Sociology of Education」으로 바꾸면서 확고해짐

② 이 시기의 교육사회학은 사회학적 개념과 과학적 · 실증적 연구방법을 적용하여 교육현상을 설명할 수 있는 이론을 탐색하려는 것으로 설명지향적(사회학 지향적) 성격이 강함
⇨ 순수과학적 교육사회학(교육현상을 과학적으로 탐색)

③ 1960년대까지는 교육은 사회화와 선발 기능을 적절히 수행함으로써 사회를 안정적으로 유지 · 발전시킨다는 기능주의 관점이 일반적이었음

④ 1960년대 말에 등장한 갈등주의 관점에서는 교육이 기존의 불평등한 사회구조를 재생산하는 기능을 수행하고 있다고 주장함

(4) 신교육사회학 – 1970~80년대

① 1970년대 초 영국에서는 기능주의 관점과 갈등주의 관점이 모두 거시적 관점에서 교육을 탐구한다고 비판하면서 미시적 접근방법에 의한 연구의 필요성을 주장하면서 등장하는데, 기존의 교육사회학과 구별하여 '새로운(신) 교육사회학'이라고 부르게 됨

② 신교육사회학은 연구의 관심을 크게 학교 내부의 교육과정과 교사 · 학생의 상호작용을 탐구하는 데 집중하였으며, 학교의 교육내용이나 교사와 학생 간의 상호작용은 사회적으로 형성된 사회적 · 정치적 산물로서 하류계층 학생들에게 불리하게 작용하여 사회적 불평등을 재생산하고 있다고 비판함

(5) 연구 영역의 확장 – 1990년대 이후

① 지식기반사회, 정보화 사회로 인한 교육의 변화, 신자유주의 교육론 비판, 페미니즘 관점의 연구, 각국의 교육개혁 정책 논쟁, 대학교육의 확대에 따른 경쟁 심화, 교육의 평등 등으로 연구의 관심이 확장되고 있음

② 국내에서는 교육개혁에 대한 논의, 페미니즘 관점의 연구, 학업성취 격차의 연구, 평생교육과 다문화교육에 대한 연구 등이 활발히 진행되고 있음

MEMO

교육사회학 이론의 패러다임

구분	구교육사회학		신교육사회학
패러다임	규범적 패러다임(인간의 행위는 일정한 규칙에 지배됨)		해석적 패러다임(행위자의 의미와 가치에 근거한 해석을 중시)
접근 관점	거시적 관점		미시적 관점
연구 주제	학교와 사회의 관계(학교 외부의 문제)		교육내용, 교사와 학생 간 상호작용(학교 내부의 문제)
연구 방법	객관적, 실증적, 연역적, 양적 연구		현상학적, 해석학적, 귀납적, 질적 연구
주요 이론	기능이론	갈등이론	신교육사회학
	• 사회화이론(뒤르켐, 파슨스) • 기술기능이론(클라크) • 인간자본론(슐츠) • 발전교육론 • 근대화이론(맥클랜드)	• 갈등이론(마르크스) • 경제재생산이론(보울스/진티스) • 종속이론(카노이) • 급진적 저항이론 • 지위경쟁이론(콜린스)	• 상징적 상호작용론(미드, 쿨리) • 낙인이론 • 현상학(후설) • 민속방법론(가핑클, 기어츠) • 교육과정사회학(번스타인, 영)
발달 시기	1950~60년대	1960~70년대	1970~80년대

Section 02 구교육사회학

01 기능이론(functionalism)

94 중등, 99 초등보수, 01 초등, 01 중등, 03 초등, 04~07 중등, 07~09 초등, 11~13 중등, 15 중등추시論

MEMO

1 개관

(1) 개요

① 사회를 유기체에 비유하여 설명하는 관점이다. 사회를 상호의존적인 여러 부분으로 형성된 유기체로 보며, 사회의 각 부분은 전체 사회의 유지·존속을 위해 필요한 각자의 기능을 수행하며 서로 상호작용한다고 본다.

② 1950~60년대의 주류 사회학의 관점으로서, 콩트(A. Comte ; 사회진화론, 사회학의 아버지), 스펜서(H. Spencer ; 사회유기체론), 뒤르켐(E. Durkheim ; 도덕사회화론, 교육사회학의 아버지), 파슨스(T. Parsons ; 사회화기능론) 등이 주요 학자이다.

③ 구조와 기능, 통합, 안정, 합의의 논리를 중심으로 '어떻게 사회의 유지와 존속이 가능한가?'에 대한 설명을 제공한다.

(2) 사회를 보는 관점

① 사회는 유기체와 마찬가지로 여러 부분으로 구성되어 있으며, 사회의 각 부분은 사회 전체의 존속을 위하여 각각의 고유한 기능을 수행한다. ⇨ **구조와 기능**

② 사회의 각 부분들은 유기적으로 통합되어 있고, 한 부분의 변화는 다른 부분에 영향을 미치며, 각 부분들은 동등하며 상호의존적인 관계에 있다. ⇨ **통합**

③ 사회는 항상 균형과 안정을 유지하려는 속성을 지니고 있고, 어떤 충격에 의하여 안정이 깨뜨려지면 이를 회복하기 위해 노력하며, 얼마간의 사회 변화나 갈등은 새로운 균형으로 나아가기 위한 부수적(비정상적, 일탈적) 과정일 뿐이며 본질적인 것은 아니다. ⇨ **안정**

④ 사회의 중요한 가치나 신념체계에 대하여 사회 구성원들 간에 합의가 이루어져 있으며, 합의는 기본적으로 가정이나 학교의 사회화 과정을 통해 형성된다. ⇨ **합의**

⑤ 사회를 구성하고 있는 각 부분 간에는 우열이 있을 수 없으며, 각기 수행하는 기능상의 차이가 있을 뿐이다.

⑥ 계층은 기능의 차이에 바탕을 둔 차등적 보상체제의 결과이다.

MEMO

(3) 학교교육에 대한 기능이론의 주요 주장

① 학교교육은 전체 사회의 한 하위체제로서 사회화와 선발·배치 기능을 수행한다. 새로운 세대에게 기존 사회의 생활양식과 가치 및 규범을 전수하며(사회화 기능), 재능 있는 사람을 분류하고 선발하여 교육시켜 적재적소에 배치한다(선발·배치 기능).

② 교육은 위대한 평등장치이므로 교육의 기회를 균등하게 제공하고(기회의 평등), 개인의 능력과 노력에 따라 차등적 보상이 주어지며(능력/업적주의), 그 결과 사회적 지위와 계층이 분화된다. ⇨ 계층분화는 정당한, 필연적 결과

③ 학교에서 가르치는 내용은 사회 구성원들의 합의에 의한 것으로 보편적이며 객관적으로 가르칠 만한 내용이다.

④ 학교에서의 성공과 실패는 사회구조적인 요인에 의한 것이라기보다는 학생 개인의 능력과 노력에 의한 것이다.

교육의 선발 · 배치 기능 15 중등추시論

1. 선발은 학생들을 능력의 종류와 수준에 따라 분류함으로써 학습자에 대한 진단기능을 한다.
2. 학교는 선발을 통해 학생들의 능력에 맞는 교육적 경험을 부여하고 이를 토대로 사회진출을 가능하게 함으로써 직업세계가 필요로 하는 사람들을 분류하는 여과기능을 한다.
3. 선발은 능력과 성취에 따라 사회적 지위와 소득을 배분함으로써 개인적으로는 개인의 능력을 극대화할 수 있는 기회를 부여하며 사회 평등화에 기여한다.
4. 선발은 사회적 성취에 따라 사회경제적 지위를 배분함으로써 사회적으로는 인력활용을 극대화할 수 있게 해 준다.

(4) 기능이론에 대한 비판

① 인간을 사회화의 주체가 아닌 객체로 봄으로써 학생을 수동적인 존재, 사회의 종속적 존재로 파악한다.

② 학생들의 인지적 측면에서의 성취를 강조한 나머지 학력경쟁을 가열시켜 고학력화를 부채질하고 인간성을 메마르게 한다.

③ 교육선발이 능력본위로 이루어진다고 가정함으로써 선발과정의 귀속적 측면을 소홀히 다루고 있다.

④ 교육의 본질적 기능보다는 수단적·외재적 기능을 중시한다.

⑤ 학생의 개별성보다는 공통성 내지 유사성을 강조함으로써 학생의 자유와 개성, 다양성을 소홀히 한다.

⑥ 사회의 통합과 합의를 지나치게 강조한 나머지 집단 간의 갈등을 잘 다루지 못한다.

⑦ 사회 개혁보다는 기존 질서 범위 내에서 안정을 지향하는 보수적 입장을 취한다.

MEMO

07

2 주요 이론

(1) 뒤르켐(E. Durkheim)의 도덕 사회화 이론 06 중등, 08 초등

① 교육의 개념 : 사회화

㉠ 교육을 사회화(socialization)의 관점에서 정의

- 교육은 사회생활을 위한 준비를 아직 갖추지 못한 어린 세대에 대한 성인 세대들의 영향력 행사다. 그 목적은 전체로서의 정치사회와 아동이 장차 소속하게 되어 있는 특수환경의 양편이 요구하는 지적·도덕적·신체적 제 특성을 아동에게 육성·계발하는 데 있다.
- 교육은 천성(天性)이 비사회적 존재인 개인을 사회적 존재로 만드는 과정이며, 학교교육의 핵심은 사회의 보편적 가치를 가르치는 도덕교육이다. ⇨ 도덕적 사회화가 궁극적인 목적

㉡ 학교교육의 목적은 사회의 보편적 가치(집합의식, 집합표상)를 가르치는 '보편적 사회화'를 통해 아노미를 극복하고 도덕적 사회화(현대 산업사회에 알맞은 도덕적 질서를 확립)를 달성하는 것이다.

② 사회화의 유형

㉠ 사회화 유형

유형	의미
보편적 사회화	• 한 사회의 공통된 감성과 신념, 즉 집합의식(집합표상)을 내면화하는 것 예 한국인, 미국인 • 전체적 사회가 요구하는 신체적·도덕적·지적 특성을 함양하는 것 • 보편적 사회화를 통해 그 사회의 특성을 유지하고 구성원들의 동질성을 확보할 수 있게 됨
특수 사회화	• 특정 직업세계에서 요구하는 가치와 규범, 능력 등을 내면화하는 것 예 한국의 교사, 미국의 교사 • 개인이 속하게 되는 직업세계와 특수 환경이 요구하는 신체적·도덕적·지적 특성을 함양하는 것 • 사회가 분화·발전함에 따라 요구되는 지식과 기술의 습득

㉡ **보편적 사회화와 특수 사회화의 관계** : 산업화가 진행됨에 따라 사회는 점차 분화되기 때문에 다양한 직업교육(특수 사회화)은 불가피하지만, 전문화된 교육이 증가하면 할수록 사회 전체의 동질성 유지를 위한 보편교육(보편적 사회화)은 필수적이므로, 보편교육이 교육의 핵심을 이루게 된다. ⇨ 보편적 사회화 중시

MEMO

(2) 파슨스(T. Parsons)의 사회화 기능론(구조기능주의)

① 개관

㉠ 파슨스는 기능주의 이론을 체계적인 이론으로 발전시킨 사람으로, '구조 – 기능적 분석'을 이용하여 사회체제이론(theory of social system)을 형성하였다.

㉡ 파슨스는 뒤르켐과 마찬가지로 학교교육의 사회화 기능을 강조하는 동시에 산업사회에서의 인력배치기능을 부각시킴으로써 사회적 선발기능을 강조하였다.

② 사회체제이론(theory of social system)

㉠ **체제 요소**: 사회는 사회체제(사회구조-정치·경제·사회 등 제반 기관의 활동을 통하는 체제), 문화체제(문화-상징으로서의 가치·신념·규범 등), 인성체제(개인-사회적 존재로서의 품성과 관련된 특성)로 구성되어 있으며, 이 세 가지 체제 요소는 상호의존적인 관계를 형성하며 상호 유기적으로 영향을 준다.

㉡ **사회의 기능**: '사회는 어떻게 유지·발전하는가?'라는 질문 제기 ⇨ 사회가 균형을 유지하기 위해서는 4가지 기능(A-G-I-L이론)이 필수적이다.

구분	내용
적응 (Adaptation)	존속에 필요한 자원을 확보하고 환경에 적응하는 진보적 기능 예 생산조직: 회사, 기업체 ⇨ 경제
목표 달성 (Goal-Attainment)	목표달성을 위해 상황의 제반 요소를 통제하는 기능 예 정치조직: 정부, 정당 ⇨ 정치
통합 (Integration)	일탈자를 제재하고 사회단위 간의 연대를 유지·통합하는 기능 예 통합조직: 법원, 경찰 ⇨ 사회
잠재유형유지 (Latent pattern maintenance and tension management)	사회문화의 형태를 유지·존속시키는 보수적 기능 예 유형유지조직: 학교, 종교, 가정 ⇨ 문화

③ 학교교육의 사회적 기능: 역할 사회화, 사회적 선발

㉠ **역할 사회화**: 역할 사회화란 아동들이 장차 성인이 되어 담당하게 될 역할수행에 필요한 정신적 자세와 자질을 학습하는 것으로, 뒤르켐의 '특수 사회화'와 유사하다.

㉡ **사회적 선발**: 학업성취도를 두 가지 측면, 즉 인지적 차원의 학업성취도와 인성적 차원의 학업성취도로 구분하였으며, 그 성취도에 따라 성인사회의 직업적 역할이 분배되는 것으로 보았다.

구분	내용
인지적 차원의 학업성취도	지식과 기술 등에 대한 학습의 정도 ⇨ 인지적 사회화
인성적 차원의 학업성취도	교사에 대한 존경심, 협동, 질서 준수 등 사회적 규범에 대한 학습의 정도 ⇨ 인성적 사회화

MEMO

07

(3) 드리븐(R. Dreeben)의 학교 사회화(규범적 사회화) 01 초등, 07 중등

① 개관

㉠ 뒤르켐이 도덕사회화론에서 주장했던 '보편적 사회화와 특수 사회화', 파슨스가 사회화기능론에서 주장했던 '인지적 사회화와 인성적 사회화'를 바탕으로 학교에서 학생들은 현대 산업사회에서 생활하는 데 요구되는 네 가지 사회규범을 습득한다고 보았다.

㉡ 드리븐은 학교가 무엇보다 강조해야 할 일은 학생들을 사회인으로 만드는 것이라고 보고, 규범학습을 강조하였다. ⇨ 학교는 현대 산업사회에서 요청되는 핵심적인 규범을 효과적으로 사회화하기 위한 기관이다.

② **규범의 내용** : 학교는 가정교육을 통해서는 가르치기 어려운 산업사회의 규범, 즉 독립성, 성취성, 보편성, 특수성의 규범을 적절한 방법을 통해 학생들에게 내면화시키고 있다.

규범	내용
독립성 (independence)	• 학문적 학습활동에 적용되는 규범으로, 학생들이 과제를 스스로 수행하고 자신의 행동에 대해 책임져야 한다는 것을 배우는 것을 말한다. • 학교에서 과제를 스스로 처리하게 하고 자신의 행동에 대해 책임지게 함으로써 습득된다. 또, 부정행위에 대한 규제와 공식적 시험을 통하여 습득된다. 예 시험 시 좌석 분리(평가를 개인별로 실시), 시험 중 부정행위에 대한 처벌, 독립적으로 숙제하기
성취성 (achievement)	• 사람은 자기의 노력이나 의도보다는 성과(성취)에 따라 대우받는다는 것을 배우는 것을 말한다. • 학생들이 할 수 있는 최선을 다해 그들의 과제를 수행해야 한다는 전제를 받아들이고 그 전제하에 행동할 때 습득된다. 또, 다른 사람들의 성과와 비교하여 자신의 성과를 판단하는 것을 학습할 때 습득된다. • 이 규범은 교수–학습–평가라는 체제 속에서 형성되는데, 공동으로 수행하는 활동에도 적용된다는 점에서 독립성과 구별된다. 예 공동으로 수행하는 과외활동이나 운동과 같은 경쟁에서 성공을 경험하는 기회를 제공함으로써 학습된다. 또, 과제의 성과에 따라 다른 보상을 제공함으로써 학습된다.
보편성 (universalism)	• 모두에게 적용되는 보편적인 규범(규칙)을 배우는 것을 말한다. • 동일 연령의 학생들이 같은 학습내용과 과제를 공유함으로써 형성된다. 또, 학교와 학급에서 규칙을 정하고 특별히 인정되는 사정이 아닌 한 정해진 규칙을 모두에게 엄격하게 적용함으로써 학습된다. 예 학교에서 한 학생이 과제물을 늦게 제출했을 경우, 교사는 그 학생의 개인적인 사정을 고려하지 않고 과제물 제출이 늦은 것에 대해 조치를 한다.
특수성 (특정성) (specificity)	• 특별히 인정되는 예외적 상황이 있을 때 그에 맞게 규칙을 적용하는 것을 배우는 것을 말한다. • 학년이 올라감에 따라 자신의 흥미와 적성에 맞는 분야를 집중적으로 교육받는 과정에서 학습된다. 또, 장애가 있는 경우나 아파서 입원하는 경우, 학교 대표팀의 일원으로 경기에 출전하게 된 경우 등과 같이 특별히 인정되는 경우에 다른 규칙을 적용하는 것이 왜 필요한지 이해하고 받아들일 수 있는 기회를 제공함으로써 학습된다. 예 학교에서 한 학생이 과제물을 늦게 제출했을 경우, 그 학생이 학교 대표팀의 일원으로 경기에 출전하였기 때문에 과제제출이 늦어졌다면 교사는 그것을 이해하고 감점을 주지 않는다.

MEMO

(4) 기술기능이론(technical-functional theory) – 클라크와 커(Clark & Kerr) 09 초등, 12 중등

① 입장

㉠ 복잡한 산업사회에서 기술수준의 향상과 직업의 분화(전문화)로 인해 사람들의 학력수준이 높아진다고 본다. 그래서 학교교육의 팽창(교육에 대한 대중의 요구)은 기술변화에 의해 초래된 여러 가지 자격증을 얻기 위한 것, 즉 기술변화와 직업분화에 대한 단순한 반영으로 해석한다.

㉡ 고학력 사회는 고도산업사회의 결과이고, 학교는 산업사회를 지탱하는 핵심적인 장치이다.

㉢ 산업사회의 기술 발달 → 고수준의 기술을 필요로 하는 직업 증가 → 학교교육의 팽창 ⇨ 복잡한 산업사회에서 기술의 수준이 높아짐에 따라 학교는 사회의 구성원이 제 역할을 다할 수 있도록 인지적 능력, 전문적 기술과 지식을 가르쳐야 하며, 나아가 사회의 기술적 정도에 따라 학교가 팽창하게 된다고 보는 이론

② 한계점

✦ 과잉학력현상
고학력자들이 자신의 학력과 일치하는 직업보다 낮은 지위의 직업에 종사하거나 실업자로 전락하는 현상

㉠ 과잉학력현상✦으로 인해 직장에서 대학 전공과 관련 없는 일을 하거나, 학력수준에 비해 낮은 직업에 종사하는 현상을 설명하지 못한다(⇨ 과잉학력현상 설명 ×). '한 사회의 직업기술수준과 학력수준은 일치한다'라는 기술기능이론의 주장은 잘못되었다.

㉡ 산업기술사회를 향한 발전과정에서의 갈등과 불화에 대한 측면은 외면하고 있다. "학교교육의 팽창은 대중이 교육기회를 확대를 요구했기 때문이기도 하지만, 지배계층의 특권을 유지시킬 수 있는 수단이기도 했다."라는 비판도 있다.

③ **관련 연구**: 미국의 중등교육과 고등교육의 대중화가 직업구조 변화(전문직의 증가)와 관련이 있다(Trow). ⇨ 고학력 사회는 고도산업사회의 결과이다.

(5) 인간자본론(human capital theory, 교육투자 효율화 이론) – 슐츠(Schultz), 베커(Becker)

95 중등, 99 중등, 99 초등보수, 07 초등, 13 중등

① **대표자**: 슐츠(Schultz) 『인간자본에 투자하자(Investment in Human Capital)』(1961), 베커(G. Becker) 『인적 자본(Human Capital)』(1964)

② **입장**: 교육을 통해 사회·경제 발전에 필요한 인적 자본 생산의 중요성을 강조, 교육을 개인과 사회 모두에게 높은 소득을 가져다주는 투자의 한 형태로 파악

㉠ 교육은 '증가된 배당금(increased dividends)'의 형태로 미래에 되돌려 받을 인간자본에의 투자이며, 인간이 교육을 통해 지식과 기술을 갖추게 될 때 인간의 경제적 가치는 증가하게 된다. 학력에 따른 수입의 차이는 교육에 의한 지식과 기술의 차이, 즉 생산성의 차이 때문이라고 본다.

㉡ 인간자본에 투자하면 고도의 지식과 기술을 습득하여 생산성을 높여 주므로 개인의 소득향상은 물론 사회의 발전에도 기여한다고 본다. ⇨ 교육수준의 향상 → 개인의 생산성 증대 → 개인의 소득능력 향상(경제적 이익 보장) → 사회·경제적 발전

MEMO

07

㉢ 학력에 따른 수입의 차이는 교육에 의한 지식과 기술의 차이, 즉 생산성의 차이 때문이라고 본다.

㉣ 인간도 하나의 생산수단이며, 교육은 새로운 자본재로서 사회의 투자 대상이 된다.

③ 영향 : 발전교육론의 기반 형성, 교육투자 확대에 기여, 교육을 사회발전의 동인으로 간주

(6) **발전교육론** 94 중등, 96 중등, 11 초등

① 교육을 국가의 정치 · 경제 · 사회의 발전을 위한 중요한 수단으로 간주한다.

② 교육의 비본질적(수단적 · 외재적) 기능을 중시하며, 국가의 정치 · 경제 · 사회의 각 부분의 발전을 촉진하기 위해 교육의 양과 질을 계획적으로 조절한다.

③ 제2차 세계대전 이후에 세계 교육의 특징의 하나로 대두된 이론으로 신생독립국들은 '교육입국', '교육을 통한 조국 건설' 등의 구호를 내걸고 교육에 대한 투자를 확대하였다. 이 이론에 따르면 어떤 물질적인 자원이나 제도보다도 자원과 제도를 다루는 인적 요소가 중요하며 그러기에 교육이야말로 국가발전의 중요한 요소라고 본다.

④ 발전교육론은 1950년대와 1960년대에 가장 활발하였다.

(7) **근대화이론**(modernization theory) – 맥클랜드(McClelland), 인켈스(Inkeles)

① 대표자

㉠ McClelland : 『성취사회(The Achieving Society)』(1961) ⇨ 문명의 발생과 쇠퇴는 사회 구성원들의 개인적 가치관에서 비롯되며 '성취동기'가 근대화를 이루는 중요한 가치이다(한 국가의 근대화 원인을 기업의 '성취동기'에서 찾음).

㉡ Inkeles : '근대성 척도'인 성취동기를 태도검사로 측정 ⇨ 근대화의 결과 및 영향, 즉 성취인의 행동 특성에 관심

② 입장

㉠ 한 사회가 근대화되기 위해서는 학교교육을 통해 사회 구성원들에게 근대적 가치관을 함양해야 한다고 본다. ⇨ 학교교육 → 사회 구성원들에게 근대적 가치관과 태도를 함양 → 정치 · 경제 · 사회 · 문화의 근대화 달성

㉡ 근대화를 이루는 중요한 가치로 '성취동기'를 제시한다.

(8) **신기능이론** – 알렉산더(Alexander)

① 기능이론의 근본적 결점(예 기존의 사회체제를 정당화, 분업화된 구조가 효율적이라는 가정, 집단 간 합의를 중시함으로써 집단 간 갈등의 존재 부정)을 극복하고자 제기 ⇨ 세계화 시대의 교육현상에 대한 유용한 해석틀 제공, 학교교육을 비판하면서 동시에 학교교육의 강화를 주장

② 집단 간 갈등의 존재를 긍정

③ 교육팽창을 생태학적 세계 체제이론의 관점에서 국제경쟁에 대한 각 사회의 적응과정으로 파악 ⇨ 교육개혁을 통해 수월성 성취와 사회적 기능 수행 중시, 교육을 통한 사회개혁과 국가적 발달 추구 중시(고급인력 육성을 강조)

MEMO

3 이론에 대한 비판

① 인간을 수동적 존재, 사회의 종속적 존재로 파악한다.
② 사회개혁보다는 기존질서 범위 내에서 안정을 지향하는 보수적 입장을 취한다.
③ 교육선발이 능력본위로 이루어진다는 가정은 선발과정의 귀속적 측면에 대한 관심을 소홀히 다루고 있으며, 인지적 측면의 학력경쟁을 가열화시켜 고학력화를 부채질하고 인간성을 메마르게 하고 있다.
④ 인지적 측면을 중시하여 인성교육 또는 전인교육을 소홀히 하고 있다.
⑤ 학생들의 개별성보다는 공통성 내지 유사성을 강조함으로써 학교교육을 규격화한다.
⑥ 교육의 본질적 기능보다는 수단적 기능을 중시한다.
⑦ 다양한 관심과 이념, 그리고 갈등하는 이익집단이 많이 있다는 것을 인식하지 못하고, 통합과 합의를 지나치게 강조한 나머지 집단 간의 갈등을 잘 다루지 못한다.
⑧ 학급의 역동성(교사와 학생 또는 학생과 학생의 관계)과 같은 상호작용을 분석하는 데 어려움이 있으며, 무엇을 가르치고 어떻게 가르치는가와 같은 교육과정의 내용을 잘 다루지 못한다.

02 갈등이론(contradiction theory) 95 중등, 98~99 중등, 99 초등보수, 00 초등, 05 중등, 11 초등

1 개관

(1) 개요

① 사회의 본질을 갈등과 변동, 강제의 과정으로 이해하는 관점이다. 인간의 욕구는 무한한데 자원의 희소성으로 인해 인간 간의 갈등은 불가피하며 사회는 계속 변동한다. 일정 기간 사회가 안정을 유지하는 것은 지배집단의 억압과 강제 때문이다.
② 사회의 실체를 개인과 개인 또는 집단과 집단의 끊임없는 세력다툼, 경쟁, 저항관계로 본다. 이익과 권력 등 희소한 사회적 가치를 둘러싼 개인과 개인, 집단과 집단과의 경쟁에서 야기되는 갈등이 사회의 본질이다.

(2) 사회를 보는 관점

① 모든 사회는 언제나 이견(불일치)과 갈등 속에 있으며, 갈등은 사회진보의 원동력이다. 자원의 희소성, 사회집단 간의 목적과 계획의 불일치, 지배집단과 피지배집단 간의 이해대립으로 인해 갈등이 비롯된다. ⇨ 갈등

MEMO

07

② 모든 사회는 언제나 변화의 과정에 있다. 집단 간의 계속적인 투쟁과 갈등은 사회를 항상 유동적 상태에 있게 한다. ⇨ 변화(변동)

③ 모든 사회는 그 구성원의 일부에 대한 다른 일부의 강제에 토대를 두고 있다. 강제는 투쟁의 과정에서 승리한 권력집단이 피지배집단을 통치하고 일시적인 안정과 사회질서를 유지하는 수단으로, 힘에도 의존하지만 피지배집단들에게 압제의 정당성을 얻도록 선전과 교화의 수단을 쓰기도 한다. ⇨ 강제(억압)

(3) 학교교육에 대한 갈등이론의 주요 주장

① 교육은 지배집단의 문화를 정당화하고 주입하며, 기존의 불평등한 사회구조를 재생산한다.

② 교육은 특정집단(지배집단)의 이익을 대변하며, 지배집단의 문화자본을 전수한다.

③ 학교는 기존 질서를 정당화하는 장치에 불과하며, 능력주의 선발은 허구이다. ⇨ 학교교육을 통한 계층이동이 불가능

④ 학교교육은 사회의 불평등 구조를 재생산하고 정당화하므로, 학교의 개혁은 무의미하고 사회의 거시적 개혁만이 필요하다.

(4) 갈등이론의 공헌과 비판

① 공헌점

㉠ 학교와 사회의 모순을 명확하게 지적하였다.

㉡ 자본주의 사회의 학교교육에 대한 비판적 인식을 높여 주었다. ⇨ 학교는 사회적 불평등을 재생산하고, 지배집단의 문화와 이데올로기를 대변하는 도구이다.

㉢ 학교제도의 문제점을 학교 내에서가 아니라 학교와 사회와의 관련 속에서 찾고 있다.

② 비판점

㉠ 교육이 생산관계에 의해 일방적으로 결정된다는 경제적 결정론에 빠져 있다.

㉡ 기존 교육에 대한 강력한 비판에 비해 그에 대한 대안의 제시가 없다.

㉢ 사회구조를 이분법(지배자－피지배자)에 따라 단순화하고 교육을 지배자에게만 봉사하는 것으로 규정함으로써 교육의 본질적 모습을 왜곡·과장하고 있다.

㉣ 개인의 자유의지를 무시하고 사회적 조건만 지나치게 강조한다.

㉤ 자본주의 사회의 학교교육에 대한 비판은 있으나 사회주의 사회의 학교교육에 대한 비판은 없다.

㉥ 학교교육의 공헌(예 업적주의적 사회이동 가능, 유능한 인재의 선발, 공동체의식을 통한 사회적 결속)을 전혀 무시하고 있다.

MEMO

기능이론과 갈등이론의 비교

구분	기능이론	갈등이론
사회관	• 사회를 유기체에 비유 ⇨ 사회를 긍정적으로 파악 • 안정성, 통합성, 상호의존성, 합의성 • 사회는 전문가사회, 업적사회, 경쟁적 사회 ⇨ 개인의 능력에 따라 계층이동 가능	• 사회는 갈등과 경쟁의 연속 ⇨ 사회를 부정적으로 파악 • 세력 다툼, 이해 상충, 저항, 변동 • 사회는 후원적 사회 ⇨ 개인 능력 ×, 부모의 사회경제적 배경에 따라 자녀들의 지위 결정
핵심요소	구조와 기능, 통합, 안정, 합의	갈등, 변동(변화), 강제(억압)
교육의 기능	• 사회화, 선발, 배치 ⇨ 학교교육을 통한 계층이동 가능, 학교는 위대한 평등장치 • 사회유지·발전	• 불평등한 사회구조를 재생산 ⇨ 학교교육을 통한 계층이동이 불가능 • 지배집단의 문화를 정당화·주입
사회-교육의 관계	긍정적·낙관적 ⇨ 학교의 순기능에 주목	부정적·비판적 ⇨ 학교의 역기능에 주목
이론적 특징	• 체제유지 지향적, 현상유지 ⇨ 보수적 • 부분적·점진적 문제해결 ⇨ 개혁 • 안정 지향 • **교육과정**: 지식의 절대성 ⇨ 보편성·객관성	• 체제비판을 통한 변화 ⇨ 진보적 • 전체적·급진적 문제해결 ⇨ 혁명 • 변화 지향 • **교육과정**: 지식의 상대성 ⇨ 사회·역사적 맥락 중시
대표자	뒤르켐, 파슨스	보울스, 진티스, 카노이, 일리치, 라이머, 프레이리
대표적 이론	• 합의론적 기능주의 • 기술기능이론 • 근대화 이론 • 인간자본론 • 발전교육론	• 경제적 재생산이론 • 종속이론 • 급진적 저항이론
공통점	• 거시이론 ⇨ 교육은 기존의 사회구조와 문화를 그대로 반영 • 교육을 정치, 경제의 종속변수로 파악 • 교육의 본질적(내적) 기능보다 수단적(외적) 기능을 중시	
한계점	• 사회 또는 경제구조가 인간을 지배하고 있다고 본다. 교육을 정치·경제의 종속변수로 취급 • **수동적 인간관**: 인간은 사회적으로 만들어지고 움직여지는 인형같은 존재 • **거시적 접근의 한계**: 학교 내의 상호작용 연구 소홀 • 학교의 교육과정을 암흑상자로 간주하고 투입산출에 의한 외형적 입장에서만 연구	

2 주요 이론

MEMO

학자에 따라 신교육사회학의 이론으로 분류하기도 한다.

(1) 경제적 재생산이론(economic reproduction theory)✦ – 보울스와 진티스(Bowles & Gintis)

04 중등, 08 중등, 12 중등

① 대표자 : 보울스와 진티스(Bowles & Gintis), 『자본주의 미국사회에서의 학교교육(Schooling in Capitalist America)』(1976) ⇨ 구조기능주의의 평등관 비판

㉠ 미국의 자유주의 교육개혁은 사회통합의 측면에서는 성공한 것으로 보이지만, 사회평등 실현과 전인적 발달의 측면에서는 실패하였다.

㉡ **학교교육은 자본주의 사회의 불평등한 계급구조를 재생산하는 도구이다** : 경제적 불평등에 따른 교육의 불평등(잠재적 교육과정 속에서 학생의 계급적 위치에 따른 차별적 사회화) ⇨ 경제 불평등의 재생산

> (……) 학교 간 또는 학교 내에서 나타나는 사회관계의 차이는 부분적으로 학생의 사회적 배경 및 미래의 경제적 지위를 반영한다. 흑인이나 소수민족이 집중되어 있는 학교는 열등한 직업지위의 특성을 반영하여 억압적이며 임의적이고 혼돈된 내부질서와 강압적 권위구조를 지니고 있으며, 발전 가능성이 지극히 제한되어 있다. 부유한 지역의 학교에서는 학생의 활발한 참여와 선택이 허용되며 직접적인 감독이 적고 내면화된 통제규범에 중점을 둔 가치체계를 중시하지만, 노동자의 자녀가 다니는 학교에서는 통제된 행동과 규칙의 준수를 강조하는 경향이 압도적이다. (……)
>
> – 『보울스와 진티스』(이규환 역)

㉢ 학교교육의 실패 원인은 교육체제 자체에 있는 것이 아니라 순치(馴致)된 노동력을 양성하려는 자본주의 경제에 그 원인이 있다.

② 이론적 기초 : Marx의 계급이론 ⇨ '토대(하부구조)－상부구조' 모델 적용

㉠ 교육은 경제적 생산관계에 기초한 사회구조를 반영하고 있다(구조주의).

㉡ 하부구조 결정론(경제결정론) : 학교(상부구조) 또는 인간을 수동적으로 본다.

③ 이론의 특징

㉠ 입장 : 학교교육은 자본주의 사회의 경제적 불평등 구조를 재생산하고 정당화한다.

ⓐ 학교 교육과정은 사회의 성격, 즉 자본주의 경제구조를 반영한다.

ⓑ 교육과정은 학생들에게 그들의 부모가 갖고 있는 사회경제적 지위를 재생산하는 역할을 한다.

㉡ 차별적 사회화 : 학교는 잠재적 교육과정을 통해 학생의 계급적 위치에 기초한 성격적 특징을 차별적으로 사회화시킨다. 지배와 종속의 사회관계를 학생들에게 내면화시킨다. ⇨ 상류계층의 학생－자유, 창의성, 내면화된 통제규범 중시 / 하류계층의 학생－순종, 복종, 통제된 행동과 규칙준수 강조

㉢ 대응이론(correspondence theory) : 학교가 자본주의 경제구조를 재생산할 수 있는 것은 학교교육과 경제적 생산체제가 서로 대응하기 때문이며, 이것을 대응원리(correspondence principle)라고 한다.

MEMO

④ 대응원리(correspondence principle)

㉠ 개념: 노동의 사회적 관계와 교육의 사회적 관계가 서로 대응한다. 즉, 작업장에서의 사회적 관계가 학교에서의 사회적 관계에 그대로 반영

㉡ 주요 내용

ⓐ 노동이 외적 보상인 임금을 획득하기 위해 이루어지듯이 교육도 학습결과로 주어지는 외적 보상인 성적, 졸업장의 취득을 위해 이루어진다.

ⓑ 노동자가 작업내용에 대해 결정권이 없듯이 학생도 교육과정에 대해 아무런 결정권이 없다.

ⓒ 노동현장이 분업화되어 있듯 학교도 계열을 구분하고 지식을 과목별로 잘게 나눈다.

ⓓ 다양한 수준의 직업구조가 있듯이 다양한 수준의 교육으로 나뉜다.

(2) **종속이론** – 카노이(Carnoy)

① **대표자**: 『문화적 제국주의로서의 교육(Education as Cultural Imperialism』(1974)

② **입장**

㉠ 제국주의적 관점에서 교육을 이해하는 입장이다. 한 나라의 정치·경제가 타국에 종속되어 있으면 학교교육도 타국에 종속될 수밖에 없다는 이론이다.

㉡ 제3세계 국가의 발전을 결정하는 가장 중요한 요인은 국제적인 권력관계이다. 제3세계 국가의 저발전은 중심부 국가의 발전 때문, 저발전의 발전(development of undevelopment) ⇨ 신식민주의

㉢ 제도교육은 지배층을 위한 교육 ⇨ 종속적·억압적인 국제질서와 국내 사회구조를 존속시키기 위한 장치

(3) **급진적 저항이론**(radical resistance theory) 02 초등, 04 초등, 10 초등, 11~12 중등

① **대표자**: 일리치(Illich)의 『학교 없는(탈학교) 사회(Deschooling Society)』(1971), 라이머(Reimer)의 『(인간주의) 학교는 죽었다(School is Dead)』(1971), 프레이리(Freire)의 『페다고지』, 실버맨(Silberman)의 『교실의 위기』

② **이론적 특징**: 교육을 통한 의식화 및 인간성 해방을 강조

㉠ 프레이리(P. Freire): 전통적 학교교육에서의 은행저금식 교육(banking education)을 비판하고 그 대안으로 문제 제기식 교육(problem posing education, 의식화 교육)을 통해 피지배집단으로 하여금 불평등 구조를 타파할 수 있는 힘을 육성할 것을 주장

MEMO

07

ⓛ 일리치(Illich) : 탈학교운동 주장

ⓐ **현대 교육의 문제** : 산업화 이후 발달한 학교의 제도화는 결국 교육뿐만 아니라 학교 자체를 학교화(schooling)하는 특징이 있다. 이로 인해 교육이 학교와 동일시되고 교육을 학교의 산물로 받아들인 결과 이수증서에 의존하고 있다. 또한 기회균등을 위해 추진되어 왔던 의무취학은 결국 학교에 의한 교육독점 현상을 초래했으며 기회의 배분을 독점하고 있다. ⇨ 일리치는 학교는 입시위주, 지식위주의 교육을 하기 때문에 인간의 자유로운 성장이나 자아실현, 전인교육 등을 저해한다는 측면에서 학교교육을 비난하였고, 학교는 해체되어야 한다고 보았다.

ⓑ **대책** : 의무교육 폐지와 학력에 기초한 채용 폐지 등과 같은 학교교육과 미래의 취업 간에 존재하는 밀접한 연계성을 파괴시킬 수 있는 혁명(탈학교사회화)을 제안

ⓒ **학습망(learning webs) 주장** : 탈학교사회의 형성을 위해서 일리치는 기존의 학교제도를 대치할 수 있는 학습망을 제안한다. 학습망이란 현재의 획일적인 학교중심의 교육에서 벗어나 학습의 네트워크(network)를 통한 다양한 학습방법과 과정을 말한다. 학습망에는 교육자료에 대한 참고자료망, 교육자에 대한 참고자료망, 동료연결망, 기술교환망이 있다.

교육자료에 대한 참고자료망	학습자가 학습에 필요한 자료에 쉽게 접근할 수 있도록 한다.
교육자에 대한 참고자료망	학습자가 원하는 전문가, 준전문가, 프리랜서 등 교육자들의 인명록을 갖추어 놓는다.
동료연결망	함께 학습하기를 원하는 학습동료를 쉽게 찾을 수 있도록 지원한다.
기술교환망	기능을 가지고 있는 사람들의 인명록을 비치하여 기능 교환이 이루어질 수 있도록 한다.

(4) 지위경쟁이론(지위집단이론) – 베버(Weber), 콜린스(Collins)

98 초등, 99~00 중등, 00 초등, 02~04 중등, 06 초등, 09 중등, 12 중등

① **대표자** : 베버(Weber), 콜린스(Collins)

② 이론의 특징

㉠ 학교교육의 팽창과정을 지위, 권력 및 명예를 위한 집단 간의 경쟁의 결과로 파악한다.

ⓛ 공교육제도는 서로 상충되는 이해관계를 지닌 다양한 지위집단들의 기득권 수호 또는 합법적인 사회적 지위 상승을 위한 제도화된 경쟁의 수단이다.

㉢ 권력이 교육적 요구의 배경이 되는 결정적 변수이며, 교육이념은 물론 학교의 성격은 지배집단의 권력적 목적에 의해 결정이 된다. 이처럼 학교는 특정 지위문화를 가르치는 도구에 지나지 않는다.

MEMO

㉣ 지배집단은 자신의 특권적 지위를 강화하기 위해 학력을 상승시키며, 낮은 지위집단도 특권적 지위를 획득하기 위해 학력을 획득하려 노력한다. 결국 학력상승과 학교교육의 팽창을 가열시키게 된다.

㉤ 지위경쟁이론은 학력(졸업장)이 사회적 지위획득의 수단이기 때문에 사람들이 경쟁적으로 높은 학력을 취득하는 탓으로 학력은 계속 상승된다고 보는 이론이다.

㉥ 학력은 지위획득을 위한 합법적 수단이고, 졸업장은 개인의 능력과 노력수준을 나타내는 공인된 품질증명서이다.

3 이론의 공헌점과 비판점

(1) 공헌점

① 학교와 사회의 모순을 명확하게 지적하였다.

② 자본주의 사회의 학교교육에 대한 비판적 인식을 높여 주었다. ⇨ 학교는 사회적 불평등을 재생산하고, 지배집단의 문화와 이데올로기를 대변하는 도구이다.

③ 학교제도의 문제점을 학교 내에서가 아니라 학교와 사회와의 관련 속에서 찾고 있다.

(2) 비판점

① 교육이 생산관계에 의해 일방적으로 결정된다는 경제적 결정론에 빠져 있다.

② 기존 교육에 대한 강력한 비판에 비해 그에 대한 대안의 제시가 없다.

③ 사회구조를 이분법(지배자－피지배자)에 따라 단순화하고 교육을 지배자에게만 봉사하는 것으로 규정함으로써 교육의 본질적 모습을 왜곡・과장하고 있다.

④ 개인의 자유의지를 무시하고 사회적 조건만 지나치게 강조한다.

⑤ 자본주의 사회의 학교교육에 대한 비판은 있으나 사회주의 사회의 학교교육에 대한 비판은 없다.

⑥ 학교교육의 공헌(예 업적주의적 사회이동 가능, 유능한 인재의 선발, 공동체의식을 통한 사회적 결속)을 전혀 무시하고 있다.

4 기능이론과 갈등이론의 비교

MEMO

구분	기능이론	갈등이론
사회관	• 사회를 유기체에 비유 ⇨ 사회를 긍정적으로 파악 • 안정성, 통합성, 상호의존성, 합의성 • 사회는 전문가사회, 업적사회, 경쟁적 사회 ⇨ 개인의 능력에 따라 계층이동 가능	• 사회는 갈등과 경쟁의 연속 ⇨ 사회를 부정적으로 파악 • 세력다툼, 이해상충, 저항, 변동 • 사회는 후원적 사회 ⇨ 개인 능력 ×, 부모의 사회경제적 배경에 따라 자녀들의 지위 결정
핵심요소	구조와 기능, 통합, 안정, 합의	갈등, 변동(변화), 강제(억압)
교육의 기능	• 사회화, 선발, 배치 ⇨ 학교교육을 통한 계층이동 가능, 학교는 위대한 평등장치 • 사회유지 · 발전	• 불평등한 사회구조를 재생산 ⇨ 학교교육을 통한 계층이동이 불가능 • 지배집단의 문화를 정당화 · 주입
사회－교육의 관계	긍정적 · 낙관적 ⇨ 학교의 순기능에 주목	부정적 · 비판적 ⇨ 학교의 역기능에 주목
이론적 특징	• 체제유지 지향적, 현상유지 ⇨ 보수적 • 부분적 · 점진적 문제해결 ⇨ 개혁 • 안정 지향 • **교육과정**: 지식의 절대성 ⇨ 보편성, 객관성	• 체제비판을 통한 변화 ⇨ 진보적 • 전체적 · 급진적 문제해결 ⇨ 혁명 • 변화 지향 • **교육과정**: 지식의 상대성 ⇨ 사회 · 역사적 맥락 중시
대표자	뒤르켐, 파슨스	보울스, 진티스, 카노이, 일리치, 라이머, 프레이리
대표적 이론	• 합의론적 기능주의 • 기술기능이론 • 근대화 이론 • 인간자본론 • 발전교육론	• 경제적 재생산이론 • 종속이론 • 급진적 저항이론
공통점	• 거시이론 ⇨ 교육은 기존의 사회구조와 문화를 그대로 반영 • 교육을 정치, 경제의 종속변수로 파악 • 교육의 본질적(내적) 기능보다 수단적(외적) 기능을 중시	
한계점	• 사회 또는 경제구조가 인간을 지배하고 있다고 본다. • 교육을 정치 · 경제의 종속변수로 취급 • **수동적 인간관**: 인간은 사회적으로 만들어지고 움직여지는 인형같은 존재 • **거시적 접근의 한계**: 학교 내의 상호작용 연구 소홀 • 학교의 교육과정을 암흑상자로 간주하고 투입산출에 의한 외형적 입장에서만 연구	

Section 03 신교육사회학

MEMO

01 개관

1 연구 주제 및 교육이론의 특징

(1) **연구 주제** – 교육과 학교의 내적 과정

① 학교지식(교육과정, 교육내용) : 교사가 학생에게 가르치는 교육내용 ⇨ 교육과정은 사회적 · 정치적 산물, 지배계급의 이익 · 문화 반영

② 교사와 학생의 상호작용

(2) **교육이론의 특징**

① 신교육사회학자들은 교육에 있어서의 이념과 가치를 중요시한다.

② 지식, 진리, 진리의 타당성을 모두 사회의 구성물로 본다. 지식은 영구불변적인 것이 아니고 특정한 시대의 사회적, 역사적 상황에서 구성된 것이라고 보는 상대주의적 입장을 취한다.

③ 교사가 판단하는 학생들의 능력, 이와 관련하여 평가되는 학교에서의 성공과 실패도 모두 사회적 산물이라고 주장한다.

예 자기충족적 예언 효과

④ 신교육사회학자들은 교육의 조직과 교육과정에 대해서도 관심을 가진다. 특히 교육과정은 지식사회학에 기초한 신교육사회학자들이 교육이념과 함께 가장 중요시하는 영역이다. 학생들에게 어떤 지식을 왜 어떤 방법으로 가르쳐야 할 것이냐의 문제는 그들의 중요한 관심사이며, 그것은 바로 교육과정의 문제이다.

MEMO

07

2 대표자 – Young, Bernstein

(1) 영(Young) – 신교육사회학을 출범시킨 학자 : 『지식과 통제(Knowledge and Control)』(1971)

권력과 지식의 위계화를 연결 ⇨ 지식의 위계화는 사회집단의 계층화를 반영한다.

① 학교에서 가르쳐지는 지식은 사회적 · 역사적으로 선정 · 조직된 것이다.

② 높은 지위를 지니고 있는 지식(권력집단의 지식)의 특징 ⇨ 문자로 표현, 지식을 아는 과정과 그 산출방법 및 평가방법이 개인적이다. 학습자의 직접적인 경험과 유리된 추상성, 실생활과의 관련이 적다.

③ '높은 지위를 지니고 있는 지식'이 학교교육의 내용을 차지하므로, 학교교육에 있어 유리한 집단은 권력집단이 되고, 그 결과 피지배층 자녀의 학업성취도는 낮을 수밖에 없다.

(2) 번스타인(Bernstein)

① **교육자율이론 주장** : '결정론'에 반대 → 학교는 문화의 생산에 자율성을 지니고 있다.

② **사회언어학적 연구** : 가정의 구어양식(의사소통의 형태)을 통한 계층 재생산에 관심

㉠ 영국의 하류계층의 제한된 어법(restricted linguistic codes)과 중류계층의 세련된 어법(elaborated linguistic codes)은 가정에서의 사회화를 통해 학습된다.

㉡ 학교학습은 세련된 어법의 구어양식을 매개로 해서 이루어지기 때문에 제한된 어법을 사용하는 하류계층의 자녀가 중류계층의 자녀보다 학업성취도가 낮을 수밖에 없다.

어법	의미	주 사용계층
세련된 어법 (공식어)	• 보편적 의미(말의 복잡함, 어휘의 다양, 언어의 인과성 · 논리성 · 추상성 탁월) • 긴 문장, 많은 수식어, 적절한 문법, 전치사와 관계사 자주 사용, 감정이 절제된 단어 예 얘야, 수업시간에 떠들면 안 되거든. 조용히 좀 해 주겠니!	중류계층
제한된 어법 (대중어)	• 구체적 의미(내용보다는 형식 측면, 화자의 정서적 유대를 통한 의사소통, 구체적 표현) • 짧은 문장, 적은 수식어, 서툰 문법, 속어나 비어 빈발, 문장 외에 표정이나 성량, 행동 등으로 감정 표현 예 입 닥쳐. 이 ××야.	하류계층 (노동계층)

MEMO

02 신교육사회학의 주요 이론

1 문화적 재생산이론 – 부르디외(P. Bourdieu)

99 초등보수, 02~03 중등, 06 초등, 06 중등, 09 초등, 11 초등

(1) 개관

① 대표자 : 부르디외(P. Bourdieu)의 『교육의 재생산(Reproduction in Education)』(1977)

② 이론의 개요

> 부르디외는 현대사회에서 지배구조 혹은 계급구조가 어떻게 유지되고 재생산되는지, 피지배계급 혹은 노동계급이 어떻게 그들의 지위를 '자연스러운' 것으로 받아들이는지를 문화에 관한 분석을 중심으로 제기한다. 이러한 작업을 수행하며 부르디외는 객관적인 계급구조와 행위자들의 취향 사이의 밀접한 관련을 발견해 낸다. 이 부분에서 부르디외의 독특한 점이라고 한다면, 구조와 행위를 직접적으로 연결시키기보다는 그 사이를 매개하는 구조로서 '아비투스(habitus)'라는 새로운 개념을 끌어들여 기존의 이론들이 극복하지 못했던 구조와 행위의 딜레마를 넘어서려고 시도한다는 점이다. 이를 통해서 부르디외는 문화가 계급과 지위의 차이들을 유지하고 재생산하기 위해 어떻게 작동하는지를 보여 주고자 한다.

㉠ 사회화는 일종의 재생산 : 교육이 수행해 온 사회화 기능은 일종의 재생산이라고 규정한다(Bourdieu).

㉡ 학교교육을 지배구조 혹은 계급구조의 문화적 재생산 관계로 파악 : 학교는 지배집단의 문화자본을 재생산하고 정당화하는 역할을 수행함으로써 지배계급에 유리한 기존 질서를 재생산한다.

㉢ 교육제도 : 학교제도는 권력과 특권의 세습이 부정되는 사회에서 불평등한 계급관계의 구조를 무리 없이 재생산하는 교묘하고 편리한 제도이다.

(2) 문화자본(cultural capital)의 종류

① 아비투스적 문화자본(= 체화된 문화자본)

㉠ 아비투스(habitus)란 개인의 문화적 취향, 개인의 구조화된 성향체계를 의미 ⇨ 개인에게 내면화되고 체화된 문화적 취향(의미체계, 문화능력)으로서, 특정한 사회적 환경에 의해 획득된 성향, 사고, 인지, 판단과 행위 도식을 의미한다. 이런 취향은 타고난 천성이나 기질을 의미하는 것은 아니며, 사회적 지위, 교육환경, 계급위상에 따라 후천적으로 습득되는 취향이므로, 자신이 속한 계급적 취향과 사회의 계급구조를 반영한다. 결국 아비투스는 개인 안에 내면화된 사회구조라고 할 수 있다.

MEMO

07

㉡ 사람들은 흔히 자신이 똑똑하기 때문에 수준 높은 문화적 취향을 가지고 있다고 생각하지만, 문화적 취향은 사실 자신이 속한 계급의 문화적 취향일 뿐이다. 이를 부르디외식으로 말하자면 타고난 것이 아니라 후천적인 아비투스가 행동으로 나타난 것일 뿐이다. 마찬가지로 계급이 높은 사람들의 문화를 고급문화로, 그렇지 못한 문화를 무조건적으로 저급문화로 분류하는 이분법에도 오류가 있다는 것이 부르디외의 주장이다.

㉢ 학교문화 구성과 학생선발에서 능력 분류의 준거가 되는 문화자본 ⇨ 특정 계급의 의미체계를 다른 계급에게 강제하고 정당화하는 것은 '상징적 폭력'이다. 학교교육은 상징적 폭력(지배계층의 문화를 모든 학생들에게 내면화시키는 것)을 통해 자본주의 사회의 구조적 모순과 불평등을 정당화하고 재생산한다.

② 제도화된 문화자본

㉠ 시험성적, 졸업장, 자격증, 학위증서 등 교육제도를 통해 공식적 가치를 인정받는 문화자본

㉡ 학업성취도와 관련된 교육결과에 대한 사회적 희소가치 분배의 기준이 되는 문화자본

③ 객관화된 문화자본

㉠ 고서, 예술품, 골동품 등 법적 소유권 형태로 존재하는 문화자본

㉡ 교육내용 구성의 원천이 되는 상징재 형식의 문화자본

자본(capital)

사회적으로 영향력을 지닌 개인이나 사회적 계급이 소유한 자원이나 특성, 계급을 구성하는 중요한 요소 ⇨ 문화자본, 경제자본, 사회자본으로 구성

1. **문화자본(cultural capital)**: 자신의 가정이 계급적으로 위치한 범주에 따라 각 개인이 전수받는 일련의 다양한 언어적·문화적 능력
   ① 아비투스(habitus)적 문화자본 = 체화된 문화자본
      ㉠ 사회화 과정 속에서 무의식적으로 개인에게 내면화되고 체화된 문화적 취향(문화능력, 의미체계, 심미적 태도), 지속성을 지니는 무형(無形)의 신체적 성향이나 습성
      ㉡ 특정한 시간과 자리에서 사회적 문맥에 의해 가르쳐진 획득된 성향, 인지와 평가와 행동의 틀 전체 ⇨ 행위자가 다양한 상황에 대응하도록 하는 사회화된 주관성, 사회적 장에서 계급들 간의 구별을 가능하게 하는 행위분법
   ② 제도화된 문화자본
      ㉠ 교육제도를 통해 공식적 가치를 인정받는 시험성적, 졸업장, 자격증, 학위증서
      ㉡ 학업성취도와 관련된 교육결과에 대한 사회적 희소가치 분배의 기준이 되는 문화자본
   ③ 객관화된 문화자본
      ㉠ 법적 소유권 형태로 존재하는 문화적 재화 예 골동품, 고서, 예술작품
      ㉡ 교육내용 구성의 원천이 되는 상징재 형식의 문화자본
2. **경제자본**(economic capital): 재산, 소득, 화폐 등 물질적 자본
3. **사회자본**(social capital, **사회관계 자본**): 가문, 학벌, 정당 등 사회적 연고나 관계로 형성되는 자본

MEMO

(3) 문화적 재생산의 경로

부르디외는 학교를 통해 일어나는 재생산을 '제도화된 문화자본'과 '상징적 폭력-아비투스'의 2가지 측면에서 설명한다. 학교는 문화적 재생산 역할을 통하여 지배계급의 문화자본('상징적 폭력-아비투스'와 '제도화된 문화자본')을 교육과정에 담아 학생들에게 전달함으로써 계급적 불평등을 재생산한다.

① 아비투스 - 상징적 폭력을 통한 재생산

㉠ 지배계급의 문화적 취향을 정규 교육과정에 담아 모든 학생들에게 주입하면 지배계급의 문화가 보편적이고 가치 있는 것이라는 인식체계가 형성되어 지배계급에 유리한 기존 질서가 정당화되고 재생산된다.

㉡ 학교는 계급 중립적인 문화를 다루는 곳이라는 상대적 자율성(relative autonomy)으로 인해 계급편향적인 문화는 별 저항 없이 모든 학생들에게 전수되며, 이는 그 문화를 소유하지 못한 학생들에게는 상징적 폭력(symbolic violence)이 된다. 상징적 폭력이란 지배계급이 자신들의 문화에 대한 정통성을 확보하기 위해 사용하는 상징적 힘의 행사이며, 이를 통해 불평등한 사회질서는 자연스럽게 유지된다.

② 제도화된 문화자본을 통한 재생산

㉠ 학교가 지배계급의 문화를 보편적 가치를 지닌 문화로 인정하고 모든 학생들에게 가르치기 때문에, 지배계급의 자녀들은 학업성취와 학교활동에서 절대적으로 유리하다. 따라서 지배계급의 자녀들은 높은 학력과 학업성취를 통해 자연스럽게 높은 사회적 지위를 차지한다.

㉡ 결국, 학교는 시험 성적과 졸업장을 통해 선발이 개인의 능력에 근거한 것처럼 위장하여 지배계급의 권력과 특권이 무리 없이 다음 세대에 전수되도록 정당화한다.

(4) 교육적 의의와 한계

① 경제결정론에 빠지지 않고 이데올로기를 분석하는 이론적 관점을 제공했으며, 교육사회학 탐구에서 구조적 접근과 상호작용적 접근을 접목시키고, 불평등의 현상을 심층적으로 제시할 뿐 아니라 경험적 증거의 심층구조를 탐구할 수 있는 가능성을 보여 주었다.

② 사회구조적 특징을 지나치게 강조함으로써 문화형성과정에서 사회 구성원의 주체적・자발적인 역할을 약화시켰고, 경제적 재생산이론과 마찬가지로 문화재생산 논의를 권력과 지식과의 일방적인 관계로 인식했다는 문제가 있다.

MEMO

07

개념 다지기

콜맨과 부르디외의 사회자본

1. 콜맨(Coleman)의 사회자본론(social capital theory)

경제적 자본 (financial capital)	학생의 학업성취를 도울 수 있는 물적 자원, 부모의 경제적 지원 능력 예 소득, 재산, 직업
인적 자본 (human capital, 인간자본)	부모의 학력, 학생의 학업성취를 돕는 인지적 환경 제공 예 부모의 지적 수준, 교육 수준
사회적 자본 (social capital)	부모와 자식 간의 관계 ⇨ 학업성취에 가장 큰 영향 요인 예 • 가정 내 사회적 자본 : 자녀에 대한 부모의 관심, 노력, 교육적 노하우, 기대수준 등 • 가정 밖 사회적 자본 : 부모의 친구관계, 어머니의 취업 여부, 이웃과의 교육정보 교류 정도 등

2. 부르디외(Bourdieu)와 콜맨의 사회자본(social capital) 개념 : 부르디외가 자본주의사회에서 불평등한 계급재생산 과정을 비판적으로 분석하기 위해 사회자본에 주목하였다면, 콜맨은 인간의 사회적 행동을 설명하기 위해 사회자본의 개념을 분석하였으며, 자본주의에 대한 비판 없이 사회자본의 기능성만을 강조하고 있다.

(1) 부르디외의 사회자본

① 사회자본(social capital)을 "상호 면식과 인식을 통해 얻을 수 있는 실제적이고 잠재적인 총합"으로 정의한다. 즉, 사회자본이란 사회적으로 유용한 자원을 얻기 위한 투쟁의 과정에서 동원할 수 있는 직간접적인 인맥의 총합으로 본다.

② 문화자본(cultural capital)이 주로 부모와 그 부모의 관계망이 갖고 있는 문화적 자원이 자식세대로 전승되어 가는 과정에 주목하고 있다면, 사회자본(social capital)은 보다 포괄적인 사회관계 속에서 각 개인이 갖고 있는 연결망과 집단소속이 해당 당사자에게 주는 다양한 사회적 가용 자원을 총칭한다. 사회자본(social capital)은 가정 내에서의 부모와 자식 사이의 관계에 존재하는 것이라기보다는 가정 외의 사회적 네트워크에 존재하는 것이다.

③ 이러한 사회자본(social capital)은 학업성취나 교육성취에 영향을 미친다기보다는 지위획득과정과 그 이후의 사회이동과정 및 사회재생산 과정에 영향을 끼치는 것으로 본다.

④ 부르디외는 경제자본, 문화자본, 사회자본은 상호전환이 가능한데, 그 모든 자본의 뿌리는 결국 '경제적 자본(economic capital)'이며, 그러기에 사회자본 역시 경제적 자본의 세대적 이전을 위한 은폐되고 위장된 비밀통로임을 강조한다.

(2) 콜맨의 사회자본

① 콜맨은 경제학에서의 '합리적 선택이론'을 사회학에 확장시켜 합리적 선택이론에 바탕을 두고 자신의 사회자본(social capital)에 관한 이론을 전개하였다.

② 사회자본(social capital)이 다음 세대의 인적 자본형성의 매개체이며, 사회자본이 부족하면 부모세대의 경제적, 인적 자본의 전수가 효율적으로 일어나지 않음을 강조하기 위한 것이다. 자녀들은 부모의 경제적, 인적 자본에 매우 강력한 영향을 받지만, 만약 부모가 자녀의 삶에서 중요한 부분으로 자리 잡지 못한다면 가정의 경제적, 인적 자본의 영향력은 축소될 수밖에 없다고 본다.

③ 사회자본(social capital)은 경제적 자본(financial capital)이나 인간자본(human capital)과는 달리 개별행위자나 생산수단 그 자체에 존재하는 것이 아니라 특정한 사회구조 및 다른 사람과의 관계 속에서 신뢰감, 정보획득의 채널, 규범의 형태로 존재한다고 주장한다.

MEMO

2 문화적 헤게모니이론 – Apple 04 초등, 10 중등

(1) 개관

① 대표자 : 애플(Apple)

② 이론의 특징 : 하부구조(경제)가 상부구조(교육)를 결정하는 것이 아니라 헤게모니와 같은 상부구조가 학교교육을 통제한다. ⇨ 학교의 문화적 재생산의 기능 중시

㉠ 한 사회의 헤게모니(hegemony)가 그 사회체제를 유지하는 데 중요한 기능을 수행한다. 헤게모니는 사회질서나 체제를 유지하는 문화적 도구이며, 사회통제의 한 형태이다.

㉡ 헤게모니란 지배집단이 지닌 의미와 가치체계(ideology)를 말하며, 학교의 교육과정에는 이러한 헤게모니가 깊숙이 잠재되어 있다.

㉢ 학교는 문화적·이념적 헤게모니의 매개자로서 표면적·잠재적 교육과정을 통하여 보이지 않는 가운데 사회를 통제한다. 즉, 한 사회의 헤게모니가 그 사회체제를 유지하는 데 중요한 기능을 수행하며 특히 학교교육에서 그 기능이 두드러진다.

(2) 학교교육과 헤게모니와의 관계

① 학교교육에서 강조되는 헤게모니 요소

㉠ 사회의 발전이 과학과 산업에 의존한다는 견해

㉡ 사회는 경쟁시장을 통해 개인이 자신의 능력을 최대한으로 실현시킬 수 있다는 신념

㉢ 훌륭한 삶이란 한 개인으로서의 상품과 서비스를 생산하고 소비하는 것이라는 신념

② 학교교육의 역할 : ㉠과 ㉡은 과학과 수학같은 어려운 교과의 선택을 통해, ㉢은 개별화된 학습활동의 선호를 통해 학교 교육과정 속에 반영되고 재생산된다.

3 사회구성체이론(자본주의 국가론) – Althusser 00 초등추시, 07 중등, 12~13 중등

(1) 개관

대표자 : 알튀세(L. Althusser)

(2) 이론의 개요

자본주의 국가는 나름대로의 상대적 자율성을 지니고 기존질서의 유지에 노력 ⇨ 지배계급의 이익을 옹호하고 대변하는 자본주의 국가는 이념적 국가기구를 통해 국가가 중립적이라고 믿게 만들어 피지배계급으로부터 능동적인 동의를 이끌어 냄으로써 기존의 불평등관계를 정당화하고 있다.

MEMO

07

① 국가의 중요성을 강하게 부각시켰다. 즉, 전통적 마르크스 이론에서 상부구조의 한 부분 정도로 취급했던 국가를 국가기구(state apparatus)라는 개념으로 확대시켰다.

이념적 국가기구	학교(교육), 대중매체(신문, 라디오, 텔레비전 등), 교회(종교), 가정, 법률, 정치, 노동조합, 문화(문학, 예술, 스포츠 등) ⇨ 규범과 가치와 관련된 모든 것들
강제적(억압적) 국가기구	경찰, 군대, 정부, 사법제도 ⇨ Marx가 본 국가

② 자본주의 사회가 존속, 즉 재생산되기 위하여 억압적 국가기구만이 아니라 이념적 국가기구도 작동하여야 무리 없이 원만하게 재생산될 수 있다.

③ 교육은 이념적 국가기구의 한 부분이지만 핵심적인 기능을 수행한다. 의무적 국민교육 제도야말로 지배이데올로기를 국민들에게 전파 · 내면화하기 위한 가장 강력한 재생산 장치이다.

4 문화제국주의이론

(1) 개관

대표자 : 카노이(Carnoy) ⇨ 「문화적 제국주의로서의 교육(Education as a Cultural Imperialism)」(1974)에서 교육의 국제적 관계를 제국주의(Imperialism)적 관점에서 파악하고 국가 간의 갈등현상이 교육에 어떻게 반영되고 있는지를 분석

(2) 이론의 특징

① 갈퉁(Galtung)의 중심부와 주변부 이론을 적용, 국가 간의 문화갈등이 교육과정에 어떻게 반영되고 있는지를 연구하였다.

② 학교교육은 주변국의 노동자들을 제국주의적 식민지 구조에 편입시키기 위한 장치이다.

③ 제3세계의 학교는 교육을 통하여 식민시대의 유산을 지속 · 강화하고 있다.

④ 서구 중심으로 편성된 학교 교육과정은 신식민주의를 강화하는 역할을 한다.

⑤ 문화제국주의에서 탈피하지 못하는 이유는 제3세계의 경제적 불안정 구조로 인한 원조의 필요성에서 기인한다.

MEMO

5 저항이론(resistance theory) – Willis ⇨ 탈재생산이론 00 중등, 05 중등, 07 초등, 11 초등

(1) 개관

① 대표자: 윌리스(Willis), 『학교와 계급재생산(Learning to Labor: how working kids get working class jobs)』(1978)

② 이론의 특징

㉠ 인간은 사회의 불평등한 구조에 저항・비판・도전하는 능동적인 존재이다.

㉡ 피지배집단(노동계급)의 일상적인 삶의 경험 속에 지배 이데올로기를 거부하고 극복할 수 있는 잠재적 힘이 있다고 본다. ⇨ 반학교문화 형성

㉢ 노동계급의 학생들(사나이, lads)이 기존의 학교문화에 저항하고 모순을 극복하기 위해 간파(penetration)를 일상생활 속에서 실천하는 반학교문화(counter-school culture 예 선생님한테 '개기기', '거짓말하기', '까불기', '익살떨기', '수업시간에 딴전 피우기', '엉뚱한 반에 들어가 앉기', '장난거리를 찾아 복도 배회하기', '몰래 잠자기' 등)를 형성하기도 한다. 이런 간파는 제약(limitation)을 통해 저지・중지되기도 한다.

㉣ 저항의 긍정적 의미 부여: 하류계층 자녀는 지배 이데올로기에 저항하는 반학교문화 형성을 통해 사회불평등과 모순에 도전한다. '비행'은 부정적 행위가 아니라 지배 이데올로기에 대항하는 '저항의 몸짓'으로 긍정적인 의미가 부여된다.

㉤ 반학교문화(counter-school culture): 노동계급의 학생들(lads)이 자발적으로 형성한 문화 ⇨ 클로워드(Cloward)의 '비행하위문화'와 유사한 개념

ⓐ 교사나 비저항적 학생들('얌전이', 'ear hole')을 경멸하고 학교의 권위와 지적 활동의 가치 및 규칙 등 기존의 학교문화를 거부하고 저항하는 문화

ⓑ 노동계급의 학생들로 하여금 학교공부를 거부하고 나아가 사회적 관계에 저항하게 만드는 요인

> "학교에 대한 사나이들(lads)의 저항은 제도와 규율로부터 자유로운 자신들만의 상징적・물리적 공간을 쟁취하기 위한 싸움과 학교에서 중요하게 인식되는 목적인 공부시키는 것을 타파하는 데서 가장 극명하게 드러난다. 몇몇 사나이들은 자기들 마음대로 얼마든지 학교주변을 돌아다닐 수 있는 배짱을 자랑한다. 그들은 학교의 일과표를 무시하고, 스스로 자기 일과를 구성한다. 이러한 '내 마음대로 하기' 원리는 모든 수업시간과 그 외의 다양한 활동 속에서 발휘되는데, 예를 들면 수업시간 빼먹기, 수업시간에 딴전 피우기, 엉뚱한 반에 들어가 앉기, 장난거리를 찾아 복도 배회하기, 몰래 잠자기 등이다."

㉥ 학교교육이 사회계급 구조의 불평등을 그대로 이행하는 단순한 반영물이 아니라, 사회모순과 불평등에 도전하는 역할을 수행한다.

MEMO

07

(2) 주요개념 – 간파와 제약

간파 (모순간파) (penetration)	• 자신이 처한 삶의 조건과 위치를 꿰뚫어 보고 현실의 모순을 폭로하는 것이다. • 노동계급 학생들은 이미 부모, 친척 등을 통하여 직업세계에 대한 정보와 경험이 학교교육의 내용과 다르다는 것을 터득함으로써 그들이 속하게 될 직업적 위치를 파악하고 있다. • 노동계급의 학생들('사나이들')은 어차피 공부해 봤자 성공할 가능성이 거의 없다는 것을 간파하고 학업이나 진로지도 등 학교교육을 거부하고 자신들만의 반학교 문화를 형성한다. • 잦은 싸움과 학업거부를 통해 드러나는 그들의 반학교문화는 제도와 규율로부터 자신들만의 상징적·물리적 공간을 쟁취하기 위한 저항행위로 볼 수 있다.
제약 (한계) (limitation)	• 제약은 간파의 발전과 표출을 혼란시키고 방해하는 이런저런 장해요소와 이데올로기적 영향으로, 간파는 제약을 통해 저지·중지되기도 한다. 간파의 발전을 막는 건 '사나이들'이 자신들의 장래인 노동계급을 자랑스럽게 생각한다는 사실이다. • 제약은 노동계급의 학생들이 노동계급을 자랑스럽게 여기고 남성 우월주의와 인종주의적 태도를 견지하면서 스스로 육체노동직을 선택하는 것을 말한다. 이것은 기존의 질서를 인정하고 재생산하는 것일 뿐이다. • 지적 활동과 비판적 사고를 통해 사회구조적인 변화를 꾀할 수 있다는 사실을 간과하고 새로운 가치와 담론을 형성하는 데 실패한다. • 결국 노동계급 학생들의 저항행위는 자신의 삶에 아무런 긍정적 영향을 끼치지 못한 상태로 현존하는 사회의 불평등 구조를 재생산하는 것으로 종결된다.

6 자율이론(교육상대성 이론, 문화전달이론) – Bernstein

04 중등, 06 초등, 08 초등, 10 초등, 12 초등, 13 중등

(1) 개관

대표자 : 번스타인(B. Bernstein)

(2) 이론의 특징

학교는 나름의 독특한 문화를 재생산 ⇨ 학교가 갖는 상대적 자율성으로 지배계급 문화의 정체가 은폐되고 하류층에게 상징적 폭력으로 작용

① 학교는 지배계급의 문화를 그대로 재생산하는 것이 아니라 교육 나름의 독특한 문화를 재생산한다. ⇨ 학교의 상대적 자율성 확대

② 학교에서 학생들에게 가르치는 문화는 지배계급의 문화이며, 학교는 계급 중립적인 문화를 다루는 곳으로 인정된 상대적 자율성을 지닌 기관이다.

③ 상대적으로 자율성을 지닌 학교에서 가르치는 교육내용이 지배계급의 문화와 관련된 것임에도 불구하고 별 저항 없이 학생들에게 전수된다(학교가 중립적인 기관이라는 편견 때문에).

④ 학교가 갖는 자율성이란 명목으로 지배계급의 문화의 정체가 드러나지 않고 정당화된다.

MEMO

⑤ 상대적 자율성으로 인해 문화의 자의성(cultural arbitrary)은 은폐되고, 계급편향적인 문화가 모든 학생들에게 강제된(imposed) 교육내용이 되며, 결과적으로 지배계급의 문화자본을 지니지 못한 노동계급의 학생들에게는 상징적 폭력(symbolic violence)이 된다.

(3) 사회언어분석에서 출발하여 교육과정의 조직형성과 사회적 지배원리의 관계에 대해 연구

공식적인 교육을 통한 지식 전수에 관심 ⇨ 교육과정 조직에 권력과 통제가 반영

① 개관

㉠ 교육내용(교육과정)보다는 교육내용의 조직원리에 관심을 기울였다.

㉡ 교육과정의 조직원리가 사회질서의 기본원리를 반영하고, 학생들에게 그 원리를 내면화시킨다는 것이다.

㉢ 주어진 교육상황에서 존재하는 자율성의 단초를 파악하는 일은 교육상황에 대한 '공식적인 결정과정'과 '실제 학교현장에서의 수행과정'을 구분하는 일에서 출발하여야 한다. 실제 교육상황을 결정하는 힘의 본질을 외부로부터 주어지는 힘인 '사회적 통제(social control)'와 교육 내부의 자율적 통제력에 해당하는 '통제의 원리(principles of control)'로 나누어 설명하였다.

㉣ 사회부문 간 분류가 강한 시대에는 '교육의 코드(code of education)'가 중시되어 교육의 자율성은 상당 정도 유지되지만, 교육과 생산 간의 경계가 약한 시대에는 '생산의 코드(code of production)'가 중시되어 교육의 자율성은 약화되고 교육은 사회・경제적인 하부구조에 예속된다.

② 교육과정의 조직형태 : 사회계급적인 힘과 교육과의 갈등과 타협의 산물이라는 가정 아래, 분류와 구조라는 개념을 사용하여 구분

번스타인(Bernstein)은 생산현장의 노동과정을 분석하여 학교교육에 접목시키고 있다. '분류'는 생산현장에서의 위계적 지위 구분에 해당하며, 교과지식의 사회적 조직형태를 말한다. '구조'는 노동자가 노동과정을 자율적으로 통제할 수 있는 정도로서, 교사와 학생의 상호작용 관계, 즉 수업에 대한 통제의 정도를 말한다.

㉠ 분류(classification) : 과목 간, 전공분야 간, 학과 간의 구분 ⇨ 내용들 사이의 관계, 경계유지의 정도 ⇨ 분류가 강하면 타 분야와의 교류는 제한되고 '교육의 코드(code of education)'가 중시되어 교육의 자율성은 상당 정도 유지되지만, 분류가 약하면 타 분야와의 교류가 활발하고 '생산의 코드(code of production)'가 중시되어 교육의 자율성은 약화된다.

㉡ 구조(frame)

ⓐ 과목 또는 학과 내 조직의 문제 ⇨ 가르칠 내용과 가르치지 않을 내용의 구분이 뚜렷한 정도 예 계열성의 엄격성, 시간 배정의 엄격성

MEMO

07

ⓑ 교육내용의 선정, 조직, 진도에 대하여 교사와 학생이 소유하고 있는 통제력의 정도 ⇨ 구조화가 철저하면 교사나 학생의 욕구 반영이 어렵고, 느슨하면 상대적으로 쉬움

ⓒ 지식이 전수되고 학생에 의해 지식이 수용되는 상황, 즉 교사와 학생의 특정한 교수방법상의 관계

ⓓ 구조화가 철저하면 교사의 자율성(재량권)이 축소되어 교사나 학생의 욕구 반영이 어렵고, 느슨하면 교사의 자율성(재량권)이 확대되어 욕구 반영이 상대적으로 쉬움

㉢ 분류와 구조의 조합차원과 교육과정 유형

강한 분류 · 강한 구조	집합형(collection type) 교육과정 예 분과교육과정
강한 분류 · 약한 구조	집합형 교육과정
약한 분류 · 강한 구조	통합형(integrated type) 교육과정 예 중핵교육과정
약한 분류 · 약한 구조	통합형 교육과정

ⓐ 분류가 강한 경우(강한 분류와 강한 구조/약한 구조) : 집합형 교육과정 ⇨ 교육과 생산의 관계가 분명하여 교육의 코드가 중시되므로 교육의 자율성 보장

ⓑ 분류가 약한 경우(약한 분류와 강한 구조/약한 구조) : 통합형 교육과정 ⇨ 교육과 생산의 관계가 불분명하여 생산의 코드가 중시되므로 교육의 자율성 상실

㉣ 수업의 유형 : 보이는 교수법(visible pedagogy)과 보이지 않는 교수법(invisible pedagogy)

ⓐ 보이는 교수법(가시적 교수법) : 전통적 교수법, 강한 분류와 강한 구조의 집합형 교육과정 ⇨ 학습내용상 위계질서가 뚜렷하고 놀이와 학습을 엄격히 구분함(배울 만한 가치 있는 내용과 그렇지 못한 내용이 명백하게 구분됨) ⇨ 교사의 자율성(재량권) 축소

ⓑ 보이지 않는 교수법(비가시적 교수법) : 진보주의 교수법, 약한 분류와 약한 구조의 통합형 교육과정 ⇨ 학습내용상 위계질서가 뚜렷하지 않고 놀이와 학습을 구분하지 않음(공부가 놀이가 되고 놀이가 공부가 됨) ⇨ 교사의 자율성(재량권) 확대

보이는 교수법(가시적 교수법)	보이지 않는 교수법(비가시적 교수법)
• 전통적 교육에서의 교수법 • 강한 분류, 즉 집합형 교육과정 전수 • 학습내용상 위계질서가 뚜렷 • 놀이와 학습을 엄격히 구분	• 진보주의 교육(열린 교육)의 교수법 • 약한 분류, 즉 통합형 교육과정 전수 • 학습내용상 위계질서가 뚜렷하지 않음 • 놀이와 학습을 엄격히 구분하지 않음

③ 집합형 교육과정(collection type)

㉠ 엄격히 구분된 과목 및 전공분야 또는 학과들로 구성되어 있어 과목 간, 전공분야 간, 학과 간의 상호 관련이나 교류가 거의 없다.

㉡ 횡적 관계는 무시되고 종적 관계가 중시된다. ⇨ 인간관계도 횡적 관계보다 종적 관계, 즉 상하 간의 위계질서가 뚜렷하고 엄격하다.

MEMO

㉢ 상급과정으로 올라갈수록 점점 전문화되고 세분화되어 학습영역이 좁아진다.

예 교육학과 심리학 → 교육심리학 → 학습이론 → 스키너 이론

㉣ 학생과 교사들이 어느 분야 또는 어느 학과에 소속되어 있는가가 분명하며 소속학과에 대한 충성심이 요구된다.

㉤ 타 분야와의 교류는 제한되고 교육과정의 계획과 운영에 학생 참여가 극히 적다.

④ 통합형 교육과정(integrated type)

㉠ 과목 및 학과 간의 구분이 뚜렷하지 않아 횡적 교류가 활발하다. ⇨ 인간관계는 횡적 관계가 중시된다.

㉡ 여러 개의 과목들이 어떤 상위개념이나 원칙에 따라 큰 덩어리로 조직된다. ⇨ 단일 학문보다 상위개념과 이론을 추구한다.

예 화학, 생물, 지구과학, 물리 ⇨ 과학

㉢ 교사와 학생들의 재량권이 확대되고, 교사와 교육행정가 간의 관계에서도 교사의 권한이 증대된다.

구분		집합형 교육과정	통합형 교육과정
교육과정의 형성	조직형태	강한 분류(종적 관계 중시)	약한 분류(횡적 교류 활발)
	교육과정 예시	분과형 교육과정	중핵 교육과정
	영향 세력(지배집단)	구중간집단	신중간집단
	사회질서와의 관계	교육과 생산(경제)의 관계가 분명 ⇨ 교육의 자율성 보장	교육과 생산(경제)의 관계가 불분명(통합) ⇨ 교육의 자율성 상실
		교육의 코드(code of education)가 중시	생산의 코드(code of production)가 중시
문화전달방식(수업)	수업유형	보이는 교수법(가시적 교수법) • 전통적 교수법 • 강한 분류, 즉 집합형 교육과정 전수 • 학습내용상 위계질서가 뚜렷 • 놀이와 학습을 엄격히 구분	보이지 않는 교수법(비가시적 교수법) • 진보주의 교수법 • 약한 분류, 즉 통합형 교육과정 전수 • 학습내용상 위계질서가 뚜렷하지 않음 • 놀이와 학습을 엄격하게 구분하지 않음
	교사의 자율성	교사의 자율성(재량권) 축소	교사의 자율성(재량권) 확대

MEMO

07

⑤ 교육과정과 사회질서와의 관계 : 집합형(collection type)에서 통합형(integrated type)으로 변화

㉠ 분류가 강한 시대(집합형 교육과정) : 교육과 생산(경제)의 구분이 분명하고 교육내용 및 교수활동에 관한 결정이 교육 담당자들에 의해 결정 ⇨ 교육의 자율성 보장

㉡ 분류가 약한 시대(통합형 교육과정) : 교육과 생산의 구분이 불분명하고 교육과 생산의 관계가 밀착 ⇨ 교육은 자율성을 상실

㉢ 문화적 활동을 담당하는 집단(중산층)의 자율적 역량이 어느 정도 수준이냐에 따라 정치·경제로부터의 자율수준이 결정

㉣ 이러한 교육과정의 결정은 교육 외적인 힘 간의 갈등, 즉 구중간계급과 신중간계급 간의 계급적 갈등에서 비롯되며, 교육과정이 어떻게 결정되든 지배계급에 유리한 내용으로 조직되기 때문에 피지배계층의 이익 실현과는 무관한 것이 된다.

7 상징적 상호작용이론(symbolic interaction theory) 05 중등, 08 중등, 10 초등

사람은 사물이나 타인이 자신에게 주는 의미에 기초하여 사물이나 사람을 향해 행동한다. 사회질서란 상호작용하는 개인들 사이에서 주고받는 말과 행동의 의미를 개인들이 어떻게 해석하며 그러한 해석에 따라 다음 행동을 어떻게 하느냐에 달려 있다.
상징적 상호작용론에서는 개인의 자아의식 형성은 사회에서의 상호작용의 결과라고 본다. 각 개인은 일상생활에 있어서의 다양한 상황에서 접하는 타인의 눈을 통하여 자신을 알게 된다. 즉, 우리는 타인과의 상호작용을 통하여 의미를 이해하고, 사회적으로 주어진 의미를 중심으로 우리의 생활을 조직하게 된다.

(1) **대표자** – 미드(Mead), 쿨리(Cooley), 블러머(Blumer) ⇨ 시카고 학파

① 미드(Mead) : 중요한 타자(동일시, 모형학습의 대상), 일반화된 타자(대상으로서의 나, 즉 Me에 반영된 다른 사람의 모습)

㉠ 인간은 생물학적으로 극히 미완성의 상태로 태어난 매우 약한 존재로, 생존을 위하여 집단적 삶을 영위하는데, 이를 가능하게 하는 것은 상징적 수단으로서의 의사소통 능력이다. ⇨ "인간은 상징적 상호작용이론가이다."

㉡ 언어를 배우기 전의 유아가 어머니와 소통하는 관례적 몸짓(conventional gesture)을 인지하고 활용할 수 있는 것은 타인의 입장에서 생각할 수 있는 역할취득(role taking)을 했기 때문이다. 역할취득은 자아나 사회의 생성 발전에 매우 중요한 단계이다. 예 교사가 학생의 입장에서 생각하는 능력이 없다면 수업은 성공할 수 없다.

MEMO

㉢ 자아의 형성과정을 역할취득의 수준에 따라 3단계로 제시하였다.

놀이(유희) 단계 (play stage)	어린이는 극히 제한된 중요한 타자(예 아빠, 엄마, 친구)의 입장에 서서 생각한다.
게임 단계 (game stage)	운동경기를 할 때처럼 동시에 여러 타자들의 입장에서 자기를 조망(眺望)할 수 있다. 즉, 어린이는 어떤 조정된 행동에 대하여 여러 타인들로부터 여러 개의 자아상들을 추출해 낼 수 있게 되고 이들과 협력할 수 있게 된다.
일반화된 타자 형성 단계	한 사회 내에 분명히 존재하는 공통적인 입장인 일반화된 타자(generalized others)의 입장에서 생각한다. 보다 넓은 공동체의 입장에서 자기를 인식할 수 있고, 타인들과의 협력도 가능해진다.

㉣ 자아는 'I'와 'me'로 구성되며, 이 2가지 차원의 변증법적 산물이다.

주체적 자아 (I)	• 자유와 자율에 의해서 행동을 선택하고 자기를 형성하는 자아 • 불확정적이고 예측 불가능하며, 창의성 · 신기성 · 자유로운 성격을 띤 자아
사회적 자아 (me)	• 타자의 거울에 비친 자아, 남들의 조직화된 태도가 내면화된 자아 • 일반화된 타자가 내면화된 것으로 사회통제의 힘을 갖는다.

② 쿨리(Cooley) : 거울자아이론(looking-glass self) ⇨ 거울에 비친 자아, 영상자아

㉠ 자아개념은 고정된 것이 아니고 주위 타인들(거울)과의 상호작용을 통해 형성된 것으로, 타인이 자신을 어떻게 평가하는지를 상상하고 그로부터 자신에 대한 이미지 혹은 자아감정과 태도를 이끌어 낸다는 영상자아(looking-glass self)이론을 주장하였다. 즉, 자아개념은 타인들이 자신을 어떻게 생각하느냐에 영향을 받는다.

㉡ 타인들이 자기를 귀한 존재로 보고 대우해 주면 긍정적 자아개념이, 하찮은 존재로 대우해 주면 부정적 · 열등적인 자아개념이 형성된다.

㉢ 자아가 집단적 맥락 속의 상호작용으로부터 나타난다고 보고 자아의 발생과 유지에 중요한 역할을 하는 집단을 1차적 집단(primary group)이라고 불렀다.

㉣ 중요한 거울 : 주위에서 자신이 비쳐지는 거울들 중에서 가장 중요시되는 거울들
예 부모, 교사, 또래 친구

③ 블러머(Blumer) : 인간의 특성과 사회적 삶의 특성에 관한 기본 명제 제시

㉠ 인간사회 혹은 인간의 집단적 삶은 최소한 2인 이상의 행위자들의 상호작용이며, 문화구조나 사회구조라는 것도 궁극적으로는 행위자들 간의 상호작용의 산물이다.

㉡ 우리가 어떤 대상을 지향할 때 우리는 우리가 그 대상에 부여하는 의미에 입각하여 행동한다는 것이 상징적 상호작용의 핵심적 명제이다.

㉢ 대상의 의미는 행위자들의 입장에 따라 다르므로, 사회현상을 이해하려고 할 때 우리는 행위자들의 입장에서 그들이 특정행위에 어떤 의미를 부여하는지를 분석해야 한다.

㉣ 의미는 사회적 산물이긴 하나, 고정된 것이 아니라 변화 가능한 것이다.

MEMO

07

⑵ 이론의 전제

① 사회적 인간행위는 자연과학처럼 객관적으로 설명될 수 없다. ⇨ 사회학은 사회적 행위를 해석적으로 이해함으로써 과정과 결과를 인과적으로 설명하는 과학이다.

② 인간의 사고능력은 사회적 상호작용에 의해서 형성된다.

③ 인간은 사회적 상호작용을 통하여 인간 고유의 독특한 행위와 사고능력을 행사하도록 해 주는 의미와 상징을 습득한다.

④ 모든 인간은 자기 자신과 상호작용할 수 있는 능력, 즉 반성적 또는 자기작용적 자아를 지녔다.

⑶ 이론의 강조점

① 개인과 개인, 개인과 집단, 집단과 집단 간의 관계

② 교실에서의 교사와 학생의 상호작용

⑷ 이론의 특징

① 인간끼리의 상호작용은 사회적 행위이다.

② 사회구조나 정치구조 또는 사회의 신념체계는 교사・학생 간의 상호작용을 통해 영향을 미친다.

③ **교실에서의 교사・학생의 상호작용은 교사의 리더십 유형, 학생의 친구 유형, 교실 여건, 교사의 기대수준, 학교문화 등에 따라 달라진다 :** 학교가 사회계급 구조의 불평등을 이행하는 단순한 반영물이 아니라 사회불평등과 모순에 도전할 수 있는 잠재적 힘을 가졌다고 보는 견해 ⇨ 반학교문화, Apple

⑸ 이론의 교육적 적용

– 낙인(stigma)이론, 피그말리온 효과, Bernstein의 언어연구, Flanders의 수업형태 분석법

① 교사와 학생 간 상호작용

㉠ 교사의 행동에 영향을 미치는 요인

ⓐ **교사의 자아개념 유형 :** 학급에서 주도권을 쥐고 학급상황을 규정하는 쪽은 교사이므로, 교사의 자아개념에 따라 교사의 학생지도에서의 역할은 달라진다.

ⓑ **학생들에 대한 지식 :** 교사가 학생에 관해 갖고 있는 지식, 즉 교사가 학생들을 어떻게 규정하느냐에 따라 교사의 역할은 달라진다.

㉡ 학생의 행동에 영향을 미치는 요인

ⓐ **교사에 관한 지식 :** 학생들은 그들 나름대로 교사에 대한 기대가 있으며 '이상적' 교사상을 가지고 있다. 학생들의 이상적 교사상은 교사를 평가하고 등급을 매기는 기준이 된다.

MEMO

ⓑ 학생의 자아개념 : 학생들이 상황을 어떻게 인식하는지, 수업을 통해 학습하고자 하는 것이 무엇인지 등에 대한 학생들의 인식이 수업에 영향을 미친다.

② 하그리브스(Hargreaves)의 상호작용론 – 교사의 자기개념(자아개념, 교사역할) 유형

하그리브스는 학급에서 주도권을 쥐고 학급상황을 규정하는 쪽은 교사이므로, 교사가 어떤 자기개념을 가지고 학생을 어떻게 규정하는지에 따라 교사의 유형을 3가지로 구분하였다.

맹수조련사형 (lion-tamers)	• 학생은 거칠고 아무것도 모르는 존재이므로, 교사는 이들에게 필요한 지식을 가르치고, 윤리적 행동을 훈련시켜 길이 잘 든 모범생으로 만드는 것이 교사의 역할이라고 생각 ⇨ 학생을 모범생으로 만들기 • 그러므로 교사는 담당교과의 충분한 지식을 갖추고 있어야 하며, 학생을 다룰 줄 알아야 하며, 학생은 교사의 지시에 충실히 따라야 한다고 생각한다.
연예인형 (entertainers)	• 학생들이 학습에 흥미를 느끼도록 교수자료를 풍부하게 만들고 시청각 기법을 활용하는 등, 즐겁게 배우도록 하는 것이 교사의 역할이라고 생각 ⇨ 즐겁게 배우도록 하기 • 이러한 교사들은 학생들을 친구처럼 대하면서 격의 없는 관계를 유지하려고 노력한다.
낭만가형 (romantics)	• 학생은 누구나 학습하기를 좋아하므로 학습할 수 있는 여건을 조성하고, 학습자가 스스로 선택할 수 있도록 다양한 학습기회를 만들어 주는 것이 교사의 역할이라고 생각 • 그러므로 수업내용도 교사가 독단적으로 정하지 않고 학생과 상의하여 결정하는 것이 좋다고 생각한다. 이러한 교사들은 기본적으로 학생들의 학습능력과 학습의지를 신뢰하는 것이 특징이다.

③ 맥닐(McNeil)의 방어적 수업 : 다인수 학급상황에서 강의법을 통한 교사의 생존전략 06 초등, 13 중등

㉠ 한 명의 교사가 수십 명의 학생들을 가르치는 다인수 학급상황에서 교사는 학급 내의 규율을 유지하고 학생들로부터 자신을 지키기 위해 교육내용을 독특한 방식으로 제시하고 학생의 반응을 줄이는 방식으로 수업을 진행하는데, 이러한 수업방식을 '방어적 수업'이라고 한다.

㉡ 방어적 수업에서는 모든 주제가 교사에 의해 통제된 단순한 정보로 환원되고, 학생의 토론이 거의 없으며, 교육시설이나 자료들이 거의 사용되지 않는다. 또, 교과서에 포함되어 있는 내용조차 왜곡하거나 생략한다.

㉢ 이러한 방어적 수업에 관한 맥닐의 이론은 교육현실은 기존의 재생산이론이 설명하는 것보다 훨씬 복잡하다는 것을 시사하고 있으며, 지식의 성격이 교사에 의해 전달되는 과정에서 왜곡되는 과정을 밝혀 주었다는 점에서 그 의의가 있다.

MEMO

07

생략 (omission)	• 논쟁의 여지가 있는 주제는 몰라도 된다고 하면서 생략하는 방식이다(예 "이 부분은 몰라도 돼."). ⇨ 일정 부분이나 한 단원 전체를 생략하고 넘어간다. 반대의견이나 토론이 있을 만한 자료나 관점을 생략한다. 예 사회교과 수업에서 제2차 세계대전 당시 미국의 개입에 대해 저항이 있었다는 점과, 루즈벨트의 뉴딜정책을 싫어했던 사람들과 트루만의 히로시마 원폭 투하 결정에 반대했던 사람들 등은 언급되지 않고 생략한다. • First, teachers controlled content by omission. They tended to omit topics that were difficult to understand and or contemporary topics that would invite student discussion.
신비화 (mystifying)	• 이해가 안 되는 복잡한 주제는 전문가가 아닌 한 알기 어렵다고 말하며 신비화시키는 방법이다(예 "이건 전문가만 아는 거야. 그러니 그냥 외워."). ⇨ 노트 베껴 쓰기 지시 • 복잡한 논의를 막기 위해 수업내용을 신비화한다. 신비화는 학생들이 스스로 지식을 추구하거나, 깊이 파고들지 못하도록 하여 외부(교사)에서 제공하는 정보에 의존하는 태도를 형성하게 한다. ⇨ 노트 베껴 쓰기 지시, 전문적 영역 피해가기 등을 통해 교사에의 의존 심화 유도 예 금본위제, 국제통화기금 등을 언급할 때에는 그 용어들을 그대로 노트에 베껴 쓰라고 한다. 그러고 나서 학생들은 그 용어를 알아야 하고 다음 시험 때까지 기억해야 한다고 하면서 전문가가 아닌 사람은 그 주제에 대해서 깊이 들어가기가 힘들다고 말한다. • Teachers also maintained a controlling environment in their classes by mystifying course content. They mystified a topic by making it seem extremely important, but beyond the students' understanding. It was to be written in the notes for the test, but not understood.
단편화 (fragmentation)	• 어떤 주제든지 서로 연결되지 않는 단편들이나 목록들로 환원시키는 방법이다("지식을 잘게 쪼개서 가르친다."). ⇨ 지식을 잘게 쪼개기 • 교사는 수많은 지식을 효과적으로 전달하기 위해서 그리고 그 정보를 사실로 보이게 하여 토론이나 반대의견을 금지시키기 위해 단편적인 지식과 목록을 사용한다. • This fragmentation of course content tended to disembody the curriculum, divorcing it from the cultures and interests and prior knowledge of the students, from the teachers' knowledge of the subject, and from the epistemologies, the ways of knowing, within the subject itself. It also placed barriers between the knowledge as packaged for use in school and its relation to understandings of that subject within the cultural and practical knowledge outside schools.

MEMO

방어적 단순화 (defensive simplification)	• 수업에 흥미가 없거나 어려운 주제는 가능한 한 단순화시켜 간단히 언급만 하고 넘어가는 방법이다(예 "이거 별로 어렵지 않을 거야. 그리고 깊이 들어가지 않아도 돼."). ⇨ '빈칸 채우기' 연습, '주제의 개요'만 말해 주기 • 학생들의 능력이나 수업에 대한 관심이 부족하다고 생각할 때 즐겨 사용하는 수업전략이다. • 어려운 주제는 나중에 시험에 출제하기 위해 약간의 설명은 해야 하지만, 그 이상은 가르치지 않는다. 학생들에게 이 주제는 깊이 공부하지 않아도 된다고 말함으로써 학생들의 불만을 사지 않고 협력을 끌어낸다. • 예를 들어, 수요와 공급, 산업화, 도시화 문제 등이다. 그 주제를 다루려면, 모든 학생들이 일정한 수준을 이해할 때까지 시간을 들여서 다양한 해석과 발견들을 비교하고 반복해서 설명해 주거나 뚜렷한 경험(영화, 소그룹토론 등)을 시킬 수밖에 없다. • 교사는 학생들에게 제대로 설명하지 않고 '주제의 개요'만을 말해 주거나, 시험지의 빈칸을 단편적 사실로 채우게 하거나('빈칸 채우기' 연습), 학생들에게 주제의 핵심요소는 빼고 간단히 설명하거나, 이 주제는 깊이 공부하지 않아도 된다고 말함으로써 이를 정당화시킨다. • A fourth strategy these teachers used to control course content, and with it classroom interactions, was what I have termed defensive simplification. When teachers perceived that students had little interest in a lesson or that the difficulty in studying the lesson might cause students to resist the assignment, they made both the content of the assignment and the work students were to do as simple as possible.

Chapter

02

교육과 사회

Section 01 교육과 사회화

MEMO

01 문화와 교육

1 문화(culture)의 개념

① 일정한 사회집단이 공동으로 가지고 있는 사고, 감정, 행동양식을 포함하는 모든 생활양식
② 사회가 이룩해 놓은 모든 기술적, 예술적, 학문적 업적과 같은 유형·무형의 전 생활양식

2 문화변동(cultural changes; 문화변화)

(1) 개념

① 하나의 문화 유형이 대내외적인 원인으로 인하여 다른 유형으로 근본적으로 변화하는 것
② 어떤 문화가 하나의 형태로부터 다른 형태로 변화하는 것

(2) 유형

문화전계 (enculturation)	한 개인이 그 집단의 문화를 획득하여 내면화하는 과정으로, 특정문화가 그 문화를 담당한 세대로부터 다음 세대로 전달되고 계승되는 것을 말한다. ⇨ 문화화(enculturation), 사회화(socialization)와 유사한 개념이다. ① 문화전계가 기존문화의 전승을 통하여 문화적 정체성을 강화시킨다면, 문화접변은 외래의 새로운 문화를 받아들임으로써 문화적 생동감을 고취시켜 준다. ② 정상적인 사회라면 문화전계가 중심이고 문화접변은 부수적인 것이다. 그 반대라면 문화적 정체성을 상실하고 문화적 혼란에 빠지게 된다.
문화접변 (acculturation)	한 문화가 다른 문화와 접촉하여 한쪽 또는 양쪽의 문화가 변하는 현상으로, '문화이식'이라고도 한다. ⇨ 문화제국주의론(Carnoy) 예 문화전파는 문화접변보다 광의의 개념으로, 개인의 접촉에서 발생하는 모든 종류의 문화모방, 문화차용, 문화전이, 자극적 전파 등을 포함한다.
문화지체 (cultural lag)	문화구성부분 간의 변동 속도의 차이로 인해 생기는 문화적 격차로, 문화요소 간의 부조화 현상을 말한다. 예 물질문화와 정신문화와의 부조화 현상
문화실조 (cultural deprivation)	인간 발달에서 요구되는 문화적 요소의 결핍과 과잉 및 시기적 부적절성에서 일어나는 지적·사회적·인간적 발달의 부분적 상실·지연·왜곡현상을 말한다. ⇨ 보상교육(결과적 평등관) 실시로 보충 예 농촌의 학생들이 도시의 학생들보다 학업성취도가 떨어지는 현상

MEMO

07

02 시험의 기능 98 중등, 10 중등

1 교육적 기능(Montgomery, 1978)

자격부여	시험은 성취 수준을 기준으로 일정한 능력이나 자격을 부여한다. 수능시험은 대학수학능력이 어느 정도인지에 대한 자격을 부여하며, 각종 임용시험이나 면허시험은 그 시험이 요구하는 지위의 자격을 부여한다.
선발 기능	시험은 상급학년 또는 상급학교의 진학에 적절한 자를 선발하는 기능을 한다. 상급학교의 진학이 졸업 후의 취업이나 사회적 지위획득에까지 영향을 미칠 경우 시험은 학생들 간의 경쟁을 촉진하게 된다.
경쟁촉진 기능	시험이 상대적 기준으로 학생을 판정하고 선발하는 기능을 수행할 경우 학생들에게 지나친 경쟁을 유발하고 사회적 긴장을 조성할 수 있다. 과열된 경쟁은 점수경쟁, 등수경쟁, 학력경쟁(학벌경쟁)으로 이어진다. 시험의 '경쟁촉진 기능'은 입시위주의 한국교육이 당면한 가장 큰 문제이다.
목표와 유인 기능	시험은 학생들에게 학습목표를 제시해 주고, 그 목표에 도달하고자 하는 동기를 촉발하는 유인으로 작용한다. 시험문제의 범위와 수준이 학생들의 학습목표와 범위를 지시하고, 학습의욕을 자극한다.
교육과정 결정 기능	시험에 출제되는 것을 중심으로 가르치고 배우는 선택적 교수와 선택적 학습이 일어나기 때문에 시험이 교육과정을 결정하는 기능을 한다. 학교에서 시험의 출제비중을 기준으로 교과목을 중심과목과 주변과목으로 분류하는 것도 교육과정 결정 기능에서 비롯된다.
학업성취의 확인 및 미래학습의 예언	전통적으로 중시해 오던 시험의 기능으로, 교수활동의 종결단계에 실시하여 교육의 결과를 확인하고, 이를 토대로 학생의 미래학습을 예언한다.

2 사회적 기능

사회적 선발 기능	시험의 결과가 개인의 능력과 노력을 반영한다고 판단할 경우 시험의 결과에 따라 사회적 지위와 보상이 부여되는 사회적 선발의 기능을 담당한다. 예 평소의 시험성적이 "내신제"를 통하여 상급학교입학에 연결되고, 직장입사 시에도 성적증명을 선발의 자료로 삼는다.
지식의 공식화와 위계화	시험에 출제되고 정답으로 규정되는 지식은 그 사회가 공식적으로 인정하는 지식이 된다. 이로 인해 시험에 출제되는 지식과 그렇지 않은 지식 사이에는 자연히 위계화가 이루어지게 된다.
사회통제 기능	시험에 출제되는 지식은 공식적으로 인정받는 가치 있는 지식이 된다. 그러므로 시험에 사고방식과 행동을 통제할 수 있는 지식과 규범을 출제할 경우 시험을 통한 사회통제가 가능해진다.
기존질서의 정당화와 재생산	기존질서를 정당화하는 지식을 학교 시험에 출제할 경우, 학생들은 이 지식을 공식적이고 가치 있는 것으로 받아들이게 되므로 시험을 통해 기존질서를 정당화하고 재생산하게 된다.

MEMO

5지 택1식 평가가 학습자의 학습과 사고에 미치는 영향

5지 택1식 평가는 주어진 조건하에서 어느 하나만 정답이고 나머지는 모두 오답인 특성이 있다.

1. **자유로운 주체적 관점의 발전을 저해**: 5지 택1식 평가는 출제자가 규정한 조건을 정확히 파악하고 그 조건 내에서만 답을 골라야 한다. 따라서 학생들에게 끊임없이 폐쇄적으로 사고하는 훈련을 하게 함으로써 학생의 자유로운 주체적 관점을 발전시키는 데 방해가 된다.
2. **생명이 없는 지식만 골라 배우도록 유도**: 5지 택1식 평가에서는 항상 정답과 오답이 뚜렷이 구분되는 지식만을 평가의 대상으로 삼는다. 어느 상황에서나 반드시 옳고 오류가 없는 지식은 대부분 이미 시대에 뒤떨어진 지식이거나 박물관에나 쌓아두어야 할 지식들이기 때문에 이러한 평가방식은 생명이 없는 지식만 골라서 배우도록 유도한다.
3. **독선적이고 감정적인 사고를 유도**: 문제의 정답을 고르려면 출제자가 가진 특정한 관점으로만 문제를 해석해야 한다. 이것은 학습자가 독선적이고 감정적인 사고를 지니도록 만든다.
4. **충동적 사고 배양**: 5지 택1식 평가는 주어진 조건하에서 문제의 정답을 즉각적으로 선택할 것을 요구하기 때문에 합리적인 사고보다는 충동적인 사고를 배양할 가능성이 높아진다.

3 시험에 관한 학자의 견해

(1) 부르디외(Bourdieu)

시험은 지배계급의 문화와 가치관을 주입하여 기존질서를 정당화하고 재생산하는 기능을 수행한다. "시험은 지배문화와 지배문화의 가치관을 주입시키는 가장 효과적인 도구이다."

(2) 푸코(M. Foucault)

① 시험의 기능: 시험을 통해 인간을 규격화함으로써 사람을 정상과 비정상으로 구분하고, 사람들을 기존 질서에 순응하도록 길들인다고 본다.

② 시험의 특징

㉠ 학생들의 개별적인 행동, 성격, 태도 등을 규격화한다.

㉡ 시험은 개인의 능력을 양적으로 측정하고, 측정된 결과에 따라 서열화한다.

㉢ 시험 결과 위치한 서열에 따라 학생들은 자신을 객체화한다.

㉣ 시험 결과는 개인별로 기록되어 문서로 저장된다.

MEMO

07

03 사회이동과 교육

1 기능이론적 관점

(1) 개관

학교교육이 사회계층이동에 긍정적·결정적인 역할을 한다.

① 학교교육은 사회상승이동의 중요한 통로, 상승이동으로 통하는 엘리베이터, 출세의 왕도이다.

② 평등한 사회계층이동을 위해서는 교육기회가 균등해야 한다.

(2) 블라우와 던컨(Blau & Duncan)의 학교효과모형

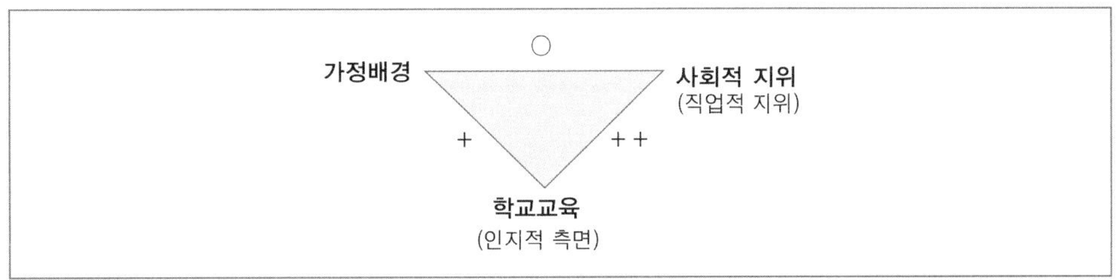

① 직업지위획득을 결정하는 결정변수를 아버지의 교육, 아버지의 직업, 본인의 교육, 본인의 첫 번째 직업경험 등 네 가지로 파악하였다. ⇨ 아버지의 교육과 아버지의 직업은 가정배경요인, 본인의 교육과 본인의 첫 번째 직업경험은 자신의 노력(훈련과 경험)을 의미한다.

② 가정배경은 어느 정도 학교교육에 영향을 줄 수 있다.

③ 사회적 성취에 가정배경이 영향을 주지 못한다.

④ 교육을 받으면 받을수록 좋은 직업을 얻을 수 있으며, 학교교육은 사회적 출세에 결정적인 역할을 하고 있다.

(3) 위스콘신 모형 – 스웰(Sewell)과 하우저(Hauser)

① 가정배경이 어떻게 교육 및 직업적 성취에 영향을 미치는지를 밝히고자 하였다.

② 주로 객관적인 변인(가정배경, 학력)만을 사용한 Blau & Duncan의 모형에 사회심리적 변인(중요한 타자의 영향)을 추가하였다.

③ 사회심리학적 관점에서 교육과 직업포부에 영향을 미치는 것은 '의미 있는 타인(significant others)', 부모의 격려가 학생들의 사회경제적 배경 및 능력과 교육 포부 사이에 개입하는 강력한 매개변인이다.

MEMO

④ **연구 결과**: 아버지의 지위가 아들의 지위나 학교교육에 미치는 직접적인 영향은 나타나지 않았으나, 중요한 타자의 영향을 매개로 하여 직업 및 학교교육 포부수준에 간접적인 영향을 미치는 것으로 나타났다.

사회이동과 교육의 관계(기능론적 관점)

Blau & Duncan	객관적인 변인, 즉 학교교육(본인의 노력)이 사회이동(출세)에 결정적인 역할
Swell	사회심리적 변인, 즉 '의미 있는 타인들(부모)'의 격려가 노력과 직업지위의 매개변인으로 작용

2 갈등론적 관점

(1) 개관

① 학교교육이 사회계층이동에 무기능적·부정적인 역할을 한다.

㉠ 개인의 사회적 지위는 가정의 사회·경제적인 배경에 의해서 결정된다.

㉡ 학교교육은 현존하는 사회지배계층의 이해관계를 유지하기 위한 하나의 사회적 조정 장치이고 계층재생산의 매개변수에 불과하다.

② 학교는 지위이동을 통하여 평등을 실현시키기보다는 현존하는 불평등구조를 유지·존속시키는 역할을 담당한다.

(2) 보울스와 진티스(Bowles&Gintis)의 학교교육 효과모형

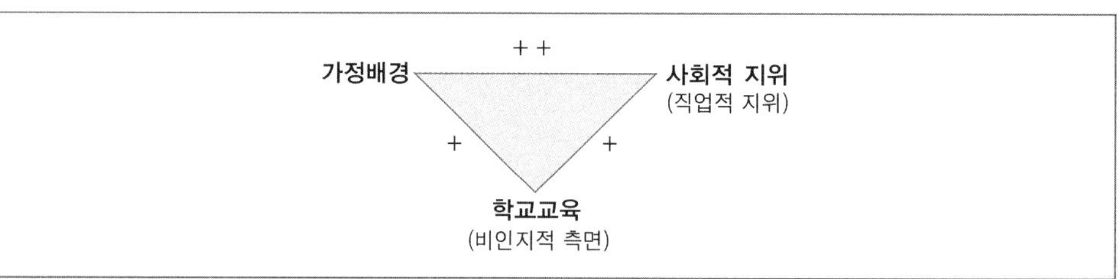

① 학교교육은 사회적 성취에 어느 정도 영향을 미친다.

② 가정환경은 학교교육에 일정한 영향력을 행사한다.

③ 개인의 사회적 성취는 가정배경에 의해 좌우된다.

MEMO

07

(3) 연줄모형 – 스탠톤-살라자와 돈부쉬(Stanton-Salazar & Dornbusch)

① 사회적 자본(social capital, 연줄, 사회적 네트워크)의 개념을 사용하여 학생의 교육 및 직업에 대한 기대와 목표가 학업성취에 그리고 제도적 권위를 가진 사람들(예 교사, 카운슬러, 중상류층 친구)과의 사회적 관계 형성에 어떻게 관련되는지를 밝히고 있다.

② 사회적 자본은 제도적 후원과 필요한 정보를 얻어낼 수 있는 사회적 관계를 말한다.

③ 제도적 권위를 가진 사람들과 맺어진 연줄이 교육성취에 영향을 준다. ⇨ 학업성취가 높은 학생들은 보다 많은 사회적 자본, 즉 연줄을 가지고 있다.

④ 연줄을 학교기관 속에서 학생들에게 영향을 줄 수 있는 교사나 친구에 국한하고 있다는 점에서 직업획득 과정을 밝히는 데는 한계가 있다는 비판을 받는다.

(4) 노동시장 분단론 연구

① 학교교육이 직업성취에 미치는 효과가 언제, 어디서나 누구에게나 같지 않은 이유는 노동시장이 동질적이지 않고, 분단되어 있으며, 인적 특성에 따른 차별이 존재하기 때문이다.

② 노동시장이 동질적이고 경쟁적이라는 기능이론자들(특히 인간자본론자들)의 가설은 잘못되어 있다고 주장한다. ⇨ 노동시장은 분단되어 있고 차별이 존재한다고 주장

③ 노동자의 인적 특성(예 성별, 계급, 인종, 출신지역)에 따라 차별이 존재하며, 교육의 임금 결정 효과도 달라진다.

사회이동과 교육의 관계(갈등론적 관점)

Bowles & Gintis	가정의 사회·경제적 배경이 사회적 지위를 결정
Stanton-Salazar & Dornbusch	연줄모형 ⇨ 학교 내의 사회적 자본(사회적 네트워크)이 교육 및 직업 획득에 영향 (학생의 능력 ×)
노동시장 분단론	개인의 능력이 아닌 인적 특성이 지위획득에 영향

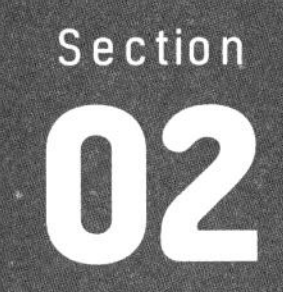

Section 02

교육과 사회평등

MEMO

01 교육과 사회평등

1 평등화 기여론(기능이론) 99 중등추시, 00 초등, 05 초등, 12 중등

(1) 개요

① 학교교육 자체가 사회평등화를 실현할 수 있는 제도적 장치라고 보는 견해 ⇨ 진보주의 또는 자유주의자들의 견해

② 학교야말로 모든 사람의 삶의 기회를 평등하게 만드는 가장 중요한 기관이다.

③ 대표적 학자

㉠ 호레이스 만(Horace Mann): 교육은 '위대한 평등장치'이다.

㉡ 해비거스트(Havighurst): 교육은 사회적 상승이동을 촉진 ⇨ 사회평등에 기여

㉢ 블라우와 던컨(Blau & Duncan)의 지위획득모형: 교육은 직업지위 획득의 결정적 요인

㉣ 인간자본론(평등주의 옹호론): 교육은 소득분배의 평등화를 위한 중요 장치

(2) **평등주의적 관점** – 학교교육 자체가 계층 간 격차를 해소하고 사회평등화를 실현하는 장치

① 해비거스트의 연구: 교육은 직업능력 향상을 통한 계층상승에 기여

㉠ 학교교육은 사회적 상승이동을 촉진함으로써 사회평등화에 기여한다: 교육의 보편화는 평등사회에 이르는 촉진제

㉡ 사회적 이동을 개인이동과 집단이동으로 구분

ⓐ 개인상승이동 요인: 중간계급과 기능인력의 구성비를 높이는 방향으로 노동력 구조를 변화시켜 생산성을 향상시키는 과학기술의 발달, 상류계급의 자녀 출산력 감소를 통한 계급재생산의 약화, 개인의 재능과 노력

ⓑ 집단상승이동 요인: 생산성을 높이는 과학기술의 발달, 증가된 사회적 소득의 분배, 소득증가 집단에 의한 상급지위 상징(예 가구, 자녀교육, 의복 등)의 구매

② 블라우와 던컨(Blau & Duncan)의 직업지위 획득모형: '본인의 교육(학력)'이 직업지위 획득에 가장 중요한 요인 ⇨ 교육을 통한 계층상승과 사회평등에의 기여가 가능하다.

MEMO

07

③ 인간자본론 : 교육은 소득분배 평등화의 중요장치, 완전경쟁시장을 전제

㉠ 내용 : 개인의 특성(예 성별 · 인종 · 출신지 등)과는 관계없이 개인이 지닌 생산성, 즉 학력(學力)이 소득수준을 결정 ⇨ 교육은 개인의 생산성 증대 및 소득 증대의 요인이다.

㉡ 비판

과잉학력현상	고학력자가 자기 학력보다 낮은 수준의 직업 종사 또는 실직 상태
노동시장분단론 (이중노동시장론)	노동시장이 분단(예 내부시장과 외부시장, 대기업과 중소기업)되어 노동시장마다 학력이 직업적 성취에 미치는 영향이 다르며, 인적 특성(예 성별, 인종)에 따른 차별도 존재한다. ⇨ 학교교육은 사회이동의 완전한 도구는 아니다. ⇨ 계층평등이 이루어지려면 교육정책뿐만 아니라 노동시장정책도 중요하다.
선별이론 (screening theory) (선발가설이론)	고용주들은 생산성(예 인지적 기술, 능력)보다 상징(예 비인지적 측면의 요소, 학교 졸업장, 출신 학과)을 고용이나 승진의 중요 요소로 본다. ⇨ 학력(學力)이 생산성 ×, 학력(學歷, 졸업장)은 상징적 지표이고 선별의 도구
급진주의적 접근	교육은 사회경제적 변화에 영향을 주지 못하며, 대중들이 소수 자본가들의 소망대로 행동하도록 사회화시키는 장치이다. ⇨ 교육은 단순히 개인의 부(富) 또는 소득 불균형을 세대 간에 전달시키는 도구에 불과
인문주의적 접근	교육을 경제발전의 수단으로 취급하는 한 교육은 왜곡될 수밖에 없다. 교육은 인력교육에서 벗어나 인간교육으로 나아가야 한다.

● 인간자본론과 비판적 주장의 비교

구분	인간자본론	비판적 주장(갈등이론)
기본 전제	완전경쟁시장	노동시장분단론 • 중심시장－실력(능력)이 좌우 • 주변시장－인적 특성이 결정요소
가설	교육투자 ⇨ 생산성(학력, power) 향상 ⇨ 지위획득	선발가설이론(선별이론) : 고용주들은 생산성이 아닌 상징(symbol, 졸업장)을 보고 선발 · 선별
결과	고학력자 고지위 획득	과잉학력현상 발생

(3) 능력주의 관점

계층배치가 능력 본위로 이루어지면 개인의 노력에 따라 사회이동이 나타나 사회불평등이 해소될 수 있다. ⇨ 기능이론의 관점

MEMO

2 불평등 재생산이론(갈등이론) 96 초등, 00 중등, 02~03 초등, 12 중등

(1) 개요

학교교육은 지배층의 이익에 봉사하는 장치로 사회적 불평등을 재생산한다고 보는 이론

(2) 대표적 연구사례

① 보울스와 진티스(Bowles & Gintis)

㉠ 가정배경이 학업성취에 가장 큰 영향을 미치는 요인이다.

㉡ 학교교육은 지배층의 이익에 봉사, 불평등 구조를 재생산 ⇨ 교육은 계급 간의 사회이동을 불가능하게 한다.

② **카노이(Carnoy)의 연구**: 교육수익률(교육의 경제적 가치)의 교육단계별 변화 분석을 통해 교육이 지배층의 이익에 봉사한다는 것을 규명

㉠ **교육수익률이 높은 경우(학교발달 초기)는 학교교육기회가 제한**: 학교에 대한 경쟁이 치열하여 중상류층이 주로 다니고 하류층은 다니지 못한다. ⇨ 냉각(cool out) 기능

㉡ **교육수익률이 낮은 경우(학교발달 후기)는 학교교육기회가 보편화**: 하류층에게도 교육기회 개방 ⇨ 가열(warm up) 기능

㉢ 교육은 가진 자에게만 봉사하고 못 가진 자에게는 도움을 주지 못한다.

③ **라이트와 페론(Wright & Perrone)의 연구**: 교육수준이 소득에 미치는 영향 연구

㉠ 교육이 상층집단에게는 도움이 되나, 하층집단에게는 큰 의미가 없다.

㉡ 직업집단별, 성별, 인종별로 교육수준이 소득에 미치는 영향을 비교 분석하여 교육과 계층구조와의 관계를 규명 ⇨ 교육의 수익은 노동계급보다 관리자 계급, 백인 여성과 흑인 남성보다는 백인 남성에 있어서 더 크다.

MEMO

07

3 무효과론(무관론) 12 중등

(1) 개요

① 학교교육은 평등화에 관한 한 의미가 없다.

② 교육은 사회평등화보다 다른 가치를 추구한다.

(2) 대표자

① 젠크스(Jencks)

㉠ 가정배경, 지적 능력, 교육수준, 직업지위를 다 동원해도 개인 간의 소득차이를 제대로 설명할 수 없었다.

㉡ "학교는 평등화에 관한 한 의미가 없다(School doesn't matter)."라고 결론지었다.

② 버그(Berg) : 교육수준이 개인의 직업생산성에 영향을 준다는 근거를 찾을 수 없다.

③ 앤더슨(Anderson)

㉠ 미국, 스웨덴, 영국의 자료를 분석하였으나, 세 나라 모두 교육수준과 사회이동수준의 관계는 매우 낮게 나타났다.

㉡ 교육은 사회이동에 영향을 주는 많은 요인들 가운데 하나일 뿐이며, 그것도 영향력이 낮은 요인에 불과하다.

④ 부동(Boudon)

㉠ 교육기회의 분배가 평등하게 이루어지고 교육의 차이가 지위상승에 결정적인 영향을 주는 가설적인 능력주의 상황을 설정하고 이러한 상황하에서 사회평등화가 얼마나 실현될 수 있는지를 모의 분석한 결과, 교육은 사회평등화와 무관하다는 결론에 도달하였다.

㉡ 교육기회의 확대는 사회적 불평등을 감소시키지 않으며, 이는 교육기회의 불평등 분배가 호전되어도 마찬가지였다.

⑤ 치스위크와 민서(Chiswick & Mincer)

㉠ 1950년부터 1970년까지 미국의 소득분배상황과 교육분배상황을 비교·분석하였으나 양자는 아무런 관계가 없었다.

㉡ 교육의 불평등은 일관성 있게 개선되었으나, 소득의 불평등은 개선되지 않았다.

⑥ 써로우(Thurow)

㉠ 미국의 소득분배와 교육분배상황을 비교했으나 아무런 관계가 없었다.

㉡ 소득분배구조 개선을 학교교육에 기대하는 것은 부질없는 일이라고 강조하면서, "경제적·사회적 문제의 치유를 위한 사회정책을 교육에 의존하는 것은 부질없는 것뿐이며, 가장 비효과적인 방법"이라고 결론을 지었다.

MEMO

암기법
허보 과정 결과

02 교육평등관

95 중등, 97~02 중등, 98~00 초등, 03~05 초등, 05~06 중등, 08 초등, 08 중등, 10 초등, 13 중등

구분	평등 유형	강조점
기회의 평등	허용적 평등	• 모든 사람에게 교육받을 기회 허용(동등한 출발점 행동 보장, 동등한 취학기회 보장, 기회균등 교육) ⇨ 개인의 능력에 따른 결과의 차별 인정(능력주의, 업적주의) ⇨ 「헌법」 제31조 제1항, 「교육기본법」 제4조 • 의무교육제도
	보장적 평등	• 교육(취학)을 가로막는 경제적·지리적·사회적 장애 제거, 실질적인 교육기회 보장 ⇨ 영국의 1944년 교육법(중등교육 무상화) • 무상의무교육제도(경제적 장애 극복), 학비보조 및 장학금 제도 운영(경제적 장애 극복), 학교를 지역적으로 유형별 균형 있게 설립(지리적·사회적 장애 극복), 근로청소년을 위한 야간학급 및 방송통신학교의 설치(지리적·사회적 장애 극복) • **Husen의 연구**: 교육기회 확대에는 성공했으나 계층 간의 분배구조 변화에는 실패
내용의 평등	과정의 평등 (조건의 평등)	• 학교의 교육 여건(학교시설, 교육과정, 교사의 자질, 학생의 수준)에 있어서 학교 간 차이가 없어야 한다. • 고교평준화 정책(1974) • **콜맨 보고서**: 학교의 교육조건을 평등하게 해도 학생들의 학업성취에는 영향을 주지 못했다. ⇨ 문화환경결핍론
	결과의 평등 (보상적 평등)	• 교육받은 결과, 즉 도착점행동이 같아야 진정한 교육평등이 실현 ⇨ 최종적으로 학교를 떠날 때 학력이 평등해야 하며, 이를 위해 우수한 학생보다 열등한 학생에게 더 많은 투자를 해야 한다. ⇨ Head Start Project(미국), Sure Start Program(영국), Fair Start Program(캐나다), Angel Plan Program(일본), EAZ(Education Action Zone)와 EiC(Excellence in City), 교육우선지구(영국, EPA ⇨ EAZ & EiC), 우리나라의 교육복지투자우선지역 사업, WE start와 농어촌지역학생 대학입시특별전형제 • **존 롤즈(Rawls)의 『정의론』에 근거**: 공정성의 원리, Mini-Max(역차별)의 원리 ⇨ 능력이 낮은 학생에게 더 많은 자본과 노력을 투입, 출발점행동의 문화실조(아동의 불이익)를 (사회가) 보상 • 능력이 낮은 학생에게 더 좋은 교육 여건 제공(학생 간 격차 해소), 학습부진아에 대한 방과 후 보충지도(학생 간 격차 해소), 저소득층 취학 전 아동을 위한 보상교육(계층 간 격차 해소), 교육복지 투자우선지역 사업(지역 간 격차 해소), 농어촌지역학생 특별전형제(지역 간 격차 해소)

MEMO

07

1 기회의 평등

(1) 허용적 평등

① 모든 사람에게 교육받을 기회, 즉 출발점행동이 동등하게 보장되어야 한다(기회균등 교육).
예 초등교육의 의무화 촉진

② 주어진 기회를 누릴 수 있느냐의 여부는 개인의 능력에 따라 다를 수 있다(능력에 따른 차별 인정).

③ 재능예비군(reserve of talent) 또는 인재군(pool ability) 제도 ⇨ 중등교육이나 고등교육은 능력 있는 인재에게만 주어져야 한다.

④ 법이나 제도상으로 특정집단에게만 기회가 주어지고 다른 집단에게는 금지되는 일은 철폐되어야 한다.

⑤ 우리나라의 「헌법」 제31조 제1항과 「교육기본법」 제4조에 해당한다.

(2) 보장적 평등

① 교육기회를 허용해도 경제적 · 지리적 · 사회적 장애 등 제반 장애로 인해 교육기회를 받을 수 없는 사람(예 가난한 수재나 산골의 어린이)에게 학교에 다닐 수 있도록 보장해 주는 것

② 교육(취학)을 가로막는 제반 경제적 · 지리적 · 사회적 장애를 제거함으로써 누구나 학교에 다닐 수 있는 교육기회를 보장해 주어야 한다. 예 중학교 무상의무교육제도

③ 관련 사례

㉠ **제2차 세계대전 이후의 유럽** : 보장적 평등정책을 추구

㉡ **영국의 '1944년 교육법'** : 중등교육의 보편화 · 무상화 추진(중등교육의 복선제가 지닌 불평등 요소 제거 ⇨ 단선제로 전환)

㉢ **후센(Husen)의 연구** : 보장적 평등정책은 교육기회의 확대에는 성공했으나, 계층 간의 분배구조 변화에는 실패하였다.

2 내용의 평등

(1) 과정의 평등(교육조건의 평등)

① 학교의 교육 여건(예 학교시설, 교사의 자질, 교육과정 등)에 있어서 학교 간의 차이가 없이 평등해야 한다. ⇨ 지식이 조직, 분배되는 과정을 평등하게 해야 한다.

② 학생은 누구나 같은 조건 아래서 교육받을 권리가 있기 때문에 교육조건의 평등화는 매우 중요하다.

MEMO

③ 우리나라의 고교평준화 정책(1974) : (전제조건) 교사의 평준화, 학생의 평준화, 시설(여건)의 평준화, 교육과정의 평준화

> 우리나라의 고교평준화 제도는 개념상으로는 교육조건의 평등정책 성격을 지니고 있으나, 실제로는 그렇게 발전하지 못했다. 즉, 이 정책은 학생의 균등배정을 실시하는 일에 중점을 두어왔고, 교육조건의 평등화에는 교육재정 등을 이유로 제대로 시행되지 못했다. 더욱이, 평준화 정책의 근본 목적이 교육조건의 평등화에 있었다면, 상대적으로 교육조건이 양호한 대도시보다는 농촌과 도서벽지의 학교에서부터 실시했어야 옳으나 실제의 정책 시행은 거꾸로 이루어졌다. 그러므로 이 정책은 교육평등의 요소를 내포하고 있기는 하지만, 실제 시행은 입학선발정책 중심으로 이루어졌다.
>
> — 김신일

④ 콜맨 보고서(1966) : 과정의 평등정책의 실패 증거 ⇨ 보상적 평등론의 대두 배경

㉠ 학교의 교육조건들은 학생들의 학업성취도에 별로 영향을 주지 않는다.

㉡ 학업성취도에 영향을 주는 주된 요인은 학생의 가정배경과 동료집단이다.

㉢ 교육기회의 평등은 단지 취학의 평등뿐만 아니라 평등하게 효과적으로 학교교육을 받을 수 있어야 한다는 것을 의미한다.

㉣ 학교의 교육조건들을 평등하게 해도 학생들의 학업성취도에는 별로 지장을 주지 않는다.

콜맨(Coleman)과 평등

콜맨은 "교육기회의 평등은 단지 취학의 평등이 아니라 평등하게 효과적인 학교를 의미하는 것이다."라고 주장하였다. 이는 과정의 평등을 의미하는 것으로서 교육기회균등은 사람들에게 학교에 접근할 수 있는 기회를 제공하는 것만으로는 불충분하고, 교육시설이나 교사의 질, 교육과정과 같은 교육조건 등에 있어서 학교 간 차이가 없어야 한다는 것을 지적한다. (……) 교육기회균등에 관한 연구로 유명한 콜맨 보고서(Coleman Report, 1966)는 나중에 의도하지 않은 엉뚱한 결과가 나왔지만 사실은 학교 간의 격차에 초점을 두어 학업성적을 결정하는 제반 교육여건, 예를 들어 도서관, 교과서, 교육과정, 교수방법, 교사의 능력 등이 학교에 따라 어떻게 다르며, 이들 조건의 차이가 학생들의 실제 학업성적과 어떤 관련이 있는지를 분석하려 한 것이었다. 그래서 만일 교육격차가 이러한 교육의 과정에서 연유한다면 교육기회균등 정책은 이런 방향으로 수정되어야 한다는 것을 제시하려 했던 것이었다. 그러나 이 연구결과는 상식을 뒤엎는 엉뚱한 결과가 나왔다. 학교의 교육조건의 차이는 학생들의 성적차와 이렇다 할 관련이 없다는 결론이었다. 학교의 교육조건들은 성적 차이에 별다른 영향을 주지 못하며, 오히려 학생들의 가정배경과 친구집단이 훨씬 강력한 영향을 준다는 것이었다. 콜맨 보고서는 몇 년 뒤에 젠크스(Jencks, 1972)에 의해서 다시 면밀히 분석되었으나 결과는 마찬가지였다. (……) 그 결과 결과의 평등, 즉 보상적 평등이 대두되었다.

MEMO

07

(2) 결과의 평등(보상적 평등주의)

① 과정의 평등이 이루어졌다 해도 교육결과의 평등이 보장되어야 교육의 평등이 이루어진다.

② 교육받은 결과, 즉 도착점행동이 같아야 진정한 교육평등이 실현된다.

③ 교육을 받는 것은 학교에 다니는 데 목적이 있는 것이 아니고, 배워야 하는 것을 배우는 데 목적이 있다. 최종적으로 학교를 떠날 때 학력이 평등해야 한다. ⇨ 교육결과가 같지 않으면 결코 평등이 이루어진 것이 아니다.

④ 교육결과를 평등하게 하기 위하여 우수한 학생보다 열등한 학생에게 더 좋은 교육조건이 제공되어야 한다. 존 롤즈(J. Rawls)의 『정의론(A Theory of Justice)』(1971)에 근거한 공정성의 원리가 적용되어야 한다.

Plus

존 롤즈(J. Rawls)**의 『정의론』**

1. **제1원칙** : 평등한 자유의 원리(principle of equal liberty, 자유 우선성의 원칙)
2. **제2원칙** : 차등의 원리(difference principle, 공정한 기회균등의 원칙) ⇨ 최소 수혜자(가장 빈곤한 사람들)의 처지를 개선시키는 한도 내에서 약자를 우대하기 위한 사회경제적 불평등(역차별, mini-max의 원리)이 허용되어야 한다.
3. "사람들은 각기 다른 잠재능력을 가지고 각기 다른 환경의 가정에서 태어난다. 그런데 누가 어떤 잠재력을 가지고 어떤 가정에 태어나느냐는 순전히 우연의 결과로, 마치 '자연의 복권추첨'과 같은 것이다. 잠재능력을 잘 타고났거나 좋은 가정에서 태어난 사람은 '복권'을 잘못 뽑아 불리해진 사람에게 어느 정도의 적선(積善)을 하는 것이 도리에 맞으며, 사회는 마땅히 그러한 방향으로 제반 제도를 수립해야 한다."

⑤ '능력이 낮은 학생들에게 더 많은 자원과 노력을 투입해야 한다.'라는 역차별의 원리(Mini-Max의 원리)에 근거해서 가정 및 환경 배경으로 인한 아동의 불이익을 사회가 보상해야 한다.

⑥ 미국의 Head Start Project, 영국의 Sure Start Program, EAZ(Education Action Zone)와 EIC(Excellence in City), 캐나다의 Fair Start Program, 일본의 Angel Plan Program, 프랑스의 ZEP(Zones D'education Prioritaires) : 저소득층의 취학 전 어린이에게 기초학습능력을 길러 주어 학교교육에서 뒤떨어지지 않도록 예비적 조치 마련 ⇨ 보상교육

⑦ 우리나라의 교육(복지) 투자우선지역 사업, WE start와 농어촌지역학생 대학입시특별전형제

MEMO

⑧ 보장적 평등과 보상적 평등의 비교

유형	실현 정책	비고
보장적 평등 (기회의 평등)	㉠ 무상의무교육의 실시 ㉡ 학비보조 및 장학금 제도 운영	경제적 장애 극복
	㉠ 학교를 지역적으로 유형별 균형 있게 설립 ㉡ 근로청소년을 위한 야간학급 및 방송통신학교의 설치	지리적 · 사회적 장애 극복
보상적 평등 (결과의 평등)	㉠ 능력이 낮은 학생에게 더 좋은 교육 여건 제공 ㉡ 학습부진아에 대한 방과 후 보충지도	학생 간 격차 해소
	㉠ 저소득층 취학 전 아동을 위한 보상교육 ㉡ 교육(복지) 투자우선지역 사업	계층 간 격차 해소
	㉠ 읍 · 면 지역의 중학교 의무교육 우선실시 ㉡ 농어촌지역학생의 대학입시특별전형제	지역 간 격차 해소

03 교육격차 인과론(학업성취 격차이론)

1 교육격차 설명모형 – 결핍모형, 기회모형

(1) **결핍모형** – 학생이 지닌 속성의 차이로 교육격차의 발생원인을 설명

① 지능이론(intelligence theory) : 유전적 요소(생득적 능력)와 지적 능력의 차이 중시

② 문화실조론(cultural deprivation theory) : 후천적 요소(생후 경험)와 가정의 문화적 환경 차이 중시 ⇨ 학생의 문화적 경험 부족이 학습 실패의 중요 원인이다.

(2) **기회모형** – 교육에 투입되는 자원을 교육격차의 발생원인으로 제시

① 교육기회 불평등 : 사교육 및 가정배경(경제적 자본, 문화적 자본, 사회적 자본)에 따른 교육기회의 불평등이 교육격차의 발생원인이라고 본다.

② 교육재원의 불평등 : 학교의 물질적 조건(예 시설, 기구, 도서, 학습자료 등)과 인적 조건[예 교사 1인당 학생 수와 같은 교사－학생 비율, 남녀 혼성학급 · 동성학급, 동질학급 · 이질학급, 복수인종 학급 · 단일인종 학급 등과 같은 학생의 구성형태(학생집단)]의 차이가 교육격차의 발생원인이라고 본다. ⇨ 콜맨 보고서는 교육재원의 격차가 교육격차를 초래하는 원인이 아니라고 본다. 단, 학생집단의 영향력은 인정하여 콜맨은 흑백통합학교가 학업성적 향상에 가장 효과적이라고 제안하였다.

MEMO

07

2 관련 이론

(1) 지능결핍론(IQ deficit theory)

① 지능지수(IQ)가 학업성취를 예언해 준다고 전제 ⇨ 교육격차는 개인의 낮은 지능지수로부터 기인한다고 보는 이론

② **지능지수와 학업성취도 간의 상관관계** : $r = 0.50 \sim 0.70$

③ 지능지수는 타고난 지적 능력일 뿐만 아니라 후천적 환경의 우열에 따라 달라진다.

④ **대표자** : Jensen(1969), Eysenck(1971)

㉠ 젠센(Jensen, 1969) : 인간형성은 유전요인이 약 80%이고, 나머지 20%가 사회적·문화적·신체적 제 환경에 영향을 받는다.

㉡ 아이젠크(Eysenck, 1971) : 개인의 지능적 유전은 80% 정도이고, 환경은 약 20% 정도라고 하여 유전이 인간형성에 큰 힘을 가지고 있다고 하였다.

(2) 문화환경결핍론(cultural deficit theory) 00 초등, 02 초등, 04 중등, 08 중등, 09~11 초등, 11 중등

① **개념** : 학업성취의 격차는 부모의 사회경제적 배경에 기인한 것으로, 가정배경(가정환경)의 상대적 결핍(즉, 가정의 문화환경, 언어모형, 지각·태도의 차이나 상대적 결핍 등)이 개인차를 가져와 학업성취의 차이를 낳는다고 봄 예 콜맨 보고서

② **대표적인 연구** : Coleman 보고서, 영국의 Plowden 보고서, Jencks의 연구

③ **콜맨 보고서(「Equality of Educational Opportunity」, 1966)** : 미국 전 지역 6만 명의 교사와 64만 명의 초·중등학생을 대상으로 한 설문조사 ⇨ 학생의 학업성취에 미치는 변인을 가정배경 변인, 학교특성(학교 환경) 변인, 학생집단 변인으로 상정

㉠ 학생의 가정배경(가정의 경제수준, 문화적 환경상태)이 학생의 학업성취에 가장 큰 영향을 미치는 요인이며, 이것은 학생이 학교에 다니는 동안 계속된다.

경제적 자본 (financial capital)	학생의 학업성취를 도울 수 있는 물적 자원, 부모의 경제적 지원 능력 예 소득, 재산, 직업
인적 자본(인간자본) (human capital)	부모의 학력, 학생의 학업성취를 돕는 인지적 환경 제공 예 부모의 지적 수준, 교육 수준
사회적 자본 (social capital)	부모와 자식 간의 관계 ⇨ 학업성취에 가장 큰 영향 요인(가정에 다른 자본이 아무리 많을지라도 사회적 자본으로 실행되지 않으면 학생의 교육적 성취에 적절한 영향을 미치지 못한다.) 예 • 가정 내 사회적 자본 : 자녀에 대한 부모의 관심, 노력, 교육적 노하우, 기대수준 등 • 가정 밖 사회적 자본 : 부모의 친구관계, 어머니의 취업 여부, 이웃과의 교육정보 교류 정도 등

MEMO

ⓛ 가정배경 → 학생집단의 사회구조(친구들) → [교사의 질 → 학생구성 특성 → 기타 학교변인(학교의 물리적 시설, 교육과정 등)] 순으로 학업성취에 영향을 미친다([ ]는 10%).

ⓒ 학생이 환경을 통제할 수 있다는 신념과 태도, 즉 자아개념은 학생의 성적과 매우 관계가 깊다.

ⓔ 학교교육은 학생들의 학업성취에 별로 공헌을 하고 있지 못하며, 사회적 평등을 위한 기능을 제대로 수행하고 있지 못하다.

④ **영국의 플라우덴(Plowden) 보고서(1967)**: 학업성취의 격차 원인은 부모의 태도, 가정환경, 학교특성 순으로 영향을 미친다.

⑤ **젠크스(Jencks)의 연구(1972)**: 학업성취에 영향을 주는 요인은 가정배경(60%), 유전(인지능력, 35~50%), 인종 차, 학교의 질(4%)의 순서이다.

(3) 문화실조론과 문화다원론

① 문화실조론 98 중등, 14 중등論

㉠ **개념**: 학업성취의 격차는 학교학습에 필요한 문화적 경험 부족과 그로 인한 인지능력, 언어능력의 결손에서 비롯된다고 봄. 즉, 학교교육의 핵심을 이루는 문화를 배우지 못한 학생들은 학교에서 요구되는 언어양식, 사고양식, 학습동기 등이 결핍되어 있어 학업성취의 차이가 발생한다고 봄 예 도농 간 학업성취 격차

ⓛ **이론의 전제**: 환경론의 입장(환경의 차이가 교육격차의 차이 발생원인), 기능이론의 입장, 교육내용은 객관적·보편적·절대적 지식, 서구 중심적 세계관, 학교교육을 통한 계층 상승 가능 ⇨ 문화우월주의 입장

ⓒ **내용**: 이들은 학교에서 가르치는 지식은 객관적이며 보편적 가치를 지닌 것으로 보기 때문에, 학교에서 적절한 학업성취를 하지 못하는 학생들은 배워야 할 것을 배우지 못한 결핍된 존재로 본다. 문화실조론자들은 서구 산업사회 백인 중산층 문화를 가장 이상적인 것으로 보고, 이러한 문화를 배우지 못하면 학업결손이 생긴다고 본다. 이들은 하류층의 삶 자체가 열악한 문화공간을 형성하고 있기에, 학교에서 요구하는 언어양식, 사고양식 및 학습동기가 결핍되어 있다고 보고, 이러한 이유로 하류계층의 아동들의 학업성취가 떨어진다고 주장한다. ⇨ 가장 이상적인 문화인 '서구 산업사회 백인 중산층 문화'의 실조가 학습결손의 주원인(예 농촌, 하류층, 흑인 집단의 학업성취도가 상대적으로 낮은 이유는 '백인 중산층 문화'의 결손 때문)

ⓔ **영향(학습결손 극복방안)**: 문화실조의 문제는 학교에 의해 해결이 가능하다고 본다. ⇨ 불우계층의 저학력 아동에 대한 보상교육 프로그램(예 Project Head Start, Middle Start Project) ⇨ 결과적 평등에 대한 정책 확대(문화실조론은 불우한 계층의 아동들에 대한 지원을 강조함으로써 교육의 결과적 평등에 관한 논의를 확대시켰으나, 지나치게 서구 백인 중심의 문화를 강조하였다는 점에서 비판을 받음)

MEMO

07

② 문화다원론

㉠ **개념 :** 학교가 특정계층의 문화를 가르침으로써 그 문화와 다른 문화권에서 살아와 그 문화에 익숙지 않은 학생들의 학업성취가 낮게 나타난다는 입장

㉡ **이론의 전제 :** 현상학 · 해석학 · 상호작용이론 · 갈등이론의 입장. 문화에는 우열이 없고 다만 다를 뿐이다. ⇨ 문화상대주의 입장

㉢ **내용 :** 이들은 문화실조론과 달리 문화에는 우열이 없고 다만 다를 뿐이라고 주장한다. 현상학 · 해석학 · 상호작용이론 · 갈등이론의 입장에서 학력이 낮은 집단의 아동들이 쓰는 언어나 그들의 가치, 인지 양식을 결핍으로 보지 않는다. 다만, 학교에서 강조하는 내용과 그들의 문화가 다르기 때문에 학업성취가 낮게 나오는 것이므로, 그들의 학업성취가 낮은 것은 그들의 문제가 아니라 편향된 문화를 가르치는 학교의 문제라고 본다.

㉣ **영향(학습결손 극복방안) :** 학교의 교육과정이 특정한 집단의 것으로 편향되지 않고, 여러 집단의 문화를 균형 있게 다루어 주어야 한다.

(4) **교사결핍론**(teacher deficit theory) – 학교 내적 원인 13 중등

① **개념 :** 교육의 격차는 학교 자체의 사회적 특성이나 교사 · 학생의 대인지각의 차이에서 비롯된다는 이론

② **로젠탈과 제이콥슨(Rosenthal & Jacobson)의 연구결과 :** 교사의 학생에 대한 기대수준이 학생의 학업성취에 강력한 예언력을 갖는다. ⇨ 자기충족적 예언 효과(self-fulfilling prophecy) = 피그말리온 효과(Pygmalion effect)

③ **블룸(Bloom)의 완전학습이론 :** 학습의 격차는 교사의 교수–학습방법에서 기인 ⇨ 교수–학습방법만 적절하게 제시되고 학습시간만 충분히 주어진다면 학급의 95% 학생이 90%의 학습효과를 달성할 수 있다.

④ **리스트(Rist)의 연구 :** 교사의 사회계층에 따른 학생 구분(예 우수학생, 중간학생, 열등학생)이 학업성취에 영향

(5) **학업성취의 학교 내 요인**

① 학급 규모와 학교 규모

㉠ 일반적으로 학급 규모가 작을수록 높은 학업성취를 기대할 수 있다. 특히 인지적 영역뿐만 아니라 정서적 특성 발달에 더욱 긍정적인 영향을 미칠 것으로 기대한다.

㉡ 학급 규모와 학업성취도의 상관에 대한 연구는 서로 반대되는 결과의 연구가 많아 일관적인 결과를 확인하기 어렵다.

② 학급 편성

㉠ 능력별 학급편성이 성적향상에 도움이 된다는 상식적 판단이 있지만, 실제 능력별 학급편성이 혼합편성보다 높은 성취를 야기한다는 증거는 찾기 어렵다.

MEMO

㉡ 일부 연구에서 성적 상위집단의 경우 혼합편성에 속해 있을 때보다 능력별 학급편성에서 높은 성취를 보이고, 성적 하위집단의 경우 혼합편성에 속해 있을 때보다 능력별 학급편성에서 낮은 성취를 보인다는 결과를 도출했다.

㉢ 결국 능력별 학급편성은 누구에게도 도움이 되지 않거나, 상하위 학생의 성적 격차를 심화시킨다는 결론을 얻을 수 있다. 이는 능력별 편성 시, 능력이 아닌 계층과 같은 비능력 요인이 함께 반영되었거나, 교사가 집단에 따라 다른 방식의 교수태도를 가진 것으로 설명이 가능하다.

㉣ 로젠밤(Rosenbaum, 1976)은 능력별 학급편성을 '감추어 놓은 불평등 제조'라고 비판하였다.

(6) 학생문화와 학교풍토 – 학생의 학업성취에 영향

① 콜맨(Coleman)의 학생문화

㉠ 콜맨은 『청소년 사회(The Adolescent Society)』(1961)라는 저서에서 학생문화(student culture)가 학생들의 성적에 영향을 준다고 주장하였다. 학교에서 학생들이 공통적으로 가지고 있는 가치관, 태도, 생활양식 같은 학생문화가 학생들의 생활태도에 영향을 주어 성적에 영향을 미친다는 것이다.

㉡ 미국의 고등학교 학생들은 대개 운동선수와 학생회장과 같은 인기를 가치 있게 여기는 문화를 가지고 있고 학구적 활동은 낮게 평가하기 때문에 미국 학생들의 성적을 향상시키려면 이들의 비학구적 문화를 깨뜨리거나 약화시켜야 한다고 주장하였다.

㉢ 이러한 주장은 학생문화를 지나치게 부정적으로 본다는 비판을 받았다. 학생들은 콜맨이 관찰한 바와 같이 비학구적이고 스포츠나 좋아하는 것은 아니라는 주장도 나왔다.

② 맥딜(McDill, 1967)의 연구: 콜맨의 연구결과 재검토

㉠ 이 연구에 따르면, 학생문화는 성적에 영향을 주기는 하지만 그리 큰 것은 되지 못한다. 이들은 학생들의 태도점수와 수학성적 사이에 극히 낮은 상관관계가 있음을 확인하였다.

㉡ 반면에, 학생들의 지능지수, 사회경제적 지위, 소망수준이 학생문화보다 성적에 훨씬 큰 영향을 주는 사실을 확인하였다.

③ 브루코버(Brookover) 등의 학교풍토에 관한 연구(1975): 학교의 분위기를 학교풍토(school climate)의 개념으로 정리하고, 이것이 학업성취에 미치는 영향을 분석한 연구

㉠ 내용: 학교의 학교풍토(school climate, 심리적 풍토)인 학생의 학업적 성공에 대한 교사의 기대, 학생의 학습능력에 대한 교사의 평가, 교사의 평가와 기대에 대한 학생의 지각, 학생의 무력감 등이 학생의 학업성취에 뚜렷한 영향을 준다.✦

학교풍토는 학생 간 학업성취도 차이를 설명하는 주요 요소 중 하나이다.

㉡ 학교풍토의 구성

ⓐ **학생풍토** : ⓘ 학구적 무력감, ⓘⓘ 학생이 지각한 현재의 평가 및 기대, ⓘⓘⓘ 학업성취를 강조하는 학구적 규범, ⓘⓥ 장래의 평가 및 기대, ⓥ 교사의 기대압력과 규범에 대한 지각

ⓑ **교사풍토** : ⓘ 대학진학에 대한 능력, 평가, 기대, 교육의 질, ⓘⓘ 고교졸업에 대한 현재의 기대와 평가, ⓘⓘⓘ 학력 증진에 대한 교사와 학생의 기대 일치도, ⓘⓥ 교장의 기대에 대한 교사의 지각, ⓥ 학구적 무력감

ⓒ **교장 풍토** : ⓘ 질적 교육에 대한 부모의 관심 및 기대지각, ⓘⓘ 학력증진을 위한 노력, ⓘⓘⓘ 현재 학교의 질적 상태에 대한 학부모와 교장의 평가, ⓘⓥ 학생에 대한 현재의 기대 및 지각

④ **브루코버의 학교풍토에 관한 연구(1979)** : 학교사회의 투입요소(학생구성, 교직원), 학교의 사회적 구조, 학교풍토, 학교 산출변인(성적, 자아개념, 자신감)의 관계를 규명 ⇨ 체제접근모형

㉠ **개념** : 학교의 사회체제를 분석하기 위해 '투입－과정－산출 모형'을 도입 ⇨ 학생의 학업성취의 차이는 학교의 사회체제에서 파생되는 사회적・문화적 특성, 학교의 학습풍토와 함수관계에 있다.

학교 사회체제 구성요소

학교의 사회심리적 규범	학교 구성원이 학교교육에 대해 가지는 기대, 평가, 감정, 신념 ⇨ 학교의 역사적 전통에서 파생된 것으로 학교의 문화적 풍토를 형성
학교의 조직구조	학교의 행정조직, 학급 내 학습집단 구성형태 등
학급 내 수업실천행위	학급 내 의사소통방식, 보상방식, 수업자료 제공, 수업시간 등 ⇨ 학교의 학구적 규범

㉡ 내용

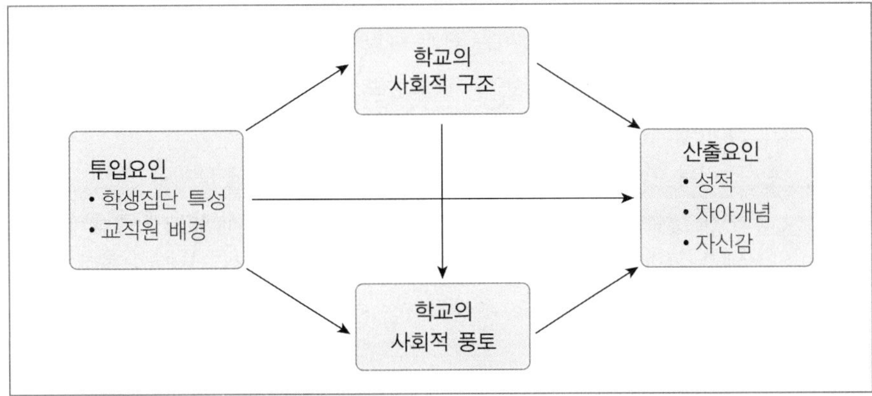

ⓐ **'투입－과정－산출 모형'의 구성요소** : 학교의 사회체제를 분석하기 위해 '투입－과정－산출 모형'을 도입

MEMO

투입변인	① 학생집단특성 ② 교직원(교장, 교사, 행정직원) 배경
과정변인	① 학교의 사회적 구조(예 학교에 대한 교사의 만족도, 학부모 참여도, 교장의 수업지도 관심도, 학습프로그램의 다양성, 학급의 개방·폐쇄성 등) ② 학교의 사회적 풍토(예 학생, 교사, 교장의 학교에 대한 기대, 지각, 평가 등)
산출변인	학습효과(예 성적, 자아개념, 자신감 등)

ⓑ '투입-과정-산출 모형'의 해석

투입변인	학생과 교직원의 구성 특성은 학교의 사회적 구조 및 학습풍토와 밀접한 관계를 가지며, 아울러 학생의 학업성취, 자아개념, 자신감에 영향을 준다.
과정변인	학교 내에서 구성원의 상호작용은 구성원 상호 간의 적절한 역할 지각, 기대, 평가 등으로 나타나며, 이로 인해 학생들은 학교 사회체제 속에서 교장, 교사, 동료학생들이 갖는 기대나 역할, 학구적 규범에 따라 행동하게 된다. 이러한 방식으로 학생들은 사회체제에 가장 적합하고 수행가능한 행동양식을 구축한다. 이러한 상호작용 과정은 학업성취나 자아개념, 자신감에 지대한 영향을 주게 된다.

ⓒ 정리

ⓐ 학생의 배경 및 학생집단 구성(인종 구성비)은 학업성취의 상당한 부분을 설명해주고 있다. 그러나 학교의 사회심리적 요인을 통제한 후에 이러한 요인들이 학업성취를 설명하는 부분은 매우 적다고 밝히고 있다.

ⓑ 학교풍토의 하위변인 중에서 학업성취에 가장 큰 영향을 주는 것은 학생의 학구적 무력감, 학생에 대한 현재의 평가 및 기대, 학구적 규범 등이다.

ⓒ 학교의 학습환경 및 풍토요소는 학생의 출신배경에 못지않게 학업성취에 영향을 주는데, 이것은 학교의 문화적·규범적·사회심리적 풍토요인이 학교의 학업성취에 영향을 주고 있음을 뜻한다.

ⓔ 시사점(결론)

ⓐ 학생의 학업성취의 차이는 학교 사회체제가 만들어 내는 학교의 학교풍토(학습풍토)에 크게 영향을 받는다. 학교풍토를 구성하는 요인들이 복합적으로 작용하여 성적에 영향을 준다.

ⓑ 그러나 이러한 요인들은 학생들의 사회계층배경에 영향을 받는 것들이고, 학생의 현재 성적에 의해서도 영향을 강하게 받는 것들이기 때문에, 학교풍토 조성을 위한 매우 특별한 조치를 취하지 않는 보통의 학교에서는 브루코버처럼 "학교가 성적차를 낼 수 있다."라고 주장하기는 어려운 것으로 보인다.

Section 03 학력상승이론(교육팽창이론)

01 학습욕구이론 04 중등

MEMO

1 개관

(1) 개념

인간은 학습욕구(지적 욕구)를 가지고 있으며 학교는 그 욕구를 충족시켜 주는 기관으로 전제하고, 강한 학습욕구에 의해 학력상승이 일어난다고 보는 이론이다.

(2) 대표자

① **매슬로우(Maslow) – 지적 욕구**: 인간은 자아실현의 욕구(지적 욕구, 심미적 욕구)를 가지고 있어 그 욕구충족을 위해 누구나 학교에 다니기를 열망하며 그에 따라 학력은 상승한다. ⇨ 인간 욕구의 종류: 생리적 욕구 → 안전의 욕구 → 애정·소속의 욕구 → 존경의 욕구 → 자아실현의 욕구(지적 욕구, 심미적 욕구)

② **클라크(Clark) – 인구의 증가**: 인간은 학습욕구를 가지고 있으며 학교는 그 욕구를 충족시켜 주는 기관이라고 전제하면서, 학교의 팽창을 가져오는 요인으로 인구의 증가와 경제 발전으로 인한 여유의 증대(∵ 개인적으로는 학교에 다닐 여유가 많아지고 사회적으로는 교육기관을 설립하고 유지할 재정이 확대되기 때문에)가 가장 중요하다고 보았다.

2 한계점

(1) 일반적 비판

① 오늘날의 학교가 학습욕구를 제대로 충족시켜 주는 기관이라는 사실을 입증하기 어렵다.
  ㉠ 많은 연구결과들은 학교가 지적·인격적 학습욕구를 충족시키기에는 적합한 장소가 되지 못한다고 지적하고 있다.
  ㉡ 학교가 교육기관으로서의 기능을 제대로 수행하고 있지 못하다고 비난하고 있다.

② 교육학자와 교육평론가들 중 많은 사람들이 학교가 참된 의미의 교육을 제대로 하지 못하고 있을 뿐만 아니라, 오히려 비교육적인 기관으로 변질되고 있다고 주장한다.

MEMO

(2) 학자별 견해

굿맨 (P. Goodman)	현대사회의 학교는 교육기관으로 제구실을 제대로 하지 못하고 있으므로 의무교육은 빗나간 교육제도이다.
실버맨 (C. Silberman)	미국의 학교교육은 질서, 통제, 억압, 강제를 통해 학생의 순종만을 강요하는 위기적 상황에 있으므로 이를 대수술하지 않으면 안 된다.
라이머 (E. Reimer)	학교가 참된 교육을 하지 못하고 있기 때문에 죽은 것이나 다름없다.
일리치 (I. Illich)	• 오늘날의 학교는 보호기능, 선발기능, 교화기능에만 치중하고 학습기능은 소홀히 하고 있다. • 학습의 기능조차도 그 내용에 있어서는 불필요한 지식, 특정집단의 이익에 봉사하는 지식 등으로 구성되어 있다.

02 기술기능이론 04 중등, 09 초등, 12 중등

1 개관

(1) 개념

① 과학기술의 부단한 향상으로 직업기술의 수준이 계속 높아져 사람들의 학력수준이 높아질 수밖에 없다고 보는 이론이다. 학교교육의 팽창은 기술변화와 직업분화에 대한 단순한 반영으로 해석한다.

② 학교교육은 직업에 필요한 높은 수준의 전문기술과 일반능력을 교육시킨다. 그래서 많은 사람들은 취업에 필요한 교육의 수준이 높아지므로 높은 교육을 받게 된다.

③ 과학기술이 변화하는 한 학교교육 기간은 계속 늘어나게 되고, 학력 또한 계속 상승하게 된다.

④ 산업사회의 구조가 학력상승을 유발한다는 이론이다.

⑤ 고학력 사회는 고도 산업사회의 결과이고, 학교는 산업사회를 지탱하는 핵심장치이며, 직종수준에 알맞게 학교제도도 발달하였다. ⇨ 학교제도와 직업세계를 일치

MEMO

07

(2) **대표자** – 클라크(Clark), 커(Kerr)

> "우리 시대는 유능한 기술자와 전문가를 계속하여 요구하고 있는바, 이러한 인재를 양성하는 과업에 교육제도는 더욱 충실하여야 한다. …… 생산과 분배에 관한 기술의 진보로 인하여 직업세계는 날이 갈수록 복잡해지고 전문화되고 있으며, 그에 따라 요구되는 교육수준 또한 계속 상승하고 있다. 노동인력이 처음에는 단순한 읽기, 쓰기, 셈하기를 할 수 있는 정도로 충분하였으나 이제는 더 장기간의 교육을 받지 않으면 안 되게 되었다."
>
> –『전문가 사회의 교육(Educating the Expert Society)』(1962)

2 한계점

과잉학력현상으로 인해 직장에서 대학 전공과 관련 없는 일을 하거나, 학력수준에 비해 낮은 직업에 종사하는 현상을 설명하지 못한다. '한 사회의 직업기술수준과 학력수준은 일치한다'라는 기술기능이론의 주장은 잘못되었다.

03 (신)마르크스이론

1 개관

(1) **개념**

① 자본주의 경제체제를 유지하기 위한 의무교육 실시로 학력이 상승되었다고 보는 이론이다.

② 학교교육제도는 자본주의 경제체제를 유지하기 위하여 자본가들의 이익과 요구에 맞는 기술인력을 공급하는 것이며, 자본주의에 적합한 사회규범을 주입시키는 핵심적인 장치이다.

③ 자본주의 체제하에서의 학교는 자본주의 경제체제를 유지하기 위한 수단이며, 학교교육을 통해 불평등한 계급구조가 재생산된다.

(2) **대표자** – 보울스와 진티스(Bowles & Gintis)

① 미국 학교제도의 발달은 교육 그 자체를 위한 것이 아니고, 전체 국민을 위한 것도 아니다.

② 교육제도는 자본주의 사회인 미국의 자본가 계급의 이익을 위하여 자본가 계급에 의해 발전한 것이다.

MEMO

2 공헌점과 한계점

(1) 이론의 공헌점

① 학교교육의 확대를 긍정적으로 보는 이론적 경향을 비판하고 부정적 측면이 있음을 지적하였다.

② 학교교육을 둘러싸고 벌어지는 계층 간의 이해관계가 서로 엇갈린다는 사실을 지적하였다.

(2) 이론의 한계점

① 보울스와 진티스의 이론은 미국의 학교 발달만을 대상으로 삼고 있기 때문에 쉽게 일반화하기 어렵다.

② 교육을 자본가 계급의 이익을 위한 것으로만 단정함으로써 학습자 자신의 이익 등과 같은 교육의 다른 측면에는 주의를 기울이지 않았다.

04 지위경쟁이론(권력경쟁이론) 98 초등, 99~00 중등, 00 초등, 02~04 중등, 06 초등, 09 중등, 12 중등

1 개관

(1) 개념

① 학력(졸업장)이 사회적 지위획득의 수단이기 때문에 사람들이 경쟁적으로 높은 학력을 취득하는 탓으로 학력은 계속 상승된다고 보는 이론이다.

② 현대사회에서의 학력은 지위획득을 위한 합법적 수단이고 졸업장은 개인의 능력과 노력 수준을 나타내는 공인된 품질증명서이다.

③ 남보다 한 단계 높은 학력을 가지고 있는 것은 사회적 지위의 경쟁에서 결정적으로 유리하기 때문에 모든 사람이 높은 학력, 즉 상급학교 졸업장을 받기 위하여 온갖 힘을 기울인다.

④ 학교는 확대되지만 경쟁은 끝나지 않으므로 학교의 확대는 상급학교로 파급된다. ⇨ 학력상승 연쇄현상

MEMO

07

(2) 대표자

① 베버(Weber) : 학력의 팽창은 경제적 부(富) · 사회적 지위 · 권력 · 위세 등을 둘러싼 개인 및 집단 간의 경쟁의 결과이다.

㉠ 학교교육은 보다 높은 사회적 지위와 연결되어 있다.

㉡ 학교교육체제를 형성하는 것은 '체제의 요구'가 아니라 갈등하는 이해관계이다.

② 도어(Dore) : 졸업장 병(卒業狀病, diploma disease)

㉠ '졸업장 병'이란 학력이 지위 획득의 수단으로 작용하여 더욱 높은 학력을 쌓기 위한 경쟁이 계속되는 것을 말한다. 이로 인해 학력의 가치가 계속 떨어져 학력의 평가절하 현상, 즉 학력 인플레이션이 초래된다. 학력 인플레이션은 학력의 양적 팽창으로 인해 학력의 평가절하 현상이 나타나는 것을 말한다.

㉡ 지위획득의 수단으로 학력이 작용하면 진학률의 상승을 유발하여 졸업생이 증가하고 졸업생의 증가는 학력의 가치를 떨어뜨려 새로운 학력상승의 요인이 된다. 그러므로 보다 높은 학력을 취득하기 위한 경쟁은 한없이 진행되는데 이것이 '졸업장 병'이다.

㉢ 졸업장 병은 학력상승(과잉학력)의 결과로 교육의 질적 수준이 저하되는 학력의 평가절하 현상, 학력 인플레이션 현상이다.

③ 콜린스(Collins) : 학력주의 사회(The Credential Society) ⇨ 상징적 학력주의 사회

㉠ 학력주의 사회는 사회적 지위를 결정하는 데 학력(學歷)이 결정적 기준으로 작용하는 사회를 말한다.

㉡ 베버(Weber)의 권력갈등이론을 계승하고 있는 콜린스는 학력(學力)은 생산성의 의미보다는 일종의 '문화화폐'로서 사회적 지위자산으로서 기능을 하며, 학력에 따른 임금격차를 신임장 효과(credential effect)로 보았다.

2 공헌점과 한계점

(1) 이론의 공헌점

과잉학력현상을 설명할 수 있다.

(2) 이론의 한계점

① 학력상승, 즉 학교교육 확대를 경쟁의 결과로만 파악하려 하기 때문에 학교교육의 내용적 측면에 관하여는 관심을 두지 않는다.

② '만인의 만인에 대한 경쟁'을 전제로 하고 있으면서 경쟁의 부정적 측면을 강조하고 경쟁의 긍정적 측면을 무시하기 때문에 학교교육의 확대는 나쁘기만 한 것으로 과장하고 있다.

③ 학교의 팽창이 교육수요자 간의 경쟁에 의하여 주도되는 측면만을 강조하여, 교육공급자(예 정부, 학교경영자 등)의 영향력을 전혀 고려하지 않는 결함을 가지고 있다.

MEMO

05 국민통합론(국민형성론) 04 중등

1 개관

(1) 개념

① 교육은 국민으로서의 정체감을 형성시키는 주요한 요인이다.

② 근대국가의 형성과 이에 따른 국민통합의 필요성 때문에 의무교육이 실시되었고, 그 결과 교육이 팽창되었다고 보는 이론이다.

(2) 대표자

① 벤딕스(Bendix)

㉠ 교육팽창, 교육에 대한 정치적 통제는 근대국가의 성장과 밀접하게 관련되어 있다.

㉡ 교육은 다양하고 이질적인 문화적·지역적 집단과 계급으로 구성된 국민들에게 일체성을 형성시키는 제도이다.

② 라미레즈(Ramirez): 대부분의 국가에서 학교교육제도에 대한 국가의 통제의 정도가 높으며, 고등교육보다 초·중등교육에 대한 통제의 정도가 더 강한 것으로 나타났다.

2 공헌점과 한계점

(1) 이론의 공헌점

경제적 측면에만 치중하던 교육팽창에 대한 설명에서 벗어나, 정치적 단위인 국가의 이데올로기 통합과정에서 교육제도가 수행하고 있는 정치적 기능의 측면에서 새롭게 지적하였다.

(2) 이론의 한계점

근대국가 형성 초기의 초등교육의 의무화와 중등교육의 확대는 설명할 수 있으나, 고등교육의 팽창과 과잉학력현상을 설명하는 데는 한계가 있다.

MEMO

07

학력상승(교육팽창)의 원인

강조점	이론	주장(학력상승의 원인)	대표자	비판
심리적 원인	학습욕구이론	• 성장욕구, 즉 자아실현의 욕구(인지적 욕구) 추구 • 인구의 증가와 경제발전으로 인한 경제적 여유의 증대	Maslow	학교가 학습욕구를 충족시키는 기관임을 입증하기 어려움
경제적 원인	기술기능이론	과학기술의 부단한 향상	Clark, Kerr	과잉학력현상 설명 ×
	신마르크스이론(상응이론)	자본주의 경제체제 유지(자본가의 요구에 맞는 기술인력 공급, 자본주의적 사회규범 주입)	Bowles & Gintis	자본계급의 이익 이외의 다른 측면(학습자)에 대한 고려 ×
사회적 원인	지위경쟁이론	• 학력(學歷)은 사회적 지위 획득의 수단 ⇨ '졸업장병', '학력주의 사회' • 과잉학력현상을 설명	Weber, Dore, Collins	학교교육의 내용적 측면, 경쟁의 긍정적 측면에는 무관심
정치적 원인	국민통합론	국가의 형성과 이에 따른 국민통합의 필요성 ⇨ 초등교육의 의무화, 중등교육의 확대	Bendix, Ramirez	고등교육의 팽창과 과잉교육의 문제를 설명 ×

Me
mo

Chapter

03

평생교육과 다문화교육

Section 01 평생교육(Life-long Education)

MEMO

01 개관

1 개념 13 중등

(1) 일반적 정의

① 일생을 통한 교육으로 전 생애(요람에서 무덤까지)를 통한 수직적 교육과 가정 · 학교 · 사회에 걸쳐서 이루어지는 수평적 교육을 통합한 교육을 총칭한다.

② 학교의 사회화, 사회의 학교화를 이루려는 교육이며, 전 생애를 통해 학습기회를 제공하려는 교육이다.

③ 인간성의 조화적 발달 및 변화하는 사회에 대처하기 위한 교육이며, 인간의 삶의 질을 향상시키기 위해 수직적 · 수평적 교육을 통합한다.

④ 모든 교육 형태를 포함하는 가장 포괄적이고 상위의 교육개념이며, '교육'과 동의어가 된다. ⇨ 종전의 '교육'은 일반적으로 '학교교육'을 지칭하는 개념이기 때문에 학교교육 이외의 가정교육, 사회교육 등을 학교교육 못지않게 강조하기 위하여 '평생교육'이라는 새로운 개념을 발전시킨 것이다.

(2) 랭그랑(Lengrand)이 처음 사용

UNESCO 성인교육위원회(1965), 인간의 일생을 통해서 행해지는 교육의 과정을 보장하는 활동원리로서 평생교육 구상을 제시 ⇨ '앎과 삶의 통합' 강조

① **수직적 차원의 통합(전 생애성)** : 교육기회의 통합, 생활주기(시간)에 있어 연계 통합 ⇨ 인생의 모든 단계에 교육기회를 균등하게 재분배

② **수평적 차원의 통합(전 사회성)** : 교육자원의 통합, 생활공간(장소)에 있어 연계 통합 ⇨ 가정, 학교, 사회 교육에 관한 등가치적(等價値的) 인식

MEMO

07

"인간은 태어나 죽을 때까지 평생을 통해 교육받을 권리가 보장되어야 한다. 그리고 이것(삶과 앎의 통합)을 위해 새로운 교육제도들이 만들어져야 한다. 이제 파편화되고 분절되어 있는 교육제도들은 인간의 종합적 발달이라는 축을 중심으로 해체되고 재구성되어야 하며, 이것은 가히 교육의 혁명을 의미하는 것이다."

"평생교육은 인지적 과정뿐만 아니라 정서적·심미적·직업적·정치적·신체적인 면을 모두 포괄하는 전일적(holistic)인 것이어야 한다. 이러한 통합 속에서 교육은 비로소 삶과 통합될 수 있다. 이처럼 평생교육은 앎과 삶이 통합된 교육이다."

— Lengrand(1965)

(3) 「평생교육법」상의 개념

학교의 정규 교육과정을 제외한 학력보완교육, 성인 기초·문자해득교육, 직업능력향상교육, 인문교양교육, 문화예술교육, 시민참여교육 등을 포함하는 모든 형태의 조직적인 교육활동을 말한다(제2조).

2 평생교육의 접근모형(정책모형) 07 초등, 11 중등

(1) 학습사회론적 접근

교육기회가 다양화되고, 학습자가 자기주도적으로 학습할 수 있는 학습사회 건설을 통해서 모든 이에게 실질적인 교육권을 보장하는 것이 평생교육의 궁극적 목표이다.

Plus

평생학습사회의 의미 : 평생학습사회는 평생교육의 배경이자 목적

1. 사회 자체가 변화에 대해 총체적이고 장기간에 걸친 자기혁신을 통해 새로운 생존방식을 추구하는 일련의 작동기제이다.
2. 학습에 대한 결정이 주로 학습자들에게 위임되고, 모든 종류의 조직적·비조직적 사회활동 속에서 일어나는 학습혁명의 사회이다.
3. 학습의 총량이 증대됨에 따라 해당 사회가 정체되지 않고 스스로 자기주도적 성장을 도모할 수 있는 여건을 조성하는 사회이다.
4. 평생학습이 일상화되고 사회 곳곳에 편재된 사회이다.

MEMO

① 허친스(Hutchins) : 『학습사회(The Learning Society)』(1968) ⇨ 학습사회라는 용어를 처음으로 제시

㉠ 교육의 목적은 인간의 정신적 계발을 통하여 인간을 계발하는 것, 즉 인적 자원(manpower)이 아니라 인간(manhood)이 되게 하는 것이다. 따라서 교육은 민주주의자를 만드는 일이나 한국인을 만드는 일 등과 같은 '현재'의 일(socialization)로부터 일정한 거리를 두고 노동으로부터 분리된 여가를 통하여 미래의 인격을 형성하는 자유교육(liberal education)이어야 한다.

㉡ 학습사회는 이처럼 전통적 의미에서의 자유교양교육이 사회 곳곳에 편재된 사회이다.

② 포르(Faure) : 『존재를 위한 학습(Learning to Be)』(1972)

㉠ 미래 사회가 지향해야 할 교육형태는 평생교육이며, 이를 실천하는 구체적 방향으로 자유교양교육을 중시하는 학습사회의 형성을 강조하고 있다.

㉡ 자유교양교육의 실천방향으로 기능적 교육과 함께 정치적 · 사회적 · 문화적 대중계몽 교육을 강조하고 있으며, 학습의 목표를 '완전한 인간(complete man)'의 육성에 두고 있다.

③ 카네기 고등교육위원회 : 『학습사회를 지향하여(Toward a Learning Society)』(1973) ⇨ 노동과 직업교육을 중심에 두는 학습사회화 주장

㉠ 중등 후 교육개혁을 주장하는 보고서로, 개인이 노동과 교육, 봉사를 희망에 따라 자유롭게 선택할 수 있는 시스템 도입을 주장하였다.

㉡ 자유교양교육을 중시한 허친스(Hutchins)와 포르(Faure)의 주장과는 달리, 생활의 중심을 노동에 두고 직업교육을 포함하는 광의의 입장에서 학습사회론을 전개하고 있다.

④ 유네스코(UNESCO) 21세기 세계교육위원회 종합보고서 : 『학습 : 내재된 보물』(1996) – 들로어(Delors)가 제시 ⇨ 21세기 교육의 핵심을 '생활을 통한 학습(learning throughout life)'에 두고, 그 실천을 위한 교육적 원리로 '4개의 기둥(4 polars)'을 제시

Plus

1. **알기 위한 학습(learning to know)** : 지식교육 ⇨ 교양교육, 전문교육, 학습하는 방법의 학습
   ① 이것은 인간 개개인의 삶에 의미를 주는 살아 있는 지식의 습득을 위한 학습을 말한다.
   ② 보편화되고 객관적인 지식의 내용 습득보다 실생활의 문제해결과 학습방법에 대한 학습을 의미하며, 문제분석력 및 집중력, 평가 관련 사고력을 습득하기를 요구한다.
   ③ 전 생애를 거쳐 교육의 혜택을 받을 수 있게 해 주며, 가장 기본적이고 기초적인 학습내용이라고 볼 수 있다.

2. **행동하기 위한 학습(learning to do)** : 직업교육 ⇨ 체험활동
   ① 이것은 개인의 환경에 대한 창조적인 대응능력의 획득에 대한 학습을 말한다.
   ② 이것은 직업훈련 문제에 보다 밀접하게 관련되어 있으며, 직업기술의 획득뿐만 아니라 여러 상황에 대처하고 팀을 이루어 일할 수 있는 능력의 획득과 관련된다.
   ③ 이런 학습은 학교의 지식이 사회의 작업장으로 전이되는 과정으로, 앎으로서의 학습에서 행동으로 옮기는 실천의 학습이다.

MEMO

07

3. **함께 살기 위한 학습(learning to live together)** : 다른 사람과 조화로운 삶의 영위
① 이것은 공동체 속에서 다른 사람(지역, 외국 사람)과 조화 있는 삶을 영위하며 공존하고 참여할 수 있는 능력을 학습하는 것을 말한다. 이것은 타인을 이해하고 상호의존성을 인정하면서 이루어진다.
② 함께 살기 위한 학습은 오늘날 지역 간, 국가 간 분쟁이 심각하게 벌어지는 상황에서 특히 요청되는 교육적 과제라고 할 수 있다.
③ 교육에서는 기본예절과 공동체의식의 형성 및 타지역 문화와 가치관에 대한 문화상대주의적 태도를 육성하는 교육이 매우 중요하다.
④ 함께 살기 위한 학습은 다원주의 · 상호 이해 · 평화의 가치를 존중하는 정신으로 타인들과 함께 공동과업을 수행하고 갈등을 관리하는 법을 배우면서 얻어진다.

4. **존재하기 위한 학습(learning to be)** : 가장 궁극적인 목적
① 이것은 교육의 궁극적 목표로서 각 개인의 전인적 발전, 곧 마음과 몸, 지능, 미적 감각, 개인적 책임감, 정신적 가치의 모든 면에서의 조화로운 발전을 통하여 이룩된다(앞의 3가지 교육적 기능의 총체로서 나타나는 것).
② UNESCO 보고서에는 교육은 각 개인으로 하여금 "자신의 문제를 풀고, 스스로 결정하며, 자신의 책임을 모두 질 수 있도록 해야 한다."라고 선언하고 있다.
③ 존재하기 위한 학습은 교육발전의 목표를 인격의 완성에 둔다. 즉, 교육은 학습자를 개인으로서, 가족과 공동체의 일원으로서, 시민으로서, 생산자로서, 기술발명자로서 또 창의적인 상상가로서 자신의 표현기술 및 다양한 임무를 모두 풍요롭게 하는 것이다.
④ 이것은 개인의 인성을 보다 잘 성장시키고, 항상 보다 큰 자율성 · 판단력 · 책임감을 가지고 행동할 수 있게 해 준다. 따라서 교육은 인간의 어떤 잠재력(예 추리력, 기억력, 미적 감각, 체력, 의사소통 기술 등)도 소홀히 해서는 안 된다.
⑤ 이러한 조건하에서 교육이 이루어진다면 교육의 전인성이나 인간성의 문제는 쉽게 해결될 수 있을 것이다. 왜냐하면 교육 본연의 목적에 근거한 합리적인 학습이 일어날 수 있기 때문이다.

(2) **순환교육론적 접근** – 비가역적 생애주기에 충실한 교육체제에서 탈피하여 가역적 생애주기를 충족시킬 수 있는 교육정책 모델

① OECD(경제협력개발기구)가 제안(1973) : 초기에는 노동자에게 기술혁신, 직업구조 변화에 대응하게 하는 훈련을 중시하였으나, 오늘날에는 가정생활, 여가시간, 노후생활 등을 위한 교육으로 그 개념이 확대
② 직업–교육, 일–여가를 반복(가역적 생애주기)하는 교육정책

(3) **대안교육론적 접근** – 제3세계를 중심으로 인간해방을 추구하는 평생교육론 08 중등

① 일리치(Illich) : 학습망(learning network)을 통한 학습 ⇨ 교육자료에 대한 참고자료망, 기술교환망, 동료연결망, 교육자에 대한 참고자료망을 제시
② 프레이리(Freire) : 비판적 문해교육을 통한 인간해방

MEMO

3 평생교육의 이념

(1) 다베(R. H. Dave)와 스캐거(Skager)

다베(Dave)는 유네스코의 교육연구소를 중심으로 활동했던 평생교육론자로서 평생교육의 이념과 이론적 배경 형성에 크게 기여하였다. 그는 자신이 정리한 평생교육의 20개 개념특성 가운데 가장 핵심적인 특성을 총체성(totality), 통합성(integration), 유연성(flexibility), 민주성(democratization) 네 가지로 요약하였다.

– 『평생교육개론』(김종서 외 3인 공저, 173p)

① **전체성(총체성, totality)** : 학교교육과 학교 외 교육(예 가정, 학원, 사회교육 등)에 중요성과 정통성을 부여

② **통합성(integration)** : 다양한 교육활동의 유기적·협조적 관련성을 중시, 수직적 교육 + 수평적 교육

수직적 교육	요람에서 무덤까지, 태내·유아·노인교육 ⇨ 교육기회의 통합
수평적 교육	모든 기관(학교, 직장, 대중매체, 도서관 등)과 모든 장소(가정, 학교, 사회, 직장 등)에서의 교육 ⇨ 교육자원의 통합, 학교 본위의 교육관 지양

③ **융통성(유연성, flexibility)** : 어떤 환경과 처지에서도 학습이 가능하도록 다양한 여건과 제도를 조성 예 원격교육, E-learning, U-learning, M-learning

④ **민주성(democratization)** : 학습자가 원하는 종류와 양의 교육을 자유롭게 받을 수 있도록 뷔페(buffet)식의 다양한 교육과정을 제공한다. ⇨ 학습자(수요자) 중심 교육, '모두를 위한 교육'

⑤ **교육 가능성(교육력, educability)** : 학습이 효율적으로 전개되도록 학습방법, 체험의 기회, 평가방법 등의 개선에 주목하고 자기주도적 학습을 도모한다.

(2) 「평생교육법」상의 이념(제4조) – 기회균등, 자율성, 중립성, 상응한 사회적 대우

① 모든 국민은 평생교육의 기회를 균등하게 보장받는다(능력에 따라 ×).

② 평생교육은 학습자의 자유로운 참여와 자발적인 학습을 기초로 이루어져야 한다.

③ 평생교육은 정치적·개인적 편견의 선전을 위한 방편으로 이용되어서는 아니 된다.

④ 일정한 평생교육 과정을 이수한 자에게는 그에 상응한 자격 및 학력인정 등 사회적 대우를 부여해야 한다.

MEMO

07

4 페다고지와 안드라고지의 비교 – 노울즈(M. S. Knowles)

기본 가정	페다고지	안드라고지
학습자	• 학습자는 의존적 존재 • 교사가 학습내용, 시기, 방법을 전적으로 결정	• 인간은 점차 자기주도적으로 성숙 • 교사들은 이러한 변화를 자극시키고 지도할 책임을 짐 • 상황에 따라 의존적일 수 있지만 자기주도적이고자 하는 강한 욕구 소유
학습자 경험 및 학습방법	• 학습자 경험을 중요시하지 않음 • 학습방법은 강의, 읽기, 과제부과, 시청각자료 제시같은 전달식 방법	• 인간의 경험은 자신뿐만 아니라 다른 사람에게도 학습자원으로 활용 가능 • 학습방법에는 실험, 토의, 문제해결, 모의게임, 현장 학습 등 활용
학습 준비도	• 사회가 학습해야 한다고 요구하는 것을 학습 • 같은 연령이면 동일한 내용을 학습 • 같은 연령의 학습자들이 단계적으로 학습해 나갈 수 있도록 교육과정을 표준화	• 실제 생활에 관련된 문제를 대처해 나갈 필요성을 느낄 때 학습 • 학습프로그램은 실제 생활에의 적용을 중심으로 조직되고 학습자의 학습준비도에 따라 계열화
교육과 학습에 대한 관점	• 교육은 교과내용을 습득하는 과정 • 교과과정은 여러 가지 교과가 논리적으로 체계 있게 조직된 것 • 교과목 중심의 학습	• 교육은 학습자가 자신의 잠재력을 계발하는 과정 • 학습경험은 능력개발 중심으로 조직

5 평생교육에 있어 학교의 역할

(1) 평생교육의 담당

학교시설 개방, 평생교육 프로그램의 운영(방과 후 학교)

(2) 평생교육기관과의 연계

평생교육기관과의 학점 상호 인정

(3) 평생학습능력의 신장

자기주도적 학습능력의 신장(Knowles), 메타인지적 학습(학습하는 방법의 학습), 기초·기본능력의 강화(문해교육✦)

① 기초 문해(단순 문해, 글월 문해) : 읽고 쓰고 셈하기 등 3R's 능력

② 기능 문해(생활 문해) : 삶을 영위할 수 있는 능력, 현재 사회의 문화 이해 및 직업적·사회적 적응에 불편을 느끼지 않을 정도의 의사소통 능력

✦ 문해교육의 비교
비판적 문해(Freire), 다문화 문해(포스트모더니즘), 문화 문해(본질주의 교육)

MEMO

6 평생교육의 특징

(1) 개인 차원 및 사회 공동체 차원에서 삶의 질을 높이는 것이 평생교육의 궁극적 목적

삶의 질이라는 개념은 자아실현의 측면, 가족생활 및 사회생활에서의 측면, 가정 및 직업생활에서의 측면, 시민 및 국민의 측면에서 살펴볼 수 있다.

(2) 태아에서부터 무덤에 이르기까지 한 개인의 생존기간 전체에 걸쳐서 이루어지는 교육을 수직적으로 통합

① 인간의 생존기간을 요람에서 무덤까지로 보고 평생교육을 출생 이후부터의 교육이라고 생각하는 경향이 있으나 교육학적인 사고에서 태교의 중요성을 인정한다면 평생교육 개념 속에 태교를 포함시켜야 할 중요성이 있다.

② 수직적 통합이라는 개념은 예를 들면 유아교육과 노인교육 간의 교육상의 공통점과 차이점을 인정하고 공통점에 대한 체계를 분명히 세우는 동시에 차이점의 특징을 충분히 나타내도록 함을 의미한다.

(3) 모든 기관(학교, 직장, 대중매체, 도서관, 자원단체 등)과 모든 장소(학교, 가정, 사회, 직장 등)에서 이루어지는 교육을 수평적으로 통합

① 수평적 통합에는 기능적 통합과 제도적 통합의 2가지 개념이 내포되어 있다.

② 기능적 통합은 교육의 각 기관에서 고유한 목적 달성을 위하여 교육이 이루어지되 상호 모순과 갈등(예 학교에서는 협동을 중시하는 데 비해 대중매체에서는 철저한 경쟁을 강조함)이 있어서는 안 된다는 뜻이다.

③ 제도적 통합이란 평생교육의 각 기관들이 상호 밀접하게 연결되는 제도적 장치가 필요하다는 뜻이다. 이 연결은 형식적 및 비형식적 교육의 차원에서 공고히 이루어짐으로써 평생을 통하여 쉽게 교육받을 수 있는 기회가 마련되어야 함을 의미하고 있다.

(4) 일반교육과 전문교육의 조화와 균형 유지

① 교육내용은 크게 일반교양교육과 전문교육으로 구분되며, 이 양자는 비록 서로 다른 내용을 전제로 하고 있으나 사실상 밀접히 관련되어 있다고 할 수 있다.

② 인생의 발달단계에 따라 강조되는 시기의 차이가 있으나(예 청년기와 중년기는 직업교육, 직업사회 전이나 후는 자아실현, 국민적 자질 함양 등 일반교양교육 강조), 평생에 걸쳐서 서로 조화와 균형을 이루어야 한다.

MEMO

07

(5) 계획적 학습과 우발적 학습을 모두 포함 – 의도적 교육과정과 잠재적 교육과정 중시

① 언어 학습의 경우처럼 인간의 지식, 기능, 태도의 대부분은 계획되고 의도된 상황에서보다는 계획되지 않고 의도되지 않은 상황에서 더 많이 학습된다.

② 평생교육의 목적을 달성하기 위해서는 교육의 긍정적인 측면만을 추구하여 진행되는 계획적 학습(의도적 교육과정)은 물론 의도치 않게 부정적 측면이 표출될 수 있는 우발적 학습(잠재적 교육과정)도 감안해야 한다. 이를 위해 개인을 둘러싸고 있는 환경의 교육화가 무엇보다 필요하다.

(6) 발달과업(developmental tasks)에 따른 계속적 학습 중시

① 발달과업은 해비거스트(R. J. Havighurst)에 의해 발전된 개념으로, 인생의 각 발달단계에서 반드시 학습해야 할 과업으로서 이 학습에 성공하면 장래 생활의 행복 및 후기 발달과업의 성취를 기약하며, 이에 실패하면 개인의 불행, 사회적 부적응, 후기 발달과업 학습에 곤란을 가져온다.

② 이와 같은 발달과업은 평생교육의 교육과정 구성에 있어서 중요한 내용이 될 수 있다.

(7) 자기주도적 학습 · 문제해결학습 강조

평생교육은 학습자의 자기주도적 학습과 문제해결학습을 강조한다.

(8) 국민 전체의 평생에 걸친 교육기회의 균등화 및 확대에 노력

① 종래 교육의 기회균등이라 함은 학교교육의 기회균등만을 의미했다. 그러나 평생교육은 평생 동안에 걸친 교육의 기회균등을 문제삼는다.

② 교육의 기회균등을 교육의 양적인 면에서 고찰한다면 각 개인들이 평생 동안에 받은 교육의 총시간 수가 균등해야 함을 의미한다. 그러므로 상대적으로 학교교육을 덜 받은 사람에 대한 학교 밖 교육 기회의 확대가 정책적인 차원에서 고려되어야 한다.

(9) 개인과 사회의 필요에 적극 대처하고 누구나 쉽게 접근 가능 – 방송통신학교의 출현

① 오늘날의 평생교육 체제에서 가장 문제되는 것이 학교교육과 학교 밖 교육 간에 그어진 뛰어넘을 수 없는 구획선이다. 이 구획선은 평생교육의 이념이 보급됨에 따라 점차 퇴색되어 가는 경향이 있는데, 방송통신학교 등 각종 원격교육 기관이 그 한 예이다.

② 평생교육은 교육의 형태, 내용, 방법을 다양화하고 융통성을 부여함으로써 개인 및 사회의 필요에 대처하는 동시에 누구나 쉽게 접근할 수 있게 한다.

MEMO

(10) 학교교육을 평생교육의 관점에서 재해석 – 학교의 교육 독점 방식에서 탈피

① 지식 기술의 폭발적 증가와 사회의 급진적 변화는 시간 및 공간적 유한성을 지닌 학교가 교육을 전담하는 것을 어렵게 만들고 있다.

② 현대사회에서는 교육을 학교에서 독점할 수 없게 되었기에, 학교는 어디까지나 평생교육의 일환으로 취급되어야 하고 해석되어야 한다. 학교교육은 평생에 걸친 개인의 잠재능력의 신장과 사회적 발전에 참여할 수 있는 바탕을 얼마나 튼튼하게 조성해 주느냐에 따라 평가되어야 한다.

(11) 사회를 교육적 환경으로 만들기 위해 노력 – '학습사회화'

① 인간의 학습은 우발적인 학습에 의해서도 이루어지며, 우발적인 학습은 교육의 순기능으로도 작용하지만 역기능으로도 작용한다.

② 대중매체에 의한 학습의 경우처럼 우발적 학습의 상당한 부분이 비교육적이며 현대사회가 지향하는 가치체계에 역행하는 수가 있는 것이다. 그러기에 사회를 교육적 환경으로 만들기 위해 노력해야 한다.

02 평생교육의 구현

1 구현방안 – 「평생교육법」, 「평생교육법 시행령」

(1) 다양한 학습지원제도

① 유·무급 학습휴가 실시: '순환교육'의 한 형태

② 공공학습비(도서비·교육비·연구비) 지원: 학습자에게 직접 지원함(voucher system)이 원칙

> **제8조 【학습휴가 및 학습비 지원】** 국가·지방자치단체와 공공기관의 장 또는 각종 사업의 경영자는 소속직원의 평생학습 기회를 확대하기 위하여 유급 또는 무급의 학습휴가를 실시하거나 도서비·교육비·연구비 등 학습비를 지원할 수 있다.

③ 전문인력 정보은행제(강사 정보은행제)

㉠ 강사에 관한 인적 정보를 수집하여 제공·관리하는 제도

㉡ 정보의 수집, 제공 및 관리는 본인의 동의가 있는 경우에만 할 수 있으며, 교육부 장관 및 지방자치단체의 장은 전문인력 정보은행제의 운영업무를 진흥원 및 시·도 진흥원에 위탁할 수 있다(「평생교육법 시행령」 제13조).

MEMO

07

④ **학습계좌(제)**: 국민의 개인적 학습경험을 종합적으로 집중·관리하는 제도로 국민의 평생교육을 촉진하고 인적 자원의 개발·관리가 목적 ⇨ 성인용 학습기록부(「평생교육법」 제23조)

> **인적자원개발(HRD : Human Resources Development)**
>
> 조직 및 개인의 목표 달성을 위하여 사람들의 직무관련 능력을 조직적으로 확충하는 수단이며, 행동변화를 목적으로 특정 기간 내에 실시하는 일련의 조직적 활동을 말한다. 이는 개인, 집단 및 조직의 효율성 향상을 위한 훈련과 개발, 조직개발 및 경력개발을 통합한 의도적인 학습활동으로, 개인의 성장과 개발, 조직의 성과향상, 지역사회의 개발과 발전, 국가의 발전과 국민복지의 향상을 달성하기 위한 조직화된 활동 또는 시스템이다.

⑤ **평생교육사**: 평생교육 담당 전문인력 ⇨ 교육부 장관이 자격 부여(1급·2급·3급 / 1·2급은 승급과정, 2·3급은 양성과정), 필요사항은 대통령령으로 정한다.
- ㉠ 역할: 평생교육의 기획·진행·분석·평가 및 교수업무를 수행
- ㉡ 직무범위(「평생교육법 시행령」 제17조)
  - ⓐ 평생교육 프로그램의 요구 분석·개발·운영·평가·컨설팅
  - ⓑ 학습자에 대한 학습정보 제공, 생애 능력개발 상담·교수
  - ⓒ 그 밖에 평생교육 진흥 관련 사업계획 등 관련 업무

(2) 다양한 평생교육기관 운영

구분	교육부 장관	교육감	관할청
인가	• 사내대학(종업원 수 200명 이상, 고용주가 부담) • 원격대학(방송대학, 방송통신대학, 사이버대학)		
등록		학교형태 평생교육시설	
신고		• 원격교육 형태 시설(10명 이상, 30시간 이상 교수) • 사업장 부설(종업원 수 100명 이상) • 시민사회단체 부설(회원 수 300명 이상) • 언론기관 부설 • 지식·인력개발 사업 관련 평생교육시설	
보고			학교부설 평생교육시설

✎ 지식·인력개발사업 관련 평생교육시설은 부설기관이 아니라 독립 시설이다.

MEMO

(3) 평생학습사회를 위한 실현방안

학점은행제	「학점인정 등에 관한 법률」에 근거, 학교 및 학교 밖에서 이루어지는 다양한 형태의 학습경험 및 자격을 학점으로 인정하고, 학점이 누적되어 일정한 기준(전문학사 80학점 이상, 학사 140학점 이상)이 충족되면 학위취득도 가능하게 한 제도
독학학위제	• 「독학에 의한 학위취득에 관한 법률」(1990)에 의거, 고교 졸업자 중 국가가 시행하는 단계별 시험에 합격하면 학사학위를 취득할 수 있는 제도 • 교양과정 인정시험(1단계) → 전공기초과정 인정시험(2단계) → 전공심화과정 인정시험(3단계) → 학위취득 종합시험(4단계)으로 진행 : 4단계는 반드시 응시해야 하지만, 1단계~3단계 시험의 경우 자격요건에 따라 시험과목의 전부 또는 일부를 면제받을 수 있다.
문하생학력인정제	「문화재보호법」에 따라 인정된 중요 무형문화재 보유자와 그 문하생으로서 일정한 전수교육을 받은 자에 대한 학점 및 학력인정제도
민간자격인증제	「자격기본법」에 따라 국가 외의 법인・단체 또는 개인이 운영하는 민간자격 중에서 사회적 수요에 부응하는 우수한 민간자격을 국가에서 공인해 주는 제도
직업능력인증제	직업인으로서 갖추어야 할 기초 직업능력(직무 기초 소양 및 직업 수행능력)을 분야별・수준별로 기준(직무능력표준 : NCS, 산업현장에서 직무를 수행하기 위하여 요구되는 지식・기술・소양 등의 내용을 국가가 산업부문별・수준별로 체계화한 것)을 설정하고, 객관적 측정을 통하여 해당 능력의 소지 여부를 공식적으로 인증해 주는 제도 ⇨ 학력 중심 사회 극복, 취업과 승진의 근거로 활용
대학시간등록제	전일제 학생 외에 추가적으로 학생들을 모집하여 대학교육을 제공 ⇨ 성인들에 대한 교육기회 확대

2 평생학습 방법론

(1) 평생학습의 강조점

① 적응적 학습(adaptive learning) : 변화하는 환경에 반응하거나 대처하는 학습 ⇨ 경험과 반성을 통한 학습

② 예견적 학습(anticipatory learning) : 미래의 부정적 결과를 예견하고 예방 ⇨ 학습에 대한 비전-성찰-실천의 방법

③ 메타학습(meta learning) : ①과 ②의 도구성을 넘어 그것이 가지는 가치와 전제들에 대하여 비판적으로 성찰함으로써 학습하는 과정을 학습

④ 실천학습(action learning) : 실제 업무 중에 발생한 문제해결학습 ⇨ 해결책을 찾아 실행

MEMO

07

(2) 평생학습 방법의 원리

① **자기주도성**: 남의 도움을 받지 않고 각 개인이 학습의 전 과정을 관리한다. ⇨ 자기주도적 학습(Knowles)

② **상호성**: 자기주도적 학습의 전제로서 학습자와 교사의 상호 대등한 상호작용적 활동이 이루어진다. ⇨ 계약학습

③ **다양성**: 평생교육의 대상은 다양하고 그에 따라 다양한 교육과정과 학습방법이 요구된다.

④ **원격성**: 정보통신기술의 발전에 힘입어 원격교육의 기술적 지원이 가능해짐에 따라 기존 교육체제에 비해 시간과 공간의 제약에서 자유롭다.

(3) 평생학습 방법의 유형

① 콜브(Kolb)의 경험학습(experiential learning)

㉠ 듀이(Dewey)의 경험과 반성을 중심으로 한 학습의 순환모형(경험 ⇨ 관찰 ⇨ 반성 ⇨ 행위)을 토대로 성인학습을 위한 이론을 전개

㉡ 경험학습의 순환(cycle)은 구체적 경험, 반성적 관찰, 추상적 개념화, 능동적(활동적) 실험 등의 4단계를 거쳐 진행

㉢ 경험학습의 4가지 양식(학습유형)을 정보지각방식(perception)과 정보처리방식(processing)에 따라 수렴형, 확산형(분산형), 동화형(융합형), 적응형(조절형)을 제시

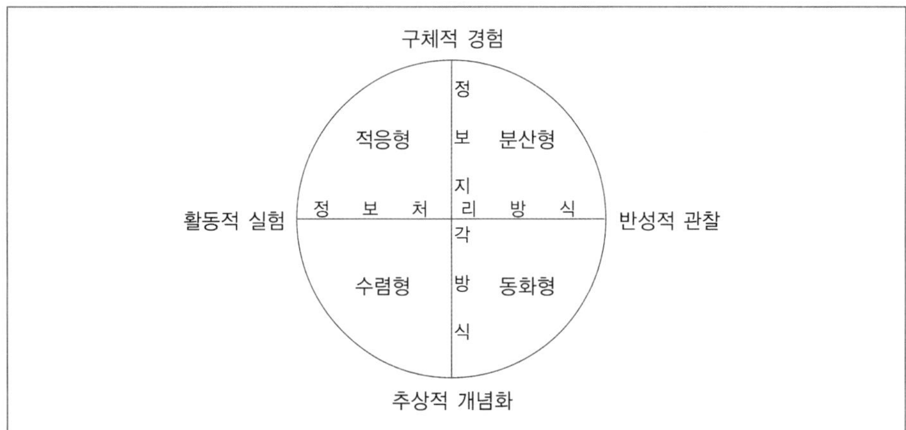

MEMO

구분		정보처리방식	
		활동적 실험	반성적 관찰
정보지각 방식	구체적 경험	적응형(accommodator, 조절형) : 구체적인 경험을 통해 지각하고, 활동적인 실험을 통해 정보를 처리하는 유형 ⇨ 계획 실행이 뛰어나고 새로운 경험을 추구하고 새로운 상황에 잘 적응함. 논리적으로 분석하기보다는 느낌에 따라 행동하며, 모험적이고 감각적이고 실험적인 특성을 지님. 지도력이 탁월함	분산형(diverger, 발산형) : 구체적인 경험을 통해 지각하고, 반성적으로 관찰하며 정보를 처리하는 유형 ⇨ 상상력이 뛰어나고 한 상황을 여러 관점에서 조망하며 풍부한 아이디어를 냄. 흥미 분야가 넓어 다양한 분야에 대해 정보를 수집함. 학습과정에서 교수자나 동료학습자와 좋은 인간관계를 맺을 수 있으며, 정서적인 특징을 가짐
	추상적 개념화	수렴형(converger) : 추상적으로 개념화하여 지각하고, 활동적으로 실험하면서 정보를 처리하는 유형 ⇨ 느낌보다 이성에 의존하며, 가설 설정과 연역적 추론이 뛰어나고, 이론을 실제에 잘 적용하여 의사결정능력이나 문제해결능력이 뛰어남. 사고 지향적이어서 사회문제나 사람들과의 관계에 능숙하지 못한 대신 기술적인 과제와 문제를 잘 다룸	동화형(assimilator, 융합형) : 추상적으로 개념화하여 지각하고, 반성적으로 관찰하며 정보를 처리하는 유형 ⇨ 논리성과 치밀성이 뛰어나고 귀납적 추리와 이론화에 강함. 여러 아이디어를 잘 종합해 내고 다각적으로 이해할 수 있어 이론적 모형을 잘 만듦. 과학적이고 체계적인 사고를 하며, 분석적·추상적 사고에도 강함

② 메지로우(Mezirow)의 관점전환학습(transformative learning)

㉠ 미드(Mead)의 상징적 상호작용이론(역할실행, 인성이론)과 듀이(Dewey)의 경험이론에 토대하여 이론을 전개

㉡ 표피적 행태(예 우리가 말하는 문장)인 의미 도식(meaning schemes)과 표피적 행태를 유발하는 원리 혹은 관점(예 문장을 지배하는 문법)인 의미 관점(meaning perspectives)을 구별 ⇨ 학습이란 하나하나의 표피 도식인 의미 도식을 바꾸는 일이 아니라 그 전체를 지배하는 의미 관점을 바꾸는 일

③ 노울즈(Knowles)의 자기주도적 학습(self-directed learning)

㉠ **노울즈가 성인학습의 한 형태로 주장** : 안드라고지(andragogy)는 성인교육을 이해하는 개념틀, 자기주도적 학습은 안드라고지를 실현하는 구체적인 도구에 해당

㉡ 학습의 전 과정✦을 학습자가 주도권을 가지고 스스로 진행하는 학습 ⇨ 메타인지 중시

㉢ **학습자의 주도적 역할, 학습자 스스로 학습하는 능력이 핵심** : 독학(獨學)이든 전통적인 수업이든 어떤 경우에도 학습의 통제권(locus of control)은 학습자 자신에게 있어야 하며 그가 주도권을 행사하는 학습이어야 한다.

✦ 학습의 전 과정
학습 project 설정 → 학습목표 설정 → 학습전략 수립 → 학습 진행 → 성취 평가

MEMO

07

④ 레반즈(Revans)의 실천학습(action learning)

㉠ 다양한 기술과 경험을 갖춘 일련의 팀을 통해 실제 업무상의 문제를 분석하고 실천 계획을 개발하는 학습 과정

㉡ 개인 및 조직의 발전을 위해 팀 활동을 하면서 중요한 조직의 이슈 또는 문제들을 인식하고 변화를 시도하는 과정에서 학습을 한다.

㉢ 경험적 학습(experiential learning), 창조적인 복잡한 문제해결, 관련된 지식의 획득, 공동학습 그룹 지원 등의 활동들로 구성되어 있다.

㉣ **특징**: 실천을 통한 학습의 강조, 팀 내 실천, 조직의 이슈 발견, 참가자는 문제해결자로서의 역할 수행, 팀 결정이 요구됨, 발표로 공식화함 등

Section 02 다문화교육(Multi-cultural Education)

MEMO

01 개관

1 다문화교육의 개요

(1) 다문화교육의 등장배경과 필요성

① 1960년대 미국에서의 사회적 불평등에 대한 시민권 운동의 산물이다.

② 인종, 민족, 계층, 성, 이념 등으로 인해 점차 다양해지는 학생 구성뿐만 아니라 모든 집단들의 늘어가는 형평성 요구에 대한 하나의 반응이다. ⇨ 모든 학생들의 교육적 형평성 증진을 위해 고안된 연구 분야이다.

③ 우리나라에서는 새터민(북한 이탈주민) 가정, 외국인 근로자 집단과 국제결혼 이주민 여성의 급속한 국내 유입 때문에 그 중요성이 커지고 있다.

(2) 다문화교육의 의미

① 다양한 인종, 민족, 계층, 문화 집단의 학생들에게 균등한 교육적 기회를 보장하는 것을 목표로 하는 교육이다. 긍정적인 문화교류적인 태도와 인식, 그리고 행동을 발달시키도록 돕는 것에 초점을 둔다.

② 자기문화에 대한 정체성을 바탕으로 타 문화에 대해 개방적・이해적인 태도를 길러 미래의 문화사회에 적응하게 만드는 교육을 말한다.

③ 특정 문화로 동화되도록 하는 문화적 용광로(melting pot)의 아이디어를 거부하고 다양성에 가치를 두는 사회, 즉 문화의 '샐러드 그릇(salad bowl)'을 지향한다.

(3) 다문화교육 관련 개념

① 국제이해교육(EIU : Education for International Understanding)

㉠ 제2차 세계대전 이후 전쟁 방지와 국제 평화 유지를 위해 도입된 개념

㉡ 국제이해교육이 서로 독립적인 국가 및 정치 공동체들 사이의 교류 및 관계 개선에 일차적 초점을 두었다면, 다문화교육은 한 국가 공동체 내부의 문화적 이질성(異質性)에 기반하여 하위 집단 간의 형평성 증진에 초점을 둔다.

MEMO

07

㉢ 국제이해교육은 보수적 입장에서 국가 간 권력 불평등의 문제 등에 대한 깊숙한 관여를 하지 않고 참여를 중심으로 한 타 문화 간 교류를 강조하나, 다문화교육은 교육의 형평성이나 구조적 불평등을 부각한다.

② **반편견교육(anti-bias education)**: 다문화교육의 일환(또는 전제)

㉠ 학생들이 성, 다문화, 인종, 민족, 장애, 사회계층, 종교에 상관없이 모든 사람들에 대해 편견을 갖지 않고 존중하며, 이러한 편견에 적극적으로 대응하는 능력을 길러주기 위한 교육이다.

㉡ 일상적인 교육과정과는 분리되어 특정 주간에 행해질 가능성이 높다.

(4) 다문화교육의 목표(J. Banks, 2006)

① **다문화교육은 자기 이해의 심화를 추구한다**: 이해와 지식을 통해 존경이 나올 수 있다고 가정하는 다문화교육은 개인들로 하여금 다른 문화의 관점을 통해 자신의 문화를 바라보게 함으로써 자기 이해를 증진시키고자 한다.

② **다문화교육은 주류 교육과정에 대안을 제시하는 것을 목표로 한다**: 주류와 소수의 교육과정과 학교문화 간 차이를 줄이고자 노력한다.

③ **다문화교육은 모든 학생들이 다문화사회에서 요구되는 지식과 기능, 태도를 습득하는 것을 목표로 한다**: 예를 들어 미국의 경우 주류 백인 학생들은 흑인 영어의 독특함과 풍부함을 배우고, 흑인 학생들은 표준영어를 말하고 쓸 수 있어야 한다.

④ **다문화교육은 다문화가정 자녀들이 인종적·신체적·문화적 특성 때문에 겪는 고통과 차별을 감소시키는 것을 목표로 한다.**

⑤ **다문화교육의 목표는 학생들이 전 지구적인 테크놀로지 세계에서 살아가는 데 필요한 읽기, 쓰기, 그리고 수리적 능력을 습득하도록 돕는 것이다**: 다문화적 자료와 정보는 학생들에게 의미 있고 학습의욕을 고취시킬 뿐만 아니라 이를 통해 습득한 기능은 성인으로서 직업을 구하고 살아가는 데 실질적인 도움을 준다.

⑥ **다문화교육은 학생들이 자신의 공동체에서 제구실을 하는 데 필요한 지식, 태도, 기능을 다양한 집단의 학생들이 습득하도록 도와주는 것이다.**

MEMO

2 다문화교육의 접근모형(정책모형)

(1) 동화주의(assimilation) 관점

① 이주민에게 자신의 문화적 정체성을 포기하고 주류문화에 동화되거나 융합되도록 요구하는 관점을 말한다. 예 문화 용광로(melting pot)

② 각 소수집단의 차이를 그대로 두는 것보다는 하나의 문화로 합치는 것을 이상적으로 여기므로 소수집단이 자신의 문화적 정체성을 버리고 주류문화에 통합되도록 돕는다.

③ 이민자가 주류사회의 언어를 배우고 그들의 자녀가 정규학교에 취학하도록 지원한다.

④ 소수집단 구성원에게 특정 문화(주류문화)의 정체성을 강요한다는 점에서 비민주적이라는 비판이 제기된다. ⇨ 소수집단 문화의 가치는 무시되고 소수집단 구성원은 열등한 존재로 경시됨

(2) 다문화주의(multiculturalism) 관점

① 한 사회 내에서 소수자들이 자신의 문화적 정체성을 유지하면서 공존하는 것을 허용하는 관점을 말한다.

예 문화의 샐러드 그릇(salad bowl) ⇨ 다양한 구성요소가 고유의 특성을 유지하면서도 더 가치 있는 전체를 만들어 냄을 비유

② 문화의 다양한 가치를 인정하고 개인에게 문화를 선택할 권리를 부여한다.

③ '통합을 위한 교육'과 '다양성을 위한 교육' 사이의 균형 문제가 제기된다. ⇨ 문화적 다양성을 존중하면서도 사회통합이 가능하도록 '통합성 속의 다양성(Banks)' 구현이 요구됨

02 다문화교육의 내용

1 다문화교육의 영역과 차원 – 뱅크스(J. Banks, 2002)

(1) 내용 통합

① 다문화교육에서는 사회의 다양한 집단과 구성원의 역사, 문화, 가치와 관련된 내용을 교육과정에 반영한다.

② 교육과정의 내용 선정이나 교과서의 내용 통합 방식에 관심을 기울이고, 교사는 다양한 문화 콘텐츠를 사용하여 문화적 다양성을 통합적으로 활용하여 제시한다.

MEMO

07

뱅크스(Banks)의 다문화교육과정 개혁에 대한 접근법

기여적(contribution) 접근법	영웅, 명절, 특별한 문화적 요소에 강조를 두는 것이다. ⇨ 영웅이나 기념일, 문화 공예품 등을 교육과정에 포함하여 다루는 것으로, 가장 먼저 빈번하게 사용하는 방식임 예 중국, 일본 등의 명절에 대해 공부(소개)한다.
부가적(additive) 접근법	교육과정의 기본 구조는 변경하지 않고 민족적 내용, 주제, 관점을 교육과정에 첨가하는 것이다.
전환적 (transformation, 변혁적) 접근법	교육과정의 기본 구조나 목적을 바꾸어서 학생들이 다양한 민족적 문화적 집단의 과정에서 개념, 문제, 사건, 주제를 볼 수 있게 하는 방법이다. 학생들에게 다양한 관점에서 관찰에 근거한 비판적이고 타당한 일반화를 개발하도록 격려한다.
사회적 활동(social action) 접근법	학생들은 중요한 사회적 문제를 결정하고 그것을 해결하기 위해 행동을 취하는 것을 의미한다. 예 최근의 사회적 이슈에 대해 함께 토의하고 캠페인 등의 활동에 참여한다.

(2) 지식 구성 과정

① 암묵적 문화적 관점이나 편견들이 지식이 구성되는 과정에 영향을 미친다는 사실을 학생들에게 이해시키고 지식에 대한 비판적 해석 능력을 개발하는 것과 관련된 영역이다. ⇨ 이를 통해 학생들은 지식의 복수성(multiplicity)을 이해할 수 있을 뿐만 아니라, 하나의 사회 현상에 대해서 입장에 따라 다수의 다른 시각이 존재할 수 있다는 점을 이해하는 데 도움을 받을 수 있다.

예 콜럼버스의 신대륙 발견을 개척자들의 시각뿐만 아니라 아메리카 원주민의 관점에서 재해석하게 하는 수업을 통해 지식의 가치 내재적인 속성을 비판적으로 인식하도록 도울 수 있다.

② 다문화교육에서는 지식이 중립적이지 않으며 한 사회 내의 권력 관계를 반영하여 구성되는 것이라 인식한다.

③ 학교에서는 학생들에게 지식이 구성되는 과정, 지식 생산자들의 목적과 관점을 확인하는 방법과 스스로 현실을 해석하는 방법들을 가르쳐야 한다고 본다.

④ 궁극적으로 지식의 형성 과정에 개인이나 집단의 인종·민족·성별 및 사회계층 등의 요인이 어떤 영향을 미치는지를 학생들이 이해하는 것을 돕기 위한 것이다.

(3) 편견 감소

① 교수법과 자료를 활용하여 학생들이 다른 문화 집단에 대해 긍정적이고 우호적인 태도와 가치를 발달시키도록 돕는 것과 관련된 영역이다.

② 소수집단에 대한 편견을 감소시키고 집단 간의 긍정적인 태도 형성을 돕기 위해 다문화교육에서는 편견 감소 전략을 활용한다.

예 다른 인종이나 종족의 얼굴 모양의 다양성을 인지시킨다거나, 비주류 인종 집단의 피부색에 대한 선호를 강화시키는 방법, 소수 집단과 관련된 내용을 교육과정에 포함시키고, 인종과 민족적으로 이질적인 집단을 구성하여 협동학습시키는 전략 등

MEMO

③ 교사의 입장에서 학생들의 인종과 민족에 대한 편견을 줄이는 긍정적인 방법을 모색해야 한다.

(4) 공평한 교수법

다양한 학생들의 배움에 적합한 교수법을 사용하여, 다양한 인종이나 민족 및 사회 계층을 가진 학생들의 평등한 학업성취를 위한 교수법을 개발해야 한다.

① 다양한 집단별로 서로 다른 학습양식(learning style)을 반영한다.
② 협동학습을 적용하고자 노력한다. 이를 위해서 교사는 다양한 학생들의 문화적 배경을 이해하고 이들의 특성을 교수 전략에 반영할 수 있는 능력을 갖추어야 한다.

(5) 학교문화와 조직

① 다양한 배경을 지닌 학생들이 학교에서 교육적 평등과 문화적 능력을 경험할 수 있도록 학교의 문화와 조직을 재구조화하는 과정과 관련 있다.
② 학교가 다문화적 공간으로 변화하기 위해서는 교직원의 태도, 인식, 신념 및 행동, 공식적인 교육과정 및 교과 내용, 학교가 선호하는 교수 학습 방법, 학교 언어, 교수학습 자료, 평가 절차, 학교문화와 잠재적 교육과정, 상담 프로그램 등에 대한 점검과 개선이 필요하다.
③ 다양한 민족·인종·문화적 그룹의 학생들이 학교에서 균등하게 역량을 발휘할 수 있는 학교문화를 창출해야 한다.

다문화교육의 영역(뱅크스, 2002)

영역	내용
내용 통합	교사들이 자신의 교과나 학문 영역에 등장하는 주요 개념, 원칙, 일반화, 이론을 설명하기 위해서 다양한 문화 및 집단에서 온 사례, 사료, 정보를 가져와 활용하는 정도를 지칭한다.
지식 구성 과정	특정 학문 영역의 암묵적인 문화적 가정, 준거틀, 관점, 편견 등이 해당 학문 영역에서 지식이 형성되는 과정에서 어떠한 영향을 미치는지를 의미한다.
편견 감소	학생들의 인종적 태도의 특징들을 구별하고 그것이 교수법이나 교재에 의해 어떻게 변화될 수 있는지에 중점을 둔다.
공평한 교수법	교사가 다양한 인종, 민족, 사회계층 집단에서 온 학생들의 학업성취도를 향상시키기 위하여 학생들의 학습양식에 맞춰 수업을 수정하는 것을 말한다.
학생의 역량을 강화하는 학교문화와 조직	모든 집단의 학생들을 유능하게 하는 학교문화를 만들기 위해 집단구분과 낙인의 관행, 스포츠 참여, 성취의 불균형, 인종과 민족 경계를 넘나드는 교직원과 학생의 상호작용 등을 검토하는 것을 말한다.

MEMO

2 다문화교육의 내용(양영자, 2008)

(1) 소수자 적응교육

① 기존의 주류 사회가 새로운 이주자를 받아들이는 첫 단계에서 사회통합을 위해 가장 보편적으로 행해지는 교육으로 동화주의자의 관점에 기초하여 주류 사회로의 동화에 초점을 맞추는 것이다.

② 가장 지배적인 유형으로, 기초학습능력과 한국문화정체성 함양, 한글 능력 향상과 한국문화이해의 심화 등이 교육의 주된 내용이다.

(2) 소수자 정체성 교육

① 다문화주의자들의 관점에 기초한다.

② 소수자의 정체성 함양에 초점을 맞추어 이들의 자존감을 회복하고 자신이 속한 문화집단에 자부심을 가지도록 하는 데 관심을 기울인다.

③ 소수자 문화가 그들만의 고유한 특성을 지닌 것으로 인정하면서 교육한다.

(3) 소수자 공동체 교육

① 소수자들의 정서적 지지를 위한 정서적 지원망 확보에 도움을 줄 수 있는 것이다.

② 소수인종 문화 집단 간 혹은 소수 집단 내에 갈등이 생길 때 요구되는 교육으로서 집단 간 이해를 도모하여 긴장과 갈등을 경감시키고 이들의 집단 간 사고의 지평을 확장시켜 주는 데 초점을 두는 교육이다.

(4) 다수자 대상의 소수자 이해교육

① 다수자를 대상으로 소수자에 대한 차별과 편견의식을 제거하는 데 초점을 맞추는 것이다.

② 소수자에 대한 편견 제거와 차별 철폐를 이루려면 다수의 인식 변화를 꾀할 수 있어야 하며, 따라서 국가 교육과정을 통해 이루어지기에 가장 적합한 교육내용이다.

한국 다문화교육의 개념화 모형(양영자, 2008)

<table>
<tr><th>구분</th><th>한국 다문화교육 유형</th><th>관점</th><th>Banks의 다문화교육과정 개혁 모형</th></tr>
<tr><td rowspan="3">단기</td><td>소수자 적응교육</td><td>동화주의자</td><td>주류 중심 모델</td></tr>
<tr><td>소수자 정체성 교육</td><td rowspan="4">다문화주의자</td><td>문화 첨가적 모델</td></tr>
<tr><td>소수자 공동체 교육</td><td rowspan="3">다문화 모델</td></tr>
<tr><td>중기</td><td>다수자 대상의 소수자 이해교육</td></tr>
<tr><td rowspan="2">장기</td><td>모두를 위한 교육</td></tr>
<tr><td>다문화교육과 국제이해교육의 연대</td><td>문화다원주의자</td><td>전 지구적 모델</td></tr>
</table>

MEMO

3 다문화가정

(1) 다문화가정의 유형

국제결혼 가정, 외국인 근로자 가정, 새터민(북한 이탈주민) 가정

(2) 다문화가정의 아동이 보이는 문제

학습부진 문제, 정서적 적응 문제(예 따돌림, 정체성의 혼란 등)

4 다문화교육의 방향

(1) 타 문화에 대한 이중적 잣대를 버리고 이해의 관점을 가져야 한다.

① 외면적으로는 외국문화를 싫어하면서 내면적으로는 선진국의 물질문명을 맹신적으로 모방하는 태도를 탈피해야 한다.

② 인종에 있어 미국이나 유럽의 백인에게는 우호적이나 유색인종은 멸시하는 인종차별의 이중적 논리를 탈피해야 한다.

③ 여러 인종과 민족이 활발히 교류하는 국제시대의 일원이므로 다른 나라 사람들의 문화나 종교, 정치 등에 대해서 이중적 잣대를 버려야 한다.

(2) 다문화교육의 궁극적 대상은 외국인이 아니라 미래사회의 주인공이 될 우리 사회의 청소년이다.

① 다양한 문화를 이해하고 수용할 줄 아는 힘을 길러주고 다른 문화와 공존할 수 있는 방법을 체득할 수 있도록 해야 한다.

② 타 문화를 자기 문화로 편입시키거나 동화시키는 교육이 되어서는 안 되고, 다양한 문화가 공존하는 교육의 장으로 나아가야 한다.

(3) 다문화교육은 공교육의 한계를 극복하고 새로운 교육의 방식을 실험하는 개혁운동이다.

① 학생 개개인의 다양한 문화적 환경을 인정하고 문화적 접촉 기회를 제공하면서 타 문화에 대해 유연하고 통합적인 사고방식을 강조한다.

② 사고의 변화는 학교를 넘어서 사회의 여러 기관과의 연계를 통해 확산된다. 특히 교육의 범위나 대상은 학교에 한정되어서는 안 된다.

MEMO

07

(4) 지역사회의 여러 단체들과의 문화기관들이 협력하여 다문화교육의 이해와 체험이 가능한 프로그램을 구상해야 한다.

① 다문화교육에 활용할 수 있는 교재의 개발과 미디어 개발이 가장 시급하다.
② 범국가적 차원에서 다문화교육에 필요한 교재와 자료를 개발하고 후원하는 지원체제가 요구된다.

5 교육적 적용 – 다문화교육을 위해 교사가 해야 할 일

① 다문화교육을 담당할 수 있는 적절한 지식, 태도, 기능을 습득한다.
② 수업시간에 사용하는 교과서 및 학습 자료에 인종차별적 요소가 있는지 파악하고 이를 개선한다.
③ 수업에서 다문화가정 학생들이 만든 여러 가지 자료를 활용하고, 그들의 견해에 관심을 갖는다.
④ 교사의 기대는 학생들의 성취도에 지대한 영향을 미치므로 다문화가정의 자녀들이 높은 학업 성취를 이룰 수 있도록 그들의 가능성을 인정하고 격려해 준다.
⑤ 협동학습으로 수업시간에 다양한 배경의 학생들이 어울려 학습할 수 있는 장을 마련한다.

Section 03 영재교육

MEMO

01 영재의 정의(개념)

1 영재의 정의(개념)

① 렌줄리(Renzulli) : 일반능력(지능) + 창의력 + 과제집착력(동기요인) 등이 평균 이상인 자 ⇨ 3개의 고리모델(three ring model, 회전문 모형)

② 피르토(Piirto) : 영재는 교과목을 빠르게 학습할 수 있는 능력을 갖춘 사람 ⇨ 발생적 측면(유전인자, 기본적 요인), 정서적 측면(열정, 호기심, 자기효능감 등), 인지적 측면(최소한의 지적 능력), 재능적 측면(개인이 소유한 특수한 재능), 환경적 측면(학교 환경 중시)으로 개념화

2 「영재교육 진흥법」 – 제2조

'영재'란 재능이 뛰어난 사람(지능, 특수 학문 적성, 창의적 사고능력, 예술적 재능, 신체적 재능, 그 밖의 특별한 재능)으로서 타고난 잠재력을 계발하기 위해 특별한 교육을 필요로 하는 사람을 말한다.

MEMO

07

02 영재교육의 방법

1 풍부화(다양화, enrichment)

(1) 개념

정규 교육과정 이외의 다양한 자기지시적(self-directed)이거나 독립적인 교육경험을 첨가하여 제공 ⇨ 심화학습 프로그램

(2) 방법

① 사사 프로그램(mentor program) : 학생이 전문가를 직접 찾아가 배우거나 전문가를 초빙해 수강 ⇨ 배움에 동기가 강한 학생의 잠재적 능력과 내적 체험을 촉진

② 토요 프로그램(saturday program) : 영재아들끼리 동일한 집단을 편성하여 일상적인 학교생활에서 파생되는 스트레스와 문제를 해소하는 방법

③ 독립 연구(개별 탐구학습, independent study) : 문헌조사 연구와 과학실험 연구

④ 현장교육(field trips) : 현장에 직접 가 봄으로써 보다 산교육을 체험 ⇨ 장래의 자기 진로를 결정하는 중요한 경험 제공

⑤ 특수학교 설립 : 영재학교, 영재학급(일반학교 내 설치), 영재교육원 등 신설

⑥ 렌줄리(Renzulli)의 영재학습 모형(심화학습 3단계 모형) : 1단계와 2단계는 영재뿐만 아니라 모든 학생들을 대상으로 하며, 3단계는 영재만을 위한 활동이다.

㉠ 일회적 · 단선적인 판별 지양과 영재 선정의 범위를 확대한 삼부 심화학습 모형 제시 ⇨ 영재 판별도구이자 영재교육 프로그램

㉡ 주로 초등학생에게 실시되었으나 중학생에게도 효과적으로 사용될 수 있는 모형

단계	내용
제1단계 (전체 학생 중 20% 선정)	일반적인 탐구활동 예 주제 발견하기 ⇨ 인식의 지평을 확대해 주는 내용중심 탐구활동
제2단계	소집단 단위의 학습활동(집단훈련활동) 예 창의성과 문제해결력 향상하기 ⇨ 학습방법 중심의 활동
제3단계 (핵심)	개인 또는 소집단 단위의 실제적인 문제해결 및 연구활동 ⇨ 연구를 위한 기술이나 영재의 잠재력 계발

MEMO

2 가속화(속진, acceleration)

(1) 개념

정규 학습 과정을 일반 학생보다 빠르게 학습하는 방법 ⇨ 교육과정 압축(curriculum compacting, 학습 촉진 프로그램) 강조

교육과정 압축

렌줄리(Renzulli)가 제시한 개념으로, 이질적 교실에 있는 우수한 학생들을 위해 이미 숙달한 학습자료의 반복을 피하도록 교육과정을 재구성 혹은 핵심화하는 과정을 말한다.
⇨ 교육과정에 대한 학습자의 도전수준을 향상시키며, 기초학습 기술의 숙달을 보장하면서 심화 혹은 속진형 학습활동의 기회를 마련해 주는 방안으로 그 시행을 위해서는 사전에 훈련을 받은 전문가가 필요하다.

(2) 방법

① 월반제도(grade skipping), 상급학교 조기입학제도(early entrance to school/college), 대학과정 조기이수제도(college courses in high school)

② 비민주적인 요소는 있으나 누구나 능력에 맞게 교육을 받을 수 있다는 법률 조항을 볼 때 영재특별교육은 교육의 기회균등 정신에 위배되는 것은 아니다.

MEMO

07

구분	풍부화(다양화, 심화학습 프로그램)	가속화(속진, 교육과정 압축 프로그램)
주창자	렌줄리(Renzulli)	스탠리(Stanley)
개념	정규 교육과정 이외의 경험을 제공	정규 교육과정을 일반 학생보다 빠르게 학습하는 방법
방법	• 사사 프로그램(mentor program) • 토요 프로그램(Saturday program) • 독립연구(개별탐구학습, independent study) • 현장교육(field trips) • 렌줄리(Renzulli)의 심화학습 3단계 모형	• 월반제도 • 상급학교 조기입학제도 • 대학과정 조기이수제도 • 선이수제도(AP)
장점	• 학습자의 관심과 흥미에 따라 연구과제를 설정할 수 있고, 생활 속의 문제를 중심으로 해결해 나가기 때문에 학습자의 동기를 유발시켜 자발적인 학습과 창의적인 결과물을 낼 수 있음 • 고차적인 사고기술 개발	• 월반 • 경제적인 면에서 효과적임 • 영재에게 호기심을 제공할 수 있음
단점	• 정규 교육과정과의 연속성이 결여될 수 있음(정규 교육과정과 어떻게 결합시키는지의 문제가 남아 있음) • 심화과정을 잘 가르칠 수 있는 전문적인 교사의 부족으로 전문성이 결여될 수 있음 • 재정적인 부담이 큼 • 프로그램의 개발이 쉽지 않음 • 학생들이 너무 분주함	• 중요한 기술을 놓칠 수 있음 • 교육과정의 수직적인 운영으로 인하여 폭넓은 학습경험을 제공하지 못할 수도 있음 • 과정은 무시하고, 내용지식 경험에 치중함

권지수의 탁월한 면접전략

합격지수 100
권지수 교육학

교육철학

Thinking Map

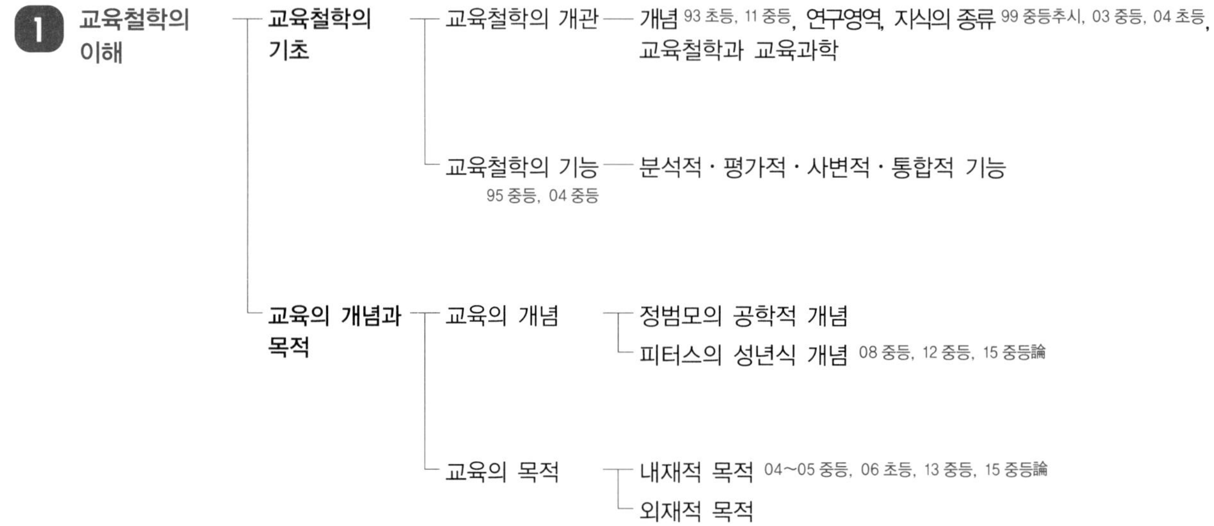

2 전통 철학사상
- 관념론 97 초등
- 실재론
- 프래그머티즘 — 프래그머티즘 99 초등, 듀이 01 중등, 03 중등, 06 초등, 10 중등, 11 초등

3 현대 교육철학

- 20세기 전반 교육철학
  - 진보주의 97~98 중등, 99 초등, 02~03 초등, 05 중등
  - 본질주의 94 초등, 94 중등, 99 초등보수, 02 중등, 06 중등
  - 항존주의 95 중등, 99 초등보수, 11 초등
  - 재건주의
- 20세기 후반 교육철학
  - 실존주의 97 중등, 00 초등보수, 02 중등, 03 초등, 06 초등, 09 중등, 12 중등
  - 분석철학 04 중등, 07 초등, 09 중등, 12 초등
  - 비판이론 99 초등, 09 중등, 11 중등, 12 초등
  - 포스트모더니즘 97 중등, 00~01 초등, 03 중등, 04 초등, 05 중등, 07 중등, 09 중등, 10 초등

합격지수 100
권지수 교육학

Chapter

01

교육철학의 이해

Section 01 교육철학의 기초

MEMO

01 교육철학의 개관

1 교육철학의 개념

(1) 개념적 의미 93 초등

① 어원적 의미 : philosophy(철학) = philos(사랑) + sophia(지혜) ⇨ 지혜를 사랑하는 것
⇨ 교육철학 : 교육에 관한 지혜를 사랑(탐구)하는 학문

② 일반적 의미 : 철학적 방법으로 철학적 수준에서 교육의 본질을 추구하는 학문

개념 다지기

교육의 어원 11 중등

1. 출처 : 『맹자』의 진심장(盡心章) 상편(上篇) ⇨ 君子有三樂, 得天下英才而敎育之 三樂也
2. 의미 : '가르치다'라는 의미의 교(敎 = 爻 + 子 + 攴)와 '기르다'라는 의미의 육(育 = 子 + 肉)이라는 글자의 합성어 ⇨ 학습자를 잘 가르치는 것뿐만 아니라, 보호하고 육성해야 한다는 의미를 포함

(2) 유사 개념

① 교육관 : 교육의 전반적인 과정(예 개념, 목적, 방법)에 대한 포괄적인 이해와 견해

② 교육사상 : 교육관을 좀 더 체계화한 것 ⇨ 교육의 전반적인 과정을 설명하고 그 과정의 원리를 체계적으로 정당화한 이론

③ 교육목적 : 교육이 나아가야 할 바람직한 방향, 이상적 인간상

2 교육철학의 연구영역

MEMO

08

(1) **존재론**(ontology; 형이상학 metaphysics) ⇨ **'무엇이 실재하는가?'**(사변철학)

① 개념 : '무엇이 실재하는가?(What is real?)' ⇨ 존재의 본질 또는 궁극적 실재 탐구

② 분류

㉠ 관념론(이상주의, 유심론) : 궁극적 실재는 관념 또는 정신

예 Platon(이데아)

㉡ 실재론(현실주의, 유물론) : 궁극적 실재는 물질

예 Aristoteles(사물의 본질은 개개의 사물 속에 내재)

㉢ 프래그머티즘(실용주의) : 궁극적 실재는 계속되는 변화 그 자체

예 Dewey

(2) **가치론**(axiology) ⇨ **'무엇이 가치 있는가?'**(규범철학)

① 개념 : '무엇이 가치 있는가?(What is valuable?)' ⇨ 가치의 본질 탐구 ⇨ 진・선・미・추・정의・불의 등 가치의 근거와 판단기준 탐구 ⇨ 있어야 할 당위 또는 이상 제시(있는 그대로의 사실 탐구 ×)

② 분류

㉠ 윤리학 : 인간의 행위와 관련된 도덕적 가치 탐구

예 올바른 행위란 어떤 것이며, 그 판단 근거는?

㉡ 미학 : 예술이 표현하려는 미적 가치 탐구

예 아름다움의 개념과 근거, 방식 탐구

(3) **인식론**(epistemology) ⇨ **'우리는 어떻게 아는가?'**(지식론)

① 개념 : '우리는 어떻게 아는가?(How to know?)' ⇨ 안다는 것은 무엇이고, 어떻게 지식을 얻을 수 있으며, 어떤 것이 참된 지식이고 거짓된 지식인가, 그리고 그것을 판단하는 근거는 무엇인가 등에 관하여 탐구

② 분류

㉠ 합리론 : 인식의 근원은 타고난 이성

예 Platon(이성을 통해 이데아를 인식・회상), Descartes

㉡ 경험론 : 지식은 감각적 경험을 통해 얻어지는 것

예 Aristoteles(지식은 감각적 경험에 의해 얻어지는 것이며, 이성은 감각적 경험에 의해 발달), Bacon

㉢ 논리학 : 지식 탐구의 방법적 원리 탐구(인식론의 일부)

예 연역법, 귀납법, 논리실증주의, 분석철학

MEMO

3 지식의 종류(Ryle) – 지식의 표현형태에 따라 99 중등추시, 03 중등, 04 초등

(1) 명제적 지식(propositional knowledge, 선언적 지식, 정적 지식)

① 개념: 어떤 명제가 진(眞)임을 아는 지식(I know that P), "~임을 안다."(X가 P임을 안다)로 표현 ⇨ 도식(schema)의 형태로 저장

② 특정한 사상(事象)에 관계된 신념(belief)에 해당하는 지식, 탐구 결과로 생성된 지식: 결과로서의 지식, 내용으로서의 지식

③ 성립요건: 신념조건, 진리조건, 증거조건(Platon) + 방법조건(Ryle)
세플러(Scheffler)는 증거조건과 방법조건을 포함하는가의 여부에 의해 '강한 의미의 앎(knowing in the strong sense, 증거와 방법조건을 포함하는 앎)'과 '약한 의미의 앎(knowing in the weak sense, 증거와 방법조건을 포함하지 않는 앎)'으로 나누었다.

성립요건	의미	제시자
신념조건	• 지식의 내용을 믿어야 한다. (핵심 조건) • X는 P임을 믿는다. 예 나(X)는 '지구가 둥글다(P)'라는 것을 믿는다.	플라톤(Platon)의 『메논(Menon)』
진리조건	• 지식의 내용이 진실이어야 한다. • P는 진(眞)이다. 예 지구가 둥글다는 것은 참이다.	
증거조건	• 지식이 진리라는 것은 증거를 통해 입증되어야 한다. • X는 P가 참임에 대한 증거 E를 갖고 있어야 한다. 예 멀리서 다가오는 배는 윗부분부터 보인다.	
방법조건	• 증거는 객관적으로 타당한 방법에 의하여 획득된 것이어야 한다. • X는 E를 얻은 타당한 방법을 제시할 수 있어야 한다.	라일(Ryle)

④ 종류: 지식의 검증방법에 따른 구분 ⇨ 사실적 지식, 규범적 지식, 논리적 지식

사실적 (경험적) 지식	• 사실이나 현상을 기술하거나 설명하는 지식: 객관적으로 존재하거나 존재한다고 가정하는 세계에 관한 지식 • 경험적 증거나 관찰에 의해 진위 판명 • 가설적 · 개연적 지식, 경험적 지식, 귀납적 지식 예 장미는 빨갛다. / 일본은 섬나라이다. / 철이 공기 중에서 산소를 만나면 녹이 슨다. 경험적(과학적) 지식: 신념 · 진리 · 증거 · 방법조건을 모두 충족 예 지구는 둥글다. 형이상학적(사변적) 지식: 신념 · 진리 조건만을 충족 예 귀신은 존재한다.
규범적 (평가적) 지식	• 가치나 규범을 나타내는 지식, (도덕적 · 미적) 주장이나 가치판단을 내포하는 지식 • 평가적 용어(예 좋다, 나쁘다, 옳다, 그르다, 바람직하다)를 포함하는 진술로 구성 • 준거 또는 근거에 의해 정당화되며, 가설적 타당성(절대적 타당성 ×)을 지닌 지식 • 진위 판명이 어렵다. 예 거짓말은 나쁘다. / 음주는 건강에 좋다. / 사회주의는 바람직한 사회제도이다.

MEMO

논리적 (개념적) 지식	• 문장 요소들 간의 의미상 관계를 나타내는 지식 ⇨ 분석적 지식, 형식적 지식 • 개념과 개념 간의 논리적 관계에 의해 진위 판명 • 의미에 관한 사고가 요구되며, 경험적 세계에 대한 정보를 제공하지 못한다. • 논리적 규칙을 제공하며, 무모순성의 조건과 일관성의 조건이 요구된다. 예 총각은 결혼하지 않은 성년의 남자이다. / 할머니는 어머니의 어머니이다. / 한 점으로 같은 거리에 있는 점들의 집합을 원이라고 한다.

(2) **방법적 지식**(procedural knowledge, 절차적 지식, 묵시적 지식, 역동적 지식)

① 개념 : 어떤 과제의 절차와 방법에 대한 지식(I know how~), "~할 줄 안다(know-how)"로 진술, 반드시 언어로 표현될 필요는 없다.

예 빨래를 할 줄 안다. / 컴퓨터를 다룰 줄 안다. / 영어회화를 할 줄 안다.

② 특정한 능력(ability)을 기르는 데 사용되는 지식, 무엇을 알고 있는가보다 무엇을 할 수 있는가와 관련된 지식 : 다양한 지식과 정보를 효과적으로 활용하는 지식, 과제 수행에 요구되는 규칙과 원리 습득을 전제

③ 문제해결학습, 발견학습, 탐구학습, 구성주의, 자기주도적 학습, 수행평가 등에서 중시

4 교육철학과 교육과학

구분	교육과학	교육철학
탐구대상	사실, 현상 ⇨ 감각기관에 의해 참, 거짓을 판단할 수 있는 '사실'	의미, 가치 ⇨ 감각기관이 아닌, 다른 근거에 의해 참, 거짓을 판단할 수 있는 '의미' ⇨ 일상적 의미(분석철학의 관심), 규범적 의미
기능	사실을 기술, 설명, 예언, 통제 ⇨ 구체적 사실들을 일반화된 진술로 기술, 기술된 사실이 왜 일어나는지를 법칙이나 이론으로 설명, 설명의 법칙이나 이론에 근거해 앞으로 일어날 사실이나 현상을 예언, 이에 따라 사람들의 행동을 일정한 방향으로 통제	의미의 분석, 비판, 정당화 ⇨ 일상적 의미를 분석하고, 규범적 의미를 비판하거나 정당화
다루는 명제의 성격	경험적 명제(사실적 명제) ⇨ 다섯 가지 감각기관에 의해 알 수 있는 경험적 명제를 다룸	개념적 명제(논리적 명제), 규범적 명제(가치론적 명제) ⇨ 말의 의미나 개념의 관계를 분석(일상적 의미의 경우), 이상적인 당위를 제시(규범적 의미의 경우)

MEMO

정리	• 교육과학은 현실에 있는 사태를 그대로 기술하고 설명하여 교육현상의 법칙을 찾지만, 교육철학은 교육의 목적 내지 가치를 구명하고 탐구한다. • 교육과학은 교육에 관한 시실을 결정하고 증명하는 것이고, 교육철학은 그 사실을 해석, 비판, 평가하여 교육의 목적과 이상을 설정한다. • 교육과학은 교육철학이 밝힌 목적 내지 이상을 실현시킬 방법과 수단을 구하고, 교육철학은 교육과학을 인도한다. • 교육철학은 교육과학에 의해 발견된 교육적 사실에 기초하여 전개되며, 교육과학의 근본전제를 비판하고, 교육사실의 근원을 찾고자 한다.

02 교육철학의 기능 95 중등, 04 중등

분석적 기능	• 언어의 의미와 논리적 관계를 명백히 하거나 각종 가치판단 기준을 밝히는 행위 ⇨ 애매모호함을 없애거나 줄이는 일, 동어반복과 논리적 모순을 가려내는 일, 함의와 논리적 가정 등을 밝히는 일을 포함함 예 '철수가 착하다 또는 훌륭하다'라는 말의 의미 • 교육에 관해 의사소통을 명확히 하고 올바른 사고를 전개하기 위해서는 무엇보다도 언어의 의미나 가치판단의 기준을 분명히 하는 것이 필요
평가적 기능	• 어떤 기준에 비추어 실천, 이론, 주장, 원리가 만족스러운가를 밝히는 행위(가치판단) 예 옳다, 옳지 않다, 바람직하다, 나쁘다, 해야 한다 • 평가적 활동을 위해서는 분석적 기능(평가기준을 명료화함)의 도움이 필요 ⇨ 분석적 기능이 좌표 혹은 원리를 명백히 하는 노력이라면, 평가적 기능은 그 좌표 혹은 원리대로 교육을 이루고자 하는 노력 예 '한국은 교육의 기회균등이 이루어지고 있는가?'(평가적 질문) ⇨ '교육의 기회균등'의 개념 분석이 선행되어야 함(분석적 기능)
사변적 기능	• 어떤 문제를 해결하기 위해 새로운 의견, 제안, 가설, 원리, 이론 등을 창출하려는 노력 예 어떤 지식관, 아동관, 교사관을 구안하고, 그에 따라 교육은 이러저러한 것이라든지 또는 이러저러해야 한다고 제안하거나 주장하는 일 • 분석적 기능이 가치판단 기준을 밝히는 행위라면, 평가적 기능은 가치판단을 하는 행위이며, 사변적 기능은 대안을 제시하는 행위
통합적 기능	• 하나의 현상이나 과정을 전체로서 파악하고 여러 부분과 차원을 통합하여 이해하려는 행위 ⇨ 나무도 보고 숲도 볼 수 있는 종합적인 안목 • 교육현상을 이해하기 위해 다양한 학문(예 심리학, 사회학, 행정학, 철학 등)의 서로 다른 관점을 통합하여 이해하는 노력이 필요. 또 교육의 목표와 이를 달성하는 데 적합한 교육내용·교육방법, 이를 뒷받침하는 교육제도나 행정기관 등을 상호 유기적으로 통합하여 효율성을 높임

Section 02 교육의 개념과 목적

MEMO

01 교육의 개념

1 교육개념에 대한 비유적 정의

(1) **주형(鑄型)** – 교사 중심의 전통적인 교육관

① 의미

㉠ 교육을 '제작자'(교사)가 '쇳물이나 진흙'(아동)을 일정한 모양의 틀에 부어 어떤 모양을 만들어 내는 일로 이해하는 방식이다.

㉡ 교사는 교육과정의 주도적 역할을 담당하는 불변의 존재, 학생은 일방적으로 변화되어야 할 존재

㉢ 로크(Locke)의 형식도야설, 행동주의자, 주입의 비유, 도야의 비유가 해당

로크(Locke)	아동의 마음은 백지(tabula rasa)와 같아서 아동이 어떤 경험을 하고 교사가 어떤 형태의 감각 자료를 제공해 주느냐에 따라 달라질 수 있다. ⇨ 수동적 백지설
왓슨(Watson)	"나에게 12명의 아동을 다오. 건강한 신체를 가진 아이와 적절한 장소를 주기만 하면 자신이 원하는 어떤 전문가든지 만들어 낼 수 있다. 의사나 교사 등 원하는 대로 만들어 주겠다." ⇨ 교육만능설
주입(注入)	항아리에 물을 부어 넣듯 교육은 인간의 마음속에 지식이나 규범을 집어넣는 것이다.
도야(陶冶)	운동을 통해 근육을 단련하듯 교과를 통해 몇 가지 마음의 능력(心筋)인 지각, 기억, 상상, 추리, 감정, 의지를 단련해야 한다. ⇨ 능력심리학, 형식도야이론

② 문제점

㉠ **틀에 박힌 인간 향성**: 주형이라는 틀에 맞추어 주물을 만들어 내듯이, 학생들에게 일방적으로 지식을 주입하여 틀에 맞는 인간을 만들어 낼 수 있다.

㉡ **교사와 학생의 관계에 대한 오해**: 교사는 일방적으로 가르치는 존재로, 학생은 일방적으로 받아들이는 수동적 존재로 이해될 수 있다.

㉢ **도덕적 문제 야기**: 실제 교육상황에서 잘못된 권위주의나 도덕적 문제를 유발할 수 있다.

MEMO

(2) 성장(成長) – 아동 중심의 교육관, 새교육운동, 낭만주의 교육관

① 의미

㉠ 교육은 아동이 가진 잠재 가능성을 자연스럽게 실현해 나가는 과정 ⇨ 교육은 식물의 성장과정에 해당한다.

㉡ 학습자가 교육과정의 주도적 역할을 담당, 교사는 학습자가 잘 성장할 수 있도록 환경을 조성하거나 도와주는 역할

㉢ 루소, 진보주의, 아동중심 교육이 해당한다.

구분	내용
루소 (Rousseau)	'자연에 따라서(according to nature)' ⇨ 교육은 사회의 나쁜 영향으로부터 아동을 보호하고 아동의 자연적 성장을 격려하는 것
진보주의	아동의 내면적 성장과 자율성을 존중하는 아동중심 교육 표방 ⇨ "우리는 교과를 가르치는 것이 아니라 아동을 가르친다(We teach children, not subjects)."

② 교육사적 의의

㉠ 아동의 요구나 흥미, 잠재능력 그리고 심리적 발달단계에 관심

㉡ 교육의 강조점을 기존의 '무엇을 가르칠 것인가'에서 '누구를 가르칠 것인가'로 전환

③ **문제점**: 교과와 교사의 역할을 과소평가하는 경향 ⇨ 교육은 아동 마음대로 하는 것이 아니라 적절한 권위를 가진 교사에 의해 지도되어야 한다는 사실을 간과

(3) 예술, 성년식 – 주형과 성장에 대한 대안적 비유

① **예술(藝術)의 비유**: 교사와 학생이 함께 가르치고 배우는 과정을 중시

㉠ **배경**: 주형과 성장의 비유가 교사와 학생의 관계를 잘못 설정하고 있는 데 대한 대안. 주형은 교사의 역할을 일방적으로 강조, 성장은 학생을 지나치게 강조 ⇨ 교사와 학생이 함께 가르치고 배우는 과정을 무시

㉡ **의미**: 예술가는 예술작품을 만들 때 재료의 성질을 고려하여 제작 ⇨ 예술가와 재료의 관계처럼 교사와 학생도 상호작용하는 관계

㉢ **문제점**: 주형 비유의 변형된 형태 ⇨ 교사(예술가)와 학생(재료)의 관계가 대등한 관계가 아니라 교사(예술가)의 역할이 강조된다는 점

② **성년식(成年式, initiation)의 비유**: 교육내용과 교육방법의 관련성을 모두 중시

㉠ **배경**: 주형과 성장의 비유가 교육내용과 교육방법의 관련성을 잘못 파악하고 있는 것에 대한 대안적 비유. 주형은 교육내용만을 강조, 성장은 교육방법을 더 강조하려는 경향

㉡ **의미**: 성년식은, 교육을 미성년자인 학생을 '문명화된 삶의 형식, 즉 인류 문화유산에 입문시키는 일'로 정의 ⇨ 문명화된 삶의 형식으로 입문시키기 위해 전달되는 교육내용과 교육방법은 밀접하게 연관

MEMO

08

㉢ **문제점**: 주형 비유의 변형된 형태 ⇨ 교육내용인 인류 문화유산을 일차적으로 더 강조하며, 교육방법은 교육내용에 의해 결정되는 것이라는 점

(4) **만남** – 주형, 성장, 성년식, 예술에 대한 대안적 비유

① **배경**: 주형, 성장, 성년식, 예술의 비유가 지닌 문제점 – 교육의 과정을 점진적이고 지속적인 과정으로만 이해 ⇨ 단속적이고 비약적으로 이루어지는 교육의 측면을 간과

② **의미**: 교육은 교사나 학생 간의 만남을 통해 갑자기 또는 비약적으로 변하는 측면이 있을 수 있음을 가정 ⇨ 교육은 인격적인 만남을 통해 이루어지는 단속적이고 비약적인 성장과정

③ **문제점**: 교육의 일반적인 모습으로 보기 어려우며, 비약적이고 갑작스러운 변화를 기대하다 보면 요행주의로 흐를 위험성이 있다는 비판을 받음

2 교육개념에 대한 현상적 정의

(1) 조작적(操作的) 정의(operational definition)

① **개념**: 개념을 관찰 가능한 형태로 과학적으로 정의하는 방식

㉠ 과학적 지식은 관찰(측정)할 수 있는 반복적 조작에 의해 객관화되며, 구체적 사태의 조작에 의해 그 의미를 규명

㉡ 관찰할 수 없는 것을 관찰이 가능하도록 관찰되는 사태를 정의의 한 부분으로 포함하여 객관적으로 정의

예 온도를 '수은주에 나타난 눈금'으로 정의

㉢ 교육의 개념을 보다 분명히 하기 위해 교육활동의 요소와 그것이 작용하는 실제 과정을 관찰할 수 있는 형태로 정의

예 교육은 '인간행동의 계획적 변화'이다.

ⓐ 인간행동 자체가 조작적으로 정의되어야 한다. (∵ 행동이 조작적으로 정의될 때 그 변화를 설명하고 실제적인 프로그램을 만들 수 있기 때문)

ⓑ 계획 또는 실제적 프로그램 자체가 조작이다. (∵ 프로그램이 인간행동의 변화를 관찰할 수 있도록 하기 때문)

㉣ 하나의 교육활동이 교육인지의 여부는 의도하는 인간행동의 변화가 실제로 관찰될 수 있는지에 달려 있다.

㉤ 교육개념의 추상성을 제거하고 교육활동을 명확히 규정하려 할 때 사용한다.

MEMO

② 정범모의 교육개념(공학적 개념) : "교육은 인간행동의 계획적 변화이다." — 『교육과 교육학』(1968)

- 교육을 관찰자적 관점에서 조작적으로 정의: 바깥으로 드러나는 '행동 변화'에 관심을 가지고 정의
- 교육개념의 중핵 개념 내지 개념적 준거: 인간행동, 변화, 계획적

㉠ 인간행동

ⓐ 교육의 관심사는 '인간'이며, 그중에서도 '인간행동'이다.

ⓑ 여기서 '행동'은 과학적 혹은 심리학적 개념으로서, 바깥으로 드러나는 외현적·표출적 행동(overt behavior)뿐만 아니라 지식, 사고력, 태도, 가치관, 동기, 성격 특성, 자아개념 등과 같은 내면적·불가시적 행동(covert behavior)이나 특성을 포함한다.✦

'행동주의(behaviorism)'에서 사용하는 행동(자극에 대한 신체적인 반응으로서의 행동)이 아니다.

ⓒ 교육이 인간을 대상으로 한다고 할 때의 인간은 '인간행동'으로 구체화되어야 하며, 인간행동은 과학적으로 규정될 필요가 있는 것이다.

㉡ 변화

ⓐ 교육은 인간행동의 '변화'에 관심을 두는 활동이다.

ⓑ '변화'라는 인간행동을 어떻게 하는지에 대한 답변이며 또한 교육학과 다른 학문(예 정치학, 사회학, 경제학, 심리학 등)을 구분하는 핵심 준거를 제공해 준다.

ⓒ '변화'라는 '육성, 조성, 함양, 계발, 교정, 개선, 성숙, 발달, 증대' 등을 포함하는 포괄적인 개념이다.

ⓓ 인간의 변화가 선천적으로 결정되어 있지 않다는 것을 전제하는 것이며, 교육이 참된 의미를 지니려면 인간행동의 변화를 실제로 일으킬 수 있는 힘, 즉 '교육력'을 지녀야 한다. 그것도 비교적 단시일에 변화를 일으킬 수 있는 것이라야 하며 지속적인 효과를 발휘할 수 있는 것이어야 한다.

㉢ 계획적

'교육'과 '교육이 아닌 것(예 학습, 성숙)'을 구분하는 결정적인 기준은 행동의 변화가 '계획에 의한 것인가'의 여부이다.

ⓐ 인간행동의 변화는 '계획적으로' 일어난 변화이어야 한다.✦

ⓑ 3가지 기준, 즉 *教育目標*(*教育目的* : 변화시키고자 하는 인간행동에 관한 명확한 설정), *教育理論*(인간행동의 변화를 이끌 수 있는 이론), *教育課程*(교육 프로그램 : 그 이론에 터한 구체적인 프로그램)을 만족시키는 변화만이 '계획적'인 변화이다.

ⓒ '계획적'이라는 준거는 교육과 교육 아닌 것을 구분하는 결정적 준거(예 학습, 성숙)일 뿐만 아니라 교육이 본래의 임무를 다할 수 있기 위한 가장 중요한 조건이기도 하다.

(2) 규범적(規範的) 정의(programmatic definition) : "교육은 ~이다(이어야만 한다)."

① **개념** : 하나의 정의 속에 '어떻게 해야 하는가, 어떻게 하는 것이 옳은가?'와 같은 규범 내지 강령이 들어 있는 정의를 말한다.

기술적 정의	규범적 정의
서술적 정의, 보고적 정의, 객관적 정의, 사전적 정의	강령적 정의, 목적적 정의
한 단어가 어떤 의미로 사용되어 왔는지에 관심	한 단어가 어떤 의미로 사용되어야 하는지에 관심
객관적・가치중립적으로 규정	주관적・가치판단적으로 규정
그 정의가 일상적인 의미를 충실히 반영하고 있는지를 묻는 언어적 질문의 성격을 지닌다.	그 정의 속에 들어 있는 규범 혹은 행동강령이 올바른가를 묻는 도덕적 질문의 성격을 지닌다.
"X는 무엇이다."의 형식을 취한다.	

② **가치판단이나 가치주장을 포함하는 정의** : 교육활동 속에 들어 있는 가치나 그 기준을 드러내는 데 관심을 둔다. 가치의 맥락에서 교육의 의미를 밝힐 필요가 있을 때, 교육개념 속에 붙박여 있는 내재적 가치를 실현하거나 강조할 필요가 있을 때 의미 있게 사용된다.

③ **피터스(Peters)의 교육개념 정의방식✦** : 『윤리학과 교육』(1966) ⇨ 분석철학적인 방식으로 윤리학과 사회철학을 교육문제에 적용, 오크쇼트(M. Oakeshott)의 항존주의 교육관에 영향을 받음

㉠ **교육을 행위자의 관점에서 규범적으로 정의**

ⓐ "교육은 교육의 개념 안에 붙박여 있는 가치를 도덕적으로 온당한 방식에 의해 의도적으로 전달하는 행위이다."

ⓑ 가치활동에의 입문, 공적 전통에의 입문, 문화유산에의 입문

ⓒ 교육의 개념 안에 붙박여 있는 3가지 준거(규범적 준거, 인지적 준거, 과정적 준거)를 모두 충족시키는 방향으로 가치 있는 활동 또는 사고와 행동의 양식으로 사람들을 입문시키는 성년식

ⓓ 모종의 가치 있는 것이 도덕적으로 온당한 방식에 의해 의도적으로 전달되거나 전달된 상태

㉡ **외재적 가치 지향성 비판** : 교육의 개념 속에 붙박여 있는 내재적 가치 실현과 관련된 '마음의 획득 혹은 계발'로 교육을 규정 ⇨ 교육의 실제적 효과와 관련된 수단적 혹은 외재적 가치 지향성을 비판

MEMO

피터스는 교육의 정의를 한마디로 정의하는 것을 거부하고, 교육의 개념을 ① 기준으로서의 교육, ② 입문(성년식)으로서의 교육, ③ 교육받은 사람으로 구분하여 제시하고 있다.

MEMO

암기법
규범 인과

ⓒ 교육개념의 3가지 성립 준거[암] 08 중등, 12 중등, 15 중등論

규범적 준거	• 교육에 헌신하려는 사람에게 가치 있는 것의 전달과정 ⇨ 내재적 가치 ⇨ "교육은 가치 있는 것을 전달함으로써 그것에 헌신하는 사람을 만든다." • 교육이 추구하려는 내재적 가치는 교육의 개념 속에 들어 있는 바람직성, 규범성, 가치성, 좋음 등과 가치를 의미 • 외재적 가치를 추구하는 것은 교육이 아니다.
인지적 준거	• 규범적 준거(내재적 가치)이 내용 면에서 구체화된 것 ⇨ 지식, 이해, 인지적 안목(지식의 형식) • "교육은 지식과 이해, 그리고 모종의 인지적 안목을 길러 주는 일이며, 이런 것들은 무기력한 것이어서는 안 된다." 즉, 지식과 정보 등이 유리되어 있는 상태가 아니라 사물 전체를 조망할 수 있는 포괄적이고 통합된 안목이 형성된 상태를 의미한다. ⇨ '보는 것'으로서의 교육, 즉 계명(啓明)을 의미 • 교육은 신념체계를 변화시키는 전인적 교육이어야 하며, 제한된 기술이나 사고방식을 길러 주는 전문화된 훈련(training)과는 구별된다.
과정적 준거	• 규범적 준거(내재적 가치)가 제시되는 방법상의 원리를 제시한 것 • 교육은 교육내용을 도덕적으로 온당한 방법, 즉 학습자의 의식과 자발성을 토대로 하여 전수되어야 한다. ⇨ "교육은 교육받는 사람의 의식과 자발성을 전제로 하며, 몇 가지 전달 과정은 교육의 과정으로 용납될 수 없다." • 학습자의 의식과 자발성을 유도하기 위해서는 아동에게 흥미(interest)가 있어야 한다. ⇨ 흥미는 심리적 의미(하고 싶어 하는 것, Dewey)가 아니라 규범적 의미(유익한 것)를 지닌 것 예 아동의 흥미를 존중한다는 것은 아동으로 하여금 내재적으로 가치 있는 것에 접하게 함으로써 그 내재적인 가치를 추구하도록 이끌되, 그 과정에서 현재 그의 흥미를 존중해야 한다는 의미로 이해되어야 한다. • 조건화(conditioning)나 세뇌(brain-washing)의 방식과는 다르다.

Plus

외재적 가치를 추구할 때의 문제

1. **정당화의 문제**: 외재적 가치는 '필요(need)'를 수반하는데, 이 경우 '무엇을 위한 필요인가?'라는 의문이 제기된다. ⇨ '필요'라는 '무엇'의 가치에 의해 결정되므로 '무엇'이 어떤 점에서 가치 있는지를 규명해야 할 필요가 있다.
2. **대안의 문제**: '그 필요를 충족시키는 수단이 꼭 교육이어야만 하는가?' 하는 문제
   예 국가발전을 기업투자로 할 수 있지 않은가?
3. **도덕의 문제**: 국가발전이 가치 있는 일이고(정당화), 그것이 교육을 통해서 할 수밖에 없다고 하더라도(대안), '국가발전을 위해서 피교육자를 조형해도 좋은가'라는 도덕적 문제는 여전히 남아 있음 ⇨ 인간은 어떤 경우에도 인간으로서 존중받아야 하기 때문이다.

MEMO

08

㉣ 입문(入門, initiation)으로서의 교육

ⓐ 입문이란 성년식(成年式)을 말하며, 사회 구성원이 되는 관문에 들어섰다는 것을 의미한다. 이는 공적 전통(public tradition)에 입문하는 것을 말하며, 공적 전통이란 '삶의 형식(form of life)' 또는 '지식의 형식(form of knowledge)'이며, 인류가 오랫동안 공동의 노력으로 이룩한 전통이다.

ⓑ 교육은 경험 있는 사람이 경험 없는 사람들의 눈을 개인의 사적 감정과 관계없는 객관적인 세계로 돌리게 하는 일이다. 결국 교육을 입문, 성년식에 비유한 것은 아주 냉혹한 객관적인 세계의 관문에 들어서게 한다는 데서 비롯된다.

㉤ 교육받은 사람(educated man)

ⓐ 교육의 목적에 대한 논의는 필요 없다. 왜냐하면 교육의 개념 속에 교육의 목적에 해당하는 부분이 들어 있기 때문이다. 그러나 교육의 목적을 꼭 해명해야 한다면 교육의 개념 속에서 추론될 수 있으며 그것은 바로 '교육받은 사람(educated man)'을 만들고자 한다는 것이다.

ⓑ 교육의 개념 속에 내재적 목적이 포함되어 있기에 교육받은 사람 역시 내재적 가치에 목적을 두고 있는 사람이다. 즉 교육이 가치 있는 것이라면 교육받은 사람도 당연히 가치 있는 일에 헌신하는 사람이어야 한다. ⇨ 자유인(교양인)

ⓒ 피터스(Peters)가 교육받은 사람에 대해 특히 강조한 것은 그가 '무엇을 하는가?'보다는 그가 '무엇을 보는가?' 또는 '무엇을 파악하는가?'에 달려 있다는 뜻이다. 즉, 전체적인 안목과 인지적 안목에 큰 비중을 두었다. 이것은 교육을 통해 새로운 눈을 가질 뿐만 아니라 삶을 바라보는 안목이 다양해진다는 것이다.

Plus

교육의 내재적 정당화(선험적 정당화)

–"왜 지식의 형식, 사고와 이해의 여러 형식들을 배워야 하는가?"

1. 지식의 형식에 대한 추구는 내재적으로 정당화될 수 있다. '왜 지식의 형식을 배워야 하는가?'라는 질문과 대답은 지식의 형식을 떠나서는 무의미하며, '지식의 형식'의 가치는 그 질문이 의미 있게 성립하기 위해서는 논리적 가정으로서 받아들이지 않으면 안 되기 때문에 정당화된다.
2. 지식의 형식들은 인간이 오랜 세월 동안 누적적으로 발전시켜 온 경험의 상이한 측면을 각각 개념적으로 체계화한 것, 우리 삶의 공적 전통(public tradition)을 체계화한 것 → 우리가 이 세상을 살아가기 위해서는 좋든 싫든 간에 지식의 형식에 입문하지 않으면 안 되기 때문 → 지식의 형식은 삶을 원만하게 살아가기 위해 요구되는 우리 삶의 선험적이고 논리적 전제 조건임

④ 오크쇼트(M. Oakeshott)의 교육 개념 : 피터스의 교육개념 형성에 영향을 줌

㉠ 문명(文明, 비물질적인 인류의 문화적 성취)의 입문(入門)으로서의 교육

㉡ 초월과정(超越過程)으로서의 교육 : 교육은 즉시적・현재적인 것을 넘어서 영원하고 보편적인 것으로 안내

MEMO

ⓒ **대화(對話)로서의 교육**: 교육은 교사와 학생의 교류이자 대화 ⇨ 학생들에게 풍성한 상상력과 미적 경험을 제공하는 시적(詩的) 대화를 중시

피터스와 정범모의 정의 비교

구분		피터스(Peters)	정범모
기본 관점		• 행위자의 관점에서 정의: '하는 것'으로서의 교육 • 분석철학적 · 규범적 관점	• 관찰자의 관점에서 정의: '보는 것'으로서의 교육 • 행동과학적 · 공학적 접근
교육개념의 정의		마음의 획득 혹은 계발, 공적 전통에 입문하는 성년식	인간행동의 계획적 변화
교육개념의 준거		• **규범적 준거**: 내재적 가치 • **인지적 준거**: 지식의 형식(지식, 이해, 안목) • **과정적 준거**: 규범적 흥미, 학습자의 자발성	• **인간행동**: 내면적 및 외면적인 모든 행동 • **변화**: 인간행동의 육성, 교정, 개조에 의한 변화 • **계획적**: 교육목표, 교육이론, 교육과정을 만족시키는 변화
교육 개념의 평가	개념적 측면	• **교육의 3가지 준거의 타당성의 문제**: 과정적 준거는 인지적 준거에 포함됨 • **'교육'의 개념과 '교육받은 사람'의 관계의 동일성의 문제**: 교육은 '교육받은 인간'과 동일시하기보다는 아동의 양육과정을 일컫는 포괄적인 의미로 이해되어야 함 • **내재적 가치와 외재적 가치를 명백히 구분할 수 있는가의 문제**: 실제적 가치와 내재적 가치를 동시 추구도 가능함	• '바람직하지 않은 인간행동의 변화'도 교육인가? – 유능한 소매치기를 양성하기 • '가치중립적' 혹은 '바람직한' 인간행동의 계획적 변화 중 교육이라고 볼 수 없는 경우도 있다. – 선전(propaganda), 치료(therapy)
	결과적 측면	표면상 주지주의 교육을 띨 수밖에 없기 때문에 교육의 모든 측면을 포괄하기 어렵다는 점(정의적 측면의 중요성 간과), 실제 삶과 유리된다는 점, 현학적인 엘리트 교육을 대변한다는 점에서 비판을 받는다.	• 교육을 잘 받았다는 것이 어떤 것인지 분명하지 않다는 문제가 남는다. – 교육이 성공적으로 일어났다고 하더라도 그것이 정말 중요한지에 대한 문제는 남아 있다. • 평가가 교육의 목적을 지배하는 결과를 초래한다.
	전제적 측면	분석철학적 전제가 지닌 한계로 인해 교육의 가치문제나 교육실천의 문제를 적극적으로 다루거나 제시하지 못했다.	교육의 과학화, 체계화라는 미명하에 가치중립적인 행동과학으로 교육을 대체시킴으로써 교육의 본말을 전도시킴

02 교육의 목적

1 내재적(본질적, intrinsic) 목적

(1) 개념

교육이 다른 것의 수단이 아닌 교육의 개념 혹은 교육의 활동 그 자체가 가지고 있는 목적, 교육의 개념이나 활동 속에 붙박여 있는 목적

예 합리성의 발달, 지식의 형식 추구, 자율성 신장 등 ⇨ 교육의 목적을 '합리적인 마음의 계발'이라고 할 때, 교육과 '합리적인 마음의 계발' 사이에는 개념적 혹은 논리적 관계가 성립한다. 즉, 합리적인 마음의 계발은 교육 '개념'의 한 부분을 이루고 있고 교육활동 '안'에 들어 있기 때문에 '내재적 목적'이라고 한다.

(2) 피터스가 강조한 교육의 목적

① **피터스가 중시한 교육의 목적**: 교육의 목적은 교육의 3가지 개념적 준거, 즉 규범적, 인지적, 과정적 준거를 실현하는 일이다. 교육받은 인간인 자유인(free man)은 교육의 준거를 충족시킨 사람이며, 자유인을 기르는 자유교육은 그런 준거를 충족시키는 교육이다.

② **교육활동에서 오랫동안 내려온 공적 전통을 수용하는 것과 관련된 목적**

㉠ 인간을 이성적 존재로 보고 그 특성을 계발하는 것을 중시하는 서양교육의 지적 전통으로부터 유래

㉡ '그 자체가 목적인 활동(학문을 위한 학문)'을 중시한 아리스토텔레스의 자유교육✦의 개념으로부터 '지식교육을 통한 합리적인 마음의 계발'을 강조한 피터스에 이르기까지 중시된 목적

③ 교사의 역할은 현재 가르치고 있는 교육내용을 그 의미가 충분히 살아나도록 가르치는 일이다.

MEMO

✦ 자유교육(liberal education)의 의미
1. 합리성 혹은 지식 추구의 교육(Aristoteles, Peters, Hirst) ⇨ 무지와 편견과 같은 마음의 속박에서 해방
2. 개인의 자율성 함양 교육(White) ⇨ 집단이나 전체의 위협에서 개인이 자유롭고 자율적인 선택을 할 수 있는 교육
3. 정치적 자유주의 교육(Rousseau)

MEMO

교육의 목적이 국가발전이라고 할 때, '교육'과 '국가발전'의 개념 간에는 의미상 아무런 관련이 없으며, 교육개념을 아무리 분석해도 '국가발전'이라는 뜻이 들어 있지 않다. 그러나 교육과 국가발전은 경험적·사실적으로 관련되어 있어서 교육을 잘하게 되면 사실상 국가발전에 도움이 되는 것이다.

2 외재적(수단적, extrinsic) 목적

(1) 개념

① 교육이 다른 활동의 목적을 위한 수단으로 사용되는 것 ⇨ 교육의 바깥에 있는 목적
　예 국가발전, 경제성장, 사회통합, 직업 준비, 생계유지, 출세 등

② 교육은 수단－목적의 관계로 연결되어 있거나 다른 무엇을 위한 필요 때문에 행해진다.✦
　⇨ 교육과 다른 활동은 개념적·논리적으로(conceptually or logically) 별개의 것이며, 경험적·사실적으로(empirically or factually) 관계를 맺는다.

③ 교육이 사회의 현실과 필요를 적극적으로 수용해야 한다는 주장과 관련된 목적

(2) 내재적 목적과 외재적 목적의 비교

내재적(본질적) 목적	외재적(수단적) 목적
교육과정이나 교육개념 속에 존재하는 목적	교육활동 외부에 존재하는 목적
교육활동 그 자체가 목적	교육활동은 목적 달성을 위한 수단(도구)
교육과 목적이 개념적·논리적으로(conceptually or logically) 관계를 형성	교육과 목적이 경험적·사실적으로(empirically or factually) 관계를 형성
합리성의 발달, 지식의 형식 추구, 비판적 사고의 발달, 자율성 신장, 도덕적 탁월성, 미적 경험의 발달, 자아실현, 인격 완성 등	국가발전, 경제성장, 사회통합, 직업 준비, 생계유지, 출세, 입시수단 등
인문교육(자유교양교육) 중시	직업교육(전문교육) 중시
현실 그 자체를 중시	미래생활 대비를 중시
교육의 가치지향적 입장 중시	교육의 가치중립적 입장 중시
위기지학(爲己之學; 자기성찰과 완성을 위한 공부) 강조	위인지학(爲人之學; 입신출세, 처세술, 사회적 성공을 위한 공부), 경세지학(經世之學; 사회변혁) 강조
• 소크라테스(Socrates) － "너 자신을 알라" • 듀이(Dewey) － 현재 교육활동 그 자체가 목적 • 피터스(Peters) － 성년식 • 로저스(Rogers) － 자아실현, 전인형성을 위한 공부	• 소피스트(Sophist) － 처세술을 위한 공부 • 스펜서(Spencer) － 지상에서의 행복(생활준비설) • 그린(Green) － 교육은 도구 • 랭포드(Langford) － 교육은 주어진 목표 달성 수단

MEMO

08

(3) 내재적 목적과 외재적 목적의 관계

① 내재적 목적의 한계 : 교육은 사회적 활동인 만큼 사회적 요구나 필요에서 벗어날 수 없다는 한계가 있다.

② 외재적 목적의 한계 : 교육은 수단－목적의 관계로 연결되어 있거나 다른 무엇을 위한 필요에 의해서 행해진다. 이 경우 교육활동은 심하게 왜곡되거나 명목상으로만 교육일 뿐 실제적으로 교육이 아닌 다른 활동으로 변질되고 마는 문제가 있다.

③ 바람직한 방향 : 올바른 교육의 목적을 정립하기 위해서는 내재적 목적을 훼손하지 않으면서 외재적 목적을 고려하는 방향이어야 할 것이다.

(4) 교육의 정당화(justification) – 교육받아야 할 이유

① 정당화의 개념 : 어떤 사람의 행동이나 판단이 옳다는 것을 입증하는 것 ⇨ 합리성과 공적 근거를 전제

② 교육의 정당화

㉠ 수단적 정당화(도구적 정당화) : 교육받아야 할 이유를 외부에서 찾음

㉡ 비도구적 정당화(내재적 정당화) : 교육받아야 할 이유를 지적 활동 안에서 찾음

구분	내용
선험적 정당화 (Peters)	'경험을 초월함'을 뜻하는 것으로, 개인의 의식적인 사고에 의하여 받아들여지는지, 아닌지와 무관하게 성립하는 정당화 • 권태의 결여 : 지적 활동은 매력적이고 신비한 것이어서 학습자를 몰입하게 만들어 권태로부터 벗어나게 해 줌 • 이성의 가치 : 지적 활동은 이성적 삶을 향유하도록 해 줌
윤리적 정당화	인간 존중의 차원에 따른 정당화로 자기 자신의 윤리적 의무를 다하고 타인과 공동체의 발달을 위해 교육이 필요함 • 자기 자신을 위한 교육 : 자신의 마음 계발을 위한 교육 • 타인을 위한 교육 : 타인과 공동체 존중을 위한 교육
공리주의적 정당화	쾌락과 유용성을 위해 교육이 필요함 • 쾌락 : 비수단적인 것으로 쾌락(몰입) 그 자체를 추구함 • 유용성 : 수단적인 가치와 관련 ⇨ 교육을 통해 획득한 지식은 장기적으로 개인과 공동체에 큰 이익을 가져다줌 • 화이트헤드(Whitehead) : 유용성(utility)을 일상적(실용적) 의미가 아닌 지적 탐구를 가능하게 하기 위한 유용성의 의미로 중시 ⇨ 비도구적 정당화에 해당

Memo

Chapter

02

전통 철학사상

Section 01

관념론(Idealism)

MEMO

01 관념론(이상주의) 97 초등

1 개관

(1) 개념

① 우주의 궁극적 실재(reality)는 관념(idea), 정신(spirit), 마음(mind)이라고 주장하는 철학설이다.

② 관념론은 관념주의(idealism), 이상주의, 유심론(spiritualism) 등과 동의어로 사용된다.

(2) 관념론의 사상

① 실재의 문제(실재론) : 관념론의 창시자라 할 수 있는 플라톤에 따르면 진정한 실재는 이데아(idea), 즉 관념에 있다. 실재는 인간(또는 신)의 정신 속에 있는 관념(idea)을 통해서만 존재한다. 우주나 물질, 자연계는 정신적 표상(image)에 불과하다.

② 인식의 문제(인식론) : 진리란 감각적 경험에 의하여 입증되거나 검증된다기보다는 논리적 사유에 의하여 지지되기 때문에, 한 가지 신념이나 사실이 진리가 되는 준거는 그것들이 다른 신념이나 사실들과 모순되지 않게 관계를 유지하면서 한 체계 속에 논리정연하게 포괄되어 있을 때라고 본다. ⇨ 감각적 경험보다 이성적 사유 중시(정합설)

> **Plus**
>
> 진리정합설(整合說, coherence theory of truth)
>
> 1. 인식은 기존 지식체계에 근거한 활동이며, 진리란 어떤 거대한 논리적 체계 안에서의 타당성 유무를 따지는 것이다.
> 2. 지식체계와의 정합성, 무모순성을 중시한다.

③ 가치의 문제(가치론) : 정신적 가치를 절대적이고 영원한 가치로 본다.

MEMO

08

2 전개과정

플라톤(Platon), 데카르트(Descartes), 버클리(Berkeley), 칸트(Kant), 피히테(Fichte), 프뢰벨(Fröbel), 헤겔(Hegel), 나토르프(Natorp), 혼(Horne)

① **플라톤**: 이데아(idea) ⇨ 영원불변의 보편적 원리, 초월적·초자연적인 참된 실재
② **데카르트**: 합리적 사유 법칙 중시 ⇨ "Cogito ergo sum.(자아가 모든 사유의 중심)"
③ **버클리**: 유아론(唯我論) ⇨ 궁극적 실재는 정신, 마음 이외에 아무것도 존재하지 않는다.
④ **칸트**: 이성을 통해 얻은 지식이 가장 신뢰할 만한 지식 ⇨ 근대 관념론의 시작
⑤ **혼**: 교육은 자연인(natural man)을 이상인(ideal man)으로 발전시키는 이상적 자아의 자기실현 과정 ⇨ 인격도야가 교육의 목적

02 관념론(이상주의)의 교육이론

1 교육이론

(1) 교육목적

개인의 완성과 이상사회 실현 ⇨ 정신적 가치, 절대적 가치의 추구를 교육의 지상목표로 삼으며, 인격교육, 도덕교육, 정신교육 강조

(2) 교육내용

일반교양교육 중시 ⇨ 논리학, 형이상학, 미술, 문학 등의 정신적·이상적 교과를 강조

(3) 교육방법

교사중심 교육, 아동의 자발적 참여 유도 ⇨ 교사가 인격적 모델이 되어야 하고, 학습자 자신의 내적 자아탐구가 바탕이 되어야 한다.

MEMO

(4) 지식관

참된 지식은 영구불변하는 것으로, 정신적 실재 속에 있는 것이다. 인간은 지성의 작용에 의해 이를 깨달아야 한다.

(5) 교사관

교사는 문화와 실재 세계를 구현해 주는 사람이다.

2 장단점

(1) 장점

현실을 초월한 궁극적 가치를 지향함으로써 회의주의, 상대주의를 극복하였다.

(2) 단점

산업사회의 요구에 따른 직업교육, 기술교육을 충족시킬 수 없다. 또, 관념론이 추구하는 이상이 너무 유토피아적인 이상이어서 현실세계와는 거리감이 있다.

Section 02

실재론(Realism)

MEMO

01 실재론(현실주의)

1 개관

(1) 개념

① 우주의 궁극적 실재(reality)가 물질(matter, materie)이라고 보는 철학설이다.

② 실재론은 실재주의, 현실주의, 유물론 등과 동의어로 사용된다.

(2) 실재론의 사상

① 실재의 문제(실재론) : 우주의 궁극적 실재는 인간의 정신과 무관하게 존재하는 물질이라고 본다. 외적·객관적 세계는 인간의 의식 또는 관념으로부터 독립하여 실재한다고 주장한다.

② 인식의 문제(인식론) : 외부 세계의 모든 실재는 우리와 관계없이 객관적 실재로 존재하며 우리의 감각적 경험을 통하여 접근할 수 있는 것이라고 생각한다. 객관적인 사물의 질서나 체계가 인간과 관계없이 존재하는 것으로 인간은 그 실재로부터 지식을 얻을 수 있다고 본다. ⇨ 감각적 경험을 통해 외부 세계 인식(대응설 : 진리란 실재와 합치된 지식)

Plus

진리대응설(correspondence theory of truth)

1. "하나의 명제(진리)는 하나의 사실과 대응할 때 참이다."로 표현된다.
2. 판단과 사실의 대응, 사물과 지성의 일치를 중시한다.

MEMO

③ 가치의 문제(가치론) : 가치는 자연의 질서 속에 내재해 있는 것으로 본다. 따라서 '자연적 질서에 따라서 행동하라'는 것은 그 자체가 가치적인 방향을 말하는 것이며, 부자연스러운 것은 바람직하지 않은 것으로 간주된다.

2 전개과정

아리스토텔레스(Aristoteles), 토마스 아퀴나스(Thomas Aquinas), 로크(Locke), 베이컨(Bacon), 허친스(Hutchins), 아들러(Adler), 브로우디(Broudy) ⇨ 항존주의

02 실재론(현실주의)의 교육이론

1 교육이론

(1) 교육목적

이상적 생활의 구현 ⇨ 교육의 목적은 이상적 생활(자기실현)을 즐기는 데 있다. 실재론에서는 사물의 형상이 사물 안에 내재되어 있다고 보기 때문에 사물에 내재하는 자연의 법칙을 탐구할 수 있도록 지적 능력을 갖추게 하는 것이 교육의 목적이 된다.

(2) 교육내용

과학적 지식 중시 ⇨ 수학, 자연과학, 사회과학 등 과학적 지식을 중요한 교육의 내용으로 하고, 사물의 법칙은 그 유형에 따라 달라지므로 교과의 선을 유지하는 것을 강조한다.

(3) 교육방법

교사중심 교육, 과학적 방법 중시 ⇨ 사실에 대한 과학적 방법, 관찰과 실험을 중시하고 지력의 훈련을 중시한다. 교사의 주도권을 중시한다.

2 장단점

MEMO

08

(1) 장점

객관적 사실에 대한 자아실현, 현실생활에 필요한 지식을 중시하였다. ⇨ 실재론은 과학적 지식과 과학적 방법을 중시하고 고전보다는 현대어를, 언어주의에서 탈피하여 사물 중심으로, 교과서 중심보다는 실험과 관찰을 중심으로 하는 교육관을 낳고 있다. 또 기본적 지식과 현실적 진리를 사랑하고 자아실현을 추구하며, 자연의 법칙을 교육에 적용시킴으로써 과학적 사고를 신장케 하는 등 교육에 지대한 공헌을 하였다.

(2) 단점

교사 중심, 주입식 교육으로 보수적·전통적 지식의 전달에 치우쳤다. 또한 경험적 지식을 강조함으로써 창조적 이성의 기능과 역할을 소홀히 하였다.

Section 03

프래그머티즘(Pragmatism)

MEMO

01 프래그머티즘(실용주의) 99 초등

1 개관

(1) 개념

① 경험과 변화만이 유일한 실재(reality)라고 본다. 인간은 경험을 통해 세계를 파악하므로 인간과 별개로 존재하는 객관적·보편적인 실재는 없다고 본다. 따라서 가치를 상대적으로 보며, 인간의 사회적, 생물적 본성을 인정하여 개개인은 자신의 욕구와 유용성을 만족시켜 주는 것을 참이라고 본다.

② 모든 진리는 그것이 실제적으로 어떤 효과, 유용성, 실용성 여하에 따라 결정된다고 본다.

③ 프래그머티즘은 실험주의(experimentalism), 도구주의(instrumentalism), 기능주의(functionalism), 경험주의(empiricism) 등으로 불린다.

(2) 관념론의 사상

① **실재의 문제(실재론)**: 경험과 변화만이 유일한 실재이다.

② **인식의 문제(인식론)**: 경험을 통해서 아는 것이 핵심이다. 안다는 것 자체는 무의미하고 오직 우리의 경험과 상호작용에 의해서만, 즉 경험을 통하여 아는 것만이 유의미하고 가치로운 것으로 본다.

③ **가치의 문제(가치론)**: 경험에 의해서 그 실용성과 유용성(utility)이 입증되는 것만이 가치로운 것으로 본다. 즉, 실재적 효과를 불러일으키는 것만이 가치로서 받아들이는 것이다. 프래그머티즘을 실용주의라고 번역한 것도 프래그머티즘의 가치론에서 근거한 것이다.

MEMO

08

Plus

프래그머티즘의 사상적 기저(오천석)

① 변화의 사실
② 진리의 상대성
③ 관념의 실행 실적 또는 결과
④ 실험의 우수성
⑤ 경험의 중요성
⑥ 비판적 지성의 역할
⑦ 생활방식으로서의 민주주의
⑧ 자아실현의 이상
⑨ 수단 또는 과정의 철학 등

2 전개과정✦

퍼스(Peirce), 제임스(James), 듀이(Dewey), 킬패트릭(Kilpatrick)

(1) 논리학 사상(Peirce)

"개념의 의미는 그 대상에 실험(행위)을 가했을 때 초래하는 실제적인 결과이다." ⇨ 추상적 개념의 의미를 확인하는 방법론(실증주의) 제시

(2) 심리학 연구(James, 기능주의 심리학)

"개인의 특수한 경험에서도 유용성(utility, 실제적 효과)을 초래하는 개념은 진리이다." ⇨ 개념의 결과를 구체적인 삶과의 관련성 속에서 검토

(3) 철학사상으로 집대성(Dewey)

반성적 사고(탐구의 원리) ⇨ 과학적 실험방법을 경험의 성장과정에 적용

MEMO

02 프래그머티즘(실용주의)의 교육이론

1 교육이론

(1) 교육은 생활이다(생활중심 교육)

교육은 현재의 생활 그 자체이지 미래 생활을 위한 준비가 아니다. 학교는 생활자체와 분리될 수 없다.

(2) 교육은 경험의 재구성 과정이다(경험중심 교육)

인간은 경험을 통해 지식을 획득한다. 교육의 과정은 계속적인 경험의 재구성 과정이다.

(3) 교육은 성장이다

듀이에 따르면, 성장의 조건은 미성숙(미숙성, immaturity)과 가소성(plasticity)이다. 미성숙은 완성되지 못했다는 의미로 아동의 성장 가능성을 나타내며, 아동은 미성숙을 해소하기 위해 사회생활에 강렬한 흥미와 관심을 기울이게 된다. 가소성은 환경의 변화에 맞게 자신을 변화시킬 수 있는 능력을 말하며, 일종의 탄력성이다. 이는 아동이 경험으로부터 뭔가를 배울 수 있도록 만들어 준다. 따라서 성장의 원리란 아동의 미성숙(미숙성)과 가소성에 근거를 두고, 아동의 내부로부터 성장하려는 힘의 발로를 억압하지 않고 자유롭게 활동하게 하는 원리를 의미한다.

(4) 행함에 의한 학습

교육은 행동을 통한 학습을 전제로 해야 한다. 모든 학습은 가만히 앉아서 받아들이는 학습(learning by sitting), 또는 듣기만 하는 학습(learning by listening)이 아니고 행동에 의한 학습(learning by doing)이어야 한다.

(5) 아동의 흥미

모든 경험과 활동은 아동의 흥미를 중심으로 이루어져야 한다. 노력과 훈련의 중요성도 인정하지만 흥미를 더 중요시해야 하나 서로 상응되는 것으로 흥미가 있으면 노력하게 된다.

(6) 아동중심 교육

경험의 주체가 아동이므로 아동이 교육의 중심에 서게 된다. 아동은 수용력과 잠재력을 가진 발전적 성장체이다. 아동의 자발적 참여를 통한 교육이 이루어져야 한다.

MEMO

08

(7) 민주주의 중시

민주주의는 다양한 능력을 가진 다양한 인간을 존중하는 제도이다. 따라서 아동 개개인의 흥미와 관심이 존중되는 교육을 하기 위해서는 민주주의적 원리를 중시해야 한다.

2 장단점

(1) 장점

민주적 교육이념을 구축하고 아동중심·경험중심 교육사상의 발전에 이바지하였다.

(2) 단점

영구불변의 진리에 대한 가치를 소홀히 하였으며, 사회를 지나치게 낙관적으로 보았다.

03 듀이(Dewey) 01 중등, 03 중등, 06 초등, 10 중등, 11 초등

1 인간관

인간은 생물학적이고 사회적 존재이다. 인간의 본성은 충동·습관·지성(지력)이다.

충동 (drives)	신경조직의 생득적·본능적 작용 방식 또는 욕구 ⇨ 맹목적·능동적임. 인간행동의 근본 동기
습관 (habits)	• 충동을 가진 인간이 환경과의 상호작용을 통해 획득한 효율적인 행동방식 • 인간은 욕구충족을 위해 그 대상에 맞는 습관(개인적 습관)을 형성, 개인적 습관과 습관이 모여 '사회적 습관'을 형성, 사회적 습관이 역사적 전통으로 굳어지면 '문화'가 형성
지성(지력)	반성적 사고의 능력 ⇨ 개인적 습관과 사회적 습관 사이의 충돌과 불일치를 조정하고 새로운 적응을 가능하게 만드는 힘, 인간의 충동을 목적적 활동으로 전환시키는 사고 활동

MEMO

2 듀이의 사상

(1) 인식론 – 상대론적 인식론

경험(doing)을 통해 아는 것(knowing)이 핵심이다. 지식 그 자체는 무의미하다. 지식은 환경과의 상호작용에서 갖게 되는 반성적 사고(reflective thinking)를 통해 획득된다.

① **경험의 의미**: 경험과 사고의 이원론적 대립을 극복하고 일원론적으로 인식 ⇨ 경험과 사고와 단절되거나 별개의 것이 아니라 사고를 포함하는 개념

Plus

1. 전통적 인식론은 아는 것과 하는 것, 이론과 실제, 마음과 육체 등을 이원론적 대립으로 설명한다. 경험과 이성도 서로 대립적으로 인식된다.
2. 이러한 이원론적 대립을 극복하기 위해 듀이는 경험의 두 측면('해 보는 것'과 '당하는 것' ⇨ 환경과의 접촉, 신체적 접촉이라는 '감각적 요소')과 사고(thinking ⇨ 반성적 사고, 지적인 사고활동이라는 '관념적 요소')를 연결선상의 개념으로 설명하고 있다.

㉠ 모든 경험은 능동적인 측면 '해 보는 것(trying)'과 수동적인 측면 '당하는 것(undergoing)'의 결합으로 이루어진다.

㉡ '사고한다(thinking)'라는 것은 바로 경험의 두 측면의 관련을 정확히 파악하려는 노력을 의미한다. 따라서 경험이 가치 있는 것이 되려면 거기에는 비록 불완전하더라도 사고가 반드시 개입되어야 한다.

구체적 경험의 사례	경험의 능동적 측면 (해 보는 것)	경험의 수동적 측면 (당하는 것)	경험의 가치 (경험의 능동과 수동적 측면을 연결하는 사고)
어린아이가 엄마가 마시고 있는 뜨거운 커피에 손을 데는 경험	어린아이가 커피에 손을 갖다 대는 측면	뜨거움을 느끼는 측면	손을 대보는 행위 때문에 뜨거움을 느끼게 되었다고 생각(thinking)하는 것

㉢ 경험 속에 사고가 차지하는 비중에 따라 '시행착오적 경험'과 '반성적 경험'이 구분된다.

시행착오적 경험	경험의 두 측면의 관련이 수많은 반복에 의해 이러이러한 행동이 이러이러한 결과와 연결되어 있다는 것을 막연하게 알고 있는 상태
반성적 경험	시행착오적 경험에 내재되어 있던 사고가 능동과 수동 사이의 세밀한 관계를 파악하는 수준에 이르게 된 상태

MEMO

08

㉣ 반성적 사고(reflective thinking)의 과정 : 'How we think'

1단계	제안(suggestion) ⇨ 암시의 단계	과거의 유사한 경험에 의해 습득된 지식이나 습관에 의해 문제해결방안이 자동적으로 마음에 떠오르는 단계
2단계	곤란이나 혼란을 문제로 지성화(intellectualization)하기 ⇨ 지성적 정리 단계	주어진 문제가 무엇인지를 분명하게 파악하는 단계
3단계	주도적 아이디어나 가설(hypothesis)의 설정 ⇨ 지도적 관념의 단계	문제에 대한 적절한 해결책이 아이디어로 떠오르는 단계
4단계	추리작업(reasoning) ⇨ 추리작용의 단계	문제해결을 위한 아이디어로 인해 일어날 수 있는 결과들에 대해 예측해 보기
5단계	행동에 의한 가설의 검증(testing)	외적 행동에 의한 실험적 검증을 통해 추론된 결과들을 실제적으로 검증해 보는 단계
6단계	전망의 단계	미래에 대한 전망의 단계

② 경험의 특징 : 상호작용성과 계속성(연속성)

㉠ 상호작용성의 원리(공간적 측면) : 경험은 인간 유기체와 환경의 상호작용이다. 즉, 경험은 인간이 생존을 위해 환경과의 상호작용을 통해 당면하는 문제해결과정이다.
⇨ 경험의 생성(획득) 원리

ⓐ 경험은 유기체와 환경이 병렬적으로 존재하는 것(유기체 + 환경 = 경험)이 아니라, 유기체와 환경이 만나서 상호작용한 결과(유기체 × 환경 = 경험)를 뜻한다.

ⓑ 따라서 유기체와 환경은 이원론적으로 구분되는 상호 대립적인 관계 속에 있지 않고 연속성을 띠고 있다.

㉡ 계속성의 원리(시간적 측면) : 경험은 계속적으로 재구성, 성장한다. ⇨ 현재의 경험은 과거의 경험에 영향을 받으며 미래의 경험에 영향을 준다. ⇨ 경험의 확대(성장) 원리

ⓐ 경험은 시작과 발전, 종결로 이루어진 하나의 활동이다. 경험의 종결 상태에 이르게 되었을 때를 가리켜 듀이는 주체가 '하나의 경험(an experience)'을 갖게 되었다고 한다.

ⓑ 이러한 하나의 경험은 또 다른 경험의 토대가 되면서 경험에서 경험으로 이르는 계속적인 성장을 가능하게 한다.

ⓒ 경험의 이러한 특징으로 인하여 교육은 계속적인 경험의 성장으로 규정할 수 있다.

MEMO

교육적 경험의 준거(Dewey)

1. 모든 경험이 다 교육적인 것은 아니며 비교육적인 경험도 존재한다. 그러므로 교육과 경험은 직접적으로 동일시될 수는 없다. 어떤 경험이라도 이후의 경험의 성장을 막거나 왜곡하는 결과를 가져온다면 그 경험은 비교육적인 것이다. 그러므로 교육적 경험은 가치로운 경험, 성장하는 경험이어야 한다.
2. 교육적 경험의 준거는 ① 지속성이 있어야 하며, ② 여러 경험들이 의미 있게 통합되는 결과를 낳아야 하며, ③ 가치와 의미를 지녀야 하며, ④ 후속되는 경험에 새로운 방향을 제시하면서 통제력을 가지는 경험이어야 한다.

③ **지식의 가치**: 지식의 가치는 현실적합성(실생활에의 유용성) 여부에 의해서 판단된다.

㉠ 듀이에게 있어서 학교는 학생의 경험이 계속적으로 성장할 수 있도록 도와주기 위한 특수 환경이다. ⇨ 학교는 본질상 사회 환경과 동일해야 하지만, 사회 환경보다 단순화된 교육 환경이고, (무가치한 것이) 정화된 행동 환경이며, 균형된 환경이라는 점에서 구별된다.

㉡ 학교에서 배우는 교과는 학습자의 경험 속에서 성장해 가는 발달 과정에 관심을 가지고 마련되어야 한다.

㉢ (교과) 학습은 '구체적인 것에서 추상적인 것'으로 진행되어야 한다.

ⓐ 전통적으로 '구체적인 것'은 사물이나 활동을, '추상적인 것'은 사고를 뜻하는 것이나, 듀이는 활동과 사고는 각각 분리되어 존재하지 않고 단지 개념적으로만 구분 가능하다고 본다. ⇨ 활동과 사고는 존재론적으로 연결되어 있다.

ⓑ 듀이는 구체적인 것과 추상적인 것을 대립보다는 연속적인 것으로 이해할 수 있는 방식으로 의미를 새롭게 규정한다. ⇨ 구체적인 것과 추상적인 것의 의미는 절대적인 것이 아니라 상대적인 것이며, 그 구별은 주로 실생활과의 관련 여부이다.

구분	전통적 의미 (대립적 개념)	듀이의 견해	
		개념 (연속선상의 개념)	구분 (실생활과의 관련 여부)
구체적인 것	사물이나 활동	다른 것들과 분명하게 구별되어서 그 자체로서 직접 파악되는 의미	실제적인 문제 해결에 대한 수단으로 활용될 때의 사고
추상적인 것	사고 (thinking)	먼저 더 친숙한 용어나 사물을 마음에 끌어들인 다음, 이것에 비추어서만 새롭게 이해되는 의미	하나의 사고가 다른 사고 또는 더 많은 사고 작용의 수단으로 활용될 때의 사고

MEMO

ⓒ 교육적 함의 : 교육은 구체적인 것(실제적 조작)에서 시작하여 점차 지적인 문제로 관심을 전환해야 하며, 마지막으로 추상적인 것으로 사고 그 자체에 관하여 관심을 갖도록 진행되어야 한다. ⇨ 이는 학습자의 교과발달의 세 단계와 상응하는 것

교과발달단계	의미	행함(doing)의 유형
1. 놀이와 일	몸과 손을 움직여서 실제로 일을 해 보는 놀이나 일	구체적인 활동
2. 정보교과 (역사와 지리)	공간적으로(지리), 시간적으로(역사) 학생의 경험을 확대시켜 주는 교과지식 ⇨ 현재의 역사나 지리과목 ×	언어적 상호작용(의사소통) 활동
3. 과학적 · 논리적 지식	합리적인 사고를 통하여 학습이 가능한, 그리고 논리적인 형식을 따라 조직된 모든 교과 ⇨ 현재의 과학과목 ×	합리적인 사고 활동

④ 지식의 상대성 : 지식은 절대적인 것이 아니고, 현실 적응 여부에 따라 언제든지 수정 · 변화할 수 있다.

(2) 가치론 – 가치 상대주의

① 경험에 의해 그 실용성과 효용성이 입증된 것만이 가치 있는 것이다.

② 진리 또는 윤리 · 도덕적 규범의 절대적 가치를 부정한다. 개인과 사회의 성장과 발전(진보)에 유용한 것만이 가치 있는 것이다.

(3) 교육관

① 교육의 본질

㉠ 교육은 생활이다(Education is life) : 교육은 미래 생활 준비가 아닌, 현재 생활 그 자체

㉡ 교육은 성장이다(Education is growth) : 성장의 전제는 미성숙(immaturity)과 가소성(plasticity) ⇨ 연속적으로 성장하는 과정이 교육

㉢ 교육은 계속적인 경험의 재구성이다(Education is a continuous reconstruction of experience) : 환경과의 상호작용을 통한 계속적인 경험의 재구성이 곧 성장

㉣ 교육은 사회적 과정이다(Education is a social process) : 교육이 생활이고 성장이라면, 이는 곧 사회 공동체 안에서 이루어진다. 그리고 우리가 추구하는 이상적 사회는 민주주의 사회이다.

㉤ 교육은 학생들의 자발적 활동과 능동적 참여 과정이다.

㉥ 교육은 전인적(全人的) 과정이다.

MEMO

② **교육내용** : '경험의, 경험에 의한(learning by doing), 경험을 위한' 교육
㉠ 경험은 아동이 환경과의 상호작용 과정에서 직면하는 문제해결 과정
㉡ 경험은 반성적 사고(reflective thinking) 과정 ⇨ 지식은 문제해결의 도구
③ **교육방법** : 문제해결학습(problem solving method) ⇨ 사회화의 과정

(4) 학교관 – 학교를 통한 사회개혁 ⇨ 민주주의 구현

① 축소사회로서의 학교(학교는 사회적 기관의 하나) : 학교는 이상적 사회, 즉 민주주의 사회의 축소판
② 학교교육은 사회진보와 개혁의 근본적인 방법

(5) 주요 저서

『나의 교육신조』(1897), 『민주주의와 교육』(1916), 『학교와 사회』, 『경험과 교육』

Chapter

03

현대 교육철학

Section 01 20세기 전반의 교육철학

MEMO

✦ 진보주의 교육의 슬로건
1. 아동 개인의 필요 충족 (meeting individual needs)
2. 경험을 통한 학습 (learning by doing)

01 진보주의(progressivism) – 1920년대 97~98 중등, 99 초등, 02~03 초등, 05 중등

1 개관

(1) 개념✦

① 전통교육을 비판하고 아동중심 교육을 적극적으로 실천하기 위해 등장한 교육개혁운동(신교육운동)이다.

② 진보주의는 아동을 교육의 출발점으로 삼고, 아동의 전인적 성장에 초점을 두며, 아동의 흥미와 욕구, 경험을 존중하는 교육을 강조한다. ⇨ 철학적 기초: 자연주의와 프래그머티즘

③ 진보주의는 전통교육의 교사중심 교육에서 아동중심 교육으로, 미래생활 준비에서 현재생활 적응으로 교육의 방향이 전환되어야 한다고 주장하였다(⇨ 아동은 성인의 축소판이 아님).

개념 다지기

흥미(interest)의 의미와 종류 – J. Dewey

1. 흥미의 의미

① 흥미란 어원적으로 '사이에 존재하는 것'을 뜻하는 것으로, '거리가 있는 두 개의 사물을 연결하는 것'을 의미한다. 자아와 사물의 활동적 동일성을 의미하며, 사람과 재료들 그리고 자기 행위와 결과 사이의 거리감을 없애는 것을 말한다.

② 교육적 흥미란 학생이 현재 지닌 능력·성향(출발점 행동)과 교사가 설정한 최종 목표 사이에 있는 것으로, 목표 달성의 수단이며, 학생이 몰입해 있는 상태를 의미한다.

2. 흥미의 종류

① 『학교와 사회』(1989)
- ㉠ 회화(會話)와 교류의 흥미
- ㉡ 사물을 탐구하고 발견하는 흥미
- ㉢ 사물을 제작하고 구성하는 흥미
- ㉣ 예술적 표현의 흥미

② 『교육에서의 흥미와 노력』(1913)
- ㉠ 사회적 흥미
- ㉡ 지적 흥미
- ㉢ 신체적 흥미
- ㉣ 구성적 흥미

MEMO

08

(2) 배경

① **아동중심 교육의 적극적 실천**: 소극적으로는 전통교육에 대한 문제 제기에서 비롯되었고, 적극적으로는 아동중심 교육사상의 실천을 위해 등장하였다.

② **역사적 흐름**: 역사적으로 이 운동은 18세기 루소의 자연주의, 19세기 페스탈로치와 프뢰벨, 20세기 파커, 듀이로 이어져 온 것이다.

③ **발전과정**: 실험학교(Dewey) ⇨ 『나의 교육신조』(1897), 『민주주의와 교육』(1916) ⇨ 진보주의 교육협회(PEA) 조직(1918) ⇨ 경제공황(1929)으로 인한 사회적 위기 ⇨ 진보주의 교육의 변화[8년 연구(Aikin), 구안법(Kilpatrick), 지역사회학교(Olsen)]

④ **대표자**: 듀이(J. Dewey), 파커(F. W. Parker), 킬패트릭(W. H. Kilpatrick), 올센(E. G. Olsen)

Plus

진보주의 사상가

1. **파커(F. W. Parker)**: '진보주의 교육의 아버지' ⇨ 퀸시 운동, 회화법(토의법)
2. **듀이(J. Dewey)**: 진보주의의 사상적 배경을 제공했으나 이후 진보주의 교육운동과 일정한 거리를 둠 ⇨ 아동과 교과를 대립적으로 보는 전통적 교과중심 교육과정을 비판하면서 아동과 교과와의 연속성을 강조하였으나 진보주의 교육학자들은 오로지 아동의 즉각적인 흥미나 관심만을 존중하였기 때문이며, 더 나아가 진보주의가 지나치게 아동의 흥미만을 강조하고 사회 재건에는 관심을 두지 않았기 때문이다.

(3) 영향

아동중심 진보주의는 인간주의적 교육, 영국 초등학교에 기초한 열린교육에 영향을 주었으며, 우리나라의 경우 미군정기 교육정책의 기본이념으로 채택되었고, 1950년대 새교육운동으로 발전하기도 하였다.

2 진보주의 교육이론과 비판

(1) 진보주의 교육원리(Kneller, 1971)

① **교육은 생활 그 자체**: 교육은 미래 생활을 위한 준비가 아니라 현재의 생활 그 자체이다. 아동은 경험을 통해 학습하므로 교육은 생활과 직접적으로 관련 있는 것이어야 한다.

② **아동의 흥미 존중**: 학습은 아동의 흥미와 직접 관련되어야 한다. 따라서 학습과정은 교사나 교과서에 의해 일방적으로 정해져서는 안 되며, 아동의 흥미와 욕구가 반영된 것이어야 한다.

MEMO

③ **문제해결식 학습**: 교육방법은 교과내용의 주입보다는 문제해결식 학습이어야 한다. 지식은 능동적 활동을 통해 획득되며 행동으로도 옮겨져야 한다. ⇨ 문제해결학습, 구안법(project법)

④ **교사는 조력자**: 교사는 아동을 지시하는 입장이 아니라 조력하는 역할을 해야 한다. 교사는 아동이 자신의 발달단계와 능력에 맞게 자유롭게 학습하도록 하되, 곤경에 처해 있을 때는 도와주어야 한다.

⑤ **경쟁보다는 협동 장려**: 학교는 경쟁보다는 협동을 장려하는 곳이어야 한다. 학교는 학생들에게 사랑과 동료의식, 공동체적 가치를 심어 주도록 해야 한다.

⑥ **민주주의 강조**: 민주주의만이 성장에 필요한 사상과 인격의 상호작용을 허용하고 촉진한다. 따라서 학교생활 그 자체가 민주적으로 운영되어야 하며, 그것을 실천할 수 있는 과외 활동이 권장되어야 한다.

(2) 진보주의 교육이론

① **교육목적**: 현실 생활에 적응할 수 있는 전인적 인간 양성(전인교육) ⇨ 교육은 경험의 계속적인 재구성을 통한 성장

② **교육내용**: 현실 생활의 경험 ⇨ 경험중심 교육과정(경험을 통한 학습, learning by doing)

③ **교육내용 조직 원리**: 심리적 배열 ⇨ 아동의 발달단계에 따라 배열

④ **교육방법**: 문제해결학습(Dewey), 구안법(project method)

(3) 진보주의 교육이론 비판(Kneller, 1971)

① 아동의 흥미와 자유를 지나치게 존중한 나머지 아동이 어려운 과목을 피하고 쉬운 과목만을 선택하게 하였다. ⇨ 방임주의와 교육의 질적 저하

② 현재의 경험을 강조한 나머지 미래에 대한 교육의 준비성을 너무 소홀히 하였다.

③ 아동중심·생활중심 교육이 지나쳐 교육의 명확한 목표설정이 어려웠고, 문제해결 방식은 비효율적인 시행착오와 산만한 수업분위기를 조성하곤 하였다.

④ 다수의 협동적 노력을 강조한 나머지 우수한 소수의 창의성이나 지도성을 무시하였다.

⑤ 민주주의 이외의 사상체계에 대한 객관적 이해를 소홀히 하였다.

02 본질주의+(essentialism) – 1930년대 94 초등, 94 중등, 99 초등보수, 02 중등, 06 중등

1 개관

(1) 개념+

① 본질주의는 진보주의가 지나치게 아동의 흥미와 욕구를 존중한 나머지 본질적 문화유산의 전달을 망각하고 있다고 비판하면서 등장하였다.

② 본질주의는 교육은 인류가 쌓아 온 문화유산 중에서 가장 본질적인 것을 체계적으로 조직하여 전달하는 것이어야 한다고 주장한 교육사조이다.

③ 본질주의는 문화유산을 강조하지만 항존주의와 달리 영원불변의 진리를 인정하지 않는다. 한편, 진보주의를 전면 부정하는 것도 아니다. 진보주의의 지나친 흥미중심의 교육을 비판하고 그들이 전통교육이 지닌 장점들을 소홀히 다룬 것을 보완하고자 한 것이다.

④ 본질주의는 전통적인 교육의 장점들을 다시 살리고자 하였다. 그것은 훈련을 포함하는 학습과정, 교사의 주도성, 문화유산의 계승, 논리적으로 조직된 교과를 중요시하는 교육이다.

(2) 배경

① **사회적 위기**: 경제대공황으로 인한 심각한 사회적 위기의 원인을 진보주의 교육에서 찾음 ⇨ 아동중심·생활중심 교육으로 인한 기초적인 학력 저하, 사회적 위기에 대처할 만한 고도의 지적 수월성을 지닌 엘리트 양성 실패

② **본질주의위원회**: 1938년 베글리(W. C. Bagley)를 중심으로 '미국교육 향상을 위한 본질주의위원회(The Essentialist Committee for the Advancement of American Education)를 조직하고 본격적인 활동을 하였다.

③ **대표자**: 여기에는 데미아쉬케비치(M. Demiashekevich), 브리드(F. Breed), 브릭스(T. Briggs), 칸델(I. L. Kandel) 등이 참여하였다.

(3) 영향

① **1980년대 미국의 '기초로의 회귀운동'(교육과정 개혁운동)**: 1980년대 일본과 독일의 급속한 경제성장 이후 미국 정부가 주도한 '기초로의 회귀운동(Back to the Basics Movement, 기초로 돌아가자 운동)'에 영향을 주었다.

예 쉬운 과목 폐지, 어려운 과목으로 교육과정 편성 등

② **허쉬(B. D. Hirsch)의 『문화적 문해』(1987)**: ㉠ 한 사회 전체가 동의할 수 있는 핵심적 지식과 문화라는 것은 있을 수 있다. ㉡ 현대 사회에서 잘 살아가기 위해 필수적인 기본적 정보를 소유하는 것으로서의 문화적 문해(cultural literacy)의 습득을 교육목표로 제안

③ **1989년 미국의 '기준 교육과정 운동(standard movement)'**: 국가수준에서 교육수준과 성취수준에서 통일성을 기하려는 운동

MEMO

+ 본질주의
본질파 운동의 창시자인 데미아쉬케비치(M. Demiashkevich)가 처음 사용 ⇨ 인간 문화, 즉 사회전통 가운데 '가장 기본적인 요소' 및 '본질적인 요소'를 주장한다는 말에서 유래

+ 본질주의 교육의 슬로건
1. "교육은 인류가 쌓아 놓은 과거의 문화유산에서 가장 기본적이며 '본질적인 것(essentials)'을 간추려서 다음 세대에 전달함으로써 역사 발전의 원동력을 기르는 것이다."
2. "사려 깊게 교육받은 인간이라면 누구나 알아야 할 본질적인 요소가 있다."

MEMO

④ 2002년 제정된 미국의 'NCLB법(No Child Left Behind, 낙오학생 방지법)' : 초등학교 3학년부터 8학년까지 매년 읽기와 수학과목의 표준화 성취검사 실시

⑤ 교육을 공학적으로 보는 현대의 주류적 교육관의 기본원리나 원칙과 유사 : 사회적 이슈에는 다소 무관심하고 수월성과 학업성취 기준을 강조하며, 교육이 사회복지사업으로 전락하지 않는 것이 더 낫다고 보는 견해

2 본질주의 교육이론과 비판

(1) 본질주의 교육원리(Kneller, 1971)

① **학습의 훈련성** : 학습은 원래 강한 훈련을 수반하는 것이어야 한다. 따라서 학생들이 싫어하는 경우에도 인내하고 학습하게 해야 한다. 진보주의는 학생의 현재의 흥미와 욕구, 자유를 중시하지만, 본질주의는 훈련 그 자체와 장래의 목적과 노력을 강조한다. 흥미는 처음부터 있는 것이 아니라 어떤 과제나 교과를 해결해 내도록 훈련받는 과정이나 그 결과로 생겨난다고 주장한다.

② **교사의 주도성** : 교육의 주도권은 교사에게 있어야 한다. 미성숙자인 학생은 성인의 지도와 통제를 받아야 성숙한 인격과 능력을 갖출 수 있다. 교사가 권위를 가지고 교육과정을 이끌어 가기 위해서는 학습 당사자인 '학생의 심리'를 잘 알아야 하지만, 더불어 학습을 위해 조직된 '교과의 논리'도 잘 알아야 한다.

③ **교과의 철저한 이수** : 교육과정의 핵심은 소정의 교과를 철저하게 이수하는 것이다. 이것은 아동이 흥미를 가지고 배우는 내용에 몰입해야 한다고 주장하는 진보주의의 입장과 유사하다. 그러나 본질주의자들은 이런 흥미가 교과의 논리적 체계와 자신의 도덕적 훈련에 의한 결과로 수반되어야 한다는 것을 강조한다.

④ **학문적 훈련방식의 유지** : 학교는 전통적인 학문적 훈련방식을 계속 유지해야 한다. 진보주의의 문제해결법에도 장점이 있지만, 그것이 모든 교과에 적용되는 것은 아니다. 어떤 지식은 원래 추상적이기 때문에 현실적인 문제해결 방법으로는 접근하기 어렵다. 학생이 배워야 할 것은 교과나 지식의 본질적인 개념들이며, 이런 개념들은 전통적인 학문적 훈련방식으로 가르쳐야 한다.

(2) 본질주의 교육이론

① 교육목적 : 인류의 본질적인 문화유산 전달, 미래 생활 준비로서의 교육

② 교육내용 : 본질적인 문화유산

㉠ 전기 : 기초지식(3R's), 인문과학(교양교육) ⇨ 교과중심 교육과정

㉡ 후기 : 자연과학(수학, 물리학) ⇨ 학문중심 교육과정

③ 교육내용 조직원리 : 논리적 배열 ⇨ 교과의 논리적 체계에 따라 배열

④ 교육방법

㉠ 전기 : 교사중심 수업, 명제적 지식 강조 ⇨ 강의법

㉡ 후기 : 아동중심 수업, 방법적 지식 강조 ⇨ 발견학습(Bruner), 탐구학습(Massialas)

(3) 본질주의 교육이론 비판(김정환, 1982)

① 사회과학의 경시 : 본질주의는 학문적 훈련을 중시하기 때문에 인문과학과 자연과학을 중시하고, 사회의 비인간화 문제의 해결방안을 논의하는 사회과학을 경시하였다.

② 참여의식의 결여 : 본질주의는 교사의 주도권과 지식의 전수를 강조함으로써 학생의 자발적 참여의식과 학습동기를 약화시켰다. 이는 결국 민주시민의 필수 요건인 독립심, 비판적 사고, 협동정신 등을 경시하게 한다.

③ 항존주의 관점에서 비판 : 본질주의는 기본적인 지식과 기술의 전수에만 급급했지, 시간과 공간을 초월한 영원한 진리와 가치의 교육에 소홀했다.

④ 재건주의 관점에서 비판 : 본질주의는 오늘날 인류가 풀어야 할 과제와 관련하여 미래의식과 사회혁신의 자세가 모자란다.

03 항존주의✦(perennialism, 영원주의) – 1940년대 95 중등, 99 초등보수, 11 초등

1 개관

(1) 개념

① 항존주의는 진보주의(프래그머티즘)를 전면적으로 부정하면서 등장한 교육사조이다.

② 항존주의는 영원불변의 절대적 진리를 통해 인간의 이성을 계발하는 것을 교육의 최대 목적으로 삼는 교육철학사조이다.

③ 항존주의는 자유교양교육을 교육적 이상으로 받아들였으며 전통과 고전의 원리를 강조한다.

MEMO

✦ 항존주의
항존(恒存, perennial)은 라틴어 '페르(per)'에서 나온 말로서 '영원', '불변'이라는 뜻을 가지고 있다.
항존주의(perennialism)는 진리의 절대성과 불변성, 영원성을 믿는 신념을 말한다.

MEMO

(2) 배경

① **진보주의와 프래그머티즘 부정** : 위기의 현대문명이 물질주의, 과학숭배주의, 현재주의, 상대주의, 반지성적 경향을 띤 것은 진보주의의 현실적응적 · 욕구충족적 경향 때문이라고 강력히 비판하였다. ⇨ 철저히 반과학주의, 탈세속주의, 정신주의를 견지함

② **실재론(實在論)** : 항존주의는 아리스토텔레스(고대), 토마스 아퀴나스(중세)의 철학의 실재론을 바탕으로 한 교육이론이다. 이들은 인간의 마음으로부터 독립적으로 존재하는 객관적 실재(實在, reality)를 인정하며, 진 · 선 · 미의 기본적 가치는 불변한다고 생각한다.

③ **대표자** : 허친스(R. M. Hutchins), 아들러(M. J. Adler), 마리탱(J. Maritain), 커닝햄(W. F. Cunningham), 오크쇼트(M. Oakeshott)

Plus

항존주의자

1. **허친스(Hutchins)** : 물질주의에 병든 현대사회를 건강하게 만드는 길은 학교교육을 통해 절대적인 진리를 전수하여 이성(지성)을 단련하고 도덕성을 계발하는 것
   ① 고전 독서론 : '위대한 고전 읽기 프로그램(The Great Books Program)' 창안 ⇨ 동서양 고전 144권 선정, 1년에 16권씩 9개년에 걸쳐 독서
   ② 일반교양교육 : 3학 4과 중심의 자유교육 중시 ⇨ 이성 계발, '학습사회' 중시
   ③ 교사관 : 이성을 계발하는 논리적 기술(예 토론, 대화법)을 지닌 지적인 훈육가, 영혼의 조련사
2. **아들러(Adler)** : 항존주의의 이론가 ⇨ 허친스를 도와 『위대한 책들』 선정, 교육의 제1원리는 절대적이고 보편적인 것 강조("교육의 목적은 만인에게 동일한 것이 되어야 한다. 이 명제는 교육의 목적이 절대적 · 보편적이어야 한다는 주장과 그 의미에 있어서 같은 것이다.")
3. **마리탱(Maritain)** : 가톨릭 신앙을 바탕으로 현대문명의 비인간화 현상 극복 방안 제시
   ① 교육목적 : 인간성의 도야와 문화유산에의 적응
   ② 교육규범 : 교육은 아동으로 하여금 진 · 선 · 미에 대한 감각을 갖추게 하는 일 ⇨ 내면화를 심화하는 일 ⇨ 교육의 전 과정을 인격화하는 일 ⇨ 이성 · 지성 도야를 통해 인간을 자유롭게 하는 일("진리가 너희를 자유롭게 하리라.")
4. **커닝햄(Cunningham)** : 기독교 신앙을 바탕으로 신체적, 사회적, 종교적, 지적 발달을 도모하는 교육 강조 ⇨ 학교교육의 주된 임무는 지적 발달(지성의 육성)을 도모하는 일

2 항존주의 교육이론과 비판

(1) 항존주의 교육원리(Kneller, 1971)

① **교육의 동일성** : 인간성은 변하지 않기 때문에 교육의 본질도 변하지 않으며, 교육도 언제 어디서나 동일해야 한다.

② **이성의 계발** : 이성이 인간의 최고 속성이기 때문에 교육은 이성을 계발시키는 데 집중되어야 한다. 인간은 이성을 통해 본능적 욕망을 통제해야 한다.

③ **영원불변의 진리** : 교육의 과업은 영원불변의 진리에 인간을 적응시키는 것이다. 교육은 학생을 현실세계가 아닌 진리의 세계에 적응시키는 일이어야 한다. ⇨ **허친스** : "교육은 교수를 포함한다. 교수는 지식을 가르치는 일을 의미한다. 여기서 지식은 진리이다. 진리는 어느 곳에서나 동일하다. 그러므로 어느 곳에서나 동일해야 한다."

④ **생활의 준비** : 교육은 생활의 모방이 아니라 생활의 준비이다. 학교는 실제적 삶의 상황이 아니며 또 그렇게 되어서도 안 된다. 학교는 학생들이 문화적 유산의 훌륭한 업적을 습득할 수 있도록 준비된 인위적 환경이 되어야 한다.

⑤ **기본과목의 학습** : 학생들은 세계의 영원성에 익숙하게 하는 기본적인 과목들을 배워야 한다. 학교는 기본적으로 이성의 훈련과 지성의 계발을 위한 자유교육 혹은 교양교육을 해야 한다.

⑥ **위대한 고전 읽기** : 학생들은 문학, 철학, 역사, 과학과 같이 여러 시대를 거쳐 인간의 위대한 소망과 성취를 나타낸 위대한 고전들(The Great Books)을 읽어야 한다. 고전은 인류가 오랜 세월 동안 담아 온 지혜의 보고이므로, 고전을 통해 학생들은 진리를 발견하게 된다.

MEMO

08

(2) 항존주의 교육이론

① **교육목적** : 이성의 철저한 도야를 통한 참된 인간성(도덕성) 회복

② **교육내용** : 고전[古典, 예 '위대한 책들(The Great Book's)], 형이상학 등 일반교양교육
⇨ 교과중심 교육과정[파이데이아(Paideia) 교육과정]

③ **교육내용의 조직원리** : 논리적 배열

④ **교육방법** : 교사중심 수업 ⇨ 이성(지성)의 도야 강조

(3) 항존주의 교육이론 비판(김정환, 1982)

① **엘리트주의적, 주지주의적 경향이 강함** : 항존주의는 지적 훈련을 매우 강조하지만 모든 인간이 지적인 탁월성을 발휘할 수는 없다. 지력의 계발에만 열중하면 개인의 능력 차이를 무시하게 되고 각 개인의 자유로운 성장을 가로막게 될 위험이 있다.

② **현실을 경시함** : 항존주의는 현재를 영원성과 연결시킴으로써 현재의 문화적 경향성을 무가치하게 여기고 현실에 적응하려는 노력을 과소평가한다. 항존주의의 교육은 위대한 고전들을 강조함으로써 현실의 학문을 무시하고 고전의 지식들을 영원한 것으로 만든다.

③ **비민주적임** : 민주주의는 개인의 개성을 존중하고 가치의 다양성을 인정한다. 그런데 항존주의는 유일하고 절대적인 가치체계를 숭상하기 때문에 민주주의의 기본이념을 위협할 수 있다.

MEMO

04 재건주의(reconstructionism) – 1950~1960년대

> 진보주의는 아동의 중요성, 학습에서 흥미와 자유와 활동의 중요성을 강조한 점에서 옳았다. 그러나 학문과 교과 지식의 중요성을 간과한 것과 여러 목표들을 위계에 따라 서열화하는 것을 거부한 것은 잘못이다. 또한 사고하는 방법을 가르치는 데 강하였지만 우리가 무엇을 위해 사고해야 하는지 그 목표를 가르치는 데는 약했다.
> 본질주의는 급격한 재건이 진행 중인 시대에도 매혹적이다. 그러나 과거에 적합했던 신조와 습관을 견지하는 것만으로는 동적인 문화를 창조할 수 없다.
> 항존주의는 인간성의 문제에 대해 많은 시사를 주지만, 고대의 문화유산과 정신을 부활시키려고 하기 때문에 과거 회귀적이고 민주주의를 위협하는 요소들을 가지고 있다.
>
> – 브라멜드(Brameld, 1956)

1 개관

(1) 개념

① 재건주의는 인류가 처한 문화적 위기를 극복하고 교육을 통한 사회개조와 이상적인 문화건설을 강조하는 교육사조이다.

② 재건주의는 진보주의, 본질주의, 항존주의의 단점을 배격하고 장점을 종합하여 새로운 사회를 건설하고자 한다.

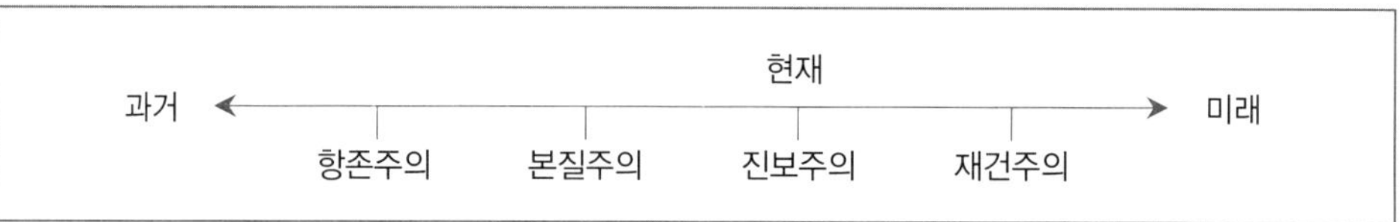

> 진보주의는 현재를, 본질주의는 과거와 현재의 중간적 위치를, 항존주의는 과거를 지향함에 반해 재건주의는 미래를 지향한다.
>
> – 브라멜드(Brameld, 1956)

(2) 배경

① **인류가 처한 문화적 위기 분석**: 과학의 발전으로 농업사회에서 도시・기술사회로 변화함에 따라 심각한 문화지체 현상이 초래되었다고 주장한다. 인류는 기술사회에 적응하기 위한 새로운 가치들을 재건해야 하며, 교육은 전통문화와 기술사회 간의 격차를 좁히는 데 중요한 역할을 수행해야 한다고 주장한다.

② **프래그머티즘**: 재건주의는 진보주의와 마찬가지로 프래그머티즘에 기반을 두고 있다.

③ **대표자**: 브라멜드(T. Brameld), 카운츠(G. S. Counts), 러그(H. Rugg), 버크손(I. B. Berkson)

MEMO

재건주의자

1. **카운츠(Counts)**: 재건주의의 선구자 ⇨ 진보주의의 사회학적 전향 주장
   ① 『학교는 새로운 사회 질서를 세울 수 있는가』(1932): 경제위기와 사회위기를 극복하고 새 사회질서 재건을 위한 교육적 역할 강조
   ② 평등사회 건설 주장
2. **브라멜드(Brameld)**: 재건주의의 대표자
   ① 재건주의는 '위기의 철학': "재건주의는 진보주의, 본질주의, 항존주의 교육사상들의 장점을 절충해서 미래사회 건설에 역점을 두고 현대적 위기 극복을 위해 세운 교육사상"(『재건된 교육철학을 위하여』, 1956)
   ② 교육목적: 사회적 자아실현인(social self-realization, 개인과 사회의 요구를 최대한 만족) 양성 ⇨ 정약용의 '수기위천하인(修己爲天下人)'과 유사
   ③ 바퀴식 교육과정(wheel curriculum): 바퀴 중심부는 핵심 주제, 바퀴살에는 관련 분야의 연구, 바퀴 가장자리에는 교육과정을 종합하는 기능으로 구성

08

2 재건주의 교육이론과 비판

(1) 재건주의 교육원리(Kneller, 1971)

① **새로운 사회질서 창조**: 교육은 문화의 기본적 가치를 실현시키는 새로운 사회질서를 창조하는 일에 전념해야 하며, 동시에 현대 세계의 사회적·경제적 세력과 조화를 이루어야 한다. ⇨ 교육개혁을 통한 사회문화의 재건, 즉 파형(破型)의 기능을 중시

② **민주적인 사회 건설**: 새로운 사회는 진정으로 민주적인 사회가 되어야 하며, 이러한 사회는 민주적인 방법으로 실현되어야 한다(이상적인 사회는 민주주의 사회). ⇨ 재건주의는 민주적인 질서가 자리 잡고 부(富)의 공정한 분배가 이루어지는 복지사회를 이상으로 추구

③ **사회적 자아실현 추구**: 교육은 사회적 자아실현을 추구하고, 학생·학교·교육은 사회적·문화적 힘에 의해 재구성되어야 한다.

④ **새로운 사회건설의 긴급성과 타당성**: 교사는 재건주의자들이 제시하는 새로운 사회건설의 긴급성과 타당성을 학생들에게 민주적인 방법(예 참여와 의사소통, 토론 등)으로 확신시켜 주어야 한다.

⑤ **교육의 목적과 수단의 개조**: 교육의 목적과 수단은 문화적 위기를 극복할 수 있도록 철저하게 개조되어야 하고, 행동과학의 연구가 발견해 낸 제반 원리들에 맞아야 한다.

MEMO

(2) 재건주의 교육이론

① **교육목적**: 개인의 사회적 자아실현과 사회의 민주적 개혁 ⇨ 사회 중심적·미래 중심적 교육

② **교육내용**: 사회적 자아실현을 위해 가치 있는 경험들

예 사회·문화적·과학적 경험, 행동과학적 경험 ⇨ 행동과학적 경험을 가장 중시, 학교는 문화적 유산을 비판적으로 검토하여 사회적 재건에 활용 가능한 내용들을 취급

③ **교육내용의 조직 원리**: 절충적 배열(논리적 배열 + 심리적 배열)

④ **교육방법**: 협동학습, 학교와 지역사회의 밀접한 관련성 중시, 민주주의적 방법

예 참여와 의사소통, 토론 등

(3) 재건주의 교육이론 비판(김정환, 1982)

① **미래 사회를 세울 바람직한 가치관에 대한 논증 결여**: 재건주의는 미래 사회를 어떤 가치관에 입각해서 세울 것인가에 대한 논증을 결여하고 있다. 재건주의가 추구하는 복지사회가 어떤 가치를 추구하는 사회인지 분명하지 않다.

② **행동과학을 유일한 방법으로 여기는 데서 오는 문제**: 인간은 매우 복합적·유동적인 특성을 가지고 있어 행동과학만으로 설명되지 않는 부분이 있다. 무엇보다 행동과학은 인간이 믿어야 할 최상의 가치가 무엇인지 제시하지 못한다.

③ **민주적 방식에 대한 지나친 기대**: 민주적인 것은 좋은 것으로 여겨지지만 그것이 최선의 방법인가에 대해서는 여전히 의문이 남는다(예 중우정치, 소수의견 무시).

Section 02 20세기 후반의 교육철학

01 실존주의(existentialism) 97 중등, 00 초등보수, 02 중등, 03 초등, 06 초등, 09 중등, 12 중등

MEMO

개념 다지기

실존주의

실존주의는 두 차례 일어난 세계대전의 비극적인 체험에서 비롯되었다. 실존주의는 근대 합리주의적 관념론과 실증주의 그리고 현대의 과학문명이 초래한 비인간화 현상에 반항하였다. 실존주의에서 말하는 실존은 바로 '나'로 존재하는 인간의 구체적인 삶의 현실을 의미한다. 그것은 역동적이면서도 독특한 주체적인 삶의 본모습이다. 실존주의는 추상과 이론으로 삶이 일반화되고 객관화되는 것, 사회집단의 조직과 규칙에 얽매이는 것을 거부한다. 실존주의가 추구하는 것은 구체적이고 개성적인 '자기 자신의 삶'이다.

1 개관

(1) 개념

① 실존주의는 1, 2차 세계대전을 거치면서 대두된 철학으로 인간의 실존성과 주체성을 강조하는 철학이다.

② 실존주의에서 말하는 실존은 바로 '나'로 존재하는 인간의 구체적인 삶의 현실이며 주체적인 삶의 본모습이다.

(2) 배경

① **현대문명 비판**: 관념론(인간 이성을 절대시), 실증주의(인간을 객체화), 현대의 산업체제(조직의 효율성 중시) ⇨ 인간 개개인의 주체성·개체성·자아를 무시하고 전체성·합리성·논리성·객관성·획일성 등을 조장 ⇨ 인간성의 규격화·객체화 ⇨ 인간성 파괴와 비인간화 현상 초래

② **인간성 회복 주창**: 현대문명이 결과한 비인간화 현상(예 1·2차 세계대전과 후기 산업사회의 물질만능화)을 비판하고 그에 대한 반항으로 인간성 회복을 주창하며 등장 ⇨ 인간의 주체성 회복의 철학(인간 실존의 본질 규명, 자기소외·자기상실 상태에서 자기회복·자기귀환을 시도)

MEMO

③ **현상학** : 지식의 본질에 대한 실존주의적 사고방식은 현상학(現象學)에 근거하고 있다. 현상학은 우리의 개인적 의식에 직접적으로 나타난 사물의 현상과 사건을 있는 그대로 기술하고자 한다. 실존주의에서 말하는 지식과 진리는 보편적, 추상적 관념으로 '저기에(there)' 존재하는 것이 아니라, '지금 여기에(now and here)' 주체의 삶 속에서 구체적인 의미를 부여하며 존재한다.

④ **대표자** : 파스칼(Pascal), 키에르케고르(Kierkegaard), 니체(Nietzsche), 하이데거(Heidegger), 사르트르(Sartre), 야스퍼스(Jaspers), 볼노브(Bollow), 부버(Buber), 모리스(MHorris), 넬러(Kneller)

(3) 실존주의의 두 명제(사르트르)

① **실존은 본질에 앞선다** : 인간의 존재가 먼저 있고, 자신의 본질에 대한 규정은 뒤에 오게 된다는 말로, 오직 나의 실존만이 나에게 본질을 부여한다는 것이다. ⇨ 도구는 제작자의 의도에 의해 만들어지지만, 인간은 오직 나의 자유로운 선택과 주체적인 결단에 의해 나 자신을 형성해 간다.

② **실존은 주체성이다** : 인간은 자신의 실존을 자각하고 자신의 본질을 결정하는 데 완전히 자유롭다는 말이다. ⇨ 인간은 본질을 가지고 세상에 태어난 것이 아니라 아무런 규정도 없이 세상에 내던져진 존재다. 인간은 자유로운 선택에 의해 자신의 삶을 스스로 결정하며 그 결과에 대해 스스로 책임을 진다.

2 실존주의 교육사상과 비판

(1) 실존주의 교육사상의 특징

① **자아실현적 인간 형성** : 개인이 자유로운 선택과 판단에 의해 행동하고 그에 책임질 수 있는 자아실현적 인간 형성, 전인교육을 교육의 목적으로 삼는다. 지식은 그 자체가 목적이 아니라 인간의 자아실현을 위한 수단에 불과하며, 진정한 교육은 지식과 감성, 감정, 의지, 체험 등이 결합된 전인교육을 의미한다.

② **학생의 개성과 주체성 존중** : 인간은 자신의 존재의미를 결정한 후 본질을 규명하므로 학생의 개성과 주체성을 존중하는 교육을 강조한다. ⇨ 획일화 · 집단화 · 보편화하는 현대 교육의 경향 반대

③ **인격적 만남의 교육** : 만남은 교육에 선행한다. 나와 너의 인격적 만남이 있을 때 진정한 교육이 가능하다. 따라서 교사와 학생, 학생과 학생이 있는 교육현장은 인격적 만남의 장이어야 한다.

MEMO

④ **비연속적 · 단속적 교육 중시** : 만남은 어느 순간에 온다. 인간은 '위기, 각성, 충고, 상담, 만남, 모험과 좌절' 등과 같은 비연속적 요소에 의해 비약적으로 성장한다. 따라서 지속적 교육은 단속적 교육형식을 통해 보충 · 확장되어야 한다.

⑤ **교사의 역할** : 교사는 주어진 지식을 일방적으로 주입하는 사람이 아니라, 학생 각자의 특수성(개성)에 맞는 적절한 만남을 예비하는 사람이다. ⇨ **교사의 자질** : 무조건적이고 긍정적인 존중, 공감적 이해, 진실성 등

⑥ **삶의 어두운 면도 인정하는 교육** : 죽음, 좌절, 공포, 갈등과 같은 인간 삶의 어두운 면도 보여 줘서 적극적인 삶의 의미를 느끼도록 한다.

08

(2) 대표적인 실존주의 교육자

① **볼노브(O. F. Bollnow)** : 비연속적(단속적) 교육 중시 ⇨ 인간이 한계상황에서 겪게 되는 위기, 만남, 각성, 충고, 상담, 모험과 좌절 등의 비연속적 경험은 자기 성장의 교육적 계기

② **부버(M. Buber)** : 만남(encounter)의 교육 ⇨ 인간은 관계 형성을 통해 자신의 실존을 형성해 가는 창조자 예 나(I)와 그것(it)의 만남 ⇨ 대화법 ⇨ 나(I)와 너(You)의 만남

> "인간의 관계는 '나(I)－그것(it)'의 대상적 관계와 '나(I)－너(You)'의 인격적 관계로 나누어 볼 수 있다. '나－그것'의 관계는 인간 대 인간의 관계가 아닌 수단－목적의 관계를 말하며, 그 관계는 어떤 제3의 목적, 즉 경제적 목적이나 정치적 목적 등에 의해 매개된다. 그 결과 그 목적이 사라지면 그 만남도 사라지게 된다. '나'라는 '그것'을 수단적 관계를 통해서 이용할 뿐 그 관계를 통해 '나'의 경험이 성장하지는 않는다. 그러기에 이러한 수단적 관계를 통해서는 결코 교육이 이루어질 수 없다. 이와 대비되는 '나－너'의 관계는 인격적 관계로서, 그 관계 사이에 어떤 도구적 가치도 개입하지 않는 인격적 소통의 관계를 말한다. 이는 교육이 지향하는 인간 형성의 관계이며, 또한 학습자와 지식의 관계이기도 하다. '나'와 '너'가 인격적으로 만날 때 나는 너를 통해 하나가 되는 것이며, 가치관과 삶이 바뀌어 나의 내면과 경험의 전인적 변화, 즉 성장을 경험하게 되는 것이다."
>
> －『나와 너(Ich und Du)』(1973)

(3) 비판

① 교과내용의 전달을 통한 계획적이고 연속적인 형성이나 성장보다는 만남, 각성, 모험 등을 통한 비약적인 변화를 추구하다 보면 교육내용이나 교육방법 등을 경시하기 쉽다.

② 만남을 통한 비약적인 변화는 전혀 불가능한 것은 아니지만, 일반적인 교육방식으로 보기는 어렵다.

③ 인간의 사회적 존재양상의 측면을 객관적으로 분석하지 못했다.

MEMO

현상학과 해석학

1. **현상학(phenomenology)**: 인식 과정을 탐구 ⇨ '의미부여 작용' 01 초등, 10 중등

(1) 개념

① 인식주체의 인식 과정(경험)을 탐구하는 철학을 의미한다.

② 실증주의에 반발하여 등장한 것으로, 후설(Hussearl)의 현대철학 방법론으로 창시되어(『논리연구』, 1975), 하이데거의 '인간존재의 이해', 메를로 퐁티의 '인간의 경험과 학습에 대한 이해'로 발전하였다. ⇨ 실증주의 부정, 지식의 상대성·주관성·가치추구성 중시

(2) 특징

① 인간의식의 지향성: 인간의식은 능동성을 지니고 있어 대상을 있는 그대로 받아들이지 않고 자신의 개념과 이미지를 결합하여 파악한다. 인간의 의식 지향성으로 인해 모든 외부의 대상은 객관적 대상물이 아니라 인간의 의식작용에 의해 새롭게 구성되어 나타나는데, 이것을 현상이라고 한다. ⇨ 인간이 구성해 낸 지식은 개인의 주관적 신념과 사회적·역사적 환경이 반영됨

② 지식의 상대성·주관성(보편적 진리관 부정): 앎이란 의식 밖의 객관적 대상 때문이 아니라 인간의 내재적인 '의미부여 작용'을 통해 이루어진다. 즉, 인간의 외부의 대상에 대해 의식작용을 통해 구성함으로써 이루어지게 된다. ⇨ 지식은 의식작용의 구성적 산물(주관이 대상을 의식한다. 인식주체를 떠난 객관적 지식은 불가능하다.)

③ 생활세계 중시: 인간이 대상에게 부여하는 의미는 구체적 생활 속에서 경험을 통해 획득된다고 보아 생활세계를 중시한다.

(3) 시사점

① 기존의 객관적 지식관에 대한 새로운 인식 요구: 현상학은 지식이 인식주체와 분리될 수 없다고 본다. 지식을 얻는 과정에서 주관적 요소가 필수적이기 때문에 객관적이고 보편적 지식은 불가능해진다. 따라서 기존의 지식에 관한 새로운 인식이 요구된다.

② 교육방법에 대한 재검토 요구: 현상학은 지식이 학습자에 의해 다르게 받아들여질 수 있다고 본다. 따라서 교육방법에서도 학습자에게 강제적으로 주입하는 방법보다 학습자의 주관을 중요시해야 함을 시사한다.

③ 현장학습 및 체험학습 중시: 현상학에서 인간은 구체적 생활 속에서 의미를 형성하기 때문에 구체적인 생활환경 속에서의 현장학습, 체험학습이 요구된다.

2. **해석학(hermeneutics)**: 인식 대상을 탐구 ⇨ '이해(understanding)'의 문제를 다루는 철학 09 초등

(1) 개념

① 텍스트(text)는 물론 모든 인간행위의 의미를 이해하려는 방법론이다. ⇨ 언어, 의사소통, 대화에 관심을 둠

② 본래 해석학은 작품의 의미와 가치를 탐구하려는 방법론에서 출발 ⇨ 대표자: 슐라이허마허(Schleiermacher), 딜타이(Dilthey), 하이데거(Heidegger), 하버마스(Habermas), 가다머(Gadamer)

(2) 특징

① 의미부여 행위자(이해하는 존재)로서의 인간의 주체성 강조: 인간행동의 규칙성에 입각한 일반화를 부정하며, 이해는 인간의 실존방식의 하나라고 본다.

② 맥락이나 상황 중시: 텍스트 해석에서 사회나 집단의 문화적·역사적 맥락이나 상황을 중시한다.

③ 이해의 근원으로서의 선이해 중시: 해석자는 그가 해석하는 바에 대한 예비적 이해(선이해)를 가지고 해석한다.

④ 전통은 이해의 기반: 가르친다는 것은 전통 안에서의 대화이고, 교사는 전통의 해석자이다.

⑤ 교육과 학습의 의미: 교육은 이해에 목적을 둔 대화나 게임이고, 학습은 텍스트를 해석하는 것이다.

MEMO

08

(3) 교육적 의의 및 시사점
① 대화의 중요성 강조: '해석'을 이해의 핵심으로 파악함으로써 교육활동에서의 대화의 중요성을 강조한다. 교사와 학생 간 대화와 토론은 이해의 지평을 확장하는 중요한 과정이다.
② 교육내용에 대한 이해 강조: 교육내용으로서의 텍스트는 절대적 지식체계가 아니라 이해해야 하는 것이다.
③ 의미 발견의 교수학습 과정 강조: 교수학습 과정은 미리 계획되는 활동이 아니라 학생들이 자발적으로 의미를 발견해 나가는 과정이다.
④ 교사의 역할: 교사는 학생들의 현재 지식과 관심(선이해)에 비추어 텍스트에 접근하도록 유도해야 한다.

02 분석철학(분석적 교육철학; analytic philosophy) 04 중등, 07 초등, 09 중등, 12 초등

개념 다지기

분석철학

분석철학은 실존주의와 더불어 20세기 철학의 새로운 조류를 형성하였다. 실존주의가 인간의 실존에 초점을 두고 삶의 전모(全貌)를 탐구하였다면, 분석철학은 사고의 명료성에 초점을 두고 언어의 의미를 탐구하였다. 분석철학은 언어의 의미를 분석하는 일과 같은 '탐구방법'을 강조한다. 분석철학이 철학적 탐구방법으로 논의되기 시작한 것은 대체로 20세기 초엽으로, 케임브리지 대학교의 무어(G. E. Moore)와 러셀(B. Russell)에서 출발하여 비트겐슈타인(L. Wittgenstein)에 의해 꽃을 피웠다. 그리하여 20세기는 화이트(M. White)의 용어를 빌려 표현하자면, '분석의 시대(the age of analysis)'로 불리게 되었다.

1 개관

(1) 개념

① 분석철학은 사고의 명료화를 위해 언어의 의미를 엄밀하게 분석하고자 하는 철학사조이다. 교육의 주요 개념이나 용어에 대한 철학적 분석을 토대로 교육에 대한 사고나 판단을 현명하게 한다.
② 과학적·경험적으로 확인·검증할 수 없는 전통철학의 초월적·사변적·형이상학적 요소들을 철저히 거부하고 인식 가능한 사실만을 진정한 지식으로 간주하며 등장한 철학사조이다.

MEMO

(2) 유형 – 분석철학의 대상

① 논리실증주의(logical positivism) : '검증(檢證)의 원리(verification principle)' 중시 ⇨ 경험과 논리를 통하여 증명(실증)될 수 없는 명제는 무의미하다고 보며, 어떤 명제의 진실성을 경험과 논리에 의해 검증하고자 한다. ⇨ 독일의 비엔나학파 중심, 슐리히(Schulich), 카르납(Carnap)이 대표

② 일상언어학파(linguistic analysis) : '용도의미론(use theory)' ⇨ 우리가 사용하는 일상적인 언어를 분석하여 그 의미를 밝히며, 이를 통해 그 언어를 사용하는 사람들의 삶을 이해하게 된다. ⇨ 영국 옥스퍼드학파 중심, 비트겐슈타인(L. J. Wittgenstein)이 대표

2 분석적 교육철학의 의의와 비판

(1) 의의

① 분석철학은 교육의 개념이나 용어에 대한 철학적 분석을 함으로써 교육에 대한 사고나 판단을 명료하게 하는 데 기여하였다.

② 분석철학은 지식의 성격에 대한 탐구를 통해 교육내용(교과)을 논리적으로 선정・조직하는 데 도움을 주었다. ⇨ 지식의 형식(forms of knowledge) 이론

③ 분석철학은 교육의 윤리적 차원을 분명히 해 주었다. 분석적 방법을 사용하여 교화, 훈련, 자유, 권위 등의 개념을 분석하고, 이것들이 교육의 상황에서 정당하게 사용될 수 있는지를 검토하였다.

④ 분석철학은 교사들의 태도에 영향을 주었다. 분석철학은 교사들에게 명료하게 생각하고 말하도록 촉구한다.

⑤ 교육적 논의에서 사용되는 개념들을 명료하게 분석하고 그 논리적 타당성을 검토함으로써 교육철학을 하나의 독립적이고 객관적인 학문분야로 성립시키는 데 기여하였다.

(2) 비판

① 전통철학이 가졌던 사변적・규범적 기능을 거부함으로써 교육의 이념이나 목표를 정립하는 일을 소홀하게 만들었다.

② 교육철학의 객관적 가치중립성을 추구한 나머지 바람직한 세계관이나 윤리관을 적극적으로 주장하지 못함으로써 교사들의 교육관 정립에 기여하지 못하였다.

03 비판이론(비판적 교육철학; critical theory) 99 초등, 09 중등, 11 중등, 12 초등

MEMO

1 개관

(1) 개념

① 비판이론은 네오 마르크시즘을 사상적 토대로 1923년 프랑크푸르트대학의 사회연구소를 중심으로 출현한 프랑크푸르트학파의 사회철학을 말한다.

② 프랑크푸르트학파는 자본주의 사회의 문화와 이데올로기를 연구하여 인간을 이데올로기적 속박으로부터 해방시키고자 한다.

③ 교육이 자본주의 이데올로기를 전달하여 지배계층의 사회구조를 재생산하고 있다고 보며, 학교는 교육과정을 통해 학생들에게 그릇된 이데올로기를 주입함으로써 학생의 주체적이고 자유로운 사고를 억압한다고 한다.

④ **대표자 :** 아도르노(T. W. Adorno), 마르쿠제(H. Marcuse), 호르크하이머(M. Horkheimer), 하버마스(J. Habermas), 프레이리(P. Freire), 프롬(E. Fromm)

(2) 기본 입장

① **이론에의 몰두 :** 이론과 실제가 분리될 수 없고, 어떤 실제도 이론이 존재한다. ⇨ 이론적 탐구와 정치적 실천 간의 통일성 추구

② **복수이론 :** 단일이론이 아니라 접근방식과 관심사(예 철학, 사회학, 정치학, 경제학, 심리학 등)가 다른 여러 학자들의 의견을 종합적으로 받아들여 사회이론을 전개 ⇨ 인간의 문제를 심리적・경제적・사회적 측면에서 파악해야 하는 복합적인 것으로 보고 인간을 그 전체성에서 파악함

③ **과학적・실증주의적 방법의 거부 :** 인간사회를 연구함에 있어 과학적・실증적 접근은 가치판단과 실천을 외면하고 사실의 기술에만 그치기 때문에 현실을 긍정할 뿐 기존 질서의 변화에는 전혀 관심을 두지 않기 때문이다. ⇨ 지식 사회학적 접근

④ **계몽(啓蒙) :** 개인과 집단에 존재하는 부정과 불평등을 폭로

⑤ **해방(解放) :** 권력, 권위, 불평등으로부터의 자율성 확보 ⇨ 인간 중심 사상

⑥ **마르크스주의 이론의 수정 :** 경제적 결정론("토대가 상부구조를 결정한다.")을 부정, 교육의 상대적 자율성 인정 ⇨ 신교육사회학의 관점

⑦ **도구적 이성✦(도구적 합리성) 비판 :** 목적보다 수단을 중시하는 도구적 이성 비판

✦ 도구적 이성과 해방적 이성의 의미
1. 도구적 이성: 자기 보존의 목적에 따라 대상을 정복・지배하려는 이기적 이성
2. 해방적 이성: 인간 존재의 보편적 주체를 존중하는 초개인적・초월적 이성

MEMO

2 비판이론의 교육론과 비판

(1) 교육이론(신좌파)

① 교육목표 : 인격적 목표와 사회적 목표를 동시에 추구한다. 인격적 목표는 각자가 자신의 삶의 주체가 되고 개성을 실현하면서 인격을 성숙시키는 데 둔다. 사회적 목표는 자율적이고 의식화된 인간의 육성을 통해 이상사회를 건설하는 데 둔다.

② 교육내용 : 정치교육, 인문교육, 여성해방교육, 사회과학교육, 이상사회 구상 등이다.

- **정치교육** : 지배체제의 이데올로기를 비판하는 의식화 교육
- **여성해방교육** : 성차별과 성의 해방 문제를 다루는 교육
- **사회과학교육** : 사회구조와 그 역사적 발전과정을 거시적 시각에서 보는 역사교육
- **이상사회 구상** : 그들이 바라는 복지사회에 대한 꿈을 키우는 교육

③ 교육방법 : 학교와 사회의 관계 회복, 학습자의 교육적 주체성 존중, 갈등현장 견학, 친교, 갈등상황에 대한 문헌 접근이다.

- **학교와 사회의 관계 회복** : 사회의 문제를 학교로 끌어들여 그에 대한 인식을 깊게 하는 일
- **학습자의 교육적 주체성 존중** : 학습자의 흥미, 자유, 자치 등을 존중하는 교육
- **갈등현장 견학** : 농성, 데모, 파업 등 사회적 집단행동을 직접 보게 하여 문제의 초점이 무엇인가를 따져보게 하는 일
- **친교** : 동지적 유대감을 키워 주기 위한 대화
- **갈등상황에 대한 문헌 접근** : 여러 갈등현장의 문제들을 생생하게 기록한 문헌들을 접하는 일

(2) 의의

① 실증주의 문제점 비판, 교육의 가치지향성(인격적 자아실현성 · 이상사회 구현) 부각

② 사회비판의 규범적 토대를 '의사소통적 합리성' 개념을 통해 새로이 정립 ⇨ 이성에 기초한 '대화를 통한 문제해결'을 제시

③ 교육철학의 관심 영역을 학교 현장에 집중함으로써 현장 교육개선에 기여

④ 학교교육의 도구적 기능(사회 불평등 구조의 재생산)을 규명

(3) 비판

① 학교교육의 순기능(문화전승 · 사회 유지 발전 및 자아실현에 기여)을 평가절하

② 교육을 지나치게 사회 · 정치 · 경제의 논리에 따라 해석하는 경향

MEMO

08

3 비판이론가의 교육사상

(1) 하버마스(J. Habermas) – 제2세대 ⇨ 절충주의 이론

① **이론개요**: 변증법적 사회이론(사회철학) ⇨ 자연과학적 실증적 방법 부정, 마르크스 사상을 비판적으로 계승(마르크스의 결정론 비판 + 의사소통)

② **교육목적**: 이성(理性, 자기반성적 사고)에 의한 합리적인 사회 건설 ⇨ 자기반성을 통하여 사회생활의 왜곡을 폭로하고 제거함으로써 해방적 사회 구현

③ **의사소통적 합리성(이성) 중시**: 이상적 담화 상황(ideal speech situation, 참가자 간에 평등한 발언 기회 보장되는 상황 ⇨ 강제 없는 자유토론에 의한 합의, 곧 진리를 도출), 상호주관성(inter-subjectivity)의 획득과정

㉠ **합리적 효율성의 추구에 따른 생활세계의 병리현상 증폭**: 하버마스(Habermas)는 목적보다 수단을 중시하는 도구적 이성을 비판하고 합리적 의사소통을 중시한다. 근대사회가 추구해 온 과학과 기술에 의한 합리적 효율성은 목적 달성을 위한 수단의 효율성만 따지기 때문에 삶의 의미상실이나 아노미, 심리적 노이로제와 같은 생활세계의 병리현상을 증폭시켰다고 비판한다.

㉡ **의사소통의 합리성 회복**: 하버마스에 따르면, 이러한 문제의 해결은 의사소통의 합리성을 회복하여 목적의 규범성과 정당성을 검증할 때 가능하다고 보며, 이를 위해 '의사소통적 합리성'을 강조한다. 합리적 의사소통이란 이상적 담화상황을 의미하는 것으로, 대화 당사자 간에 평등한 발언 기회가 보장되는 상황에서, 타당한 근거에 바탕을 둔 자유토론에 의해 합의, 곧 진리를 도출하는 대화를 의미한다.

(2) 프레이리(P. Freire) – 제2세대 ⇨ 『페다고지(피압박자들을 위한 교육)』(1968)

① 개관

㉠ 비인간화

ⓐ '비인간화'는 사람과 사람 간, 억압－피억압의 관계에서 발생한다. 비인간화는 억압자와 비억압자의 관계가 역전된다고 해소되지 않는다. 여전히 인간 간의 억압적 관계가 지속되기 때문이다.

ⓑ '인간화'라는 억압적 상황이 해소될 때 성취될 수 있다. 억압적 관계를 해소하는 일은 억압받는 자들이 주체가 되어 진행되어야 하며, 의식을 바꾸는 일, 즉, '의식화' 교육, '인간화' 교육을 통해 성취될 수 있다.

MEMO

㉡ 침묵의 문화(culture of silence)

ⓐ 침묵의 문화란 피억업자들이 억압자들에 의해 주어진 현실에 지배당하여 억압자들의 가치관, 문화, 행동양식을 내면화한 결과, 억압자들처럼 걷고 말하며 생활하는 상태를 말한다.

ⓑ 문화적 종속 상태를 말하는 것으로, 이러한 침묵의 문화는 교육에서 은행 저금식 교육의 형태로 나타난다.

㉢ 실존적 이중성

ⓐ 억압받는 자들은 자기들을 억압하는 자들의 이미지를 스스로 내면화하고 있는데, 이를 피억압자들의 '실존적 이중성'이라고 칭한다.

ⓑ 실존적 이중성을 지닌 사람들의 특징

숙명론적 태도	이들은 자기들이 처한 상황을 억압적인 것으로 생각하지 않고 자연스러운 것으로 받아들이는 숙명론적 태도를 취한다. 이것은 오랜 기간 지속된 억압의 산물로서 사회적·역사적 상황에서 비롯된 결과이다.
진지한 성찰과 인식의 부족	피억압자는 사회전체의 질서가 억압자의 이익에 봉사하는 형태도 전개되어도 그것을 제대로 인지하거나 깨닫지 못하며, 오히려 그들의 생활을 동경하거나 추종하기도 한다. 피억업자들과 연대하기보다 오히려 억압자의 편에 서서 피억압자들을 배타적으로 대하거나 적대시하기도 한다.
억압자들에 대한 정서적 의존성	피억압자들은 억압자들이 만들어 낸 피억업자들에 대한 부당한 이미지를 사실로 받아들인다(예 아무짝에도 쓸모없다. 게으르고 무용한 존재이다). 따라서 자신들의 힘으로 사회를 변혁시킬 수 있다는 믿음이 없으며, 억압자들에 대해 저항할 자신감도 크게 부족하다.

② 학교교육의 방향

㉠ 은행 저금식 교육(banking education)

ⓐ 억압적 종속 사회의 교육은 사회구조를 그대로 반영하는 방식으로 이루어지는데, 교육에서도 수직적 관계가 나타나는 것이다. 교육에서의 수직적 관계는 교사와 학생 간의 지배와 복종의 관계를 말하며, 이러한 교육을 프레이리는 은행 저금식 교육이라고 부른다.

ⓑ 은행 저금식 교육은 학생이라는 텅 빈 저금통장에 교사가 지식이라는 돈을 저축하는 식의 교육을 말한다. 교사가 특정 지식을 일방적으로 설명하면 학생들은 그것을 암기하고 반복하며 저장한다.

ⓒ 이러한 주입식 교육에서는 교사와 학생의 관계가 수직적이며, 인간을 주체로 만드는 것이 아니라 주어진 현실에 단지 적응하는 객체적 존재로 전락시킨다.

ⓓ 이러한 형태의 교육으로는 해방을 위한 변혁을 불가능하게 만들기 때문에, 은행 저금식 교육에 대한 대안으로 프레이리는 문제 제기식 교육을 제안한다.

MEMO

08

㉡ 문제 제기식 교육(problem posing education)

ⓐ 의미 : 문제 제기식 교육이란 비인간화와 억압적 상황을 변혁하는 교육방식으로, 세계(현실)를 향해 문제를 제기하고 비판하며 해답을 찾아가는 교육을 말한다.

ⓑ 교육목적 : 은행 저금식 교육의 목적이 억압적 현실을 지속시키는 데 있다면, 문제 제기식 교육의 목적은 억압적 상황을 변혁하는 데 있다. 억압적 상황을 '억압적 상황'으로 인식하고, 그러한 억압이 해소될 수 있다는 것을 깨닫도록 하는 것이다.

ⓒ 교육내용 : 은행 저금식 교육에서 '지식'은 단편적인 정보들의 집합을 가리킨다면, 문제 제기식 교육에서 지식은 행위의 주체와 그 주변 세계를 향해 질문을 던지고 해답을 탐구해 가는 과정 자체를 가리킨다. 교육내용은 학생들로부터 제기되는 문제들이며, 저장되어야 할 내용이 아니라 해결되어야 할 문제로서 다시 학생들에게 되돌려지는 것들이다.

ⓓ 교육방법 : 은행 저금식 교육이 단편적인 정보들을 전달하고 주입하는 일이라면, 문제 제기식 교육은 교사와 학생이 공동의 탐구자로서 대화를 통해 지식을 재현하고 재창조한다. 교사와 학생이 대화를 통해 함께 지식을 탐구하는 것을 강조하며, 현상 이면에 어떤 힘이 작용하는지 파헤쳐 밝혀낸다. 이런 점에서 교사와 학생의 전통적 관계는 해체되며, 교사는 교사대로 가르치는 일을 통해서, 학생은 학생대로 배우는 일을 통해서 각각 성장하게 된다.

ⓔ 교육결과 : 이와 같이 프레이리는 문제 제기식 교육을 통해 인간이 의식화되면 의식을 실천하는 존재로 변한다고 보았다.

은행 저금식 교육과 문제 제기식 교육의 비교

구분	은행 저금식 교육 (banking education)	문제 제기식 교육 (problem posing education)
교육목적	지배문화에 종속, 지배이데올로기의 유지·존속 ⇨ 사회구조의 유지(보수적)	현실에 대한 문제 제기 및 비판(의식화) ⇨ 자유와 해방을 위한 교육(혁명적)
학생관	미성숙자, 방관자 ⇨ 수동적 존재	비판적 사고자 ⇨ 자율적 존재
교사-학생관	주체(예금주)-객체(은행, 통장)적 관계	주체-주체적 관계
교재(지식)	인식의 대상 ⇨ 제3자(국가)가 구성	대화의 매개체 ⇨ 교사와 학생이 구성
교육방법	수동적 전달(주입), 비대화적	능동적 탐구, 대화적

MEMO

③ 의식화

㉠ 개념 : 의식화란 불합리한 사회적 요인의 분석하고 비판하는 능력을 말하며, 자기를 객체화 · 비인간화시키는 상황을 인지하고 그 상황의 변혁을 통해 새로운 세계와 존재를 실현해 나가는 과정이다.

㉡ 발달단계 : 문제 제기식 교육을 통해 다음 단계로의 발달이 진행된다. '사회현실에 대한 문제 제기'와 '자유로운 대화'를 의식화 교육의 주된 요소로 강조한다.

본능적 의식의 단계	원초적 욕구충족에 매몰되어 자신을 억압하는 것을 의식하지 못하는 단계 ⇨ 따라서 억압적 현실에 대한 문제의식도 존재하지 않는다.
반본능적(주술적) 의식의 단계	침묵 문화의 지배적 의식 수준의 단계(제3세계나 폐쇄사회에서 주로 나타남) ⇨ 사회문화적 상황을 주어진 것으로 숙명처럼 수용, 자기 자신을 비하 또는 부정
반자각적(소박한) 의식의 단계	대중적 의식의 단계 ⇨ 삶의 상황에 대한 의문을 제기하지만, 아직 소박한 수준으로 대중지도자들에게 쉽게 조작될 수 있는 단계
비판적 의식의 단계	의식화 과정을 통해 형성된 비판의식의 단계 ⇨ 비인간적 사회구조에 대한 합리적이고 격렬한 비판의식을 소유 ⇨ 사회 문화적 환경에 대한 심각한 문제의식, 정확한 상황인식, 논리적 사고, 개방적 태도, 토론에서의 자신감 등이 이 단계의 일반적 특성이다. 이에 더해 비인간적 사회구조를 실질적으로 변혁시키고자 하는 의지와 실천노력을 보이는 것도 이 단계의 특징이다.

④ 교사자질론 : '감히 가르치려는 활동을 하려고 나서는 교사들'에게 요구되는 자질들

겸손	겸손은 모든 것을 아는 사람도 없고, 아무것도 모르는 사람도 없다는 명백한 진리를 이해하게 해 준다. 겸손하지 않으면 자신보다 능력이 낮다고 판단되는 사람들에게 존경심을 가지고 그들의 말을 들어주기는 매우 어렵다.
사랑	사랑은 무방비의 사랑이 아니라 '무장된 사랑'이다. 이 사랑은 싸우고, 고발하고, 선언할 권리와 의무를 믿는 사람들의 치열한 사랑이다. 무장된 사랑이 없다면 쥐꼬리만한 봉급과 교사들에 대한 홀대 등 정부의 멸시와 모든 부조리 속에서 살아남을 수 없다.
용기	두려움이 없는 상태라기보다는 두려움을 껴안고 그것을 이겨낸 상태의 마음이다. 따라서 두려움 없는 용기는 있을 수 없다.
관용	관용은 우리가 서로 다른 것에서 배우고 서로 다른 것을 존경하도록 가르친다. 관용이 없다면 어떤 진지한 교육활동도 불가능하며, 진정한 민주주의도 경험할 수 없다. 관용은 존중, 절제, 윤리를 요구한다. 아이들의 차이를 인정해야 진정한 교육이 가능하다. 변화무쌍한 아이들의 차이를 끈기 있게 받아들이고, 참을 줄 아는 사람이 진정한 교사이며, 진보적 교사이다.

MEMO

08

04 포스트모더니즘(Postmodernism)

97 중등, 00~01 초등, 03 중등, 04 초등, 05 중등, 07 중등, 09 중등, 10 초등

개념 다지기

포스트모더니즘

1. **정의**: 포스트모더니즘을 한마디로 정의하기는 매우 어렵다. 그 이유는 포스트모더니즘이 지향하고 있는 경향 자체가 불확정성, 상대성, 다원성과 같이 제한적인 규정을 거부하는 특징을 지니고 있기 때문이다. 포스트모더니즘은 1960년대 이후에 새롭게 나타난 사회적·문화적·학문적 현상들을 포괄적으로 지칭하는 용어로, 건축 분야에서 발원하여 문학, 건축, 미술 등의 예술 분야를 비롯하여 철학, 미학, 사회학, 정치학 등의 학문 분야 전반에서 나타난 기본적인 인식체계의 변화 현상을 아우르는 개념이며, 후기 산업사회, 정보화 사회, 소비사회의 새로운 특징들을 대변하고 정당화하는 시대사조 혹은 문화논리를 말한다.
2. **용어**: 토인비(A. Toinbee)가 처음 사용(1950년대 초), 리오타르(J. F. Lyotard)가 학술적 용어로 처음 사용(1979년)
3. **인류문명의 전개과정**: 암흑(Dark) 시대 ⇨ 중세(Middle) 시대 ⇨ 모던(Modern) 시대 ⇨ 포스트모던(Postmodern, 20세기 초반부터 시작) 시대로 구분
4. **포스트모던 시대의 특징**: 유럽문명의 기초(합리주의, 계몽주의) 붕괴, 고난의 시기

1 개관

(1) 개념

① 포스트모더니즘은 계몽사상적 이성 혹은 합리성을 거부하고 보편적 이론이나 사상의 거대한 체제의 해체를 주장하는 경향을 의미한다.

② 20세기 후반의 후기 산업사회, 정보화 사회, 소비사회의 새로운 특징들을 대변하고 정당화하는 새로운 문화논리를 말한다.

③ 대표적 사상가로는 Derrida, Lyotard(철학 분야), Deleuze, Lacan(정신분석학 분야), Foucault(역사 분야), Habermas(정치·사회철학 분야), Kuhn(과학철학 분야) 등이 있다.

모더니즘	포스트모더니즘
20C 산업화 시대의 논리	20C 이후 탈산업화 시대의 논리
주류(majority) 문화	비주류(minority) 문화
제1세계(서양, 백인, 남성, 중산층 이상, 성인, 인간)	비서양, 유색인종, 여성, 하류층, 아동, 사물
이데올로기 문제	비이데올로기 문제(일상생활)
전체·보편 문화(대서사)	부분·특수 문화(소서사)
규격·정형·정전(正典)	탈규격·탈정형·탈정전
문화객관주의	문화상대주의(다원주의)

MEMO

(2) 특징

① 반합리주의(반이성주의) : 포스트모더니즘은 인간의 이성 혹은 합리성의 절대성을 거부하고 개인의 감정과 정서를 중요시한다.

② 상대적 인식론 : 포스트모더니즘은 진리의 보편타당성을 부정하고 모든 인식활동은 인식주체의 상대적 관점에서 이루어질 수밖에 없다고 주장한다. 이성에 의한 객관적 진리의 구축을 부정하는 반정초주의(anti-foundationalism), 소서사(작은 담론, little narratives)를 중시하는 다원주의(pluralism)를 표방한다.

③ 탈정전화(脫正典化) : 포스트모더니즘은 보편적 · 본질적인 이론체계나 규범체계인 정전(正典)이란 의미가 없으며, 고급문화와 저급 대중문화의 구분 또한 무의미하다는 입장이다. 오히려 사고방식의 차이, 생활방식의 차이를 권유하며, 차이의 인정과 존중이야말로 포스트모더니즘의 사고방식이다. ⇨ 문화다원주의

④ 유희적 행복감의 향유 : 포스트모더니즘은 역사적 · 도덕적 중압감에서 벗어나 유희적 행복감을 향유하는 것이 인간의 본질에 부합하는 바람직한 삶의 모습이라고 본다. 이성적이거나 합리적인 것의 추구를 위해 번민하는 것보다 유희나 감정을 즐기며 행복을 누리는 것이 보다 바람직하다는 것이다.

⑤ 소서사(작은 이야기) : 포스트모더니즘은 모든 사람, 모든 사회에 적용될 수 있는 대서사(거대 담론, grand narratives 예 진보, 해방, 복지, 정의 등)를 거부하고, 개인이나 소집단에 초점을 맞춘 소서사(작은 담론, little narratives 예 여성문제, 인종문제, 빈민문제, 청소년문제 등)에 관심을 둔다.

(3) 푸코(Michel Foucault)의 훈육론

① 지식과 권력의 결합 관계

㉠ 근대국가는 폭력에 의한 지배가 상당 부분 효율성을 상실하자 이데올로기, 즉 지식을 통한 내면적 통제라는 새로운 통제방법이 필요하게 되었다.

㉡ 그래서 권력은 끊임없이 지식(이데올로기)을 생산해 내고, 지식(또는 지식인)은 자신의 정당성을 유지하기 위해 권력을 필요로 한다. 이와 같은 과정을 통해 권력과 지식은 뗄 수 없는 공범관계가 된다. ⇨ 지식이 곧 권력인 것이다.

② 훈육론(규율론)

㉠ 권력은 효율적인 통치를 목적으로 길들여진 인간을 만들어 내고자 한다. 권력이 이를 위해 사용하는 다양한 기법과 전술을 통틀어서 푸코는 '훈육(규율)'이라고 표현했다. 교육이 바로 이러한 훈육의 역할을 한다.

㉡ 규율적 권력이 사용되는 대표적인 장소는 감옥이다. 그런데 이 규율적 권력은 감옥에만 국한되지 않고 사회로 확산되어 길들여진 사회를 위해 군대, 학교, 병원, 공장, 회사 등을 통제하에 둔다.

MEMO

08

③ 훈육을 위한 도구 : 관찰(감시), 규범적 판단, 시험(검사)

관찰(감시)	규율을 효과적으로 행사하기 위해 그 구성원들을 관찰하고 감시 ⇨ 학교는 그 구성원들을 눈에 잘 띄게 감시할 수 있도록 설계된 원형감옥(panopticon)과 유사
규범적 판단	모든 규율체제는 일정한 규범을 정하고 이에 위반되었을 때 처벌을 가하는 방식으로 구성원을 통제
시험(검사)	모든 사람들을 동일한 사람과 다른 사람으로 구분하기 위하여 계산 가능한 모습으로 분석하는 방법 ⇨ 시험을 통해 사람을 '정상'(모범생)과 '비정상'(문제학생)으로 규격화하여 구분하며, 사람들을 기존 질서에 순응하도록 길들임

2 포스트모더니즘의 교육적 의미와 한계

(1) 포스트모더니즘이 현대 교육에 주는 의미

① **전통적 지식관의 전환 요구** : 포스트모더니즘은 객관적이고 보편타당한 지식관을 거부하고, 지식은 특정한 사회적 · 역사적 상황 속에서 형성되고 재구성되는 것이라고 본다. 이것은 보편타당한 것으로 간주되었던 교과지식이 성격을 전반적으로 재검토할 필요가 있음을 시사한다.

② **기존 교육과정에 대한 심각한 비판 제기** : 포스트모더니즘은 보편적 지식과 가치를 전달하는 단일한 교육과정을 거부하고, 사람들의 다양한 관심과 가치를 존중하고 반영할 수 있는 다양한 교육과정을 요구한다.

③ **전통적 학생관의 수정 요구** : 포스트모더니즘은 학생을 수동적인 존재로 간주하지 않고, 학습내용을 재해석 · 재창조하는 능동적 · 주체적인 존재로 규정한다. 따라서 교사는 학생들의 관심, 흥미, 행동 등에 주의를 기울여야 하고, 학생들을 수업에 적극 참여시켜 비판적인 능력과 창의성을 신장할 수 있도록 해야 한다.

④ **전통적 교육방법의 전환 요구** : 포스트모더니즘은 전통적인 교육의 일방적인 전달과 주입식 교육방법을 탈피하고, 교사와 학생, 학생과 학생 간의 개방적이고 비판적인 대화와 토론, 협동, 자율적인 참여와 창의적인 탐구의 방법으로 전환해야 한다고 제안한다. 그리고 학생 간의 협동학습을 장려한다.

⑤ **학생중심의 교육 지향** : 포스트모더니즘은 인간의 능동적 지식 구성을 강조하므로 학생의 자발적인 학습을 강조하는 학생중심 교육을 요구한다.

⑥ **학교문화 해석의 다양성 요구** : 포스트모더니즘은 각 문화집단의 다원성을 인정하고 존중하므로 학교는 사회 문화의 다양성과 다원성에 보다 민감해야 하며, 교사나 학생, 지역사회의 다양한 가치관과 신념들을 존중해야 한다.

MEMO

⑦ **공교육 체제의 변화 요구**: 포스트모더니스트들은 전체적·획일적인 전통적 공교육 체제는 더 이상 적합하지 않다고 생각한다. 포스트모더니즘은 새로운 사회적 조건에 적합한 보다 유연하고 다양한 교육체제를 요구한다(예 열린교육, 대안교육, 홈스쿨링).

모더니즘 교육과 포스트모더니즘 교육의 비교

구분	모더니즘 교육	포스트모더니즘 교육
교육내용 (진리·가치관)	절대적·보편적·객관적 지식(가치)관	상대적·다원적·주관적 지식(가치)관
교육과정의 구성	지식 자체의 논리적 특성	지식의 사회적·문화적 맥락성(상황성)
교육환경	전체(보편) 문화, 거대 담론(대서사)	다양한 가치와 신념을 지닌 소수 문화 인정, 국지 담론(소서사)
교육방법	객관주의 교수	구성주의 학습
교육평가	객관식 지필평가	수행평가
교육제도	공교육 중시	공교육의 재개념화

(2) 포스트모더니즘의 한계

① 전통교육을 대치할 만한 대안적 이론을 제시하고 있지 못하다.

② 다양한 교육적 가치에 대한 합의가 어렵다.

③ 교육에 대한 전체 방향이나 비전을 상실하고 있다.

④ 도덕적 주장의 정당성을 부정하는 경향이 있고, 교육의 인간화보다 비인간화를 부추길 가능성이 있다.

Memo

권지수의 탁월한 만점전략

합격지수 100
권지수 교육학

교육사

합격지수 100
권지수 교육학

Chapter

01

서양 교육사

Section 01 고대 교육사상

MEMO

01 고대 교육사상 1

1 소피스트(Sophist)

(1) 개관

① 최초의 직업교사들(보수 받음, 중등교육 담당), 아테네 바깥에서 아테네로 온 외국인들, 거리의 철학자 ⇨ '지혜로운(to live well) 자(智者)'

② 기본 사상

㉠ **주관적 · 상대적 · 쾌락주의적 진리관**: 보편타당한 진리 부정, 가치판단의 기준은 개인의 감각적 경험과 유용성(utility) ⇨ '욕망의 자기주장'

㉡ **개인주의**: "인간(I)은 만물의 척도" — Protagoras

㉢ **실용주의**: 지식은 개인의 출세를 위한 도구

③ **교육관**: 처세술을 위한 교육, 교육내용으로 수사학 및 웅변술 중시, 정치적 수단으로서의 교육, 주입식 · 암기식 교육

(2) 대표적 사상가

① **프로타고라스(Protagoras)**: 최초의 소피스트, "인간(個人)은 만물의 척도이다." ⇨ 상대적 진리관, 출세 지향적 · 실용주의적 교육 실시

② **고르기아스(Gorgias)**: "진리란 없다. 있다 할지라도 알 수 없다. 안다 할지라도 전할 수 없다." ⇨ 불가지론(不可知論), 회의주의(懷疑主義)

③ **히피아스(Hippias)**: "법률은 만인의 폭군이다." ⇨ 민중적 · 민주적 사고 중시

④ **이소크라테스(Isocrates, BC 436~338)**: 아테네 출신의 대표적 소피스트, 수사학교 설립 ⇨ 소피스트 교육의 가장 성공적인 모델이 됨

㉠ **특징**: 수사학교 설립(체계적 · 연속적 교육), 교양 있는 웅변가 양성을 위한 교육, 강의－시범－연습의 3단계 교육

MEMO

09

> "말의 힘 때문에 우리는 악인을 논파하고 선인을 극찬한다. 이 힘으로 우리는 무지한 사람을 교육시키고 현명한 사람을 평가한다. 왜냐하면 말을 잘한다는 것은 건전한 지성의 가장 확실한 지표로 받아들여지고 있고, 참되고 합법적이며 공정한 이야기는 훌륭하고 성실한 외적 이미지이기 때문이다."
> ⇨ 말(언어)은 인격의 표현이며, 대중을 직접 만나는 지도자의 자질로 도덕적 웅변을 강조하였다.

㉡ 교육사적 의의

ⓐ 소피스트 교육의 가장 성공적인 모델이 되었다.

ⓑ 헬레니즘시대와 그 이후 시대의 고등교육에 영향을 미쳤다.

ⓒ 수사학이 중요 교과가 되도록 하는 데 기초가 되었다.

ⓓ 이소크라테스의 웅변교육론은 플라톤의 철학교육과 더불어 그리스 고대 교육의 두 유형으로 확립되었다.

ⓔ 로마 시대의 키케로(Cicero)와 퀸틸리아누스(Quintilianus)에게 영향을 주었다.

(3) 영향

경험론, 프래그머티즘에 영향

2 소크라테스(Socrates)

(1) 개관

① 최초의 아테네 출신 소피스트, 거리의 교사

② 진리관

㉠ **가치판단의 기준으로 영혼(이성) 중시**: 인간은 태어날 때부터 보편적 진리를 인식할 수 있는 싹(영혼)을 소유하고 있다. ⇨ 이성적 존재

㉡ **보편적 · 객관적 · 절대적 진리관**: 사회 혼란(예 정치 갈등, 윤리도덕의 문란)의 원인을 주관적 · 상대적 인식론에서 찾음 ⇨ 개별적 행위 이면에 내재된 본질적인 진리(선의 본질) 습득과 실천을 통한 진리(윤리)의 보편적 기초 정립을 위해 노력

(2) 교육관

① **교육목적**: 지덕복 합일(知德福 合一)의 도덕적 인간 양성

② **교육방법**: 대화법 · 문답법("너 자신을 알라.") ⇨ 보편적 진리 획득

단계	교육방법	내용	비고
1(파괴)	반어법(反語法) - 소극적 대화	무의식적 무지 ⇨ 의식적 무지	대화법(문답법) 명제: '너 자신을 알라'
2(생산)	산파법(産婆法) - 적극적 대화	의식적 무지 ⇨ 합리적 진리	

MEMO

반어법과 산파법

예컨대, 학생들에게 '정의'라는 관념을 가르칠 때 소크라테스는 "정의란 무엇인가?"라고 묻는다. 학생이 대답하면, 그는 학생의 대답이 들어맞지 않는 몇 가지 사례들을 제시하면서 다시 정의가 무엇인지를 묻는다. 이렇게 몇 번을 되풀이하면 학생은 자신이 가지고 있던 '정의'라는 관념이 진리가 아님을 깨닫게 된다. 이를 '무지의 자각'이라고 한다. 여기까지의 소크라테스의 질문은 학생이 가지고 있는 고정관념을 깨트리기 위한 것으로 '반어법(반문법)'이라 한다.
일단 자신의 무지를 자각하는 순간 학생은 "참된 정의란 무엇인가?"라는 강한 의문을 가지게 된다. '정의'의 참된 의미를 알고자 하는 이 욕구야말로 학생으로 하여금 어려움을 이기면서 진리를 추구하게 하는 원동력이 된다. 소크라테스는 다시 적절한 질문을 함으로써 학생이 스스로 진리에 도달하도록 유도한다. 이렇게 진리에 이르게 하는 질문의 과정을 '산파술(산파법)'이라고 한다.

③ **지와 덕의 관계**: 덕(德)은 지식, 악행은 무지(無知)의 결과이다. 덕(德, 선한 행위)은 선(善)의 본질에 대한 지식에서 비롯되기에 덕은 곧 지식이며, 지식이기에 가르칠 수 있으며, 누구나 진리인 선을 알게 되면 선을 행할 수 있다(지행합일).

④ **계발주의 교육방법의 시초**: 산파술(産婆術)로서의 교육방법
　㉠ 교육은 지식의 주입(input)이 아닌 사고력의 계발 과정(output)이다.
　㉡ 교육이란 갖지 못했던 지식을 밖에서 안으로 집어넣는 것이 아니라 이미 알고 있는 것을 밖으로 이끌어 내는 과정이다.
　㉢ 이처럼 학습자는 스스로 진리를 인식할 수 있는 능력이 있으며, 또한 탐구능력을 지닌 존재라고 볼 수 있다.

⑤ **교사의 역할**: 진리의 산파(産婆)이자 동반자적 존재로서의 교사
　㉠ 학습자로 하여금 반성과 성찰을 통해 자신이 지닌 주관적 지식의 한계를 인식하여 객관적 진리를 인식할 수 있도록 안내하는 산파(産婆) 역할 ⇨ '등에(쇠파리)'로서의 교사 역할을 강조하여, 목숨을 걸고라도 청소년을 무지에서 자각시키려고 해야 함을 역설, 이는 정신적 각성자로서의 교사상으로 실존주의 교사상과 유사
　㉡ 일방적인 지식의 전달자가 아니라 대화와 공동의 사색을 통해 진리를 함께 추구하는 동반자적 존재
　㉢ 교사는 학습자가 지식을 회상(상기)하도록 탐구의 과정을 안내하고 필요한 조력을 제공해야 하는 존재

(3) 영향

질문법, 토의법, 발견학습, 탐구학습의 원리에 영향

MEMO

09

02 고대 교육사상 2

1 플라톤(Platon)

(1) 개관

이상주의(관념론, idealism), 이원론적 세계관(세계는 이데아의 모방)

(2) 교육관

① 교육의 목적: 이데아의 실현(회상설) ⇨ 4주덕(지혜, 용기, 절제 + 정의)

② 교육단계론: 『국가론』

개인	덕	사회	교육단계
머리(이성)	지혜	지배계급(철학자)	(35세~) 행정실무 경험
			(30~35세) 변증법, 철학
가슴(의지)	용기	수호계급(군인)	(20~30세) 4과[음악, 기하학, 산수(수학), 천문학]
허리 이하(욕망)	절제	생산계급(노동자)	(18~20세) 군사훈련
	정의		(~18세) 체육, 음악, 3R's

③ 이데아에 이르는 과정: 분선이론(선분이론, line theory)

인식의 대상	가시계(可視界); 현상		예지계(睿智界); 실재	
	그림자	시각적 사물	수학적 지식(개념)	형상(이데아)
마음의 상태	환상(상상)	믿음	사고(오성)	지식(지성·이성)
	견해		지식	

④ 특징: 최초의 여성교육 옹호자·공교육 지지자, 귀족교육론(위로부터의 교육, 서민교육 부정), 아카데미아(무상교육), 연역법 선호

MEMO

플라톤(Platon)과 이소크라테스(Isocrates)의 교육사상 비교

구분	플라톤(Platon)	이소크라테스(Isocrates)
개관	이상주의 교육사상, 철학적 전통을 대표	현실주의 교육사상, 수사학적 전통을 대표
교육적 인간상	철학자 ⇨ 사고의 영웅·엘리트, 이데아(진리)를 알 수 있는 사람, 현실보다는 이상세계의 인간, 끊임없는 사색으로 진리를 추구하는 사람	웅변가 ⇨ 아테네의 지성인(평균인), 말(언어)의 미덕을 갖춘 사람, 훈련과 교육으로 다져진 현실의 평범한 인간, 도덕적 인품을 바탕으로 합리적 지식과 아이디어로 대중을 설득하여 아이디어를 실천에 옮기는 사람
교육내용	초등교육의 토대 위에 수학, 철학(변증법) 중시 ⇨ 철학을 가장 중시	초등교육의 토대 위에 문법, 수사학 중시 ⇨ 수사학 교육의 중요성 강조(말은 인간의 지성을 가늠하는 척도이자 선한 영혼의 외적 표현)
교육방법	상기설(회상설) ⇨ 지식은 발견하는 것이지 만드는(창조하는) 것이 아니다.	가장 우수한 표본을 연구하고 비판하는 호메로스식 표본과 모방의 교육방법을 통해 스스로 창조의 작업을 공유하고자 함
공통점	• 인간의 선천적인 능력을 인정하였다. 다만, 이소크라테스는 천부적 본성이 훈련과 연습을 통해 조정될 수 있다고 보았지만, 플라톤은 교육을 통해 드러날 뿐이지 조정되는 것은 아니라고 보았다. • 자신에게 주어진 사명을 멸망해 가는 아테네를 구원하여 이끌어 갈 젊은이들을 교육하는 것으로 파악하였다.	

2 아리스토텔레스(Aristoteles)

(1) 개관

현실주의(실재론, realism), 일원론적 세계관(이상은 현실 속에 내재, 개별적 존재 속에 이데아가 구현)

(2) 교육관

① **교육론**: 교육은 내부로부터의 발달에 의한 자기실현 과정 ⇨ 개인적 관점의 교육 중시

② **교육의 목적**: 현세에서의 '행복(eudaimonia)'된 삶(훌륭한 시민 양성 ×) ⇨ 교육의 3요소 [신체(본성, 신체교육), 습관(인격교육), 이성(지력교육)]

③ **자유교육(liberal education)론**: 영혼을 자유롭게 하는 교육(직업교육 ×), 노예가 아닌 자유민을 위한 교육

④ **기타**: 여성교육 부정, 리케이온(소요학파), 귀납법 선호

구분	플라톤(Platon)	아리스토텔레스(Aristoteles)
사상	이원론(Idea－현상계), 이상주의, 관념론	일원론(이상은 현실 속에 내재), 현실주의, 실재론, 경험론
교육 목적	• 이데아의 실현 ⇨ 진선미의 절대적 가치 추구 • **훌륭한 시민 양성**: 심신 조화, 선미한 인간 • 국가 정의(철인, 군인, 평민의 조화)와 개인 정의(지혜, 용기, 절제의 조화)의 실현 ⇨ 개인의 완성 = 사회의 완성 • **4주덕**: 지혜(이성), 용기(격정), 절제(욕망), 정의	• 행복의 실현(Eudaimonia) ⇨ 인생 목적 • 이성(理性)의 훈련을 바탕으로 중용(中庸)의 덕(arete)을 갖춘 자유인의 양성 • **교육의 3요소**: 자연적 요소(본성, nature), 습관(habit), 이성(reason)
내용	자유교양교육, 도덕교육	교양교육, 자유교육(liberal education) ⇨ 자유교양교육의 출발점
방법	• 주관적 · 내성적 · 연역적 방법 • 대화법(회상설, 상기설)에 의한 교육 • **4단계 교육**: 음악과 체육 → 산수 · 음악 · 기하학 · 과학(천문학) → 철학(형이상학)과 변증법	• 과학적 · 객관적 · 논리적(귀납적) · 변증법적 방법 • **3단계 교육**: 신체적 발육(본성) → 도덕적 습관 형성(습관) → 이성 도야(이성)
특징	• 아카데미(Academy) 대학 설립 ⇨ 무보수로 교육 • **여성교육 중시**: 최초의 여성교육 옹호자 • **계급에 따른 차별교육**: 서민교육 부정, 교육의 기회균등 무시 ⇨ 귀족(엘리트)교육, 철인 정치론	• 리케이온(Lykeion) 대학 설립 ⇨ 소요학파(逍遙學派, 산보하며 수업) • 여성교육 부정, 교육대상에서 노예 제외
저서	『국가론』, 『향연』, 『소크라테스의 변명』	『니코마코스윤리학』, 『변증론(Topica)』, 『정치학』
영향	중세 교부(敎父)철학, 신인문주의 교육(19C)에 영향	중세 스콜라철학과 실학주의(17C), 항존주의(20C)에 영향

MEMO

09

Section 02

근대 교육사상

MEMO

01 근대 교육사상 1

1 근대 교육사상의 전개과정

르네상스(14~15C) (구)인문주의 (Humanism)		종교개혁(16C)		실학주의(17C)		계몽주의(18C)		낭만주의(19C) 신인문주의	
개인적 인문주의	비토리노	신교	루터, 칼뱅	인문적 실학주의	라블레, 밀턴, 비베스	자연주의	루소	계발주의	페스탈로치, 헤르바르트, 프뢰벨
사회적 인문주의	에라스무스	구교	로욜라, 라살	사회적 실학주의	몽테뉴, 로크	범애주의	바제도우, 잘츠만	국가주의	피히테, 크리크, 슐라이마허
키케로 주의				감각적 (과학적) 실학주의	코메니우스	합리주의	칸트, 볼테르	과학적 실리주의 (실증주의)	스펜서

2 루소(Rousseau)

(1) 개관

① 사상적 토대 및 인간관

㉠ 초기 교육사상

ⓐ 로크(J. Locke)의 영향 : 감각적 경험, 실학적 단련주의 교육 강조

ⓑ 백과전서파의 영향 : 초기에는 훌륭한 시민양성을 위한 국가체제의 도입을 주장했으나, 후에 모든 사회와 문명이 악하다고 보고 사회로부터의 격리를 주장하면서 백과전서파와 거리를 두었다.

㉡ 낭만주의(Romanticism) : 계몽사상의 지나친 주지주의·합리주의적 경향에 반대하고, 인간의 감성과 도덕성(양심)의 가치를 중시 ⇨ 인간의 개성 신장과 조화로운 발달을 강조

㉢ 자연주의✦ : 성선설(性善說)적 인간관("자연은 선하고 인간은 악하다.", "인간은 조물주로부터 나올 때는 선하다.") ⇨ 주관적 자연주의(선천적인 자연성의 계발), 자유주의(문명적 구속에서의 탈피)

② 교육사상

㉠ 교육은 아동의 자발적 조성 작용 : "식물은 재배에 의해 자라고 인간은 교육에 의해 성장한다." ⇨ 교육 가능설, 교육은 곧 성장(output, 주입 ×)

㉡ 주관적 자연주의 교육 : 인간의 타고난 선성(善性)을 바탕으로 한 자연교육 강조

㉢ 아동중심 교육 : 아동은 성인의 축소판이 아님 ⇨ 교육은 '아동의 이해'에서 출발, 교사중심 교육을 강조하는 전통적 교육관에 대한 코페르니쿠스적 전환의 계기, 교육심리·교육과정·교육방법 연구와 활용의 중요성 강조

㉣ 교육은 미래의 생활을 준비하는 것이 아니라 현재 생활 그 자체

㉤ 경험(생활)중심 교육 : 언어보다는 경험을 중시 ⇨ 지식중심 교육 지양

㉥ 소극적 교육 : 사회악으로부터 아동 보호, 인위적 교육을 반대✦

㉦ 주정주의(主情主義) : 먼저 느끼는 교육 ⇨ EQ 후, IQ 교육

㉧ 교사의 역할 : 정원사(庭園師) ⇨ 나무와 풀의 특성을 파악하고 이에 맞는 조건을 제공해 주고 돌보는 사람

MEMO

✦ 자연상태
1. 모든 사람들이 소박하고 순진하게 살아가는 목가적(牧歌的)인 상태
2. 인간다운 삶을 위해서 되돌아가야 하고 회복시켜야 할 대상
3. 원죄(原罪)가 없는 선한 그대로의 상태 ⇨ 교회의 논리나 홉스(Hobbes)의 주장과 대립

✦ "아동이 교육받을 준비가 되어 있을 때, 아동이 필요를 느낄 때 교육하라." ⇨ 대안교육의 모색 활성화의 계기가 된다.

09

(2) 『에밀(Emile)』의 내용

『에밀(Emile)』

루소(Rousseau)가 1762년에 저술한 『에밀(Emile)』은 '에밀'이라는 고아 소년이 이상적인 교사에 의해 성장해 가는 과정과 에밀의 아내가 될 소피(Sophie)의 교육에 관해 논한 교육소설이다. 『사회계약론』에 나타난 합리적인 정치적 이상사회를 구현하기 위해서 제도의 주인인 인간 자체의 혁명 없이는 불가능하다고 생각한 데서 출발한 루소의 교육론이기도 하다. 그는 기독교의 원죄설에 반대하고 인간의 '자연의 선성(善性)'을 원리로 하여 교육은 주입이 아니라, 자연적 능력의 개화(開花)를 방해하는 것을 제거하는 데 목표를 둔 소극적 교육이어야 함을 역설하고 있다.

① 루소의 교육사상 : 루소의 교육사상은 한마디로 인간의 '자연적 본성을 따르는 교육'이다. 이는 인간을 다른 동물과 구별되게 하는 인간의 유전적 특징, 성별의 차이, 연령별 차이 그리고 개인별 차이 등의 네 요소에 대한 고려를 포함한다. 루소의 교육원리는 이 4가지 요소의 고려 위에서 구상된 것이다.

MEMO

암기법
자 소아 발달

✦ 자연인
(noble savage)
1. 현존하는 문명사회의 인위적 허세와 지적 귀족주의, 이기주의에서 벗어난 순수한 자연상태의 인간
2. 계몽사상의 합리주의자들이 추구했던 지적 인간이 아니라 감성이 순수하고 자연성을 유지한 개인
3. 특정 국가나 사회의 요구가 반영된 '시민'이나 특정 직업기술을 갖춘 '직업인'이 아니라 자유교육의 이상인 온전한 인간, 즉 전인(全人)

② 루소의 교육원리(암)

㉠ 자연인을 위한 교육 : 가장 핵심적 원리

ⓐ '자연인'이란 특정 국가나 사회의 요구가 반영된 '시민'의 개념과 대비되는 것으로서 인간의 자연적 본성이 최대한 발달된 전인적 인간을 말한다. 이상적 국가에서는 시민으로서의 삶과 자아실현으로서의 삶이 일치하나, 현실에서는 사회제도와 개인의 자연적 본성이 갈등을 일으키는 경우가 많다. 이를 극복하기 위해서는 사회의 구성원이 되기 위해 배워야 하는 사회적 관념이 아동 자신의 것이 되고, 아동이 그 관념을 외부로부터 강요받는 것이 아니라 자신의 본성으로 지각해야 한다. 그러므로 루소에게 진정한 교육이란 한마디로 아동이 원래 가지고 있는 자연적 본성의 발달을 의미한다.

ⓑ 자연인✦을 기른다는 것은 문명과 단절된 숲속의 야만인을 만드는 것이 아니라, 아동이 자신의 눈으로 보고 자신의 가슴으로 느끼며, 자신의 이성이 아닌 어떤 권위에 의해서도 지배당하지 말아야 한다는 것이다.

㉡ 소극적 교육(negative education)의 원리 : '자연인을 위한 교육'의 실현을 위해 요청되는 원리

ⓐ 소극적 교육이란 교사가 앞장서서 끌고 가는 식의 적극적인 교육이 아니라, 아동의 자발적 성장을 뒤에서 밀어주는 식의 교육을 말한다. 이는 아동이 주도적으로 체험하고 느끼고 깨닫도록 도와주는 교육이다. 또한 교사나 부모가 미리 짜놓은 틀에 맞춰 변형시키는 외부로부터의 주형(鑄型)이 아니라 아동 내면으로부터의 성장을 촉진하는 교육이다.

ⓑ 소극적 교육에서의 교사의 역할은 아동의 성장과 변화 과정을 관찰하면서 필요한 도움을 주어 성장을 촉진하는 보조자이다.

㉢ 아동중심 교육(아동중심주의)

ⓐ 아동이 능동적 학습자가 되어야 한다는 소극적 교육의 원리와 관련된 것으로, 아동의 타고난 자연적 본성을 최대한 발달시킨다는 원리의 또 다른 표현이다. 즉, 교육은 미래의 삶을 위한 준비가 아니라, 그때그때의 생활 실천을 통해서 인생의 선악에 잘 견딜 수 있는 인간을 형성하는 것이라는 생각을 말한다.

ⓑ 그러므로 루소는 어른으로서 살아가는 데 필요한 것들을 준비하기 위하여 아동의 현재의 관심과 욕구를 억압하고 희생하는 당대의 교육적 관행을 비판함으로써 아동기를 어른들의 억압에서 해방시켰다.

MEMO

09

㉣ 발달단계에 따른 교육 : 연령별 차이에 따른 교육

ⓐ 루소는 각각의 연령대가 그 자체의 교육적 특징을 가지고 있다고 보고, 전 교육기간을 네 시기로 구분하여 각 시기의 주요 특징을 밝히고 그에 맞는 교육방안을 처방하고 있다.

ⓑ 제1편에서 제4편까지는 주인공 '에밀'의 성장과정을 연령대에 따라 구분한 '연령별 차이'에 관한 것이고, 마지막 제5편은 '에밀'의 배우자가 될 '소피'의 교육, 즉 여성교육을 다룬 것으로서 교육에서 고려해야 할 '성별 차이'에 관한 것이다.

『에밀』에 나타난 발달단계별 교육중점 및 교육내용

구성	발달단계	교육중점	세부내용
제1편	유아기 (1~5세) ⇨ 동물적 시기	신체단련	• 사는 것은 활동하는 것이다. ⇨ 체육 중시 • 지육과 덕육은 불필요, 친모(親母)가 직접 양육 • 자유로운 신체활동에 대한 일체의 구속 거부 ⇨ 맨발, 냉수목욕, 견디는 훈련
제2편	아동기 (6~12세) ⇨ 야만인의 시기	감각교육 ⇨ 소극적 교육의 시기	• 5감각기관(눈, 귀, 코, 혀, 피부)의 단련 : 감각은 모든 정신기능(주의, 기억, 사고 등)의 바탕, 훈련 방법으로 '관찰'을 중시 • 언어의 습득 ⇨ 독서 금지, '세계와 사물이 최선의 책' • 놀이를 통한 자발적 학습 • 소극적 교육 : '덕이나 진리를 가르쳐 주는 것이 아니라, 심성을 악덕으로부터, 지력을 오류로부터 보호' ⇨ 사회로부터 격리 • 자연벌 : 실학적 단련주의, 경교육 ⇨ 도덕적 가치 주입 금지
제3편	(청)소년기 (13~15세) ⇨ 농부, 로빈슨 크루소의 시기	지식교육	• 지적 호기심을 이용한 자기활동 : 필요 ⇨ 활동 ⇨ 경험 ⇨ 지식 • 과학 공부부터 시작 : 지리 ⇨ 천문학 ⇨ 물리학(과학은 배워야 하는 것이 아니라 스스로 발견해야 하는 것) • 실질 도야 : 생활에 유용한 것 교수 ⇨ 목공술 등 노작교육을 통한 노동에 대한 이해 도모 • 독서 불필요 : 『로빈슨 크루소(Robinson Cruseo)』 ⇨ 자연 속에서 스스로 모든 문제를 해결하는 방법을 제시

MEMO

제4편	청년기 (16~20세) -제2의 탄생기 ⇨ 합리적 사고의 시기	도덕·종교교육 ⇨ 적극적 교육의 시기	• 사회생활 준비 : 『플루타크 영웅전』 ⇨ 사회 타락 과정을 이해, 훈화 교육은 금지 • 인간관계와 사회제도에 대한 지식 습득 : 사회학, 심리학, 윤리학, 정치학을 연구 • 발달된 이성으로 성의 충동(정념)을 통제 • 도덕·종교교육 : 내적 정신생활의 충실 도모 ⇨ 도덕, 미술, 종교, 철학 등을 학습 ⇨ 적극적 교육 예 '사보아 보좌신부의 신앙 고백'(제도적 종교 비판, 자연종교론 주장)
제5편	결혼기 ⇨ 사회인의 시기	여성교육론 -소피교육	현모양처론 강조 : 여자의 1차 임무는 남자를 즐겁게 하는 것, 순종·겸양·청결·수예·가사 등이 주된 교육내용 ⇨ 여성교육에 대해 소극적이고, 무용론(無用論)적 입장, 즉 남녀별학(男女別學)의 입장

(3) 교육관

① 교육목적 : 자연인(noble savage, 고상한 야인) 양성 ⇨ 이상적 사회 구현

㉠ 일반 도야(인간 도야) 중시 : 인간과 시민 중에서 인간을 만드는 교육

㉡ 양심과 이성에 따라 판단하고 실천하는 도덕적 자연인을 통해 사회 개혁

② 교육내용(교육의 3요소) : 세 종류의 교사

> "창조주의 손에서 나올 때 만물(萬物)은 선(善)하나 인간의 손에 들어오면서 만물은 타락하기 시작한다. 인간은 무엇 하나 원래의 자연상태 그대로 놓아두는 것을 좋아하지 않는다. 우리 인간은 연약한 상태에서 태어난다. 그러므로 강한 인간이 되기 위해 그리고 태어날 때에 가지지 못한 능력을 갖추기 위해 교육을 필요로 한다. 우리는 세 종류의 교사를 통해 교육을 받는다. 세 교사의 가르침이 일치하고 같은 목표를 향하여 나아갈 때에 사람은 올바른 인간이 될 수 있다. 그런데 자연의 교육은 전혀 우리가 어떻게 할 수 있는 것이 아니다. 사물의 교육은 몇 가지 점에서만 우리가 어떻게 할 수 있다. 인간의 교육만이 우리가 마음대로 할 수 있는 교육이기는 하지만 그것도 그렇게 마음대로 할 수 있는 것은 아니다."

㉠ 자연에 의한 교육 : 인간이 자연적으로 타고난 육체적 기관들과 여러 능력(심리적 자연 예 잠재성, 필요, 흥미, 욕구)의 자발적인 성숙

㉡ 인간에 의한 교육 : 교사에 의해 자연적인 능력의 발달을 유용하게 활용

㉢ 사물에 의한 교육 : 사물(물리적 환경) 세계에 대한 직접적인 경험을 통한 앎

③ 교육원리 : 합자연의 원리(주관적·심리적 자연주의), 주정주의(主情主義), 실물교육(직관주의 원리), 소극적 교육, 아동중심 교육

MEMO

09

④ 교육방법

지육론(知育論)	훈육론(訓育論)
• 아동은 태어나면서 배울 능력을 갖고 있으므로 자기의 경험에 의하여 자유로이 배우도록 해야 한다. • 학습은 자연의 발달순서에 따라서 행해져야지 인위적으로 서둘러서는 안 된다(심리적 자연주의). • 언어보다는 실물 · 사실을 통한 학습을 행해야 한다(실물교육, 직관주의). • 감각은 일찍 발생하여 지식을 육성하는 힘이 되므로, 그 연습에 충분히 힘쓰는 한편 빨리 발달시키도록 해야 한다(감각교육).	• 아동의 천성은 선(善)이다. 아동의 나쁜 행동은 허약(虛弱)에서 생기므로 행할 능력을 양성하면 결코 나쁜 행동을 안 할 것이다. • 아동의 현재생활을 경시하고 장래생활만 준비하는 것은 부당하다. • 진정한 자유인은 자기가 하고 싶고 할 수 있는 것만을 원한다. 이것은 아동에게도 적용되는 근본원리이다. • 이유를 말할 필요 없이 자연의 힘을 느끼도록 한다. • 초기 교육은 가능한 한 방임적 · 소극적으로 해야 한다. • 허위적 경향을 제외하고 될 수 있는 한 사회와 격리시키는 것이 좋다. • 자애심 · 자존심에 주의하고, 또 성교육에도 주의하여 조숙하지 않도록 한다.

⑤ 교육사상의 장점과 단점

장점	단점
• 교육을 내적 · 자연적 발전과정(성장)으로 이해(자유주의 교육 주창) • 개성, 자유, 자기활동의 원리 강조(주체적 활동 강조) • 아동심리에 대한 이해 강조 • 지식교육보다 감정 도야를 중시 • 일반 도야를 교육목적으로 추구 • 직관주의적 실물교수를 강조(실학적 직관주의) • 자기능력 함양을 위한 근로교육, 수공업 작업 중시	• 가정교육을 중시하고 사회교육과 학교교육을 경시 • 자유주의적 방임주의 경향 • 국가교육체제를 부정 • '자연'의 개념이 불명확 • 무조건적 성선설은 잘못 • 일반적 도야를 강조한 나머지 직업도야를 배척 • 교육개혁의 실현 가능성에 대한 문제 • 여성교육에 대한 문제

⑥ 교육사적 의의

㉠ 교육은 변질되고 타락하기 이전의 상태, 즉 순수한 인간의 본래성을 회복하는 작업임을 역설하여, 인간성 회복 교육을 선도하였다.

㉡ 소극적 교육의 중요성을 강조하여, 대안교육의 모색을 활성화하는 데 기여하였다.

㉢ 아동중심 · 생활중심 교육을 주장하여, 교사중심 · 지식중심의 교육에 대한 재고(再考)를 유도하였다.

㉣ 인간의 발달단계와 그 특성에 따라 교육내용과 교육방법을 구체적으로 제시하여, 교육심리 · 교육과정 · 교육방법 연구와 활동의 중요성을 환기시켰다.

MEMO

㉤ 양심과 이성에 따라 판단하고 실천하는 도덕적 자연인을 통해 사회를 개혁함으로써 이상사회를 구현하려 하였다.

⑦ 후세에 미친 영향

㉠ 바제도우(Basedow)의 범애주의, 칸트(Kant)의 합리주의, 페스탈로치(Pestalozzi)와 프뢰벨(Fröbel)의 계발주의, 엘렌 케이(Ellen Key)의 자유주의, 진보주의, 구성주의 등에 영향을 주었다.

㉡ 신교육운동(아동중심 교육운동), 생활교육사상, 노작주의 교육사상에 영향을 주었다.

02 근대 교육사상 2

1 페스탈로치(J. H. Pestalozzi, 1746~1827)

(1) 개관

① 페스탈로치는 교육의 본질을 '인간성을 계발하는 일'이라고 보았다. '인간성' 속에는 도덕적 · 지적 · 신체적 제 능력들이 모두 포함되므로, 이를 계발한다는 것은 결국 머리, 가슴, 손으로 상징되는 지적 능력(head), 정의적 능력(heart), 신체적 능력(hand)을 유기적으로 조화롭게 발달시키는 것을 의미한다.

② 그러므로 그가 추구한 교육의 목적은 특정 직업을 위한 것이거나 특정 사회의 요구를 충족하기 위한 것이 아니라 개인의 전인적 완성을 추구하는 것임을 발견하게 된다.

③ 그러나 페스탈로치는 개인의 인격적 완성을 추구하는 교육이 또한 인간을 개조하고 사회를 개혁하는 가장 효과적인 길이라 생각했다. 즉, 교육의 본질은 인간성을 계발하는 것이지만, 그 일 또한 개인과 사회를 개혁하는 수단으로 기능한다는 것이다. ⇨ 교육은 개인과 사회를 개혁하는 수단 ⇨ 교성(敎聖)

④ 페스탈로치는 '인간성'이 자연 속에서 계발되는 것이 아니라 사회적 맥락 속에서 개발될 수 있다고 봄으로써 사회의 교육적 기능을 강조했다. 그는 인간의 성장과 발달이 식물의 성장에서 볼 수 있듯이 일련의 진화적 발달단계에 따라 이루어진다는 루소의 견해를 받아드렸지만, 루소와 달리 아동의 지적 · 정신적 성장을 자극하기 위해서는 사회에 의존해야 한다는 것을 강조하였다. 그는 일상생활 속에서의 교육 가능성을 굳게 믿었다.

(2) 교육관

① **교육목적**: 인간성 계발(인간 도야)을 통한 사회개혁 ⇨ 평등교육론

㉠ 인간의 모든 능력, 즉 3H(Heart, Head, Hand)의 조화로운 계발 ⇨ 전인교육, 능력심리학에 토대

> **3H**
>
> 1. **머리(Head)**: 지적 능력 ⇨ 정신력(精神力, Geisteskraft)
>   예 수, 형, 어를 통한 사고력 함양
> 2. **가슴(Heart)**: 도덕적 능력 ⇨ 심정력(心情力, Herzenskraft)
>   예 도덕 · 종교교육을 통한 '사랑'을 육성
> 3. **손(Hand)**: 신체적 능력 ⇨ 기술력(技術力, Kunskraft)
>   예 기술 · 신체 · 직업 교육을 통해 사회생활에 필요한 지식과 기술 도야

㉡ 도덕적 인간 형성을 통한 불평등한 사회개혁

② **교육내용**: 직관(直觀)의 3요소

수(數, Zahl)	계산, 수학 ⇨ 사물의 종류, 논리적 사고력을 도야
형(形, Form)	도화(圖畵, 그리기), 습자(習字, 글씨 쓰기), 측량 ⇨ 사물의 형태(모습), 직관력과 공간에 대한 감각 능력을 도야
어(語, Sprache)	언어교과(읽기, 말하기, 문법) ⇨ 사물의 이름(개념), 언어 능력을 도야

③ **교육방법(교육원리)**✦ ㊙: 나토르프(Natorp)

㉠ **자발성의 원리**: 아동의 능력을 스스로 내부로부터 계발 ⇨ 주입식 교육 배제

ⓐ 아동 내부에 있는 자연의 힘을 자발적으로 발전시키는 것을 교육의 기본원리로 삼는다는 뜻이다.

ⓑ 즉, 주입식 방법이 아닌 계발식 방법이 페스탈로치 교육원리의 본질이라는 뜻이다.

㉡ **방법의 원리**

ⓐ 인간성 발달을 촉진하는 최적의 방안을 찾아서 교육한다는 원리이다.

ⓑ 인간성의 발달은 일정한 과정을 거쳐서 이루어지므로, 그것을 촉진하는 올바른 순서가 중요하다. 예컨대, 우리의 인식은 '막연한 감각인상'에서 '대상을 식별'하는 단계('감각인상이 식별'되는 단계), 식별된 인상이 '명료화'되는 단계, 명료화된 인상이 '명확한 관념'으로 정의되는 단계를 거쳐서 이루어진다. 그러므로 교사는 사물에 대한 아동의 인식을 촉진하기 위해 각각의 단계가 효과적으로 이루어지도록 여러 가지 방법을 강구해야 한다.

예 '무지개는 일곱 색깔이다.'라는 관념의 형성: 공중에 떠 있는 색깔의 띠를 식별하는 단계(감각인상의 식별단계) ⇨ 그 띠 속에 서로 다른 색깔들을 찾아내는 단계(명료화 단계) ⇨ 그 색깔들이 빨강, 주황, 노랑, 초록, 파랑, 남색, 보라의 일곱 가지라고 이름 붙이는 단계(명확한 관념 형성)

MEMO

✦ 합자연의 원리
'자발성의 원리, 방법의 원리, 사회의 원리, 조화의 원리'를 묶어 합자연의 원리라고도 한다.

암기법
방자사조직

09

MEMO

ⓒ 방법의 원리에 의하면, 교수활동은 그 내용이 무엇이건 간에 기본요소로부터 출발하여 그것과 연결되는 다른 요소로 넘어가고, 마지막으로 이것들을 종합하는 세 단계를 거쳐서 이루어져야 하며, 교과내용은 구체적인 것에서 추상적인 것으로, 단순한 것에서 복잡한 것으로, 그리고 이미 알고 있는 것에서 아직 모르는 것으로 나아갈 수 있도록 배열되어야 한다.

도덕적 도야	무규율 단계(자연상태) ⇨ 타율 단계(사회상태) ⇨ 자율 단계(도덕상태)로 전개
지적 도야	수 ⇨ 형 ⇨ 어 : 직관교육에서 개념교육으로, '막연한 감각인상'에서 '명확한 관념'으로
신체적 도야	반복 연습을 통한 도야

㉢ 사회의 원리

ⓐ 사회생활과 사회적 관계가 인간을 교육하는 힘을 가지고 있으며, 그 힘을 활용하는 것을 교육의 기본원리로 삼는다는 뜻이다. ⇨ 가정교육(안방교육의 원리)의 사회화 ⇨ 가정에서의 모자(母子) 관계가 모든 사회관계, 교육관계의 기초

ⓑ "환경이 사람을 만들고 사람이 환경을 만든다."라는 것이 페스탈로치의 생각이다. 그는 특히 가정생활에서 볼 수 있는 모자 간의 신뢰와 사랑이 도덕교육의 기초가 된다고 보았으며, 교사와 학생 간에도 모자관계와 같은 신뢰감이 형성되어야 함을 강조했다. 이것은 결국 일상생활 속의 사회적 관계를 활용하는 것이 교육의 기본원리임을 함축하고 있다.

㉣ 조화의 원리

ⓐ 지적 능력, 정의적 능력, 신체적 기능의 조화로운 발달을 추구한다는 것을 교육의 기본원리로 삼는다는 뜻이다. ⇨ 3H의 조화 ⇨ 플라톤(Platon)과 로크(Locke)의 능력심리학의 영향을 받음. 3가지 능력의 조화로운 계발을 강조하였으나 그중에서도 도덕성(Heart), 즉 덕육(德育)을 제일 중시함

ⓑ 이것은 페스탈로치의 교육원리가 전인발달을 추구하는 것이었음을 지적한 것이다.

㉤ 직관의 원리

ⓐ 아동 자신의 직접 경험 또는 직접 체험을 교육의 기본원리로 삼는다는 뜻이다.

ⓑ 페스탈로치는 모든 인식이 직관에서 출발하며 직관이 인식의 절대적 기초라고 생각했다. 그는 직관을 외적 직관과 내적 직관으로 구분했다. 외적 직관은 감각기관을 통해 외계의 인상을 받아들이는 것을 말하며, 내적 직관은 자신의 마음의 눈으로 세계의 본질을 체험하는 것을 말한다. 이러한 외적·내적 직관을 활용하는 것을 교육의 기본원리로 삼았다(코메니우스는 감각적 직관을 외계(外界)의 인상을 수동적으로 수용하는 과정임을 강조하였으나, 페스탈로치는 외계의 사물이나 현상의 본질을 이해하려는 능동적인 인식의 과정으로 이해함).

MEMO

09

ⓒ 그가 실물교육이나 노작교육을 강조한 것도 직관의 원리에 입각한 것이라고 볼 수 있다.

(3) **특징** – 루소(Rousseau) 교육원리의 수정

루소(Rousseau)	페스탈로치(Pestalozzi)
소극적 교육관: 교육은 아동 개인의 직접적 경험의 결과	적극적 교육관: 교육을 통한 아동 능력 계발 가능
학교교육을 부정	학교교육을 긍정: 좋은 가정교육의 연장
개인중심 교육	개인과 사회의 조화로운 발달 강조
일상적인 삶이 가지는 교육적 가능성 부정: 최선의 교육을 위해서는 탁월한 능력과 인격을 갖춘 부모를 둔 이상적인 가정이 반드시 필요	일상적인 삶이 가지는 교육적 가능성 긍정: 평범한 농부의 가정도 인간적인 유대와 일거리가 있는 한 훌륭한 교육의 장이 될 수 있고, 그를 통해 최선의 교육이 가능 ⇨ 생활 도야
정원사로서의 교사: 아동 성장의 협조자, 안내자	교사의 적극적 역할론 강조: 교사는 '교육의 대기술'을 가지고 아동과 사회를 매개하고 아동을 성인 수준으로 육성하는 자

(4) **주요 저서** –『은자의 황혼』,『린하르트와 게르트루트』,『백조의 노래』

① **『숨은 이(隱者)의 황혼』**: 페스탈로치의 교육적 이상, 즉 평등을 표현 ⇨ "권좌에 앉아 있는 사람이나 시골 마루에 앉아 있는 사람이나 모두 다 똑같은 인간이다."

② **『린하르트와 게르트루트』**: 악(惡)의 추방과 가난의 근절을 주제로 한 농촌 소설 ⇨ 시골 가정의 한 어머니가 노작교육과 자애로운 대화를 통해 아이들의 지력과 인격 도야, 루소의 『에밀』에 비유될 만한 작품, "최선의 교육이 반드시 이상적인 가정에서만 가능한 것은 아니며, 평범한 농부의 가정도 인간적 유대와 일거리가 있는 한 훌륭한 교육의 장이 될 수 있다(생활 도야).", "학교교육도 가정에서의 교육과 다르지 않다."라는 교육관 전개

『린하르트와 게르트루트』

소설 속 주인공인 현명한 어머니 게르트루트는 헌신적인 노력으로 일곱 남매를 키우면서 술과 도박에 빠진 남편 린하르트를 갱생시키고 나아가 마을 전체를 변화시키게 된다. 게르트루트는 아이들이 쓸데없이 빈둥거리지 않도록 옷감 짜는 일을 시키며, 사랑이 담긴 대화를 통해 아이들의 지력을 향상시키고 인격을 함양시킨다. 학교교사와 같은 전문적인 교과 지식은 없지만, 창문의 유리를 세어 보게 하거나 방의 크기를 발걸음으로 세어 보게 하는 등의 방법으로 산수를 가르치며, 주변에 있는 사물들을 세밀하게 관찰하게 함으로써 필요한 지식을 습득하도록 가르친다.

MEMO

③ 『직관의 ABC』: 직관교육에 토대를 둔 아동교육법

- 산수공부의 시작은 아동이 주위에 있는 사물을 셀 수 있게 되고 그것을 통하여 각각의 수가 무엇을 의미하는지 알게 되는 것에서 시작한다.
- 형태의 공부에서 기본적인 요소는 선과 각이다.
- 언어의 공부에서 기본적인 요소는 말을 이루고 있는 소리이므로, 각각의 소리를 명확하게 구별할 수 있도록 한 다음 음절, 단어, 문장을 읽을 수 있도록 한다.

(5) 영향

① **민중교육·보통교육(아래로부터의 교육) 발전**: 평등교육론

② 가정교육, 학교교육, 사회교육 중시

③ 사회적 이상주의 교육(Natorp)

④ **퀸시 운동(Parker)과 오스웨고 운동(Scheldon) ⇨ 페스탈로치학파**

㉠ **퀸시 운동(Quincy movement)**: '진보주의의 아버지'라고 불리는 파커(W. Parker)가 주창, 페스탈로치의 참된 교육으로의 회귀 운동

㉡ **오스웨고 운동(Oswego movement)**: 쉘덴(Scheldon)이 주창, 페스탈로치주의(교육사상과 교육방법) 보급 운동 ⇨ 교사교육 프로그램으로 발전

⑤ 교육심리학과 아동연구에 영향

⑥ **노작교육사상의 원천**: 아동의 자발적인 노작활동에 의한 기능의 기초훈련을 중시

⑦ **생활교육의 기초 마련**: "생활이 도야한다."라는 명제 확립

⑧ 직관주의 사상은 직관 교수에 영향

⑨ **교육목적을 인간의 개선에 두어 인도주의와 민주주의 교육 발전에 기여**: 하늘나라를 이 땅 위에 건설하기 위해서 인간과 사회를 개혁하는 것이 종교의 궁극적 목적이자 도덕과 교육의 목적이기도 함 ⇨ 교육을 보다 높은 목적에 종속시킴

⑩ 19C 말~20C 초 신교육운동(New Education Movement)

2 헤르바르트(J. F. Herbart, 1776~1841)

(1) 개관 – 교육학(사변적 교육학)의 체계 확립 ⇨ 교육학의 아버지

① **교육학 체계화**: 『교육학 강의 개요』 서문에서 "과학으로서의 교육학은 실천철학과 심리학에 의존한다. 실천철학은 교육의 목적을, 심리학은 교육의 길, 즉 교육의 수단과 장애를 교시한다."라고 함으로써 실천철학(윤리학)으로부터 교육의 목적을, 심리학으로부터 교육 및 수업의 방법을 도출하여 독립된 과학으로서의 교육학을 성립시켰다.

MEMO

09

② **교육목적**: 『교육의 목적으로부터 연역된 일반교육학』

헤르바르트는 교육원리가 교육의 목적에서 연역되어 나와야 한다고 생각했다. 그는 자신의 교육원리를 이론화하는 데 교육의 목적이 무엇인지를 생각하고 그 목적을 달성하기 위한 방법론을 체계화했다. 그에 따르면, 교육의 최고 목적은 학생의 도덕성을 함양하는 것이다.

③ **교육내용과 교육방법**: 표상심리학(Pestalozzi의 능력심리학 비판) ⇨ 다면적 흥미의 계발

④ **표상심리학(representation psychology)**: 학습심리학의 기반이 된 심리학 ⇨ 출생 시에 백지상대인 인간의 마음은 신경계통을 통해서 외부의 실재와 관계한다. 이 관계를 통해 마음에 감각적 지식의 원천인 표상(表象, 어떤 것에 대한 영상 또는 이미지)이 부여되고, 이 표상에서 전체의 마음이 발전한다. 즉, 마음은 오직 외부 실재와의 상호작용을 통해 나타나는 표상의 형태로 인식될 뿐이다. 한 번 형성된 표상은 계속적인 자기보존의 노력을 하며, 이들 표상의 상호작용은 외연(外延)으로 확대되어 보다 많은 표상을 포괄하는 작용을 통해서 개념을 만들고, 나아가 판단과 추리로 발전한다. 그러므로 교육이란 외부에서 보다 많은 표상을 제시하고 이를 통해 마음을 확대·배양·조직하는 것이어야 한다. 흥미는 바로 이러한 표상으로 생긴다. 따라서 교육의 임무는 외계 사물(자연)과의 접촉 및 사회적 교제를 통해 표상을 일으키고, 이것을 기초로 해서 이념과 행위에로의 동기를 유발하여 사상권(circle of thought)을 완성시키는 것이다. 이렇게 볼 때 사고권(마음)은 관념들의 덩어리라고 볼 수 있다.

(2) 교육관

① **교육목적**: 도덕적 품성, 즉 5도념의 도야

도덕적 품성, 즉 5도념의 도야 ⇨ 내면적 자유, 완전성, 호의(好意, 선의지), 정의(正義, 권리), 보상(報償, 형평 또는 공정성) 등 다섯 가지 도덕적 이념이 서로 결합하여 도덕성을 이룬다고 보고, 이를 육성하는 것이 교육의 목적이라고 본다.

헤르바르트(Herbart)는 교육의 최고 목적을 학생의 도덕성 함양에 두었다. 도덕성 함양은 교육의 모든 세부적인 목적들을 포괄하는 최고의 목적이며, 인간의 가치는 지식이나 기술에 의해 터득되는 것이 아니고 의지(意志)의 선악(善惡)에 의해서 평가된다. 의지는 사고권(circle of thought), 즉 사고의 범위에서 나온다. 도덕적 의지 또는 선의지도 올바른 도덕적 관념에서 나오기 때문에 구체적인 교육목표는 올바른 사고권을 형성하는 것이다.

㉠ **내면적 자유(idea of inner freedom)**: 도덕적 행위를 결정하는 개인의 의지가 자유라는 생각을 말함. 이는 어떻게 행동해야 하는지에 대한 판단(도덕적 판단)과 그것을 실천에 옮기는 의지(도덕적 의지)가 일치하도록 의지를 훈련함으로써 성취될 수 있음

MEMO

ⓛ **완전성**(idea of perfection or completeness) : 의지가 행동으로 실천될 수 있도록 의지의 강력, 충실, 조화의 3가지 조건을 구비하는 것 ⇨ 의지의 완전성이 실현된 상태 ⇨ 교사의 관심사가 되는 이념(교사는 학생들이 현재의 수준에 만족하지 않고 보다 완전하고 완벽한 것을 추구하기 위하여 자신의 역량을 키우도록 가르쳐야 하기 때문)

ⓒ **호의**(好意 또는 선의지, idea of good will) : 타인의 행복을 자기 의지의 대상으로 삼는 것, 타인에 대한 태도로 표현됨

ⓔ **정의**(正義 또는 권리, idea of rights) : 다른 사람의 의지를 나의 의지와 동등하게 존중하는 것 ⇨ 서로 다른 두 의지가 충돌할 경우 정의에 입각하여 조화롭고 합리적으로 해결하려는 생각을 의미 ⇨ 두 개의 의지가 상호 양보하고 조화를 이룬 상태

ⓜ **보상**(報償 또는 균형, 공정성, idea of equality) : 의지의 결과로 생긴 행동에 대하여 책임을 지는 것 ⇨ 자신이 행한 선과 악에 따라 응분의 보상 또는 대가를 받아야 한다는 생각을 의미 ⇨ 대가 없이 부당한 이득을 취하거나 잘못을 저지르고도 책임지지 않는 것을 용납하지 않는 생각

② **교육내용** : 아동의 다면적(多面的) 흥미

㉠ **흥미**(興味, interest) : 교육적 활동을 적극적으로 하게 하는 마음이 일어나는 것으로, 마음으로 하여금 그것의 대상이 되는 사물에 주의를 기울일 때 수반되는 특별한 정신상태, 즉 정신적 흥분과 쾌감을 뜻한다.

ⓐ 교육의 실질적 목표가 사고권의 형성이라면, 이를 위한 수단이 '흥미'이다.

ⓑ 흥미는 마음으로 하여금 그것의 대상이 되는 사물에 '주의를 기울이게' 함으로써 그 사물의 표상이 의식 속에 두드러지게 해 준다.

ⓒ 어떤 대상에 흥미를 갖는다는 것은 거기에 '주의를 기울이고 있다'라는 뜻이며, 그 주의는 '원초적(무의식적) 주의'와 '통각적(의식적, 선택적) 주의'로 구분된다. 통각적 주의가 교육장면에서 필요한 학습이 필수조건이다.

원초적 주의	큰 소리나 밝은 색깔같은 강한 자극에 무의식적으로 주의를 기울이는 것
통각적 주의	우리의 의식이 특정 대상에 선택적으로 주의를 기울이는 것

ⓓ 통각적 주의가 언제나 한 가지 대상이나 주제에만 고정되어 있다면 교육적으로 바람직하지 않다. 이는 마음이 편협하다는 뜻이며, 그 아이의 마음은 한 방향으로만 발달하게 될 것이기 때문이다. 그러므로 '다면적 흥미'를 갖는 것이 중요하며, 교육적으로 아동이 삶의 모든 측면에 흥미를 가질 수 있도록 그의 마음을 계발해 주는 것이 가장 이상적인 것이다.

ⓔ 이처럼 교육적 흥미의 조건은 영속성, 직접성, 다면성이다.

MEMO

09

ⓕ 흥미는 전심(專心, concentration)과 치사(致思, correlation, 숙고)를 통해 형성된다.

전심	마음이 하나의 대상에 집중하는 것을 말한다. 이때 그 대상을 제외한 다른 것들은 의식역에서 사라진다. 전심의 과정을 통해 의식은 그 대상을 보다 분명하게 파악하게 된다.
치사	전심의 과정을 통해 파악한 대상을 이미 마음속에 들어 있는 다른 관념들과 비교하면서 조정하고 관계를 맺는 과정이다.

ⓖ 전심과 치사의 두 과정은 마치 호흡처럼 번갈아 가면서 이루어져야 하며, 그럴 때 새로운 관념을 받아들이고 그것을 통일된 하나의 관념 덩어리로 통합하는 것이 가능해진다.

ⓗ 이런 생각을 바탕으로 헤르바르트는 교수활동이 따라야 할 과정을 명료－연합－계통－방법이라는 4단계로 제시했다.

Ⓛ 흥미의 종류 : 신체적 흥미를 제외

지적(인식적) 흥미	의미	자연물에 대한 지식과 관련된 흥미로서 물리적 세계와의 접촉을 통해서 획득되며, 학교교육에서 자연, 지리, 수학 등을 포함하는 과학영역의 교과를 통해 길러진다.
	경험적 흥미	사실에 관한 흥미, 골동품 수집가나 식물학자들에게서 볼 수 있는 것처럼 사물이나 사실들을 경험하는 데에 대한 흥미
	추구적(사변적) 흥미	사물 또는 사실 간의 관계나 법칙에 대한 흥미. 논리학자나 수학자들처럼 개별 사실들 간의 관계를 일반법칙으로 파악하려는 흥미
	심미적 흥미	사물이나 그들 간의 관계를 미적으로 관조하고 평가하는 흥미. 시인이나 미술가, 조각가에게서 볼 수 있는 것처럼 세계의 미적인 측면을 드러내 보이는 흥미
정의적(교제적/윤리적) 흥미	의미	마음에 대한 공감과 관련된 흥미. 다른 사람들과의 사회적 교섭을 통하여 획득, 학교교육에서 역사와 문학을 포함하는 역사영역의 교과를 통해 길러지는 흥미
	동정적(공감적) 흥미	동료 인간으로서의 다른 개인들에 대한 흥미. 타인의 마음, 그들의 고통과 쾌락에 공감을 느끼는 것과 관련된 흥미
	사회적 흥미	집단, 조직, 국가 등 개인들의 집합체인 사회에 대한 흥미. 사회집단의 행복과 불행에 공감을 느끼는 것과 관련된 흥미
	종교적 흥미	신(神)과 같은 초월적 존재에 대한 흥미

MEMO

✦ 다면적 흥미
헤르바르트가 말하는 '다면적 흥미'란 '흥미의 분산'을 의미하는 것이 아니라, 흥미의 대상은 다양할지라도 그 다양한 대상에 대한 흥미들은 하나의 통일된 전체를 이루고 있어야 한다는 것으로, '조화로운 다면적 흥미'를 의미한다.

③ 교육방법 : 다면적 흥미✦의 조화로운 계발 ⇨ 관리, 교수, 훈련

헤르바르트의 '통각(統覺)에 의한 학습' 이론

1. **19C에 출현한 연상주의적 이론(Associationism)에 기초** : 존재하는 모든 개체의 사물들은 각기 독립된 하나로서 존재하지만 이들은 여러 가지의 방식으로 서로 상호작용을 하며, 한 인간의 마음도 다른 마음과의 관계에 의하여 새로운 생각과 느낌을 발생시킨다는 믿음
2. **통각의 의미** : 사람의 마음속에 이미 자리 잡고 있는 여러 가지의 관념과 생각들이 서로 관련을 가짐으로써 새로운 관념이나 생각을 성립시키는 것
   ① 우리의 영혼(마음) 속에 있는 표상(image 또는 관념)은 강해지거나 약해지기도 하며 시간이 흐르면서 사라지기도 한다. 그것은 영혼 속에서 스스로를 드러내려고 하며, 경쟁하는 다른 표상이 없는 한 '의식역(意識閾, 의식의 문턱)' 위로 떠오른다.
   예 우리가 옛일을 망각하는 것은 그 일에 관한 표상이 시간의 흐름에 따라 힘이 약해져서 의식역 바깥으로 사라지기 때문이며, 잊고 지내던 옛일을 다시 기억하게 되는 것은 의식역 바깥으로 밀려났던 표상이 다시 의식역 위로 떠올랐기 때문이라고 할 수 있다.
   ② 영혼 속의 표상은 의식역 위로 떠오르기 위해서 서로 억제, 방해, 결합, 재생 등의 상호작용을 하는데, 이를 통각(統覺)이라고 한다. 통각 작용은 동류관념 상종(같은 류의 관념들은 서로 잘 어울림), 상이관념 혼재(상호 무관한 관념들이 뒤섞여 있음), 반대관념 배척(반대되는 관념은 서로 배척함)이라는 3가지 법칙에 따라 일어난다.
   ③ 이러한 통각작용에 따라 관념들은 서로 갈등하고 융합하면서 관념 덩어리들을 형성하는데, 그렇게 형성된 관념 덩어리들로 채워진 영혼이 곧 우리의 마음이며, 관념 덩어리들의 총체가 그 사람의 사고권(circle of thought)이 된다.
3. **교육적 시사점** : 새로운 지식을 아동의 마음속에 있는 이미 친숙한 기존의 표상들과 연결시킴으로써 학습을 촉진

㉠ 관리(Regierung) : 교수를 위한 예비 단계
   ⓐ 소극적 관리 : 감시, 명령, 금지, 처벌 등에 의하여 학습 준비 태세 형성
   ⓑ 적극적 관리 : 일정한 과제를 주어 아동을 활동시키는 것
㉡ 교수(Unterricht) : 교육목적 달성을 위한 최선의 방법, 교재(서적)를 매개 ⇨ 교육적 교수와 비교육적 교수
   ⓐ 교육적 교수 : 지식, 기능, 의지 전달을 통해 도덕적 품성을 도야
   ⓑ 비교육적 교수 : 지식, 기능만 전달

ⓒ 4단계 교수법(인식의 과정)[암] : 명료 ⇨ 연합 ⇨ 계통 ⇨ 방법

<table>
<tr><th>교수단계</th><th>의미</th><th>정신 작용</th><th>Ziller</th><th>Rein</th></tr>
<tr><td rowspan="2">명료
(clearness)</td><td rowspan="2">대상에 대한 뚜렷한 인식, 개개의 관념의 명확한 구별 ⇨ 정적 전심</td><td rowspan="3">전심(專心) : 일정한 대상에 몰입되어 명확한 관념을 파악하는 것</td><td>분석</td><td>예비</td></tr>
<tr><td>종합</td><td>제시</td></tr>
<tr><td>연합
(association)</td><td>신・구 관념의 결합 ⇨ 동적 전심</td><td>연합</td><td>비교</td></tr>
<tr><td>계통
(system)</td><td>연합된 관념을 체계적으로 조직 ⇨ 정적 치사</td><td rowspan="2">치사(致思) : 파악된 개념을 통합하여 반성을 통해 통일하는 작용</td><td>계통
(체계)</td><td>개괄
(총괄)</td></tr>
<tr><td>방법
(method)</td><td>체계화된 지식을 활용하고 응용 ⇨ 동적 치사</td><td>방법</td><td>응용</td></tr>
</table>

Ⓒ 훈련(Zucht, 훈육) : 교재를 매개로 하지 않고 아동의 도덕적 품성 도야를 위한 직접적인 활동 ⇨ 내부적・자율적 방법

예 교훈, 교사의 모범(가장 중요), 훈육(상벌)

보존적 훈련 (유지적 훈련)	교사가 시범 보인 방향으로 아동의 의지를 유지
규정적 훈련	교사가 미리 규정한 규칙에 따라 아동이 준수하도록 훈련
결정적 훈련	교사가 아동의 심리 상태를 예상하고, 아동 스스로 결정하도록 훈련
후원적 훈련	아동이 자율적으로 올바른 선택을 하도록 교사가 후원

④ 기타

㉠ 특징 : 선지후행(先知後行), 주지주의적 입장

㉡ 주요 저서 : 『일반교육학』, 『실천철학』, 『교육학요강』

MEMO

암기법
명연계방

09

Memo

Chapter

02

한국 교육사

Section 01 | 고등교육기관의 이해
Section 02 | 인재선발방식의 이해
Section 03 | 조선 시대의 교육사상

Section 01 고등교육기관의 이해

MEMO

01 고구려의 태학(太學)

1 개관

소수림왕 2년(372)에 설립(『삼국사기』)된 우리나라 최초의 관학(官學)이자 고등교육기관으로, 학교교육의 효시(嚆矢)이다. 태학의 설립은 국가체제 정비와 관련되어 있으며, 새로운 관료체제 형성을 위해 중국 남북조(특히 전진 혹은 동진)와의 교류를 통해 받아들인 것으로 보인다. 그 역사적 뿌리는 한(漢)대의 태학제도에서 찾을 수 있다.

2 내용

(1) 입학자격

상층 계급의 귀족 자제만이 입학하였으며, 15세 입학하여 9년간 수학하였다.

(2) 교육목적

유교교육에 의한 관리 양성

(3) 교육내용

① 오경(『시경』, 『서경』, 『예기』, 『춘추』, 『주역』), 삼사(『사기』, 『한서』, 『후한서』), 『삼국지』, 진춘추(晋春秋), 옥편(玉篇), 자통(字統), 자림(字林), 문선(文選) 등
② 경당이나 중국 태학의 기록에서 오경(五經) 등의 유학 경전이 주(主)가 된 것으로 추측

(4) 편제

조의두(皁衣頭, 태학의 책임자), 태학박사(교사), 조의선인(皁衣仙人, 학생)

(5) 성격

중국 고전(유교) 중심으로 교육하였으며, 전통을 유지하려 했고, 인격교육을 중시하였다.

MEMO

09

02 통일신라시대의 국학(國學)

1 개관

(1) **개관** – 국립 유교대학(신문왕 2년), 국내의 역사 기록에서 운영규정을 확인할 수 있는 최초의 대학

① 문묘(文廟)를 설치한 최초의 학교 : 성덕왕 16년(717)에 당으로부터 김수충(金守忠)이 공자, 십철(十哲), 72제자의 화상(畵像)을 모셔와 안치하고 처음으로 예를 행함

② 당(唐)의 국자감 제도 모방

(2) **설립**

신문왕 2년(682)에 예부(禮部)에서 관리

2 내용

(1) **목적**

국가의 인재 양성(관리 양성)과 유교이념의 보급(문묘 향배)

(2) **입학자격 및 수업연한**

① 15~30세까지의 귀족 자제 입학 : 무위자(無位者, 관직에 오르지 않은 자)로부터 대사(大舍, 12등급)까지의 귀족 자제들

② 수업연한은 9년으로서 실력이 저능(低能)한 자는 퇴학

③ 장학금(녹읍, 祿邑) 및 당(唐) 유학(10년 기간) 혜택, 졸업 시 성적에 따라 관직(10~12등급) 부여

(3) **직제**

경(총장 또는 학장), 박사(교수), 조교(교수 보조), 대사와 사(행정 보조)

(4) **교육내용**

논어(論語)와 효경(孝經)은 필수교과, 3분과제 운영, 최초로 기술과 교육 실시

유학과	교양과목	『논어』, 『효경』 ⇨ 필수
	전공과목	제1분과(『예기』, 『주역』), 제2분과(『춘추좌씨전』, 『모시』), 제3분과(『상서』, 『문선』)
기술과(잡과)	『논어』, 『효경』 + 의학, 율학, 산학, 천문학	

MEMO

(5) 독서삼품과

① 졸업시험으로 독서삼품과(讀書三品科)를 실시

② 최초의 평가제도이자, 문관 등용 방법

03 고려시대의 국자감(國子監)과 십이공도(十二公徒)

1 국자감(國子監)

(1) 개관

① 개념: 국립종합대학 및 국학향사(國學享祀)의 효시(예 최치원, 설총을 문묘에 배상하여 제사 지냄)
⇨ 인재 양성이 목적

② 철저한 문치주의 원칙과 신분에 따라 입학자격을 엄격히 제한

③ 조직: 문묘(文廟), 돈화당(강학), 재(齋, 기숙사)

④ 직제

㉠ 관리직: 판사(최고책임자, 예종 때 대사성으로 개칭), 제주(실질적 관리 책임), 사업(司業, 학문연구 총괄)

㉡ 교수직: 박사, 조교

(2) 내용

① 교육내용: 경사 6학(신분에 따른 구분) ⇨ 초기에는 유학과 위주, 후기에 잡학과 설치

국자감의 교육과정

구분	학교명	입학자격	교육내용	교사	정원	수업연한
유학과 (경학)	국자학	문무관 3품 이상 자손	• 공통필수 : 『논어』, 『효경』 • 전공과목 : 『주역』, 『상서』, 『주례』, 『예기』, 『의례』 등 9경	• 박사 • 조교	각 300명 (시대에 따라 증감)	9년
	태학	문무관 5품 이상 자손				
	사문학	문무관 7품 이상 자손				
잡학과 (기술과)	율학	문무관 8품 이하 자손, 서민 자제, 문무관 7품 이상 자손 중 원하는 자	율령(律令) : 법률 집행	박사	율학 40명, 서 · 산학 각 15명	6년
	서학		팔서(八書) : 문서 정리			
	산학		산수(算數) : 회계 관리			

MEMO

09

② 국자감(관학) 진흥책

㉠ **성종** : 도서관(수서원, 비서원) ⇨ 학술 진흥

㉡ **숙종** : 출판 전담기관인 서적포 설치

㉢ **예종** : 문무 7재(유학 6재 + 무학 1재), 양현고(장학재단), 학문연구소(청연각, 보문각)

ⓐ **문무 7재 운영(교육내용에 따른 구분)** : 유학 6재와 무학 1재로 구성된 교과별 전문 강좌인 문무 7재(七齋)를 운영하여 문무 일치 교육을 도모하였다.

구분	재(전문강좌)명과 강의 분야	인원
유학(6재)	여택재(주역 또는 역경), 대빙재(상서 또는 서경), 경덕재(보시 또는 시경), 구인재(주례), 복응재(대례 또는 예기), 양정재(춘추)	70명
무학(1재)	강예재 ⇨ 북방민족인 여진족 침입 대비로 개설	8명

ⓑ **양현고 설치** : 장학재단인 양현고를 설치하여 교육 재정을 확충하였다.

ⓒ **국자감의 위상 강화** : 국자감의 위상을 재정립하기 위해 지금까지 아무런 제약이 없었던 과거 응시자격을 국자감 3년 의무수학으로 바꾸어 놓았다. ⇨ 공교육의 정상화

ⓓ **삼사(三舍)제도 실시** : 국자감의 편제를 외사(外舍)・내사(內舍)・상사(上舍)로 구분하고 교육의 성과에 따라 승급하는 삼사(三舍)제도를 실시하였다.

ⓔ 교육연구기관(학문연구소)인 청연각(궁궐 안)과 보문각(궁궐 밖) 설치

㉣ **인종** : 식목도감(拭目都監)을 설치하고 '학식(學式)'을 상정하여 국자감의 구체적인 학규(學規)를 제정 ⇨ 경사육학(京師六學) 체제 확립

㉤ **공민왕** : 9재 설치

③ 국자감의 변화

㉠ 무인(武人)의 난(亂, 1170)을 계기로 문치주의는 위기를 맞고 국자감 교육도 크게 위축

㉡ 충렬왕 때(1274) 몽고의 내정 간섭에 대항하는 주체의식에서 국자감을 국학(國學)으로 개칭하고, 안향은 섬학전(贍學田) 제도를 창설하여 국학 진흥을 위해 노력

㉢ 국자감의 명칭이 성균관(成均館), 즉 순수한 유학기관으로 변화하면서 유학부와 잡학부의 분화가 나타나고, 잡학(雜學)은 해당 관서에서 전담하게 되면서 조선조로 이어졌다.

MEMO

2 12공도(十二公徒)

(1) 개관

① 개요

㉠ 고려시대 개경에 있었던 12개의 사립 고등교육기관(사립대학)으로, 그 최초는 최충이 설립한 9재학당(문헌공도)이며, 나중에 설립된 11도를 합하여 통칭하는 말이다.

㉡ 등장배경은 계속된 전쟁으로 인한 국자감의 부진과 과거에 치중한 사회풍조, 향학(鄕學)의 불비(不備) 등의 사회적 배경과 사학(私學)의 조직적인 운영방식을 들 수 있다.

㉢ 하나의 학풍과 학벌을 형성(좌주문생제도)하면서, 관학인 국자감이 부진하고 향교와 학당이 수립되기 전의 고려 문화와 유교 교육에 큰 공헌을 하였다.

㉣ 예종의 국학부흥정책으로 인해 교육적 기능이 중등 수준으로 약화되었고, 고려의 마지막 왕인 공양왕 3년(1391)에 폐지되었다.

도명(徒名)	설립자	최종 관직	도명(徒名)	설립자	최종 관직
문헌공도	최충	대사중서령	문충공도	은정	시중
홍문공도 (웅천도)	정배걸	시중	양신공도	김의진, 박명보	평장사
광헌공도	노단	참정	충평공도	류감	시랑
남산도	김상빈	좨주(祭酒)	정헌공도	문정	시랑
정경공도	황영	평장사	서시랑도	서석	시랑
서원도	김무체	복사(僕射)	귀산도	?	?

② 최충의 9재학당(문헌공도)

㉠ 문종7년(1053) 최충이 설립 : 거란과 수차에 걸친 전쟁으로 국가에서 교육에 관심을 기울일 여유가 없자 최충은 교육적 문제를 해결하기 위해 사학을 개설하였다.

㉡ 9재학당은 최충이 학반(學班)을 9재로 나눈 데서 비롯된 것으로, 유학 경전을 단위로 하여 악성(樂聖), 대중(大中), 성명(誠明), 경업(敬業), 조도(造道), 솔성(率性), 진덕(進德), 대화(大和), 대빙(待聘)으로 구분하였다.

㉢ 교육목적은 인의(仁義)와 인륜도덕이었다.

㉣ 교육방법은 하과(夏課, 하계강습회), 각촉부시(刻燭賦詩, 모의과거시험), 조교제도 등을 들 수 있다.

③ 설립과 감독

㉠ 12도는 개인에 의해 설립되었으나 국가에서 교육을 감독하였다.

㉡ 인종 11년(1133)에는 각 도(徒)의 학생이 소속된 문도에서 이탈하여 다른 문도로 옮기면 동당감시(東堂監試)에 응시할 자격을 박탈하여, 함부로 다른 문도로 전학할 수 없게 하였다.

MEMO

09

(2) 내용

① **교육목적** : 인격 완성과 과거 준비 ⇨ 일종의 과거시험 준비 교육기관 내지는 관리 양성소의 기능을 담당

② **교육내용** : 9경(九經)과 삼사(三史) 및 제술(製述) 등을 주로 하고, 시부(詩賦)와 사장(詞章)도 가르쳤다.

04 조선시대의 성균관(成均館)

1 개관

국립 고등교육기관 ⇨ 인재 및 고급관리 양성, 유교이념의 보급

2 내용

(1) 입학자격

생원과 진사 (정식 입학)	소과 합격자, 200명 정원 ⇨ 상재생(上齋生)
승보생(陞補生)	사학(四學) 성적 우수자, 음서제도(공신 자손, 2품 이상 관리의 자제) ⇨ 하재생(下齋生)

(2) 학습순서

구재지법(단계적 학습 : 『대학』-『논어』-『맹자』-『중용』-『예기』-『춘추』-『시경』-『서경』-『역경』) ⇨ 오경(五經)보다 사서(四書)에 대한 교육을 중시

(3) 교육내용 : 강독(講讀), 제술(製述), 서체(書體)

강독	• 교재는 사서오경 • 노장(老莊), 불서(佛書), 백가자집(百家子集)은 잡서(雜書)로 인정하여 독서 금지
제술	초순에는 의(疑)·의(義)·논(論)을 짓고, 중순에는 부(賦)·표(表)·송(頌)을 지으며, 하순에는 대책(對策)·기(記)를 지음
서체	해서(楷書)만을 사용

MEMO

(4) 평가

① **종류**: 일고(日考, 매일 추첨하여 유생이 읽는 글을 장부에 기록), 순고(旬考, 10일에 한 번, 즉 초순·중순·종순에 실시), 월고(月考, 매월 1회 실시), 연고(年考, 3월 3일과 9월 9일에 시행하는 것이 원칙)

② **성적 평정**: 대통(大通), 통(通), 약통(略通), 조통(粗通) 등 4단계, 또는 대통－통－약통－조통－불통(不通)의 5단계로 평가 ⇨ 조통 이하는 벌함

대통(大通)	끊어 읽기가 분명하고 뜻풀이가 정통하여 여러 책을 넘나들며 막힘이 없음
통(通)	끊어 읽기가 능하고 한 경전에서 뜻풀이가 자세함
약통(略通)	끊어 읽기가 능하고 한 경전의 한 장의 뜻이 통함
조통(粗通)	끊어 읽기가 능하고 한 장(章)의 대충의 뜻도 통했지만 자세히 알지 못함

(5) 유생(儒生)들의 자치활동 허용

재회(齋會)	유생들의 모임(학생회) ⇨ 대표는 장의(掌議)
정치적 의사표현	유소(儒疏)제도 ⇨ 소두(疏頭)가 지휘
단체행동	권당(단식투쟁, 시험거부), 공재(空齋, 수업거부 또는 기숙사에서 나와 철야농성), 공관(자퇴결의, 동맹휴학)

(6) 교관

교관 직제 (태조 7년, 1398)	홍문관 또는 예문관 정2품의 지사 1명, 동지사 2명이 있었고, 그 아래 대사성(정3품) 1명, 제주(종 3품) 2명, 악정(정4품) 3명, 직강(정5품) 4명, 전적(정6품) 13명, 박사(정7품) 3명, 학정(정8품) 3명, 학록(정9품) 3명, 학유(종9품) 3명이 있었음
교관	대사성(성균관의 최고 책임자), 학정(유생의 품행 지도)

(7) 재정 – 양현고 제도

① 제사비인 문묘비(文廟費), 유생의 식비인 공궤비(供饋費), 학비인 섬학전(贍學田) 등으로 지급된다.

② 수입원은 학전(學田)을 비롯한 왕의 특별 하사품과 노비 등이다.

Section 02
인재선발방식의 이해

MEMO

01 신라와 통일신라

1 신라의 화랑도(花郎徒)

(1) 성격

비형식적 사설 교육기관(청소년 단체)이었으나, 진흥왕대 이후 체계화된 인재양성제도의 필요성에 따라 국가의 보조 및 지원을 받음으로써 삼국통일의 주역이 되었다.

(2) 교육이념

화랑도의 정신은 신라의 고유사상, 즉 풍류사상(예 유오산수 무원부지)과 외래사상(유・불・선)의 융합이다.

(3) 교육대상

14~18세의 상류층(왕족 또는 귀족) 자제 및 평민 자제들

(4) 교육목적

문무(文武) 겸비한 인재 양성, 즉 세속오계(世俗五戒)에 충실한 용감한 무인(武人)과 종교적・도덕적 실천인 양성

(5) 교육과정 – 생활(경험)중심 교육과정(『삼국사기』) ⇨ 전인교육 실시, 인물본위의 평가방식

① 상마이도의(相磨以道義) : 도의(道義 예 세속오계)로써 서로 닦는다. ⇨ 이성・인격 도야

② 상열이가락(相悅以歌樂) : 시와 음악(예 향가)으로써 서로 즐긴다. ⇨ 정서 도야

③ 유오산수 무원부지(遊娛山水 無遠不至) : 명산(名山)과 대천(大川)을 찾아다니며 즐기고 멀리 가보지 아니한 곳이 없다. ⇨ 풍류사상, 심신 단련(국토순례), 직관 교육, 비형식적 생활 교육

MEMO

2 통일신라시대의 독서삼품과(독서출신과) – 원성왕 4년(788)

(1) 특징

① 국학의 졸업시험, 문관 등용방법 : 최초의 평가제도 ⇨ 과거제도의 예비
② 중국 한대(漢代)의 향거이선법(鄕擧里選法), 위진 남북조시대의 9품중정제(九品中正制)와 유사

(2) 구분 – 유학의 독서능력(유학지식의 고·하)에 따라 상·중·하품으로 구분

① 특품 : 『오경』, 『삼사』, 『제자백가서』에 모두 능통한 자는 각 단계를 뛰어넘어 발탁('초탁'이라고 함)
② 상품 : 『춘추좌씨전』이나 『예기』, 『문선』을 읽고 그 뜻에 능통하고 『논어』, 『효경』에 밝은 이
③ 중품 : 『곡예(예기)』, 『논어』, 『효경』을 읽은 사람
④ 하품 : 『곡예』, 『효경』을 읽은 사람

(3) 교육사적 의의

① 인재 등용방식의 변화 : 인물 본위에서 실력·시험 본위로의 변화
② 신라사회의 권력 교체 : 골품제도의 붕괴 ⇨ 정치의 문무 교체로 인한 봉건화

02 고려와 조선

1 고려의 과거제도(科擧制度)

(1) 등장배경

광종 때(958) 후주의 귀화인 한림학사 쌍기의 건의로 실시 ⇨ 능력 본위의 관리등용제도

(2) 시험과목

① 문과(명경과, 제술과)·승과·잡과만 실시 ⇨ 명경보다 제술 중시(경학보다 문학을 숭상)
② 무과(武科)는 실시하지 않음 : 숭문천무사상(崇文淺武思想)의 결과

MEMO

09

(3) 응시자격

① **양민(良民)이면 누구나 응시 가능**: 부모의 상중(喪中)에 있는 사람은 상(喪)이 끝날 때까지 응시 불가. 평민에게는 10번, 관리에게는 5번의 응시 기회 부여

② 승려는 승과만 응시 가능

(4) 특징

① **좌주문생제(座主門生制)**: 지공거(은문)와 문생(門生, 급제자)이 부자(父子)의 예(禮)를 갖춤 ⇨ 문벌(門閥) 형성의 배경

② **과거제도와 학교교육은 밀접하게 관련**: 학교의 학과목과 과거의 시험과목은 동일 ⇨ 학교는 과거시험 준비기관으로 전락

(5) 과거제도의 예외

구분	내용
음서제도 (蔭敍制度)	• 조상의 음덕(蔭德)으로 그 자손이 관리가 될 수 있게 한 제도 ⇨ 문벌(文閥) 형성의 배경 • 부(父)나 조부(祖父)가 관직생활을 했거나 국가에 공훈(功勳)을 세웠을 경우에 그 자손을 관리가 될 수 있게 한 제도: 5품 이상인 관리의 자제들에게 과거 없이 관직에 등용하게 한 제도
천거제도 (薦擧制度)	학식과 재능, 덕행이 뛰어났으면서도 가세(家勢) 등이 미약하여 벼슬에 오르지 못하고 있는 인물을 추천에 의해 특별히 등용하는 제도
성중애마 (成衆愛馬)	내시(內侍)와 숙위(宿衛) 등 왕을 가까이 모시는 특수 직책을 이용해 고위관직으로 진출할 수 있게 하는 보선(補選)제도
남반(南班) · 잡로(雜路)	하급관리가 고위직으로 진출할 수 있게 한 제도 ⇨ 고려 후기의 신분제 동요에 따른 상황을 반영한 제도

(6) 영향

① **긍정적 의의**: 능력 본위의 관리 등용이 가능

② **부정적 의의**

㉠ 학교가 과거시험 준비기관으로 전락

㉡ 유교경전을 암기하는 주입식 교육풍토 조성

㉢ 사대주의(事大主義) 및 상고주의(尙古主義) 경향의 심화

㉣ 과도한 경쟁으로 부정부패 조성

㉤ 시험과목의 제한으로 인한 폭넓은 사상의 발전 저해

MEMO

2 조선의 과거제도(科擧制度)

(1) 시험과목의 종류 – 문과, 무과, 잡과 실시

<table>
<tr><th>종류</th><th colspan="2">구분</th><th>내용</th><th>성격</th></tr>
<tr><td rowspan="3">문과</td><td rowspan="2">소과
(생진과)</td><td>생원시</td><td>• 유교경전(예 사서오경)을 외는 명경(明經) 시험
• 시험과목 : 오경의(五經義)와 사서의(四書疑) 2편</td><td rowspan="2">• 성균관 입학시험(오늘날 대입수능시험)
• 초시－복시 2단계
• 백패(白牌) 수여</td></tr>
<tr><td>진사시</td><td>• 문장[예 부(賦), 고시(古詩), 명(銘), 잠(箴)]을 짓는 제술(製述)시험
• 시험과목 : 부(賦) 1편 + 고시(古詩), 명(銘), 잠(箴) 등 다양한 문장 형식 중 1편</td></tr>
<tr><td colspan="2">대과(문과)</td><td>• 원점 300점을 취득한 유생들을 대상으로 실시
• 초시－복시(회시)－전시의 3단계 / 홍패(紅牌) 수여</td><td>• 성균관 졸업시험
• 문관 선발시험</td></tr>
<tr><td>무과</td><td colspan="2">단일과</td><td>초시－복시－전시의 3단계 / 홍패(紅牌) 수여</td><td>무관 선발시험</td></tr>
<tr><td>잡과</td><td colspan="2">단일과</td><td>초시(해당 관아 주관)－복시(해당 관아 & 예조)의 2단계</td><td>기술관 선발시험</td></tr>
</table>

✎ 『경국대전(經國大典)』과 『대전회통(大典會通)』은 문과 · 무과 · 잡과와 문과의 예비시험인 생원시와 진사시만을 규정하고 있으며, '대과'와 '소과'라는 용어 자체가 없다.

✎ 초시－복시－전시는 시험단계를, 초장 · 중장 · 종장은 시험과목에 따른 구분을 말한다.

(2) 실시시기

① 식년시 : 정기시험, 3년(子 · 卯 · 午 · 酉年)마다, 문과 · 무과 · 잡과 모두 실시

② 특별시 : 부정기 시험 ⇨ 국가에 경사가 있을 때나 특별한 필요 발생 시 실시

(3) 주무기관

문과는 예조, 무과는 병조, 잡과는 4과만 해당관청(초시)과 해당관청 & 예조(복시)에서 실시

(4) 과거제도의 예외 인정

① 음서제도 : 문무관 2품 이상의 자제에게 과거 면제 혜택 부여

② 취재제도 : 하급관리 임용시험 예 이조취재, 병조취재, 예조취재

③ 천거제도 : 3품 이상의 고관이 재능 있는 인재를 추천 예 조광조의 '현량과'

MEMO

09

(5) 고려시대와 조선시대의 과거제도 비교

구분	고려시대	조선시대
종류	문과, 잡과, 승과(무과 ×)	문과, 무과, 잡과(승과는 부분적 실시 후 폐지)
	• 문과: 제술과(문예시험), 명경과(경전시험) ⇨ 명경보다 제술 중시 • 잡과: 기술관 시험 ⇨ 예부 관리	• 문과: 3차시 – 소과: 성균관 입학시험, 생원(명경업), 진사(제술업) ⇨ 명경 중시 – 대과: 관리임용시험 ⇨ 제술 중시 • 무과: 소과·대과 구분 없음, 3차시 • 잡과: 기술관시험, 4학만 실시, 전시 × ⇨ 해당 관청(초시), 해당 관청 & 예조(복시)
실시방법	단층제 ⇨ 3층제(향시, 회시, 전시)	3층제(초시, 복시, 전시)
응시자격	평민(양민)이면 누구나 가능	양민(단, 상공인, 승려, 서얼 제외)
실시시기	매년 ⇨ 3년에 한 번(식년시, 성종) ⇨ 격년(현종) ⇨ 매년 또는 격년	• 정기시험: 식년시 • 부정기시험: 특별시
예외제도	음서제(5품 이상 자제)	음서제(2품 이상 자제)
특징	• 좌주문생제도 • 동당감시(東堂監試)라고도 불림	취재(取才): 시취(試取), 특정직(서리, 군사, 기술관)의 임용 또는 승진 시험

3 조선시대 실학자들이 제안한 선발방법

(1) 유형원의 공거제(貢擧制) – 과게제 폐지의 대안, 일종의 천거제(薦擧制) ⇨ 학교교육과 관리선발을 일원화한 것으로, 학교교육은 취재(取才) 과정의 역할을 담당

① 추천과 시험을 병행하여 관리를 등용하는 제도

② **학교교육은 취재(取才)의 과정**: 학교교육과 관리선발을 일원화(연계) ⇨ 태학(太學)과 연계된 관리수습기관으로 진사원(進士院)을 설치

③ **절차**: 태학에서 1년 이상 수학한 우수한 학생을 학교의 추천과 진사원의 시험에 의하여 선발, 진사원 입학 ⇨ 진사원에서 1년간 관리 수습 교육 ⇨ 능력과 인격에 따라 차등을 두어 관직에 임명

(2) 이익의 과천합일제(科薦合一制) – 과거제 개혁안 ⇨ 과거제와 천거제 병행 실시 주장

① **과거제 개혁**: 5년마다 식년시(정기시험) 실시, 특별시는 폐지 ⇨ 과거제 일부를 수용

② **천거제 병행**: 해당 지방 관리가 학생 관찰 후 추천하는 방식[향거이선제(鄕擧里選制)]과 향약을 기반으로 향장(鄕長)이 합석하여 서로 의논한 후 추천하는 방식[공거제(貢擧制)]을 병용 실시

Section 03 조선 시대의 교육사상

MEMO

01 성리학(性理學)

개념 다지기

유학의 발전과정

춘추전국시대	한(漢) · 당(唐)	송(宋)	명(明)	청(靑)
원시 유교 (선진 유학)	훈고학	주자학 (성리학, 理學) 유교철학 : '신(新)유학'으로 불림	양명학(心學) (유교철학 : '신(新)유학'으로 불림)	고증학
공자(仁), 맹자(仁義), 순자(禮法)	경전의 자구 해석	이론철학 (사변철학, 존재론)	실천철학	문헌비평 (유교과학)

1 개관 – 조선 전기 교육에 영향

(1) **개념** – 우주의 근원(이기론)과 인간의 심성 문제(심성론, 사단칠정론)를 형이상학적으로 해명하려는 철학

① 이기론(理氣論, 우주론, 존재론) : '우주는 어떻게 이루어져 있는가'를 설명하는 틀로, 이(理)와 기(氣)라는 용어를 사용하여, 세계와 모든 사물 및 인간은 이와 기의 결합으로 존재한다는 주장이다. 이와 기의 관계를 보는 관점에 따라 주리론(主理論)과 주기론(主氣論)으로 나뉜다.

이(理)	• 사물생성의 근본원리, 보편, 원론, 자연법칙, 도덕법칙, 절대적이며 영원한 것이다. • 이(理)의 최고 형태는 태극(太極)이다.
기(氣)	• 사물 생성의 근본 재료, 형상, 개별적이며 가변적인 것이다. • 기(氣)의 최고 형태는 음양(陰陽)과 오행(五行)이다.

MEMO

09

주리론 (主理論)	• 이기이원론(理氣二元論)을 바탕으로 생멸하는 기(氣)보다 항존불변하는 이(理)를 중시한다. • 심성론(心性論)의 입장에서는 천부적인 선한 본성인 사단(四端)은 이(理)의 발동이고, 선과 악이 섞여 있는 칠정(七情)은 기(氣)의 발동이라는 이기호발설(理氣互發說)을 주장한다. • 대표적인 학자는 이황이다.
주기론 (主氣論)	• 이기일원론(理氣一元論)을 바탕으로 모든 현상은 기(氣)가 움직이는 데 따라 다르게 나타나며, 이(理)는 단순히 기를 주재하는 보편적 원리에 불과하다고 주장한다. • 심성론(心性論)의 입장에서는 사단(四端)과 칠정(七情)은 모두 기(氣)가 발동한 것이며, 사단은 칠정 가운데 선한 측면만을 가리키는 것에 불과하다는 기발이승일도설(氣發理乘一途說)을 주장한다. • 대표적인 학자는 이이이다.

② 심성론(心性論)

㉠ 이기론에 바탕을 둔 인간 이해는 본연지성(本然之性)과 기질지성(氣質之性)의 개념을 중심으로 하는 인성론으로 체계화되었다.

본연지성	• 모든 인간의 마음속에 본래 존재하고 있는 이(理)로서, 도덕적으로 선한 본성을 의미한다. • 사단(四端)은 인간의 본성에서 우러나오는 마음씨, 즉 선천적이며 도덕적인 능력을 말한다. 예 측은지심(惻隱之心), 수오지심(羞惡之心), 사양지심(辭讓之心), 시비지심(是非之心)
기질지성	• 인간 형성에 관여하는 기(氣)에 의해 형성된 것으로, 육체와 감각적 작용으로 나타나는 인간 본능을 의미한다. • 칠정(七情)은 인간의 본성이 사물을 접하면서 표현되는 인간의 자연적인 감정이다. 예 희(喜, 기쁨), 노(怒, 노여움), 애(哀, 슬픔), 구(懼, 두려움), 애(愛, 사랑), 오(惡, 미움), 욕(欲, 욕망)

㉡ 인간의 본연성을 밝히고, 그 본연성에 근거하여 어떻게 삶을 영위할 것인가를 탐구하였으며, 현실의 인간행위는 인간의 본연성과는 많은 괴리를 보임을 의심하고 탐구하였다.

㉢ 사단칠정(四端七情)에 관한 논쟁은 마음을 설명하는 2가지 개념인 사단과 칠정의 관계를 이기론에 비추어 설명하려는 시도이다. ⇨ 현대 교육에 있어 인성교육에 시사점 제공

(2) 유사 개념

이학(理學), 주자학(朱子學), 송학(宋學), 도학(道學)

MEMO

2 교육관

(1) 궁극적 목표

성인(聖人)이 되는 것 ⇨ 현실적으로는 군자(君子)

(2) 실천방법

① 존심양성(存心養性) : 항상 선한 마음을 가지고 천부의 본성을 기름(性卽理)

② 궁리(窮理) : 거경궁리(居敬窮理) ⇨ 경(敬)의 자세로 지식을 확실히 함 예 서원(書院)

(3) 교육내용 : 사서오경(사서 > 오경), 소학

① 『대학(大學)』 : 철학서 ⇨ 유학의 입문서, 수기치인(修己治人)의 원리 규명

『대학(大學)』

『대학』(예기 42장)과 『맹자』(예기 31장) 5경의 하나인 『예기(禮記)』(총 49장으로 구성)의 일부를 주희(朱熹)가 별개의 책으로 편찬한 것이다. 『소학』에 대응한 대학 교육의 목적과 방법을 분명히 한 책으로, 강령(綱領)과 조목(條目)이 뚜렷이 제시되어 있고 체계가 엄밀하여 의론체(議論體)인 『논어』와 『맹자』와 차별된다. 교육의 목적인 3강령[명명덕(明明德), 신민(新民), 지어지선(止於至善)]과 그 달성하는 방법인 8조목[격물(格物), 치지(致知), 성의(誠意), 정심(正心), 수신(修身), 제가(齊家), 치국(治國), 평천하(平天下)]을 제시하면서 『시경』과 『서경』 등의 말을 인용하여 해설하고 있다.

② 『논어(論語)』 : 도덕론 ⇨ 유교사상의 뿌리

『논어(論語)』

『유가(儒家)의 성전(聖典)으로 사서(四書) 중의 하나, 중국 최초의 어록(語錄)

⇨ 공자와 그 제자와의 문답(問答)을 주로 하고 공자의 언행(言行)을 모아 만든 책

③ 『맹자(孟子)』 : 정치론 ⇨ 유교사상의 발현, 왕도정치(王道政治)의 이상

④ 『중용(中庸)』 : 철학서 ⇨ 유학의 결론

예 "하늘이 명(命)한 것을 성(性, 성품)이라 하고, 성품에 따르는 것을 도(道)라 하고, 도를 닦는 것을 교(敎)라고 한다."

(4) 대표적인 사상가 – 퇴계 이황, 율곡 이이

구분	이황	이이
세계관 (이기론)	• 이기이원론적 주리론(이상 중시) • 이귀기천(이 > 기)	• 이기일원론적 주기론(현실 중시) • 이기지묘, 이통기국(이 ≒ 기)
인간관 (심성론)	이기호발설(理氣互發說)	기발이승일도설(氣發理乘一途說)

핵심사상	경(敬) 사상	성(誠) 사상
교육관	• 입지 ⇨ 작성(作聖) • 거경, 궁리, 잠심자득(潛心自得) • 궁행(躬行, 개인적 실천) • 위기지학 : 내적 인격 수양 • 지행병진(지행호진) • 발달단계에 따른 교육 : 태교 ⇨ 유아기(효경, 가례) ⇨ 소년기(소학, 대학) ⇨ 청년기(심경, 주자서절요)	• 입지 ⇨ 작성(作聖) • 거경, 명지(궁리) • 역행(力行) : 사회경장(社會更張) 사상 ⇨ 진보주의의 생활중심 교육 • 위인지학 : 외적 실천 • 지행일치(지행합일) • 독서교육 중시 : 소학－대학·근사록－논어－맹자－중용－5경－역사서·성리학서
군왕교육	『성학십도』	『성학집요』
영향	위정척사, 의병운동	실학, 개화사상

MEMO

09

02 실학(實學)

1 개관 – 조선 후기 교육에 영향

(1) 등장배경

① 전쟁으로 피폐해진 조선의 실정(失政)

② 성리학(유학) 중심의 세계관에 대한 비판

③ 양명학(知行合一)과 고증학(문헌비평학)의 유입

④ 중국으로부터 서양 문물과 서학(西學)의 유입

성리학	양반 중심, 중국 중심, 비실용성(사변윤리), 유교경전 암송, 전근대성, 주관적 자연관
실학	서민 지향, 민족 주체성 중시, 실용성(실천윤리), 과학적 사고, 근대성, 객관적 자연관

(2) 교육원리

① **교육기회 개방확대론** : 신분적 차별윤리[계급편파 교육, 지방편파 교육, 성(性)편파 교육]의 유교적 질서를 철폐하고 교육기회균등을 강조, 개인차를 고려한 능력별 교육

MEMO

㉠ **유형원** : 반상(班常)의 차별 철폐와 신분을 초월하여 학생은 학생으로서 동등해야 함을 강조

> "지금 지방의 향교에서 양반은 동재(東齋)에 거처하고 서민은 서재(西齋)에 거처하게 된다. 그래서 비록 서재가 비어 있어도 양반은 들어가기를 꺼려하고, 동재가 비록 비어 있어도 서민은 그곳에 들어갈 수 없으니 심히 무리한 일이다. 마땅히 한 가지로 하여 편의에 따라서 들어가 거처하게 하고, 등급을 정하여 차별하게 해서는 안 된다."
> "국속(國俗)에 양반, 서얼, 서족은 각각 그 품류(品類)를 구분하여 나이로 차례를 정함은 어찌된 까닭입니까?"라고 묻는다면, "예에, 천하(天下)에 나면서부터 귀한 자가 없다고 하였고 천자(天子)의 아들도 입학하면 나이로 차례를 정하였는데, 하물며 사대부(士大夫)의 아들에 있어서야……."
> –『반계수록』

㉡ **이익** : 지역 차별이 교육기회나 관리등용에 미치는 폐해를 지적

> "인재가 나는 것은 사방이 모두 같다. 멀고 가까움이 무슨 관계가 있겠는가. 그런데 먼 곳 사람들이 진출하지 못하는 것은 국가에서 특히 인재를 지역으로써 택하고 인재로써 택하지 않기 때문이다."
> –『곽우록』

㉢ **홍대용** : 교육기회나 관리등용에 있어 신분, 가문, 적서(嫡庶), 지역 간의 차이에서 오는 일체의 사회적 차별을 철폐하고 능력의 차이만을 인정할 것을 주장

> "재능과 학식만 있으면 비록 농상(農商)의 자식이 낭묘(廊廟, '궁전')에 들어가 일하여도 방자할 것이 없으며, 재능과 학식이 없으면 공경(公卿)의 자식이 하인이 되어도 한탄할 것이 없다."
> –『임하경륜』

㉣ **이덕무** : 지배층 위주의 폐쇄적 교육에서 신분과 직업에 관계없이 인간 도야를 목적으로 하는 개방적 교육으로의 전환을 주장

② **학제개혁론** : 과거제 비판의 대안으로 공교육 중시의 단계적 학제개혁론을 전개

㉠ **유형원** : 교육의 합리화, 공교육의 강화, 초등교육의 강조 ⇨ 중앙과 지방의 이원적인 4단계 학제안을 제시

㉡ **홍대용** : 관주도의 의무교육과 선발적 교육관에 근거한 단계적 학제안 제시

③ **민족지향적 교육의식**

㉠ **새로운 자아의식의 각성을 통한 민족 주체성 확립을 중시** : 자연과학적 세계관을 바탕으로 '명분론적 화이관(華夷觀)'의 허실을 비판하고 '화이일야(華夷一也)'라는 수평적 세계관을 새롭게 확립

㉡ **민족적 자주의식은 사회적 각성과 국학 연구에 대한 관심으로 발전** : 자문화의식에 따른 국사교육의 중요성을 강조

ⓐ **유득공** : 『이십일도회고시(二十一都懷古詩)』를 지어 노래로 우리 역사를 공부

ⓑ **정약용** : 국사를 과거시험 과목에 포함 ⇨ 매 식년(式年)마다 시행

MEMO

④ **무실론(務實論)적 실학교육론**: 성리학적 학문체계를 공리공담(空理空談), 고담준론(高談峻論)의 허학(虛學)으로 규정·배격하고, 생산과 실리실용에 직결되는 실용주의 교육을 중시

㉠ 정약용: "문예(文藝)는 우리가 행하는 도(道)에 있어서 좀이다."

㉡ 박지원: "독서를 하고서도 실용을 모른다면 학문한 것이 아니며, 학문하는 것을 귀하게 생각하는 까닭은 그것이 실용을 위한 것이기 때문이다."

㉢ 안정복: "학문하는 요체는 무실(務實)의 두 글자를 행하는 것에 불과하다."

09

2 대표적 사상가

(1) 유형원

① **덕행인·능력인 양성**: 교육기회균등(신분제 타파)

② **4단계 학제개혁안**: 서울과 지방으로 학교제도 이원화

③ **공거제**: 과거제 대안(일종의 '천거제'), 학교교육과 관리 선발을 일원화 ⇨ 학교교육은 취재(取才)의 과정

	초등		중등		중등		고등	서울과 지방 이원화
서울	방상	⇨	사학	⇨	중학	⇨	태학 ⇨ 진사원	• 초등은 국민보통 교육 • 중등 이후는 능력주의(양반에 한함)
지방	향상	⇨	읍학	⇨	영학			

④ 향약(鄕約, 사회교육)과 학교교육의 분리

(2) 이익

① **교육목적**: 양사(養士) ⇨ 주체성 있는 역사의식인

② **교육이념**: 숭례(崇禮) 중시, 근검과 남녀유별(男女有別)

③ **교육방법**: 일신전공(日新全功) - 득사(得師), 호문(好問), 서독질의(書牘質疑) ⇨ 소크라테스의 대화법

④ **교육과정 개혁**: 『동사강목』과 『퇴계집』 ⇨ 한국학을 본 궤도에 올려놓음

⑤ **학교제도 개혁**: 4단계 학제개혁안

서민	향학(鄕學) ⇨ 태학 ⇨ 전강(殿講, 과거) ⇨ 사제(賜第, 관리 선발)
사대부	사학(四學) ⇨ 태학 ⇨ 전강(殿講) ⇨ 사제(賜第)

⑥ **과거제도 개혁**: 과천합일제 ⇨ 식년시 5년마다 & 별시는 폐지 + 지방관리의 추천(향거이선제)

⑦ 사회 개혁(노비, 과거, 문벌 등 6좀 타파), 가정교육 중시

MEMO

(3) 안정복

① 실학 시대 최고의 역사가

② 주요 저서

㉠ 『동사강목』: 국사의 독자성 강조, 야사(野史)도 수용

㉡ 『하학지남』: 초학자를 대상으로 하는 고전 입문서

㉢ 『여범』: 여성의 행동규범

(4) 이덕무

① 『사소절』: 『소학』을 한국 실정에 맞게 저술

예 사전(士典) · 부의(婦儀) · 동규(童規)로 구성, 국민독본

② 주요 저서

㉠ 『사전(士典)』: 5권, 선비들의 윤리와 행실

㉡ 『부의(婦儀)』: 2권, 부녀자들의 도리

㉢ 『동규(童規)』: 1권, 아동교육 방법 ⇨ 교육의 기회균등(서민 자녀도 교육), 보통교육 강조, 초등교육과정 제시[최세진의 『훈몽자회』와 이만운의 『기년아람』, 연간 수업일수 300일(150일 경전교육, 150일 역사교육)]

(5) 홍대용

① 기(氣)철학적 인간평등론: 실용교육과 과학기술교육

② 신분차별 철폐: 능력에 따라 적재적소에 인물 배치

③ 관(官) 주도의 의무교육제도 실시: 8세 이상의 아동은 신분 구별 없이 초등교육기관인 재(齋)에 입학하게 함

④ 주요 저서: 『임하경륜(林下經綸)』, 『주해수용(籌解需用)』

MEMO

09

(6) 정약용

① 수기 위천하인(≒ Brameld의 사회적 자아실현인) 양성 : 실학의 집대성

② 성의(誠意)와 신독(愼獨)

㉠ 학문의 근본으로서 강조

㉡ 지식 교육보다 사람 만들기 교육(정의교육, 인격교육) 중시 ⇨ EQ 교육 후에 IQ 교육(공자, 루소)

③ 덕행, 경술, 문예, 기예를 강조

덕행(德行)	인간됨의 근거 ⇨ 孝(임금), 悌(어른), 慈(대중) 중시
경술(經術)	10경의 지식을 국가 관리에 활용
문예(文藝)	6예 중 書와 數 강조
기예(技藝)	과학기술 교육

④ 국학[國學, 국사와 우리나라 선현의 글(예 고려사, 반계수록, 서애집, 성호사설, 퇴계집, 율곡집, 이충무공전서, 연려실기술)]과 『아학편』(『천자문』을 대체한 아동문자 학습서, 2000자문, 아동 발달단계를 고려 주제별 구성, 이해 위주)

⑤ 오학론(五學論) : 당시 학문적 경향 비판

성리학	공리공론(空理空論)의 이기설(理氣說)에 너무 편중되어 있다.
훈고학	경전(經典)의 자의(字意)와 훈독(訓讀)에 너무 치중되어 있다.
문장학	문자적 유희나 미사여구(美辭麗句)에 치중되어 있다.
과거학	실생활을 외면하고 사변적인 일에만 허송하게 하고 있다. 과거시험방식, 시험과목, 시험실시시기 등 모든 면에서 개혁이 필요하다.
술수학	『도선비결』이나 『정감록』 등의 사설(邪說)이 백성을 미혹(迷惑)케 한다.

⑥ 불가독설(不可讀說) : 천자문, 사략, 통감절요의 독서 금지

천자문	문자가 체계적으로 배열 ×, 암기 위주의 학습, 아동들의 이해수준 고려 ×
사략(史略)	중국 역사의 요약본으로 허구적 내용(예 천황의 존재) 포함
통감절요	강용이 편찬한 역사서로 중국에서도 인정하지 않음

⑦ 주요 저서

㉠ 『경세유표』 : 국가기구 개혁

㉡ 『목민심서』 : 지방관의 도리

㉢ 『흠흠신서』 : 법과 형옥 개혁

MEMO

(7) 최한기

① 실학과 개화사상의 가교(架橋) 역할

② **사상**: 기일원론적 기학(氣學), 통기(通氣: 기로써 객관적 대상물을 접촉하여 인식하는 것)와 추측(감각적 경험을 분별하고 헤아리는 추리작용) 중시

기(氣)	우주의 궁극적 실재 ⇨ 운화기(運化氣, 활동·변화하는 작용측면), 형질기(形質氣, 운화기 활동의 결과)
이(理)	기(氣)에 예속 ⇨ 유행지리(流行之理, 객관적 자연법칙), 추측지리(推測之理, 인간의 사유활동, 공부의 기본 원리)

③ 인간관

㉠ 후천적 노력에 의해 발전하는 존재

㉡ **인간평등과 존엄**: 누구나 평등 ⇨ 기를 바탕으로 대상물을 인식, 추리 능력이 있어 동물보다 우수

㉢ **염습론(染習論)**: 경험은 지식과 사고의 근간, '유아기의 경험과 습관은 흰 비단에 물을 들이는 것과 같다' ⇨ 로크의 백지설과 흡사

④ 교육관

㉠ **교육목적**: 인도(人道)의 구현 ⇨ 교양인과 실용인의 조화

㉡ **교육내용**: 경험중심 교육 ⇨ 경험을 통해 지식이 생긴다(행을 통해 지가 생김).

㉢ **교육방법**: 경험을 통한 학습(감각 → 기억 → 추리의 학습과정), 추측을 통한 사고력 증진, 개인차 존중

⑤ **특징**: 아동 교육의 중시(염습론), 생활중심 교육, 수학 교육(만물의 근원적 출발이 되는 교과) 중시

(8) 박지원

① **교육적 인간상**: 높은 도덕적 의식을 가진 경제인

② 법고창신(法古創新), 이용후생(利用厚生) 중시

③ **민족주체성 강조**: 천자문, 사략, 통감절요 등 불가독설(不可讀說) 주장

Memo

권지수의 탁월한 만점전략

합격지수 100
권지수 교육학

교육연구

Chapter 01

교육연구의 이해

MEMO

01 교육연구의 이해

1 개관

(1) 교육연구의 개념

① 과학적인 분석방법을 적용하여 교육문제의 개선과 효과의 증진을 위한 일련의 활동을 말한다.

② 과학적 방법의 체계적·학구적인 적용이며, 넓은 의미에서 교육문제의 해결과정이다.

(2) 교육연구의 분류

구분	내용
양적 연구	① 개념 ㉠ 관찰 가능한 자료에 입각하여 일반적인 법칙을 찾아내려는 연구 ⇨ 자연과학적이고 실증적인 패러다임에 기초한 연구 ㉡ 인간 현상도 자연 현상과 같이 관찰 가능하고 객관적인 법칙의 지배를 받는다고 봄 ⇨ 자연과학적 방법을 사회과학에 적용할 수 있다는 가정, 일원론적 접근 ② 유형 ㉠ 실험연구(experimental research) : 독립변인이 종속변인에 미치는 영향, 즉 인과관계를 규명하기 위한 연구 ㉡ 준실험연구(quasi-experimental research, 유사실험 연구) : 연구 대상을 무작위로 표집할 수 없거나 무작위로 배출할 수 없는 상황에서 독립변인을 조작하여 종속변인에 미치는 영향을 분석하기 위한 연구 ㉢ 상관연구(correlation research) : 두 개 혹은 두 개 이상의 변인 사이에 어느 정도 관계가 있는가를 규명하려는 연구
질적 연구	① 개념 ㉠ 일반적인 법칙을 찾아내려는 것이 아니라 어떤 대상이나 현상이 지닌 의미를 이해하고 정리하고자 하는 연구 ⇨ 현상학, 해석학 등에 근거한 연구 ㉡ 인간 현상은 자연 현상과 달리 객관적이고 보편적인 법칙의 지배를 받지 않으며, 객관적인 자료에 의하여 수량화될 수 없다고 봄 ⇨ 이원론적 접근 ② 유형 ㉠ 전기적 연구(biographical study) : 특정 개인이 경험했던 사건을 연구하는 방법 ㉡ 현상학적 연구(phenomenological study) : 특정 사건을 경험한 사람들이 그 사건에 부여한 의미를 연구하는 방법 ㉢ 사례연구(case study) : 특정 사례를 중심으로 문제나 특성을 집중적으로 조사하고 분석하는 연구 ㉣ 문화기술적 연구(ethnographic study) : 특정 집단 구성원들의 문화를 포괄적으로 기술하고 분석하기 위한 방법 ⇨ 심층면접과 참여관찰을 통한 자료수집

MEMO

10

2 교육연구의 절차

① 연구문제 선정(문제발견)
② 연구문제 분석(문헌고찰/선행연구고찰)
③ 가설 설정
④ 연구계획 수립
⑤ 연구 실행(도구제작, 실험・실천, 자료수집)
⑥ 검증 및 평가(자료분석, 결과평가)
⑦ 결과 보고

02 표집(sampling) 방법

1 확률적 표집(probability sampling)

(1) 개념

특정한 표집을 얻을 확률을 객관적으로 알 수 있도록 설계하여 표집하는 방법, 모집단(전집)을 구성하고 있는 모든 요소들이 표집될 확률을 갖고 있다고 전제 ⇨ 실험연구와 같은 양적 연구에서 주로 사용

(2) 표집방법

① **단순무선표집(simple random sampling) – 제비뽑기식 표집, 난선(난수표)표집, 주사위표집**
  ㉠ 특별한 선정 기준 없이 아무렇게나 무작위로 뽑는 방법, 모집단 전체에 번호를 부여하고 무작위로 선택 ⇨ 확률적 표집방법 중에서 가장 널리 사용
  ㉡ 연구자의 편견을 가장 잘 배제할 수 있는 표집. 표집오차는 유층표집에 비해 크다.

② **체계적 표집(systematic sampling) – 동간격표집, 계통표집**
  ㉠ 일정한 간격으로 표집하는 방법 ⇨ 간격의 크기는 전집의 수(N)를 표본 수(S)로 나눈 값
  ㉡ 모집단 전체에 일련번호를 부여하고 첫 번째 숫자는 단순무선표집과 같은 방법으로 표집한 뒤, 그 다음부터는 간격을 똑같이 하여 표집한다.
    예 전집의 크기(N)가 60이고, 필요한 표본 수(S)를 10이라 한다면 표집간격은 60÷10=6이 된다. 1과 6 사이에서 무선적으로 5를 선택했다면 표집번호는 5, 11, 17, 23, 29, 35, 41, 47, 53, 59 등 모두 10개가 된다.

MEMO

③ 유층표집(stratified sampling)

㉠ 모집단을 동질적인 몇 개의 하위집단으로 나누고 각 하위집단으로부터 무선표집하는 방법 ⇨ 표집오차가 가장 작다.

예 입시교육 개선을 위한 의견청취를 위해 40대 가운데 교사집단, 주부집단, 은행가집단으로 각각 표집한 경우, 한국 교육의 공정성 여부를 묻는 설문조사를 위해 학생집단, 교사집단, 학부모집단으로 나눈 다음 각 집단에서 100명씩 표집한 경우, 교실환경 개선방향에 대한 의견조사를 위해 전국 중등교사를 대도시, 중·소도시, 농어촌 지역으로 나눈 다음 각 지역에 근무하는 교사를 각각 100명씩 표집한 경우

㉡ 하위집단의 내부는 동질적이나, 하위집단 간은 이질적이다.

④ 군집표집(cluster sampling) – 덩어리표집, 집략표집

㉠ 모집단을 이질적인 몇 개의 하위집단(자연적으로 형성된 집단)으로 나누고 이 하위집단을 단위로 무선표집하는 방법 ⇨ 각 하위집단은 모집단의 축도(縮圖)가 되며, 최종 표본 추출 단위가 사례가 아니라 집단이다.

예 한국 교육의 공정성 여부를 묻는 설문조사를 위해 전국 지역 중에서 서울 지역의 학생, 교사, 학부모의 의견을 묻는 경우

㉡ 하위집단의 내부는 이질적이나, 하위집단 간은 동질적이다.

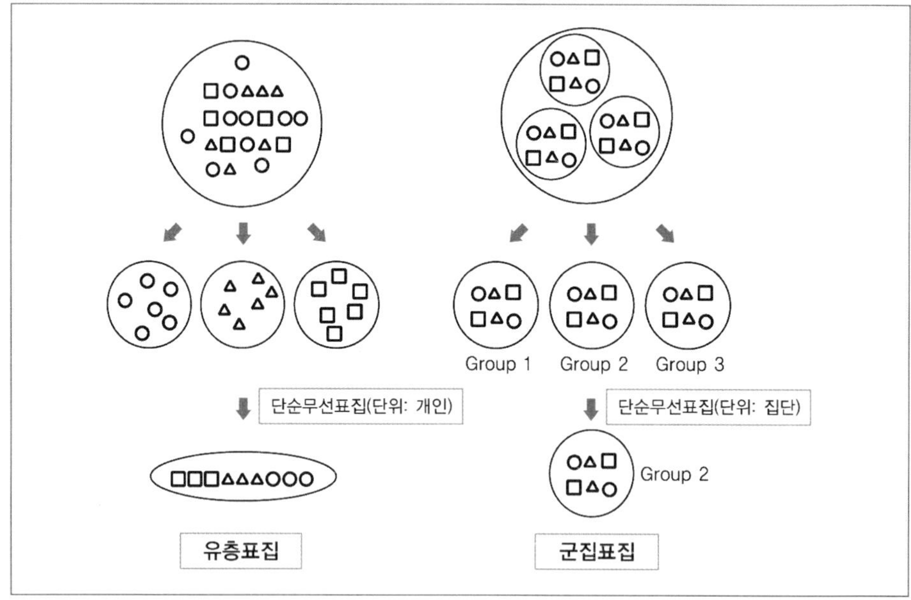

MEMO

2 비확률적 표집(non-probability sampling)

(1) 개념

전집의 요소들이 뽑힐 확률을 고려하지 않고, 연구자의 주관적인 판단에 의해서 임의적으로 표집하는 방법, 표집오차를 계산할 수 없기 때문에 표집의 대표성이 문제된다. ⇨ 주로 질적 연구에서 사용

(2) 표집방법

① **의도적 표집(purposive sampling, 주관적 판단 표집)**: 모집단을 잘 대표하리라고 믿는 사례들을 연구자의 주관적 판단에 의해서 의도적으로 표집하는 방법 ⇨ 문화기술지와 같은 질적 연구에서 주로 사용

② **우연적 표집(accidental sampling, 편의적 표집)**: 특별한 표집 계획 없이 연구자가 임의로 손쉽게 구할 수 있는 대상들 중에서 표집하는 방법 ⇨ 시간적 여유가 없을 때 사용
예 길거리에서 인터뷰하기

③ **눈덩이 표집(snow-ball sampling)**: 최초의 조사 대상자로부터 다른 사람을 연속적으로 소개받으면서 표집을 해 나가는 방법 ⇨ 비밀스럽고 비공개적인 현상(예 동성연애 현상 실태 조사)을 통해서 정보를 수집하고자 할 때 사용

10

Chapter 02

교육연구의 방법

MEMO

01 교육연구의 방법

1 기술적 연구(descriptive research)

(1) 개념

인위적인 조작이나 통제를 가하지 않고 있는 그대로 기술하고 해석하는 연구

(2) 유형

사례연구	① **개념**: 특정한 개인이나 집단 또는 기관을 대상으로 어떤 문제나 특성을 심층적으로 조사·분석하는 연구 ⇨ 질적 연구방법 ② **특성** ㉠ **종합성**: 특정 개인의 신체적·심리적·환경적 요인, 생활사 등 모든 요인을 종합적·체계적·집중적으로 연구 ㉡ **개별성**: 연구대상은 한 개인이 당면하고 있는 개별적인 사례나 문제 ㉢ **다각성**: 면접, 관찰, 실험 등 문제해결에 도움이 되는 모든 방법을 이용 ㉣ **치료성**: 개인과 집단의 당면 문제 교정을 위한 연구(일반적인 법칙을 발견하기 위한 연구가 아님) 예 가계연구, 소년범죄, 학교 등에 적용
발달연구	① **개념**: 시간의 경과에 따른 유기체의 발달과정에 따른 변화과정을 연구 ⇨ 개인 내 변화와 개인 간 변화를 탐구 예 Piaget의 인지발달연구, Kohlberg의 도덕성 발달연구 ② **유형** ㉠ **종단적 연구법**(longitudinal method): 동일한 연구 대상을 오랜 기간 추적하면서 관찰하는 방법 ⇨ 대표성을 고려한 비교적 소수의 사람을 표집, 한 개인의 성장과 발달에 따른 변화를 파악할 수 있음 → 발달의 개인차 파악 ㉡ **횡단적 연구법**(cross-sectional approach): 일정 시점에서 여러 연령층의 대상들을 선택해서 연구하는 방법 ⇨ 서로 비슷한 변인을 가진 다수의 사람을 표집, 시간의 흐름에 따른 성장의 특성을 밝혀서 그 일반적 성향을 알 수 있음 → 발달의 일반적 경향 파악
델파이 조사방법	특정 전문가 집단을 대상으로 익명의 반복적인 설문지 조사를 통해 의견을 수렴해 내는 방법

MEMO

2 실험연구(experimental research)

(1) 개념

가설을 세우고 조건(변인)을 인위적으로 조작·통제하여 연구하는 방법(영가설을 사용함→기각될 것을 전제함) ⇨ 연구대상을 무작위로 표집(random sampling), 독립변인 조작, 외생변인(가외변인, 매개변인) 통제

(2) 주요 개념

변인	① **독립변인**: 실험 계획에 도입되는 환경요인이나 조건, 예언할 수 있는 변인, 실험자가 인위적으로 조작할 수 있는 변인 ⇨ 실험처치(treatment) ② **종속변인**: 독립변인의 변화에 따라서 나타나는 결과, 실험처치에 대한 유기체의 모든 행동 반응 ③ **가외변인(외생변인, 매개변인, 오염변인)**: 독립변인 이외의 변인 중 종속변인에 영향을 미치는 변인 ④ **회귀분석**: 변인들 중 하나를 종속변인으로, 나머지를 독립변인으로 하여 변인들 간의 상호관계의 본질을 규명하는 통계적 기법 ⇨ 회귀는 기울기를 의미함 ⑤ **가설(hypothesis)**: 변인들 간의 관계에 대해서 잠정적으로 내린 결론 ㉠ **영가설(H_O)**: 두 통계치(예 모집단과 표본 또는 서로 다른 두 표본 간의 평균) 간에 '아무런 차이가 없다'라는 가설로, 기각될 것을 전제로 한 가설 → 연구에서 검증받는 잠정적 진리나 사실 ㉡ **대립가설(H_A, H_1 : 연구가설, 실험가설, 상대가설)**: 연구자가 긍정되기를 기대하는 예상이나 주장하려는 내용의 가설로, 영가설에 대립하여 설정한 가설 → 영가설이 부정되었을 때 진리로 남는 잠정적 진술
실험군/통제군	① **실험군(실험집단)**: 일정한 실험조건을 작용시켜 그에 따른 반응의 변화를 관찰하고자 하는 연구 대상 집단 ⇨ 실험처치를 가한 집단 ② **통제군(비교군, 대조군, 통제집단)**: 실험군과의 비교의 대상이 되는 아무런 조건을 가하지 않은 집단 ⇨ 실험처치를 가하지 않은 집단
조건의 통제	독립변인 이외의 모든 자극변인(가외변인, 매개변인)을 동일하게 하거나 제거해 주는 것

MEMO

(3) 실험연구의 타당성

내적 타당도 (internal validity)	① 의미 : 독립변인이 순수하게 종속변인에 영향을 미치는 정도 ② 내적 타당도를 저해하는 요인 : 가외변인(매개변인, 외생변인, 오염변인) ㉠ 역사(history) : 사전검사와 사후검사 사이에 발생한 실험변인 이외의 특수한 사건 예 우울증 치료 프로그램의 효과 연구 중 실험집단의 대상자가 로또에 당첨된 경우, 수학 교과에 대한 흥미도 연구 중 갑자기 우리나라에서 필즈상 수상자가 나타남 ㉡ 성숙(maturation) : 실험처치 이외에 시간의 경과에 따라 나타나는 피험자의 내적 변화(생물학적·심리학적 변화) 예 나이 증가, 피로 누적, 흥미 감소 ㉢ 검사(testing, 검사받은 경험) : 사전검사를 받은 경험이나 기억이 사후검사에 주는 영향(검사도구가 같을 때 나타나는 효과 ⇨ 이월효과) 예 사전검사와 사후검사를 동일한 문제로 한 경우, 피험자들이 사전검사를 받을 때 사후검사를 예상하는 경우 ㉣ 측정도구(검사도구, instrumentation) : 측정도구의 변화나 채점자(관찰자)의 변화로 인하여 실험에서 얻은 측정치에 변화가 생기는 것 ⇨ 전후 동형검사를 사용하지 않았을 때 발생 예 추리력 측정에 있어 사전검사는 추리력 검사를, 사후검사는 암기력 검사를 실시했을 경우, 협동학습이 학업성취도에 미치는 효과 연구에서 사전검사보다 사후검사를 더 쉽게 만든 경우 ㉤ 피험자 선발(selection) : 실험집단과 통제집단의 피험자를 선발할 때 두 집단 간에 동질성이 결여되어 나타나는 현상(실험군과 통제군을 동질적으로 선발하지 못한 경우) 예 실험집단은 우수한 학생을, 통제집단은 일반 학급의 학생을 선발했을 경우 ㉥ 실험적 도태(피험자 탈락, experimental mortality) : 피험자가 실험과정에서 중도 탈락하는 현상 ㉦ 통계적 회귀(statistical regression) : 극단적인 점수를 기초로 하여 피험자를 선정할 때 나타나는 통계적 현상 ⇨ 피험자를 선발할 때 극단적으로 높거나 낮은 사람을 선발하면, 실험처치의 효과에 관계없이 그 피험자들의 점수가 다음 검사에서 전집의 평균으로 돌아가려는 현상 ㉧ 선발-성숙 상호작용(selection-maturation interaction) : 피험자의 선발 요인과 성숙 요인의 상호작용에 의해 실험의 결과가 달라지는 것 ⇨ 실험집단과 통제집단의 피험자들이 어떤 기준이 되는 특성이 동질적이라 하더라도 다른 특성(예 성숙)에서는 이질적일 수 있고, 이 차이가 실험결과에 영향을 미치는 것 예 실험집단은 남학생을, 통제집단은 여학생을 선정하는 경우 사전검사의 측정치가 같아도 사후검사는 성숙의 영향을 받을 수 있음

외적 타당도 (external validity)	① 의미 : 실험결과의 일반화(generalization) 가능성 문제 ⇨ 현재의 실험조건을 떠나서 다른 대상, 다른 상황, 다른 시기 등에 어느 정도 일반화시킬 수 있는가를 검토하는 것 ② 외적 타당도를 저해하는 요인 : 어떤 특수한 실험에서 얻은 실험결과를 그 실험이 진행된 맥락과는 다른 상황, 다른 대상, 다른 시기 등에 일반화시킬 때 제약을 주는 요인 ㉠ 검사실시와 실험처치 간의 상호작용 효과(검사의 반발적 영향) : 사전검사의 실시로 인해 실험처치에 대한 피험자의 관심이 증가 또는 감소됨으로써 실험결과에 영향을 미치는 것 ㉡ 피험자의 선발(잘못된 선정)과 실험처치 간의 상호작용 효과 : 실험여건(예 지역사회 환경, 학교의 입지조건, 교풍, 학교의 행정조직)을 고려하지 않고 실험집단을 선발하였을 때 나타나는 실험집단과 실험변인의 상호작용을 말함. 피험자의 유형에 따라 실험처치의 영향이 다르게 나타나는 현상 예 산골 학교에서 학교 환경의 오염의 영향에 관한 실험을 하는 경우 전국의 모든 학교에 적용하기 어려움 ㉢ 실험상황에 대한 반발효과 : 실험상황과 일상생활 사이의 이질성 때문에 실험결과를 그대로 일반화하기가 어렵게 되는 것 ㉣ 중다처치에 의한 간섭효과 : 한 피험자가 여러 가지 실험처치를 받는 경우에, 이전의 처치에 의한 경험이 이후의 처치를 받을 때까지 계속 남아 있음으로써 일어나는 효과 ⇨ 이월효과(carry-over effect) ㉤ 변인들의 특이성 : 사용된 특정한 실험설계에 대한 고려 없이 연구결과를 일반화하려는 경향으로 독립변인에 대한 조작적 정의가 불분명하거나 성급한 일반화 시에 발생함 ㉥ 처치방산(처치확산, treatment diffusion) : 다른 처치집단들(예 실험집단 간, 실험집단과 통제집단 간)이 함께 의사소통하고 서로를 통해 학습할 때 발생함 ㉦ 실험자 효과 : 실험자 자신이 연구결과의 일반화에 미치는 영향 ⇨ 실험자 개인특성 효과(성별, 나이, 불안수준 등 실험자가 지닌 개인적 특성이 미치는 영향)와 실험자 편견 효과(실험자가 보고 느끼고 행동하는 방식이 연구결과에 미치는 영향, 즉 실험자가 바라는 방향대로 연구를 진행할 때 나타나는 효과)가 있음

MEMO

내적 타당도와 외적 타당도의 관계

1. 서로 상충하는 면이 있기 때문에 어느 하나가 높아지면 다른 하나는 상대적으로 낮아지는 경향을 보인다.
2. 대체로 내적 타당도가 높은 실험은 외적 타당도가 낮고, 반대로 외적 타당도가 높은 실험은 내적 타당도가 낮아진다. 그러나 원칙적으로 내적 타당도가 없는 실험에 대해서는 외적 타당도를 따질 필요가 없다.

MEMO

(4) 실험설계

① **개념**: 실험설계는 연구 절차에 대한 계획서를 의미한다.

> **실험설계에 사용하는 기호체제**
>
> R: 무선 표집 또는 무선 배치　X: 실험처치, 독립변인　O: 관찰, 측정, 검사

② **실험설계 방법**: 준실험설계(주로 학교 현장에서 사용)와 진실험설계(실험연구에서 사용)

㉠ **준실험설계**: 집단을 임의적으로 선정해서 이질적으로 구성하는 것(⇨ 무선표집×)

ⓐ **단일집단 사후검사설계(일회적 사례연구)**: 어느 한 집단의 피험자에게 실험처치를 가하고, 그 후에 피험자의 행동을 관찰(검사)한다. ⇨ 한 집단에 대해 실험처치를 가한 후에 사후검사를 함

(실험집단) X　O

ⓑ **단일집단 전후검사설계**: 한 집단을 연구 대상으로 선정해서 실험처치를 가하기 전에 사전검사를 하고, 처치를 가한 후에 사후검사를 실시하여, 두 검사결과의 차이를 살펴봄으로써 실험처치의 효과를 검토하는 방법이다. ⇨ 한 집단에 대해 사전검사를 하고, 실험처치를 가한 후에 사후검사를 실시하여, 이 두 검사결과를 비교함(→ 처치 전후로 어떤 변화가 있었는지 알 수 있음)

(실험집단) O_1　X　O_2

ⓒ **이질집단 사후검사설계**: 실험처치 X의 효과를 확인하기 위하여 X를 경험한 집단과 경험하지 못한 집단을 단순히 비교하는 방법이다. ⇨ 실험집단은 실험처치를 가한 후에 사후검사를 실시하고, 통제집단은 실험처치를 가하지 않고 사후검사를 실시하여, 이 두 검사결과를 비교함

(실험집단)	X	O_1
(통제집단)		O_2

ⓓ **이질통제집단 전후검사설계**: 학교나 학급과 같이 기존의 집단을 자연상태 그대로 유지한 채 적당히 실험집단과 통제집단으로 잡아 연구에 이용한다. ⇨ 실험집단은 사전검사를 한 다음 실험처치 후, 사후검사를 하고, 통제집단은 사전검사를 한 다음 실험처치 없이 사후검사를 하여, 이 두 검사 결과를 비교함 ⇨ 현장교육연구에서 가장 널리 사용됨

MEMO

(실험집단) O_1 X O_2
(통제집단) O_3 O_4

㉡ 진실험설계: 구성원을 무선으로 뽑아 실험집단과 통제집단을 동질적으로 구성하는 것 (⇨ 무선표집○)

ⓐ 전후검사 통제집단 설계

- 가능한 한 무선적인 방법으로 피험자를 표집한다.
- 피험자들을 실험집단과 통제집단에 무선적으로 배치한다.
- 실험집단과 통제집단에 각각 사전검사(O_1, O_3)를 실시한다.
- 실험집단(O_1)은 실험처치(X)를 가하나 통제집단(O_3)은 실험처치를 주지 않는다.
- 실험집단과 통제집단에 각각 사후검사(O_2, O_4)를 실시한다.

실험집단 (R)	O_1	X	O_2
통제집단 (R)	O_3		O_4

실험설계에서의 기대
$O_1 = O_3,\ O_2 > O_1,\ O_2 > O_4$

10

ⓑ 솔로몬 4집단 설계

- '사전 사후검사 통제집단 설계'가 지니는 문제점(사전검사를 실시하는 것이 실험결과의 일반화를 제한할 수 있다)을 보완하기 위해 고안된 것이다.
- 복잡하긴 하지만, 실험의 타당성을 확보한다는 점에서 가장 이상적인 실험설계이다.
- 피험자의 선발과 실험처치 간의 상호작용에 따른 문제, 실험적 상황에 대한 반발효과의 문제가 발생한다.

실험집단 (R)	O_1	X	O_2
통제집단 (R)	O_3		O_4
실험집단 (R)		X	O_5
통제집단 (R)			O_6

ⓒ 사후검사 통제집단 설계

- 실험집단과 통제집단을 무선적으로 표집하되 사전검사를 실시하지 않는 방법이다.
- 사전검사가 불필요하거나 실시하기 어려운 경우, 검사실시 비용이 많이 드는 경우, 피험자의 익명성이 요구되는 경우, 사전검사와 실험처치의 상호작용이 예상되는 경우에 유용하게 사용할 수 있다.

실험집단 (R)	X	O_1
통제집단 (R)		O_2

MEMO

3 현장연구(action research; 실천연구, 실행연구, 현장개선연구)

교육현장의 문제(예 학습동기 증진방안, 문제행동 수정방안, 과학수업에서 인터넷을 활용하는 방안)를 해결하거나 교육 실제에 관한 정보를 수집하기 위해 수행되는 일종의 응용연구, 교육 문제를 해결하기 위해 교육 분야의 행위당사자(예 교사, 교육행정가, 교육전문가)가 주체가 되어 추진하는 연구 ⇨ 질적 연구방법, 실행가설을 사용함

4 문화기술적 연구(ethnographic study)

(1) 개념

특정한 문화 현상을 이해하기 위한 질적 연구의 하나(예 A 고등학교에서 학생들에 의해 자발적으로 구성된 독서동아리에 대한 연구), 거시적 혹은 미시적 관점에서 어떤 특정 집단 구성원들의 행동, 삶의 방식, 신념, 가치 등을 현지인의 관점에서 이해하고 자세히 기술하기 위한 연구방법

(2) 특징

① 문화적 주제를 다룬다.

② **현상학적 입장에서 연구를 수행한다**: 한 집단의 구성원들이 자신의 행동과 경험을 어떻게 해석하는지 그 구성원의 관점(내부자적 관점)에서 이해하려 한다.

③ **자연적 상황에서 연구를 수행한다**: 학급이나 학교와 같이 어떤 자연집단을 연구 대상으로 하며, 연구 상황을 조작하거나 통제하지 않고 자연 그대로의 상황에서 연구를 수행하는 비실험적 연구이다.

④ **현장 속에서 연구한다**: 연구자는 집단의 공유된 문화 패턴이 그대로 나타나는 현장에서 많은 시간을 보내며 참여관찰과 심층면접을 통해 연구한다.

MEMO

10

02 가설의 검증

1 가설 검증

(1) 가설 검증(hypothesis testing)

가설 검증(hypothesis testing)이란 통계적 분석에서 영가설을 기각할 것인지, 기각하지 않을 것인지를 결정하는 과정이다.

(2) 가설 검증의 오류

가설 검증에 의한 결정	H_O 의 진위	
	진(眞)	위(僞)
H_O의 부정	제1종의 오류(α오류)	올바른 결정(1−β)
H_O의 긍정	올바른 결정(1−α)	제2종의 오류(β오류)

① 제1종의 오류(α오류)
- ㉠ 영가설(H_O)이 참(眞)일 때 이를 부정하는 오류 ⇨ 실제로는 효과나 차이가 없는데도 불구하고 효과나 차이가 있다고 그릇된 결론을 내릴 확률
- ㉡ '참(眞)'인 영가설을 '거짓(僞)'이라고 오판하는 오류 ⇨ 대립가설을 잘못 받아들이는 경우
  - 예 비타민 C가 지능지수를 높이는 효과가 없는데도(이 경우 영가설은 참) 비타민 C가 지능지수를 높이는 효과가 있다는 결론(즉, 영가설을 기각)을 내릴 확률이다.

② 제2종의 오류(β오류)
- ㉠ 영가설(H_O)이 거짓(僞)일 때 이를 긍정하는 오류
- ㉡ '거짓'인 영가설을 '참'이라고 오판하는 오류 ⇨ 대립가설을 잘못 기각하는 경우

(3) 가설 검증 절차

① 연구가설(대립가설 : H_A, H_1) 설정
- 예 집단 A의 평균과 집단 B의 평균은 차이가 있을 것이다.

② 영가설(H_O) 설정
- 예 집단 A의 평균과 집단 B의 평균은 차이가 없을 것이다.

③ α 혹은 유의수준(significance level) 설정(유의수준은 보통 0.05 혹은 0.01로 설정)
- 예 α 혹은 유의수준이 0.05라는 것은 영가설이 참인 조건(즉, 차이가 없는 조건)에서 100회 실험을 한다고 할 때 대략 5회 정도는 영가설을 잘못 기각한다는 것을 의미한다.

④ 표본통계치 계산
- 예 집단 A의 평균과 집단 B의 평균을 계산한 다음 표본통계치를 구한다.

MEMO

⑤ 영가설이 참일 때 표본의 결과(예 집단 A의 평균과 집단 B의 평균 차이)를 얻을 확률을 계산한다.

⑥ 위에서 구한 확률수준이 α와 같거나 낮으면 영가설을 기각한다. 반대로 확률수준이 α보다 높으면 영가설을 기각하지 않는다.

㉠ 통계적 유의성(statistical significance)은 α수준에서 영가설이 기각되었음을 뜻하며, 영가설이 기각되었을 경우 '통계적으로 유의한 차이가 있다.'라고 한다. 통계적으로 유의하다는 것은 우연적 요인에 의해 기대되는 것보다 더 큰 차이가 있다는 것을 의미한다.

예 실험집단과 통제집단의 성적이 α=0.05 수준에서 통계적으로 유의한 차이가 있다는 것은 영가설이 참일 확률이 5%보다 낮기 때문에 영가설이 기각되었다는 것(P<0.05)을 의미한다.

㉡ 통계적 유의성은 실제적 유의성(practical significance)과 구분된다. 실제적 유의성이란 연구결과의 영향성을 의미한다. 그런데 연구결과가 통계적으로 유의하다고 해서 실제적인 측면에서도 반드시 중요하다는 것을 의미하지는 않는다. 연구결과가 통계적으로 유의한 경우에도 실제적인 측면에서 아무런 의미를 갖지 못할 수도 있고, 반대로 통계적으로는 유의하지 않는데도 불구하고 실제적인 측면에서는 매우 중요할 수도 있다.

㉢ 연구결과를 해석할 때는 통계적 유의성은 물론 실제적 유의성에도 관심을 가져야 한다.

2 가설 검증 방법

(1) CR 검증(Z검증)

① CR 치 : 영가설의 긍정과 부정을 추정하는 한계점

② 유의수준(유의도, 의의도, P) : 참(眞)인 영가설을 거짓(僞)이라고 오판할 확률(제1종 오류를 범할 확률), 영가설이 참일 때 이를 부정(잘못 기각)하는 확률(범위 : $0 \le P \le 1$) ⇨ 어느 수준에서 의의가 있는가를 추정할 때의 수준, 가설의 기각 범위[예 5% 수준(0.05), 1% 수준(0.01)] → 연구자가 오판을 했을 때 그 영향력이 심각할 경우 유의수준을 낮추어야 함(예 수질검사의 심각한 오판은 오염된 물을 마셔도 된다고 판단하는 경우이며, 이 경우 유의수준을 낮춰야 함)

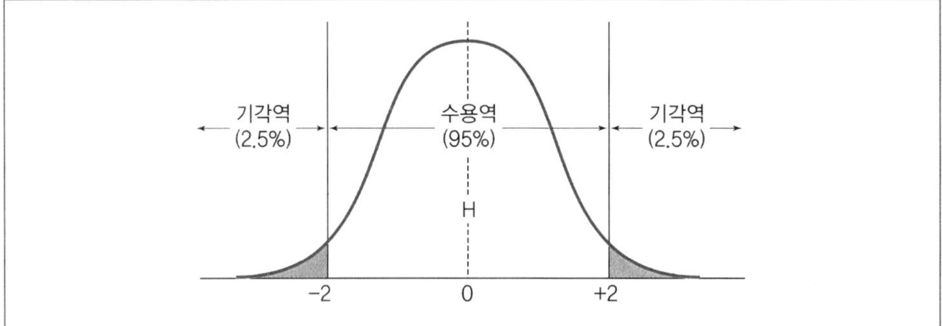

영가설의 수용역과 기각역(5% 수준의 경우)

MEMO

10

'유의수준(P) < 0.05'의 해석

예를 들어, '두 초등학교 교사 집단 간에 교직만족도에 차이가 없다.'라는 영가설이 있다면, 이 영가설 아래서 100번 연구를 하였을 때 5번 이하의 연구가 그런 결과를 얻었다는 뜻이다. 즉, 두 집단에 대한 연구결과만큼의 직업만족도 차이가 나타날 확률은 0.05 이하의 확률로서 매우 드문 경우이므로 영가설을 기각하고 대립가설을 채택한다는 의미이다.

③ 유의수준(P)의 해석방법

㉠ P>0.05 : 5% 유의수준에서 두 통계치 간에 유의한 차가 없다. ⇨ 영가설 수용

㉡ P<0.05 : 5% 유의수준에서 두 통계치 간에 유의한 차가 있다. ⇨ 영가설 기각

㉢ P>0.01 : 1% 유의수준에서 두 통계치 간에 유의한 차가 없다. ⇨ 영가설 수용

㉣ P<0.01 : 1% 유의수준에서 두 통계치 간에 유의한 차가 있다. ⇨ 영가설 기각

㉤ CR 치(Z수치)와 유의수준(유의도, 의의도, P)의 수준

CR(Z)	P	대략적인 판단
1.65	0.10 또는 10%	의의 없다.
1.96	0.05 또는 5%	의의 있다.
2.33	0.02 또는 2%	의의 있다.
2.58	0.01 또는 1%	매우 의의 있다.
2.81	0.005 또는 0.5%	매우 의의 있다.
3.29	0.001 또는 0.1%	매우 의의 있다.

ⓐ *CR*치가 크면 클수록 보다 의미 있는 차이를 나타낸다. 따라서 영가설은 기각된다.

ⓑ *CR*치가 2.58보다 크면 1% 수준에서 영가설을 기각시킨다.

ⓒ *CR*치가 1.96~2.58일 때는 5% 수준에서 영가설을 기각시킨다.

(2) t검증 – 변량분석의 특수한 상황

① 의미 : 하나의 독립변인이 두 가지의 다른 상태를 가질 때(독립변인이 1개, 비교집단이 2개일 경우), 종속변인의 두 평균치 간의 차이(의미 있는 차이가 있는지)를 검증하는 방법 ⇨ 표본집단의 사례 수가 40보다 적을 때 사용

예 두 가지 교수법(협동학습, 강의법)이 학생들의 학업성취(평균성적)에 미치는 영향, 두 가지 다른 식사요법이 체중감소에 미치는 영향에 차이가 있는지 여부를 검증

② 유형

㉠ 독립표본 t검증(independent samples t-test) : 상관이 없는 2개의 독립집단 간의 평균 차이를 검증하는 방법

예 협동학습 수업을 받은 집단과 강의식 수업을 받은 집단을 선정하여, 수업방법이 학업성적에 미친 영향을 연구하는 경우, 남녀 고등학생들의 도덕성에 대한 차이 연구, 국공립학교 교사들과 사립학교 교사들의 교직만족도 차이 연구

MEMO

수업방법을 독립변인으로 하고 성적을 종속변인으로 한 독립표본 t검증 결과(P＜0.05)

집단	사례 수	평균	표준편차	자유도	t
협동학습 수업	30	23.30	4.04	58	2.60
강의식 수업	30	20.63	3.94		

㉡ 종속표본 t검증(dependent samples t-test) : 상관이 있는 두 집단 간의 평균 차이를 검증하는 방법(연구대상이 지니고 있는 매개변수를 완벽하게 통제하기 위해 사용)

ⓐ 동일 대상을 반복 측정하는 경우(예 사전 – 사후검사 설계)

예 동일한 학생들을 대상으로 협동학습 수업을 받기 전보다 수업을 받은 후, 수업방법이 그 학생들의 학업성적에 미친 영향을 연구하는 경우, 수줍음을 타는 중학교 1학년 여학생 20명을 대상으로 수줍음 개선 프로그램의 효과를 알아보고자 할 경우(연구대상자 20명에게 사전검사 실시 → 프로그램 처치 → 사후검사 실시)

ⓑ 남녀 비교 시, 남녀 표본을 남녀 모집단에서 독립적으로 추출하는 것이 아니라 부부 모집단이나 남매 모집단에서 추출하는 경우 ⇨ 이때 남녀 표본은 서로 관계를 가지고 있으며 두 모집단 역시 관계가 있음

수업방법을 독립변인으로 하고 성적을 종속변인으로 한 종속표본 t검증 결과(P＜0.05)

집단	사례 수	평균	표준편차	자유도	t
사전검사	30	81.10	10.28	29	1.24
사후검사	30	82.03	10.02		

(3) F검증(변량분석)

① 의미 : 독립변인이 두 가지 이상의 상태(주로 세 가지 이상의 상태)를 가질 때(독립변인이 1개 또는 2개, 비교집단이 3개 이상일 경우), 종속변인의 평균치 간의 차이(의미 있는 차이가 있는지)를 검증하는 방법

예 세 종류의 교수법(협동학습, 강의법, 문제중심학습)이 학생들의 수학 학업성취(평균성적)에 미치는 영향 ⇨ 비교집단이 셋 이상일 때 사용하며, 표본집단의 사례 수는 관계치 않음 ⇨ 종속변인이 동간척도 이상이어야 하며, 정규분포를 이루며, 분산이 동일해야 한다.

② 유형

㉠ 변량분석(analysis of variance) : 실험집단이 동질적일 때 실험효과에 대한 차의 검증방법

ⓐ 일원변량분석 : 하나의 독립변인이 두 가지 이상의 상태를 가질 때 종속변인의 평균치 간의 차이를 검증하는 방법

예 한 중학교에서(1개의 독립변인) 학년의 차(독립변인의 3가지 상태)가 학년별 영어성적에 미치는 영향(→ 1학년, 2학년, 3학년의 영어성적의 평균치를 구해 학년의 차가 영어성적의 변화에 어떤 영향을 미치는지를 분석), 교수법(협동학습, 강의법, 문제중심학습)이 수학 학업성취에 미치는 영향

MEMO

ⓑ 이원변량분석 : 두 개의 독립변인이 두 가지 이상의 상태를 가질 때 종속변인의 평균치 간 차이를 검증하는 방법

예 두 중학교에서(2개의 독립변인) 학년의 차(독립변인의 3가지 상태)가 학년별 영어성적에 미치는 영향, 교수법(협동학습, 강의법, 문제중심학습)과 성별(남, 여)이 수학 학업성취에 미치는 영향, 성공경험의 정도(상, 중, 하)와 외적 보상의 정도(상, 하)가 학업성취에 어떤 영향을 미치는지를 알기 위해 6개의 집단을 표집하여 이를 집단성적의 평균치를 구해 분석하는 방법

㉡ 공변량분석(analysis of covariance) : 실험집단이 동질적이지 않을 때, 각 집단의 표집조건을 동질화하여 차이를 검증하는 방법 ⇨ 변량분석을 위해서는 여러 집단을 표집해야 하는데, 표집오차를 줄이기 위해서는 각 집단은 무선으로 표집하여 그 조건을 동일하게 유지하여야 독립변인이 종속변인에 미친 영향만을 검증할 수 있음. 그러나 실험집단을 무선표집할 수 없는 경우, 독립변인 외에 종속변인에 영향을 줄 수 있는 변인의 영향을 통계적으로 제거한 다음 평균의 차이를 검증하는 방법이 공변량분석

예 세 가지 교수법(독립변인의 3가지 상태)이 학업성취에 미치는 영향을 연구하기 위해 각각 3학급을 사용하였는데, 이 세 집단은 학습결과에 영향을 주는 지능수준의 차이가 있었다. 이때 지능의 영향을 통계적으로 통제한 다음 집단들 평균치 간의 차이를 검증하는 방법

10

(4) x^2 검증(카이자승법)

① 의미 : 어떤 집단의 관찰빈도(관찰된 빈도)와 기대빈도(이론적으로 기대되는 빈도)를 비교하여 검증하는 방법, 관찰된 빈도가 이론적으로 기대되는 빈도와 같은지 다른지 또는 그 차이가 우연인 것인지 의미 있는 것인지를 분석하는 방법

② 유형

㉠ 독립성 검증(independence test) : 두 변인들이 관련되는가를 검증하는 방법 ⇨ 하나의 모집단에서 표본을 추출한 다음 연구대상을 2개의 변인을 기준으로 분류하고, 두 변인이 관련이 있다면 관련된 정도를 상관계수로 나타낸다.

예 성별과 흡연이 관계가 있는지를 확인하기 위하여 고등학생 200명을 표집하여 연구한 경우

㉡ 동질성 검증(homogeneity test, 비율에 관한 동질성 검증) : 여러 집단 간에 빈도 차이가 있는가를 검증하는 방법 ⇨ 집단 간의 차이 검증이 목적이며, 여러 모집단에서 표본을 추출한다.

예 교사의 성별에 따라 교원평가에 찬성하는 비율이 다른가를 확인하기 위해 남교사 집단에서 500명, 여교사 집단에서 600명을 표집하여 연구한 경우

MEMO

독립변인과 종속변인의 관계를 분석하는 것을 회귀분석이라고 하며, F검증이나 T검증, Z검증 등은 종속변인의 차이를 분석하는 변량분석(T검증이나 Z검증은 F검증의 특수형태)에 해당한다.

여러 가지 통계적 검증분석 방법 비교✦

구분	변인 수	내용
요인분석	1개	
상관관계분석	2개	두 변인 간 관계 ⇨ 공통요인의 정도, 상관계수(r)로 표현
회귀분석 (실험연구)	2개	두 변인이 독립변인과 종속변인일 때 ⇨ 인과관계(예언의 정도), 결정계수(r^2)로 표현
		집단 간 '평균'(동간 또는 비율척도)의 차이를 검증하는 방법 ① T검증 – 독립변인의 집단 수가 2이고, 사례 수가 40보다 작을 때 • 독립표본 t검증(단일표본 t검증) : 두 독립집단 간의 평균 차이를 검증하는 방법(두 집단 간에 상관이 없음을 의미) • 종속표본 t검증(대응표본 t검증) : 두 집단 사이에 상관이 있을 경우 평균 차이를 검증하는 방법 ② Z검증 – 독립변인의 집단 수가 2이고 사례 수가 40보다 클 때 ③ F검증 – 독립변인의 집단 수가 3 이상일 때 • 집단이 동질집단이면 ⇨ 변량분석(일원변량분석) • 집단이 이질집단이면 ⇨ 공변량분석
경로분석	3개 이상	그림으로 표시
카이자승(x^2) 검증		질적 변인, 즉 빈도(명명척도)로 주어진 자료 분석

참고문헌

김계현 외(2007), 학교상담과 생활지도, 학지사
김병성(2017), 교육사회학, 학지사
김병성(2003), 교육연구방법론, 문음사
김석우(2015), 교육평가의 이해, 학지사
김신일(2015), 교육사회학, 교육과학사
김영화(2017), 교육사회학, 교육과학사
김정환(1982), 교육의 철학과 과제, 박영사
김창걸(2002), 교육학, 박문각
남정걸(2015), 교육행정 및 교육경영, 학지사
박재문(2001), 한국교육사, 학지사
성태제(2004), 교육연구방법의 이해, 학지사
송병순 외(2003), 교육사회학, 문음사
신득렬 외(2014), 쉽게 풀어 쓴 교육철학 및 교육사, 양서원
신차균 외(2013), 교육철학 및 교육사의 이해, 학지사
신현석 외(2015), 교육행정 및 교육경영, 학지사
윤정일 외(2007), 교육행정학 원론, 학지사
이돈희(1988), 교육철학개론, 교육과학사
이용남 외(2004), 교육 및 상담심리학, 교육과학사
주삼환(2015), 교육행정 및 교육경영, 학지사
진동섭(2018), 교육행정 및 학교경영의 이해, 교육과학사
황정규(1997), 학교학습과 교육평가, 교육과학사

권지수의 탁월한 만점전략 ★

합격지수 100
권지수 교육학 ㉻

초판인쇄 | 2025. 1. 10. **초판발행** | 2025. 1. 15.
편저자 | 권지수 **발행인** | 박 용 **발행처** | (주)박문각출판
등록 | 2015년 4월 29일 제2019-000137호
주소 | 06654 서울특별시 서초구 효령로 283 서경빌딩
전화 | 교재주문·학습문의 (02)6466-7202

정가 33,000원
ISBN 979-11-7262-429-3 | ISBN 979-11-7262-427-9(세트)